U0730737

编委会

陈其人文集

第四卷

陈其人　著

复旦大学出版社

陈其人，广东新会人，著名的马克思主义政治经济学家、上海首批社科大师、上海市哲学社会科学“学术贡献奖”获得者、复旦大学国际关系与公共事务学院教授，一生致力于对《资本论》的深入研究和阐释以及对马克思主义政治经济学的传承和发展。

陈其人雕像于2023年11月13日在复旦大学文科楼和五教间的“国箴园”揭幕。

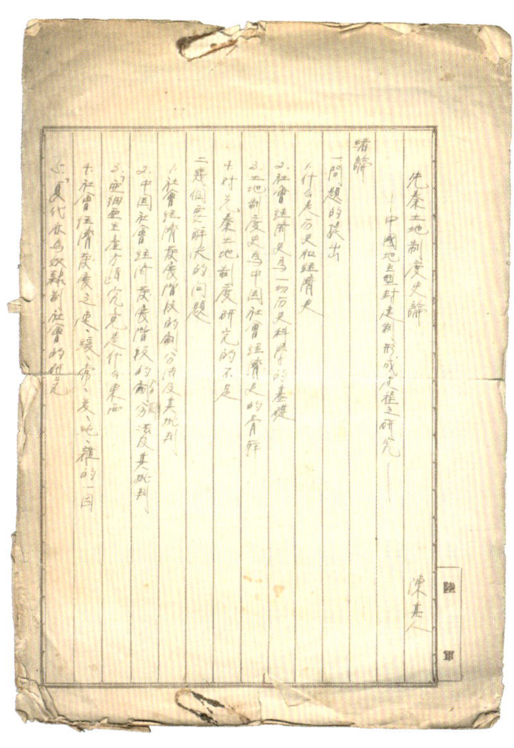

陈其人著《先秦土地制度史论——中国地主型封建制形成过程之研究》手稿

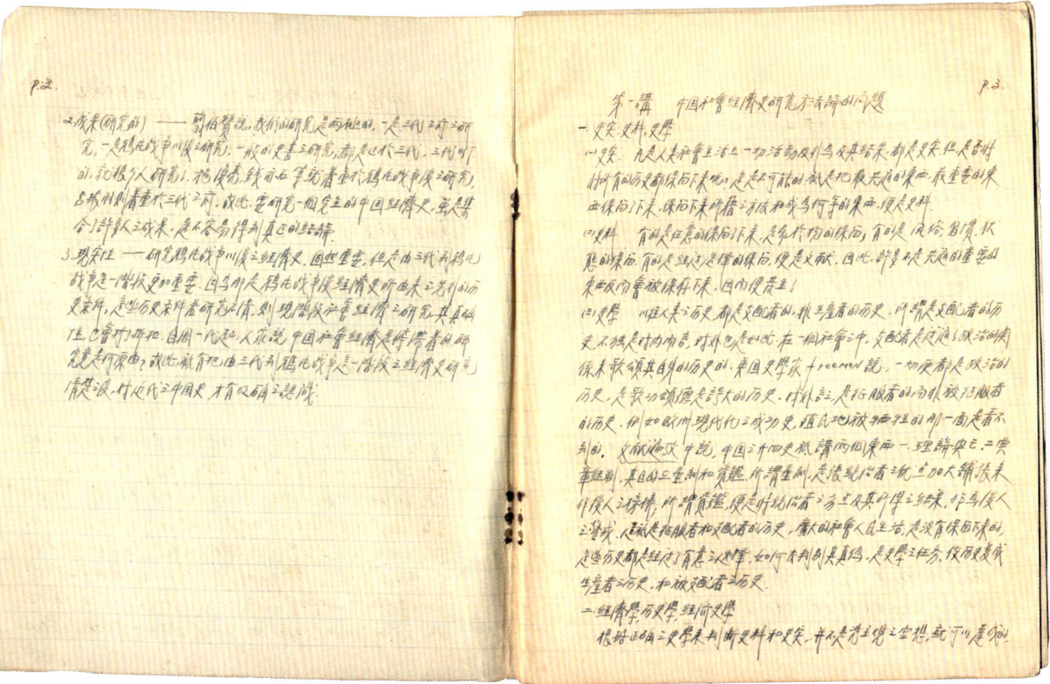

王亚南先生讲“中国社会经济史论纲”，陈其人笔记手稿

陈其人著《〈资本论〉中的政治学原理》手稿

货币理论与价值理论

前　言

陈其人教授出生于 1924 年 10 月 16 日，广东新会人，1943 年考取中山大学经济系，1947 年毕业，获法学士学位。1949 年 2 月到上海市洋泾中学工作，同年考入复旦大学经济研究所，1952 年 2 月进入复旦大学经济系任助教，1954 年晋升为讲师，1957 年至 1959 年在上海宝山县葑溪乡参加劳动，1959 年回到复旦，任教于复旦附中。1962 年调入复旦大学政治系，1964 年复旦大学政治系改为复旦大学国际政治系，担任国际政治系讲师，1980 年晋升为副教授，1985 年任教授，1986 年起担任国际关系专业博士生导师，1994 年 12 月离休，2017 年 10 月 1 日在上海岳阳医院逝世，享年 94 岁。他先后担任复旦大学校务委员会委员和学位评定委员会委员、复旦大学国际政治系学术委员会主任、综合性大学《资本论》研究会理事、美国经济学会理事等。

陈其人教授学养深厚、著述等身，长期从事马克思主义政治经济学理论教学和研究，在经济学说史、古典经济学说、《资本论》、殖民地理论等学术领域多有建树，为我国马克思主义经济学理论的研究和发展作出了独创性的贡献。他胸怀天下，坚持"为穷人摆脱贫困而研究马克思主义经济学"，几十年如一日，年逾 90 仍笔耕不辍。七十多年来，陈其人教授出版专著 24 部，发表论文 150 余篇。1984 年获得上海高等学校哲学社会科学研究优秀成果论文奖，1986 年获得上海市论文奖，专著《李嘉图经济理论研究》获得上海市第十届哲学社会科学优秀成果著作类三等奖，《卢森堡资本积累理论研究》获得上海市第八届邓小平理论研究和宣传优秀成果著作类三等奖。鉴于陈其人教授在马克思主义政治经济学理论研究方面的突出贡献，他于 2012 年荣获作为上海市哲学社会科学领域最高奖项的"学术贡献奖"，2018 年荣获首批"上海社科大师"称号。

陈其人教授是著名的马克思主义政治经济学家、政治学家、《资本论》研究专家，长期从事帝国主义政治与经济、殖民地经济、南北经济关系的研究，其学术活动几乎涉及政治经济学的所有领域，尤其精通古典政治经济学和帝国主义理论。他的研究贡献主要有：批判斯密教条并指出它对西方经济理论的影响；对商品生产、货币价值和物价上涨问题提出独特的见解；对危机理论和战后危机周期性作出系统的分析；提出帝国主义是垄断资本主义的世界体系的理论；全面总结斯密-马克思-列宁的殖民地理论；明确界定世界经济学的研究对象和基本范畴——外部市场；研究再生产理论及其历史；研究马克思的亚细亚生产方式理论，并以此为指导研究东西方发展同中有异的原因——亚细亚生产方式的存在。

陈其人教授在大学时代，师从梅龚彬教授，并深受王亚南教授的影响。早在 1946 年，他就着手研究了亚细亚生产方式理论、中国先秦时期的土地制度、中国封建社会发展等理论问题。他继承和发展了王亚南的"地主型封建制理论"，对中国封建社会长期发展迟缓原因的解释得到学界认可，不仅在当时引起学术界的重视，即使今天也仍有学术价值。1954 年，他开始研究经济思想史，尤其是马克思政治经济学的主要理论渊源——英国古典经济学，在商品价值量、工资与物价的关系，货币理论等领域都取得令人瞩目的成果。1985 年，陈其人教授的研究专著《大卫・李嘉图》出版，得到学界很高评价。1962 年，转入国际政治系后，他曾集中研究过空想社会主义理论和政治思想史。1978 年，根据工作需要，陈其人教授着手研究帝国主义理论、殖民地理论和一般的世界经济理论问题。为深入研究帝国主义理论，他又把研究重点转入中国半封建半殖民地经济形态，力求在方法论方面有所建树。他独立建立的殖民地经济关系理论（尤其是国内殖民地理论），可以与七八十年代国际盛行的依附理论学派相关论述媲美。他先后出版了《帝国主义理论研究》《帝国主义经济政治概论》《殖民地的经济分析史和当代殖民主义》等多部专著。九十年代以来，在改革开放的新形势下，陈其人教授还关注并研究经济改革中出现的理论问题，如工资物价理论、货币理论、中国社会主义计划经济与商品经济的关系等。

陈其人教授从教四十余年，潜心教书育人，桃李满天下，先后荣获 1979 年复旦大学先进工作者、1980 年复旦大学优秀教学一等奖、1985 年复旦大学优秀工作者等奖项。他每年主动承担繁重的教学任务，为本科生开设“帝国主义政治和经济概论”等一系列课程。在教学中，他既坚持马列主义基本观点，又关注理论研究的新动向；既严密和细致地说明问题，又努力提供新的研究视角，授课效果好，深受学生欢迎，他的学生至今仍对此记忆犹新。在研究生教育方面，他特别注重培养学生的抽象思维和创新能力，尤其要求掌握马克思主义方法论，为国家为社会培养了一大批有创新能力、理论联系实际的优秀研究生。他十分重视扩展学生的基础知识、基础理论和研究能力，支持学生在学术上深入研究；他提倡学生多读书，要求学生研究问题要有理有据；他爱护学生、爱惜人才，注意发挥学生的特长，培养了很多硕士、博士研究生。这些研究生毕业后，无论在教书育人、学术研究、国家建设方面都作出贡献，取得很大成绩。

陈其人教授非常关心青年教师的成长。工作期间经常和年轻教师谈心，介绍自己的治学经验，在业务上支持鼓励，在生活上关心照顾，使他们能全身心投入工作。在青年教师准备新课时，给予他们诸多指点和帮助，使青年教师能尽快进入角色，更好地完成新承担的任务。

陈其人教授一生以教书育人、学术研究为己任。他淡泊名利、甘于奉献，为复旦大学马克思主义政治经济学、国际政治学教学、研究的发展作出巨大贡献；他热爱国家、追求真理，持之以恒地耕耘在马克思主义政治经济学研究领域；他关心学生、提携后进，为国家为社会培养了众多优秀人才。先生曾在古稀之年作一对联，堪为其人生写照：“执教著文中有我，吃饭穿衣外无他。”思考和学术，就是他的生命的全部。

陈其人教授是国务学院教师的楷模！他是大先生也！

2024 年是陈其人先生诞辰一百周年。复旦大学国际关系与公共事务学院于 2019 年立项《陈其人文集》编辑出版工作，成立了编委会。陈其人教授学术思想宏富，体系严密，作品时间跨度大，我们按照先生作品内容，按照主题分为八卷，较为完整地体现先生的政治经济学思想体系。复旦大学国际关系与公共事务学院多位教授全身心投入文集的编选、编校工作中，他们是：第一卷（《古典政治经济学与庸俗政治经济学批判》）：周志成；第二卷

(《资本主义政治经济制度》):陈晓原、陈周旺;第三卷(《马克思主义政治经济学》):陈周旺、熊易寒;第四卷(《货币理论与价值理论》):周志成、郑宇;第五卷(《殖民地与帝国主义理论》上、下):殷之光;第六卷(《世界经济体系理论》):张建新;第七卷(《世界经济发展与南北关系》):苏长和、李瑞昌;第八卷(《社会主义经济制度》):苏长和、陈玉刚、张骥。复旦大学副校长陈志敏一直关心文集的出版工作;陈其人先生子女在著作权授权上给予了很大方便;复旦大学出版社董事长严峰、副总经理王联合以及编辑邬红伟、朱枫、张鑫等,为文集出版作出了不可替代的贡献。我们对以上各位表示衷心的感谢。

复旦大学国际关系与公共事务学院
《陈其人文集》编委会
于 2024 年 9 月 10 日第四十个教师节

编校说明

一、《陈其人文集》(全8卷)收录了陈其人教授各类已出版作品,并在此基础上对原作品进行了校订。具体编校工作之依据参见各部分辑封页说明。

二、全卷注释采用脚注形式,编者对原著文献引用统一进行校订处理(补齐、增加、规范化处理),部分文献因年代久远,现已无法查证,遂保留了原出版物中的注解。

三、若未特别注明,全卷所引马克思主义著作,译者均为中共中央马克思恩格斯列宁斯大林著作编译局。

四、为保证上下文内容的完整连贯,部分重复内容予以保留。

目　　录

第一部分　价值理论

第二部分　社会主义国家的预算、信用与货币流通

第三部分　货币理论与价格理论

第四部分　货币理论与物价理论研究

第五部分　资产阶级价值学说批判

第一部分

价值理论

（本部分内容根据陈其人先生著、复旦大学出版社2005年3月出版的《陈其人文集——经济学争鸣与拾遗卷》一书"第二部分：价值理论"校订刊印）

马克思认为，价值不同于使用价值或财富，它只由活劳动创造；使用价值是价值的物质担当者，它有两重含义：一是一种使用价值，其社会价值，由生产它的平均条件的劳动决定；二是一种使用价值，其社会价值，由生产它们的符合比例的劳动决定；复杂劳动是多倍的简单劳动，我在这里提出其机制何在的问题；用于监督的劳动和实现与分配价值的劳动，不创造价值；在自由竞争的条件下，社会价值转化为社会生产价格，在生产价格的形式掩盖下，必然产生要素价值论，在平均利润率的作用掩盖下，被这现象俘虏的人甚至认为时间也创造价值。

这里所以收入《乔治·拉姆赛的经济思想》一文，是为了说明参加管理的资本家的劳动具有两重性质，是他而不是马克思首先予以论证的。

一、劳动价值论是唯一能科学说明价格现象的理论[①]

1993年4月9日《文汇报》刊登了王则柯的《吉祥号码拍卖有利无害》。[②] 王文认为"吉祥号码"的价格只取决于需求，与这个号码所耗费的劳动无关；进而又认为劳动价值理论说明不了常见的有关价格决定的经济现象，只有由该文提出的价格机制市场决定论才能解决问题。

所谓价格机制市场决定论，可分为两个方面：第一，王文说：海南省电信局的一个8888电话号码，竞拍卖出30万元的高价。他认为这一现象，可以帮助说明最基本的经济学原理：在商品经济条件下，商品的市场价格是由商品的供求关系决定的，供大于求，价格下降，供不应求，价格上升。这就是关于价格机制的市场决定论，它植根于人民大众的生活经验，又符合现代经济学关于价格反映资源和商品的相对稀缺性的原理。第二，王文又举了这样的例子：梵高当年创作《向日葵》，连糊口的钱也挣不到，但他身后百年，其作品竟能卖出超过千万美元的好价钱。画家早已作古，他的作品所包含的"劳动价值量"已经固定，但是，由于艺术市场行情的巨大变化，《向日葵》之类的

① 参见上海市经济学会编《社会主义市场经济论》，文汇出版社1995年版。

② 以下凡是引自该文章的论述，不另加注。

身价，却增长了千万倍。这就再次证明价格机制劳动决定论是脆弱无力的。

这些话包含两方面问题：其一是，认为供给由劳动决定，而需求则不是，这种看法能成立吗？另一是，多年以前的艺术品，一旦被人们承认，其价格的高昂，除了垄断的因素起作用外，这个多年即时间本身是否对价格的构成也起作用？换言之，耗费同量劳动的酒，为什么陈的比新的贵？

首先回答第一个问题，供求决定价格，其中的供给由劳动决定，其中的需求能与劳动无关吗？王文的意思是，马克思认为市场价格在由劳动决定的价值的基础上由供求关系调节，这一说法是错误的。很明显，错误的是王文，而不是马克思。因为需求不是凭空产生的，它同样由劳动并且就是由生产商品的劳动构成，就是说，生产出来的商品，其价值一方面构成供给，另一方面又构成需求，这是就一个商品来说的。从这方面看，全社会各种商品的市场价格就由分配在各生产部门的劳动所结成的关系决定。这个问题，马克思在 1868 年致库格曼那封著名的信中有一段很重要的说明，人们都知道，“要想得到和各种不同需要量相适应的产品量，就要付出各种不同的和一定数量的社会总劳动量。这种一定比例分配社会劳动的必要性，绝不可能被社会生产的一定形式所取消，而可能改变的只是它的形式，这是不言而喻的。自然规律是根本不能取消的。在不同的历史条件下能够发生变化的，只是这些规律借以实现的形式，而在劳动的私人交换的社会制度下，这种劳动按比例所借以实现的形式，正是这些产品的交换价值”。① 这就是说，社会劳动如果符合比例地分配在不同的生产部门中，这样供需就均等了，商品的市场价格就等于其价值，如果不符合，由于供需不等，市场价格就与价值不符，即或在其上，或在其下，这种价格波动，又使社会劳动的分配趋向于符合比例，也就是说，使市场价格与价值趋向于一致。由此可见，说到底价值和市场价格都是由社会劳动决定和调节的。②

第二个问题是：垄断价格的形成是否同劳动价值理论毫无关系？这里最重要的问题是，垄断价格的形成能不能使社会总价格增大？换言之，由社会总劳动决定的总价格（与总价值相等）能否因此而增大？我们知道，马克

---

① 《马克思恩格斯全集》（第三十二卷），人民出版社 1998 年版，第 542 页。

② 《马克思恩格斯全集》（第二十六卷第一册），人民出版社 1972 年版，第 234—235 页。

思认为不能随意增加的产品的垄断价格，其高度只取决于需要者的需要或嗜好程度和购买能力。这似乎同王的说法相同，其实不然。根本的不同在于，王的说法只是孤立地说明一件商品或劳务的垄断价格的决定，这就必然无法回答社会总价格能否因此而增大的问题；马克思则不是这样。他明确地指出：商品形成一个高于生产价格或价值的垄断价格，但是“由商品价值规定的界限也不会因此消失。某些商品的垄断价格，不过是把其他商品生产者的一部分利润，转移到具有垄断价格的商品上。剩余价值在不同生产部门之间的分配，会间接受到局部的干扰，但这种干扰不会改变这个剩余价值本身的界限”。① 这就是说，出售具有垄断价格的商品或劳务的人，其多得的部分就是购买的人损失的部分，全社会的价值和价格并没有因此而增大。当然，正如马克思进一步分析的：“如果这种具有垄断价格的商品进入工人的必要的消费，那么，在工人照旧得到他的劳动力的价值的情况下，这种商品就会提高工资，并从而减少剩余价值。它也可能把工资压低到劳动力的价值以下，但只是工资要高于身体（需要）的最低限度。这时垄断价格就要通过对实际工资（工人付出同量劳动而得到的使用价值的量）的扣除和对其他的资本家的利润的扣除来支付。垄断价格能够在什么界限内影响商品价格的正常调节，是可以确定和计算出来的。”②马克思这段话最精辟的地方是：垄断价格中的垄断利润是对实际工资和对其他资本家的利润的扣除。原因是：具有垄断价格的商品，除了极少数的如军火、宇航工具和高级奢侈品、化妆品外，其价格直接间接或多或少都会成为一般消费资料价格的构成部分，就是说工人的生活费用因此提高了。但是，他们的货币工资虽有提高，但能购买到的使用价值量并没有相应提高，这样，实际工资就降低了；实际工资的降低部分，就是工人的劳动力价值被克扣而成为垄断利润的部分，货币工资的提高部分，就是一般资本家的利润被克扣而成为垄断利润的部分。像这样深入地分析问题，离开劳动价值理论是可能的吗？

就那位以 30 万元购买吉祥号码的大款来说，他比一般的电话号码价格

---

① 《马克思恩格斯全集》（第二十五卷），人民出版社 1974 年版，第 973 页。
② 同上书，第 973—974 页。

多支出的部分，由于其电话功能同一般的电话相同，他除了将一般的电话价格计入成本外，是不能发生上面所说的扣除的，就是说，这部分要由他自己承受。

第三个问题是：不包含劳动的时间即时间本身，同价格的形成有没有关系，或者说，将新酒藏在地窖里，让它变成陈酒，没有另外耗费劳动（地窖和设备等可还原为劳动的费用除外），但是，陈酒比新酒贵，其原因是什么？上述梵高的名画的高昂价格，一方面是垄断价格，其形成已说过，另一方面则与时间悠久有关。这个问题其实不是价值，而是生产价格的问题，生产价格是价值的转化形态。这两者的不同在于，前者要分解为 C（不变资本）＋V（可变资本）＋M（剩余价值），后者则由 C＋V＋P（平均利润）构成。这是因为，在自由竞争条件下，全社会的 M 要由不同的生产部门的资本家来平均分配，也就是在资产阶级内部实行共产主义。由于这样，M 就转化为平均利润即 P。因此，价值和生产价格，从总体看是相等的，从个体看，一个包含 M，即价值被分解为 C＋V＋M，一个由 P 构成，即生产价格是由 C＋V＋P 构成。M 和 P 这两者在多数情况下是不等的，这要取决于不同生产部门的资本有机构成和周转时间，总的说来就是取决于在相同的时间，比如一年中，同量的总资本所能运用的可变资本的量，因为可变资本是购买劳动力的，劳动力的数量不同，生产的价值和 M 就不同，这些 M 要转化为 P，即不论资本有机构成和周转时间如何不同，各生产部门实现的 P 都是均等的，就是说，时间从这个角度看，是会带来利润的，这种利润并且是按复利计算的。就是由于这一缘故，陈酒虽然再没有施加人的活劳动，但是其生产价格却比新酒贵，确实是越陈越贵。这个道理当然也适用于历史悠久的艺术品。假设年利润率为 10％，1 000 元的艺术品，10 年后，其生产价格就为 2 593.742 3 元，20 年后就为 6 727.498 8 元，30 年后就为 17 449.395 元。

由此可以看出，马克思的有关理论，是唯一能科学地说明各种价格现象的理论。谁违反它，像王文说的那样，只强调市场或需求决定价格，这除了引起价格混乱外，还能有什么别的作用呢？

二、恩格斯的价值决定命题及其影响[①]

1844年2月底，23周岁过后不久的恩格斯，在《德法年鉴》上发表了《政治经济学批判大纲》(以下简称《大纲》)这部被马克思称为"批判经济学范畴的天才大纲"[②]的著作；在其中恩格斯提出了"价值是生产费用对效用的关系"[③]的命题。对于这本《大纲》，恩格斯在1871年4月15日致李卜克内西的信中表示：它完全陈腐了，并且充满了不正确的论点；它完全是以黑格尔的风格写的，这种风格已经不合适了。但是，对于其中有关价值决定的命题，不仅恩格斯是一直坚持、加以完善的，而且马克思也是非常赞同的。经过研读，我初步认为，马克思对《资本论》(第一卷)俄文第2版中有关论述价值的内容的修改，在《资本论》(第三卷)中关于市场价值的论述，在《资本论》(第三卷)和《剩余价值学说史》(第一卷)中关于决定价值的社会必要劳动时间的第二层含义的论述，列宁在《再论实现论问题》中关于价值理论假设而且应当假设需要和供给是均衡的论述，都同恩格斯的命题及其后加以完善的内容相吻合，或者可以说受到恩格斯的影响。这一命题在劳动价值理论史上起着重要的作用。

(一)

恩格斯在《大纲》中对价值决定的说明是这样的："价值是生产费用对效用的关系。价值首先是用来解决某种物品是否应该生产的问题，即这种物品的效用是否能抵偿生产费用的问题。"[④]应该说，这段文字按照马克思的成熟了的劳动价值理论所包含的内容要求，是不能解释的。许多不同的看法，都是由此产生的。我也被它困惑多年。

经过反复思考，并联系恩格斯其后对这命题原有思想以新的语言所作

① 载于《马克思主义来源研究论丛》(第十八辑)，商务印书馆1995年版，第367—385页。

② 《马克思恩格斯全集》(第十三卷)，人民出版社1962年版，第9页。

③ 《马克思恩格斯全集》(第一卷)，人民出版社1956年版，第605页。

④ 同上。

的说明，以及马克思对它的赞同，我觉得它之所以不能解释，主要原因是恩格斯表达自己不同于资产阶级经济学家的价值理论时，使用的却是后者的范畴，亦即正确反映他对价值之认识的范畴尚未形成。这是由于恩格斯当时很年轻，刚开始研究经济学，对于现成的经济范畴未加筛选、改造，就使用了。①

让我们进一步研究这问题。

恩格斯在批判经济学家的价值理论中提出自己的价值理论。他的批判确实是带有黑格尔风格。他认为价值这个范畴是因商业而形成的。因此，不能离开竞争来研究价值范畴。他指出“运用对立性的经济学家自然要同双重的价值即抽象（或实际）价值或交换价值打交道”②，即将价值区分为实际价值和交换价值，前者是将竞争予以舍象的。“关于实际价值的本质，英国人和法国人萨伊进行了长期的争论。前者认为生产费用表示实际价值，后者则断言实际价值要靠物品的效用来测定。”③认为对实际价值的本质问题，英国人主要是李嘉图和法国人萨伊进行争论，是对的。因为后者将财富、使用价值、效用看成价值，前者则清楚地将价值和财富、使用价值、效用区分开来。但是，认为李嘉图主张生产费用表示实际价值，而萨伊不是这样，并在这一问题上同李嘉图争论，则是不对的。李嘉图从根本上说，主张用劳动量表示实际价值，只是由于他混淆了价值和自然价格，即马克思说的生产价格，而自然价格是由生产费用构成的，只有从这一角度谈论价值时，他才主张生产费用表示实际价值。他并且说：“萨伊先生几乎毫无出入地支持我所主张的价值学说。”④

萨伊既然将财富、使用价值、效用看成价值，就必然认为价值要由效用来测定，那又为什么会支持李嘉图的价值理论呢？原来效用的大小是无法测定的。萨伊认为它要由商品的交换价值测定。李嘉图为了驳斥萨伊的价值理论而从后者的著作中所作的两段摘录，可以说明这一点。萨伊说：

① 这种例子在科学史上很多。例如，马克思曾经使用古典学派的“劳动价值”来表示他事实上要表示的“劳动力价值”。

② 《马克思恩格斯全集》（第一卷），人民出版社 1956 年版，第 603 页。

③ 同上。

④ 彼罗·斯拉法主编《李嘉图著作和通信集》（第一卷），郭大力、王亚南译，商务印书馆 1962 年版，第 241 页。

"生产就是通过给予或增加物品的效用而使人们对它有需求来创造价值,需求是物品的第一成因","效用被创造后就构成产品,由此而来的交换价值只是衡量这种效用的尺度"。①

由此就产生这种交换价值由什么决定的问题。李嘉图的另两段摘录可以回答问题。萨伊说:"在交换两种产品时,我们实际上只是交换生产它们时所用的生产性劳务",而"决定商品需求是其效用,限制其需求的则是其生产成本。如果它的效用不能把它的价值提高到生产成本的水平,它的所值就会低于它的成本。这就说明这种生产性劳务可以改用来生产一种价值较大的商品。生产基金的所有者——能支配劳动、资本或土地的人——不断将生产成本和产品价值作比较,也就是将各种不同商品的价值作比较。因为生产成本不过是生产中所消费的生产性劳务的价值,而生产性劳务的价值也就是所生产的商品的价值。因此,商品的价值、生产性劳务的价值、生产成本的价值,在一切都任其自然时,便是相同的价值"。② 这段冗长的摘录在我看来所以重要,倒不在于它说明萨伊如何从主张效用决定价值到主张生产费用决定价值(生产费用本身也是价值,即萨伊的理论是价值决定价值),而在于其中的语言,尤其是我加上着重号的地方,对恩格斯的价值决定命题的表述影响很大。

现在回到恩格斯对经济学家的价值理论的批判。他问道:"为什么生产费用是衡量价值的尺度呢?"回答只能是:"在普通情况下,如果把竞争放在一边,那谁也不会把物品卖得比它的生产费用还低。"可是,矛盾产生了。"既然这里讲的不是商业价值,那么我们谈'出卖,干什么呢?"而"一旦竞争被放在一边,也就没有任何保证使生产者恰恰按照他的生产费用来出卖商品"。真是"多么混乱呵"! 问题不仅这样。问题还在于:"假定某人花了大量的劳动和费用制造了一种谁也不要的毫无用处的东西,难道这个东西的价值也要按照生产费用来计算吗?"绝没有这样的事。"于是我们立刻不仅碰到了萨伊的臭名远扬的效用论,而且还碰到了随着'购买'而来的竞争。"③就是说,生产费用不能离

① 彼罗·斯拉法主编《李嘉图著作和通信集》(第一卷),郭大力、王亚南译,商务印书馆1962年版,第240页。

② 同上书,第239—240页。

③ 《马克思恩格斯全集》(第一卷),人民出版社1956年版,第603、604页。

开竞争，也不能离开效用。

效用决定价值的理论也是这样。“物品的效用是一种纯主观的根本不能绝对确定的东西。”在私有制统治下，“竞争是唯一能比较客观的、似乎一般能决定物品效用大小的办法”——根据前述萨伊的说法就可以了解这一点。“然而正是竞争被搁在一边了。但是，只要承认了竞争关系，生产费用的问题也就随之而生，因为谁也不会把他的产品卖得比它的生产成本更低。”①

因此，生产费用离不开效用，效用也离不开生产费用；“对立的一面就要转化为对立的另一面”。② 这里的分析确实带有黑格尔风格。

经过这样的分析，恩格斯就提出自己的价值理论。这就是：“物品的价值包含两个要素，争论的双方都硬要把这两个要素分开，但是正如我们所看到的，双方都毫无结果。”③接着就提出前面已经谈到的价值是生产费用对效用的关系的命题。但是，我们已经说过，李嘉图和萨伊双方争论的其实不是生产费用决定价值的问题，而是前者认为价值不是使用价值，它由劳动决定，后者认为使用价值、效用、财富就是价值，它的大小由效用衡量，效用则由交换价值或生产性劳务的价值决定。因此，恩格斯的命题想要说明的，其实是：价值是生产商品所耗费的劳动对由它所生产的使用价值的关系。

如果说，上述的劳动和使用价值的关系指的是什么还不很清楚，因此，恩格斯在提出命题之后接着说的“如果两种物品的生产费用相等，那么效用就是确定它们的比较价值的决定性因素”④，就很难理解的话，那么，1878 年恩格斯在《反杜林论》中对这命题加以完善，完善后的内容说明其中的效用指的是各种使用价值总量要符合比例，这样，这里的引文就完全可以理解了。具体的解释留待下面进行。

恩格斯对命题的完善如下：在计划生产的社会里，必须按照生产资料，其中特别是劳动力来安排生产计划；各种消费品的效用（它们被相互衡量并和制造它们所必需的劳动量相比较），最后决定这一计划。他并且认为，在

---

① 《马克思恩格斯全集》（第一卷），人民出版社 1956 年版，第 604 页。
② 同上书，第 605 页。
③ 同上。
④ 同上。

决定生产问题时，上述的对效用和劳动花费的衡量，正是政治经济学的价值概念在共产主义社会中所能余留的全部东西，这一点他在1841年的《大纲》中已经说过了。[①] 在这里，生产费用已由劳动所代替，劳动所生产的使用价值量要符合按比例所需要的量，都是很清楚的。

(二)

马克思对恩格斯在《大纲》的命题，是加以肯定的。《资本论》(第一卷)出版后次年即1868年马克思在给恩格斯的信中写道："'直接的'价值规定在资产阶级社会中的作用是多么小。实际上，没有一种社会形态能够阻止社会所支配的劳动时间以这种或那种方式调整生产。但是，只要这种调整不是通过社会对自己的劳动时间所进行的直接的自觉的控制——这只有在公有制之下才有可能——来实现，而是通过商品价格的变动来实现，那么事情就始终像你在《德法年鉴》中已经十分正确地说过的那样。"[②]

同年7月11日马克思写给库格曼的信表达了方向相同而层次更深的思想。马克思说："人人都同样知道，要想得到和各种不同的需要量相适应的产品量，就要付出各种不同的和一定数量的社会总劳动量。这种按一定比例分配社会劳动的必要性，绝不可能被社会生产的一定形式所取消，而可能改变的只是它的表现形式……在不同的历史条件下能够发生变化的，只是这些规律借以实现的形式，而在社会劳动的联系体现为个人劳动产品的私人交换的社会制度下，这种劳动按比例分配所借以实现的形式，正是这些产品的交换价值。"[③]在这里，社会再生产要求各种使用价值、从而分配到不同部门的劳动要符合比例，在私人交换的制度下这种按比例分配的劳动决定商品的价值，说得很清楚。

应该指出的是，按比例分配的劳动决定商品的价值，马克思这种思想同恩格斯的命题是吻合的，而同马克思在《资本论》(第一卷)第一篇第一章论述平均条件的劳动决定商品的价值[④]的思想并不完全相同，因为后一劳动并

---

① 《马克思恩格斯全集》(第二十卷)，人民出版社1971年版，第335页正文和脚注。

② 《马克思恩格斯〈资本论〉书信集》，人民出版社1976年版，第250页。

③ 《马克思恩格斯全集》(第三十二卷)，人民出版社1998年版，第541页。

④ 《马克思恩格斯全集》(第二十三卷)，人民出版社1972年版，第52页。

没有包含要按比例分配在不同部门中的意思。

我想正是由于这个原因，马克思就在《反杜林论》初版的同年，即1878年11月28日写信给《资本论》(第一卷)的俄文译者丹尼尔逊，提出将原来的“事实上，每一码(麻布)的价值也只是同种人类劳动的同一的社会规定的量的化身”，改为“事实上，每一码的价值也只是耗费在麻布总量上的社会劳动量的一部分的化身”。① 两种表述的不同在于：在劳动决定价值的问题上，前者没有提到这种劳动是生产某种使用价值总量中的一部分，后者提到了；虽然后者并没有说明这种总量是要符合比例的，因为《资本论》(第一卷)还没有研究社会再生产是怎样进行的，还没有条件这样做。

马克思认为由符合比例地分配在一个生产部门中的劳动，来决定一种商品总量中的单个商品的价值，这一理论是在《资本论》(第三卷)中提出来的。因为在《资本论》(第二卷)中，对社会再生产实现条件的分析，已说明构成社会分工的各个生产部门，从而各种使用价值总量是存在着比例关系的，但是这时还无法说明在这个比例网中，哪一种比例是决定性的第一步，这个问题要留在第三卷中论述地租，从而谈论提供食物的农业生产这一构成国民经济基础的部门时再来谈。

他说：“社会上的一部分人用在农业上的全部劳动……必须足以为整个社会，从而也为非农业工人生产必要的食物；也就是使从事农业的人和从事工业的人有实行这种巨大分工的可能；并且也使生产食物的农民和生产原料的农民有实行分工的可能。”这样，从社会来看，在社会分工中生产符合需要的食物的劳动就是必要劳动。推而广之，在这条件下生产各种符合比例的商品量的劳动，都是必要劳动。马克思特别强调这里的“条件仍然是使用价值”。② 这就是说，使用价值始终是价值的物质担当者：将一件商品孤立起来看，使用价值指的是有用性；将一种商品量放在社会分工中看，使用价值指的是有用性基础上的适量性。恩格斯命题中生产费用和效用，或精确地说生产一种商品所费的劳动总量，和生产出来的该种商品作为使用价值的总量是否符合比例所需的数量，这两者的关系在马克思的理论中都得到

---

① 《马克思恩格斯全集》(第二十三卷)，人民出版社1972年版，第126页正文和脚注。

② 《马克思恩格斯全集》(第二十五卷)，人民出版社1974年，第716页。

解释。

马克思将这里的由按比例分配的劳动决定价值，同在《资本论》(第一卷)中谈的由平均条件的劳动决定价值结合起来加以论述。他说："棉织品按比例来说生产过多了，虽然在这个棉织品总产品中只体现了一定条件下为生产这个总产品所必要的劳动时间(每一件产品生产所耗费的劳动时间都是平均条件所需要的——引者)。但是，总的来说，这个特殊部门消耗的社会劳动已经过多(不符合比例所需要的劳动时间——引者)；就是说，产品的一部分已经没有用处。……社会劳动时间可分别用在各个特殊生产领域的份额的这个数量界限，不过是整个价值规律进一步发展的表现，虽然必要劳动时间在这里包含着另一种意义。"①这就是我们现在讨论的决定商品价值的第二层含义的必要劳动时间，即按比例分配的劳动时间，而决定商品价值的平均条件下的必要劳动时间，就是第一层含义的必要劳动时间。

现在我们要解决的问题是：不符合比例分配时，第二层含义的必要劳动时间如何决定。马克思说："竞争不断调节着这种分配，也不断把它搞乱。如果有数量过大的社会劳动时间被用在一个部门，那也只会被付以这样多的代价，好像只有适当的数量被使用一样。总产品——也就是总产品的价值——这时，将不等于其中包含的劳动时间，而只等于它的总产品和其他部门的生产保持比例时按比例应当使用的时间。"例如，假设生产1码麻布所需的第一层含义的必要劳动时间是1小时，形成的价值为2先令，并且每码麻布都以这条件生产出来，按比例应该生产4 000码；但是，事实上"生产的是6 000码，不是4 000码麻布，并且如果6 000码的价值是12 000先令，它们就会只卖8 000先令。每码的价格将是1.33先令，不是2先令，(也就是说)比它的价值更低三分之一。结果等于1码麻布的生产已经过多地用了三分之一的劳动时间"。② 这就是说，不论生产出过多或过少的麻布，从而耗费了多少劳动时间，都由符合比例需要的麻布4 000码，从而生产4 000码所需耗费的劳动时间决定麻布总量的价值。至于这样一来，引文中的"6 000码

① 《马克思恩格斯全集》(第二十五卷)，人民出版社1974年版，第717页。

② 马克思：《剩余价值学说史》(第一卷)，郭大力译，人民出版社1975年版，第241页。

的价值是 12 000 先令”就不能解释①,这一点下面再谈。

现在,我们可以清楚地解释恩格斯这段话了:“如果两种物品的生产费用相等,那么效用就是确定它们的比较价值的决定性因素。”根据恩格斯后来的说明,这里的效用是指相互衡量即符合比例需要的使用价值量,再根据马克思这里的解释,假设麻布和棉布每码都是 1 小时生产出来的,价值 2 先令,两者符合比例需要量都是 4 000 码,但实际上麻布生产了 6 000 码,耗费总劳动时间 6 000 小时,棉布生产了 3 000 码,耗费总劳动时间 3 000 小时,结果 6 000 码麻布的总价值为 8 000 先令,每码麻布的价格为 1.33 先令,3 000 码棉布的总价值为 8 000 先令,每码棉布的价格为 2.66 先令。两者每码生产耗费的劳动相同,但由于总产量和按比例需要量之间的关系不同,两者的价格就不同。这个例子的着眼点是两种物品中每一件生产所需的劳动时间相同。

两种物品生产耗费的总劳动时间相同,但其产量即使用价值总量分别同按比例需要量结成的关系不同,结果也一样。我们将前例修改一下来说明。麻布和棉布每码都是 1 小时生产出来的,价值 2 先令,按比例的需要量,麻布为 4 000 码,棉布为 6 000 码,实际上两者都生产了 3 000 码,各自耗费的总劳动时间为 3 000 小时,结果 3 000 码麻布的总价值为 8 000 先令,每码麻布的价格为 2.66 先令,3 000 码棉布的总价值为 12 000 先令,每码棉布的价格为 4 先令。

以上的分析暗含着一个条件或假设,这就是商品的价值决定,要以商品的使用价值的供给和需要均衡为前提,亦即决定商品价值的社会必要劳动时间,是以商品的使用价值量的供给和需要处于均衡为范围来计算的。这是恩格斯的命题及其后的解释,以及马克思的第二层含义的必要劳动时间理论具有的内容。对此,列宁的理解很正确,很深刻。因此,他说,价值理论假设而且也应当假设需要和供给是均衡的。但这样一来,就产生如何同价值理论上的供求论划清界限的问题。

---

① 考茨基编辑马克思的遗稿时,显然看到这困难,但他将它取消了:他删掉原稿中“6 000 码麻布的价值是 12 000 先令”,并用括号加上自己的话:“4 000 码麻布的价值是 8 000 先令”[见郭大力译《剩余价值学说史》(第一卷),实践出版社 1949 年版,第 224 页注]。这样他就只将问题归结为 6 000 码麻布的价格如何决定。

以上的分析，在供需均衡的范围内，还假定每件商品生产所需要的劳动时间相同，即第一层含义的社会必要劳动时间就是生产每件商品的个别劳动时间。这是一种理论假设。事实上生产商品的个别劳动时间不可能都相同。这就要说明二层含义的社会必要劳动时间的关系。

（三）

要说明这两个问题，先要说明不论供需是否均衡，不同条件生产的同种商品，其社会价值是怎样决定的。

马克思认为，由个别劳动时间决定的个别价值，要转化为由二层含义的社会必要劳动时间决定的社会价值。由于转化要在供需均衡范围内进行，社会价值就是市场价值。以下是概括的说明："市场价值，一方面，应看作一个生产部门所生产的商品的平均价值，另一方面，又应看作在这个部门的平均条件下生产的、构成该部门的产品很大数量的那种商品的个别价值。只有在特殊的组合下，那些在最坏条件下或在最好条件下生产的商品才会调节市场价值。"①以下我们就根据这个原理，来分析不同条件下的价值决定。

在供需均衡条件下，有下面 3 种情况。

1. 假定这些商品的很大数量是在大致相同的正常社会条件下生产出来的，这样"社会价值同时就是这个很大数量的商品由以构成的各个商品的个别价值"。如果"这些商品中有一个较小的部分的生产条件低于这些条件，而另一个较小的部分的生产条件高于这些条件，因而一部分的个别价值大于大部分商品的中等价值，另一部分的个别价值小于这种中等价值，如果这两端互相平衡，从而使属于这两端的商品的平均价值同属于中间的大量商品的价值相等，那么，市场价值就会由中等条件下生产的商品的价值来决定。商品总量的价值，也就同所有单个商品合在一起……的价值的实际总和相等"。② 在所有这里论述的情况下，"商品总量的市场价值，等于它们的个别价值的总和"。③

2. 假定投到市场上的该商品的总量不变，但在较坏条件下生产的商品

① 《马克思恩格斯全集》（第二十五卷），人民出版社 1974 年版，第 199 页。
② 同上书，第 204 页。
③ 同上书，第 205 页。

的价值,不能由较好条件下生产的商品的价值来平衡,以致在较坏条件下生产的那部分商品,无论同中间的商品相比,还是同另一端的商品相比,都构成一个相当大的量,这样,市场价值或社会价值就由较坏条件下生产的大量商品来调节。换句话就是说,这里“在两端生产的两个个别价值量是不平衡的,而且在较坏条件下生产的商品起了决定作用”。①

3. 假定在高于中等条件下生产的商品量,大大超过在较坏条件下生产的商品量,甚至同中等条件下生产的商品量相比也构成一个相当大的量,这样,市场价值或社会价值就由最好条件下生产的那部分商品来调节。换句话说就是,这里的“市场价值就会降低到中等价值以下”。②

在 2、3 两种情况下,商品总量的市场价值或社会价值,仍然等于它们的个别价值的总和。这是因为,“每一单个商品或商品总量的每一个相应部分的平均价格或市场价值,在这里是由那些在不同条件下生产的商品的价值相加而成为这个总量的总价值,以及每一单个商品从这个总价值中所分摊到的部分决定的”。③

在供需不等条件下,商品总量中个别商品社会价值的决定情况如下:“如果需求非常强烈,以致当价格由最坏条件下生产的商品的价值来调节时也不降低,那么,这种在最坏条件下生产的商品就决定市场价值。这种情况,只有在需求超过通常的需求,或者供给低于通常的供给时才可能发生。”④这里说的是求大于供的情况。至于供大于求的情况,马克思没有说明。但是,只要将求大于供的情况按相反的方向来说明,就可以得出相应的结论。

我们将这里的说明,同上述供需均衡的第 2 种情况,即较坏条件下生产的商品,比中等的和较好的条件下生产的商品都多些的情况的说明,作一比较。两者的个别商品的社会价值的决定,当然受坏的条件下生产的商品的价值的影响,但马克思的用语是:求大于供时,由最坏条件生产的商品的价值决定,供求均衡时,由较坏条件生产的商品的价值调节。这里的调节指的是“这样得到的市场价值,不仅会高于有利的一端生产的商品的个别价值,

① 《马克思恩格斯全集》(第二十五卷),人民出版社 1974 年版,第 205 页。
② 同上书,第 206 页。
③ 同上书,第 205 页。
④ 同上书,第 200 页。

而且会高于属于中等部分的商品的个别价值；但它仍然会低于不利的一端生产的商品的个别价值”。但是，“只要需求稍占优势，那么市场价格就会由在不利条件下生产的商品的个别价值来调节”。[①] 如果情况发展为求大于供，就由最坏条件下生产的商品的个别价值来决定社会价值了。供大于求时，情况就相反。

我们再将在供需均衡和供需不等的条件下，商品总量的社会价值、全部个别商品的社会价值的总和以及全部个别商品的个别价值的总和这三者的关系，作一比较。根据前面的说明，在供求均衡条件下，这三者完全相等；在求大于供时，情况如下：商品总量的社会价值＞全部个别商品的社会价值的总和＞全部个别商品个别价值的总和；供大于求时，情况和求大于供时相反。

现在我们回过头来看马克思举的那个以麻布为例的例子，就可以完全了解了。每码都是 1 小时生产出来的，价值 2 先令，需求 4 000 码，供给 6 000 码，供大于求。这样，本应由最好条件下生产的商品的个别价值决定商品的社会价值，但在这里条件都是同一的，就由任何一件商品的个别价值决定；以“按比例应当使用的劳动时间”决定的商品总量的社会价值为 8 000 先令，这也就是以个别商品的社会价值为 2 先令计算的 4 000 码麻布的社会价值；全部个别商品的社会价值的总和为 12 000 先令，全部个别商品的个别价值的总和也是 12 000 先令，因为商品都是由同样的条件生产出来的；个别价值或社会价值（在这里是一回事）的总和为 12 000 先令，但被支付以 8 000 先令，再由它决定个别价格，每码的价格为 1.33 先令；这就是说，每码的价格低于每码的社会价值（2 先令），全部个别商品的价格总和低于全部个别商品的个别价值或社会价值总和（12 000 先令），而全部个别商品的价格总和，就是由按比例分配的劳动决定的商品总量的社会价值（8 000 先令）。

（四）

上述马克思关于在不同条件下价值由比例分配的必要劳动决定的论述，是以假设的供需均衡为前提的。比例分配的必要劳动和供需均衡，这两者本来是同一事物的不同表述；但是，说比例分配的必要劳动决定价值，人

① 《马克思恩格斯全集》（第二十五卷），人民出版社 1974 年版，第 205—206 页。

们容易接受;说这样决定的价值要以假设供需均衡为前提,却会产生许多外观上的矛盾,需要解决。

这些矛盾有如下列:第一,与供求论的价值理论有何不同。供求论认为,供大于求价值降低,求过于供价值提高,供需关系的长期变动,会使价值趋向于一个水平。但它不能说明这个水平本身的高度。这个高度只能以生产商品耗费的社会必要劳动时间来说明。劳动价值理论就是回答这个问题的。至于由马克思完成的这个理论中的必要劳动有两层含义,在决定商品价值中,两者的关系如何,下面详细论述。

第二,价值的决定,要以假设供需均衡为前提,这是一方面;但是,另一方面,供需又以价值为前提,因为"即使没有由外界情况引起的供给或需要的变化,供求关系仍然可以由于商品市场价值的变化而变化"。[①] 因此,这似乎是一种循环推论。

让我们进一步研究马克思的有关论述。

假设在供需均衡条件下,由劳动决定的社会价值即市场价值,由于劳动生产率的普遍提高而降低了。这样,同以前相比,需求就增加;供给也是这样。"因为加到所供给的商品中去的生产资料的价格,决定对这种生产资料的需求,从而也决定这样一些商品的供给,这些商品的供给本身包括对这种生产资料的需求。"[②]这种以价值为前提而形成的新的供需关系,不一定是均衡的;只要不均衡,市场价格就同市场价值不一致,这种不一致会导致新的供需均衡。这就是:"市场价值调节着供求关系,或者说,调节着一个中心,供求的变动使市场价格围绕着这个中心发生波动。"[③]很明显,这个中心就是在新的供需均衡条件下由劳动决定的新的社会价值。这又会引起新的供需关系的变动……

在这里,在价值决定和供需关系之间的关系上,我们除了看到,在上述条件下,都是由比例分配的必要劳动决定价值,即马克思所说的:"既然在这两个场合,供求关系没有差别(都是均衡——引者),而'自然价格'(区别于受供需不等所调节的市场价格而与价值一致的价格——引者)本身的量有差别,那就

---

① 《马克思恩格斯全集》(第二十五卷),人民出版社 1974 年版,第 214 页。

② 同上书,第 213 页。

③ 同上书,第 202 页。

很明显,'自然价格'的决定同供求无关"[①],除了看到这一点之外,更看到了:供需关系由均衡而发生变化,是由于价值本身发生变化,即马克思所说的:"在这里所说的情况下,正好是生产费用的变化,因而正好是价值的变化,引起需求的变化,从而引起供求关系的变化,并且需求的这种变化,也能够引起供给的变化……生产费用的变化,无论如何不是由供求关系来调节的,而是相反,生产费用的变化调节着供求关系。"[②]总起来说就是:供需均衡条件下的亦即比例分配的必要劳动决定价值,这价值由于劳动生产率的变化而变化,这引起供需关系的变化而导致新的供需均衡。这里不存在循环推论。

第三,如果给"需求和供给这两个概念下一般的定义……它们好像只是同义反复。"[③]例如,老穆勒就认为,"每一个商品总是同时是需要品又是供给品。当两个人进行交换时,并不是一个只供给,另一个只需要。他的供给品,必然会为他获致他的需要品,他的需要和他的供应,他的需要和他的供给因此是完全相等的。但若每一个人的需要和供给总是相等的,一国全体人合起来,需要和供给也必然是相等的"。[④] 老穆勒的这种看法还有另一种表现,那就是每一次卖同时就是买,反过来也是一样。如果真是这样,需求和供给就必然均衡,甚至两者就是同一事物,那么,供需均衡的假设就不仅是多余的,而且是不能成立的。事实上不是这样。

问题很清楚,他错误地将商品交换中货币的作用忽视了,将商品交换看成产品交换。因此,马克思尖锐地指出:"在我供给铁的时候,我不是需要铁,而是需要货币。我供给一种特别的使用价值,并需要它的价值。所以,我的供给和需要是不同的,像使用价值和交换价值不同一样。"[⑤]这就是说,供给和需求不是同一事物。这是一。其次,老穆勒信奉斯密教条,否认C的存在,认为它最终会分解为V+M,因此看不到供给和需求的不均衡,最容易发生在固定资本的折旧和更新上。我们知道,C包括如像机器这样的固定资本以及如像原料这样的流动资本,机器是一次购买而在多次生产过程中使

---

① 《马克思恩格斯全集》(第二十五卷),人民出版社1974年版,第215页。
② 同上书,第214页脚注。
③ 同上书,第208页。
④ 转引自马克思《剩余价值学说史》(第三卷),郭大力译,人民出版社1978年版,第109页。
⑤ 同上书,第107页。

用的。因此，它在每次生产过程中的折旧费构成供给，但不构成需要，而经历多次生产过程也就是折旧完毕后，全部折旧费却构成需要，即更新机器。因此，从每个企业看，在固定资本上体现的供给和需求永远是不均衡的。要从全体企业看做到均衡，就要每次生产过程的总折旧和总更新均衡，这是很难做到的。因此，马克思认为，供给和需要的不均衡，最容易发生在构成固定资本的商品上。供需不是一回事，并且经常不均衡，所以在研究价值如何决定时，才有必要假设它们是均衡的。

（五）

现在研究决定价值的二层含义社会必要劳动时间，即平均条件的必要劳动和比例分配的必要劳动的关系。首先一个问题是，前者的形成有没有一定的界限，换言之，即使是进入同一市场的、生产同种商品的生产者，其劳动条件是不是都进入平均化的过程。这个问题只要我们研究马克思关于价值尺度的理论，即将内部尺度和外部或社会尺度之分弄清楚，便可回答。马克思在批判格雷和欧文等认为作为尺度的劳动券就是货币的看法时指出，生产一种商品所必需的、由平均条件决定的社会劳动时间，只是生产者内部的价值尺度，其中的劳动还是私人劳动，它要实现为社会劳动，这样，只由生产者内部来计算平均条件的劳动时间，是不能解决私人劳动要实现为社会劳动的问题的。它要取得社会的承认，才可能实现。这个承认包括三方面：1. 生产的使用价值确实是有用的，这一点由于社会分工是长期形成的，一般说来生产的使用价值确实是有用的；2. 生产的使用价值的数量是符合需要的，这就对据以计算平均条件的劳动的商品量起界定的作用；3. 在上述基础上计算生产一件商品的必要劳动。代表社会劳动来对商品的使用价值的质予以承认，然后以此为前提对商品的价值的量予以计算的是外部尺度即货币。因此，平均条件的社会劳动的形成，是以假设的供需均衡为范围的。如果没有范围，如像欧文试验的劳动券，对所有生产同种商品的生产者生产商品所费的时间，都予以平均计算，即使十分精确，由于得不到社会的承认，私人劳动就不能实现为社会劳动，试验终于失败。由此可以看到，比例分配的必要劳动，对平均条件的必要劳动的形成，起界限的作用。

现在进一步谈谈这个问题。这个问题说清楚了，许多误解就会随之消失。上述的界限作用，集中到一点就是使平均条件的经济内容发生变化。这里首先要指出的是，马克思在《资本论》(第一卷)第一篇第一章论述的平均条件的必要劳动，是一种居中的平均条件，大体上与前面谈的供需均衡的第1种状况相当。在供需均衡的第2种状况下，平均条件下降，即较坏的条件起很大的作用。在求大于供的状况下，平均条件还要下降。在供需均衡的第3种状况下，平均条件上升，即较好的条件起很大的作用。在供大于求的状况下，平均条件还要上升。由于从发展趋势看，供需趋于均衡，再由于自由竞争充分展开，作为一种规律，价值是由居中的平均条件的必要劳动决定的。

* * *

研究恩格斯和马克思的有关理论，有重大的实践意义。商品价值决定中包含着在各生产部门中比例分配社会劳动的自发要求，将这种要求变成主观认识，并反作用于经济，这样的商品经济就是包含着计划因素的了。

三、关于劳动价值论创新问题①

近来关于劳动价值理论的讨论文章很多，我不可能一一看到；就我所看到的而言，有的我同意，有的则不同意。当然，对这一理论确实应该结合当前条件加以深化。对此，我也谈一点个人看法。为了分辨哪些是理论创新，是阳关道，哪些不是，而是死胡同，我也谈一点价值理论史。

(一) 将劳动和知识对立起来，认为不是劳动而是知识创造价值

一位学者认为，发生在经济基础层面上的重大变化，必然要求意识形态作相应的变化；然后又将生产商品的物质技术基础看作社会形态的经济基础。据此，他就明确地说：当前，知识作为财富和价值的主要源泉成为经济发展的主要驱动要素，而资本在经济发展中的作用却显著地下降了；当社会生产力取得进步，技术、知识和人力资本取代劳动与货币资本而成为价值的

① 写于2001年10月。

主要来源时，我们就不应当再用劳动价值论来解释价值的形成与增殖过程。[①] 我开始时对这种说法是有疑问的，并认为这明显与价值理论史不符。因为斯密认为知识是一种固定资本，但他并不认为知识创造价值，却提出劳动价值理论；再从生产商品的物质技术基础看，斯密的时代是手工工具，马克思的时代是机器体系，其间技术基础的变化很大，但后者不仅没有从根本上摒弃前者的劳动价值理论，反而以其为基础，只是克服了前者认为工人出卖的是劳动而不是劳动力的错误，从而创建了剩余价值理论。可是往深层一想，知识的运用也是劳动，这位学者不过将它们对立起来罢了。所以，认为知识创造价值，就等于说，最高级的劳动创造价值。但是，对于相当多的经济学家用复杂劳动是倍加的简单劳动，来解释知识创造的价值是千百倍地高于简单劳动创造的价值，我并不满意。因为这并没有说明其中的机制。对于威廉·李卜克内西曾经用复杂劳动就是强度的和密集的劳动，来说明它形成的价值较高，又以从事复杂劳动的人要消费更多的热能和蛋白质，并且其劳动力价值要足以补偿学习这种职业时所耗费的劳动，以及老师教授时所耗费的劳动，等等，来解释其工资较高，我也不完全满意。因为这就等于将问题部分地说成是生理上的需要。

我认为应当这样解释：

培养有知识的人才，越是高级的淘汰得就越多，其中耗费的全部劳动包括教者和学者的劳动，就凝结在少数成功者的身上，这些少数成功者在多次失败中也耗费许多劳动，因此，这些极有知识的劳动者支出的劳动，就结集了许多教者、学者以及学者在失败中所耗费的劳动。杰出的科技人员、管理人员、艺术家等等，其劳动所以创造很高的价值，就是这个道理。我这种看法其实是来自马克思。他说：金刚石在地壳中是很少的，因而发现金刚石平均要花很多劳动时间。因此，一块金刚石就代表很多劳动。[②] 同理，培养一个专门人才，平均也要花很多劳动时间。至于这些极有知识的人才其劳动需要得到很高的报酬，亚当·斯密是从两方面说明的。其一是：劳动工资因业务学习有难易，学费有多寡而不相同；学会这种职业的人，在从事工作的

① 华民：《“三个代表”：应对时代转型的战略思想》，《解放日报》2001年4月16日。

② 马克思：《资本论》（第一卷），人民出版社1975年版，第53页。

时候，必然期望除获得普通劳动工资以外，还要收回全部学费，并且至少取得普通利润，精巧艺术和自由职业的学习需要很长的时间和很大的费用，所以画家和雕刻家、律师和医生的货币报酬，当然要大得多；其二是：各种职业的劳动工资，随取得资格可能性的大小而不相同；送子学做鞋匠，无疑他能学会制鞋的技术，但若送子学法律，那么精通法律，并能靠法律吃饭的人，可能至少是 20 个人中才能产生 1 个；就成功者 1 人而不成功者 19 人的职业来说，这成功的 1 人，应享有 20 人应得而不能得的全部。① 斯密这里提出的就是现在流行的人力资本理论的发轫。

（二）认为生产三要素合起来创造价值

最早提出这种看法的是大家都知道的钱伯海。听过他开设的经济学课程的 10 多位博士生，以王莉霞等为代表写的《确认物化劳动创造价值才能使我们坚信马克思的劳动价值理论》②，将他的理论精粹介绍给我们，其中不无正确的看法。例如他们说，如果从横向宏观看问题，那么，就会确认一个企业的物、活劳动共同创造价值，恒等于从社会看的活劳动创造价值。这一点，马克思在《资本论》中早就说过："事物在社会资本即单个资本的总和的运动中的表现，和它从每个个别考察的资本来看的表现，也就是从每一单个资本家角度来看时的表现，是不同的。对每一单个资本家来说，商品价值分解为：1. 不变要素（斯密所说的第四要素）；2. 工资和剩余价值之和，或工资、利润和地租之和。而从社会的观点来看，斯密的第四要素即不变资本价值，就消失了。"③我在 1957 年就探讨过这一问题。④ 他们这样说，事实上还是等于说，现在全社会的价值是社会过去的全部劳动和现在的全部活劳动创造的。其实，前者就是物化劳动，它创造的价值事实上是转移下来的。这就是马克思的看法。但是，他们又将物化劳动创造价值最终归结为物化劳动创造相对剩余价值和超额剩余价值，并认为这两者也是价值，因此，说物化

---

① 亚当·斯密：《国民财富的性质和原因的研究》（上卷），郭大力、王亚南译，商务印书馆 1972 年版，第 93—94、97—98 页。

② 王莉霞、刘振彪、庞任平等：《确认物化劳动价值创造才能使我们坚信马克思的劳动价值论》，《经济评论》2000 年第 1 期。

③ 马克思：《资本论》（第二卷），人民出版社 1975 年版，第 472 页。

④ 陈其人：《"亚当·斯密信条"批判》，《复旦学报》1957 年第 2 期。

劳动创造超额的和相对的剩余价值，就等于说物化劳动创造价值。他们再将物化劳动定义为生产资料即C，而C是生产要素，这就等于说，生产要素合起来创造价值，这就不对了。相对剩余价值和超额剩余价值是马克思创立的经济范畴，也是马克思的劳动价值理论和剩余价值理论的组成部分；马克思认为决定商品价值的是在平均条件下生产某种使用价值所需的劳动时间，这条件有客观的即劳动手段和劳动对象，也有主观的即劳动者的熟练程度，由平均条件决定的价值是商品的社会价值，由具体条件决定的价值是商品的个别价值，个别价值与平均条件成反比，商品不按个别价值而按社会价值出售；马克思认为资本主义生产的目的是获取剩余价值，商品的个别价值低于社会价值的部分就是超额剩余价值，每个企业由于都追逐超额剩余价值，就设法提高生产条件，到一个生产部门的平均生产条件已提高到一个新的水平时，由它决定的社会价值就下降了，原来的超额剩余价值就不存在了。但追逐超额剩余价值是一个不断的过程，新的超额剩余价值总是不断产生的。当追逐超额剩余价值导致生产消费资料的生产部门提高了平均的生产条件，因而消费资料的社会价值下降，劳动力价值也随之下降时，全体资本家的相对剩余价值就增加。因此，追逐超额剩余价值的结果是相对剩余价值的产生。从这一点看，上述文章最大的缺点，我认为就是没有论述决定商品价值的是平均条件下生产商品所需的劳动。如果它看到这一点，那么，当它强调先进工具或技术，即物化劳动创造超额剩余价值时，它就应看到，当这技术一旦被其他企业的技术赶上，成为平均条件以下的技术，即它生产的商品的个别价值高于其社会价值而按社会价值出售时，岂不是生产了“不足的价值”？这样，按照逻辑，主张物化劳动创造价值，就得同意物化劳动也能减少价值。王莉霞等可能回答说：你们说只有活劳动创造价值，同样也存在这样的问题，因为极不熟练的活劳动创造的个别价值也是高于社会价值的。可是，我认为这两个命题有一点不同：活劳动创造价值，说的就是创造价值，不涉及价值的大小；而物化劳动创造超额剩余价值，说的是只能创造低于社会价值的个别价值，否则，就没有超额剩余价值。

有的学者认为，有些不是劳动生产的东西，按照劳动价值论的说法，应是没有价值的，但它们却能卖钱，即具有“价格”，这如何解释？例如，土地价格、品牌价格，等等。按照他们的解释，这些应该是由相应的要素产生的。

这也是一种生产要素论。其实，这个问题根据马克思的、以劳动价值论为基础的经济理论是完全可以解释的。土地价格其实是土地私有权的“价格”，它是土地私有权带来的地租的资本化；品牌价格是由名牌带来的超额或垄断利润的资本化；所谓资本化，就是将上述地租和利润设想为是一笔资本的产物，即将它们除以利息率的结果。如上述年利润为1亿元，年利息率为3%，那么，品牌的价格就为33.333 33亿元；就是说，将这笔钱存在银行里，每年得到的利息为1亿元，和品牌带来的年超额利润或垄断利润相等。

生产三要素即劳动、资本和土地合起来创造财富或价值，这理论是由法国经济学家萨伊利用斯密的错误的价值理论而创立的。斯密贡献了劳动价值理论，但是很不彻底。他认为对个体生产者而言，其劳动生产的商品的价值，全归其所有，即全部成为工资。这时，他认为商品的价值是由生产商品投下的劳动决定的。这是正确的。但是，他认为一旦资本积累和土地私有权产生，商品的价值就要扣除一部分为利润，另一部分为地租(这两者就是马克思说的剩余价值)。这是非常正确的。但他又认为工人出卖的是劳动而不是劳动力，并且无批判地接受了在日常生活中形成的“劳动价值”的说法，因而工人就应得到劳动创造的全部价值，这样一来，利润和地租就没有来源了。为了说明它们的来源，他就认为资本主义商品的价值是由交换商品支配的劳动决定的，它包括了工资、利润和地租，它们各有来源。就是说，斯密错误地认为工人出卖的是劳动，就要得到它所创造的价值，这样，为了说明各种收入的来源，就只好修改价值由生产商品投下的劳动决定的正确原理。换言之，这正确原理和资本主义的分配好像是矛盾的。其实，这是斯密自己思想上的矛盾。李嘉图尖锐地指出：斯密把商品根据生产所需的劳动量互相交换的规律，仅限于应用在资本积累和土地占有以前的早期原始状态。因此，斯密就不自觉地提出两种劳动价值理论：一种是价值由生产商品投下的劳动决定，另一种是价值由交换商品支配的劳动决定，并认为这两种说法是相同的。马克思指出其错误。萨伊就利用斯密后一错误，提出生产三要素论。

生产三要素论和服务论构成萨伊的生产论，其中的关联在于生产就是提供服务。他将使用价值或财富或效用混同于价值，认为生产三要素既然生产了使用价值或财富或效用，就是生产了价值。由生产三要素论产生的三位一体公式，说的就是劳动生产出并分配到工资，资本生产出并分配到利润，土地生产出并分配到地租；也就是：劳动——工资，资本——利润，土地——地租。从生产就是创造出一定的效用（或使用价值或财富）这一论点出发，他就把价值看成由效用决定的；从生产是生产三要素在发生作用这一论点出发，他就认为生产要素不论是否属于企业家所有，都要看成要购买或租赁来的，因而价值就由支付生产要素的费用构成，即由生产费用或生产成本构成，它们等于工资、利润和地租之和。对我们的研究而言，生产三要素论最大的缺陷是：既然使用价值或财富或效用，亦即萨伊说的价值是三要素共同创造的，那么，怎能算出每一要素生产出的财富或价值的数量，并由此决定每一要素分配到的财富或价值的数量呢？这是所有生产要素论都遇到的难题。

对于这个难题，英国古典经济学鼻祖配第早就试图解决。他认为土地和劳动共同创造财富，因此，就要使这两者换算为同一单位，以便计算各自所创造的财富。这两者质不相同，按理是不能换算的。可是他却这样换算：2 亩地没有人的劳动，长出的青草供在这地上的牛吃用，一年中牛长的肉，可供 1 个人吃 50 天，这就是土地的价值，即 1 年的地租；1 个人在这地上种粮食，一年中收的粮食，可供 1 个人吃 60 天，这多出的 10 天粮食，就是 1 个人一年的劳动创造的，即他的工资。这样，土地和工资的价值都是用若干天的食物来表示的，也是土地和劳动的换算单位。马克思认为，配第这一迷误是天才的。我们能这样换算吗？

生产三要素论及三位一体公式，从我们的研究看，还有一个漏洞：如果资本是借来的，企业付了被认为是资本生产的利息之外，还有收入即企业收入；它不包括在三位一体公式中，也不是三要素中哪一种要素创造的。这预示着要增加一个要素，要变三位一体公式为四位一体公式。

（三）认为资本家或其代理人的经营管理劳动全部创造价值

一位学者提出“管理贡献可计量论”①，客观上起了试图弥补上述缺陷和漏洞的作用。他引用 20 世纪 60 年代在发达国家开始迅速流行的人力资本

---

① 蔡鸿德：《管理贡献可计量》，《组织人事报》2001 年 3 月 19 日。

(区别于货币资本)概念,认为它包括技术和管理两部分;再从会计学的角度出发,认为对前者的评估较易解决,但没有具体说明(我想应该是前述的最高级的劳动创造的价值如何资本化的问题);他试图解决的是对管理的贡献如何量化的问题。

他首先排除一些人的看法,这些人认为:企业的绩效不是一个人的贡献,而是集体智能的结晶,大家都有功劳。他认为这就要将个人的贡献剥离开来,而个人的贡献是可以计量的。这有两种思路。他倾向用会计计量法,因为此法可直接将管理的贡献货币化。他举例说,如某老总上任时,原企业亏损500万元,经其经营,现盈利300万元,这一进一出就是800万元。这位老总的贡献,就要根据经济活动分析看其在哪些方面起了作用来计量。计算清楚了,他的贡献就货币化了。这就是说,管理经营的劳动,不问其社会性质如何,都是创造价值的。如果老总等管理人员是私营企业的,那么,他们就是资本家雇佣的高级工资劳动者,他的经营管理劳动就全部创造价值。这个问题另一位学者说得更清楚。他说:私营企业家的经营管理劳动,同样是创造价值的劳动,必须给予肯定。[①] 这种否认资本家或其代理人的经营管理劳动具有二重性,即不论其属于组织劳动的一面(从这一点看,经营管理人员,即资本家代理人的劳动创造价值,而且和工人的劳动一样,也创造剩余价值,其工资也是他们自己生产的),还是属于监督劳动的一面,全部都创造价值的观点,我认为可以商榷。道理很简单:资本家为了对工人剥削更多的剩余价值,不管用野蛮办法,还是用文明办法,都要花劳动,这种劳动当然不创造价值。试想美国南北战争前,南部的奴隶要在奴隶主或监工的鞭笞下劳动,北部的自耕农独自劳动,生产同样的农产品,在市场上以同样的价格出售,有同样的价值,这难道可以说对奴隶的监督劳动创造价值?这是我们对资本家的经营管理劳动的性质的不同看法。

我要指出,最先试图弥补三要素论的缺陷和三位一体公式的漏洞的,最先提出资本家的劳动具有二重性的,都是英国经济学家乔治·拉姆赛。他在《论财富的分配》(1836年)中说:在生产中存在着四个相互协作的阶级,从而他们便在共同的成果中各自取得一个份额;四个阶级是:劳动者、雇主、资

---

① 萧灼基:《推进理论创新　指导经济实践》,《当代经济研究》2001年第5期。

本家和地主;他们分别得到的份额是:工资、企业利润、资本纯利润和地租。他认为雇主即企业主从事脑力劳动,借用生产三要素,组织生产,再在共同生产的财富中,支付了生产要素的费用后,将余额变为其收入。他又认为企业利润具有二重性:其原因在于企业主的劳动具有特点,即有很多企业的"领导人亲自动手干活,但是在他们这样做的时候,他们在那个时候已停止作为雇主而成为操作者"。[①] 前者是弥补缺陷和漏洞,后者是说明资本家的劳动具有二重性。马克思认为,拉姆赛关于企业利润,特别是关于监督劳动所说的话,是其著作中提出的最合理的东西。

对于前一学者(蔡鸿德)对管理劳动的贡献的量化,我有不同的看法。他对某老总使一个企业扭亏为盈的分析,事实上就是说,工人还是这些工人,设备还是这些设备,老总(还有一系列管理人员)一来,就扭亏为盈,可见,新的业绩就是老总等创造的。这里,我将工人在不同的老总管理下会有不同的劳动积极性这一问题暂置勿论,只提出这样的问题:新办的企业,年终一算,盈利500万元,这时老总等人的管理贡献如何量化?理论要经得起刨根问底。看来,这种量化论很难自圆其说。

最先试图解决上述量化问题的,是美国经济学家约翰·贝茨·克拉克。他在《财富的分配》中(1899年)认为,在生产三要素中,假定两个要素不变,增加另一个要素,产量就增加,增加的部分就是该要素生产的,只是由于要素之间的比例被破坏,增加的要素的产量就递减,边际要素的边际产量就决定该要素的报酬。他就由此说明工资和利润的决定。土地不能随意增加,地租就不能由此决定。他就认为土地和劳动共同生产产品,既然劳动的生产率是递减的,那么由边际劳动的边际产品决定的工资以外的全部产品就是地租。其错误还是将财富或使用价值看成价值,以及生产力递减理论。管理贡献可计量论,从方法看,我认为有着克拉克的影响。

(四)认为用于实现价值的劳动创造价值

商品有两个因素:使用价值和价值;在使用价值运动中耗费的劳动创造价值,这是我们共同的认识;在价值流通或价值实现中耗费的劳动创造价值

---

① 乔治·拉姆赛:《论财富的分配》,李任初译,商务印书馆1984年版,第143页。

与否，有不同的看法。一位学者认为它是创造价值的。他说：过去认为不创造价值的从事商业买卖劳动、金融劳动等，都应视为创造价值的劳动。[①] 根据他的观点，还应该加上从事广告的劳动（单纯说明使用价值性能的除外），等等。反之，另一位学者则不同意这种看法，认为不能把创造价值的生产劳动扩展到纯粹买卖、纯粹中介一类的经济领域。[②] 我赞成后者的观点。理由是：实现已有的价值，是要花劳动的，这主要是用于买卖的劳动，包括商业和金融劳动，买卖双方的恶意越增大，生产与消费的矛盾越严重，这种劳动的耗费就越多，这难道能增加价值？以纯粹的商业劳动和金融劳动等在商品社会中的重要性，以马克思说过商品价值从商品体跳到全体上，是商品的惊险的跳跃等，来证明这种劳动创造价值，是站不住脚的。因为重要与否并不是创造价值的决定因素。试看宣传广告和豪华包装，其实是浪费社会劳动，难道这是创造价值？有个别经济学家将这种观点推到极端，认为股市炒股的劳动也创造价值，这更是匪夷所思了。同理，用于分配已有价值的劳动也不创造价值。这主要是从事会计、审计、税务和财务工作的劳动。

认为商业劳动，并且只有商业劳动才创造价值，这种观点始自资本主义初期的经济理论——重商主义。资本主义初期商业资本到处瓦解自然经济，贱买贵卖，获取让渡利润。它视金银货币为唯一的财富或价值。它当然知道一国之内的贱买贵卖，不能增加一国的财富或价值；只有通过对外贸易，取得顺差，输进金银货币，才能增加一国的财富或价值。就是说，从事对外贸易的劳动创造价值。其实，不论从事国内贸易还是国外贸易，在纯粹流通中，其劳动都不能创造价值。输出商品，即使取得顺差，从而输进金银，但从价值看，输出和输入还是相等的。

（五）关于国家工作人员的劳动是否创造价值的问题

对这个问题有两种对立的看法：一位学者明确表示，不赞成把创造价值的生产劳动延伸到党政军和公检法之类非经济活动领域[③]；另一位学者不仅持同样观点，并且提出理由，就是：政府和军队及公检法部门不是上缴国家

① 张卓元：《新世纪初期的中国经济体制改革》，《中国工业经济》2001 年第 3 期。

② 楚风：《倡导“新的活劳动价值一元论”》，《光明日报》2001 年 7 月 17 日。

③ 同上。

税收，而是全部吃财政饭的。[①] 第三位学者则认为从事国家事务的劳动，能产生“公共产品”[②]；这就是斯密所说的：保护社会、保护个人、建设并维持某些公共事业和公共设施，即为生产提供外部条件。因此，国家工作人员的劳动是创造价值的。

我认为，上述看法的不同，源于对国家的性质的职能的看法不同。马克思认为国家是阶级压迫的工具。他接受了斯密首次提出来的、政治经济学关于服务这一概念（这个问题下面还要谈），称国家机关人员的劳动为服务。基于他对资产阶级国家机器的阶级性的认识，他对这种服务当然带着厌恶的感情，如说：“服务还可以是强加在我身上的，官吏的服务等等就是这样。”[③]但是，当他平静地思考理论问题时，其看法就不同了。如说：资本主义“政府的监督劳动和全面干涉包括两方面：既包括执行由一切社会的性质产生的公共事务，又包括由政府同人民大众相对立而产生的各种特殊职能”。[④] 就是说，同他分析资本主义管理具有二重性基本相同。由此可以看出，公共事务是一切社会都存在的，是没有阶级性的。既然这样，就应该说，国家工作人员的劳动有一面是创造价值的，犹如资本家的经营管理劳动有一面是创造价值的一样。但这个关于国家性质和职能的理论问题，苏共著名理论家布哈林的看法与此不同。他论述国家执行公共事务职能时，强调其阶级的性质。[⑤] 基于这种看法，他理应彻底否认国家工作人员的劳动有创造价值的一面；但是，他又认为，随着经济的发展，国家就具有经济职能；他的国家资本主义托拉斯理论中的国家就是这样。在他的脑海里，这种托拉斯是这样的组织：全部国民经济由唯一的托拉斯所囊括，托拉斯由垄断银行和垄断工业组成，国民经济则由国家来管理。这样一来，国家就具有经济职能了；其工作人员的劳动有一面就是创造价值的。由于国家职能有二重性，我同意它执行公共事务职能（区别于分配价值和监督劳动的职能）这一面创造价值。当然，这一面创造的价值，也同资本家管理劳动有一面创造的价值

① 卫兴华：《在坚持和发展的统一中深化研究和认识》，《光明日报》2001年8月21日。
② 李义平：《价值、价格理论的演变与启迪》，《中国经济时报》2001年8月22日。
③ 马克思：《剩余价值学说史》（第一卷），郭大力译，人民出版社1975年版，第458页。
④ 马克思：《资本论》（第三卷），人民出版社1975年版，第432页。
⑤ 尼古拉·布哈林：《过渡时期经济学》，生活·读书·新知三联书店1981年版，第14页。

一样，是无法剥离出来单独予以量化的。

(六) 关于服务是否创造价值的问题

要回答这个问题颇不容易。即使撇开一般人会将生活中的用语——服务，混同于经济学中的范畴——服务不谈，就经济学家而言，对服务也有不同的看法或定义。第一，现在有人将服务等同于或者至少包括在第三产业中，认为第三产业发展最快，创造的价值在国民生产总值中占的比重越来越大，不能忽视，由此不经过说明，就认为服务都创造价值，这明显不能解决问题；其实，现在对第一、第二和第三产业的划分，并不是根据经济学原理进行的，而是根据统计方法的需要进行的，这就必然发生矛盾。如一座酒楼，就其生产菜肴来说应是对农产品的最高级的和最后的加工，就是说这部分应是第二产业，就其招待人员提供的劳动，即我所理解的服务中的一种来说，才属第三产业，前者毫无疑问是创造价值的，后者是否创造价值，正是我们要解决的问题，但在统计方法上将这两者都包括在第三产业中，就不加分析地将它们同样对待了。第二，即使将服务从第三产业中剥离出来加以研究，经济学家对服务的理解也不尽相同，有的是按照斯密和马克思的定义进行研究，有的则不是，其结果当然就完全不同。第三，斯密和马克思对服务的界定，与他们分别对生产劳动和非生产劳动的定义有关，马克思克服了斯密对生产劳动两种定义之间的矛盾，将与资本相交换的劳动称为生产劳动，认为它是创造价值的，将与收入相交换的劳动称为非生产劳动，认为它提供服务，其中有载体的那一部分，是创造价值的，没有载体的那一部分，则不创造价值；但前者越来越少，后者则越来越多，这就等于说，服务一般不创造价值。第四，上述马克思对服务是否创造价值的看法，还是以非生产劳动为范围的；此外，他对服务的定义还有越出这个范围的。例如，他说："一般说来，服务也不外是这样一个用语，用以表示劳动所提供的特别使用价值，和每个其他商品都提供自己的特别使用价值一样；但它成了劳动的特别使用价值的特有名称，因为它不是在一个物品的形式上，而是在一个活动的形式上提供服务。"[①]这里说的是：服务是劳动的活动形式；按此定义，服务就可以包括：经济领域中的实

① 马克思：《剩余价值学说史》(第一卷)，郭大力译，人民出版社 1975 年版，第 456 页。

现和分配价值的劳动从业人员的劳动，政治领域中的党政军和公检法工作人员的劳动。关于这两类劳动是否和怎样创造价值的问题，我们在前面已经谈过了。因此，我现在就集中谈与非生产劳动相关的服务，哪一部分是创造价值的，哪一部分则不创造价值。

先谈斯密对非生产劳动即服务的定义。他说："有一种劳动，加在物上，能增加物的价值；另一种劳动，却不能够。前者因可生产价值，可称为生产性劳动，后者可称为非生产性劳动。"①非生产劳动只提供服务，它和生产劳动的根本区别在于：和制造业工人的劳动不同，"一个侍仆的劳动却不会固定或实现在一种特殊的物品或可卖品中。他的服务，通常是做了就完了，很少会留下什么痕迹或价值可以在以后用来获得等量的服务"。② 社会某些最受尊敬的阶层的劳动，也是这样。他又说："虽然制造业工人也要由他的雇主的垫付得到工资，但实际上毫无所费于他的雇主，因为这种工资的价值，照例会由他的劳动借以投入的物品的价值加大，而带着一个利润再回来。一个侍仆的维持费用，却永远不会再回来。"③前一种劳动是生产劳动，后一种则是非生产劳动。这样，我们看到，斯密有两种对于生产劳动的定义：生产价值的和不仅生产价值而且还要带来利润的。这是自相矛盾的。马克思从资本主义生产目的是剩余价值出发，认为只有后一定义才是正确的。他又认为：随着资本主义生产的发展，除了少数的例外，同资本交换的劳动一般是生产商品的劳动，即生产劳动，同收入交换的劳动一般是提供服务的劳动，即非生产劳动。从这里出发，马克思就认为：非生产劳动即服务，其中有载体的那部分是生产价值的，没有载体的那部分是不生产价值的。

有载体的服务生产价值，马克思的说明如下：我雇到家里来的缝衣工、修理工、清洁工、厨师，等等，和资本家在企业里雇佣他们一样，都"把他们的劳动固定在一个物品上，并且实际上把这个物品的价值提高。按可能性来说，这些使用价值也是商品；衬衫可以送到当铺去，房屋可以拿去再卖，家具

---

① 亚当·斯密：《国民财富的性质和原因的研究》(上卷)，郭大力、王亚南译，商务印书馆 1972 年版，第 303 页。

② 同上书，第 304 页。译文采用郭大力译《剩余价值学说史》(第一卷)，人民出版社 1975 年版，第 153 页。

③ 同上书，第 303 页。译文采用郭大力译《剩余价值学说史》(第一卷)，人民出版社 1975 年版，第 146 页。

可以送去拍卖，等等。所以，按可能性来说，这些人也生产商品，并且把价值加入到他们工作的对象中去”。[①] 同样道理，那些其载体是劳动力商品的服务，如医疗、理发、美容、教育，等等，也是创造价值的。反之，那些没有载体的服务，则不创造价值。随着资本主义生产的发展，有载体的服务渐少，无载体的服务渐多，这就等于说，服务一般不创造价值。

我初步认为，服务不论有无载体，其经济和社会性质是相同的。既然这样，就应两者都创造价值。看来，马克思是被价值（交换价值）依以存在的条件束缚住了。这个条件是：“在我们所要考察的社会形式中，使用价值同时又是交换价值的物质承担者。”[②]马克思在这里强调的是物质。

其实，只要细细研究斯密的论述，就可以看出，他并不认为服务不生产价值。例如，他说：服务通常是做了就完了，很少会留下什么痕迹或价值。只是由于没有载体，这种价值就不能储存，因为提供这种服务的过程，就是它被消费的过程。所以以后就不能再将它变为货币，通过购买劳动力，用来生产价值或更多的价值（这就是生产劳动），而要用消费者的收入来支付这种服务（这就是非生产劳动）。明白了这一点，就可以恢复斯密的看法，认为服务是创造价值的。

这样，我就可以将我的看法说得更明确些和推进一层。我认为在服务中，有的基于上述理由，如为了实现价值和分配价值而耗费的劳动，不创造价值；党政军和公检法工作者的服务有一面创造价值；文化、文艺、教育、医疗、卫生、导游、展览、解说、体育、沐浴、理发和美容等工作者的服务全部都创造价值。

当然，人要活下去，首先要吃饭穿衣，这就要消费物质资料，就要依靠物质资料的生产者，从这一点看，也仅仅从这一点看，就表现为物质资料生产者“养活”提供没有载体的服务的劳动者，这就要对两者的比例进行适当的划分，否则，就会造成生者寡，食者众的矛盾。在生产力水平低下的条件下，这个比例划分问题就更为重要。

---

① 马克思：《剩余价值学说史》（第一卷），郭大力译，人民出版社 1975 年版，第 157 页。

② 马克思：《资本论》（第一卷），人民出版社 1975 年版，第 48 页。

四、当前劳动价值论研究中需要解决的问题[①]

自从江总书记号召我们深化对劳动价值理论的研究和认识以来，我国经济学家纷纷写文章，开座谈会，发表意见。我看到和听到一些看法，深深感到有些经济学家，不知何故，对价值学说的历史，尤其是劳动价值学说史，似乎很不了解，不知道劳动价值理论这一宏伟的理论大厦是怎样一砖一瓦建立起来的，以致有的看法似乎是无视前人，撇开价值学说史，另起炉灶。当然，可以有不同的看法，但要说明理由，绝不能无视前人。我觉得几个问题要谈一下。

（一）按要素分配和非劳动要素创造价值问题

党中央提出：在我国要把按劳分配和按生产要素分配结合起来。这里说的结合起来，其原意是将生产出来的东西，既分配给在生产中提供了劳动的，也分配给在生产中提供了非劳动的生产要素的所有者，而不是分配给非劳动生产要素本身。但有些经济学家却将劳动和非劳动的生产要素等量齐观，认为它们在创造被分配物中起了同等的作用。由于劳动也是生产要素，他们就想尽一切办法，认为非劳动的生产要素（劳动手段和劳动对象，但在某些经济学家看来，事实上就是资本所有权和土地所有权）和劳动一样，都是创造被分配物，即他们所认为的“价值”的；并以此作为非劳动生产要素参加分配的前提。其错误除了很多经济学家已经指出的，是混淆了价值的生产和使用价值的生产外，还与上述“等量齐观”认识有关。他们没有仔细地想一想：从生产使用价值看，除了机器设备和土地发生作用外，阳光、空气、温度和气压……都发生作用；在农业生产中，尤其如此。可是，阳光、空气、温度和气压，都没有被人占有，因此，使用这些要素就是免费的，它们就都不参加分配。由此可见，参加分配的只是要素的所有者，所有权在这里起决定性的作用。

---

① 写于2002年中期。

我在这里强调：生产决定分配，在生产中如果不存在生产要素的所有权，就不存在对生产要素所有者的分配。即使如像土地这样的生产要素，并且是在农业生产中使用的土地，如果它事实上还没有被占有，就不会索取或产生地租（由土地所有权产生的地租，即绝对地租）。美国初期地广人稀，移民在经济上几乎无所花费，只需登记一下，在法律上就可以占有土地，因此，这样的土地所有权本身就不索取地租，美国有一段时间是不存在这种地租的：这就是李嘉图之所以否认绝对地租的存在的原因，即认为最坏的土地，或对土地的最差投资，没有任何地租；而只承认有由两份农业资本之间的利润差额而产生的级差地租。这个例子说明：不论在经济上土地所有权是否存在，土地这生产要素在生产中所起的作用是同样的，但是，它是否产生或索取地租，却以土地所有权是否存在为转移。可见，不是土地本身，而是土地所有权能产生地租。总之，土地这一生产要素自身并不创造价值，而是其所有者要在已有的价值中，分配一份价值。

著名发展经济学家阿瑟·刘易斯认为：工人的工资水平由农民的收入决定，因为假如工人所挣到的工资不比农民的收入高，他就不会去当工人。但他又认为，假如农民要从收入中缴纳地租，情况就不是这样了。可是，他又不说明这时的地租是如何决定的。因为说明由土地所有权所索取的地租，即绝对地租的决定，是地租理论中最困难的问题。他事实上也是以绝对地租的不存在，即以美国的一个时期的情况，来说明工人的工资是由农民的收入来决定的。他著书立说时，美国已经存在因土地所有权而产生的绝对地租了。

法国经济学家巴斯夏，将使用价值或效用的生产说成价值的生产，并且指出空气、水、阳光等要素是生产不可或缺的，但由于它们是公共财产，就不参与分配，人们可以无偿地使用。据此，他就指着当时的共产主义者大骂：你们是做将来共产主义之梦，其实，现在免费使用生产要素，如阳光，等等，已经是共产主义了。

我们知道，李嘉图是劳动价值论者，他认为虽然土地在生产中有重大的作用，但只要土地所有权事实上不存在，土地这一生产要素就不索取收入（价值的一部分）；巴斯夏是效用价值论者，他认为在生产中，生产要素都起作用，都形成效用即他认为的价值，但只要它是公共的，就不索取收入（价值的一部分)。以上说明,虽然生产要素都参加使用价值的生产,但不是凡生产要素都参加分配,只有被占有的生产要素才参加分配,实质是其所有者要求分配(价值的一部分)。因此,价值的创造与非劳动生产要素无关。

(二)剩余价值理论和马克思主义经济学的阶级性问题

有的经济学家认为,新的价值分解为工资和利润(剩余价值),并且此大彼小,反之亦然,即两者对立的理论,总之,阶级利益对立的理论,只是马克思为了无产阶级的利益而故意制造出来的。这种说法的含义是:马克思的劳动价值理论和剩余价值理论,虽然符合无产阶级的利益,却不具有科学性。这是一种误解。

严格地说,提出劳动价值理论,坚持投下的劳动决定价值的正确原理,认为新的价值分解为工资和利润两部分,必然此大彼小,反之亦然,因为两者之和是一个常数;并以此为基础,初步说明剩余价值的产生,即说明阶级利益是对立的,首先是李嘉图。他是在1815年发表的《论低价谷物对资本利润的影响》中,揭示工资和利润,地租和利润是对立的。他发表此文的目的,是反对在此时,即英国在反对法国拿破仑战争获得胜利后,所公布的新的谷物法。根据这一法律,英国国内的谷物价格不超过一定高度,国外的廉价谷物就不能进口;其目的在于维持英国的高价谷物。李嘉图指出:谷物价格提高,工人的名义工资就随之提高,工人虽不受影响,但利润就减少了;谷物价格提高,地租就随之提高,利润也就减少了。因此,实施谷物法,工人不受影响,地主最得益,资本家则夹在当中,最受损。而资本家是发展生产的动力,为了发展生产,就应废除谷物法,让国外廉价谷物进口,以降低谷物价格,再降低名义工资和地租,以提高利润,让资本家增加积累,发展生产。因此,李嘉图已经从经济上揭示了,也就是从分配上揭示了工人和资本家、资本家和地主的对立关系。这种揭示,尽管还只限于分配领域,还没有挖到生产资料所有制问题,但是,应该说是科学的。因为,事物的本质就是:劳动创造的新的价值,除了工人得到的工资外,余下的部分是由地主和资本家分割的,他们两者都是占有工人的剩余劳动,性质相同。李嘉图并不讳言资本家是剥削者,同地主一样。但是又有所不同:地主不是发展生产的动力,资本家则是。这是李嘉图的经济理论的阶级性和科学性的统一。因此,从经济理论看，剩余价值理论和阶级斗争理论，是由李嘉图初步建立的。

正因为这样，马克思才说：从历史上说明阶级斗争的，是法国复辟时期的历史学家，从经济理论上说明阶级斗争的，是英国古典经济学家；他自己的贡献只是将阶级斗争学说归结为无产阶级专政学说。李嘉图派社会主义，就是根据李嘉图的剩余价值理论建立起来的。在美国经济上升时期著书立说的美国经济学家亨利·查尔斯·凯里，反对李嘉图的剩余价值理论和阶级斗争理论，而提出经济和谐论，即阶级利益调和论，认为李嘉图的理论体系是仇恨的体系，总是要在各个阶层之间挑起战争，甚至指控李嘉图是共产主义之父。

我认为李嘉图只是初步建立了剩余价值理论和阶级利益对立的理论，有两层意思。第一，不是由亚当·斯密初步建立。斯密虽然正确地认为，随着资本积累和土地私有权的产生，劳动者创造的价值，就不能全部归劳动者所有，而要分出一部分为利润，另一部分为地租，因此这两部分合起来就是剩余价值。但是，他由于错误地认为工人出卖的是劳动，工资是劳动的价值，它等于劳动创造的价值，这就无法说明利润和地租的来源，就只好说，资本主义条件下的商品价值，由交换商品所支配的劳动量决定，它包括工资、利润和地租，而它们又各有来源，这样，利润和地租就不是对工人创造的价值的扣除。因此，这两者就不是剩余的价值。不仅如此，既然工资、利润和地租都是各有来源的，就井水不犯河水，就不存在此大而彼小的关系，就不存在阶级对立的关系。第二，李嘉图只是初步建立，因为完成这个理论的是马克思。李嘉图其实也遇到和斯密一样的矛盾而不觉察，他事实上用劳动力的价值代替了劳动的价值。但问题没有最终解决。马克思明确提出劳动力成为商品的理论，问题才最终解决了。马克思将工资和利润的对立，利润和地租的对立，归结为所有制上的对立，要解决所有制问题，矛盾才能解决。这种揭示是科学的，反映社会发展规律的要求，也符合在促进社会发展中解放自己的无产阶级的利益。

因此，马克思的剩余价值理论是李嘉图的剩余价值理论的发展，两者都说明阶级的对立，都说明工人的被剥削，所不同的只是：李嘉图认为资本家向与其争夺剩余价值的地主作斗争，多占剩余价值有利于生产的发展；马克思认为随着社会的发展，最终消灭剩余价值，即剩余价值成为社会所有更有利于生产的发展。

（三）参加管理的资本家的劳动具有两重性问题

关于参加管理的资本家的劳动是否创造价值的问题，有的经济学家认为，全部创造价值；有的则相反，认为全部不创造，只是为了剥削；认为具有这两重性质的，似乎不多。在讨论中，还出现这样的看法，即认为参加管理的资本家或其代理人，即经理层人员的劳动具有两重性，是马克思的杜撰。我的看法如下：

我们知道，资本家是从小生产者发展而来的。小生产者既要进行物质生产，又要从事经营和管理，一身而三任；后两者分别是：经营商品，即采购和出售，也就是跑街的工作；管理财务，即管理货币，核算账务，也就是出纳和会计的工作。小生产者从逐渐增加雇佣工人，到变成资本家，其雇佣工人的数量，马克思打一个比方，认为起码要雇佣 8 个工人，才能变成资本家。他是为了说明数量对质量的限制而作这个比方的。他说：比如工人的必要劳动时间是 8 小时，剩余劳动时间是 4 小时，这样，就要雇佣两个工人，才能养活 1 个资本家，而这个资本家，只能过工人同样的生活，并且不能积累；假如资本家的生活要比工人的好一倍，他就要雇佣 4 个工人；假如他还要积累以扩大生产，并且假定积累基金和他的消费基金相等，那么，他就要雇佣 8 个工人了。我国以雇佣 8 个工人为界线划分小业主和资本家，其根据就是马克思这个比方。

当然，是否一定要雇佣 8 个工人，是一个有待研究的问题。但是这里总有一个从量变到质变的量的规定问题。随着雇佣的工人逐渐增加，小业主就开始摆脱物质生产劳动，这时他就成为资本家了。雇佣工人再增加，资本家就摆脱经营劳动，将其交给专职的采购员、推销员、出纳和会计。但他自己只要还不是单纯的财产资本家，而还是职能资本家，那么，他还是要参加属于管理的劳动的。不过，这时的管理就增加了这样的内容：对一系列雇佣人员的管理，包括组织其劳动，并通过这一点，管理整个企业。随着企业规模的再扩大，或成为股份公司，资本家也就是最大的股东，由于公司业务繁杂和分工精专，需要有专门知识的专家来管理，这些专家就是一系列的经理，这样，资本家就全部脱离任何的劳动，而成为多余的人了。

从上述就发生这样的问题：小业主参加物质生产劳动，这劳动创造价值，是明确的；资本家参加经营劳动，即买卖劳动、出纳劳动和计算劳动，是否创造价值？回答是否定的。因为用于实现和分配既有的价值的劳动不创造价值，亦即经营商品、经营货币和从事簿记的劳动不创造价值。既有的价值好比是既定的一块蛋糕，实现和分配价值好比切和分蛋糕，虽然切和分都要花力气，但这力气显然是不能使蛋糕增大的。资本家参加管理的劳动是否创造价值？马克思认为，这种劳动有两重性：用于组织全企业劳动者的劳动的，创造价值，因为这种劳动，是与资本主义生产无关的，凡是社会化的大生产，都需要有这种用于组织劳动的劳动，一个人唱歌，不需要指挥，众人唱歌，就需要指挥了；用于监督全企业劳动者的劳动，是为了多生产剩余价值或利润，不创造价值，因为这种监督劳动，只要去掉生产的资本主义外壳，就不存在了。当资本家将管理交给经理层时，经理层的劳动同样是这样，即有一面创造价值，另一面则不创造价值。就其劳动有一面创造价值看，他们只是高级的被雇佣者，和一般的工人一样，他们的工资是自己创造的，不仅如此，他们也为资本家生产利润。单纯的经理人员是不占有生产资料的。他们是资本家雇佣的在企业中的管家。从这一点看，和一般的工人没有什么不同。因此，在西方，他们被认为是与无产阶级不同的中产阶级，他们也有意无意地认为自己穿戴整洁，是白领，与那些满身油污的蓝领工人有质的不同，因而接受这种称号，我认为是错误的。[①] 因为这只是无产阶级阶级结构的变化，而不是其中一部分变成中产阶级。

虽然，他们所创造的价值，是无法单独剥离开来计算的；但是，其总的情况，马克思是有说明的：监督劳动有一面创造价值，这部分价值，“与资本的大小成反比例，对大资本来说，那是小到近乎没有的，对小资本来说，……就会大得吓人。如果几乎亲自担任全部劳动的小资本家，表面上会比例于他的资本享受极高的利润率，那么，事实仍然是，如果他不使用少数劳动者并占有他们的剩余劳动，他实际会根本赚不到利润，不过在名义上从事资本主义生产”。[②]

---

① 陈其人：《资本主义的发展和无产阶级构成的变化》，《马克思主义与现实》1995年第4期。

② 马克思：《剩余价值学说史》(第三卷)，郭大力译，人民出版社1978年版，第399页。

最早说明资本家的管理劳动具有两重性的，是英国经济学家乔治·拉姆赛。他在1836年的《论财富的分配》中说：企业利润具有二重性。其原因在于企业主的劳动具有特点，即有很多企业的“领导人亲自动手干活，但是在他们这样做的时候，他们在那个时候已停止作为雇主而成为操作者”。① 马克思并不认为资本家的劳动有两重性，是他首先说明的；他指出：拉姆赛关于企业利润，特别是关于监督劳动所说的话，是其著作中“提出的最合理的东西”。②

但是，在这里我要附带指出：马克思对拉姆赛说的这一段话，是在其遗稿《剩余价值学说史》（这是郭大力的中译，另一种中译是《剩余价值理论》）中说的。苏联版的《剩余价值学说史》对这段话加上标题：“关于‘监督劳动’……的见解中的辩护论要素。”③应该说这不符合马克思的原意。比苏联版早得多的考茨基编辑的版本，就没有这样的标题。这值得我们注意。

（四）关于国家工作人员的劳动是否创造价值的问题（略）

（五）复杂劳动是倍加的简单劳动的机制问题

当前集中讨论的问题是：管理层（我认为属于私营企业的，其劳动有一面创造价值）和高科技工作者，创造的价值大，得到的工资也高，这应如何解释？这个问题，从某一点看，就是复杂劳动是倍加的简单劳动的机制何在的问题。

培养有知识的人才，越是高级的淘汰的就越多，其中耗费的全部劳动包括教者和学者的劳动，就凝结在少数成功者的身上，这些少数成功者在多次失败中也耗费许多劳动，因此，这些极有知识的劳动者支出的劳动，就结集了许多教者、学者以及学者在失败中所耗费的劳动。杰出的科技人员、管理人员、艺术家等等，其劳动所以创造很高的价值，就是这个道理。我这种看法其实是来自马克思。他说：金刚石在地壳中是很少的，因而发现金刚石平

① 乔治·拉姆赛：《论财富的分配》，李任初译，商务印书馆1984年版，第143页。
② 马克思：《剩余价值学说史》（第三卷），郭大力译，人民出版社1978年版，第398页。
③ 同上书，第395页。

均要花很多劳动时间。因此，一块金刚石就代表很多劳动。[①] 我想，野生人参之所以那么贵，也是这个缘故。同理，培养一个专门人才，平均也要花很多劳动时间。至于这些极有知识的人才其劳动需要得到很高的报酬，亚当·斯密是从两方面说明的。其一是：劳动工资因业务学习有难易，学费有多寡而不相同；其二是：各种职业的劳动工资，随取得资格可能性的大小而不相同。上述只说明复杂劳动者的工资较高的机制，还没有说明复杂劳动是倍加的简单劳动的机制。这个问题应该是：高科技工作者和管理层，其劳动创造的价值为什么那么多，这应如何说明？我认为，这表现为与简单劳动的产品相比较，复杂劳动的产品换取到较多的等价物或货币。

在这个问题上，我认为恩格斯从化学的角度说明货币的一般等价物作用，是很能解决我现在的问题的。他说："商品生产把黄金提升为绝对商品，提升为其他商品的一般等价物，同样，化学把氢的原子量当作一，并把其他一切元素的原子量简化为氢，使之表现为氢原子量的倍数，因而把氢提升为化学上的货币商品。"[②]这就是说，简单劳动产品的价值为一，复杂劳动产品的价值为其若干倍，而实际生活会告诉生产者：如倍数太低，复杂劳动产品的供给就会减少，从而其价格提高，简单劳动产品的供给就会增加，从而其价格降低，这样一来，倍数就会提高；反之，亦然。这样，供求关系的变动，会归于均等，使复杂劳动成为倍加的简单劳动，这倍加符合它们各自所费的劳动的质量。这一切都是在生产者的背后进行的。

不过，我想说明：目前高科技人员和经理层，其工资特别高，除了上述原因外，还有供不应求起的作用。我国改革开放伊始，这种人才特别缺少；再加上往往是引进的，存在着同发达国家的竞争问题。我看，过一段时间，缺少问题解决了，行情就会下跌。马克思认为，在正常情况下，"经理的薪金只是，或者应该是某种熟练劳动的工资，这种劳动价格，同任何别种劳动的价格一样，是在劳动市场上调节的"[③]。此外，代表企业，从事"涉外"工作的经理，其工资特别高，那是由于要穿戴名牌，打扮人时的需要，以便让企业的信誉高些。

---

① 马克思：《资本论》（第一卷），人民出版社 1975 年版，第 53 页。

② 恩格斯：《反杜林论》，人民出版社 1971 年版，第 304 页。

③ 马克思：《资本论》（第三卷），人民出版社 1975 年版，第 494 页。

(六) 对几个质疑问题的回答

以下几个问题是马克思早就回答过的,或者可以举一反三,予以解决。但经常有人提出来。因此,有必要再说一说。

1. 你们认为价值是劳动创造的,利润是从价值中分解出来的,但是,事实上利润往往不与劳动成比例,而与垫支总资本成比例。其原因何在? 这其实就是李嘉图的劳动价值理论的第二个难关,认为生产要素(资本是生产要素之一)创造价值的人就是这一现象的俘虏。马克思认为,在自由竞争充分展开的条件下,由总剩余劳动创造的总剩余价值,就要由垫支的总资本平均分配,剩余价值就转化为平均利润,商品的个别价值就转化为生产价格,生产价格是资产阶级"共"剩余价值之"产"的产物。虽然总生产价格等于总价值,但个别的生产价格大多数不等于个别的价值,原因是不同的生产部门的资本有机构成和周转时间不同,使同数量的垫支资本在相同时间内推动的活劳动不同,创造的剩余价值不等,不等于由垫支资本分到的平均利润。于是,就发生利润不是比例于活劳动,而是比例于垫支资本的问题;而一旦成为这现象的俘虏,就必然错误地认为资本这一生产要素创造价值(利润)。

2. 自动化和无人工厂,其产品几乎不包含活的劳动,为什么有价值和价格? 我们认为,如果在一个生产部门中,这类工厂只占少数,其产品的社会价值就由平均劳动时间决定,其产品的个别价值就大大低于其社会价值,而按社会价值或生产价格出售,于是,表面看来,似乎是机器创造价值;如果在一个生产部门中,这类工厂占了大多数,其个别价值就决定社会价值,社会价值降低了,但是其产品价值除了由庞大的机器折旧转移下来的价值外,还包含按照前面所说的按垫支资本分配平均利润的原理取得利润,于是,表面看来是机器创造价值(利润)。

3. 没有增加活的劳动,为什么陈酒(将窖藏费用除外)比新酒贵? 可见,不是劳动而是时间创造价值,或者是新酒这物化劳动,即资本创造旧酒的价值。其实,按照前面所说的平均利润率规律的作用,这个问题是很容易解决的。因为新酒及窖藏是垫支资本,它按平均利润率规律的要求,每年以复利计算,取得利润,于是,陈酒就比新酒贵得多。有些古董和不能复制的流传下来的艺术品,其价格所以很贵,有的简直可以价值连城,除了这种商品以垄断价格出售，因而垄断价格规律起作用（不能再生产的商品的垄断价格，其高度取决于购买者的爱好程度和购买力）外，也有平均利润率规律在起作用，即按年以复利计算的平均利润加上这类商品的价格。

4. 不是劳动的产品，如驰名商标和品牌，处女地和原始森林，为什么能卖钱？驰名商标和已经形成的品牌，由于能比一般的商标和品牌带来更多的收益，这更多的收益，就可以资本化，所谓资本化，就是将由特有的权力带来的收入设想为一定资本额的产物，这样，特有权力的行市（严格说不是价格）就由这收益除以利息率决定，就是说，将这表现为一定的货币额的行市存放在银行里，其利息就等于该商标带来的更多的收益。处女地的价格其实是土地所有权带来的地租的资本化，即是和处女地相仿的土地能取得的地租额的资本化。原始森林的价值或价格由再生产一座同样的森林所费的劳动决定。

五、论中产阶级和人力资本

——兼论复杂劳动是多倍的简单劳动的机制

在十六大报告中江泽民总书记提出在我国要扩大中等收入者的比重。对这个问题，我还在学习的过程中，谈不出什么道理。但是，我认为这一问题，与西方社会近来议论的中产阶级的存在和扩大有相似之处。因此，我想谈谈西方社会的中产阶级问题。与此有关的是人力资本问题，以及在创造价值中的复杂劳动是多倍的简单劳动的机制问题。

（一）西方社会的中产阶级化问题

对于西方社会中产阶级化的事实和理论，我的认识有一个过程。20 年前，纪念马克思逝世 100 周年时，我写过一篇与此有关的文章。① 那时我认为，随着社会生产力和资本主义社会矛盾的发展，物质生产劳动者中脑力劳动者比重增加、经营劳动独立化和经营劳动者在无产阶级中的比重增加、管

① 陈其人：《资本主义的发展和无产阶级构成的变化》，《马克思主义与现实》1995 年第 4 期。

理劳动独立化和管理劳动者在无产阶级中的比重的增加，这是事实；但是，我将其统统看作无产阶级内部的结构的变化，不认为其中有中产阶级化事实的存在。现在我认为对中产阶级化问题，有必要重新加以认识。

所谓中产阶级或中间阶级，就是介于资产阶级和无产阶级之间的阶级，即他们既拥有资本，又参加劳动，他们的资本，从现在论述的角度看，就是人力资本，他们的劳动，同无产阶级的劳动不同之处在于：它一般具有两重性，既是物质生产或商品生产、分配、流通所必需，又往往是监督一般工人的劳动所必需。这些人就是上述的那些物质生产中的脑力劳动者、经营劳动者和管理劳动者。这就是说，他们也是参加劳动的，从这一点看，也仅仅从这一点看，是高级的劳动者。他们既然是集人力资本家和高级劳动者于一身，所以就是中产阶级。

我是从应该如何认识当前广泛讨论的人力资本问题，以及因此而阅读斯密和马克思的著作中，认识和同意中产阶级化的事实和理论的。大概从20世纪50—60年代开始，西方人力资本理论发轫。与此同时，那些被认为拥有人力资本的人，其收益特别高：这应如何解释？结合这两者，我重读斯密的《国民财富的性质和原因的研究》，感到有一点特别值得注意。斯密说：越是高级的劳动者，越难培养；送子学做鞋匠，无疑能学会制鞋的技术，但若送子学法律，那么精通法律，能靠法律吃饭的人，可能至少是20个人中才能产生1个；就成功者1人，而不成功者19人的职业来说，这成功的1人，其培养费就结集了20个人的培养费；因此，他又说："一种费去许多工夫和时间才学会的需要特殊技巧和熟练的职业，可以说等于一台高价机器。学会这种职业的人，在从事工作的时候，必然期望，除获得普通劳动工资外，还收回全部学费，并至少取得普通利润。而且，考虑到人的寿命长短极不确定，所以必须在适当期间内做到这一点，正如考虑到机器的比较确定的寿命，必须在适当期间内收回成本和取得利润一样。"①马克思也说："这归根到底就是劳动能力本身的价值的差别，即劳动能力的生产费用（由劳动时间决定）的差别。"②就是说，需要极高培养费的劳动力，好比是高价的机器，要收回培养费

---

① 亚当·斯密：《国民财富的性质和原因的研究》（上卷），郭大力、王亚南译，商务印书馆1972年版，第93页。

② 《马克思恩格斯全集》（第二十六卷第三册），人民出版社1974年版，第179页。

即成本，也就是会计学上的折旧，并按全部成本取得利润（利息）：这就是人力资本。人力资本是固定资本中的一种。斯密说："社会上一切人民学到的有用的才能""机器与工具""有利润可取的建筑物"和"使土地变得更适于耕种的土地改良费"这四项属于固定资本。① 因此，投资于教育与投资于机器，是一样的；人力资本和一般的资本如货币资本一样，其持有者都是资本家。

人力资本的载体是人的大脑。因此，人力资本家不能离开脑力劳动，从这一质的规定性看，他必须是劳动者。随着社会生产力的发展和资本主义矛盾的发展，他们在劳动者的人数中的比重增加，这就是前面说的：物质生产劳动者中脑力劳动者比重增加、经营劳动独立化和经营劳动者在无产阶级中的比重增加、管理劳动独立化和管理劳动者在无产阶级中的比重的增加，也就是中产阶级化成为事实。

这里存在一个问题：现在的人力资本家一般都是股份公司的股东，那么，我承认中产阶级增加的事实，是否意味着要同意资本分散论呢？不是的。104 年前，卢森堡对伯恩斯坦股份公司的产生，而提出资本分散论的批判，我非常同意。她认为参加一个企业的股东数目很大，这个事实不过是说明，现在一个资本主义企业，不像从前那样相当于一个资本所有者，而是相当于大批的、人数不断增加的资本所有者，因而资本家这个经济范畴，不再是指一个个人，今天的工业资本是一个集体，是由几百甚至几千人组成的，资本家这个范畴本身在资本主义经济框子里变成社会的了，它社会化了。这是卢森堡关于股份公司的"资本家"观，是很深刻的。她进一步指出："因为伯恩斯坦把资本家不是理解为一个生产的范畴，而是一个所有权的范畴，他把资本不是理解为一个经济单位，而是简单的货币财产。因此，他在英国纺线托拉斯中不是看到 12 300 人合而为一，而是看到整整 12 300 个资本家。"因此，"在他看来，全世界密密麻麻的一大片都是资本家"。她特别指出："当伯恩斯坦把资本家这个概念从生产关系搬进财产关系中去，'不谈企业主而谈人们'的时候，他也就把社会主义问题从生产范围搬进财产关系的

---

① 亚当·斯密：《国民财富的性质和原因的研究》（上卷），郭大力、王亚南译，商务印书馆 1972 年版，第 257 页。

范围，从资本和劳动的关系搬进了富者贫者的关系中去了。”①这同样是很深刻的。

她特别指出：中产阶级的构成极不相同，绝大多数是小资本或小股份所有者，极少数是大资本或大股份所有者。前者支配后者，犹如大股东支配小股东一样。人力资本家中的极少数大股东的产生，是由于他们拥有的人力资本是居于没有竞争者的地位，可以带来垄断利润，将这垄断利润加以资本化，即设想为是一笔资本的收入，就是这人力资本的“价格”，其实是行市，比如某一发明家，其产品能带来年垄断利润1亿元，银行年利息率为0.04%，那么，这发明家拥有的人力资本的价格则为1亿/0.04＝25亿元；将其折为股份，就是很惊人的了。这可以说明某些技术精英和管理精英之所以成为亿万富翁的纯经济原因，以及他们可以控制股份公司的纯经济原因。

（二）人力资本的旧价值转移和新价值创造问题

从上述可以看出，这些拥有人力资本的中产阶级的“工资”，其实是一种收益，它包括了：人力资本的折旧、资本的利息和真正的工资。它可以有不同的形式，例如，除了工资之外，赠股票、分红利、拿奖金、得津贴等；方式也可以或明或暗。但是，通常都将这些说成是工资了。我这种理解，对如何说明复杂劳动是多倍的简单劳动的机制，提供了科学的依据。

在这里，我要对他们的真正工资分析一下。这涉及他们的劳动是否创造价值的问题。我认为：从事物质生产的脑力劳动者，其劳动全部创造价值，他们的工资，同一般工人的工资一样，是自己创造的价值的一部分；经营劳动者，其劳动就是买卖商品和收支货币，是属于马克思说的非生产劳动，属于纯粹流通费用，全部不创造价值，其工资来自社会的剩余价值，因为他们的劳动不能使“蛋糕”增大，而是对既有“蛋糕”切块和分配，并且自己也要从中拿一块；管理劳动者，由于资本主义管理具有两重性质：组织劳动和监督劳动，前者创造价值，后者则否，但两者结合在一起，前者创造的价值，就不能单独剥离，予以计算。

---

① 罗莎·卢森堡：《社会改良还是社会革命》，徐坚译，生活·读书·新知三联书店1958年版，第37—38页。

这里还有一个这些“高价机器”从事的劳动是复杂劳动,根据上述的不同规定,在形成价值的前提下(将“蛋糕”切块和分配的除外),其形成的价值是简单劳动形成的价值的若干倍的问题。明确提出这“多倍”问题的是马克思。他是这样说的:“比社会平均劳动较高级较复杂的劳动,是这样一种劳动力的表现,这种劳动力比普通劳动力需要高的教育费用,它的生产要花费较多的劳动时间,因此它具有较高的价值。既然这种劳动力的价值较高,它也就表现为较高级的劳动,也就在同样长的时间内物化为较多的价值。”①值得注意的是这里说的“物化为”;但是,他并没有说明其中的机制。由此引起后人很多争论。庞巴维克为了建立主观效用价值论,曾对马克思的劳动价值论进行种种攻击,在同样时间内复杂劳动创造的价值比简单劳动多,是其攻击之一。杜林和伯恩斯坦也同样进行攻击。我认为,根据斯密和马克思的有关论述,这一机制问题是可以科学地说明的。这就是:在复杂劳动形成的价值中,有一部分其实是“高价机器”的折旧,即相当于所费固定资本价值的转移:这是旧的价值转移,不是新价值的创造。至于新的价值,则是“高价机器”的活动,也就是“高价机器”的载体,即人力资本家的剥离了经过学习的大脑本身的劳动所创造的。但是它事实上是同“高价机器”转移的价值混在一起的。当然,剥离了“高价机器”的活动后,这个人力资本家就再也没有人力的资本,而成为单纯的劳动者,其劳动就是简单劳动,就和其他不需专门学习就能从事的简单劳动一样,创造同样多的价值了。

至于这种劳动力得到的工资,与其劳动创造的价值,不是同一回事,责任重大或有风险,工资就较高。此外,也有复杂劳动者的供求问题,还有代表企业的高级人员,要有一定的派头,以便树立企业的形象,以显信用的问题,等等。在这个问题上,我们决不能将复杂劳动者得到较高的工资,反过来证明他们的劳动创造的价值较大。

(三) 评斯密等人关于复杂劳动是多倍的简单劳动的分析

我认为经济学家中对复杂劳动是多倍的简单劳动的分析,从实质看以斯密的最为详尽。他是在说明工资因职业本身性质不同而不同时分析这问

---

① 马克思:《资本论》(第一卷),人民出版社 1975 年版,第 223 页。

题的。因此,他的分析事实上是错误地认为复杂劳动本身有价值(劳动创造价值,但劳动本身没有价值),即将其得到较高的工资,看成复杂劳动创造的价值。他虽然提到"高价机器"的生产和折旧,这本来是旧价值的创造和转移,不是新价值的创造,但是,他却将其看成由复杂劳动者创造的价值而得到的工资是同一回事。这样,他就将复杂劳动在交换中得到的价值(工资),同使用复杂劳动者时耗费的价值(折旧或旧价值的转移),和他原有的简单劳动创造的新价值一起,即将复杂劳动在交换中得到的价值,同复杂劳动转移的旧价值和创造的新价值:将这两者混为一谈。这是他的二元价值论的反映。然后又将"高价机器"的价值,即C在转移过程中化为乌有,也就是认为它不断地分解为V+M,最终就不再存在,亦即C+V+M最终就等于V+M。这是错误的。因为,前者是生产物价值,是收益,后者是价值生产物,是收入(工资和利息或利润),从全社会看,前者是生产总值,后者是国民收入。这是他的价值论中的斯密教条导致的错误。原因是斯密不了解生产商品的劳动具有两重性,不能说明生产者的一次劳动,怎能既能转移生产资料的旧价值,又创造新价值。因此,就用C要不断分解为V+M的办法,最终将其化为乌有。

有的论者认为斯密是错误地认为劳动有价值,因此,他是用复杂劳动本身的价值,即复杂劳动者的工资较高,来说明复杂劳动创造的价值较高:这是一种循环论证。诚然,斯密的价值理论是二重性的:有时正确地认为劳动创造价值,有时又错误地认为劳动有价值;劳动的价值就是工资。他说明工资因职业不同而不同时,只是记录现象,从不考虑工资依以发生差别的那个中心,是由什么决定的(这个中心只能是他不可能理解的劳动力的价值)。在这样做的时候,他实质上是错误地从认为劳动有价值出发,不自觉地由复杂劳动有较高的工资去推论它创造的价值较高。但是,他又认为劳动创造价值,因此,就从"高价机器"推论复杂劳动创造的价值是较高的。因为他已经认识到机器的折旧(旧价值或物化了的劳动)和应得的利息(利润)都包括在(其实分别是转移和加到)复杂劳动者的收益上,可是又不加分析地认为这种收益就是工资,同前面那种因供求关系不同而不同的工资混为一谈。他根本不应该将因供求关系不同而导致的不同工资,同因高价机器而导致的高"工资"等量齐观,认为都是因职业不同而导致的工资不同。但是,他既然提出"高价机器"论,我们就不能说他只是以复杂劳动的较高的价值(工资),来推论复杂劳动者创造的价值较高。应该说,他提出"高价机器"论,是难能可贵的。英国的米克批评这种片面解释斯密的观点,说:斯密的"论证并不真像有些人所指责的那样是一种循环论证。斯密并没有主张,在理论上熟练劳动化为简单劳动或劳动强度高的化为劳动强度低的,应当依据劳动者在市场上实际得到的报酬来计算。他只是说:(1) 在理论上必须进行换算;(2) 在实际上换算不是根据准确的尺度,而是市场上的讨价还价"。① 这值得我们注意。

我想指出的是:米克和一般论者在这个问题上谈论斯密的贡献时,都没有强调他所说的"高价机器"问题,这是很奇怪的。假如我们将斯密的论证推进一步,将"高价机器"推进为智能机器人,再将智能机器人代替复杂劳动者,并且假设在同一生产部门中,已经普遍使用同样的智能机器人,即它们的劳动生产率是同样的,在这条件下,复杂劳动是多倍的简单劳动,其多倍的来源,就只能是智能机器人的折旧费了。

其实,这一"机制"问题,俄国的卢彬也谈过:就是"熟练劳动(应为复杂劳动——引者)所生产的生产物之价值,最低限度不但足以补偿生产该生产物(例如金玉工的制成品)所直接消耗的劳动,而且足以补偿事前学习此种职业时所耗费的劳动以及师傅教授所需的劳动。"②我认为这是正确的。但是,由于卢彬后来受批判,它就被淹没了。用句俄国谚语说:这真是"倒洗澡水连孩子也倒掉了"。他之所以受批判,是因为他最终又离开上面的分析而认为:各种不同劳动要均衡地分布在各生产部门之间,否则国民经济的平衡就被破坏,再生产就无法进行;而"一小时熟练劳动(复杂劳动——引者)的价值可以等于,例如三小时简单劳动的价值,因为正是在此等交换比例上面,此两个生产部门或此两种劳动间便建立了平衡状态,且停止了劳动从一部门流到他部门中去。"③这就是说不同劳动应创造不同的价值,这些不同的价值如果得到社会承认,创造它们的劳动就能供求平衡,不同的劳动就不在

---

① 米克:《劳动价值学说的研究》,陈彪如译,商务印书馆 1979 年版,第 81 页。

② 转引自马克思《资本论》(第一卷),人民出版社 1975 年版,第 223 页。

③ 李卜克内西、卢彬、布哈林:《价值学说史》,孙寒冰、林一新译,黎明书局 1933 年版,序言第 19 页。

国民经济各部门之间流动，再生产就能进行：用这种方法说明在创造价值上复杂劳动是多倍的简单劳动。这种方法是倒果为因的。

在深化对劳动价值论的讨论中，出现一种认为创新的劳动比常规的劳动创造更大的价值的看法。所谓创新，就是技术、知识、管理创新，它们是此前没有的。因此和常规劳动不同，不存在个别劳动和社会必要劳动、从而个别价值和社会价值之间的差别。持这种看法的人认为，创新劳动能比常规劳动创造更大的价值。创新的劳动也是一种复杂劳动。它比简单劳动创造更多的价值，其机制何在，他们没有说明。这样，如果强调创新就是“只此一家”的，就很难说这不是垄断；而垄断本身是不能创造更大的价值的。如果不是“只此一家”，那就等于说，创新是同时少量存在的，就有个别劳动和社会平均劳动之分了。这就只能说明超额利润的来源，而超额利润是任何同一种劳动内部都存在的，并不限于复杂劳动。

（四）对取代劳动价值论的知识创造价值论和人力资本创造价值论的质疑

我在这里要指出：有一位学者提出知识创造价值论和人力资本创造价值论，并将其和劳动价值理论对立起来。因此，就认为人力资本产生后，它就成为创造和增殖价值的源泉，劳动再也不是创造和增殖价值的源泉了。他也运用马克思的历史唯物论公式，认为发生在经济基础层面上的重大变化，必然要求意识形态作相应的变化；然后又将生产商品的物质技术基础的变化，等同于社会形态的经济基础的变化。由此就认为，生产商品的物质基础既然变化了，即由以体力劳动为主变为以知识为主，因而作为意识形态，劳动价值理论就应让位于知识价值理论。据此，他就明确地说：“在当今社会，先进生产力可以被界定为：一种由知识要素驱动的、以信息技术为其技术基础的、以因特网为其工具的体系的，只有通过与人力资本结合才能实际发挥作用的生产能力。当技术、知识和以人力资本取代劳动与货币资本而成为价值的主要源泉时，就不应再用劳动价值理论来解释价值的形成和增殖过程。”他认为劳动价值论只适合于资本主义早期。“在资本主义早期，当劳动在价值过程形成中起决定作用的时代，用劳动价值论来解释价值的形成与增殖过程。”但是，“当社会生产力取得进步、技术知识和人力资本取代劳动与货币资本而成为价值主要来源时，我们就不应当再用劳动价值论来解释价值的形成和增殖过程”。① 这篇题为《三个代表：应对时代转型的战略思想》的文章，暗含着既然我们是代表先进生产力的发展要求的，那么，随着生产力这样的发展，就应抛弃过时的劳动价值理论，提出取代它的人力资本价值理论或知识价值理论的意思。

我认为这种说法大可商榷。因为它提出的生产商品的技术基础变化，就会引起价值理论的变化论点，明显与劳动价值理论的历史不符。从生产商品的物质技术基础看，斯密的时代是手工工具，马克思的时代是机器体系，其间技术基础的变化很大，但后者不仅没有从根本上摈弃前者的劳动价值理论，反而以其为基础，只是克服了前者认为工人出卖的是劳动而不是劳动力的错误，从而创建了剩余价值理论。恩格斯甚至说：价值由劳动时间决定的规律已经存在了几千年。我们知道，曾在西欧同一市场上出售的小麦，有俄国农奴生产而交给领主的、法国小农生产的、英国资本家生产的，其生产的技术基础显然不同，这样，小麦的价值到底由何决定？难道有三种不同的价值决定规律？前面已经谈过，斯密认为需要经过学习才得到的知识是一种固定资本，但他并不认为知识创造价值，却提出劳动价值理论。其实，人力资本的形成和折旧、知识的运用也是劳动，这位学者不过将它们对立起来罢了。所以，认为知识创造价值，就等于说，最高价的机器在使用中转移旧的价值，同时它载体也创造新的价值。

当然，如果生产“高价机器”的费用不是由私人负担的，那么，其折旧和利息，就都不应归私人所有。如果归人力资本家所有，那就等于侵吞他人为其代付的费用了。换言之，在这样的条件下，应将人力资本的折旧和利润（或利息）剥离，他们得的应该只是普通工资。

（五）与我的学生刘慧华博士切磋

上面写好后，我就发电子邮件给我的学生——中国博士刘慧华君阅读，并请其提出意见（这是我们常做的）。他十二年前就戴上博士帽，因故去了美国，为了生活，从事技术工作，但是仍忘不了他原来的专业。因此，夜里种

① 华民：《“三个代表”：应对时代转型的战略思想》，《解放日报》2001 年 4 月 16 日。

“自留地”，亦即白天谋生，夜里乐生。他读后，提出如下的意见：

“资本在这个理论中是个核心概念。我首先想到的资本的定义。如各方在此达成共识，这可以是讨论的出发点。如我记忆不错的话，资本是可以带来剩余价值的价值。所以‘人力资本’的概念我要好好想想。决定资本主义阶级关系的是‘资本’和‘劳动力’的关系。两者的差别，除前一点外，我还倾向于认为资本是‘物化的’，而劳动力是‘人化’。资本可以是土地、资金、专利权，不管拥有人是否存在，它们独立自在；劳动力是人体的运动能力，它既可以是四肢运动，也可以是头脑运动，还可以是头脑和肢体一起运动。知识、经验、能力不能成为资本，因为离开了人这个载体就不存在了，更别提‘带来剩余价值’。相比之下，专利和著作权可以成为资本。从这个角度看，我还一时不能接受‘人力资本’的提法。”

应该说：刘君富有哲学头脑，尤其注重方法论，所谈值得重视。我的看法是：斯密认为高价机器是一种固定资本，这看法是非常正确的。如能将其推进为智能机器人，问题的症结就更清楚。机器人是资本，有折旧问题；藏在脑子的机器，为何就不是资本呢？它的制造费用，就是其价值，使用时，当然有折旧：即旧价值的转移。机器人是不变资本(C)，不能生产剩余价值，但是能在社会总剩余价值中攫取平均利润；藏在脑子的机器也可以这样。这平均利润就是它带来的剩余价值。说得具体些：一个建筑师是高价机器，他的事务所雇佣两名职员，事务所制造建筑图纸，它有价值或价格，建筑师的复杂劳动依照上述原理既转移旧价值，又创造新价值，职员的劳动当然也创造价值，但得到的工资小于其创造的价值，其差额就是剩余价值。

“专利和著作权可以成为资本”，对的。但是，要注意：它们往往是垄断收入的资本化。其“价格”不反映价值，其实只是一种行市，同高价机器确实是物化的劳动，即是真正的价值不同。这就是上述特殊的人力资本家的价格问题，他如能攫取垄断利润1亿元，年利息率为4%，其行市即为25亿元。但是，制造这个人力资本家的费用，即其价值不是25亿元。

刘君认为：“中产阶级，我觉得多数还是‘无资本’阶级。这是抽象地看。通常两头的阶级很清楚，完全靠资本投资的收益为生的是资产阶级，完全靠出卖劳动力为生的是‘无资本’阶级。中间人群可有两类：一类是受雇佣的高级行政人员，他们往往有大量股票期权、奖金、股票和高工资，但他们往往是‘高级雇佣’劳动者，所有这些好处都取决于他是否在其位，是否有业绩。要保住位子不易，要体力脑力高度运动。几年内公司无利，就会被开除，而且要再找到相应位子很难，因为名誉不好了。往往失业期长。所以在位时高收入一部分是失业保险金。当然如果此人的股票资本足以保证既有的生活水平，工作只是个人成就感的体现，像比尔·盖茨，那非‘资产阶级’莫属。另一类是一般管理人员和技术人员，像我现在。被雇佣是为了生活，买股票也是为了生活，为了退休金和社安金的不足。就像以前自己有小块地的佃农，生活来源还是靠劳动力价值的实现。”

除了认为中产阶级多数是无资本(其实是生产资料)阶级这一点我不同意外，这里的论述，对我很有启发。由于受到启发，我再读斯密的著作，感到这位大经济学家200多年前说的话，现在仍然管用。斯密说：“他们在被雇时所得，不仅要足够维持他们无工作时期的生计，而且对于他们在不安定境遇中不时感到焦虑和沮丧和痛苦亦须予以若干补偿。”[①]这不就是属于刘君说的“失业保险金”范畴吗？斯密又说：“由卓越才干博得的人们的赞赏常是他的报酬的一部分。这部分报酬是大还是小，要看赞赏的程度是大还是小。……对诗人或哲学家来说，几乎占了全部。”[②]这不就是刘君说的“个人成就感的体现”可以抵消部分物质收入吗？不就是比尔·盖茨的写照吗？不过，这一点虽然说的是某些事实，但是，由此认为它就是决定工资的规律，则是不对的。因为，现象总比规律丰富些。

“高级‘雇工’和复杂劳动者高收入的机制问题很值得探讨。老师提到的斯密的‘高级培养费’理论，高级机器折旧、知识更新是很有道理。要成为CEO(首席执行官)投入很大，投入后20人难有一人能成。一旦失业，再就业更难，因为越往下走越没人要；技术投入在于不断更新的费用，折旧很快，因为技术日新月异。”

应该说，刘君在美国从事技术工作，又有深厚的理论基础，两者结合，观察社会经济问题，就比我深刻。他这段分析，使我深化了原来的认识。当然，我记住：高价机器的价值的折旧，同高价机器的载体得到的“工资”(不是

---

① 亚当·斯密：《国民财富的性质和原因的研究》(上卷)，郭大力、王亚南译，商务印书馆1972年版，第95页。

② 同上书，第98页。

收益),是两回事。

(本文写完后,读陈征的《树立尊重劳动的思想观念》,其中说:“复杂劳动往往是简单劳动的多量倍加,能够比简单劳动创造更多的价值。”这是对的。可是他又说:“根据按劳取酬的分配原则,复杂劳动应比简单劳动取得更多的报酬。这种更多的报酬,既包括创造更多的价值的报酬,也包括贡献较大的报酬。”①前面说的是复杂劳动创造更多的价值,这里说不同:复杂劳动除了创造更大的价值之外,还有较大的贡献,这贡献较大不知指的什么?希望作者有所说明)

六、论复杂劳动形成的价值是倍加的简单劳动的机制

马克思的劳动价值理论受到杜林和庞巴维克的攻击,他们认为马克思没有解决复杂劳动如何成为倍加的简单劳动的问题。因此,劳动价值论要解决复杂劳动形成的价值是倍加的简单劳动的机制何在的问题。这个问题如果解决了,对理解我国确立的生产要素按贡献参与分配的原则,将有重大的意义。问题从英国古典经济学派设想的机制谈起。

(一) 李嘉图及其心目中的斯密的机制

由于论述的需要,我从后于斯密的李嘉图谈起。他说:“由于我希望读者注意的这种探讨,关涉的只是商品相对价值变动的影响,而不是绝对价值变动的影响,所以研究对于不同种类人类劳动的估价的高低,并没有什么重要性。我们可以作出结论说:不论这些人类劳动原来是怎样地不相等,不论学习一种手艺所需要的技术、智巧或时间比另一种多多少,其差别总是世代相传近乎不变,或者说至少逐年的变动是微乎其微的,所以在短时间内对商品相对价值没有什么影响。”②这里值得注意的是:李嘉图强调的是相对价值,即一种商品的价值用另一种商品的价值来衡量时,两者结成的数量关

① 陈征:《树立尊重劳动的思想观念》,《党史信息报》2003 年 4 月 23 日。

② 大卫·李嘉图:《政治经济学及赋税原理》,郭大力、王亚南译,商务印书馆 1962 年版,第 16—17 页。

系，例如，甲商品的价值是乙商品价值的4倍；至于甲、乙商品本身的价值，即绝对价值的大小，则不在考察之内。换言之，假如简单劳动的产物的价值定为1，而复杂劳动的产品的价值为其4倍，那么就只能说：后者所值是前者的4倍。至于它们各自的价值如何，就无法回答了。还要注意的是：李嘉图认为这种关系是由市场机制确定的。他说："为实际目的，各种不同性质的劳动的估价很快就会在市场上得到十分准确的调整，并且主要取决于劳动者的相对熟练程度和所完成的劳动的强度。估价的尺度一经形成，就很少发生变动。如果宝石匠一天的劳动比普通劳动者一天的劳动价值更大，那是很久以前已经作了这样的安排。"①

李嘉图强调市场机制在这里的作用，是受到斯密的影响。斯密说："劳动虽是一切商品交换价值的真实尺度，但一切商品的价值，通常不是按劳动估定的。要确定两个不同的劳动量的比例，往往很困难。两种不同工作所费去的时间，往往不是决定这比例的唯一因素，它们的不同困难程度和精巧程度，也须加以考虑。一个钟头的困难工作，比一个钟头的容易工作，也许包含有更多劳动量；需要十年学习的工作做一小时，比普通业务做一月所含劳动量也可能较多。但是，困难程度和精巧程度的准确尺度不容易找到。诚然，在交换不同劳动的不同生产物时，通常都在一定程度上，考虑到上述困难程度和精巧程度，但在进行这种交换时，不是按任何准确尺度来作调整，而是通过市场上议价来作大体上两不相亏的调整。这虽不很准确，但对日常买卖也就够了。"②我们知道，凡是由市场机制决定的，就只能是价格，而不是价值；再根据这一点，让各种商品的市场价格发生量的比较，就是商品的交换价值或相对价格。斯密还有另一种机制，用以说明复杂劳动的产品的绝对价值，只是李嘉图没有留意。这留在下面谈。

(二) 杜林的攻击和恩格斯设想的机制

马克思没有提出机制的问题，这就招来杜林的攻击。杜林指出："根据我们的理论，也只有通过所耗费的劳动时间才能计量经济物品的自然成本，

① 大卫·李嘉图：《政治经济学及赋税原理》，郭大力、王亚南译，商务印书馆1962年版，第15页。

② 亚当·斯密：《国民财富的性质和原因的研究》（上卷），郭大力、王亚南译，商务印书馆1972年版，第27页。

从而计量经济物品的绝对价值……事情并不像马克思先生模模糊糊想象的那样:某个人的劳动时间本身比另一个人的劳动时间更有价值,因为其中好像凝结着更多的平均劳动时间;不,不是这样;一切劳动时间都是毫无例外地和原则地……完全等价的,对一个人的劳动,正像对任何成品一样,只要说明,在好像纯粹是自己的劳动时间的耗费中可能隐藏着多少别人的劳动时间。无论是手工生产工具,或者是手,甚至是头脑本身(如果没有别人的劳动时间,这些东西是不能得到专门的特性和劳动能力的)……”①

对此,恩格斯在《反杜林论》中的答复,是集中批评杜林所说的“绝对价值”和“劳动时间”有价值这两点上。他说:马克思谈“仅仅是关于商品价值的决定……(他)说的根本不是什么‘绝对价值’。”②恩格斯又说:劳动创造价值,但是,劳动时间却没有价值;杜林的提法是不对的。可是,我认为,“绝对价值”是对照于“相对价值”而言的,是存在的;杜林的主要论点显然不在“劳动时间”有价值,而在那些我标上着重号的文句上。我们只要将着重号字“劳动时间”中的“时间”二字去掉,其含义就非常值得我们注意了。下面还要谈这些问题。

杜林提的问题,其实就是机制问题,恩格斯的回答如下:化学把氢的原子量当作1,把其他元素的原子量简化为氢,即使其表现为氢原子量的倍数,以此说明货币这一般等价物的作用好比是氢的上述作用,然后从这一角度说明那个“机制”问题。他说:“商品生产和研究它的经济学根据各个商品的相对劳动量来比较各个商品,因而为它所不知道的、包含于各个商品中的劳动量获得一个相对表现,同样,化学根据各个元素的原子量来比较各个元素,把一个元素的原子量表现为另一个元素(硫、氧、氢)的原子量的倍数或分数,因而给它所不知道的原子量的大小造成一个相对表现。商品生产把黄金提升为绝对商品,提升为其他商品的一般等价物,同样,化学把氢的原子量当作1,并把其他一切元素的原子量简化为氢,使之表现为氢原子量的倍数,因而把氢提升为化学上的货币商品。”③这就是说,将简单劳动产品的价值定为1,复杂劳动产品的价值就为其若干倍。这样,市场机制就会发生

① 转引自恩格斯《反杜林论》,人民出版社1971年版,第194页。

② 恩格斯:《反杜林论》,人民出版社1971年版,第194页。

③ 转引自恩格斯《反杜林论》,人民出版社1971年版,第304页。

这样的作用：如倍数太低，复杂劳动产品的供给就会减少，从而其价格提高，简单劳动产品的供给就会增加，从而其价格降低，这样一来，倍数就会提高；反之，亦然。这样，供求关系的变动，会归于均等，使复杂劳动成为倍加的简单劳动，这倍加符合它们各自所费的劳动的数量。这一切都是在生产者的背后进行的。

（三）从恩格斯的货币理论看其设想机制的缺陷

我认为恩格斯设想的“机制”是有缺陷的。因为他认为商品所包含的劳动量是不知道的，未能回答绝对价值的问题；而杜林提出要解决绝对价值问题是合理的；其次，他在这里理解的货币职能，只限于将货币用来表示货币和商品之间的比价关系，即否认货币和商品自身都有绝对价值，价格就是这两者之比。这同斯图亚特的货币用以指示比例的理论，就很难区别了。

詹姆斯·斯图亚特说：“货币只是具有等分的观念标准。如果有人问：一个部分的价值的计量单位应当是什么，我就用另一个问题来回答：度、分、秒的标准大小是什么？它们没有标准大小；但是，只要一个部分已经确定，依据标准的本质，其余的必定全部都依比例确定下来。”①马克思坚决反对这种货币用以指示比例的理论。

马克思认为，在斯图亚特看来，如果几种商品在价格表上分别标价为15先令、20先令、36先令，那么，在比较它们的价值量时，实际上我所关心的既不是先令的含银量，也不是先令的名称。15、20、36这些数的比例已经说明一切，1这个数成为唯一的计量单位。比例的纯抽象的表现始终只是抽象的数的比例本身。他可以不说圆周的1/360是1度，而说1/180是1度；这时，直角就不是用90度计算，而是用45度计算，锐角和钝角以此类推。这样，按照货币用以指示比例说，各种商品就只存在相对价格，反映价值的价格是不存在的，而且据以决定相对价格的起点的那个“1”，只是一个空洞的东西，没有任何物质内容。

（四）庞巴维克的攻击和卢彬的回答

恩格斯的回答未能解决问题，因此，就有庞巴维克的攻击。他说：“虽然

① 转引自马克思《资本论》（第一卷），人民出版社1975年版，第70页。

一个熟练工人，一个雕刻家，一个提琴制造者，与一个工程师等，一天的劳动并不多过普通工人一天的劳动，可是前者的交换价值却超出后者许多倍。一般劳动价值派的信徒并没有看轻这种例外。他们有时也提到这个问题，不过他们不把这件事当作例外看待，只认为是与一般的价值问题些微有点不同，大体上还是离不了劳动价值的原则。例如马克思便把熟练劳动当作普通的'倍数'来看待。

"这种学理真是令人昏迷。如果我们说，在某种意义上，一个雕刻家一天的劳动可以说是相当于一个矿工五天的劳动——例如在货币价值上——这句话还可以说得通。可是如果我们硬说雕刻家十二小时的劳动真正等于普通工人六十小时的劳动，这句话谁也不敢承认了。在学说的问题方面——例如价值方面——问题是事实究竟是怎样，而不是随意想象的事情。在理论方面，雕刻家一天的生产无论如何总是一天的劳动产品。如果我们说一种一天劳动的产品，等于另一种五天劳动的产品，我们便可以随意想象和捏造。所以马克思的学说在这里又遇到一个例外，商品的交换价值并不是由它们所含有的人类劳动量决定的。……

"简单一点说，上面所说的……例外，其范围也非常广阔，日常交易的商品中，有很大一部分是属于这一类的。严格地说来，在某种意义上，我们也许可以说一切的商品都是属于这一类。因为差不多每一种商品中都包含有熟练工人的劳动——如发明家的劳动，经理人的劳动，创办人的劳动等等——其结果，使物品的价值都比劳动决定的为高。"①

针对这种攻击，劳动价值论者就出来解答。威廉·李卜克内西用复杂劳动就是强度的和密集的劳动，来说明它形成的价值较高，又以从事复杂劳动的人要消费更多的热能和蛋白质，等等，来解释其工资较高。这就等于将问题部分地说成是生理上的需要。当然不能解决问题。

(五) 根据斯密的"高价机器"论，建立机制，解决绝对价值问题

要解决这个机制问题，我认为有必要回顾一下斯密的论述。这有两点：1. 越是从事复杂劳动的人才，越难培养。他说：培养一个律师，平均 20 个人

① 庞巴维克：《资本与利息》，何崑曾、高德超等译，商务印书馆 1948 年版，第 298—299 页。

中才有一个成功者,这样,19 个失败者所花费的教者和学者的劳动都集中在一个成功者的身上,亦即 1 个律师是花费了 20 个人的培养劳动,才培养出来的(从这里可以看出,杜林有些看法正是这样)。马克思说:金刚石在地壳中是很稀少的,因而发现金刚石平均要花很多劳动时间,也是这个意思。2. 斯密将一种经过学习才养成的有才能称为"高价机器",并认为它是固定资本中的一种,其使用不仅要得到收回培养所费的劳动,即折旧,而且还要得到一切资本都得到的利润(可以看出,这一"高价机器"论,就是现在流行的"人力资本"论,或"剩余索取权"论的滥觞①)。这是从固定资本的质的规定看的。此外,还有从才能即劳动的质的规定一面看的,即要获得工资。

根据斯密的有关论述,再加上我个人看法,似乎可以解决上述的"机制"问题。这有三方面:1. "高价机器"在使用时的折旧,属于旧价值的转移。假如一个普通劳动者的培养费用(理论上等于耗费的劳动;下同)是 X,一个律师的培养费是 4X,而一个律师平均要集中 20 个人的培养费,那么一个成功的律师的培养费就是 80X,即 80 倍于一个普通劳动者;这样,这"高价机器"的折旧,即旧价值的转移就 80 倍于普通机器的;只要我们知道 X 的绝对数和"机器"的使用年限,折旧的绝对数就出来了。2. "高价机器"的使用本身,就是这个载体上的劳动所创造的新价值。我认为剥离了"高价机器"的折旧后,其载体上的劳动就同一般的劳动没有什么不同了。这就是说,撇开旧价值转移即折旧不谈,所有劳动创造的新价值都是相同的(杜林的看法正是这样)。复杂劳动是倍加的简单劳动的机制在于:从事复杂劳动者的培养费用本身的巨大和集中了许多失败者的培养费用。它的过程是:巨额旧价值的转移和新价值的创造结合在一起。3. 有的复杂劳动者是要经常充电的,也有的复杂劳动者是要经常练习的,前者如电脑工程师,后者如演员。前者补充进固定资本,后者则成为集中支出的活劳动。它们分别在旧价值转移和新价值创造中起作用。

至于"高价机器"作为固定资本(人力资本)得到的利润(利息),那是从

① 1947 年,郭大力老师在福州经济学科出版社出版的《生产建设论》的附论二:"论有用的才能"中,就从生产建设的角度,全面论述了斯密的这一思想。这比现在西方的人力资本论的提出,早了 20—30 年。此书可能已不流传,能读到的人不多。全面介绍整套《资本论》和《剩余价值学说史》第一位中译者、已故的郭大力教授的经济思想,是一项重要的独立的任务。

社会剩余价值中扣除的，同一般的平均利润没有区别。值得注意的是：固定资本按全额获取利润，而根据折旧转移旧的价值。不能从复杂劳动者获取的工资，反过来计算他的劳动形成的价值。他的工资的决定还取决于许多条件。责任重大或有风险的从业人员，要有一定的派头，以便树立企业的形象，以显信用的代表企业的高级人员，大企业失败，再就业困难的高级人员，如 CEO 等等，其工资就较高。此外，也有高级复杂劳动者的供求问题。这个问题在目前我国特别突出。

（六）巨大的现实意义

上述“机制”如能成立，对加深理解党的十六大提出的“确立劳动、资本、技术和管理等生产要素按贡献参与分配的原则”将有重大的意义。我想指出的是：这里的技术和管理就是上述的“高价机器”，就是复杂劳动，它转移的旧价值非常大，这本来不是分配的收入，而是垫支的回归。但是，人们都将其视为是参与分配的内容之一，从而同它在创造的新价值中拿到的那份工资，以及按照全部垫支索取的利润，亦即真正的分配混同起来。

不过，我要指出，在我国，管理的如果是存在阶级对立关系的企业，那么，管理这种劳动就有两重性，有一面是不创造价值的。我还要指出，恩格斯明确地说过：“在按社会主义原则组织起来的社会里，（培养复杂劳动者）这种费用是由社会来负担的，所以复杂劳动所创造的成果，即比较大的价值也归社会所有。”①

我强调“机制”要能解决绝对价值的大小，有重大现实意义。现在，我国高低收入拉大差距的理论依据不外是：所谓的二八定律，即认为不管在哪里，财富（他们不说价值）中 80％是 20％人创造的，而其余的 80％的人只创造其余的 20％财富。这里没有理论，而是将善于经商的犹太人的狭隘经验奉为理论。这样，收入的差距就应为：0.80/0.20＝4；0.20/0.80—0.25；4/0.25＝16，即一个经济单位，其高低收入差平均是 1 比 16。但是，1 的绝对值为何物还待解决。上面写成后，从报纸得知吉林省招聘政府官员，年薪最高近 20 万元。根据是：“吉林省省直公务员月平均工资为 1 100 元……按

① 恩格斯：《反杜林论》，人民出版社 1971 年版，第 199 页。

2 倍计算，2 200 元起薪，最高可达(1 100 元的)15 倍，即 16 500 元，也就是年薪近 20 万元……”①这里的比值，与二八定律非常接近。不同的是：作为基数的 1 100 是绝对数，不是相对数 1。只有这样，才能操作。前面我已经说过，不能倒过来从这里的收入计算相应的人员创造的价值。

写到这里，读陈征教授的《树立尊重劳动的思想观念》，其中说：“复杂劳动往往是简单劳动的多量倍加，能够比简单劳动创造更多的价值。”这是对的。可是他又说：“根据按劳取酬的分配原则，复杂劳动应比简单劳动取得更多的报酬。这种更多的报酬，既包括创造更多的价值的报酬，也包括贡献较大的报酬。”②前面说的是复杂劳动创造更多的价值，这里说不同：复杂劳动除了创造更大的价值之外，还有较大的贡献，这贡献较大不知指的什么？希望作者赐教。

七、乔治·拉姆赛经济思想述评③

以李嘉图的理论为终结的英国古典政治经济学，经过 19 世纪 20 年代李嘉图理论被庸俗化之后，便被庸俗政治经济学所取代。庸俗经济学是从古典经济学的庸俗因素中产生的，其后就独立化了。这样，资产阶级政治经济学便从古典政治经济学变为庸俗政治经济学。其中的时限，据马克思的说明是 1830 年。因为这时法国和英国的资产阶级都最终取得了政权：在法国封建复辟王朝于这年被推翻，在英国经过 1832 年的国会改革，资产阶级终于控制了国会。由于这样，资产阶级同封建贵族的矛盾就下降为次要矛盾，而资产阶级同无产阶级的矛盾则上升为主要矛盾，以反对封建主义为阶级任务的古典政治经济学，就必然被为资本主义辩护的庸俗政治经济学所取代。但这只是一种趋势。这并不是说，在 1830 年之后不久，就不可能再有古典政治经济学家产生了。事实上，在 30 年代，甚至 40 年代初，还有几位古典政治经济学家产生。英国的乔治·拉姆赛是其中的一位。他的重要

① 赵磊、杜学静：《吉林将产生首批政府雇员》，新华社 2003 年 6 月 11 日电。

② 陈征：《树立尊重劳动的思想观念》，《党史信息报》2003 年 4 月 23 日。

③ 载于《马克思主义来源研究论丛》(第六辑)，商务印书馆 1984 年版，第 173—187 页。

著作是《论财富的分配》(1836年)(以下简称《分配》)。本文是根据该书评述拉姆赛的经济思想的。

(一)

拉姆赛写作《分配》时的思想材料即流行的经济学著作,既有古典政治经济学的,也有庸俗政治经济学的。这对《分配》的方法、结构和内容,都有很大的影响。

李嘉图继承和发展了斯密的正确原理。他坚持生产商品投下的劳动决定价值的原理,反对交换商品支配的劳动决定价值的原理;坚持价值分解为工资和剩余价值(利润)即分解为收入的原理,反对价值由工资和利润即由收入构成的原理;认为地租(级差地租)只是农业中的超额利润,它是价格的结果。这些都是正确的。但是,由于他不理解工人出卖的不是劳动而是劳动力,认为劳动有价值,这样就无法在坚持劳动价值理论的前提下,说明利润的来源;由于他混淆了价值和生产价格,就无法说明等量资本推动的活劳动不等,就应该有不等的利润,但为什么利润率却是平等的,并且否认绝对地租的存在。这就是李嘉图学派的两大难关。为了通过第二个难关,李嘉图认为,除劳动外,还有三个因素决定价值:1. 生产商品的固定资本和流动资本的构成不同;2. 商品的上市时间不同;3. 在上述的两种不同下,工资的变动。这就修正了劳动价值理论。

斯密理论中的庸俗因素,被萨伊和马尔萨斯利用并发展为庸俗政治经济学。其中最重要的是,他由于错误地认为工人出卖的是劳动,便无法说明利润的产生,只好说价值是由交换商品支配的劳动决定的。这劳动包括工资、利润和地租,即价值由收入构成。这两位经济学家都利用了这一点。萨伊更由此提出生产三要素论和三位一体的公式。因为既然说价值由三种收入构成,就必然要承认三种收入各有其源泉,即劳动创造工资、资本创造利润、土地创造地租。认为劳动、资本、土地共同创造价值,这是生产三要素论;而劳动——工资、资本——利润、土地——地租,就是三位一体公式。萨伊并在此基础上首创庸俗政治经济学的三分主义,即认为政治经济学是研究财富(他认为是价值)的生产、分配和消费的科学,也就是研究没有社会内容的财富运动,然后又认为它就是资本主义的经济规律。为了"通过"李嘉图学派的两大难关，老穆勒和麦克库洛赫完全接受上述庸俗经济学家的错误理论，并在这基础上发展为独立的庸俗政治经济学。他们认为，利润（或工资）由资本家和工人的竞争，即供求或借贷关系决定，而工人供给的是劳动（出卖劳动）；等量资本不管推动的活劳动多少，之所以有等量的利润，是因为时间本身创造价值，以及机器创造价值——陈酒之所以比新酒贵，是由于窖藏中的新酒是一部机器，它创造价值，因而它的产品即陈酒便比新酒贵。他们两人还将萨伊的三分主义发展为四分主义，认为政治经济学是研究财富的生产、交换、分配和消费的科学。

拉姆赛在《分配》的序言中说及，他是熟读上述思想家的著作的。可以看出，在某些理论问题上，他是接受了庸俗政治经济学的提法的。例如，他同样认为“政治经济学是研究财富的生产、分配、交换和消费的一门科学”。[①] 但是，在方法论和重大理论问题上，他是深受李嘉图的影响的，在某些问题上还有所发展。例如，他原来是从投下的劳动决定价值的原理出发，认为这价值要分为工资和毛利润，毛利润分割为资本的纯利润和企业的利润，地租只是超额利润，后来只是由于他不得不进入李嘉图的难关（他在序言中表示不进入）而又无法通过，才陷入错误，即认为除劳动外还有其他因素决定价值。正因为他从根本上说是接受李嘉图的方法论和基本原理的，这就减轻了庸俗政治经济学对他的影响，其中有些只成为形式上的。例如《分配》的结构就是这样。该书除《序言》外，分《绪论》和《财富的分配》两部分，而《绪论》包括论生产和论交换的章节，表面看来，像是采用三分主义的原则。其实，这只是形式上的。它的第一部分，无论是论生产还是论交换，实质上是论价值；它的第二部分，论述的是价值的初次分配和第二次分配，这完全是斯密和李嘉图的方法论。由于拉姆赛同李嘉图一样，认为分配是特别重要的问题，因而将财富的分配独立为一个部分，便是很自然的了。

（二）

在第一部分，他从没有社会内容的物质财富生产出发，将生产定义为：

① 拉姆赛：《论财富的分配》，李任初译，商务印书馆1982年版，第8页。

“通过人的劳动创造出物质产品的效用。”[①]这样，他便重复了萨伊的论调，尽管他指出由萨伊杜撰的非物质产品这个概念是错误的，并在这个基础上讽刺地指出，萨伊认为军人和律师等是生产劳动者也是错误的，因为总不能将由律师的辩护取得的利益看成是财富。

他从这个关于生产的定义出发，认为把商品从一地转运到他地是生产性的，因为它增加效用，而把商品运集在一起之后所进行的交换则不是生产性的，因为它不增加效用。但在这样做时，他又将前者即真正的运输工业混同于商业，其实，真正的商业指的应该是后者，即商品交换本身。

拉姆赛关于生产的论述是错误的，因为他论述的是资本主义生产，而资本主义生产就不是生产一般的物质财富，而是生产剩余价值。从这一点看，凡是给资本家带来剩余价值或利润的劳动，都是生产的劳动。这样，为资本家生产商品的，当然是生产劳动；为资本家实现商品价值的商业劳动，也是生产劳动；一个教师，如果他在学店里工作，由于能够给老板带来利润，其劳动也是生产劳动。马克思是不问劳动的具体形态，而只看它包含的社会关系，即能否带来利润，来区别它是否资本主义的生产劳动的。由此他认为，同可变资本交换的劳动是生产劳动，同收入交换的劳动是非生产劳动。

他同样从物质生产的角度，把资本区分为固定资本和流动资本。他说：“资本是已经用来或旨在用来进行再生产的一部分国民财富。”资本分为两类：“一类在再生产过程中经历着各种各样的，或多或少的改变，然而这种资本本身对任何人没有丝毫用处，因为这样使用的资本不能给任何人直接提供生活必需品或者生活享用品”，而“在生产未结束前为其所有者或雇主所占有”，这是固定资本；另一类“在它导致（虽然更加间接）共同结果的过程中，同时又满足着人们最必不可少的需要”，它“只有在与其所有者分离并转让给他人时，才能为其所有者所要达到的目的服务”[②]，这是流动资本。这个定义不能立即全部弄懂。这里先要指出的是，在他看来，有一类资本是自身不能发生效用变化的国民财富，并在产生出新效用前一直为雇主所占有；另一类资本也是国民财富，但不是它本身，而是它发生的作用，亦即间接地同

---

① 拉姆赛：《论财富的分配》，李任初译，商务印书馆 1982 年版，第 7 页。

② 同上书，第 12—13 页。

前一种资本结合，产生出共同的结果即新的效用，因而满足了人们不可缺少的需要。这类国民财富要与其所有者分离并转让给他人，才能为其所有者的目的服务。

因为拉姆赛强调流动资本是要离开其所有者而转让给他人的，所以他认为只有固定资本才是国民财富的源泉。因为在他看来，流动资本的必要，只是由于劳动者贫穷，他们在生产结束之前，要由雇主预付一些国民财富给他们，才能生活。因此，如果他们富裕些，那么“流动资本显然是不必需的，因为那时他们可以等待，直到用一部分完成的产品，以实物或以上述产品在交换中获得的其他东西来给他们支付报酬”。[①]

在这里，正如马克思所指出的，他的思想的深刻性在于：他不把生产的资本主义形式，看作生产的绝对条件，而只把它看作生产的“偶然的”历史条件。不过，他没有看到，如果国民财富的一部分不表现为流动资本，那么它的另一部分当然也不表现为固定资本。

现在的问题是：雇主为什么要预付流动资本，拉姆赛的目的是什么？他说：“使用流动资本这件事情本身最明白地证明从中可得到一些利润。”[②]利润来源何在？既然固定资本本身不发生变化，而只有借助流动资本推动的劳动，才能变为具有新效用的财富，那么逻辑的力量就使他断然认为，只有流动资本才是利润的来源。

由此可见，拉姆赛所说的固定资本和流动资本，就是马克思所说的不变资本和可变资本。他对这两种资本的物质内容的说明，进一步证明了这一点。他说的固定资本，就是全部生产资料，包括不变的固定资本和不变的流动资本；流动资本就是工人的口粮和其他必需品。[③] 据此，马克思认为他在**事实上**划分了不变资本和可变资本。

由于这样，马克思认为，他已接近于正确理解剩余价值的产生。雇主预付流动资本（可变资本）是要取得利润的，利润又是怎样产生的呢？他说：“如果确有利润，那么流动资本所能支配的劳动量就必定大于生产它的劳动

① 拉姆赛：《论财富的分配》，李任初译，商务印书馆 1982 年版，第 14—15 页。
② 同上书，第 32 页。
③ 同上书，第 14 页。

量。”[①]这样，根据生活事实并经过理论分析，他说明了利润就是可变资本支配的劳动量大于生产这可变资本的劳动量的差额。这利润是利润一般，即剩余价值。

这样说来，他应该有条件提出不变资本和可变资本这对范畴，他为什么没有提出呢？马克思认为，这是他顽固坚持经济学传统的结果。我们知道，最初实质上区分固定资本和流动资本的是重农学派的魁奈。这是他对生产资本的区分，不适用于货币资本和商品资本。他并且认为这只适用于在他看来唯一能生产纯产品即剩余价值的农业部门。他分别称它们为原预付和年预付，其区别在于前者的价值多年周转一次，后者的价值则一年(因为是农业生产)周转一次。这种区分不涉及剩余价值的来源问题，因而是正确的。缺点在于它只限于说明农业的生产资本。斯密在这个问题上的功绩只在于，提出固定资本和流动资本的范畴，并使其普遍化，即适用于一切企业。但从理论上看，他退步了。他是从资本获取利润的表面方法来区分的，即资本不流动就可获取利润的，是固定资本，经过流动才能获取利润的，是流动资本，因而将其扩大到用来分析流通领域的资本。他以农业资本来加以说明：农业家用于购买农具的是固定资本，他保管在手中便获取利润；用于维持工人与支付工资的资本是流动资本，他要支付出去才能获取利润。这样一来，就无法说明剩余价值的产生，也无法提出不变资本和可变资本的范畴。李嘉图只从资本消耗的快慢，即耐久性来区分固定资本和流动资本，认为工资属于流动资本。这种区分不仅是相对的、主观的，而且抹杀了不变资本与可变资本的区别，因为工资和机器、原材料不同，它不是在生产过程中消耗的，它和后两者的不同在于：它推动的劳动，比生产它的劳动大，其差额形成剩余价值。拉姆赛是清楚地看到这一点的，他理应提出新的范畴。但是，他由于被前人的范畴所束缚，以致尽管他所说的固定资本，只意味着“固定地为其所有者或雇主所占有”，流动资本只是意味着“在所有者与工人之间流动”[②]，其经济意义和前人用的不同，可是他没能提出新范畴。这样，对于用来说明剩余价值产生的资本，不称为可变资本而称为流动资本，就等于

① 拉姆赛：《论财富的分配》，李任初译，商务印书馆 1982 年版，第 31—32 页。

② 同上书，第 13 页。

将从生产剩余价值的角度做出的资本区分，混同于从价值周转的角度作出的资本区分。

现在，可以全部弄懂拉姆赛对资本下的定义了。他不外说，不变资本在生产过程中发生的物质形态变化，是要借助于劳动的，它本身不能创造财富，可变资本是以其推动的劳动，因而间接地参加生产过程，其结果从物质方面看，是一个新财富的生产，从雇主目的方面看，由于它推动的劳动量大于生产它的劳动量，是一个剩余价值的生产。

这里要指出的是，由于他受已有理论的束缚，对剩余价值生产的理解，并不是科学的。他举了一个理应留到下面才谈的例子：有两个相等的资本，都是一百人生产出来的；其一全是流动资本，其二全是固定资本，例如窖藏酒类；“这个由 100 人的劳动生产出来的流动资本将雇佣更多的人手，比如说 150 人。因此在这种情况下，来年年底的产品将是 150 人劳动的结果，但它的价值决不会比在同一时期结束时酒的价值多一点，尽管在酒上仅使用了 100 人的劳动”。①

问题就出在“来年年底的产品将是 150 人劳动的结果”上。这句话是不明确的。马克思指出，不明确的地方在于：“好像利润不过是由这个事实发生：现在使用的，不是 100 个人，而是 150 个人”②；好像 100 人或 100 劳动日，“将提供一个产品，其中包含 150 个劳动日所创造的价值；其实正好相反，不过是 100 个劳动日所创造的价值已经够为 150 个劳动日实行支付”。③ 为什么有这种不明确的说法呢，马克思指出：“或多或少是因为受了马尔萨斯的影响。”④我们知道，马尔萨斯利用了斯密的错误，即资本产生后，价值就变为由交换商品所支配的劳动决定的错误，认为“唯有商品所能支配的劳动才能成为这种价值的尺度。”⑤由于受到这种说法的影响，拉姆赛便含糊地认为，上例中的价值，是由 100 人劳动的产品所能支配的 150 人劳动决定的。这样，他就不能科学地说明剩余价值的产生。

---

① 拉姆赛：《论财富的分配》，李任初译，商务印书馆 1982 年版，第 32—33 页。
② 马克思：《剩余价值学说史》（第三卷），郭大力译，人民出版社 1978 年版，第 369 页。
③ 同上书，第 370 页。
④ 同上书，第 369 页。
⑤ 马尔萨斯：《政治经济学定义》，何新译，商务印书馆 1962 年版，第 90 页。

他是在论交换时提出价值学说的。他混淆了价值与交换价值，因而说："价值大小是由该物品具有交换其他商品或劳动的整个数量的一般能力来估计或计量的。"①

现在的问题是价值如何决定。他认为，"如果人的努力能把追加的供给增加到无限的程度，那么这种产品的价值取决于生产它所需的牺牲"。② 这就是说，撇开供求关系的影响，价值取决于生产该商品所需的牺牲，亦即该商品的生产成本。他认为牺牲包括两种，一是劳动，一是资本——从分析中可以看出，他指的是固定资本。这种将劳动和资本看成牺牲的思想，分别来源于斯密和李嘉图。前者看到的是雇佣劳动，故有此说；后者则认为，资本是对资本家消费、享受的否定，称之为牺牲，为的是取得补偿。这种主观主义的解释，不仅影响到拉姆赛，而且也影响与他同时的经济学家如西尼尔，当然也影响了以后的资产阶级经济学家。现在的问题是，拉姆赛认为，固定资本说到底是由劳动创造的，因此，"归根结底，最初为生产任何商品需要做出的牺牲，把它本身分解成为直接地或间接地花费在它上面的劳动"。③ 这就是说，生产商品花费的劳动，就是该商品的生产成本，亦即价值。

应该说，这种将生产商品耗费的不变资本（固定资本）最终还原为劳动，因而认为价值只由劳动决定的观点，是正确的。但是，他却认为这种说法是有局限性的，因为"固定资本被保存或者不能满足其所有者……的状态愈久，则它的所有者所承受的牺牲愈大，换句话说，成本愈大"，所有者要求的补偿要与时间成正比。因此，"成本不单是由所花费的全部劳动量来计算，而且还要由在劳动产品被用来满足人们需要之前所需要的时间长度来计算"。④ 这预示着，他要修正劳动价值学说了。

他认为，"在社会未产生和使用资本以前的最初阶段，价值完全是由劳动量调节的"。⑤ 但资本产生后，由于利润和工资的产生，价值就不全由劳动调节了。其原因是：

---

① 拉姆赛：《论财富的分配》，李任初译，商务印书馆 1982 年版，第 24 页。
② 同上书，第 26 页。
③ 同上书，第 17—18 页。
④ 同上。
⑤ 同上书，第 36 页。

固定资本的使用。只要两个等量资本使用的固定资本不等，其商品价值就不同。以前例为例：两个资本都是100人劳动的产物，值100镑，其一全用于雇佣工人，来年年底产品价值150镑；其二全用于买酒窖藏，为了取得同样利润，酒的价值来年年底也要增为150镑，这增大的50镑不是劳动创造的。这是李嘉图混淆价值和生产价格的错误。

流动资本的使用。在没有资本的地方，小生产者100人在100天内能生产值500镑的谷物。资本家为了在同样时间内雇佣同量的劳动者，就必须预付500镑流动资本。资本要求利润，因此它的商品在"价值上要高于完全等量劳动所生产的谷物"。[①] 这种说法是违反他关于剩余价值来源的说法的。在这条件下，用资本生产的商品，比小生产者生产的谷物耗费的劳动要大些。因为500镑虽是100人劳动的产物，但用500镑雇佣工人，工人支出的劳动必定大于生产500镑所需的劳动。或者反过来说也一样，要雇佣100个劳动者，根本不需要100人创造的价值，即不需要五百镑。这个例子是错误的。其原因是，他认为工人出卖的是劳动，因此要100人创造的价值，来购买100个工人的劳动。这个例子没能证明他需要证明的东西，因为资本支配的劳动大于小生产者耗费的劳动，其产品价值当然不等。

工资的变动。他认为，两个等量资本，如果固定资本和流动资本比例相同，那么，工资变动虽对价值发生影响，但因影响相同，这两种资本的产品的相对价值还是不变。如果资本比例不同，工资变动就必然引起价值变动。他的例子是：两个等量资本都是1 000镑，但固定资本和流动资本的比例不同，甲为500∶500，乙为800∶200，假定它们的产品在同样时间内制成，两种产品价值(其实应该是生产价格)便相同。现假定工资上升10%，甲资本就要增为1 050镑，乙资本则增为1 020镑。"既然预付资本不再相等，而且也没有造成利润本身总是趋于均等的例外，以前具有相同价值的产品就不能继续保持同一价值了。"[②]这里的错误，同李嘉图一样是混淆生产价格和价值。关于工资上升或下降对生产价格变动的影响的分析，他都是简单地学李嘉图。其所以是简单的，是因为李嘉图将价值分解为工资和利润，工资的

① 拉姆赛：《论财富的分配》，李任初译，商务印书馆1982年版，第35页。

② 同上书，第44页。

变动和利润率的变动方向相反,从而就一方面引起预付总资本变动,另一方面引起根据这总资本和新利润率计算出来的利润量变动,从此出发说明这一切的。拉姆赛就不是这样了,他只是抄李嘉图的结论。

下面我们将看到,他对平均利润率的形成及其对价值变动的作用,是有认识的,因此他应该有条件区别价值和生产价格,在这里,他显然是被李嘉图俘虏了。

(三)

拉姆赛在第二部分论述的分配,从方法来说不过是萨伊的生产三要素论和三位一体公式的翻版,不同的只是:他把“三”改为“四”。一般说来,只要把资本主义生产看成生产财富,而不是生产剩余价值,在分配论上就很难逃出萨伊的掌心。

他的分配论的精髓就是:在生产中存在着四个相互协作的阶级,从而他们便在共同的成果中各自取得一个份额。这四个阶级是:劳动者、雇主、资本家和地主;他们分别得到的份额是:工资、企业利润、资本纯利润和地租。他认为雇主即企业主是从事脑力劳动,借用生产三要素,然后组织生产,并在共同生产的财富中,支付了生产要素的费用后,将余额变为其收入。这样,他便把企业主放在一边,将劳动者,资本家和地主放在另一边,认为这两边存在着利益对立。他站在企业主方面,认为捐税应出自资本家和地主,地主是个多余的阶级。

但是,在具体论述分配时,他用的方法却是李嘉图的。这就是:财富或价值先扣除工资,余下的是毛利润,因此这两者是对立的;毛利润再由借入资本的企业主和贷出资本的资本家分割,前者得到企业利润,后者得到资本纯利润,其比率取决于这两种人和其他因素之间的竞争;农业中的超额利润转化为地租,所以这就是级差地租。

因此,分配论的起点是工资如何决定。他的工资论是老穆勒的供求论,当时可以信手拈来的工资基金论和李嘉图的生存费用论的大杂烩。工资论上的供求论,原是老穆勒为了通过李嘉图学派的第一个难关,即认为工人出卖的是劳动就无法解释利润的来源而提出来的。他认为工资在生产出来的价值中占的份额,由工人和资本家的竞争,即由劳动的供求关系决定。但劳动的供给云云，就是出卖劳动。拉姆赛重复这个错误，说："调节工资率的直接原因，即劳动的供给和需求之间的比例"[①]，工资基金论说的是，社会上供工人消费的基金是个常数，每个工人分到的工资，与工人人数成反比。他说：分配给工人的份额在"总产量中所占的比例差不多是由提供的劳动量与基金量（预定用来支付劳动基金的流动资本）之间的比例决定的"[②]，就是这个意思。其实工资基金随着资本积累而变化，是个变数。他的工资理论中只有来自李嘉图的生存费用论是正确的。在这里他指出要增加一个心理状态或舆论，即道德的因素[③]，这也是正确的。

"毛利润就是在支付了劳动工资和补偿了耗费的固定资本以后，留给雇主——资本家的全部余额。"[④]他是从财富即物质的角度看问题的，因此就发生资本是各种各样的，它们之间和它们同产品之间都是各不相同的，因而怎么能扣除，并在这基础上计算毛利润率的困难。他认为从个别工业企业看，是不可能的，从农业看有可能，因为它消耗的和生产的物质大体相同，从全国看更可能，因为它消耗的和生产的物质完全相同。这种思想来自重农主义的纯产品论和李嘉图后来摈弃不用的谷物比例利润率理论。[⑤] 由于消耗的固定资本要从产品中补偿，他便认为："从全国的观点看，利润像工资一样，它们都应被认为是制成品中完全不同于它的生产成本的实实在在的一个部分。"[⑥]这里的生产成本指的事实上是不变资本，因此他是看到商品价值分解为 c+v+m 的。他认为利润率的变动，取决于两个因素：农产品生产的日益困难，使工资占的比例增加，从而使它降低；工商业的改进，使不变资本占的比例降低，从而使它提高。[⑦]

资本纯利润和企业利润，亦即利息和企业主收入，是对毛利润的分割，其比例由资本家和企业主的竞争，即由借贷资本的供给和需求决定。在这个经济常识的问题上，他的补充是：借贷资本的需求，除生产性的以外，还有

---

① 拉姆赛：《论财富的分配》，李任初译，商务印书馆 1982 年版，第 70 页。

② 同上书，第 312 页。

③ 同上书，第 83 页。

④ 同上书，第 93 页。

⑤ 后来凯恩斯利用这种思想提出货币利率理论，斯拉法利用这种思想提出标准利润率理论。

⑥ 拉姆赛：《论财富的分配》，李任初译，商务印书馆 1982 年版，第 96 页。

⑦ 同上书，第 129 页。

非生产性的，如政府的借贷；借贷资本的供给，由于食利者的增加而迅速增加，这情况在宗主国尤甚，“在财富已有巨大增长的欧洲各国，利息必然有下降趋势”。①

他认为企业利润具有两重性，“主要取决于资本量并且随着资本量的变化而变化”，但“又按照运用资本的那些人在智力和精神素质方面的不同，可以在一定限度内上升或者下降”；其原因在于企业主的劳动具有特点，即有很多企业的“领导人亲自动手干活，但是在他们这样做的时候，他们在那个时候已停止作为雇主而成为操作者”。②

他是在论不同行业的毛利润时谈论平均利润问题的。这是李嘉图学派的第二个难关。他认为毛利润率不同的原因是：企业所冒的风险大小、企业规模对竞争限制的程度、资本量大小，即资本量越大利润率越高，反之亦然。这是以超额利润、垄断利润来代替利润本身。离开资本有机构成不同和资本周转时间不同，是无法说明不同部门的利润率为何不同的。他对不同利润率转化为平均利润率的说明是正确的。他说：尽管竞争“不可能是利润的来源”，但它却使各行业的利润趋向于均等，它“是通过改变产品的价值来起这种作用的”。③ 这句话深刻、正确！它的前半句是针对马尔萨斯的，因为这个庸人竟认为竞争能创造利润本身④；它的后半句说的改变商品的价值，就是形成生产价格，这是李嘉图没有看到的。

他认为地租是“从谷物的昂贵价格中得来的超额利润。谷物的昂贵价格是由于与需求相比供给的不足所引起的。而供给的不足则最终取决于好地数量有限”。⑤ 由于他谈的是级差地租，所以他就针对当时的争论说：地租

---

① 拉姆赛：《论财富的分配》，李任初译，商务印书馆1982年版，第138页。

② 同上书，第143页。苏联马列主义研究院编辑的《剩余价值学说史》，在马克思论拉姆赛关于毛利润的分解为纯利润和企业利润这部分，即该书第三卷第23章，冠以拉姆赛“关于‘监督劳动’……的见解的辩护要素”的标题，这里所说的辩护，指的就是他关于监督劳动二重性的看法。该编辑认为这是辩护论，是错误的。相反，马克思认为“关于产业利润（特别是关于监督劳动）所说的话，是他这个著作中提出的最合理的东西”[马克思：《剩余价值学说史》（第三卷），郭大力译，人民出版社1978年版，第398页]。

③ 拉姆赛：《论财富的分配》，李任初译，商务印书馆1982年版，第150页。

④ 马尔萨斯认为，利润率取决于交换商品所支配的劳动，即得到的价值，和生产商品所垫支的价值的差额，这差额本身取决于供求即竞争。

⑤ 拉姆赛：《论财富的分配》，李任初译，商务印书馆1982年版，第178页。

是价格昂贵的结果,而不是价格昂贵的原因。这当然不适用于他没有考察的绝对地租。他感到这是一个问题,因此有时也说地租是价格昂贵的原因。但他说的是牧业用地地租,这是斯密早已说明过的。[①] 拉姆赛重复说:牛的价格由谷物地租来调节,谷物地租是牛价昂贵的原因,而只有牛价昂贵了,才能支付牧业用地地租。[②]

以上谈的是初次分配。还有一个二次分配即捐税问题要论述。为此,他要解决什么是资本、收入、必要收入和净收入等问题。他认为总产量中固定资本(不变资本)是资本,流动资本(可变资本)是收入,毛利润也是收入,但为了进行生产,工资和毛利润中的企业利润是必要收入,而毛利润中的资本纯利润和地租,不是生产的必要条件,因而是不必要的收入即净收入,向它们征税并不影响生产。因此第二次分配——征收捐税,就要落在借贷资本家和地主身上。拉姆赛的经济思想,就这样反映了生产资本家发展生产的要求和他们的利益。

---

① 马克思:《资本论》(第三卷),人民出版社 1975 年版,第 865 页。
② 拉姆赛:《论财富的分配》,李任初译,商务印书馆 1982 年版,第 189 页。

第二部分

社会主义国家的预算、信用与货币流通

（本部分内容根据陈其人先生著、上海人民出版社1955年11月出版的《社会主义国家的预算、信用与货币流通》一书刊印）

第一章　社会主义的财政体系

财政是货币关系的体系，凡是有商品生产和货币经济并且用货币来表现国民收入的生产、分配和使用的地方，也就有财政。

作为货币体系的财政是在封建社会内部产生的，而某些财政范畴早在奴隶社会就已经有了。在社会主义以前的各种社会形态里，财政一直是剥削者加紧剥削劳动人民使自己发财致富的工具，特别是在资本主义社会里，资产阶级国家的财政，是加紧剥削广大劳动人民的一种最发达的工具。在世界上第一个社会主义国家成立后，产生了新的、社会主义的财政体系。社会主义的财政根本不同于过去阶级社会的财政，它不再是剥削者加紧剥削劳动者并使自己发财致富的工具，而是消灭剥削阶级和剥削制度，建设社会主义与共产主义，以及提高劳动人民物质和文化生活水平的工具。

在社会主义制度下，社会主义生产存在着两种基本形式——国家形式和合作社集体农庄形式，为了沟通它们之间的经济联系，商品生产和商品流通就成为必要。在这里，消费品是作为商品来生产和销售的，生产消费品的企业要用货币形式来计算它的一切耗费、来反映它的经济活动；在国营企业之间进行分配的生产资料，虽然不是商品，不是买卖对象，但生产生产资料的国营企业也要用货币形式来计算耗费、来反映经济活动的。这是因为，消费品既然是商品，工人就只能用货币工资去购买它，所以，在生产资料的生产中，也必须用货币形式来计算同工资一起构成生产资料成本的其他一切要素，生产资料就保存着商品形式，具有价格。这样，社会主义企业，不论生产的是消费品还是生产资料，都要靠出售自己的产品得到的货币资金来补偿它在生产资料和劳动报酬上的支出，以及用来扩大生产。因此，在社会主义企业（国营企业、集体农庄、工艺合作社和消费合作社）中就建立和支用着一定的货币基金，这就构成了社会主义企业经济活动的财务方面（集体农庄经济活动中的实物关系不包括在财务关系中)。

社会主义企业除了建立和支用一定的货币基金来满足它的生产和扩大再生产的需要以外,还要将一部分货币资金集中到国家手中,成为集中分配的全国性货币基金,用来满足整个社会的需要,以发展国民经济和文化。这种全国性货币基金的建立和支用,就构成了社会主义的国家财政,而国家预算则是有计划地建立和使用集中的全国性货币基金以满足整个社会需要的基本形式。

在社会主义企业的经济活动中、在国家预算执行过程中、在各种组织的日常活动中、在社会成员的日常生活中,总有暂时闲置着的货币资金,在偿还的原则下,这些货币资金可以动员起来,用来发展国民经济和社会文化。这种货币关系就构成了社会主义的信用。

所有这些货币关系就构成社会主义国家的财政体系,这就是在社会主义国民经济中有计划地建立、分配和使用货币基金以便保证满足社会主义扩大再生产需要的体系。

社会经济制度和生产资料所有制是财政体系的基础。在不同的社会形态(存在着财政的)里,它们的生产关系不同,财政的内容、职能和使命也就不同。社会主义财政体系的内容、职能和使命根本不同于资本主义的财政,这是因为,前者是以社会主义生产资料公有制为基础,并且是与社会主义国家相联系的,后者是以资本主义生产资料私有制为基础,并且是与资产阶级国家相联系的。

在社会主义制度下,生产资料是公有的,社会主义国家是一切具有决定性意义的生产资料的所有者,这样,它就有可能来有计划地组织社会生产,并根据社会发展的经济规律来指导全国的经济生活。生产资料的社会主义所有制,决定了社会主义国家的财政同物质生产有着最密切的不可分割的联系,它可以直接把一部分社会纯收入集中起来,用以发展国民经济和文化。这是社会主义国家财政的一个极重要的优点,它决定了社会主义财政的不可动摇的稳定性,并使社会主义国家预算愈来愈成为整个国民经济的预算。这样,就构成了社会主义所特有的财政体系。

在资本主义制度下,生产资料和企业归不同的资本家所有,资产阶级国家并不掌握经济。这样,资本主义国家就不能执行组织社会生产的职能,而只是维护资本主义再生产的外部条件。这是因为企业的所有者是资本家，资本主义企业内部及各企业相互之间利用货币关系，都是资本家个人及其垄断组织的私事。因此，资本主义的国家预算、信用、资本主义企业的财务之间是没有直接密切的联系的。

由生产资料的社会主义公有制和社会主义国家的组织经济文化工作的职能所决定，并适合于社会主义基本经济规律的要求的社会主义财政，它的主要使命并不是聚集资金和合理地使用资金来维持政治上层建筑并使之起作用（这也是它的一个使命，但只是次要的使命），而是建立和利用货币关系，以保证满足社会主义扩大再生产的需要和提高人民的物质文化生活水平。由资本主义生产资料私有制所决定并和资产阶级国家的活动密切联系着的资本主义国家财政，它的主要使命就是从物质上来保证资产阶级国家及其压迫劳动人民的各种暴力机关的存在和活动。资本主义国家就是抱着这个目的来参与物质生产关系，同时又通过国家财政极力把财富集中在剥削阶级手中。

为了完成自己的使命，社会主义财政就具有分配和监督的职能。这就是说，社会主义社会的总产品借助于财政体系就可以用货币形式在各生产部门间、各企业间，在整个社会和社会成员间进行分配，这种分配所达到的目的就是要发展国民经济和提高人民物质文化生活水平。同时，社会主义国家又可以通过财政体系对各企业和各经济部门的全部经济活动实行监督，促使各部门厉行节约，合理地使用和妥善地保管货币资金，巩固经济核算。

资本主义国家的财政，对资本主义社会的国民收入进行再分配，这种再分配是有利于剥削者而不利于劳动人民的，从这意义上说，它又是资产阶级加紧对劳动人民进行剥削使自己发财致富的工具。资本主义国家财政根本不可能有任何监督的职能，因为资本主义企业的一切经济活动只服从于资本家个人追求利润的目的，被资产阶级所掌握的国家，只能帮助资本主义企业获取高额利润，而不能对它的活动有任何监督。

由于国民经济有计划（按比例）发展规律的作用，就产生了社会主义财政计划化的必要性和可能性。社会主义财政体系的全部活动，都受国民经济计划的指导。社会主义财政的计划化，具体表现在国家预算、国家银行的信用计划和现金出纳计划以及社会主义企业和经济机关的财务计划工作等方面。财政计划工作的基本任务是:(一)发掘国民经济的资源并用以满足社会的迫切需要和消费,为此而最充分地动员货币收入、积累、储蓄和暂时闲置的货币资金;(二)鼓励各企业和机关最有效地利用人力、物力和财力,厉行节约;(三)保证使国民经济保持计划比例关系,保证使收入的分配与国民经济计划所规定的社会产品分配之间相适应。社会主义财政的计划性,是它的最重要的特点,是它对资产阶级国家财政的最重要的优越性。在财政计划工作中,最充分地反映了苏联财政在再生产过程中的积极作用。

各人民民主国家的财政,基本上是属于社会主义国家财政这一类型的,因为这些国家是以工人阶级为领导的、以工农联盟为基础的;因为这些国家的社会主义经济,尤其是国营经济在整个国家经济中居于领导地位。人民民主国家利用财政作为消灭剥削阶级和剥削制度、建设社会主义社会、提高劳动人民物质和文化生活水平的有力工具。

第二章　社会主义国家的预算

一　社会主义国家预算及其本质

国家预算在社会主义财政体系中占有主要的地位，社会主义国家预算是有计划地建立和使用集中的货币基金以满足全社会日益增长的需要的基本形式。

在社会主义制度下，国家预算的必要性是怎样产生的呢？

大家知道，社会主义生产的目的是最大限度地满足人们经常增长的物质和文化的需要，达到这个目的的办法是在高度技术基础上使社会主义生产不断增长和不断完善起来。社会主义扩大再生产所需要的资金，首先是从社会主义企业自有的资金中来得到满足；同时，社会主义企业的劳动者的日常物质和文化生活需要，首先是靠通过按劳分配原则而获得的货币收入（集体农庄庄员还有实物收入）来满足的。但是，无论是扩大社会再生产和提高人民物质文化生活水平方面，都不能单纯依靠上述办法来满足，为了满足整个社会的需要，为了满足依靠按劳分配这一经济规律所不能满足的那些社会的和劳动者的需要，就必须建立全国性的货币基金。

为什么呢？

第一，新建的国营企业，在它投入生产之前的一个相当长时期内，是要靠国家拨给资金来进行基本建设和充作流动资金的。原有的国营企业，为了进行技术改造、大规模扩大生产和彻底改变产品的品种以及满足季节性需要等，也需要从外部取得补充资金来作为基本建设投资和增加流动资金。

第二，合作社和集体农庄生产的扩大，不仅要依靠这些企业自己的资金，还要依靠国家的帮助。没有机器拖拉机站的经常更新的技术帮助，没有大规模的水利工程的建设以及大规模改造自然的措施，集体农庄的生产是不能够迅速发展的，并且有时国家还要从财政上来直接帮助集体农庄和合作社(例如生产贷款)。所有这些，也都要求国家有大量的集中的货币基金。

第三，要保证生产能够不断地进行，就要建立一定的保险基金和后备基金以防止自然灾害和再生产过程中的其他意外事件。但是，如果由每一个企业自己来建立这种基金，那是不合理的。这种基金应该在全国范围内建立。

第四，社会主义国家公民的某些共同需要，如教育、保健、休息等，不是按劳分配规律所能很好地满足的；社会主义国家公民在年老、丧失劳动能力和患病时的物质保障，也不是按劳分配规律所能满足的。这样，国家就必须建立一定的基金，作为满足这些需要的费用。上述部门(教育、保健)的经费和事业费都要在这基金中来开支。

第五，为了使社会主义国家能够顺利执行它的对内的和对外的职能，就必须保证国家管理机关和国防机关建立和进行活动所必需的物质条件。这样，就要建立一定的基金来满足这些需要。国家管理机关和国防机关的经费和事业费(国家管理费用和国防费用)全部是由国家货币基金中开支的。

为了满足这些需要，建立全国性货币基金就成为必要。在全国性货币基金中，国家预算具有决定性的意义。社会主义社会的很大一部分国民收入是通过国家预算来进行分配的。此外，还通过信用机关和国家保险机关建立起专用的全国性货币基金。

国家预算的本质是由社会经济制度和国家的性质决定的。社会主义国家预算的本质根本不同于资产阶级的国家预算，它是劳动人民进行经济和文化建设、改善自己的物质和文化生活的工具；它是社会主义国家的基本的和主要的财政计划。

社会主义生产资料公有制根本排除了剥削的可能性。社会主义基本经济规律要求以发展生产来提高人民的生活水平。社会主义国家是劳动人民建设新生活的有力武器，它的基本职能是执行经济组织和文化教育的工作，它的活动是以社会主义经济规律的要求为依据的。依据社会主义基本经济规律的要求，社会主义国家的主要责任就是使人民群众经常增长的需要得到最大限度的满足。这样，掌握在社会主义国家手中的国家预算，就与资产阶级的国家预算是资产阶级统治和压榨被剥削阶级的工具不同，是劳动人民进行经济和文化建设、改善自己物质和文化生活的工具。

在生产资料公有制基础上产生并发生作用的国民经济有计划发展的规律，要求国民经济必须有计划地发展，国家要根据这个规律的要求制订国民经济计划来指导国民经济的发展。既然整个社会主义经济都是计划化的，既然发展国民经济和社会文化所需要的资金绝大部分是通过国家预算来筹措和支用的，因此，社会主义国家预算是国家的基本的和主要的财政计划，是国民经济计划的反映，它和资产阶级国家预算之受经济自发力量所支配只是预定的收支概算，是根本不同的。

通过国家预算，社会主义国家就可以将社会上很大一部分货币资金集中在自己手里，有计划地满足发展社会主义经济文化和巩固国防的需要。按照国家当前的政治任务和经济任务正确地编制和执行国家预算，就能够促使国民经济按照国家计划迅速地发展，提高人民生活水平和巩固国防。

社会主义国家预算同社会主义企业的财务有密切的关系。国营企业工人的为社会的劳动所创造的产品，即社会纯收入都属于国家所有，但为了很好地满足各该企业和全国性的需要，社会纯收入的小部分归企业支配，大部分则缴入国家预算；另外，国民经济一切部门的基本建设、国营企业的固定基金和流动基金的增长，则大都靠预算资金来保证。因此，国营企业的财务状况，它创造的社会纯收入的大小，它所耗用的预算资金的多寡，同整个国家预算收入和支出都有很密切的关系。集体农庄成员的为社会的劳动所创造的社会纯收入是属于集体农庄所有的，但它也分成两部分：一部分用来发展集体农庄公共经济和提高庄员的物质和文化生活水平，另一部分则缴入国家预算，用来满足全民需要；国家则通过预算帮助集体农庄发展生产，为集体农庄庄员兴办各种社会文化事业。工艺合作社及消费合作社的财务同国家预算的关系，也和集体农庄大体相同。因此，合作社集体农庄的财务状况同国家预算也有很大的关系。这样，社会主义企业发展生产、厉行节约，就不仅可以改善自己的财务状况，而且可以巩固国家的财政。

二　国家预算的收入

社会主义国家预算收入的主要项目是周转税、利润提成、合作社集体农庄的所得税、居民税和国家公债等。就来源来说，这些收入的绝大部分是国家集中的纯收入。

国家集中的纯收入是社会纯收入的一部分。社会纯收入分为企业的纯收入和国家集中的纯收入两部分，这样就既能满足个别企业的需要，又能满足整个社会共同的需要。1955 年，苏联国家预算收入中来自社会纯收入的部分占 84.2%。社会主义经济不断的发展、国民收入的增长是国家预算收入不断增长的稳固基础。1954 年，苏联国民收入为 1940 年的两倍多，预算收入比 1940 年增加了两倍多。

国家集中的纯收入，在国营企业是以所谓周转税、利润提成和用于社会保险的工资附加等形式缴入国家预算的。

国营企业的周转税和利润提成的经济实质是一样的，都是国营企业的社会纯收入的一部分。这部分社会纯收入之所以要区分为两种形式缴给国家，是因为既要保证国家预算有经常的稳定的收入，又要刺激国营企业加强经济核算，降低产品成本和提高企业利润。

国营企业的周转税是国家预算收入中最稳定的、占比重最大的部分。它事先被国家规定在每个单位商品的价格中，是工业批发价格超过工厂价格的那一部分社会纯收入。国营企业不论它的产品的实际成本如何，总是按照国家规定的工厂价格加上周转税后将产品(多半是消费品)投入商业网，商业组织再把这些商品按零售价格售给居民。周转税不由企业支配，它在产品销售后立即全部缴入国家预算。因此，不论国营工厂的经营状况如何、产品的实际成本如何，以每件产品计算，国家总能按照规定的周转税获得固定的收入。这样，周转税就成为国家预算收入中最经常、最巩固的来源。

必须指出，国营企业的周转税虽然具有税收的形式，但实质上并不是税收。它的来源是国营企业的工人为社会的劳动所创造的那部分产品，而国家本身就是国营企业的主人，因此，它虽然由企业以税收的形式缴给国家，但所有者并无变更，实际上是国家预算的一种非税收入。

但是，周转税不能从物质利益上刺激国营企业厉行节约和贯彻经济核算，以不断降低产品成本和提高企业利润，因为它同国营企业的经营成绩如何没有直接的关系。因此，国家就在以周转税的形式获得稳定的收入的同时，又以利润提成的形式征收一部分企业利润到国家预算中去，这不仅动员了必需资金，而且对利润的形成进行了直接的监督，从而也刺激了社会主义国营企业利润的提高。

国营工业的计划利润是国家规定的工厂价格超过工业品计划成本的那一部分的社会纯收入，但是，每个国营工厂的实际成本同国家规定的计划成本总是有出入的。这样，经营得好的工厂就可能得到超计划利润，经营得不好的工厂就可能得不到计划利润，甚至还会亏本。为了奖励好的企业，为了贯彻经济核算，国家就对国营工业的利润提取一定的百分比（所谓利润提成），对超计划部分利润的提成小于对计划利润的提成。这样，国家既得到收入，经营得好的企业又留下较多的资金来发展生产和提高职工的福利，这样就能从物质利益原则上保证经济核算的贯彻。企业越能厉行节约和降低成本，国家和企业的收入就越多。

除了国营工业以外，其他的国营企业（国营交通运输机关、国营商业机关、国家银行等）也要解缴利润提成，基本原理和上面所说的相同。利润提成在国家预算收入中所占的比重仅次于周转税。

国家集中的社会纯收入，在合作社是以周转税和所得税的形式、在集体农庄是以所得税的形式缴入国家预算的。工艺合作社生产的全部是商品，它的收入全部是货币，它和国营企业一样缴纳周转税；至于所得税，是工艺合作社和消费合作社在自己的实际得到的纯收入中按照一定的比率缴纳给国家的。集体农庄只缴纳所得税，这种所得税是以去年集体农庄的总收入来计征的，集体农庄的产品只有一部分采取货币的形式，其余的部分则采取实物的形式，因此就不是仅仅按照货币收入来计征所得税。为了发展和巩固集体农庄的公共经济，国家对它的总收入的相当大的部分予以免税。例如，从集体农庄总收入中除去了许多实物和现金开支：牲畜饲料、保险基金、对机器拖拉机站的实物报酬和货币报酬、购买牲畜的开支等等。集体农庄完成对国家的义务交售所得到的货币收入也予以免税。

居民缴纳的税款也是国家预算收入来源之一。居民税是社会成员义务地把个人一部分收入缴入预算的形式。与资本主义不同,社会主义社会中的居民税只占劳动者收入的极小的一部分,并且用于全民的需要。在全部预算收入中,居民税所占的比重原来就很小,而且还在不断缩小。同时,正如下面就要提到的,国家预算中对居民福利事业的支出,比从居民那里得到的收入要多几倍。1955 年,苏联国家预算收入来自居民税的部分占全部预算收入的 8.2%(484 亿卢布),1954 年为 8%,1953 年为 8.5%,1952 年为 9.2%。

农业税是居民税中的一种。集体农民自公共经济中获得的收入全部免税,只有集体农民的个人副业和非农业的收入才征税。1953 年起,苏共中央和苏联部长会议决议降低农业税,以便增加农民的收入。1954 年,农业税的总额较 1952 年降低了五分之三以上。

对非农业居民,如工人、职员、合作社社员、文学家、艺术家的收入以及居民的非劳动收入(如房租),均征课所得税,税率视收入的性质及数量而定。

国家公债也是国家预算收入来源之一。公债与税收不同,它是自愿认购并且按期偿还的。从这意义上说,公债是居民以个人的一部分收入自愿交给国家暂时使用并进行储蓄的一种形式,居民还可以获得中彩奖金和利息。所以,公债是国家预算以信用形式取得的收入。由于认购公债对国家和对个人都是有利的,苏联人民十分踊跃认购公债。每次发行的公债都是在几天内就被人民超额认购完毕。

社会主义的国家公债根本不同于资本主义的国家公债。前者用来进一步发展国民经济和提高人民的文化与福利。人民认购公债是爱国主义的具体表现。后者用来弥补由于不断扩充军备、偿还公债本金和利息而产生的不断增加的预算赤字,它使军火商人和对公债进行投机并获取高昂利息的寄生阶层发财致富。由于社会主义的公债是用于生产的,偿还公债本金和支付利息,就不需要增发公债;由于资本主义的公债是用于浪费的,偿还公债本金和支付利息,就使预算赤字增大。这又要增发公债。这样,预算赤字的增长和公债的增长,就成为互为因果的了。目前美国的国家公债已积累到超过美国劳动人民一年创造的国民收入。

三　国家预算的支出

社会主义国家预算支出的主要项目是国民经济的拨款、社会文化设施的拨款、国家行政管理费用和国防费用等。这种支出是由社会主义国家的巨大的经济组织和文化教育工作所决定的，而这些工作的目的是要最大限度地满足人民日益增长的物质和文化需要，巩固社会主义经济制度，保护社会主义财产和保障国家的安全。国家预算支出的不断增长保证了国民经济和社会文化的不断高涨。

与资产阶级国家预算经常有赤字的情形相反，苏联的国家预算，不但没有赤字，而且每年都是收入超过支出。这是社会主义国家预算的一个重要特点。1955 年，苏联国家预算收入总计为 5 901 亿多卢布，预算支出总计为 5 634 亿多卢布，收入超过支出 267 亿多卢布。这样就能建立充足的后备力量。社会主义经济制度和生产资料的社会主义所有制是社会主义国家的经济基础，社会主义国家预算的收入主要是依靠于社会主义企业和经济组织的缴款，因此，社会主义国家预算物质基础的新内容就保证了它的稳固性，保障了它没有任何意外，创造了收入不断增长以及收入超过支出的有利条件，社会主义国家预算不可动摇的基础就在于此。

国民经济的拨款，是预算支出的主要部分，它在苏联国家预算总支出中经常占三分之一以上。发展社会主义国营工业、农业、运输业、商业所需要的资金，绝大部分是靠预算拨款来满足的（一部分依靠企业的自有资金来满足）。拨款中大部分用来增加固定生产基金。新的工厂、矿井、电力站、国营农场、机器拖拉机站、铁路、公用企业等规模巨大的基本建设都是靠国家预算拨款进行的。拨款的一部分用来增加现有企业的流动资金。为了实行国民经济的计划管理和满足国防需要所必需的国家物资后备也是依靠国民经济拨款来建立的。国家住宅、学校、医院、疗养院的基本建设也是靠预算拨款进行的。

工业是社会主义国民经济的主导部门，在国民经济拨款总额中，工业拨款占第一位。

苏联国家预算的国民经济拨款在社会主义和共产主义建设中起着重大作用。在社会主义建设时期，它动员了巨额资金用来发展社会主义工业，尤其是重工业。苏联第一个五年计划时期全部预算支出902亿卢布中，国民经济拨款就占了552亿，其中工业拨款占263亿。第二个五年计划时期全部预算支出为3 698亿，国民经济拨款占1 840亿，其中工业拨款占754亿。第三个五年计划头三年全部预算支出是4 517亿卢布，其中工业拨款占833亿。由于国家预算巨额拨款的保证和劳动人民的艰苦奋斗，在两个五年计划期间，苏联建立了强大的社会主义工业，完成了整个国民经济的技术改造，建成了社会主义社会，从而奠定了提高人民生活水平和巩固国防的物质基础。伟大的卫国战争后，苏联恢复与发展国民经济的第四个五年计划对国民经济的拨款，尤其是对工业的拨款大大增加。5年中工业拨款达4 079亿卢布，比战前13年对工业拨款总数还要多。这就使苏联的工业不仅迅速恢复起来了，而且还大大超过了战前的水平。第五个五年计划时期，预算对工业的拨款将达4 457亿卢布，几乎占国民经济拨款总额的二分之一。这保证了工业的强大高涨，为逐步过渡到共产主义准备着物质基础。

苏联在社会主义建设时期，国家预算中的农业拨款对实现农业集体化起了很大的作用。1929年年底苏联就开始实行全盘集体化，从这个时候起，国家预算中的农业拨款急剧增加：1928—1929年度是7亿多卢布，1929—1930年度增加到13亿多，1931年更增加到29亿多。这样就能在国家工业化的基础上，迅速发展国营农场和机器拖拉机站，并从物质上技术上帮助集体农庄，从而保证了全盘集体化的胜利完成。在战后时期，苏联的预算拨款在迅速恢复和进一步发展农业任务上也起了极重要的作用。苏联政府拨出越来越多的资金以使社会主义农业进一步高涨。仅在第四个五年计划期间，国家预算对农业和林业的拨款就达1 155亿卢布，而战前三个五年计划期间总共为847亿卢布。

国民经济拨款在实现社会主义基本经济规律和国民经济有计划发展的规律的要求上有很大的作用。苏联国家预算的支出部分保证了生产资料生产的优先增长，保证了国民经济各部门之间，首先是生产资料生产和消费品生产之间、工业与农业之间保持适当的比例。苏联从第一个五年计划开始

(1929年)至1952年这个时期,国家对基本建设方面投入的资金,按照现在的价格计算,重工业为6 380亿卢布,运输业为1 930亿卢布,轻工业为720亿卢布,农业为940亿卢布。基本建设投资这样的分配就保证了生产资料生产的优先增长,大大改变了工业与农业之间、重工业与轻工业之间的比例。苏联在1924年至1925年,整个工业生产中生产资料的生产仅占34%,第二个五年计划完成时(1937年)已增长到58%,到1953年更增长到70%。苏联重工业发展所获得的巨大成就,为组织消费品生产的迅速增长创造了充分条件。因此,1953年苏共中央提出了在保持重工业继续强大发展的基础上,急遽提高食品和日用品生产的任务。最近几年来,苏联国家预算对重工业的拨款仍然占第一位,同时对轻工业,尤其是对农业的拨款也大大增加。这样就能够保证在生产资料生产优先增长条件下加速消费品的生产,更好地满足人民的需要。

资产阶级国家预算有时也有些所谓"经济措施"的支出,但是这是微不足道的,并且这种支出只是有利于资产阶级,为资产阶级增加财富。例如,靠广大劳动人民缴纳的捐税来担负的邮电经营费用,其目的就是替广泛利用邮电的资产阶级节省流通费用。

预算支出中的社会文化设施拨款包括了教育和文化、卫生和体育、社会抚恤和社会保险几方面。这部分拨款和国民经济的拨款合起来,经常占苏联国家预算支出总额的三分之二以上。这表明社会主义的国家预算是和平建设的预算。

社会文化设施的拨款,充分体现出共产党不断提高劳动人民物质和文化生活水平的一贯政策。社会主义生产的目的就是要满足人们的需要,正如前面已经说过的,虽然劳动者的需要大部分是依靠按劳分配原则获得的收入来满足的,但是还有一部分需要不能通过这原则来满足。因此,社会主义国家就在预算中拨出很大一部分资金用来更好地满足人们的需要。

这种拨款是不断提高劳动人民的物质和文化生活水平的重要因素之一。苏联宪法规定公民享有教育权、休息权、在年老患病、丧失劳动能力时的物质保证权等,妇女在各方面均享有与男子平等的权利,这些权利在物质上首先是由社会文化设施拨款来保证的。苏联公民享有七年的免费教育,高等学校优等生享有奖学金,工人和职员每年享有一定时间的休假,工资照发,劳动者享有免费的医疗,广泛设立疗养所、休养所供劳动者使用,年老的劳动者有养老金,因战争和劳动而死亡或残废者,本人或家属可以得到抚恤金和补助金,多子女母亲和单身母亲有补助金,妇女产前产后都有假期,假期中工资照发,产院、托儿所、幼儿园遍设各地。

苏联国家预算为劳动人民福利而支出的社会文化设施拨款,比国家预算从居民那里征收的税款多得多。1955 年,前者为 1 469 亿卢布,后者为 484 亿卢布。

社会主义生产的不断增长是国家用于社会文化设施方面的拨款不断增加的稳固基础。苏联在战前三个五年计划期间用在这方面的支出共为1 996 亿卢布,但战后仅在第四个五年计划期间在这方面的拨款就达 5 244 亿卢布,第五个五年计划期间又将增加到 6 598 亿卢布。目前苏联正在中心城市和大工业中心实行十年制的普及中等教育,并计划在下一个五年计划期间在其他城市和全国农村普遍实行十年制普及中等教育。同时,高等学校、文化机构和研究机关也得到大量发展。这就可以促进一切社会成员全面发展他们的体力和智力,为消灭体力劳动和脑力劳动之间的重大差别准备条件,为过渡到共产主义准备条件。

资产阶级的国家预算中,虽然也有一些所谓"社会文化事业""保健事业"的支出,但那是为资产阶级服务的。"社会文化事业"的支出,是为了麻醉劳动人民和为资产阶级培养服务人员;"保健"的支出,实际上也是为资产阶级服务的,劳动人民是无法享受到这些便利的。这些支出在总支出中的比重也是小得可怜的。美国 1953—1954 年度的国家预算,教育经费仅占总支出 0.4%,卫生经费亦不到 1%。目前美国有 400 多万儿童失学。

国家预算支出的第三个主要项目是国家行政管理费用。社会主义国家为了执行经济组织、文化教育和保护社会主义公共财产的职能,就需要有一定的费用来维持国家权力机关和国家管理机关并保证它们能够顺利实现其职能。既然社会主义国家具有资产阶级国家所没有的经济组织和文化教育的职能,因此,这种费用的支出就不是同经济建设和文化教育完全无关的。但是,为了使国家集中的社会纯收入尽可能用在社会经济和文化建设方面,缩减非生产支出,就要极力精简行政管理机构并紧缩其开支,以减少行政管理费用的支出。这项费用在苏联国家预算支出中的比重是不断缩小的,例如:1924—1925年度国家管理费用的支出占预算总支出的12.2%,到1940年已减到3.9%,1953年又减到2.8%。1954年和1955年每年绝对数字减少几十亿卢布。

国家预算支出的第四个主要项目是国防费用。这是社会主义国家为了防御外来侵略所必需的。苏联一贯执行和平的外交政策,主张裁减军备。近年来苏联的国防费用仅占预算支出20%左右。资产阶级国家预算中军费支出却占了大部分。近年来美国的军费占预算支出70%以上。

社会主义国家预算的收入和支出,简单说来就是这样。

国家预算只是一个计划,它的执行是要取决于经济部门的增加生产、扩展流通、降低生产费用和流通费用以及非经济部门的节约程度的。只有很好地在全国范围内增加生产,扩展流通和厉行节约,才能保证国家预算的实现。

财政机关在执行预算过程中的任务,就是要对经济计划的执行、对国民经济的节约制度和财政纪律的遵守实行监督。财政机关对企业的监督是通过规定上缴额和检查上缴义务的执行情况来实现的,对逾期不能完成上缴义务的企业要进行罚款。财政机关对各企业的经济活动和各组织、各机关的财务状况要进行分析,揭露它们的缺点,检查国家资金的保管和支出是否妥当和正确,检查它们的会计账目和财务报表,同浪费现象作斗争。财政机关对经济组织拨付资金往往以它们的工作质量而定。

四　国家社会保险和国家保险

在社会主义制度下,有很大一部分货币资金是通过国家社会保险和国家保险系统来集中分配的。

国家社会保险是工人和职员及其家属在暂时或永久丧失劳动能力时获得物质保证的一种形式,它的基金是由社会主义企业、组织和机关缴纳的保险费所构成的。保险费数额根据各经济部门的性质而定,一般为工资基金的3.7%至10.7%(所谓工资附加)。保险基金用来充作公费医疗费、分娩补助费、婴儿哺乳补助费、疗养机构和医院的经费、举办体育、旅行和登山运动的经费等。劳动者临时丧失劳动能力和年老、残废的补助金与抚恤金,也是由保险基金来支付的。为了使这种保险事业能更好地适合劳动者的需要，就将它交给工会办理。所以，国家社会保险基金虽然是国家预算资金的一部分，但是，它不由国家直接支配，而由工会支配。

前面说过，为了保证社会主义生产和扩大再生产不致发生中断，为了预防自然灾害和意外事件（如战争），要有一定的后备基金和保险基金。苏联国家预算中的后备基金，除了国民经济拨款中的物资后备外，还有集中的货币后备，这就是苏联部长会议和加盟共和国部长会议的后备基金。国家预算收入超过支出时的结余，也由苏联政府充作后备基金。国家预算的后备基金由国家用来充作国民经济计划比例失调时的补充支出，补偿遭受灾害的国营企业和国家机关的损失，援助遭受灾害的地区。

国家保险是国家后备基金以外的用来补偿和预防公民、企业和组织因自然灾害和事故而招致的损失的一种形式。国家保险和国家后备不同，它不是用预算的资金无偿地弥补各种损失的，而是由投保人缴纳的保险费来预防投保人可能发生的损失和赔偿已经发生的损失。

苏联的国家保险分为财产保险及人身保险两种形式，由国家保险局专营。

集体农庄和合作社的重要财产强制在保险机关投保。因为它们的财产属于集体所有制的财产，如果发生了损失，在一般情况下是不能由国家预算的后备基金来补偿的，而依靠集体农庄自有的资金来弥补因自然灾害和意外事故所招致的损失，有时是办不到的，因此，就必须通过国家保险来保证它们的生产能够不断进行。合作社集体农庄因自然灾害和意外事故招致的损失，是由国家保险机关在保险基金中来加以补偿的。列入地方预算和共和国预算的企业和机关的财产也要投保，因为它们的预算不建立后备基金（如果建立就太分散了）。国家住宅也要投保。公民个人财产也可以投保。

除了旅客和某种职业的劳动者（如消防队队员，由行政缴纳保险费）要强制投保外，公民的人身保险是自愿的。

第三章　社会主义制度下的信用

一　社会主义制度下信用的必要及其本质

社会主义制度下的信用是国家动员暂时闲置货币资金并在归还的条件下有计划地用来满足国民经济需要的一种形式。这就是说，社会主义的国家预算和信用有其相同的地方，它们都是国家有计划地动员货币资金以满足国民经济需要的形式，正是这样，所以它们同是社会主义财政体系中的重要环节；但是它们又有不相同的地方，国家预算所支配的货币资金是不需要偿还的，信用所支配的货币资金是要偿还的，正是这样，所以它们又相互区别为国家预算和信用。

在社会主义制度下，信用为什么是必要的呢？

这是因为，社会主义制度下还存在着商品生产和商品流通，这样，在国民经济中一方面就形成了暂时闲置的货币资金，另一方面各企业又临时需要补充货币资金。

暂时闲置的货币资金有以下几种：第一，在国营企业的生产基金的循环过程中，即在生产基金从货币形式到生产形式、从生产形式到商品形式、再从商品形式到货币形式的过程中，由于企业出售产品收入货币资金和在生产中支出货币资金的期限不一致，总有一部分货币是闲置着的。从流动基金方面来说，随着产品的出售，用来购买原料和燃料的资金不断地回到企业手里，但是，企业的原料和燃料是定期购买的；同样道理，随着产品的出售，用来支付工资的资金不断地回到企业手里，但是，工资的支付通常是一个月两次；从固定基金方面说，随着产品的出售，用来补偿固定基金消耗的折旧基金不断地回到企业手里，但是，购买新机器设备、建筑新厂房和进行大修理是定期进行的；这样，尚未用来购买原料和燃料、支付工资、购买机器设备、建设新厂房和进行大修理的资金就暂时闲置起来。随着计划的执行，国营企业的纯收入也在不断积累起来，但是要积累到足够的数额后才用来进行基本建设，这样，尚未动用的企业纯收入也就暂时闲置起来。因此，国营企业中就经常有一部分资金闲置起来，其数额也往往很大。第二，合作社和集体农庄也有暂时闲置的货币资金。工艺合作社的闲置资金形成的原因基本上与国营企业相同。集体农庄经常有出售产品得到的货币收入，收获季节更有大量货币收入，这些货币资金也有很大一部分暂时闲置起来，如从货币收入中提出来以备将来使用的公积金，尚未动用的再生产资金、庄员公共福利基金，以及还没有分配给庄员的货币收入等等。第三，在预算执行过程中，也会形成暂时闲置的资金，如收入超过支出的部分、预算机关往来户上的余额和特种预算资金等。第四，各社会组织，如工会等也有闲置的资金。第五，劳动者的货币收入日益增加，他们手中的闲置资金也越来越多。

同时，国营企业、经济组织临时需要补充货币资金，以满足它们的临时需要，如季节性开支和收购原料等等；合作社集体农庄除了临时需要补充货币资金以满足它们的临时需要外，还需要有补充的货币资金以满足它们的长时期的需要，如集体农庄修建发电厂的支出等等。

这样，为了把暂时闲置的货币资金动员起来，在偿还的条件下，用来满足国民经济的需要，信用就成为必要。

社会主义制度下的信用根本不同于资本主义制度下的信用，前者的基础是生产资料的社会主义公有制，后者的基础是生产资料的资本主义私有制。

资本主义制度下的信用是借贷资本运动的形式，它包含着资本家共同对劳动者进行剥削的关系。当某些资本家在资本循环和资本积累过程中形成了暂时闲置、不起作用的资本和收入时，银行便将这些资本和收入收集起来，贷给职能资本家即产业家和商人使用，以便扩大对劳动者的剥削。资本主义的信用使资本家能够将别人的资本和收入变成自己使用的资本，使资本家对劳动者的剥削范围超过了自己所有的资本的限度。

社会主义生产资料公有制消灭了货币转变为资本的条件，消灭了资本这一范畴。社会主义制度下的信用，反映了工人和集体农民之间、全体劳动者之间的互助关系。这是因为以信用形式相互借贷的货币资金是分别属于国家、合作社、集体农庄和劳动者个人的。当某些社会主义企业、组织和劳动者个人有了暂时闲置的货币资金时，国家就通过银行和储金局把这些货币资金集中起来，贷给另一些临时需要补充资金的社会主义企业、组织和劳动者个人暂时使用，以便他们运用这些闲置的货币资金来发展生产、扩大流通和改善生活。社会主义信用是社会主义社会必需的经济工具之一。

在资本主义制度下，信用的作用是两重的：一方面促进生产发展，减缩流通费用；另一方面加深生产无政府状态，促进资本集中，使资本主义基本矛盾更加尖锐，使经济危机更为深刻。在垄断资本主义条件下，信用是垄断组织攫取最大限度利润的工具。

在社会主义制度下，信用服从社会主义基本经济规律和国民经济有计划发展规律的要求，一方面动员社会上闲置的货币资金，有计划地分配给国民经济各部门使用以满足发展国民经济的需要；另一方面，国家通过信用可以对企业和经济组织的活动进行监督。信用机构发放贷款前后都要对企业的财务状况进行检查：发放贷款前，信用机关要对企业执行国家计划的情况、使用自有的和借入的流动资金的情况等等进行检查；发放贷款时，信用机关检查企业如何使用自己的资金，是否遵守支付纪律，以及企业使用贷款的财政基础是否巩固。信用机关还采取措施来加强企业的支付纪律、经济核算和节约制度。这样，信用就成为国家对企业和经济组织的活动实行监督的有力工具。

在资本主义信用制度下，利息是工人创造的剩余价值的一部分，是产业资本家分给借贷资本家的一部分利润。利息率通常低于平均利润率，它由借贷资本的供求关系自发地决定。

在社会主义信用制度下，利息是使用借入货币资金的企业的纯收入的一部分，不包含任何剥削关系。社会主义制度下之所以存在着利息，这是因为，一方面要从物质利益上保证企业、组织和居民愿意把闲置货币资金存入银行，另一方面又促使它们最合理、最节约地使用自有资金和借入资金。国家根据这个要求和国民经济发展的情况，有计划地决定利息率。

信用的发展引起了清算制度的出现。在资本主义制度下，资本家之间的债务可以通过清算机构（银行）的清算而抵销，从而减少了对现金的需要。

但是这种清算制度使经济危机更为尖锐。因为在经济繁荣的时候，清算减少了对现金的需要，货币流通量相对缩小，而危机来临时，信用濒于消灭，谁都需要现金，而现金却十分缺少，这就加深了货币危机，造成经济情况更加混乱。

在社会主义制度下，广泛实行非现金结算。社会主义企业都在国家银行开有结算账户，某一企业因购买产品要支付货款给另一企业时，就不必用现金来支付，而只向银行提出委托书来进行结算，银行把款项从一个企业的结算账户上划到另一个企业的账上就行了。这样，由于结算职能和信用职能都有计划地集中在国家银行手中，在社会主义制度下，非现金结算就能够以资本主义不能达到的巨大规模来进行。在社会主义制度下，企业之间只有小额的款项才用现金支付。非现金结算能够减少国民经济中的货币流通量，加速货币资金周转和社会产品的流转，促使币制的巩固。

二　信用形式和信用计划化

社会主义制度下信用的形式也不同于资本主义信用的形式。

资本主义的信用有商业信用和银行信用两种基本形式。商业信用是职能资本家（产业家与商人）之间的、以商品形式相互给予的信用，银行信用是货币资本家（银行家）以货币形式给予职能资本家的信用，两者都是私人资本家之间的信用。

社会主义制度下信用的基本形式是银行信用。1930 年以前，苏联除银行信用外，还有企业间的信用关系即商业信用。随着社会主义经济蓬勃的发展，苏维埃国家对资本主义经济展开了全面的进攻，在国民经济中要求加强计划化和贯彻经济核算。这时，商业信用的存在就成为妨碍经济发展的因素了。因为商业信用的存在使有计划地调节社会主义经济的流动资金日益感到困难，妨碍国家通过银行信用来监督企业完成计划的情形和妨碍节约制度和经济核算的贯彻。因此，苏联在 1930—1931 年实行了信用改革，取消了商业信用。从这时起，社会主义企业和经济组织就要按照计划直接从银行取得贷款，信用集中于银行。这样，社会主义国家就可以依据社会主义基本经济规律和国民经济有计划发展规律的要求，使信用计划化，并直接利用银行信用来对企业和组织完成计划的情况、对经济核算的巩固和节约制度的实行进行监督。

在资本主义生产资料私有制下，商品生产是盲目的，商品流通和货币流通都受着自发势力的支配。在资本主义条件下，一切经济活动都是由竞争和生产无政府状态统治着，这就排除了信用计划化的可能。资本主义的信用是借贷资本自发运动的形式；信用的盲目发展使资本主义生产方式的矛盾更加尖锐，使资本主义的无政府状态更加严重。

生产资料的社会主义公有制使信用计划化成为必要和可能。国民经济计划化要求信用的计划化，因为在存在着商品生产和货币经济的条件下，信用计划化是再生产过程得以计划化的一个因素。假如生产和流通都计划化了，而信用没有计划化，这样生产和流通的计划化必然受到阻碍。因此，国民经济计划化使信用计划化成为必要。同时，在社会主义生产方式的条件下，由于一切经济活动都由统一的国民经济计划来决定和指导，就使信用的计划化成为可能。这种可能由于取消商业信用，将信用集中于银行而成为现实。

苏联的信用计划化，是通过国家银行的信用计划来实现的。信用计划规定信用的规模、来源和用途。信用计划是由国家银行理事会根据苏联政府各部与主管机关的贷款申请书编制的。综合信用计划经苏联部长会议批准后，就成为国家的法令，国家银行应该遵照计划去办理国家经济贷款。

信用计划的任务在于：(一)保证将全国的闲置货币资金动员起来，完全集中在国家银行手里；(二)将这些资金按照国民经济计划所规定的需要，有计划地分配给各部门使用；(三)采取一定的步骤和办法，监督和积极影响企业加速资金周转，完成和超额完成国家计划；(四)平衡信贷资源和贷款总额。

国家银行的信用计划是国民经济计划的一个不可缺少的部分，同国家的基本财政计划——国家预算以及各企业生产计划、财务计划都有密切的关联。例如，国家预算周转的增加以及收入超过支出的情形，在信用计划里就反映为国家银行中作为短期信用资金的预算资金余额的增加；国家银行对各部门、各企业进行贷款，是以各部门、各企业按自己的生产计划和财务计划提出的申请书为根据的，并且要对各企业对计划的执行程度加以检查后才发放贷款。

三 短期贷款和长期贷款

社会主义制度下银行发放的贷款分为短期贷款和长期贷款两种。

短期贷款为社会主义企业的流动资金的周转服务。大家知道，国营企业的流动资金分为自有的和借入的两部分，这并不是由于所有权的不同，因为无论自有资金或借入资金都是国家的财产，这样划分是为了实行经济核算。国家按照企业最低的需要拨给企业一定数量的自有流动资金，企业遇有临时需要要补充流动资金时，则依靠有利息负担的国家银行贷款来满足。这样，就能刺激企业合理地、节省地利用资金，并加速资金的周转。合作社集体农庄企业的流动资金归这些企业自己所有，它们临时需要增加资金时，也可以向银行取得贷款。

国家银行根据定期归还、专款专用、物资保证的原则对企业和经济组织进行短期贷款。只有这样，银行才能对企业实行监督，加速资金周转，并使信用同生产过程和流通过程有直接的联系。

国家银行发放的短期贷款有以下几种：第一种是季节性物资储备的贷款。大家知道，企业自有的流动资金的数量是以足够维持平时起码需要为限度，否则就会积压资金。有些企业的生产虽然没有季节性，但是它所需要的原料、材料等却是在某一季节中集中购买的。這时它自有的流动资金便不敷应用，季节性物资储备贷款就是为这种需要服务的。很多轻工业，如纺织工业、食品工业等都要从银行获得这种贷款。第二种是季节性生产费用的贷款。和前一种情况不同，有些企业，如农业、林业、泥炭业等，它们的生产是带有季节性的，在一年的个别季节里生产开支急剧增加，而在该季节内资金的收入却大大落后于实际的需要，因此，这种临时性的资金需要，就要靠银行的贷款来满足。第三种是工业企业按周转额的贷款。有些工业企业的生产既不带季节性，生产上的物资储备也不带季节性，在一年的各个季节中需要的流动资金比较均匀，例如重工业就是这样。它的流动资金一般可以自给。但是,假使全部流动资金都是企业自有的,银行就不易监督其生产,容易造成浪费。因此,国家就规定按照这些企业流动资金的周转额,根据比例参与的原则,一部分流动资金由银行以贷款方式发放,以便监督企业的生产。第四种是在途结算凭证贷款。企业把产品装运给购买者并不能马上取得货款,为了使企业生产不致发生中断,银行便按照发运的货价贷款给企业,贷款的担保物为结算凭证。第五种是商品流转贷款。收购机构、国营商店及合作社商店的资金绝大部分是向银行取得的贷款。除了这五种计划贷款外,国家银行还有信贷准备金,以备发放满足临时需要的贷款。社会主义的贷款绝大部分都是由企业事先申请并列入计划的,但有时也发生企业无法事先估计到的需要,这时就要信贷准备金充作贷款,以保证国民经济的发展。

与流动资金周转的特点相适应,短期贷款资金的来源是:(一)吸收的资金,包括国营企业、合作社集体农庄企业暂时闲置的流动资金,国营工业的用于大修理的折旧费用,国家预算和预算机关暂时闲置资金,长期投资专业银行、对外贸易银行往来账户上的资金余额,国家储金局往来账户上的资金余额和保险机关的货币准备金,工会和人民团体的存款。(二)国家银行的自有资金,包括它的法定基金、准备基金和尚未分配的利润。(三)政府按照发展国民经济的需要命令银行发行的货币。

在苏联执行短期贷款的机构是国家银行。

长期贷款主要为基本建设即为建立固定基金服务。由于社会主义所有制有两种形式,社会主义企业有两种类型,它们的基本建设的资金是依不同的方法获得的。合作社集体农庄基本建设的资金,首先依靠自有的资金来满足,同时,国家通过长期贷款帮助集体农庄、合作组织购买设备,帮助劳动者修建个人住宅,帮助庄员购买乳牛。由于合作社集体农庄的资金属于劳动者的个别集团所有,它获得银行的长期贷款是要偿还的。国营企业的基本建设不是靠长期贷款而是靠预算拨款来进行的。由于国营企业的资金归根结底是属于国家的,预算拨款的资金是不需要偿还的。除预算拨款外,国营企业的一部分企业纯收入、折旧基金也用于基本建设。

基本建设的增长,首先意味着国民经济中固定生产基金的增长,它是社会主义扩大再生产的必要条件,是生产发展和技术水平提高的重要标志。

由此不难理解基本建设对于建设社会主义和共产主义的重大意义。因此，在苏联有关基本建设的拨款和贷款都由长期投资专业银行办理，以便对基本建设实行专门监督。

社会主义企业、组织基本建设的资金来源是：（一）国家预算的拨款，即国家对国营企业、文化教育事业、国家住宅的基本建设的预算拨款。（二）国营企业的自有资金，包括了折旧基金（用于新建和改建的那部分）、用于基本建设的那部分企业纯收入（利润）、对合作社集体农庄出售不用的财产的进款、由于降低自营建设工程成本节约下来的资金。（三）集体农庄的公积金，这是由集体农庄货币收入提成、庄员入庄费等等构成的。（四）工艺合作社、消费合作社的折旧提成、利润提成等。（五）国家对集体农庄和合作社企业进行长期贷款的银行资金。

这样，国家就可以通过银行所掌握的短期贷款和长期贷款，把集中起来的闲置货币资金有计划地分配给各企业和劳动者使用，并对各企业的生产和流通实行监督，以便促进生产发展和提高人民的生活水平。

第四章　社会主义社会中的银行

一　社会主义银行的本质

在社会主义制度下，信用是由银行办理的。掌握在社会主义国家手中的银行是国家机关的一部分。

社会主义制度下的银行，原来是无产阶级革命胜利后，经过实行银行国有化，从资本主义那里接受过来的经济工具。但这个工具经过了彻底的改造，它的性质和作用已经起了根本的变化，变成为社会主义服务的经济工具。

最初的银行在资本主义以前就存在了，它原先的基本业务是担负支付方面的中介，并兼营货币的兑换。随着经济的发展，银行的业务扩大起来了，它利用托付给它的资金办理贷款。于是，银行同时又成为信用方面的中介人。在资本主义制度下，银行一方面把闲置的、不起作用的资本和收入集中起来，另一方面把货币资本贷给产业资本家和商业资本家使用。这样，银行就在社会范围中造成了公共簿记和生产资料公共分配的形式，因为在银行的账户中可以看出同银行有往来的大多数企业经营活动的情况，资本家又可能从银行那里将别人的资本和收入变为自己使用的资本。但这形式所包含的内容却是有利于资本家而不利于劳动者的，因为银行只贷款给资本家，使资本家扩大了对劳动者的剥削。在垄断资本主义条件下，不仅工业生产形成了垄断，银行也形成了垄断，垄断的工业资本和垄断的银行资本融合成为财政资本，银行就成为整个资本主义经济制度的中心。一小撮财政寡头掌握着一切极重要的经济部门，拥有绝大部分的社会财富，他们不仅在经济上主宰一切，并且利用银行保障自己在政治上的统治地位，控制国会和政府,使国家机关服从于自己的意志。总之,在帝国主义时代,银行变成了万能的垄断者。

既然在垄断资本主义条件下银行已经成为资本主义经济制度的中心,从无产阶级革命的观点看来,占有银行就有莫大的意义了。这就是说,如果同无产阶级革命的其他主要措施,尤其是同实行剥夺剥夺者的措施结合起来的话,占有银行对于建设社会主义将有巨大的意义。巴黎公社将有发行权的法兰西银行留在资产阶级手中是一个严重的错误,因为这样就使资产阶级容易从财政、信用方面和经济方面来破坏革命。苏维埃政权没有重复这种错误,一开始就占有了国家银行,并逐步实行了私营银行的国有化。只有这样,无产阶级政权才能掌握经济的神经中枢,支配为巩固革命胜利和组织新的社会主义经济所必需的货币资金,击败资产阶级的反抗。

在过渡时期,苏联的银行和信用在实现国家工业化和农业集体化的事业中起了很大的作用。在国家工业化过程中,苏联的银行和国家预算动员了大量资金首先满足了工业化事业的需要。例如,从 1925 年 9 月到 1929 年 7 月,银行的长期贷款总额增加了 12.4 倍(从 4 亿 1 500 万卢布增加到 55 亿 7 700 万卢布);短期贷款增加了 1.3 倍(从 20 亿 8 700 万卢布增加到 48 亿 5 800 万卢布)。同时,银行通过有计划的、定期的和偿还的专用贷款的职能促成了企业方面经济核算制的实行和巩固,从而促进了社会主义经济积累(特别是工业内部的积累)的不断增长。在农业全盘集体化时期,苏联的银行和国家预算提供大量货币资金满足了集体化事业的需要。从 1931 年至 1934 年,国家对集体农庄的长期贷款约为 12 亿卢布,而对机器拖拉机站的拨款则超过 47 亿卢布。同时,银行还通过自己的信贷业务和结算业务促使集体农庄在组织上和经济上巩固起来。在过渡时期,社会主义的银行和信用是从工业、商业和农业中排挤资本主义分子的强有力工具。苏联的银行一方面限制贷款给资本主义分子,另一方面大规模地并按优惠的条件贷款给国营企业和合作社企业。国家利用信用作为与富农阶级进行斗争的工具,通过银行和信用合作社帮助中农和贫农从富农的奴役下解放出来,促进了农业集体化的发展,加强了社会主义成分的阵地。

在社会主义制度下,银行是有计划地动员暂时闲置的货币资金并把这些资金用来发展社会主义经济的国家机关。社会主义银行不仅用信用的方式动员暂时闲置资金来满足发展国民经济的需要，同时也是全国出纳和结算中心，它担负着全国货币业务的组织者的任务，实行对货币、信用关系的计划领导和监督工作，并通过这些工作来对产品生产和流通进行监督。银行是社会主义国家用来实现自己的经济组织职能的一个极重要工具。

社会主义银行通过以下的方式对生产和流通进行监督，从而促进节约制度和经济核算制的巩固。第一，按照计划规定的措施和计划的执行进程，进行贷款和预算拨款；第二，要求按计划任务的完成期限归还贷款；第三，在违反使用资金的规定和逾期不归还贷款时，实行相当的制裁，例如收取较高的利息和剥夺继续享受贷款的权利等。

社会主义银行根据经济核算进行活动。银行的纯收入就是收进的利息同支出的利息及银行开支之间的差额。

这样，社会主义的银行虽然是从资产阶级那里夺取过来的工具，而且还保留着旧的形式，但它的内容已发生变化，它获得了新的职能，成为发展社会主义经济的工具了。

苏联的银行体系包括苏联国家银行、国家长期投资专业银行和国家储金局。

以下分别说明它们如何为社会主义服务。

二　苏联国家银行

苏联的国家银行是发行银行、短期信贷银行、全国结算与出纳中心和货币流通的调节机关。国家银行在银行体系中起主导的作用，它的职能如下：

第一，信贷职能。国家银行对生产和商品流通进行短期贷款，这是它的一个主要的职能。国家银行根据政府批准的信用计划，按照国民经济计划及其执行的进程，办理对国民经济一切部门中实行经济核算的企业和经济组织（建筑组织除外）的短期贷款。这样，国家银行通过自己的信贷职能就可以对国民经济各部门的企业和组织的财政经济活动进行监督。

第二，结算职能。社会主义制度下实行着广泛的非现金结算，社会主义企业和组织在国家银行开有结算账户，企业之间的支付可以在国家银行的结算账户上进行划拨清算。这样,国家银行通过自己的结算职能就可以用货币对产品的生产和分配进行计算。

由于国家银行同时具有信贷和结算的职能,它对企业的短期贷款,大部分就不是以现金贷出,而是将该项金额划到债务人的结算账户上,同时又将同样的金额记入银行对债务人的贷款账户上。这样,国家银行不必一定用现金交给获得短期贷款的企业,企业就已增加了自己结算账户上的余额,并且将自己对其他企业和组织的支付,委托国家银行进行非现金的结算。只有在获得短期贷款的企业的支付不能用非现金结算的方式进行时(如发放工资),短期贷款才用现金贷出。

第三,通过出纳为国民经济服务。在苏联,社会主义企业、国家机关和社会组织的超过了规定限度的现金都要集中到国家银行的出纳机构(集体农庄可以把资金存入国家银行,也可以存入储金局),而它们日常用作支付劳动报酬和其他费用的现金则由国家银行付给。这样,国家银行通过自己的出纳中心的职能就可以对社会主义企业和组织的资金的使用进行监督。

第四,通过出纳执行国家预算,即代理国库。国家银行接受缴入国家预算的金额,并严格按照用途和在核准的拨款范围内支付预算资金,进行预算收支的核算。

苏联政府也将一些专门性的监督工作交给国家银行办理。例如,机器拖拉机站的日常费用的预算拨款是由国家银行负责办理的;国营企业用于大修理的折旧基金也要集中在国家银行的特别账户上,企业必须按照它们的指定用途,在国家银行监督下支用这笔资金。

第五,调节货币流通。由于国家银行成为国民经济各部门的现金出纳中心并代理国库,社会上绝大部分货币资金的收支都由国家银行办理,国家银行就可以根据国民经济的需要有计划地调节货币流通,发行货币或收回货币。

第六,保管全国外汇基金,并根据外汇垄断制的原则,办理苏联对外贸易及其他对外收支的国际清算。为了办理这种清算,国家银行与其他国家的银行建立了往来关系。

苏联国家银行是世界上最大的银行。苏联国家银行在各共和国、边区、省和中心城市都设有管辖行,在全国各地有数千个分行、办事处和分理处。

国家银行的工作,对于发展国民经济,对于扩大商品流通,对于城市与乡村的物资交流,都有极重要的意义。

三　长期投资专业银行

长期投资专业银行是为社会主义经济的个别部门服务的。它们的基本职能是对有关企业和组织的基本建设进行拨款和发放长期贷款。长期投资专业银行的具体任务包括:

第一,对国营企业和组织的基本建设进行拨款。这种拨款是不需要偿还的,并成为各该企业和组织的固定基金。因为这些企业都是国家的财产,所以国家对这些企业的拨款,归根到底还是属于国家所有。

第二,对合作社集体农庄企业的基本建设进行长期贷款。由于合作社集体农庄是集体所有的企业,这种贷款是要偿还的。因为用属于全民的国家财产的资金,来增加劳动者的个别集体和集团的财产,是错误的。合作社集体农庄必须用自己的收入按规定期限偿还给国家。

第三,对居民建筑私人住宅、集体农民购买牲畜等等,进行长期贷款,以便帮助工人、职员和集体农民提高物质福利。

第四,由于长期投资专业银行是为国民经济各部门的基本建设投资服务的,所以它除了进行基本建设方面的拨款和长期贷款外,也对建筑工程的包工组织进行短期贷款。这种贷款是用来购买建筑材料、饲料、燃料和用来充作建筑机器、运输工具的大修理费用的。

第五,通过拨款和贷款对国民经济各部门的基本建设进行监督,是长期投资专业银行的一个极重要职能。专业银行把用于基本建设的预算资金、各企业的折旧基金、用于基本建设的那部分企业纯收入、集体农庄的公积金等集中起来,有计划地用到各个企业和组织的基本建设上。专业银行严格地按照国民经济计划进行拨款,拨款前要检查年度工程项目表、技术设计、和工程预算书是否经过批准,与承揽建筑工程的组织是否订了合同,然后才按照计划发放工程所需的资金;专业银行还要通过事后监督,审查工程现场各项费用的全部开支,审查发放的资金是否按指定用途合理地加以运用,以保证工程现场遵守经济核算制和预算纪律。

第六，办理关于建设方面的一切结算。一切修建单位、建筑包工组织、地质调查机关和材料供应机关都要在专业银行开立结算账户，建设工程无论是自营或由建筑组织承包，一切结算都要通过专业银行来进行。这样，专业银行通过结算工作，就更能加强自己的监督职能。

由此可见，长期投资专业银行通过自己的业务，可以监督社会主义企业和组织严格按照指定用途来利用基本建设资金，这不仅对于保证固定生产资金扩充计划的实现有决定性的意义，而且对于改善计划工作和巩固经济核算制也有巨大的意义。

在苏联，长期投资银行按照它所服务的国民经济部门来划分。工业银行对工业、运输业、邮电业的国营企业和建筑组织的基本建设进行拨款；农业银行对农业和林业的国营企业和组织的基本建设进行拨款，对集体农庄和农村居民发放长期贷款；商业银行对国营商业的基本建设进行拨款，对消费合作社和工艺合作社发放长期贷款；中央公用事业银行和地方公用事业银行对公用事业和国家住宅的建设进行拨款，对城市居民建筑私人住宅发放长期贷款。

四　国家储金局

国家储金局的任务是吸收各个公民、集体农庄和社会组织的存款，促进储蓄，增加积累，为人民和社会组织保存闲置货币资金和办理货币结算，加速国民经济的发展。

国家储金局存款和国家公债都是吸收人民货币资金的基本形式，都是国家用信用的方式动员起来的资金。但是两者也有不同的地方：认购国家公债这是劳动者将资金长期借给国家，储金局存款则是劳动者将资金存入储金局，随时可以取回来使用。这两种方式既有利于国家，也有利于劳动者。

集体农庄、基层工会组织、村苏维埃等的闲置资金也存在国家储金局内(集体农庄的闲置资金也可以存在国家银行内)并开设往来账户。

居民的储蓄在为国家积累建设资金上有很大的作用。苏联人民在国家工业化初期，过着非常俭朴的生活，为国家积累了大批资金。从1925年10月1日至1929年10月1日，储蓄人数增加了八倍多，存款增加了近14倍，从3 350万卢布增加到4亿9 610万卢布。随着生产的发展，人民的收入日益增加，存款也在不断增加。1953年年底，苏联居民在储金局的存款达386亿卢布，比1940年增加4.3倍。

储金局存款的固定（经常）余额，一部分由储金局支配作为现金出纳的准备，一部分存入国家银行（国家规定储金局最低应将固定余额的3%存入国家银行），其余部分投入国家公债。这样，由储金局动员起来的资金就可以缴入国家预算，满足国民经济和社会文化事业的需要。

储金局受国家委托担负有关国家公债的事务：如公债的认购和缴款、向认购人交债券、查对奖签及支付奖金等。此外，还代劳动者保管和管理公债券。

储金局在接受劳动者个人存款的基础上为劳动者办理货币结算。存款人可以委托储金局代为支付房租、电费、电话费等公用事业费，此项支付由储金局以转账方式进行。这样，对劳动者既方便，又能减少货币流通量，促使货币巩固。

储金局吸收居民的资金，对巩固货币流通有重要的意义。因为储金局一方面可直接促使流通中的货币量减少，加速货币流通的速度；另一方面又可将一部分固定存款余额存入国家银行，作为国家银行的贷款资金，减少信贷投资所需的货币发行量。

第五章　社会主义制度下的货币流通

一　社会主义制度下的货币流通

在有商品生产和商品流通的地方，就有货币流通。但是，由于生产资料所有制形式不同，社会主义的货币流通就不同于资本主义的货币流通。

在资本主义制度下，货币流通是盲目的，因为商品生产和商品流通的盲目性排除了国民经济计划化的可能，从而也排除了货币流通计划化的可能。货币流通的盲目性加深了资本主义经济的矛盾，使资本主义的无政府状态更加严重。

在社会主义条件下，由于生产资料公有制占绝对统治地位，就创造了整个国民经济(其中包括货币流通)计划化的可能。社会主义国家依据货币流通的经济规律，实行国内货币流通的计划化。货币流通的计划化对于保证和促进社会主义经济的有计划的发展是有很大意义的。

大家知道，商品流通所必需的货币量，决定于流通着的商品的价格总额和货币的周转速度。社会主义经济中实行的非现金结算，减少了货币的需要量。社会主义商品流通中的现金支付主要限于个人消费品流通的范围，居民在国营商店、消费合作社、集体农庄市场上购买商品是使用现金的。国营企业和合作社组织向集体农庄庄员收购和采购农产品也要使用现金。社会主义企业、机关之间只有小额的支付才用现金。

除了商品流通需要使用现金外，在日常的支付中也要用现金，这主要是：企业、机关对工人和职员发放的工资，集体农庄按劳动日分配给庄员的货币收入，国家财政系统对居民支付的各种奖金、补助金、抚恤金、储蓄提取部分和储蓄利息、国家公债本息和中彩奖金等。居民的日常支付是：对财政系统的缴款（如纳税、储蓄、认购公债等），支付公用事业和各种文化娱乐费用以及缴纳房租等。由此可见，社会主义经济中的现金流通绝大部分与居民的货币收支有关。

在一定期间内必需的货币流通量除取决于用现金买卖的商品价格总额和日常现金支付总额外，还取决于这一时期货币周转的速度。这就是说，如果流通中的货币在这一时期中平均周转两次，那么货币流通的必需量就仅为现金周转总额的一半。

社会主义国家认识了货币流通的规律，就可以计划货币流通。这是因为在社会主义制度下，决定现金周转总额的主要因素都具体地表现在国民经济计划各项任务中。国民经济计划规定产品数量及产品构成、劳动生产率的提高、成本、职工人数和付酬标准等，所有这些就决定了工资基金的大小。国民经济计划规定了对居民出售商品的任务和收购农产品的任务，这就可以确定居民购买商品使用现金的总额和各经济部门对集体农庄和集体农民购买农产品所使用的现金总额。国民经济计划又规定了对居民的交通运输、社会文化设施服务以及通过税收和公债动员居民资金的任务。从这里可以看出，国民经济计划包括了货币流通计划所需要的一切指标，依靠这些指标，并测定货币的周转速度，就可以确定一定时期内货币流通的必需量。由此可见，生产、分配和流通的计划化是货币流通计划化的基础。

货币流通计划化在保证整个国民经济计划的顺利执行方面起着重要作用。大家知道，货币流通数量过多，将引起商品供应紧张，集体农庄市场价格也可能上涨；货币流通量不足，将引起商品销售困难，集体农庄市场价格就可能下跌；在商品流通中引起的这些不正常现象都可能影响到生产。因此，货币流通计划工作是整个国民经济计划工作不可缺少的一部分，它的任务是保证货币流通量与发展国民经济的需要相适应，使货币流通起着促进经济发展的作用。

在苏联，货币流通计划工作是由政府进行的，而对货币流通的实际调节则由国家银行进行。国家银行既然是全国信贷、结算、出纳和发行的机关，全国现金的周转都经过它的出纳处，这样它就能根据国民经济发展的需要，通过现金出纳计划来调节货币流通。

二　社会主义制度下货币流通的调节

既然社会主义经济中的现金流通绝大部分是与居民的货币收支有关，因此编制居民货币收支平衡表对于调节货币流通就具有很大的作用。居民货币收支平衡表反映了居民货币收入总额及其来源和货币支出的构成，并且指出了社会主义经济中现金流通的主要动向。因此，它不仅可以用来确定居民货币收入额与商品供应额及服务费用总额之间的正确比例关系，而且也是编制现金出纳计划的重要参考资料。

居民货币收支平衡表分为居民货币收入和货币支出两大部分来编制。居民货币收入的最主要项目是：国营和合作社的企业与组织发给工人和职员的工资，集体农庄分配给庄员的货币收入，居民从财政系统得到的收入，以及集体农庄庄员出售农产品得到的收入等等。居民货币支出的最主要项目是：从国营和合作社的商店与食堂购买商品及饮食的支付，对各种服务费用的支付，在集体农庄市场上购买商品的支付，对财政系统的缴款等等。

对居民的货币收入与货币支出的结构与规模了解之后，就可规定出必需的货币流通量。影响必需的货币量的因素，除了居民货币收支总额以外，还有货币周转的速度。货币周转的快慢，基本上是由居民收入货币后直到用货币购买商品和支付各种服务费用为止这段时间来决定的。工人和职员的主要收入是工资，他们开支货币的期限一般地就由发放工资的期限决定（在苏联通常每半个月发一次），从而这种货币支付是比较均衡的。农民的货币收入带有季节性，从收入货币到支出货币这段时间比较长。商业部门工作的质量对货币的周转速度是有影响的。如果货色齐全，深受顾客欢迎，商品流转很快，从而货币周转也很快。反之，也就相反。居民支出货币的方式也影响货币周转的速度。假如他们在国营商店和消费合作社购买商品，货币很快就流回国家银行；假如他们在集体农庄市场购买商品，货币就先流到集体农民手里，然后再经过各种途径回到国家银行。

将居民对商品和各种服务的需要与供应居民需要的商品总额和服务费用总额进行比较后，便可以测知居民在满足直接的生活需要后积存在手中的货币余额，确定居民积存的货币余额后，便可以计划出银行扩大储蓄和发行国家公债的数量。

但是，居民货币收支平衡表只是作为调节货币流通的一种材料，直接从业务上影响货币流通的工具是国家银行的现金出纳计划。

现金出纳计划表明国家银行在计划时期内收进的一切现金和付出的一切现金。现金出纳计划的收入部分反映国家银行现金收入的经济来源，支出部分则反映国家银行付出现金的目的和用途。编制现金出纳计划时要参考居民货币收支平衡表。

现金出纳计划收入部分的主要项目是商业部门和公共食堂的进款，这部分进款占国家银行全部现金收入60%至80%。对居民提供服务的企业的进款在国家银行现金收入中占有相当大的比重。此外，居民对财政系统的缴款也是现金收入来源之一。国家银行根据零售商品流通计划以及其他计划，就可以计划出它的现金收入。但是并不是全部的商业收入以及其他收入都是国家银行的现金收入，因为这些部门有权在规定的限额内直接动用自己的一部分现金收入。

现金出纳计划支出部分的主要项目是企业和组织发放工资所需要的现金，这部分支出占国家银行全部现金支出80%。国营企业和合作社企业收购农产品的现金支出，集体农庄分配给庄员的货币收入，以及财政系统对居民的支付，也在国家银行现金支出中占有一定的比重。国家银行根据工资计划和农产品收购计划等，就可以计划它的现金支出。但是计划工资基金并不等于现金出纳计划中这一项目的全部付款，因为现金出纳计划中的这一项目，必须把未列入计划工资基金的各种劳动报酬(如奖金等)加进去，并扣除工资基金中不用现金支付的扣款(税款、公债缴款等)。

既然支付工资是国家银行现金支出的主要项目，而这些支出的大部分是经由商业机构的进款回到国家银行的，所以，工资基金的支出和商业机构的进款的对比关系，对于国家银行的货币发行和货币回笼具决定性的意义。

现金出纳计划的编制与执行，要保证贷款、吸收资金和货币发行三者之间的正确比例，这是因为国家银行不仅能够依靠吸收的资金而且能够依靠货币的发行来贷款给经济机关。因此，现金出纳计划和信用计划就有密切的联系。如果现金出纳计划中的现金支出等于现金收入，信用计划中便不必增加货币发行；如果现金出纳计划中的现金支出超过收入，信用计划中规定用于贷款的发行额必须等于这超额部分；如果现金出纳计划中的现金收入超过支出，信用计划中的货币发行额必须作相应的减少。

国家银行如何按照国民经济的需要，发行或收回货币呢？

在苏联流通的货币有三种：苏联国家银行券（以黄金、各种贵金属和国家银行的其他资产作为保证）、国库券（以苏联全部的财产作为保证）和金属辅币。货币的发行和回笼由国家银行理事会根据苏联部长会议的规定统一掌握。银行券和国库券是国家银行办理贷款和出纳业务时投入流通的。

为了正确地组织货币的发行和回笼，国家银行理事会根据其分行所处地区的经济发展水平、各种经济计划指标和该行每季编制的现金出纳计划，分别在各管辖行和分行设置一定限额的货币发行准备基金和库存现金。有了一定限额的库存现金，就足以保证平常现金出纳的需要；有了一定限额的发行准备基金，就足以应付增大的现金需要。国家银行每天营业终了时，如果现金的收入大大超过了支出，所存现金超过库存限额 1 000 卢布，就要将超额部分转为发行准备基金，即将该项金额回笼；如果现金的支出大大超过了收入，则将一部分发行准备基金转为库存现金，就整个国家来说，由于现金支出超过收入而把货币从发行准备金转为库存现金的行动，就是发行货币。由于货币流通量的增加须与国民经济的现金实际需要量严格保持一致，因此每一次的货币发行，都须经国家银行理事会批准以后才能进行（管辖行由国家银行理事会批准，分行经管辖行批准，最后并经国家银行理事会批准）。货币发行纪律是最严格的国家纪律，不经国家银行理事会批准而擅自发行货币的责任者，不论当时实际情况如何都应受到严厉的处分。

这样，有计划地发行和收回货币，就能使货币流通与国民经济的需要相适应，使国民经济平稳地发展。

必须指出，国家银行现金出纳计划的执行，不仅是国家银行的事情，而且与其他的经济部门也有很大的关系。例如，商业部门未完成零售商品流转计划，社会主义企业工资基金发生超支，居民未如期完成对预算的缴款等等情况，都会使国家银行的现金收入和支出受到很大的影响。因此，只有各部门和全体人民努力完成国家计划，才能很好地保证现金出纳计划的正确执行。

三　苏联伟大卫国战争后的货币改革

苏联的社会主义财政经受了1941年至1945年的伟大卫国战争的严重考验。在艰苦的战争年头中，苏联国家预算和信用首先满足了战争的需要，保证了货币流通的相对稳定，国家配售给居民的重要食品和日用品的价格始终保持住了战前的固定价格，保证了人民经济生活的稳定。

但是，由于战争的破坏和适应战争的需要，苏联卫国战争时期消费品的生产和零售商品的流通额都减少了，在战争头两年国家预算出现过赤字，为了弥补赤字曾经增发了一些货币，而法西斯强盗又在苏联暂时沦陷的地区发行了伪币，这就使战时货币流通量超过了货币流通的必需量。于是，集体农庄市场价格上涨，一些投机分子曾利用固定价格与市场价格间的显著差价而积累了大量货币。

货币流通量过多，使战后恢复和进一步发展国民经济发生困难，使人民生活受到影响，使配售制的废除受到阻碍。为了消灭战争在货币流通方面带来的后果，根据苏共中央和苏联部长会议的决议，苏联在1947年12月实行了币制改革。战后国民经济的迅速恢复和发展，日用品和食品生产的增长，劳动生产率的提高和生产成本的降低，财政后备力量的雄厚，都为货币改革准备好条件，并且使得有可能与货币改革的同时实行废除配售制和降低消费品价格。

这次货币改革是在一定条件下把战争期间在某种程度上已经贬值的货币兑换成1947年版式的足值的新币。旧币按十比一的比率兑换新币。这样就能消灭投机分子的巨额货币积累，并防止他们在废除配售制后有低价收买商品的可能。与现款兑换同时，还进行了国家银行和国家储金局存款的重新计价，为了保护曾将自己的积蓄交给国家使用的存款人的利益和鼓励储蓄，储蓄存款是按照优惠的条件重新折价的。储蓄存款在3 000卢布以下者（这种存款占80%）全部保有，即折成同额的卢布新币；存款在10 000卢布以下者，其中3 000卢布可以全部保有，其余部分则按三比二的比率折价；存款在10 000卢布以上者，10 000卢布照上述办法折价，其余部分按二比一的比率折价。集体农庄和合作组织存在银行的货币资金余额按照特别优惠的条件重新折价,即按五比四的比率折价。这充分表现出苏维埃国家对增加社会主义财产的关怀。

国家公债也要重新折价。这是因为大部分国家公债是在战时货币已发生贬值的时候发行的,货币改革后,如以足值的新币来偿还,是不合理的。但鉴于劳动人民认购公债是一种爱国主义的行为,政府也以优惠的条件对公债进行折价。除了 1947 年发行的第二次恢复与发展国民经济的公债外,以前的公债券都按三比一的比率折换为 1948 年的二厘公债券;1938 年国家有奖公债券按五比一的比率折换为 1947 年 12 月的三厘自由流通的国家有奖公债券。

和资本主义国家的货币改革造成劳动者生活的更加恶化相反,苏联的货币改革是有利于劳动者的。工人和职员的工资在货币改革后仍照原有的金额用足值的新币支付,而伴随着货币改革而来的是物价的降低,这样就大大增加了劳动者的实际收入。

由于货币流通的整顿、人民消费品生产和零售商品流通额的增长、物价的降低,使卢布的购买力和汇率都提高了。苏联政府从 1950 年 3 月 1 日起提高了卢布的汇率,并且宣布卢布的汇率不再按 1937 年所规定的那样根据美元来计算(因为美元日益贬值),而改为根据黄金即根据每一卢布的含金量(纯金 0.222 168 公分)来计算。

货币改革的胜利完成,卢布购买力和汇率的提高,卢布汇率改用较稳定的黄金来计算,这都是社会主义经济制度和苏维埃货币的优越性的表现。

四　苏联货币的稳定性和独立性

正如前面已经说过的,苏联流通的货币有银行券、国库券和金属辅币等形式,它们是黄金的符号。苏联货币的稳定性不仅由黄金准备来保证,它首先是由国家所掌握的、按照固定价格投入商品流通中的大量商品来保证。社会主义经济中所特有的货币的商品保证,是货币稳定性的最实际和最可靠的保证。苏联货币在国内流通中没有自由兑换黄金的必要,但是,在对外贸易方面，苏维埃国家不仅可以利用黄金作为支付手段来平衡国际贸易收支差额，并且可以作为购买手段来扩大必要的进口商品。这样，苏维埃国家就可以通过对外贸易来扩大按照固定价格投入商品流通中的商品量。

资本主义国家的货币是不稳定的。资本主义制度下价值规律的自发作用使物价不断波动，货币的购买力也随着发生变化。资本主义国家只有实行金本位制和银行券对黄金自由兑换时，才能存在货币的相对稳定性。第一次世界大战后，各国垄断资产阶级通过国家机关执行通货膨胀的政策，停止了银行券对黄金的兑换。现在的资本主义国家再也没有实行金本位制和银行券对黄金自由兑换的了，货币的相对稳定性也就丧失了。资本主义国家的货币日益贬值，使工人的实际工资日益下降。

苏联货币丝毫不依赖资本主义国家的货币。这种独立性是由于苏联的对外贸易和外汇都由国家垄断，国家能够有计划地掌握对外贸易和国际收支，一切外国货币禁止在苏联流通，这样，资本主义国家的商品就不能自由进入苏联国内市场，苏联货币就不受资本主义市场变化无常的行情所影响。苏联货币这种独立性靠着国家黄金后备的积累、对外贸易的出超和支付的顺差而更加巩固。震撼着资本主义国家货币制度的世界通货危机，对于苏联货币的独立性毫无影响。苏联货币的稳定性、独立性和卢布购买力的不断增长，保证着苏联国民经济的发展和人民生活的水平的不断提高。

在资本主义世界中，大多数国家的货币是不独立的。落后国家往往成为帝国主义通货集团的附庸，使自己的货币制度便利于帝国主义对本国人民进行剥削。主要的资本主义国家的货币也是不独立的。资本主义国家为了争夺国外市场，倾销本国商品，往往将自己的货币贬值，而其他资本主义国家由于在竞争方面受到不利的影响，也相继把自己的货币贬值。第二次世界大战后，美帝国主义趁西欧各国经济衰落的机会，强迫它们把本国货币贬值，这样就降低了欧洲各国货币对美元的比价，更有利于美国的资本输出和经济扩张，并把欧洲各资本主义国家的货币置于更加依赖美国垄断组织的地位。

第六章　我国过渡时期的国家预算、信用与货币流通

一　我国过渡时期的国家预算

目前我国的国家预算是社会主义类型的预算，是和平建设的预算。预算是我们国家手中重要的经济工具；它在实现国家过渡时期的总任务中起着重要的作用。通过国家预算有计划地建立和使用集中的货币基金，就可以促进社会主义工业化和社会主义改造的事业，推动国民经济一切部门按照社会主义的道路发展，并在发展生产的基础上提高人民的物质和文化生活水平，巩固国防力量。

全国解放以来，我国的国家预算起了显著的变化。几年来，我国国家预算不仅很快地改变了收入不敷支出的情况，实现了收支的平衡，并且每年还保持有一定的结余以充实国家的信贷基金。我国国家预算的收入逐年增长，它动员了巨额的资金用来恢复和发展国民经济。在我国发展国民经济的第一个五年计划期间，国家预算的主要任务就是努力为国家工业化事业积累更多的资金，并更合理地使用这些资金，以保证五年计划的胜利完成。

由于我国过渡时期存在着多种经济成分，在国家预算的结构中，就其收入来源来说，包括了各种经济成分的缴纳。国家预算的收入部分包括国营企业的缴款(上缴的企业收入和税款)、合作社经济的缴款、公私合营企业的缴款、农民的缴款(包括农业生产合作社的缴款)、私营工商业的缴款以及其他经济成分的缴款。

国营经济和合作社经济的缴款在预算收入中的比重正日益增大，从1950年的34.08%增为1955年的74.24%。公私合营企业的缴款在1955年

预算收入中的比重已占1.98%。这样,1955年的预算收入中来自社会主义类型经济的部分已占总收入的76%以上。这是整个国民经济中国营经济的比重不断增长和社会主义改造事业不断进展的明显标志。

预算收入中来自私人经济部分的比重正在日益下降。私营工商业的缴款在预算收入中的比重,从1950年的32.92%逐年下降到1955年的10.7%。这一方面是国营经济迅速发展,在预算收入中比重不断增大的结果,另一方面则是对私营工商业进行社会主义改造,已经有不少的私营工商业转变为合营企业的结果。

农民(包括合作化的农民)"的缴款在预算收入中的比重,已从1950年的29.63%下降为1955年的11.76%。这一方面是由于农业的发展相对地落后于工业,特别是国营工业的发展,另一方面则是由于国家对农民实行了稳定负担的政策,以便农民更好地休养生息。

由此可见,我国预算收入中各种经济成分缴款的变化,反映了我国社会主义建设和社会主义改造的事业正在迅速进展。

我国预算收入在预算科目中分为各项税收、国营企业收入、信贷保险收入和其他收入等项。在预算收入中,各项税收目前仍占首要地位。但是,随着国营经济的迅速发展和上缴的企业收入迅速增加,各项税收在预算收入中的比重就逐步下降,它的比重已由1950年的75.13%降到1955年的49.13%。

过渡时期还存在着多种经济成分,存在着大小生产,因此,我国目前采取的是"多种税多次征"的复税制。这种税制不仅可以使税收负担适当地分散而有利于发展生产,而且可以避免因税制过简可能漏掉某些财源的缺点而有利于普遍地适度地吸收、聚集更多的资金。各项税收中最主要的是工商税和农业税。工商税包括了商品流通税、货物税、营业税、所得税等等。农业税是农民按照农业收入缴纳的税收,政府为了鼓励农民发展生产并从而提高他们的生活水平,从1953年起把三年内的农业税征收指标固定在1952年的水平上,这样就可在农业生产逐年发展的基础上相对地减轻农民的负担;同时,有些地区还规定了对农业生产合作社的某些优待。

税收是我们国家重要的经济工具,它不仅是作为聚集、动员资金的一个重要手段,而且在作为实现对国民收入的分配和再分配的手段时,还具有积极影响生产关系和分配关系的改变和发展社会主义经济基础的作用。税收除了担负积累建设资金的任务之外，在实现社会主义改造的任务方面，还可以起保护和发展社会主义经济成分、限制资本主义经济成分、引导个体农业和手工业走上合作化道路的作用。例如，现行的税制，是工业的税率轻于商业、重工业的税率轻于轻工业、一般日用品的税率轻于奢侈品。这样就有利于工业的发展，尤其是有利于重工业的迅速发展，并可调节生产和消费的关系。对于公私企业缴纳的工商税，也不是一律平等，而是有所区别的，例如国营企业批发不纳营业税，对于接受国营企业加工定货的私营企业在营业税方面给予某些优待，对公私合营企业在税收稽征手续上给予一定的便利等等。这样就能促进社会主义经济的发展，限制私营企业的发展，并促使资本主义工商业走上国家资本主义的轨道。

国营企业的收入在预算收入中所占的比重，仅次于税收。这部分收入在1955年预算收入中所占的比重已达39.63%，而1950年只占13.34%。国营企业收入所以有这样大的增长，除了由于国营企业的生产增长和商品流通的扩大外，还由于国营企业的不断提高劳动生产率和降低成本。缴入国家预算的国营企业收入包括利润提成和折旧提成。利润提成的性质和苏联国营企业的利润提成相同。我国国营企业的折旧费除了用于大修理的那部分外，其余部分缴入预算。

信贷和保险收入包括国家银行和国家保险公司的利润提成、国家发行的公债、兄弟国家(主要是苏联)对我国的贷款。

我国国家预算支出的项目包括：经济建设支出、社会文教事业支出、国防费支出、国家行政管理费支出、信贷保险和其他支出。为了保证我国工业化应有的速度，经济建设支出所占的比重很大，它是我国国家预算支出中最重要的项目。几年来，预算中经济建设支出的比重逐年增长。这种支出的比重从1950年的25.49%增长到1952年的45.43%，而1955年更增长到47.72%。我国预算中的经济建设支出中，工业建设的支出所占比重最大，其中重工业的支出又远远超过轻工业的支出，这是为了集中主要力量进行重工业建设，以迅速建立我国社会主义工业化的基础。根据我国发展国民经济的第一个五年计划的规定，在第一个五年计划期间，我国工业基本建设投资(绝大部分是预算拨款)的总额是266.2亿元，其中生产资料生产部门的投资占88.8%，消费资料生产部门的投资占11.2%。这种规定除了体现扩大再生产条件下生产资料生产优先增长这一原理外，还特别照顾到我国的特点。这是因为我国工业基础很薄弱，特别是重工业的基础更加薄弱，所以，我国第一个五年计划规定重工业投资的比重特别大，比苏联第一个五年计划期间重工业投资对轻工业投资的比重还要大。

在经济拨款中还照顾到在优先发展重工业的条件下，力求使各个经济部门（特别是工业和农业、重工业和轻工业）之间的发展保持适当的比例的原则。我国第一个五年计划中规定，国家在五年内直接和间接用于发展农业生产的支出共计为84亿元，对交通运输部门和其他国民经济部门的支出，也在经济建设支出中占一定的比重。这样，就可在优先发展重工业的同时，相应地发展轻工业、农业和交通运输业以及扩大商品流通，使我国整个国民经济有计划、按比例地发展。

几年来，我国国家预算的拨款，保证了我国工业，尤其是重工业的迅速增长。现代工业的产值在工农业总产值中的比重，将从1949年的17%上升到1955年的33.7%；而在工业总产值中，生产资料的产值的比重，将从1949年的28.8%上升到1955年的45.1%，同时，全部工业总产值中国营、合作社营和公私合营工业的比重，在1955年将上升到79%，而私营工业的比重将下降到21%。这些数字有力地说明了国家预算拨款在我国社会主义工业化事业中所起的重大作用。

社会文教事业支出在我国预算支出中占有相当重要的地位。社会文教事业支出分为文教卫生支出和优抚与社会救济支出两大部分。随着国民经济的发展，我国社会文教事业的支出逐年增长，1955年和1950年比较，已增加了四倍左右。我国第一个五年计划规定，在五年内国家对文教和卫生部门的支出为142亿7 000万元。国家在这方面的拨款，无疑地在提高我国人民物质和文化生活水平上将起巨大的作用。但是，必须指出，由于我国经济还十分落后，经济建设任务非常重大，社会文教事业支出的绝对数字虽然逐年增大，但它在预算支出中的比重短时期内还不可能逐年增大。

上述两项拨款，在我国1955年国家预算中占预算总支出的60.67%。这充分说明了我国预算是和平的建设性的预算。

我国人民是爱好和平的，我们需要和平以便从事建设。但是，帝国主义包围的形势仍然存在,美国帝国主义还侵占着我国的领土台湾,并积极进行新战争的准备,为了保卫我们祖国的独立,保卫我国主权和领土的完整,保卫国家建设和解放我国的领土台湾,我们必须继续增强国防力量,巩固国防。因此,国防费支出是我国预算支出的一个必要项目。但是,它在预算支出中所占的比重还是很小的,1955 年国防费支出只占预算支出的 24.19%。

几年来,我国预算支出中行政管理费支出的比重虽然降低了很多,但是目前它的比重还是比较高的,这就不能把更多的资金用于经济建设,与国家过渡时期总任务的要求是不相符合的。因此,我们应该努力精简行政机构、紧缩编制、厉行节约,以减缩行政管理费的支出。

几年来,我国的国家预算是健全的,预算执行的情况基本上是良好的,这是全国人民首先是工人与农民努力的结果。虽然如此,但在国家预算的执行中也还存在着严重的缺点。例如,基本建设由于设计与施工方面的缺点造成严重的浪费,生产企业中存在着低估利润、高估成本、浪费、损失和资金积压现象,文教部门和国家行政机关也存在着浪费现象等等,加上财政制度不完善,财政部门对于国家预算的收入和支出又缺乏严格的监督,就造成了资金的浪费和损失,严重地妨碍着社会主义建设资金的积累。为了保证国家预算的胜利执行,各企业必须努力增产节约、反对浪费以保证产销计划、利润计划的完成,并在增产节约、超额完成生产计划和降低成本计划的基础上争取超额完成预算缴款计划。在各机关、各单位中也要开展厉行节约、反对浪费和贪污的群众运动,以不断克服浪费现象和消灭贪污、盗窃国家财产的罪恶行为。同时,健全各种财政制度,加强财政监督,以保证预算计划的实现。对私营工商业户,财政部门和工商行政部门必须加强税收的稽征管理工作和守法纳税的教育,贯彻执行国家政策,防止偷税漏税现象。

国家预算的执行过程也是一种尖锐的阶级斗争。资产阶级叫嚣负担过重,散布公私企业一律平等纳税的思想,阻挠社会主义改造的进行;一部分资产阶级分子直到现在还猖狂地、偷税漏税。富农分子瞒报农作物产量,企图减小农业税负担,并破坏国家对农产品的统购统销政策。这些都说明了在国家预算的执行过程中存在着尖锐的阶级斗争。我们必须提高警惕,贯彻执行国家政策,严格防止资产阶级和富农分子偷税漏税和其他破坏国家财政与税收的行为。

二　我国过渡时期的信用

我国过渡时期存在着多种经济成分，存在着商品生产和货币关系，因而也存在着信用。目前我国的信用机构有人民银行、各种专业银行（中国人民建设银行、中国农业银行、交通银行和中国银行）、公私合营银行、各种信用合作组织和极少数的私营银行。由于国营经济是占领导地位的经济成分，最重要的信用机构已掌握在国家手中，社会主义信用体系，尤其是国家银行的信用在整个社会经济中已占着重要的地位，国家就可以利用信用来动员社会主义建设所必需的货币资金，促进社会主义工业化和社会主义改造的事业。

国家利用信用动员社会闲置的货币资金，来满足社会主义工业化的需要。虽然国营企业基本建设投资所需要的资金，绝大部分是由国家预算拨款来满足的，但信用在积累工业化资金中仍起着极重要作用。这是因为，信用越能满足国营企业对流动资金的日益增长的需要，越能满足农业对资金的需要，国家预算就越能集中主要力量增加对工业基本建设的投资。我国工业建设的任务繁重，而国家预算所动员的资金，目前还不能充分满足国家工业化中对资金的日益增长的需要，因此，利用信用来扩大工业化资金的积累，以满足经济建设中各方面的资金需要，就具有特别重要的意义。同时，国家可以利用信用来对企业的经济活动进行监督，促使企业完成和超额完成国家计划、厉行节约和巩固经济核算；国家还可以利用信用来缩减流通费用，调节货币流通。

人民银行在我国信用体系中起着特别重大的作用，它是我国的发行银行，全国信贷、现金出纳和结算的中心。

在国民经济恢复时期中，人民银行办理社会主义企业、机关、部队的现金管理以及它们之间的非现金结算，代理国库，并大力开展储蓄业务，这样就不仅节省了大批现金、减缩了流通费用，而且集中了大量资金，通过信贷大力支持贸易、财政，促进物资交流，恢复工农业生产和调节货币流通。

人民银行是国家管理流动资金的机关之一，随着国家建设时期的开始，人民银行将担负起更重大的任务。它的主要任务是有计划地动员闲散资金,用以支持社会主义经济的发展;并结合财政部门对于企业完成国家经济计划和厉行节约进行信贷监督。目前它的具体任务之一就是积极建立社会主义的信贷制度。过去国家银行的放款办法,实质上是“资金供给制”,即放款是按企业的一切财务收支相抵的差额进行的,企业所需要的资金,凡是没有由国家预算拨款解决的,都由银行放款包下来,这样就使信贷和国家预算拨款没有区别,不能发挥国家银行的监督职能。因此,就必须明确预算拨款与银行信贷的分工,明确划分企业自有资金和银行放款的范围和使用的方法。国营工业的定额资金、国营商业的非商品资金和一部分商品资金,由预算拨款解决,银行放款只解决工业季节性的、在途的、临时的资金需要和商业的大部分商品资金和在途资金的需要。同时,银行贷款必须根据国家经济计划规定的用途,按照计划完成的实际情况来发放,并结合贷款与物资运动相结合和按时归还的原则。这样,国家银行才能更好地实现它的信贷监督职能。

目前我国经济中仍然存在着大量的商业信用。商业信用不仅存在于私营经济中,并且还存在于社会主义经济各部门之间。社会主义企业之间的商业信用,对于有计划地节约地使用国家资金,会发生很不良的影响,因为这部分资金是在国家资金计划之外自发地盲目地进行分配的。有计划、有步骤地取消社会主义企业之间的商业信用,用国家银行的直接信贷来代替,是目前人民银行的重要任务之一。逐步取消社会主义企业之间的商业信用,就可以克服国家资金的盲目分配,加速商品流转和资金周转,并促使企业加强经济核算、节约使用资金。在过渡时期,社会主义企业给予私营经济的商业信用,其范围已逐步缩小,目前尚存在的主要是与社会主义改造有关的一些商业信用,例如对私营工业预付25%以内的订货定金,以及私商经营代销时国营企业给予商业信用等等,但在利用这种信用时,必须加强对它的监督。

社会主义企业之间通过国家银行办理的非现金结算,几年来已获得了一定的成绩。加强社会主义企业之间非现金结算的制度,具有重大的意义,因为这样不但可以节约现金使用,而且还可以和信贷结合起来,更好地发挥国家银行对生产和流通的监督作用。由于人民银行是全国信贷、出纳和结算的中心，它在加强结算制度方面起着主要的作用。

随着大规模经济建设的开始，基本建设任务的日益繁重，为了专门管理基本建设的拨款和长期贷款，国务院先后决定设立中国人民建设银行和中国农业银行。中国人民建设银行的任务是按照国家批准的计划和预算进行基本建设的预算拨款，根据国家批准的信贷计划对国营包工企业发放短期贷款，集中管理企业、机关等用于基本建设的自有资金，办理基本建设拨款的结算，以及监督基本建设资金专款专用并对建设单位和包工组织的资金运用、财务管理、成本核算与投资计划完成情况等进行检查监督。中国农业银行的任务是按照国家批准的信贷计划办理对国营农业、牧业和农业互助合作组织、个体生产者的各种长期和短期贷款，指导和扶助信用合作组织的巩固和发展，广泛地对农村居民、农业互助合作组织、集体农庄和国营农业、水利企业机关举办储蓄和存款，以及按照国家批准的预算对农业、林业、水利等基本建设进行投资和监督(目前因分支机构尚未完全建立，此项业务暂由中国人民建设银行办理)。

信用是国家对农业和手工业进行社会主义改造的一个极重要工具。人民银行和中国农业银行对个体生产者和各种合作组织进行贷款，以解决他们生产上和生活上的困难，促使他们走上合作化的道路并巩固合作经济。由于目前国家银行的信贷资金还不能完全满足农民的需要，国家就协助农民组织各种信用合作组织，并指定中国农业银行对它们加以指导。目前农村信用合作组织的主要任务是：组织农民的资金，按照国家计划的要求用来发展生产互助；扩大社会主义性质的经济在农村信用关系中的地位，逐步排挤和消灭资本主义的自发势力。根据 1954 年年底的不完全统计，全国已有信用合作社 12 万 4 000 个，社员 7 000 多万人，包括全国总农户的三分之一。

信用在国家对资本主义工商业的改造中也起着重要作用。国家银行通过信贷、结算工作及金融行政管理，正确发挥私营工商业的积极作用，限制其盲目投机，并根据国家统一计划，促进私营工商业走上国家资本主义的道路，以体现国家对私人资本主义经济利用、限制、改造的政策。国家又指定交通银行在人民政府财政机关领导下，对公私合营企业的财务进行监督。

国家利用信用为社会主义建设服务时，有效地运用着利息率。随着我国国民经济的恢复和发展，以及货币制度的巩固和物价的稳定，银行信用的利率也不断降低。国家银行在我国信用体系中居于领导和支配地位,因此国家银行有计划地逐步降低利率,同时也迫使市场利率随之下降。利率的逐步下降,显然对于发展生产和扩大流通起了一定作用。国家银行对于利率的规定,是服从社会主义工业化和社会主义改造事业的利益,按照不同的经济成分和部门而差别规定其利率。例如规定对非社会主义成分的放款利率,高于社会主义成分;为鼓励和帮助合作经济的发展,对各种合作社的放款利率也规定得较低;对于私营工商业的放款利率高于公私合营企业的放款利率,对工业的放款利率一般低于对商业的放款利率。国家银行的利息率,是由国家有计划地规定的,已经根本不同于资本主义制度下的利息率是通过竞争而自发形成的。

三　我国过渡时期的货币流通

在我国,社会主义经济成分不断壮大与发展,国营经济与合作社经济在整个国民经济中的比重日益上升,有组织的市场随着计划收购和计划供应的实行而迅速扩大,国家预算收支平衡并有结余,以及全国(待解放的台湾除外)币制统一,因此,按照国民经济的需要有计划地调节货币流通就有了必要与可能。有计划的货币流通对于发展国民经济、促进社会主义改造和提高人民生活水平都有重大的作用。因为货币流通的自发性会引起自由市场物价的波动,助长城乡资本主义分子的投机活动。

国营和合作社营商业进行的有计划有组织的商品流通,是我国货币流通计划化的基础。随着社会主义经济的不断发展及其领导作用的加强,有组织市场的日益扩大,社会主义改造事业的不断进展,私人经济的自发势力就受到很大的限制。这样,就为货币流通计划化创造了必要的条件。随着社会主义建设与社会主义改造事业的不断进展货币流通计划化的基础也将日益巩固。

我国货币流通计划化的工作是由人民银行来进行的。人民银行是全国唯一的发行银行,以及现金出纳、信贷和结算的中心,分支机构的设立也已相当普遍,这就使它可以担当起这一工作。

社会主义企业、机关、部队及合作社等间的相互往来，通过国家银行办理非现金结算，这就大大缩小了现金流通的范围。以上这些单位，只有发付工资，向农村采购，向私营企业采购，开支旅费，以及一定限额以下的零星支付，才准许使用现金。

根据1952年若干地区的统计，人民银行的现金收入部分，国营和合作社营商业的零售贸易进款占了43.6%，对私营企业的批发进款占了18.4%，其余部分是税收和信贷等的收入；人民银行的现金支出部分，农产品收购的付款占35.5%，工资的支付占33.4%，其余部分是财政和信贷方面的付款。这说明了农产品收购和工资是国家货币投放的主要渠道，国营和合作社营商业的零售贸易和对私商的批发贸易是国家货币回笼的主要渠道。所有这些主要的现金收支——农产品收购、工资支付、国营和合作社营商业的零售贸易与批发以及财政信贷系统的收支等——都是有计划的，人民银行根据这些计划并估算其他现金收支，就可以进行货币流通的计划和调节。

人民银行计划与调节货币流通的重要工具是现金出纳计划。它表明现金通过各种渠道的收付数额，并确定货币投放与回笼的差额。现金出纳计划的编制要适合各地区和各季节的特点，并且要和各种计划工作相结合才能很好地发挥它调节货币流通的作用。在农村，随着国家对粮食、油料作物、棉花实行计划收购，货币的投放就大量地集中在秋收的季节里进行，这时农民手中收进大量货币，因此，一方面要及时地大量供应农村所需要的工业品，同时又要大力开展农村储蓄、收回到期农贷，促使货币回笼，保证物价稳定。在大城市里，货币投放的主要渠道是工资，货币回笼的主要渠道是国营和合作社营商业的零售贸易的进款，所以有计划地调节货币流通的中心任务就是使工资和零售贸易的计划密切配合。银行对零售贸易的完成要进行监督，到具备条件时，并须对工资基金的支付进行监督以增加现金收入，节省现金支出。大城市各企业、各机关发放工资的日期应该有计划地安排，使发放工资所需现金的投放比较均衡，这样就有利于零售贸易机构均匀地完成计划，并防止货币的大量集中投放。

当然，由于我国过渡时期还存在着私人资本主义经济和小商品经济，国家对它们的生产和流通还不能严格地进行计划领导；国家虽然可以通过业务关系争取私人经济将多余现金存储银行，并尽量扩大非现金结算，但不能像对国家机关和国营企业那样，以行政命令来规定。同时，社会主义企业和私营企业之间及私营企业相互之间还存在着商业信用，这一切就使我国货币流通的计划化还存在一定的困难和受到一定的限制。

有计划地组织货币流通，是社会主义经济向资本主义经济进行斗争的工具，是国家对资本主义工商业进行利用、限制和改造工作中的一个组成部分。有组织的货币流通和其他各种财政经济措施密切结合，不仅可以很灵敏地反映市场变动的实际情况，更可以起有利于发展社会主义经济、打击投机，并利用资本主义经济有利于国计民生的积极性，从而有利于发展生产和扩大商品流通的作用。

在货币流通领域内同样进行着对敌人的尖锐斗争，敌人想尽办法来破坏我国货币制度的巩固。解放初期，国家财政经济情况还很困难，部分的预算赤字还要靠发行货币来弥补，因而物价也还不能稳定。就在这个时候，美帝国主义对我国实行封锁禁运，指使潜伏国内的反革命分子破坏我国的货币流通，对黄金外汇进行疯狂的投机，促使物价上涨，破坏我国经济。这次斗争中，由于人民政府实行了全国财政经济的统一，取得了财政经济状况的基本好转，使敌人遭到完全失败。1950 年下半年美国帝国主义侵略朝鲜和侵占我国的领土台湾，并妄想侵入我国大陆。由于进行抗美援朝的斗争，国家的财政负担加重了。就在这个时候，美国帝国主义公然宣布管制我国在美国辖区内的公私财产，潜伏国内的反革命分子则扩大投机，哄抬物价，以为这样就会削弱我们的力量。在这次斗争中失败的依然是敌人。但是，敌人并不甘心于它的失败，直至今天还用破坏我国对外贸易、伪造人民币向我国输送以套购我国物资等方法来扰乱我国货币流通，破坏我国经济。我们必须时刻提高警惕，粉碎敌人的阴谋。

几年来的事实证明，我国的货币是稳定的，货币流通是健全的。

1955 年 3 月 1 日起，根据国务院的决定，我国发行了新的人民币，同时收回流通中的旧人民币，这是进一步巩固与健全我国货币制度的一个重要措施。这次发行新的人民币，就其性质来说，只是改变货币的票面额，整顿货币流通，它是在我国经济不断发展和货币长期稳定的基础上进行的，因此，丝毫不会引起物价和人民生活的波动。旧币兑换新币的比率为一万比一，这样就便于记账和计数，节省大量社会劳动。不同票面额的新币容易识别,并有汉、藏、蒙、维吾尔四种文字,这样就便于在全国流通和便于少数民族行使,促进全国物资交流。新币发行以来,从前一万元能买到的东西,现在一元就能买到,各阶层人民没有受到丝毫的损失。我国的人民币正比从前更好地为社会主义建设和社会主义改造的事业服务。

第三部分

货币理论与价格理论

（本部分内容根据陈其人先生著、复旦大学出版社2005年3月出版的《陈其人文集——经济学争鸣与拾遗卷》一书“第三部分：货币理论与价格理论”校订刊印）

货币是商品中的商品，是一种特殊商品，它虽然和一般商品同样是私人劳动的产物，但是前者要同货币交换了，其私人劳动才能实现为社会劳动，后者无须经过交换，直接就是社会劳动。社会劳动最理想的载体是黄金。纸币是价值的符号，其流通数量与它所代表的社会劳动量成反比。货币数量论与此相反，认为进入流通前，商品和货币都没有价格和价值，只是两堆东西，它们的商数，就是价格。

从商品价值与生产价格偏离和货币价值与价格成反比看，发达国家和农业国家交换商品是小量劳动和大量劳动交换。

一、价值符号的流通规律及其与货币数量论的关系①

马克思深刻地揭示了价值符号的流通规律及其与货币数量论的关系。他总结说：在价值符号的流通中，那支配真正货币流通的一切规律似乎都反过来了，都颠倒过来了。其中，最值得我们重视的是：作为流通手段的发展形态的价值符号，不管其物质材料是什么，即不管是铸币（在流通中必有磨损）、是辅币，还是纸币，其价值只取决于没有价值符号流通时所必需的金币流通量的价值；如果价值符号的量过多，它的每一个单位代表的金量就减少，即价格标准降低，商品价格就上涨，但这只是计算数字的增大，价值符号的量过少，则相反，而两者折算为贵金属的重量都不变；总之，价值符号量同价格标准成反比，同价格成正比。以此为基础，马克思不仅批判了否认劳动价值论的货币数量论，也批判了以劳动价值论为基础的即古典派的货币数量论。马克思的论述使我看到，希法亭的《金融资本》虽然是第一本运用马克思的经济理论研究垄断资本主义的著作，并对资本主义发展的最新现象作了有价值的分析，但论述纸币时，却从分析在他看来是新的货币现象开始，离开了马克思的理论，最终堕入货币数量论。

---

① 载于《马克思主义来源研究论丛》（第十九辑），商务印书馆 1997 年版，第 488—514 页。

(一) 价值符号:铸币、辅币和纸币的产生

金币(以贵金属为材料的货币)最初是以条块形状按重量使用的,即人们所说的某物值 1 盎司黄金。这时货币流通量的决定公式是:“已知商品价值总额和商品形态变化的平均速度,流通的货币或货币材料的量决定于货币本身的价值。”①这样使用的金币不利于商品流通。于是,具有一定形状、花纹、重量和成色的金铸币取代了它。这是计算货币,即 1 金镑、1 金元、1 银元,它们分别有一定数量的含金量和含银量,这些量是价格标准,例如 19 世纪初 1 盎司黄金可铸造 3 镑 17 先令 10.5 便士,于是人们就说某物值 3 镑 17 先令 10.5 便士了。这时货币流通量的决定公式是:商品价格总额÷同名货币的流通次数=执行流通手段职能的货币量。②

最初,条块形状的金和当作铸币的金,按重量计算的金和按名称计算的金,并没有什么不同。上述两个货币流通量的决定公式是相同的。第一个公式:假设商品价值总额为 400 万小时劳动,商品形态变化的平均速度为 10 次,实现这商品价值所需的货币就是 400 万÷10=40 万小时劳动生产的;再假设 40 小时劳动生产 1 盎司黄金,所需的黄金就是 40 万÷40=1 万盎司。假设 2.66 小时劳动生产 1 盎司白银,所需的白银就是 40 万÷2.66=15 万盎司。第二个公式:假设 1 盎司黄金为 4 镑,即每镑为 0.25 盎司黄金,或 10 小时劳动,这样商品总价格就是 400 万÷10=40 万镑,40 万÷10(流通速度)=4 万镑,这就是实现商品总价格所需的铸币。每镑为 0.25 盎司黄金,4 万×0.25=1 万盎司黄金,和第一公式相同。银币问题这里就不谈了。

金币和铸币相同只是一种完全撇开外界影响的假设。事实上,金作为货币在流通中必然受到磨损,有的磨损得多,有的磨损得少。这就是说,它被利用的时候,就被消耗。这对于条块形状的金币和铸币都一样。但由于前者是按重量使用的,后者是按名称单位使用的,就有不同的结果。这就是说,就事物的本质来说,铸币必然是一个一个不断贬值的。因此,铸币的名称和铸币的实体,它的名义含金量和实际含金量,开始分离。但是,铸币一

① 《马克思恩格斯全集》(第二十三卷),人民出版社 1972 年版,第 142—143 页。

② 同上书,第 139 页。

旦变轻了，就不许流通，那是不可能的。只要它还在流通，铸币，例如金镑就变成了虚镑，成为虚金。马克思特别指出，一个金铸币，当它在流通中当作1/4盎司，而称起来只有1/5盎司的时候，实际上它对于那不存在的1/20盎司的金，就成了单纯的符号或象征；这样，所有的金铸币，由于流通过程本身，或多或少地变成了它的实体的单纯的符号或象征。①

以上谈的是铸币在流通过程中自然磨损。此外，还有一种人为的刮削。这是由于，在流通中，一个金铸币磨损了较多的金属含量，而别一个磨损得较少，就是说，一个金镑在实际上比另一个所值较多。但是，它们在当作铸币的职能上存在，是一样大的东西，事实上有1/4盎司黄金的金镑，并不比表面上有1/4盎司黄金的金镑大些。由于这样，那些重量十足的金镑，就会在不老实的所有者手中动外科手术，即被人为地刮削，但在一定条件下，它们仍能流通。

金镑变成虚金的这种转化，是无法完全避免的。但是立法在它的实体减轻到一定程度时，制止它继续当作铸币。例如，依照英国的法律，一个金镑损失重量达到0.747格令(grain)以上，就不再是合法的金镑，要退出流通，作为生金使用，或重新铸造。

在这种情况下，如果不把金铸币的流通限制在它磨损得较慢的一定流通范围之内，从实质看它就根本不能流通。为了解决这个矛盾，在金铸币磨损得最快的流通范围内，亦即在买与卖以最小规模不断重新进行的范围内，就有一种辅助的流通手段即辅币成为金铸币的代表，这些辅币就是银记号、铜记号和镍记号，它们在流通内部代表金铸币的一定部分。它们的含银量、含铜量和含镍量，不是由银与金、铜与金、镍与金之间的价值比例决定的，而是由法律任意确定的。这就是说，它们是金铸币的符号。

这些银记号、铜记号和镍记号，都有一个法定的含银量、含铜量和含镍量，但进入流通后，就同金铸币一样磨损着，并且与它们流通更快相应，更快地磨损。因此，如果必须再规定一个损失金属重量的界限，超过这个界限这些记号就失去了铸币的资格，那么，它们在自己的流通范围的一定圈子之内，又要用别一种象征化的货币例如铁和铅来替代，并且这样一种象征化的

① 《马克思恩格斯全集》(第十三卷)，人民出版社1962年版，第101页。

货币用别一种象征化货币来代表是一个无限的过程。因此，在流通发达的一切国家中，由于货币流通本身的必需，不得不使这些记号的铸币资格，不依它们的金属重量的任何损失为转移。于是，从事情的本质看，好像它们之所以成为金铸币的象征，成为辅币，不是因为它们是银制的、铜制的、镍制的，不是因为它们有一个价值，倒是因为它们没有任何价值。

经过这样的分析，马克思就科学地指出，由于这样，那些没有什么价值的东西，例如纸，可以当作金铸币的象征来发生作用。

最后，马克思指出流通手段发展的辩证法。这就是：金属铸币的名义含量和金属含量间最初并不显著的差别，可以发展为绝对的分裂。货币的铸币名称离开了货币的实体，存在于实体之外，存在于没有价值的纸片上。正如商品的价值通过它们的交换过程而结晶为金的货币，金的货币则在流通中升华为自己的象征，最初采取磨损金铸币的形式，而后采取金属辅币的形式，最后采取无价值的记号、纸片、单纯价值符号的形式。金铸币之所以最初产生金属代用品，后来又产生纸代用品，不过是因为它虽然不断损失金属，但是仍然能执行铸币职能的缘故。

（二）价值符号流通规律是金币流通规律的颠倒

马克思集中地揭示了价值符号，尤其是它的完成形态即纸币的流通规律，是金币流通规律的颠倒。他的论述风格，完全是黑格尔式的。

第一个颠倒是：如果说，金的流通是因为金有价值，那么，纸币的有价值是因为纸币流通。① 其实，不仅纸币是这样，一切价值符号都是这样。拿铸币来说，前面说过，由于它流通，就必然磨损，必然贬值，但只要尚未磨损到一定程度，尚未退出流通成为生金生银，它仍然当作铸币来用。这就是说，正是由于它继续流通，被磨损成铸币的影子，它的价值才不等于它的含金量或含银量，而要取决于它的流通量（下面再说明），才成为价值符号。贬值的铸币是这样，铸币的代替物，即没有等值金属含量的辅币和无价值的纸币，也是这样。这是因为，在流通过程内条块的金币变成铸币，起初两者没有实质性的差别，其后铸币就变成具有重量和成色的金币的符号，两者有了实质

① 《马克思恩格斯全集》（第十三卷），人民出版社 1962 年版，第 101 页。

性的差别，发展下去，其他的没有价值的符号，即辅币和纸币，只要它们在流通中，就可以代替有金的铸币，成为铸币的符号，或最单纯的价值符号。

第二个颠倒是：如果说，已知商品的价值，则流通中的金量决定于自己的价值，那么，纸币的价值决定于流通中纸币的数量。[①] 这个命题的上半部，前面论述马克思的第一个货币流通量决定公式时已谈过，现在只谈这个命题的下半部。其实，不仅纸币是这样，一切从流通手段中产生的价值符号都是这样。这里涉及马克思的货币理论中的一个重要原理。他认为，价值尺度和流通手段即一般等价物是货币。但价值尺度可以是观念上的，流通手段可以是符号，就是说执行一般等价物的职能，并不需要具有商品实体的货币。在这基础上他特别指出，货币的这两种职能，不仅受相反的规律支配，而且这些规律似乎是同这两种职能相矛盾的。在货币当作价值尺度的职能上，货币只当作计算货币来用，金只当作观念上的金来用，对于这种职能，货币的自然物质具有决定意义；价值用银计算或表现为银价格，自然与用金计算或表现为金价格完全不同。相反，在货币当作流通手段的职能上，货币不仅是想象中的，并且必须当作一件实在存在的东西与其他商品并存，对于这种职能，它的自然物质倒变得无关紧要，一切决定于它的数量。[②] 这就是说，这整个命题的意思是：待实现的商品总价值已定，价值尺度的自然物质不同，从而其价值就不同，由此决定的执行流通手段职能的货币量也不同；流通手段量由此决定后，实际上流通的价值符号，不论是贬值的铸币、辅币，还是纸币，即不论价值符号的自然物质如何不同，每单位符号代表的价值只取决于价值符号的数量，即取决于这个数量和必需的流通手段量的比例：数量过多，价值降低，反之亦然。例如，数量超过一倍，单位价值符号代表的价值就降低一半。

第三个颠倒是：如果说，流通中的金量随商品价格的涨跌而增减，那么，商品价格似乎是随着流通中纸币数量的改变而涨跌。[③] 这个命题就其实质而言，是由詹姆斯·斯图亚特批判休谟等人的货币数量论时，第一次作为一个问题而提出来的。这个问题是：是流通中的货币量决定于商品的价格呢，

---

① 《马克思恩格斯全集》(第十三卷)，人民出版社 1962 年版，第 111 页。

② 同上书，第 110—111 页。

③ 同上书，第 111 页。

还是商品的价格决定于流通中的货币量呢？产生这个问题的历史背景是：美洲白银大量流入欧洲和欧洲物价暴涨。于是，这两者孰为因果，就成为问题。一切货币数量论者都认为，前者是因，后者是果。马克思则相反地认为，后者是因，前者是果。因为按照他的货币流通量决定公式，就可以看出，是美洲流入欧洲的白银价值较低，才致使价格增大。其结果才致使银币流通量增加的。[①] 这就是马克思所提出的命题的前半部分。这个命题的后半部分谈的是商品价格随纸币数量增减而涨跌，和最初的货币数量论者谈的是商品价格随金币数量增减而涨跌，不完全相同，现在来说明这个问题。

其实，在马克思看来，这不仅适用于纸币，而且也适用于贬值的铸币，但不适用于辅币。他按照黑格尔的风格论述说：铸币起初因流通过程而加重，因为流通速度为 10 次的 1 枚铸币等于 10 枚铸币，现在却因流通过程而变轻，因为流通使它磨损和被刮削；金属含量的这种减少，一旦普及到相当多的铸币，以致生金的市场价格经常比造币厂的价格为高时，铸币的名称虽然不变，但是它指的事实上是一个较小的含金量，亦即价格标准缩小了。也就是说，作为流通手段的金和作为价格标准的金开始偏离了，商品价格就会逐渐按照缩小了的价格标准来表现，即价格上涨。但是这种上涨只表现在计算单位上，如折算为贵金属重量则没有变化。

辅币与铸币不同。铸币有法定的含金量，变轻的铸币是价值的符号，过于轻的铸币就不能是这样的符号，它要退出流通，变成生金生银。辅币代替部分铸币，不是由于它有价值；它的使用有一定的限额，它不能从自己的流通范围进入铸币全部流通范围去充当货币。因此，如果它的发行量大于它的流通范围所需要的量，商品价格不会增加，这些符号倒会在零售商手里积累起来，最后不得不把它们当作金属卖掉。[②]

纸币与辅币不同。第一，它可以在铸币的流通范围内，与铸币同名并完全代替铸币（当然也可以代替金属辅币）；它的数量如果过多，不会像过多的

---

① 由此可见，当代最著名的货币数量论者弗里德曼的如下说法是不正确的。他说："这是卡尔·马克思、欧文·费雪和其他货币理论家所公认的。这个结构就是货币数量公式。它是个恒等式。"（米尔顿·弗里德曼：《论通货膨胀》，杨培新译，中国社会科学出版社 1982 年版，第 7 页）恒等式是不分因果或互为因果的。这不符合马克思的思想，也不符合早期货币数量论者的思想；只适合后期货币数量论者的思想。

② 《马克思恩格斯全集》（第十三卷），人民出版社 1962 年版，第 103 页。

金属辅币那样被卖掉，即不会当作废纸被卖掉，而仍在流通领域。这样，如果纸币流通量过多，每单位纸币代表的金量就减少，即价格标准降低，商品价格就上涨。但是，这只是计算单位数目的增加，将它折算为贵金属的重量，则没有变化。情况同贬值的铸币对价格起的作用一样。这和贵金属价值下降引起的物价上涨不同，因为这时价格依以表现的贵金属重量是增加的。

作为铸币符号的纸币，取代铸币是必然的。使用纸币比使用铸币便宜。因为开采贵金属和铸币花的劳动，比造纸和印纸币多，虽然贵金属的使用时间比纸的使用时间长，但铸币的自然磨损却使贵金属量减少。用纸币代替铸币后，多出来的贵金属可以换取他国的商品，这是从理论上看的。从历史上看，纸币多半是从可兑现的银行券演变而来的。银行券可以随时兑换面额规定的铸币。如果它发行过多，无法兑现，就变成强制流通的纸币。爆发战争时，这种情况时常发生。例如，英国在反拿破仑战争时，其银行券不能兑现就成为纸币；美国南北战争时，绿背币不能兑现也成为纸币。

以上我们说明价值符号量过多，使价格标准缩小，致使商品价格上涨。反过来，价值符号量过少，使价格标准扩大，商品价格就下跌。例如，美国南北战争时期，从 1861 年 10 月到 1864 年 3 月，每月物价上涨 10%；1864 年 5 月，南方同盟改革币制，纸币发行量减低，物价便急剧下降，其机制就是价格标准扩大。

第四个颠倒是：如果说，商品流通所能吸收的金铸币有一定的数量，因而流通中的货币量交替地发生紧缩与扩张乃是必然规律，那么，似乎纸币不论多少都可以纳入流通。① 这个命题的前半部分，同我们已经作过的分析——铸币必然是贬值的，是价值符号，而一切价值符号，不管其物质材料是什么，它代表的价值只取决于它的数量——是相矛盾的，因为这一分析意味着贬值铸币的流通量是不受限制的。让我们进一步分析这个问题。前面说过，贬值铸币过多，价格标准缩小，即代表的金量减少，如果它减少到了低于贬值铸币实际含有的金量的程度，这种铸币就退出流通，当作生金生银出售，致使流通中的铸币减少；反之，铸币流通量过少，价格标准扩大，即代表

① 《马克思恩格斯选集》(第十三卷)，人民出版社 1962 年版，第 111—112 页。

的金量增加，如果它增加到了大于花费铸币费用铸造同样铸币所需的金量的程度，生金生银就变成铸币，致使流通中的铸币增加。这就是说，铸币作为价值符号，其价值取决于它的数量，是有一定条件的。从根本上说，金铸币能自动地调节它的流通量。正因为这样，马克思特别强调，金币具有贮藏职能，它能调节铸币的流通量，金币的贮藏职能，和贵金属的贮藏可以相互转化；它们合起来调节铸币流通量。这正是马克思的货币理论和古典学派的货币理论的重要不同。

至于纸币，它作为价值符号，虽然代表一定的金量，这种金量同纸币流通量成反比，但纸张本身无论怎样找寻都是没有金的。这和贬值铸币不同。因此，它总在流通中，不能作为价值物贮藏；不管它的量是多是少，都能为流通容纳。因为这时，价格标准就同纸币流通量作反比例的变化，通过价格标准的变动，商品价格就同纸币流通量作正比例的变化，一个新的价格水平总是和纸币流通量相均衡的。从这个意义上说，总供给和总需求是均衡的。

第五个颠倒是：如果说，国家发行铸币只要低于名义内容1%格令，就已经是减低成色的金银铸币，并损坏了它当作流通手段的职能，那么，国家发行那种除了金属的铸币名称以外，连金属的什么都没有的无价值的纸币，倒是完全正确的措施。① 本来，金铸币是条块状金币的转化，最初只有形态的不同，进入流通和继续流通后，金铸币就成为一定量金的象征或符号，但是，说到底没有一种东西可以作为自己的象征，分量过轻的金，成色过低的金，最后不能成为分量和成色十足的金币的象征，正如瘦马不是肥马的象征一样。分量和成色不足的金铸币，一到国外，就不能不变成生金生银，按重量使用。就是在国内，那些成色较低而重量十足的铸币，也要按照十足成色贴水使用。无金的纸币不是这样，它只打下铸币名称的记号，使用时人们不可能去检验它的金属重量和成色。这是因为，它是用纸代替金，两者的自然性质不同，不可能从前者去寻找后者。

第六个颠倒是：如果说，金铸币显然只有在商品价值本身用金计算或表现为价格的时候才代表商品价值，那么，价值符号似乎直接代表商品价

① 《马克思恩格斯选集》(第十三卷)，人民出版社1962年版，第112页。

值。① 我们知道，历史上曾有许多种商品充当过货币，最后贵金属之所以成为货币，是由于金银，尤其是金的质最为纯正，近于“足赤”，这种自然性质使金最适合执行直接代表抽象的社会劳动的职能。这就是说，金最初是以自己的价值衡量商品的价值，这表现为价格。如某物的价格是 0.25 盎司黄金。如果这就是铸币即金镑的重量，某物的价格就是 1 镑。铸币必然贬值，1 镑贬值的铸币，实际上不到 0.25 盎司黄金。但铸币作为流通手段，即在商品—货币—商品中，它是转瞬即逝的，所以在这里，1 镑这个价格并不具备任何现实性。当作铸币而发生作用的价值符号，如纸币，是用铸币名称表示的金量的符号，因此是金的符号。但在现实中，它不是金量的符号。因为即使是铸币，因磨损已不是金量的符号，何况纸币只与铸币同名，并没有金量在其中。因此，它似乎直接代表商品的价值，不是通过代表铸币，再代表金量，才代表商品的价值。

最后，马克思总结说：由此可以明白，那些片面地根据强制通用的纸币流通来研究货币流通现象的观察家，必然对货币流通的一切内在规律发生误解。实际上，这些规律在价值符号的流通中，不仅颠倒了，并且消失了，因为当纸币以适当数量发行时，纸币所完成的运动并不是它当作价值符号所特有的运动（这时价格标准不变），而它当作价值符号所特有的运动，不是从商品形态变化直接产生出来，倒是从纸币与金的正确比例的破坏中产生出来的（这时价格标准变动）。这段话对我们研究物价问题有重要的意义。

（三）休谟的货币数量论

马克思的以上论述，全部是和货币数量论相对立的，并为批判数量论提供了坚实的理论和方法论基础。货币数量论最简要地说就是：价格水平取决于货币流通量。他评论的货币数量论有两种：一种否认劳动价值理论，并且认为进入流通前，货币无价值，商品无价格，价格是两者的商数，另一种倡导劳动价值理论，这就是古典学派，认为货币和商品都有价值，但货币和商品没有质的差别，它不是贮藏手段，这样，由全部货币和全部商品结成的需求和供给关系就决定价格水平。

① 《马克思恩格斯选集》（第十三卷），人民出版社 1962 年版，第 112 页。

在马克思那时，第一种货币数量论者很多，他选择18世纪的休谟为代表。他将休谟的流通理论，归纳为这几条原理：1.一国中商品价格决定于国内存在的货币量，这货币量既可以是实在的货币，也可以是象征的货币即价值符号；2.一国中流通着的货币，代表着国内存在的一切商品，每一代表者各得被代表物多少，依代表者即货币的数量的增加为比例；3.如果商品增加，商品的价格就下降，或货币的价值就增大；如果货币增加，情况就相反。① 可以看出，上述马克思的分析，是同这几条原理完全对立的。这几条原理，最根本的是第1条，其他的是其派生物。第1条原理，就其中的实在的货币即条块状贵金属货币说，它是有价值的，并有贮藏的职能，这职能可以调节其流通量，这些都被该原理抹杀了；就其中的价值符号说，其数量过多使它代表的金量减少，即价格标准缩小，由此才引起价格上涨，但这价格只是计算单位的增大，将它折算为金量则不变，这一切该原理根本没有看到。

马克思还分析了休谟这些错误原理的方法论根源。他指出：在一定条件下，不论是流通中金属货币量的增减，也不论是流通中价值符号量的增减，似乎同样地影响商品价格。如果商品价值依以表现为价格的金银，其价值降低或增高，那么，由于价值尺度发生变动，商品价格就相反地增高或降低，就有较多或较少的金作货币来流通。这是本质。但在现象上却是：当商品价值不变时，价格随流通手段量的增减而增高或降低。这个现象又和下列的现象相同，这就是：价值符号量过多或过少，从而它代表的金量减少或增加，即价格标准缩小或扩大，价格也相反地增高或降低。这一点和前面说的金的价值降低或增高，使价格增高或降低，从而金币流通量增加或降低，从本质看有两点不同：1.因果关系不同：金的价值变化是因，价格变化是果，金币流通量变化也是果，价值符号量变化是因，价格变化是果。2.价格依以表现的金量不同：在前者，金量变化；在后者，金量不变。但是，从表面看，这一切是同一原因，即货币流通量这个原因所产生的同一结果，即价格发生反比例变化的结果。休谟紧紧地抓住了这个现象，或者说，被现象俘虏了。②

---

① 《马克思恩格斯选集》(第十三卷)，人民出版社1962年版，第152页。

② 同上书，第150页。

(四) 古典学派的货币数量论:斯密和李嘉图

现在谈第二种货币数量论者。首先是斯密。对于两种商品两种货币(在他看来,货币和商品没有本质的不同)的比价,由这两者的数量的比例来决定的数量论,他坚决反对[①],因为这和他的捕杀海狸1头和捕杀鹿2头所需劳动相同,海狸1头就和鹿2头交换的理论相悖。但是,对于以全体商品为一方,全部货币为另一方构成的价格,由这两者的比例决定的数量论,他却完全同意。他说,"随着更富饶矿山的发现,就有更大数量的贵金属提供市场,而较大数量贵金属所要交换的生活必需品,在数量上如果和从前一样,那么同一数量金属所换得的商品量必定比从前少"。[②] 这里的错误在于:只认为贵金属货币是流通手段,否认它的贮藏手段职能。这样,在两种商品交换时,由于不涉及货币总量问题,斯密是能坚持劳动价值理论的;在考察全部的商品和货币的关系时,必然遇到货币总量问题,斯密就堕入货币数量论了。

马克思揭示古典学派在这个问题上的方法论错误。我们知道,重农学派为了反对重商主义认为剩余价值是从流通中产生的这一错误理论,就选择一个可以脱离流通而进行生产的部门,即农业部门来说明剩余价值的产生,这剩余价值就是只有农业部门才有的,来自自然的纯产品。从方法论看,这是矫枉过正的产物。与此相似,如果重商主义把货币只是在它当作流通过程结晶物的形式规定上来认识,那么,反对它的古典学派就与此相反,把货币首先在它的流动形态上,当作在商品形态变化本身内部产生而又消失的交换价值形态来理解。因此,正如把商品流通过程完全在商品—货币—商品形态上来理解,又把这个形态完全当作买与卖过程的完全统一(不会对立,原因下述)来理解一样,就把货币在它的当作流通手段的形式规定上,而不是在它的当作贮藏手段等,即不是在当作商品货币的形式规定上来承认。如果流通手段本身在它当作铸币的职能上孤立起来,它就会转化为价值符号。可是,因为摆在古典学派面前的,首先是金属流通作为流通的支配形式,所以它就把金属货币当作铸币,而把铸币当作单纯的价值符号来理

① 亚当·斯密:《国民财富的性质和原因的研究》(上卷),郭大力、王亚南译,商务印书馆1972年版,第203页。

② 同上书,第181页。

解。于是,依照价值符号的流通规律,提出了商品价格决定于流通中的货币量;而不是相反的流通中的货币量决定于商品价格的原理。

马克思的这一分析,同样适合于古典学派的斯密和李嘉图。但在相同的基础上,两者又有不同:在斯密,将金币流通规律看成价值符号流通规律时,并没有反过来,将后者又看成前者;在李嘉图,这两者是完全相同的。下面我们论述李嘉图,然后再将斯密和李嘉图相对照地加以论述。

马克思指出,李嘉图对货币的研究,不是由金属流通的现象,而是由银行券流通的现象引起的。银行券是从货币的支付手段职能中产生的,它能随时兑现金币,并和金币一起流通,所以它的流通规律就是金币流通规律。18 世纪末至 19 世纪初,英国与拿破仑法国作战,因筹措军费而增发银行券,又因荒年粮食进口增加,贸易逆差产生,金币出口增加,这样一来,因准备金不够,银行券停止兑现。银行券停兑就变成纸币。随着它的流通量增加,物价就上涨,最明显的就是生金生银的价格高于造币厂的金价(1 盎司黄金为 3 镑 17 先令 10.5 便士)。很明显,这是纸币即价值符号量过多,价格标准缩小,导致商品(包括生金)价格上涨。但李嘉图将价值符号的流通规律看成是银行券即信用货币的流通规律,而后者就是金币的流通规律。这样一来,他就将纸币流通规律和金币流通规律混为一谈,从而认为金币流通量过多,其"价格"就下降到价值以下,商品价格就上涨,反之就相反,即否认金币具有贮藏手段职能。他同休谟等货币数量论者的不同在于:金币过多就会输出和减少生产,过少就会输入和增加生产,这两者合起来使金币流通量与需要量相适合,此时货币的"价格"就等于它的由生产和运输所需要的劳动量决定的价值。

斯密并没有将价值符号流通规律等同于金币流通规律。他说:北美洲纸币由政府发行,非经数年不能兑现,政府不付持票人任何利息,但宣告纸币为法币,须按额面价值接受支付债务。这样,如果利息率以年计算是 6%,15 年后才能兑现的 100 镑纸币,现在其价值约为 40 镑现金。① 这些"纸币,既许人民按其面额用以完纳本州各种赋税,不折不扣,所以即使纸币真的或被认为要在很久以后才兑现,其价值亦定可多少增加一些",即 100 镑纸币不止值 40 镑现金。"不过这种增加价值,要看本州发行的纸币额怎样超过本州

① $40\times(1+0.06)^{15}=95.86$。

缴纳赋税所能使用的纸币额,而有多少不等。据我们考察所得,各州纸币额,都大大超过本州缴纳赋税所能使用的纸币额。”①这里先要说明的是,斯密所说的纸币,从一方面看是银行券,因为是兑现的,只不过不是凭票即兑,或者说是政府发行的无息国库券;从另一方面看,又是纸币,至少在不兑现期内是纸币,斯密这里说明的规律是:如果纸币共150万镑,假设缴纳赋税共需100万镑,多出50万镑纸币,这样,这150万镑纸币,每100镑所值的现金当然大于40镑,其程度比缴纳赋税共需50万镑多出100万镑纸币时高些。总之,纸币额超过纳税所需量越多,其所值现金越少。对于这段历史,马克思十分审慎地称为:18世纪初期到中期北美洲殖民地的地方银行券,随价值符号量的增加而贬值。

当然,正如斯密所说的,也有这样的现象:“发行纸币的银行,若测度纳税所需,使所发纸币额,常常不够应付纳税人的需求,那纸币价值,即将高于它的面值,或者说,纸币在市场上所能买得的金银币,会多于它票面所标志的数量。”②后来希法亭利用这现象,修正马克思的货币理论。

最后,斯密明确地指出:“纸币价值,虽可落在金银铸币价值之下,但金银价值,不会因纸币价值下落而下落。……金银价值对其他货物价值的比例,无论在什么场合,都不取决于国内通用纸币的性质与数量,而取决于当时以金银供给商业世界大都市的金银矿藏的丰瘠,换言之,取决于一定数量金银上市所需的劳动量对一定数量他种货物上市所需的劳动量的比例。”③前面说过,这不适用于全部金银和全部商品交换的比例,只适用于一定数量金银和一定数量商品交换的比例。

以上所述表明,斯密并没有将价值符号流通规律等同于金币流通规律。这与李嘉图不同。

李嘉图说,货币即“黄金和白银像其他一切商品一样,其价值只与其生产以及运上市场所必需的劳动量成比例”;“在国家征收铸币税的情形下,铸币的价值一般就会超过未铸成货币的金属,其超过额相当于全部铸币税。

---

① 亚当·斯密:《国民财富的性质和原因的研究》(上卷),郭大力、王亚南译,商务印书馆1972年版,第301页。

② 同上书,第302页。

③ 同上。

因为这时铸币须要用更多的劳动”;“在只有国家能铸造货币的时候,这种铸币税是没有任何限制的;因为只要限制铸币的数量,它的价值就可以被提高到任何可能的程度”;“纸币就是根据这一原则流通的。纸币的全部费用都可以看作铸币税。它虽然没有内在价值,但只要限制它的数量,它的交换价值就会等于面值相等的铸币或其内含生金的价值”。① 这就是说,金银就是货币,也就是铸币,在没有铸币税时两者价值相等,铸币价值受其数量调节,纸币和铸币相同。这样一来,金币流通规律和价值符号流通规律就是一回事了。

由于这样,正如马克思指出的,李嘉图就提出这一错误原理:既然金本身,即铸币和条块金币,都能变成大于或小于它自己金属价值的一个金属价值的符号,那么,流通中的银行券也就有同样的命运。从这个观点看,纸币就可以双重地贬值。它跌到它所应该代表的金属价值之下,可以是因为发行量太大,又可以是因为它所代表的金属已跌到了金属本身的价值之下。这就是说,不是纸币对于金币贬值,而是纸和金在一起贬值,即一国流通手段总体的贬值。这个错误理论,成为 1844 年英国银行立法的基本原理。

由于这样,李嘉图错误地认为,美洲丰饶银矿多开采金银,银行多印发纸币,对物价有相同影响,就是必然的。其实,这导致的价格上涨,前者依以表现的金量增加,后者折算成的金量不增加。

李嘉图批判上述斯密关于殖民地纸币价值的看法。他说:“斯密博士讨论殖民地的通货时,似乎忘记了他自己的原理。他不说这种纸币贬值的原因是数量过多,却设问道:假定殖民地的安全毫无问题,15 年后付款的 100 镑的价值是否等于立时支付的 100 镑呢? 我的回答是,只要数量不过多,便是相等的。”②前面说过,在年利息率为 0.06 时,15 年后兑现的 100 镑银行券现在只值 40 镑,是由于要扣除贴现,与银行券数量无关。按照前面的说法,银行券(不兑现时已成为纸币)缴纳赋税按面值十足使用,假设纳税额为 100 万镑,银行券也为 100 万镑,此时 100 镑的银行券也值 100 镑现金。这是根据斯密的论述可以得出的结论。这同时也是李嘉图的回答。但两人有所不

① 大卫·李嘉图:《政治经济学及赋税原理》,郭大力、王亚南译,商务印书馆 1962 年版,第 301—302 页。

② 同上书,第 304 页。

同。斯密说到底认为:“各种纸币能毫无阻碍地到处流通的全部金额,决不能超过其所代替的金银的价值,或……在没有这些纸币的场合所必须有的金银币的价值”[①],亦即斯密还考虑货币的价值尺度问题。李嘉图不是这样,他认为货币只是流通手段,只要限制它的量,它的价值要多高就有多高。

对于下述问题,李嘉图的看法也和斯密不同。他说:“在限制数量之后,减色铸币也会像具有法定重量和成色一样按表面所标价值流通,而不按其实际含有的金属量的价值流通。因此,在英国铸币史中,我们看到通货贬值从不与其减色成同一比例,原因是通货数量的增加从不与其内在价值的减少成比例。”[②]马克思也提到这问题。[③] 但斯密的看法与李嘉图不同:后者只认为在此条件下,价格上涨幅度低于铸币成色减少的幅度,而没有说明这上涨了的价格依以表现的铸币量,从含金重量看有无变化;前者则明确地认为:“代表一切商品市场价格的名义金额,与其说受标准银币应含银量的支配,毋宁说受银币实含银量的支配。所以,这名义金额,在铸币因削剪磨毁而价值低减的场合,比较在铸币接近标准价值的场合,非较大不可。”[④]这就是说,将增大的名义价格折算成金量或银量,并没有增大。这同样是看到货币的价值尺度职能。

综上所述,我们可以看到,古典学派的货币理论从某一方面看是数量论,其原因是否认货币的贮藏手段职能。根源在于,他们的世界观使他们认为资本主义是生产的自然形态,看不到生产商品的私人劳动要实现为社会劳动是困难的,认为货币只方便交换,看不到它会使买卖由统一变成对立:卖了之后不继之以买,有人就不能出卖,这时货币就从流通变为贮藏了。

在此基础上,斯密还看到货币的价值尺度职能,李嘉图则否。马克思说:李嘉图把货币除了当作流通手段职能以外的一切职能全部抹杀。他完全受因数量而贬值的价值符号现象所支配,在被逼得紧的时候,例如和博赞

---

① 亚当·斯密:《国民财富的性质和原因的研究》(上卷),郭大力、王亚南译,商务印书馆1972年版,第275页。

② 大卫·李嘉图:《政治经济学及赋税原理》,郭大力、王亚南译,商务印书馆1962年版,第302页。

③ 《马克思恩格斯全集》(第十三卷),人民出版社1962年版,第110页。

④ 亚当·斯密:《国民财富的性质和原因的研究》(上卷),郭大力、王亚南译,商务印书馆1972年版,第187页。

克特争论时，总是武断了事。不过，公正地说，他是吃了时代的亏，因为当时流通的是纸币，由此出发研究价格问题，大多是错误的，因为纸币流通规律是金币流通规律的颠倒。

(五) 希法亭堕入货币数量论的原因

被誉为《资本论》续篇的《金融资本》(1910 年)的作者鲁道夫・希法亭认为："自马克思的货币理论提出以来，首先由荷兰、奥地利和印度形成的货币制度提出的一系列重要问题，迄今的货币理论似乎还没有找到任何的答案。"①这重要问题就是："在实行禁止自由铸造的本位制下，什么是价值尺度。显然不是银(在实行禁止自由铸造的金本位制的条件下，可以出现完全相同的现象)。货币市价和金属价格呈现出完全不同的运动。"②这就是说，这三个国家的金属铸币的"市价"高于作为商品的金属价格。他对其中的原因提出看法；并且在价值符号的流通规律和货币数量论这些重大问题上，反对马克思的看法。

希法亭所说的荷兰等国产生的货币现象，如果不是拘泥于金属货币本位制，而是着眼于本位币不能增加，由于对其需要的增加，其"市价"可以高于它的面额，那么这种现象斯密早已谈论过和解释过。根据马克思的有关说明，是完全可以统一地解释不能增加的铸币和纸币，在对其需要增加时，其"市价"为何高于面额的。这就是这些价值符号总量的价值，取决于没有它们流通时所需的金属货币量的价值，在这条件下，这些符号不问其所由制造的物质材料是什么，其单位价值就取决于它的数量。因此，数量过少，其"市价"就高于面额。在这里铸币同纸币只有这一点差别：它们的数量过多时，纸币市价下跌是无底的，铸币市价下跌则以等于其金属材料的价值为限。因为从技术方面看，金属铸币自由铸造是困难的，自由熔化却是容易的。

上述问题的另一方面，就是价格标准的变化问题。当价值符号流通量同所需金属货币流通量不一致时，价格标准就同价值符号量发生相反的变

① 鲁道夫・希法亭：《金融资本》，福民等译，商务印书馆 1994 年版，第 2 页。
② 同上书，第 33 页。

化，商品价格就同价格标准发生相反的变化。这就是说，商品价格在这条件下是由于价格标准所代表的金属重量变动，而发生相反的变动的。对此，货币数量论者认为，商品价格同价值符号量成正比，是忽视价格标准这一重要中项的。

希法亭对这两个问题的看法，都同我们根据马克思的有关理论进行的分析相反。现简述如下。

第一，关于价值符号流通量的价值取决于流通中所需的贵金属的价值，即价值符号是金属货币的符号，他认为不能无条件地说是这样。他明确地说：马克思“把货币符号[①]看作单纯的黄金符号，是不能令人满意的”。[②]

他认为，只有在流通的最低限度，即商品无论如何都能出卖，“只有在这一限度内，货币符号才充当货币的全权代表，纸片才成为金符号”。但是，由于实际“流通量经常波动，所以除了纸币以外，金币也必须能够经常地进入和退出流通”，这样才能使流通中的货币和流通中的商品等值（假设货币流通速度为1）。“如果这一点不能做到，那么，纸币的名义价值和它的实际效用之间便出现了差距，于是纸币贬值。”[③]从这里可以看出，希法亭认为价值符号只有在这样的条件下，才是金属货币的符号，这条件是：纸币流通量，或它和自由流通的金属货币量合起来，同商品流通量等值（假设货币流通速度为1），这时纸币和金属货币就完全等值。这就等于说，价值符号必须同它代表的金属货币或其他物质（我们即将看到这就是商品）等值。从等值去理解价值符号，就同马克思有分歧了。但这还不是实质问题。

实质问题是：他认为，在禁止自由铸币的条件下，“流通手段都不是货币符号即金符号，而是（流通中商品的——引者）价值符号”；就是说，“在货币流通速度不变时，纸币总量具有与处于流通中的商品总量同样的价值。……纸币总量的价值只不过是社会总流通过程的反映”。[④] 他进一步认为，“纸币之所以有价值，仅仅因为劳动的社会性质赋予商品的价值。使纸

① 鲁道夫·希法亭：《金融资本》，福民等译，商务印书馆1994年版，第22、24页。
② 同上书，第437页注37。
③ 同上书，第23页。
④ 同上书，第43—44页。

成为货币的是被反映的劳动价值，正像让月亮发光的是被反映的阳光一样”。[①] 他的意思是很清楚的。

那么，离开了货币的价值尺度职能，仅仅是“劳动的社会性质”就能赋予商品以价值吗？在论述货币的必然性时，他说：“在交换过程中，商品证明自己是使用价值，证明它满足了需要，而且是按照社会所需要的规模来满足的。如果它做到了这一点，那它便因此而成为满足同样条件的所有其他商品的交换价值。这反映了它向货币即交换价值的一般代表的转化。”[②]这段引文表明，他原来是正确地按照马克思所说的决定商品价值的社会必要劳动时间有两层含义，去说明货币的必要即它作为外在的或社会的价值尺度来衡量商品的价值的，换句话说就是，离开了货币的社会价值尺度职能，商品生产者之间形成的平均劳动时间并不能衡量价值，它只是欧文的劳动货币即内在的价值尺度。这就很清楚了，商品的价值要由货币去衡量。他现在反过来，认为货币的价值要由商品的价值来决定，这既是循环推论，更是本末倒置。

在本节开始时，他曾设问：在禁止自由铸造的本位制下，什么是价值尺度。他的回答只能是商品的价值本身。[③] 这当然是什么问题都没有解决的。

第二，关于受到马克思正确批评的货币数量论，也认为不是无条件地都是错误的。他明确表示：“数量论适用于禁止自由铸造的本位制。”[④]显然，这一论断同他认为在这条件下，货币符号总量的价值取决于商品总量的价值的论断是相一致的。由于这样，货币符号总量过多就不能退出流通，由它来表现的商品总量的价格就升高，反之就降低，总之，价格水平同货币符号量成正比。这就是货币数量论。

对此，他举例解释。他说：“假定流通需要 100 万盾，而国家却通过它的支付把 200 万盾塞入流通。现在价格名义上提高到二倍，需要 200 万盾纸币。”这就是说，“不管发行的规模如何，它们的市价都是从处于流通中的商

---

① 鲁道夫·希法亭：《金融资本》，福民等译，商务印书馆 1994 年版，第 25 页。

② 同上书，第 17 页。

③ 他的具体回答是：“真正的价值尺度不是货币，而是货币的‘市价’。”（鲁道夫·希法亭：《金融资本》，福民等译，商务印书馆 1994 年版，第 34 页）但是，货币的“市价”，他认为是由商品价值决定的。

④ 鲁道夫·希法亭：《金融资本》，福民等译，商务印书馆 1994 年版，第 42 页。

品那里得到的”。①

认为商品的价值可以直接表现在盾(或元、马克)上,从而成为以计算货币表现的价格,这在理论上是不通的。根本问题在于:价值由劳动决定,劳动以时间来计算,这样 100 万小时劳动决定的商品价值,就应由同样劳动时间决定的价值尺度如金的一定重量来表示。上例中作为出发点的盾,是未经说明就存在的。很清楚,在这里盾是计算货币,它有一定的含金(银)量②,这个量就是价格标准,这个标准是用来衡量作为价值尺度的金量的,就是说,这个金量为标准的 x 倍,商品的价值就表现为 x 盾。假定 1 小时劳动生产的银为 1 格令,并将它定为 1 盾。这样,100 万小时劳动生产的银就为 100 万格令,它为 1 盾的银的重量的 100 万倍,这 100 万格令银就表现为计算货币 100 万盾,而它就是商品的价格。因此离开了价格标准是无法说明商品价值和计算货币的关系的。这犹如离开了长度标准,就无法说明布的长度一样。

至于这里的 100 万盾商品,由于盾的流通量增为 200 万,这种商品的价格就上升为 200 万盾,其原因则是价格标准因价值符号量过多而缩小。这犹如用公尺量是 1 尺,用市尺量就是 3 尺一样。

对此,马克思解释说:“表面上看来,价值符号直接代表商品的价值,它不表现为金的符号,而表现为在价格上只表示出来、在商品中才实际存在的交换价值的符号。但是,这个表面现象是错误的。价值符号直接地只是价格的符号,因而是金的符号,它间接地才是商品价值的符号。”③这是一段非常重要的论述。纸币本位制条件下的货币数量论者,都是这一现象的俘虏。希法亭也是这样。

应该说,希法亭是理解上述价格标准的作用的。他说:“作为价格的标准,黄金被分割为有同样重量的小块……铸造不过是证明。这样加盖标记的货币,含有货币材料(例如黄金)的一定重量。……货币不必再加衡量,而

---

① 鲁道夫·希法亭:《金融资本》,福民等译,商务印书馆 1994 年版,第 42、43 页。

② 最初的纸币是由铸币演变而来的含金(银)量,这个问题是清楚的。有些纸币,如人民币,既不是从铸币演变而来,又无规定的含金量或含银量,这个问题似乎难以解决。这一点,朱绍文等著《关于人民币的若干理论问题》已回答。参见该书,财政经济出版社 1954 年版,第 54—66 页。

③ 《马克思恩格斯全集》(第十三卷),人民出版社 1962 年版,第 105 页。

是只要点数就行。"[①]但是,他还是认为不必通过价格标准,就能说明纸币的价值。为此,他还指责马克思。他说:"马克思所走的这样的迂回道路,似乎是多余的:他先确定铸币量的价值,然后通过铸币量的价值才确定纸币的价值。如果直接由社会流通价值推导出纸币的价值,那么,这种确定的纯粹社会性质就更明确地表现出来。纸币本位制在历史上是由金属本位制产生的,并不是从理论上这样看待它的根据,不诉诸金属货币,纸币的价值也必定能够推导出来。"[②]他这两段论述在理论上是对立的。前者不可能导致货币数量论,后者本身就是货币数量论。但是,前者只在论述货币的必然性中出现过,在其后的"流通过程中的货币"中就消失了,就是说,他事实上是离开价格标准来论述价值符号的。

那么,他为什么放弃前者,从而堕入货币数量论呢?说到底是由于他被价值符号流通规律是金币流通规律的颠倒这一现象俘虏了。他在《金融资本》第一章即货币的必然性的末尾,引用了上述马克思那段重要论述,当时他认为是正确的。但是最终还是加以反对,其原因就在于此。

列宁认为希法亭在货币问题上犯错误,这评论是正确的。

(六) 在纸币流通条件下,货币数量论公式具有实用性的原因

现在,随着世界各国实行纸币本位制度,货币数量论不仅更广为流传,而且被用来预测物价变动,就是说,在纸币流通条件下,它具有实用性。但是,这里要指出,它作为一种货币理论仍然是错误的。我分两方面来谈。其一,在金本位制度下,两种商品的比价和两种货币的比价,并不取决于它们两者的数量之比。正如斯密所说,牛价为羊价的 60 倍[③],恩格斯所说,金银比价为 1∶22。[④] 前者不是由于市场上羊数为牛数的 60 倍,后者也不意味着银数量为金数量的 22 倍。其二,在纸币本位制度下,它具有实用性只是由于:在价值符号的流通中,如果抽掉价格标准这个中间环节,那么价值符号

① 鲁道夫·希法亭:《金融资本》,福民等译,商务印书馆 1994 年版,第 20 页。

② 同上书,第 437—438 页注 37。

③ 亚当·斯密:《国民财富的性质和原因的研究》(上卷),郭大力、王亚南译,商务印书馆 1972 年版,第 203 页。

④ 《马克思恩格斯全集》(第二十三卷),人民出版社 1972 年版,第 163 页注(108)。

量就直接同物价水平构成正比。现代货币数量论的公式正是这样。① 但是，用这种方法预测的物价水平的变动，如果放在金本位制度下考察，就可以看出，只是计算数字的变动，将其折算为贵金属重量，则没有变动。这类问题货币数量论是不研究的。用马克思的货币理论，即通过计算价格标准的变动，就可以说明，这时的物价虽然变动了，但按金属重量计算则不变。这好比某物重量用公斤表示是 1 斤，用市斤表示是 2 斤，但它本身的重量不变一样。至于说现在的纸币都切断了和金银的联系，这样，纸币流通量与所需量不相符时，怎样才能计算出价格标准的变化？这个问题可以解决。因为刚开始有纸币时，它和铸币是等价的，这样，根据其后它的流通量和需要量的比例变化，就可以计算出价格标准的变化。不过，这是价格标准的绝对量即含金或含银绝对量的变化。而预测物价水平的变动并不涉及这个绝对量的变化，只涉及它的相对量的变化。假设纸币流通速度不变即将其作用舍去，价格标准相对量的变化取决于预测期的国民生产总值和纸币流通量与上期相比发生变化的相对数之比。② 这个变化了的价格标准相对量的倒数减去上期价格水平，就是预测期物价水平与上期相比发生变化的相对数。③

我注意到，研究马克思的货币理论的理论工作者，面对着运用和马克思的货币理论相对立的货币数量论的公式，去预测物价变动而取得成效的事实，认为这是很难解决的矛盾。我在前面说到的这个公式所以具有实用性的原因，希望有助于解决这个矛盾。

---

① 这个公式是 MV＝PQ(M：货币流通量，V：货币流通速度，P：价格水平，Q：商品和劳务总量)。移项：P＝MV/Q，设 V 为 1，则 P＝M/Q。前面提到，弗里德曼以此公式计算美国物价变动。他说："在 1969—1979 年，美国……货币量以每年平均率 9％增长，而物价每年平均只上涨 7％。两个百分比，正好反映同期的平均生产增长率为 2.8％(应为 1.8％，理由后述——引者)。"(米尔顿·弗里德曼：《论通货膨胀》，杨培新译，中国社会科学出版社 1982 年版，第 19 页)

② 例如，假设预测期国民生产总值比上期增加 13％，纸币流通量比上期增加 36％，价格标准和上期相比的变化是：(1＋0.13)÷(14＋0.36)＝1.13÷1.36＝0.83，将为上期的 0.83。

③ 根据上例，预测期和上期相比物价变化的相对数量是：1÷0.83－1＝1.204 8－1＝0.204 8，即比上期上涨 0.204 8，现在我们利用上述弗里德曼的资料进行计算，根据公式，增长率应为(1＋0.09)÷(1＋0.07)－1＝1.09÷1.07－1＝0.018 69(不应是 0.028)；价格标准应为原来的(1＋0.018 69)÷(1＋0.09)＝0.934 5；物价上涨率为 1÷0.934 5－1＝0.07。

二、货币学家米尔顿·弗里德曼的计算错误[①]

当前西方流行的货币理论是货币数量论。它认为纸币是一堆东西，商品和劳务是另一堆东西，两者交换前，都没有价值或价格；价格是它们两者的商数；货币流通量和物价水平成正比。它和马克思的以劳动价值论为基础的货币和物价理论是对立的。西方的货币数量论的代表人物曾经是费雪和凯恩斯；当代则是米尔顿·弗里德曼。1980年9月，弗里德曼来我国。我有幸聆听了他的几次报告。听报告时，邻近的一位前辈向我咬耳朵：他把我们当作经济系的一年级学生，讲一些有关斯密的最普通的理论。最使我感到惊讶的是，他认为：MV＝PT（M：货币数量；V：货币流通速度；P：物价水平；T：商品与劳务总量）这个公式，是马克思、费雪和其他货币理论家所公认的。这个结构就是货币数量公式。它是个恒等式，即MV和PT可以互为因果。我当然知道，马克思是坚决反对货币数量论及当时的代表休谟的。马克思有两个货币流通量决定的公式[②]，都认为货币流通量的变化，是商品总价值、货币本身价值和货币流通速度变化的结果，从不认为货币流通量的变化是原因，商品价格的变化是结果。其后，我细读弗里德曼几本著作，发现他在三个地方（这就排除了印刷上的错误）重复这段话："1969—1979年美国发生轻得多的通货膨胀时，货币的数量平均每年增加9%，物价每年上涨7%。这10年产量的平均增长率为2.8%，这一比率大体上是上面两个百分比之间的差额。"[③]但是，我将它套入上述公式（假设V不变），无论如何得不出生产增长率2.8%这个数据。他这三个数据，应出自统计资料，为何三者对不上口径？我有必要将它提出来，向弗里德曼请教，也向我国经济学家请教。我对货币数量论的基本看法是：它具有实用性，但其理论基础则是错误

① 本文约写于2001年。

② 马克思：《资本论》（第一卷），人民出版社1975年版，第139页、第142—143页。

③ 米尔顿·弗里德曼：《论通货膨胀》，杨培新译，中国社会科学出版社1982年版，第19页、第100页；米尔顿·弗里德曼、罗斯·弗里德曼：《自由选择：个人声明》，胡骑、席学媛、安强译，商务印书馆1982年版，第267—268页。

的;正如边际效用概念可以用来进行管理,具有实用性,但是边际效用的价值理论却是错误的一样。

三、对薛暮桥货币理论的疑惑

——读《薛暮桥回忆录》的笔记①

"吾爱吾师,吾犹爱真理":这是我服膺的西谚。根据这句西谚,阅读《薛暮桥回忆录》后,我写下以下的笔记。

薛暮桥的货币理论是在山东抗日根据地和其后的山东解放区从事物价工作时就形成的。他揭示的纸币流通条件下物价与货币发行同步变化的规律,无疑是正确的。但他提出的:A.在纸币流通中不是"劣币驱逐良币"而是"良币驱逐劣币"的规律,B.抗币的"物资本位"理论以及 C.通过控制纸币发行进行宏观调控的政策等,尽管他认为"对实践起了指导作用",并且认为"同金银完全脱钩的纸币的流通规律还是经济科学的新问题"②,意即他解决了这些新的问题;可是我再三思考后仍有疑惑。现在提出来,请薛老和经济学家与货币学家为我解惑。

A. 关于纸币是良币驱逐劣币问题。劣币驱逐良币的规律本来是指:重量和成色都日益降低的铸币和足重足色的铸币在法律上等价流通,前者是劣币必然驱逐作为良币的后者;后来实行金银复本位制,金和银在造币厂的法定比价只能定期变动,而金银的市场比价却时常变动,只要两种比价不一致,市场比价低于法定比价的是为劣币,反之,市场比价高于法定比价的是为良币,前者必然驱逐后者,后者会退出流通,被销毁或秘密外流,当作贵金属,按重量出售。因此,这一规律的产生条件是:两种或多种货币同时存在,在法律上等价,而实际价值却不相等。薛暮桥提出在纸币流通下的相反规律:良币驱逐劣币。我细读他的论述,有一事引起我的注意。这就是:山东根据地从 1943 年 7 月 1 日起,停止使用国民党政府的法币,动员人们把法币

① 本文约写于 2001 年。
② 薛暮桥:《薛暮桥回忆录》,天津人民出版社 1997 年版,第 174 页。

运到国民党统治区换取物资，这就使法币对抗币的比价下跌，最终使法币完全被驱逐出根据地。但我细细一想，撇开这时还承认国民党政府，而禁止使用法币是否正确不谈，只就方法而言，似乎是使用政治力量，来达到使法币马上就不能使用，因而跌价，最后无人过问，而被驱逐的目的的。这就是说，是有政治力量插手于其中的，能否成为经济规律？此外，这里的良币和劣币的含义，即被驱逐的法币是劣币，而仍然流通的抗币是良币，和上述的良币和劣币的含义是不同的。这样，混淆使用，会引起混乱，而科学是要严密的。请薛老有进一步的说明。

B. 关于纸币（抗币）的“物资准备”理论。他明确指出：我们不是黄金准备，而是物资准备。他说：“我们每发行 10 000 元货币，至少有 5 000 元用来购存粮食、棉花、棉布、花生等重要物资。”这里说的是发行准备。“如果物价上升，我们就出售这些物资来回笼货币，平抑物价。反之，如果物价下降，我们就增发货币，收购物资。我们用这些生活必需品来做货币的发行储备，比饥不能食、寒不能衣的金银优越得多。”①

对于这个问题，薛暮桥认为，他的重大贡献就在于说明：“我们的货币不应当经常地代表着一定数量的劳动时间，而应当经常地代表着一定数量的社会产品。……这种特殊商品，长期以来就是黄金和白银。……在废除金本位制、实行纸币制度以后……纸币所代表的价值应以什么来做标准呢？我得到马克思‘货币是一般商品的等价物’（应为：货币是一般等价物——引者）的理论启示，并总结 40 年代在山东同国民党统治区进行货币斗争的经验，认为纸币所代表的价值，应当符合于全部社会产品的社会必要劳动的变化，具体的检验方法就是综合物价指数。……马克思在《政治经济学批判序言》（应为：《政治经济学批判》——引者）中说，纸币是货币发展的最高形态（应为：纸币是价值符号的完成形态——引者），所以按综合的物价指数来规定货币所代表的价值，是比按金银的价值来做货币所代表的价值的标准更进步，也是更高的发展阶段。但我这个思想，在很长时期内得不到社会承认。直到 70 年代，金融界中有些人士仍然认为离开了黄金，货币的价值就没

---

① 薛暮桥：《薛暮桥回忆录》，天津人民出版社 1997 年版，第 170 页。

有依据。”①

我认为，如果说综合的物价指数代表着货币的价值，那么，任何货币流通量都有与其相适应的物价综合指数，这就否定货币流通量有可能过多之说，也就否定了通货膨胀之说。这和薛暮桥的理论体系是矛盾的。要知道千里之堤会毁于蚁穴！

从货币理论看，以全体商品的加权平均价格来代表货币的价值，就等于说，价值形式还只发展到总和的或扩大价值形式的阶段，就是说，每一个商品都是社会劳动的直接代表，都是特殊的等价物，并且每增加一个商品，这样的社会劳动的直接代表就随着增加，特殊等价物就随着增加，因此，所谓的货币倒变成被特殊等价物表现其价值的商品：关系完全倒过来了。特殊等价物，即综合商品将是一个无限的系列，而唯一的直接代表社会劳动的商品，即真正的货币还没有产生。

对于认为我们的货币价值代表的是黄金的观点，薛暮桥批评为：“这完全是拜金主义的思想在作怪。”②这似乎混淆了思想上的和货币理论上的拜金主义，不能说服人。这里我暂且不说在商品经济或市场经济条件下，除了个别先进者，大多数人产生拜金主义有其必然性和合理性。单就货币理论上的拜金主义而言，我认为是非此不可的。马克思就两次说过：金银天然非货币，货币天然却是金银；并对那些在商品生产还存在的条件下，就主张废除货币，而将黄金和牛奶、面包并列的思想家，进行批判。这无疑是正确的。因为存在商品生产，就必然存在着生产商品的私人劳动要实现为社会劳动的矛盾，就必然要从商品世界中分离出一种商品来，生产这种商品的私人劳动无须经过交换，就直接代表社会劳动，其他商品只要追求到黄金，就意味着生产它的私人劳动已经实现为社会劳动；历史上许多商品充当过货币，但由于其质量不纯，生产它的私人劳动不适合代表直接的社会劳动，因而都被淘汰了；唯独黄金不论产自何处和何人，其质量都是最纯的，确实近于足赤，黄金这种自然性质，最适合执行货币是代表直接的社会劳动这一社会职能。有人以现代工业生产的钢，其纯度比黄金大得多，但没哪个国家用它做币

① 薛暮桥：《薛暮桥回忆录》，天津人民出版社 1997 年版，第 287—288 页。

② 余霖：《稳定物价和我们的货币制度》，《经济研究》1965 年第 5 期。

材，来反证我们上述说法的不正确。这是由于不理解货币除了执行价值尺度（这需要质量高纯度）职能外，还要执行储藏手段、支付手段和世界货币的职能，这就需要价值高的币材，而“沙里淘金”，黄金的小小体积，就凝结了大量的劳动，就有很大的价值，便于储藏，利于搬运，确是天生的货币材料。这是钢不能比的。至于说，人民币没有表明含金量，如何看得出是代表金银的呢？这可以从它和抗币的比率、再从抗币和法币的比率、再从法币和银元原来等价、再从银和金的比率看出来。国际货币基金组织 1976 年 1 月的牙买加会议，虽然做出黄金非货币化的决定，但是，我认为那是法律上的，而非经济上的。试问，国际收支差额难道可以用纸币，或用特别提款权，或用物资来进行最终的支付？货币执行价值手段职能，可以是观念上的，执行流通手段职能，可以是代替物：这两者都不需要真正的有实体的货币；但货币执行储藏手段、最终支付手段和世界货币职能，我认为，则非金银不可。美国被袭击、日本对存户存款保险将设定上限和日元汇价下跌，使美、日大众抢购黄金，这难道不是说明真正执行贮藏手段职能的是黄金吗？这也请薛老指教。

C. 关于通过控制纸币发行进行宏观调控的政策。前面已经谈到如何吞吐物资以调节货币流通量，使之适合需要量，以保证货币价值的稳定。薛认为纸币可以通过吞吐物资加以调节，即货币增发和货币回笼。但我认为，这只适合物资极端缺乏的特殊环境。

现在特别谈谈回笼货币的问题。假定商品的原来总价格为 100 万元，但发行了 200 万元货币，此时，如货币流通速度为 1，物价就应上涨 1 倍。为了保持物价稳定，就抛出 100 万元的商品，这样，就回笼 100 万元货币，原有的商品就不会涨价。这是我们经常听到的说法。但是，我细细一想，如果增加的 100 万元商品，是不断地进行生产的，那么，200 万元货币实现 200 万元的商品，货币不必回笼，单位商品的价格就不会上涨。如果，增加的 100 万元商品，是无法后继的，那么，才是回笼货币。此外，还有一个问题：并不是任何物资都能回笼货币，那只适用于物资极端短缺的情况。现在西方国家，到处都是物资——商品，用它来回笼货币，是靠不住的。他们普遍采用的办法是：由中央银行在公开市场上买卖国家公债，以调节纸币的流通量。物资和公债的不同是：物资只是各种不同的使用价值，人们不一定需要某种使用价值，而国债则是有价证券，即价值，这是人人都追求的。因此，不应把局部的经验升华为普遍的理论。请薛老有进一步的说明。

关于B和C他是非常重视的。他特别指出："我们发行的货币没有用黄金、白银、外汇作准备，是用物资作准备的。随着物价的涨落，工商局随时吞吐物资，调节货币流通数量，以保持币值和物价的稳定。当时资本主义国家都实行金本位制，不会发生通货膨胀问题。我们这种从实践中取得的规律性的认识可能是货币学说史上的一个新发现。"①在这里我想指出的是：当时主要资本主义国家已停止金本位制，发行纸币，虽有金银作准备，也规定纸币的含金量，但是人民不能以纸币兑现黄金，已发生通货膨胀现象，这已经不是原来意义的金本位制了。

此外，还有一个问题：薛老认为中国发生过隐蔽性通货膨胀。其原因是当时农村金融网点很少，货币存取两难，因此，农民就将计划或定量购买后的余款留在手中，使多余的货币沉淀下来，这就为以后的物价上涨准备了条件，也使货币流通速度下降。只是他没有提出数据，谈的都是约数。据我所知，越是金融网点少的地方，越是经济落后的地区，高利贷资本就越猖狂，在物价上涨时，农民不会眼看货币贬值下去而不想办法保值或增值，于是，多余的货币就会以非法的高利贷放出去，就是说，货币不会真的沉淀下来。经济理论工作者则认为隐蔽性的物价上涨是强制性的储蓄。而储蓄云云，是薛暮桥反对的。这是一个事实到底如何的问题，恳请薛老有进一步的说明。

薛老是我最敬爱的经济学家，是我精神上的老师。韩愈说：师者所以传道、授业、解惑也。他已经对我传道、授业了，阅读他的论著，我收获良多；我现在有困惑，请薛老为我解惑！

四、关于物价上涨和货币数量论的一些问题

——对《货币需求、货币供应与货币供应量》的质疑②

读了1989年第4期《经济研究》上的《货币需求、货币供应与货币供应

① 薛暮桥：《薛暮桥回忆录》，天津人民出版社1997年版，第166页。

② 载于《〈资本论〉与当代经济》1992年第2期。

量》后，有些疑问和想法，现写出来向作者李德宣同志请教。问题有三个：物价上涨和货币数量的关系，“西方经验的”和马克思的决定货币流通量公式的不同；对货币数量论的评价。现分述如下。

（一）物价上涨和货币数量的关系

李同志在文章中多次谈到物价上涨和货币数量的关系。我将它分为3个方面。

（1）关于通货膨胀。他说：“当前在我国出现的通货膨胀，实质上是货币供应量超过了社会的商品总供给量而引起的”，又说：“就我国的现实情况而论，不管是狭义的货币供应量还是广义的货币供应量，均有所过量，以致造成严重的通货膨胀局面。其原因当然是由于货币需求膨胀而引起的。”①我们知道，经济学家们对通货膨胀含义的理解有所不同。李同志对它没有下定义。但从论述中可以看出，他指的不是货币供应量过多本身，而是由这过多量引起的物价上涨；其中的机制是膨胀的货币需求超过了社会商品的总供给。这就是说，过多的货币量使对商品的需求大于供给，致使物价上涨。

（2）关于物价上涨。他说：“根据货币数量理论，一旦货币供应过多，引起了物价上涨”；又说：“由于物价上涨，单位货币购买力正趋降低。”②这里的论述清楚，不需解释。

如果我对（1）的分析是正确的，那么它和（2）就是矛盾的。这有两点：首先，按照货币数量说，货币数量和物价成正比，货币数量增加，商品数量不变，物价就上涨，与需求和供给的关系变动并无关系；其次，按照李同志的说法，货币供应过多使物价上涨时，单位货币购买力就降低，即货币供应过多时，其总购买力或代表的价值仍和原来的一样。既然这样，所谓对商品的需求增加，这需求指的就不可能是有购买力的需求；而不是有购买力的需求增加，又怎能说需求大于供给，致使物价上涨？

（3）关于物价上涨和货币数量增多的因果关系。在第（2）部分摘录的两条，总的说明货币数量增加是原因，物价上涨是结果。但下面的说法，却恰

---

① 李德宣：《货币需求、货币供应与货币供应量》，《经济研究》1989年第4期。
② 同上。

恰相反。他说"物价上涨率是货币需求的函数。因此当物价上涨时,就要多供应货币。"①这里物价上涨是原因,货币数量增加是结果。下述这个公式的意思是同样的:"基期流通中的货币量(国民生产总值增长率+可承受的物价上涨率……)=计划期内可增发的货币量。"②

对于这种货币数量增多,有时被认为是物价上涨的原因,有时又被认为是物价上涨的结果的矛盾,李同志可以用变化了的货币数量论解释。本来,货币数量论在其倡导者休谟那里,始终认为货币数量变化是原因,物价变化是结果;在将其和劳动价值理论相调和的李嘉图那里③,也是这样;及至费雪将其公式化为 MV=PQ④,因而 P=MV/Q 时,也还是这样。但是,由于这公式可视为数学公式,就被一些经济学家看成是 MV=PQ,设 V 和 Q 不变,M 和 P 就可以互为因果,即不仅货币数量变化会引起物价水平变化,而且物价水平变化也会引起货币数量变化。但这样一来,作为原因而引起货币数量增加的物价上涨,就应另有其原因。它是什么,李同志没有说明。

(二)"西方经验的"和马克思的决定货币流通量公式的不同

我们进一步研究一下李同志提到的"西方经验"的公式:"基期流通中的货币量×(国民生产总值增长率+可承受的物价上涨率……)=计划期间内可增发的货币量。"就其中的"可承受的物价上涨率"而言,可以有两种不同的经济内容。第一,物价上涨是由于提高那些价格低于价值的商品的价格,其中的生产资料,又会直接间接提高其他若干种商品的价格,其余的商品价格没有提高,但物价水平还是提高了。在这种情况下,增加货币量是结果,它并没有超过已提高的那部分商品价格。第二,与上述不同,为了某种目的,要使所有商品和劳务的价格上涨,为此就增发货币量,致使物价上涨。在这种情况下,增发货币量是原因,它超过了原有的商品和劳务的总价格,结果是物价上涨。从现象看两者情况相同,因为都存在着货币数量增加和

---

① 李德宣:《货币需求、货币供应与货币供应量》,《经济研究》1989 年第 4 期。

② 同上。

③ 李嘉图认为,金属货币如同商品一样,其数量调节其价格使它环绕着劳动决定的价值上下波动,物价和货币"价格"成反比。

④ M=货币流通数量,V=货币流通速度,P=商品和劳务的平均价格,Q=商品和劳务的交易量。

物价上涨。但从本质看两者完全不同，除因果关系不同已见上述外，第一种情况，如果不是发生在纸币本位制度下，而是发生在金币或银币本位制度下，金币或银币也要增加的，即不管在哪一种货币制度下，货币数量都要增加；第二种情况，只能发生在纸币本位制度下，不可能发生在金币或银币本位制度下①，因为作为一种规律，人们不可能用例如100小时劳动生产的金或银，去购买50小时劳动生产的任何一种商品，在这条件下，如果流通中的金币或银币超过了实现商品总价值所需的数量，多余的部分就会退出流通，作为价值物贮藏起来。尽管现在各国实行的是纸币本位制度，但在研究中将它和金币或银币本位制度加以区别，并运用抽象力，将物价问题放在金币或银币制度下加以考察，将纸币普遍过多的作用暂时抽去，是十分重要的。②

李同志说，根据上述公式，按照我国1984年度流通中的货币量，国民生产总值增长率和可承受的物价上涨率，计算出来的1985年度可增发的货币量，与实际数字是相当接近的。当然是接近的。因为国民生产总值增长了多少，设货币流通速度不变，就要增加相应的货币，而在使用纸币的条件下，认为价格增大是原因，固然要相应增加纸币，认为物价上涨是结果，也是增加纸币所致，价格增大和纸币增加之间存在着量的关系。总之，这公式具有实用性。但是，从理论上看，它却是错误的。李同志没有指出来。

他说，上述公式，“是根据生产增长率来求货币必要量(精确地说，应是货币增加量——引者)。而原来马克思的公式，乃是根据价值量，即商品总价格来求货币量的。这个差别的原因，乃是由于马克思是根据金币求证的，而西方乃是根据不兑现纸币求证的”。③ 在这里，两个公式分别所求的货币量的内容不同，一个是包括增加量在内的全部数量，另一个只是增加量。撇开这点不谈，认为两者所以不同，是由于一个以金币、另一个以纸币为根据，这是不对的。我认为，西方的公式从理论上看，推论到底是错误的；而马克思的公式，则不仅能说明金币流通量，而且纸币流通量只有用它才能从根本上说明。更重要的，马克思的公式，能以劳动价值理论为基础，从金币推论

① 历史上有过这种情况：铸造金属货币的货币当局，为了得到利益，降低铸币的成色，即缩小下面将谈到的价格标准，致使物价上涨；降低成色的货币的流通量增加，但全部货币价值没有增加。

② 一旦这样做，将垄断价格、需求拉动看成物价上涨的原因，就不能成立了。

③ 李德宣：《货币需求、货币供应与货币供应量》，《经济研究》1989年第4期。

纸币，并说明什么是纸币流通量过多，它为什么使物价上涨。

“西方经验”的公式，在已知基期流通中的货币量和国民生产总值增长率的条件下，假设货币流通速度为常数，就可以用来计算出计划期增发的货币量，例如根据1984年的情况，就可以计算出1985年增发的货币量，以后每年都可以这样做。但是，它不能回答从1984年上溯到开始有纸币流通时，其流通量如何决定。如果回答，就只能说是任意的。不过，这已是货币数量说的问题，下面再谈。

马克思的公式完全可以解决这个问题。一般人引用的是这个公式，“商品价格总额÷同名货币的流通次数＝执行流通手段职能的货币量”。① 这个公式当然正确，它当然能够回答：生产增加了，随着价格总额增大，货币流通量相应增加多少，即能解决“西方经验”的公式所能解决的问题。但这个公式已经含有价格总额，价格总额是以具有价格标准的货币数量为前提的，而我们需要解决的问题，就是这个具有价格标准的货币数量，最初是怎样决定的。这就要谈马克思的另一个公式了。

马克思说：“流通手段量决定于流通商品的价格总额和货币流通的平均速度这一规律，还可以表述如下：已知商品价值总额和商品形态变化的平均速度，流通的货币或货币材料的量决定于货币本身的价值。”②这样，假设商品价值总额为1 000万小时劳动，商品形态变化速度即货币流通速度为10次。需要的货币就为1 000万÷10＝100万小时劳动生产的货币材料，即黄金或白银。假设100小时劳动生产1盎司黄金，实现这商品价值总额所需的货币数量就为100万÷100＝1万盎司黄金。假设货币单位定为镑，其价格标准为0.25盎司黄金，即1盎司黄金为4镑，这样，1 000万小时劳动的价值总额就表现为40万镑的总价格，因为1 000万÷100÷0.25＝40万镑，实现这价值总额所需货币为40万镑÷10＝4万镑。

如果商品价值总额不变，但黄金价值变化，1盎司黄金由100小时降为50小时就能生产出来，或者金币的价格标准缩小，1镑从0.25降为0.125盎司黄金；在这两种情况下，商品价格总额和实现这个总额所需的金币都增多1倍。

① 马克思：《资本论》(第一卷)，人民出版社1975年版，第139页。

② 同上书，第141—143页。

这样，马克思的公式就不仅回答了“西方经验”的公式无法回答的最初的货币流通量是怎样决定的这一问题，而且提供了从货币方面解释物价上涨问题的理论依据。这就是价格水平持续上升的原因，在生产商品的劳动生产率没有持续下降，金属货币材料价值没有持续降低的条件下，只能是货币价格标准的不断缩小。这一点下面再论述。

（三）对货币数量论的评价

对于李同志用来分析问题的货币数量论，我谈谈看法。

这个学说产生在金属货币本位制度下。它的倡导者休谟用它来解释16和17世纪欧洲发生的“价格革命”，即物价上涨的现象，认为这是由于新发现的美洲向欧洲流入大量金银所致。它认为货币数量和物价成正比。这就等于说，金银和其他商品在相遇之前，都是没有价值的，只是两堆东西，价格是它们的商数，例如货币为20单位，商品为5单位，则每单位商品价格为4单位货币；货币为30单位，商品仍为5单位，则每单位商品价格为6单位货币。① 这是错误的，因为金银货币和商品都是劳动生产的，是有价值的，金银货币即使很多，人们也不会用由100小时劳动生产的货币，去交换50小时劳动生产的商品，必须等价交换。在这条件下，过多的货币会退出流通，进入贮藏状态。这就是说，金银货币具有贮藏职能，它可以调节流通中的货币量；同一般的商品和纸币不相同，纸币不能贮藏（不是储蓄）。

“价格革命”的真正原因是：美洲富饶金银矿的开采使金银价值降低，欧洲劣矿退出生产；金属货币价值下跌，商品总价格就增大，因而实现这总价格所需的货币量增加；货币流通量增加是由于货币本身价值降低所致。

这个学说被认为同样适用于纸币本位制度。这有两种情况。一种认为不分金属货币和纸币，货币数量都同物价成正比。既然不分金属货币和纸币，作为一种统一的货币数量说，其错误前面已经谈过了。另一种认为，纸币和金属货币毫无关系。货币数量论虽不适用于金属货币本位制度，但适用于纸币本位制度，纸币多印了，物价就上涨，可见纸币数量和物价是成正

① 这里我们假设那堆商品是同一种商品来分析。但事实上那堆商品是由许多不相同的商品组成的，这就发生它们如何分到不同数量货币的问题。这是货币数量论遇到的难题之一，本文不拟涉及。

比的。我侧重谈这个问题。

这种看法集中到一点就是：纸币除了纸张和印刷费用外，不代表任何价值；如果说它有价值，那就取决于它能购买多少商品；设商品数量不变，纸币数量越多，每单位纸币能购买的商品就越少，物价就越高。因此，纸币和商品还是两堆东西，物价是它们之间的商数。① 这同样是错误的。首先，这与货币的本质问题有关。货币是一般的等价物，不代表任何价值的东西是不可能执行这种职能的。至于纸币为什么是代表价值的，下面再谈。其次，这就无法说明最初的纸币流通量是如何决定的。前面谈到，如要回答，只能说是任意规定的。

其实，纸币是代表金属货币的价值的。前面说过，在上述假设条件下，商品总价格为 40 万镑，实现它所需的金币为 4 万镑。再假设以纸币代替金币，其数量也是 4 万镑，这样，每 1 镑纸币就等于 1 镑金币，即代表 0.25 盎司黄金，物价就和用金币时一样；设若其他条件不变，纸币增为 8 万镑，这样，每 1 镑纸币就等于 0.5 镑金币，即代表 0.125 盎司黄金，这等于价格标准降低二分之一，总价格就上涨为 80 万镑，即上涨一倍。纸币流通量超过了实现商品总价值所需要的金属货币量，这是我所理解的通货膨胀。它导致物价上涨的机制是价格标准缩小，这好比尺的标准缩小，长度就变长了。这就是说，同金属货币的流通量取决于它本身的价值相反，纸币的价值取决于它的流通量。②

有些人之所以认为纸币不代表任何价值，原因除不了解货币的本质外，也因为割断纸币和金属货币之间的历史联系。其实这两者是有联系的。现以我国的人民币为例加以说明，人民币没有规定含金量。它是 1948 年 12 月在华北解放区成立的中国人民银行开始发行的。当时华北解放区流通的是晋察冀边币和冀南币，两者的比率是 10∶1，人民币发行后分别以 1∶1 000 和 1∶100 的比率收兑边币和冀南币。晋察冀边币是 1938 年发行的，当时与国民党政府的法币的比率是 1∶1；冀南币是 1939 年发行的，当时与国民党

① 根据这一点李同志一方面运用货币数量论及其公式，一方面又说："货币供应量超过了社会的商品总供给量"，是自相矛盾的。因为按照货币数量论，对于商品总量而言，任何货币数量既不会过多，也不会过少。

② 《马克思恩格斯全集》(第十三卷)，人民出版社 1962 年版，第 111 页。

政府的法币比率也是 1∶1;两者发行时都按当时的比率收兑法币。因为法币贬值,所以晋察冀边币和冀南币在发行时同法币的比率都是 1∶1,但是边币和冀南币的比率都是 10∶1。随着全国解放(台湾除外),人民币在各新解放区又分别以不同的比率收兑国民党政府的纸币。1955 年 10 000 元的人民币兑换为 1 元的新人民币。国民党政府于 1935 年停止使用银币,改用纸币即法币,最初与银币等价,每 1 元银元含银量为旧制 7 钱 2 分。从这段历史,可以看出人民币是代表金属货币的价值的。①

以上的论述,其理论依据是马克思的以商品和劳动价值理论为基础的货币(包括纸币)理论。这和希法亭的论述不完全相同,他在《金融资本论》中认为,马克思"首先规定铸币量的价值,并且通过它才规定纸币的价值。如果直接从社会流通价值得出纸币的价值,这一规定的纯粹社会性质就会清楚得多。纸币本位在历史上是从金属本位产生的这一事实,不是理论上也这样考察纸币的理由。纸币的价值应当是不必求助于金属货币就能得出的"。② 他认为不论流通多少纸币,其价值始终等于社会必要流通价值;社会必要流通价值=商品价值总额÷货币流通速度。③

在我看来,在同货币数量论划清界限,认为纸币代表价值的前提下,关于纸币价值如何决定的问题,是可以进一步研究的。

五、历史上几次物价上涨的原因④

资本主义经济发生过几次持续的物价上涨,理论家们对其原因都进行过探索,马克思对 19 世纪中期以前的探索进行过评论,并从中提出自己的看法。分析这些探索,研究马克思的论述,将有助于我们研究物价问题。

---

① 陈仰青、郑伯彬、朱绍文等:《关于人民币的若干理论问题》,财政经济出版社 1954 年版,第 57—61 页。

② 希法亭:《金融资本论》,1955 年柏林德文版,第 59 页注(1)。

③ 同上书,第 41 页。

④ 载于《学术界》1989 年第 3 期。

(一)“价格革命”的原因不是金属货币增加而是它们的价值降低

新大陆发现后，廉价金银大量流入欧洲，欧洲劣矿陆续退出生产；在此期间，欧洲物价明显地持续上涨，这种现象史称“价格革命”。由于这样，金属货币增加和“价格革命”两者的关系，就成为当时的理论家研究的重要问题。洛克、孟德斯鸠、休谟等人认为，货币增加引起物价上涨，货币数量和价格的关系是正比例；其中，休谟的论述较为典型。现摘要介绍如下。

他说：与其说价格决定于一国内商品和货币的绝对数量，不如说决定于进入市场的商品数量和流通的货币数量。因为如果铸币锁在箱里，它对价格就不起作用，商品藏在仓库中，也是这样。在这些情况下，货币和商品从不见面，它们自然不会彼此发生作用。结果，总的价格水平同一国中金属货币的新数量确立了一个正确的比例。① 但是，分析到底，他认为一国中存在的全部金银最后必然进入流通，成为铸币，这是一种货币数量论。

斯图亚特将休谟这些理论，归结为三条原理：a.一国中商品的价格决定于国内存在的货币量；b.一国中流通中的货币，代表着国内存在的一切商品，以代表者即货币的数量的增加为比例；c.如果商品增加，商品价格就降低，或货币价值就提高，如果货币增加，商品价格就提高，或货币价值就降低。② 据此，商品价格和货币数量成正比例。既然流入欧洲的金银数量增加，欧洲就发生“价格革命”。这意味着，商品是一堆东西，货币是另一堆东西，两者都没有价值，价格只是它们的商数。

但是，休谟的门徒回答说，考虑到金银的价值，上述原理仍能成立。因为金银价值降低，表现在金属货币流通量的增加上，而金属货币流通量的增加，又表现在商品价格的提高上。③ 这种回答没有说明货币价值、货币流通量和商品价格三者的关系，因而受到斯图亚特的追问。他第一个提出疑问：

---

① 休谟：《关于几个问题的论述》，载《马克思恩格斯全集》(第十三卷)，人民出版社 1962 年版，第 154 页脚注(1)。

② 斯图亚特：《政治经济学原理研究》(第一卷)，载《马克思恩格斯全集》(第十三卷)，人民出版社 1962 年版，第 152 页。

③ 同上书，第 151 页。

是流通中的货币量由商品价格决定呢？还是商品价格由流通中的货币量决定？下面我们将看到，问题提得不准确，但毕竟提出了。

马克思在评论中回答了这个问题。他根据劳动价值学说和以此为基础的货币学说指出，货币是商品交换发展的产物，它们的价值都取决于生产所必需的劳动，商品的价值表现在货币上就是价格，即价格和商品价值成正比例，和货币价值成反比例。商品价格、货币价值和货币流通量三者的关系是：商品价格由商品价值和货币价值决定，货币流通量由商品总价格决定。

这样，马克思就清楚说明"价格革命"和美洲流入欧洲的廉价金属货币两者之间的关系，这就是：美洲富饶金银矿开采的金银，使金属货币价值降低，货币价值降低使商品总价格提高，在货币流通速度不变条件下，商品总价格提高所需实现总价格的货币量增加。

更重要的是，马克思将货币数量论的基本错误总结为：进入流通前，货币无价值，商品无价格。他指出两者虽都有价值，但货币和一般商品不同：生产它的私人劳动无须经过交换就直接是社会劳动，它本身直接就是价值，因此，它除了充当价值尺度、流通手段之外，还可以充当贮藏手段。贮藏手段能调节它的流通量，使流通量适合于实现商品总价格的需要量。基于此，市场上不可能发生高价值量的货币和低价值的商品相交换，而只能是多余的金属货币可以退出流通，进入贮藏状态。一般商品与此不同，不经过交换，其价值不能实现且不能充当贮藏手段，如果市场上只有唯一的高价值货币量和低价值的商品，则会交换。当然，从再生产角度看，这不能持久。休谟将它普遍化和原理化了。

（二）英国物价上涨原因不是金属货币过多而是不兑现货币过多

18 世纪末到 19 世纪初，英国在反对法国拿破仑的战争期间，发生物价上涨的现象。但它和"价格革命"不同，与金属货币流通无关，而与银行券流通有关。英国为了筹措军费便增发银行券，发行过多，黄金对内准备不足；同时，英国农业歉收，粮食进口增加，工业出口减少，国际收支逆差，黄金对外准备不足；因此，1797 年停止银行券兑现。接着许多商品价格上涨，黄金的市场价格高于黄金的造币局价格即法定平价。经济学家对产生这现象的原因进行了研究,李嘉图是其中最重要的代表人物。

本来,李嘉图认为,物价上涨原因就是银行券发行过多,他明确指出黄金的高价是银行纸币贬值的明证。但他深入分析时,就从原理上认为原因是金属货币过多,因为物价和金属货币数量成正比例。这也是一种货币数量论,但和休谟的不同。李嘉图所以有此看法,有两大原因。

首先,正如马克思所说的,他将银行券亦即金属货币流通规律混同于纸币流通规律。他了解金属货币流通规律即金银价由生产金银所需的劳动决定,由它来衡量商品的价值和实现商品的流通。这样,所需的金属货币流通量,一方面取决于货币单位价值,另一方面取决于商品总价值,在以货币表现的商品总价值已定的条件下,就取决于货币单位价值。李嘉图明白说过:"黄金和白银像其他一切商品一样,其价值只与生产以及运上市场所必需的劳动量成正比例。""一国所能运用的货币量必然取决于其价值。"①这是正确的,它和我们前面论述的决定货币流通量的几个因素是相同的。

从某一点看,李嘉图也了解纸币的流通规律。他继续说,"如果银行受到限制,不得不以硬币兑换纸币……纸币的任何过剩,都会按其过剩的比例而贬低流通媒介的价值"。② 这里的不能兑换硬币的纸币,是真正的纸币,它是从货币的流通手段中产生的。李嘉图虽然没有明确区分银行券和纸币,但他不仅了解两者的流通规律不同,而且了解纸币虽不能兑换金币,但代表金币的价值。正是在这个意义上,马克思称纸币为价值符号或货币符号。从这里我们可以看出,李嘉图不仅把金属货币看成有价值的,而且把纸币也看成一定量金的符号,因而是代表价值的;休谟与此不同,他把商品和货币看成没有价值的。

可见,李嘉图已看到了英国物价上涨的原因是纸币流通量超过了没有纸币时所需要的金属货币流通量。

但是,正如马克思所指出,李嘉图把银行券流通和作为价值符号的纸币流通混为一谈。原因是他没有看到,同一张纸票,它能兑换金属货币时是银

---

① 大卫·李嘉图:《政治经济学及赋税原理》,郭大力、王亚南译,商务印书馆 1962 年版,第 301 页。

② 李嘉图:《黄金的高价》,载斯拉法主编《李嘉图著作和通信集》(第三卷),经文正译,商务印书馆 1977 年版,第 90 页。

行券，不能兑换时是纸币。而银行券的流通规律就是金属货币的流通规律。这样一来，他就把金属货币流通规律和纸币流通规律混为一谈，误认为金属货币和纸币一样，数量增多使物价成正比例地上涨。所以马克思说，李嘉图把矿山生产黄金和白银，同纸币印刷厂供应纸币这两者一样看待。①

其次，李嘉图的劳动价值学说有缺陷，由它产生的不科学的货币学说，必然导致上述看法。

（三）垄断利润使垄断商品价格上涨又使非垄断商品价格下跌

第二次世界大战后，资本主义世界物价持续上涨。有一派经济学家认为其原因是垄断资本主义攫取垄断利润，使垄断价格形成；其机制是为了维持垄断价格，从而发行超过实现商品价值所需的纸币，即形成通货膨胀。② 这现象是在实行纸币本位制度下产生的。其中有的人进一步认为，垄断资本主义产生后就一直有物价上涨的现象，美国自 1896 年起 80 多年来都有此趋势。③ 但统计资料表明，其他发达国家同样存在垄断价格，但从 19 世纪 70 年代到第一次世界大战前，它们和落后国家的物价都在下降。④ 这现象是在实行金、银货币本位制度下产生的。这就发生两个问题：1.假定货币价值不变，即将货币对价格的作用予以舍象，将垄断价格抽象出来进行研究，它的存在能否提高整个物价水平？2.其他各国物价下降时，美国物价上涨的原因如果不是垄断价格，那又是什么？

先谈第一个问题。为了攫取垄断利润而制定垄断价格，是能使垄断商品的价格提高的。这有两种情况，一种是它自己直接提高，但根据劳动价值学说，社会总产品从物质看划分为两种，从价值看划分为资本和各种收入；从资本和收入有其确定用途看，支付垄断价格的货币多了，购买其他商品的货币就少了，因供求关系的影响，非垄断商品价格就要下降。另一种是它压低价格购买生产资料，然后再提高自己的价格，这样这种生产资料价格下降是不言而喻的。两种情况都不能使总价格抬高到总价值以上。关于这一

---

① 斯拉法主编《李嘉图著作和通信集》(第三卷)，经文正译，商务印书馆 1977 年版，第 58 页。

② 论文编辑组编《美国经济讨论会论文集》，商务印书馆 1981 年版，第 79—80、91 页。

③ 同上书，第 83 页。

④ 刘易斯：《增长与波动：1873—1913》，1978 年英文版，第 280—281 页，附表 A11。

点，马克思说得很清楚：垄断价格形成，“由商品价值规定的界限也不会因此消失”。①

现在的问题是：垄断价格只能使此涨而彼降，不能使物价水平上涨，即总价格不变，那为什么在我们考察的这期间，除美国外，其他各国物价都下降？我认为其原因在于各种商品总的说来，其劳动生产率在提高，价值降低，但在这期间生产金银的劳动生产率，银提高得很快，金则下降得很快②，以致银价下跌，金价上涨。如果商品价值降低而货币价值不变，商品价格就下降；如果两者同步降低则商品价格不变；现在金的价值上涨比商品价值下降快，在世界市场上用金来表现的商品价格就下降了。金在这里的作用同“价格革命”时相反。

在上述条件下，怎能说明垄断价格的存在和垄断利润的来源？问题在于：劳动生产率在落后农业国提高得慢，在发达工业国提高得快，农产品价值下降慢，工业品价值下降快，货币对它们两者起的作用相同。这样，前者价格下降慢于后者，如等价交换，前者换到的工业品应有增多的趋势。如果相反，那就不是等价交换，而是发达国家以垄断价格出售工业品，以低于价值的价格购买落后国的农产品，其中的价格差就构成垄断利润。

再谈第二个问题。美国的物价上涨，是由美国独有的原因引起的。前面说的银价下跌，在美国最为严重，因为在它的西部发现最富饶的银矿。银矿主为了自己的利益，通过民主党提出购银法案，并由国会通过，付诸实施。这样廉价的银币使流通的金属货币价值降低，反过来就是物价上涨。这情况是美国特有的，因为它在1900年以前实行的是金银复本位制度，并有经济力量强大的银矿主，以致在银对金的市场比价低于其法定或造币厂比价时，仍能铸造银币。这两种比价不一致是常常发生的，这时市场比价低的就是劣币，必然驱逐市场比价高的良币，导致劣币流通，良币藏匿，熔化、输出③，为制止这类事情发生，就用法律禁止劣币铸造。以银币而言，如果其市场比价较低，就停止铸造。其他主要发达国家就因此故停止铸造银币，并较早地

---

① 《马克思恩格斯全集》(第二十五卷)，人民出版社1974年版，第973页。

② 《马克思恩格斯全集》(第二十三卷)，人民出版社1972年版，第163—164页脚注(108)。生产金的劳动生产率下降一直延续至第一次世界大战后10年。

③ 同上书，第114—115页脚注(53)。

过渡到金本位制度，而美国不是这样。银在这里同金银在“价格革命”时的作用相同。

（四）战后物价上涨不是垄断价格造成而是纸币流通量过多所致

一派经济学家认为，物价上涨原因是垄断价格，其看法大同小异。有人认为：商品总价格等于商品总价值，实现商品总价值所需的金量便是实际需要的金量，这个金量由流通中纸币来代表。这当然是正确的。他假设商品价格上涨，但该商品流通量不能增加，价格不能回跌，于是商品总价格便大于商品总价值。这里说的是垄断价格的产生。但根据前面的分析，这不可能使总价格大于总价值。他接着指出：“此时实际需要的金量……由商品价值额来决定；而纸币流通量却由商品价格总额来决定，因为纸币流通量是用来实现商品价格总额的。”①作者前面既然谈到金由纸币来代表，现在为何认为一个实现总价值，而另一个实现与总价值不等的总价格，对此我实在不了解。其实，如本文第一部分所说，在金币单位价值已定条件下，所需金币量同样由商品总价格决定。经过这样的分析，他便得出结论：“纸币流通量超出了实际需要的金量，纸币流通量便过多了，通货膨胀便发生。”②

除了上面提出的问题之外，最重要的是：垄断价格使物价上涨，这是原因；纸币流通量多于物价上涨前所需的金币流通量，这是结果，纸币增加金额等于已上涨的那部分价格（假定货币流通速度为 1）；这样一来，物价上涨的构成因素，就只是垄断商品的价格，而不可能包括非垄断商品价格，这不符合事实，但又无法说明这时的纸币本身会使非垄断商品价格提高。说到底，纸币不是价值符号，不是金的符号，不能从代表金量的变化来影响价格。这同我们前面的分析矛盾，也同作者有过的说法③矛盾。

另一种看法认为：“垄断价格相对增高，会使社会上用于非垄断部门产品的消费支出相对地或绝对地减少”，这是正确的，我们在前面曾经谈到这一点。此外，“如果垄断部门的产品是重要的生产资料，还会使其他部门的

① 论文编辑组编《美国经济讨论会论文集》，商务印书馆 1981 年版，第 91 页。

② 同上。

③ 同上书，第 89 页。

生产成本增高”；这些情况，“都会导致非垄断部门的利润减少，生产紧缩，甚至酿成局部的经济危机”。应该说，垄断价格的产生就是为了攫取垄断利润，而垄断利润的攫取必然使非垄断部门的利润减少，但我们不谈这个问题。由于要防止这情况的发生，“资本主义每每是用注入更多货币的办法来刺激经济的发展，而且增加货币供应，也是使垄断价格得以长期维持的一个必要措施”。[①] 这样，物价上涨了，通货膨胀形成了。

这里的问题是：增加货币供应是两个原因造成的，一是垄断价格的长期维持，一是注入更多的货币来刺激经济的发展，而后者的必要，依据作者论述，是由于垄断价格形成对非垄断部门的不利影响，两个原因其实是一个，即垄断价格的产生。但是，作者曾正确指出：“抬高垄断价格，这看起来（应该说事实上——引者）是改变市场上物价的相对关系”[②]，即我们前面谈过的垄断价格高了，非垄断商品的价格就要降低。既然这样，物价水平就不会提高，就不需要增加货币供应量来维持垄断价格，不管短期维持，还是长期维持，都是一样。因此，增加货币供应的根本原因就不可能是垄断价格的产生。这个原因是什么呢？应该是作者说的“刺激经济”，但要从另一角度理解。作者本来是要反驳那种认为垄断价格的产生，同通货膨胀引起物价水平上涨无关的论点的；但在论述过程中，倒变成肯定这论点，并且无意中说出物价上涨的原因，是为了刺激经济而增加货币供应，即纸币流通量过多。

这里我们要强调一下，不能用垄断价格，只能用与垄断价格形成无关的纸币流通量过多来说明战后资本主义世界物价上涨。只要将垄断价格放在金币本位制度下考察，就看得很清楚，它不可能使流通的金币增加。由它引起的不同商品价格变动，但总价格不变的情况，已见上述。现在这种看法认为，要增加纸币来维持垄断价格，这等于在理论上认为，如果使用的是金币，也要增加金币的，并且这是增加纸币的理论前提。这样一来，增加的纸币就要取决于增加的金币，纸币代表的金量没有变化，只是用来购买垄断商品时，由于商品价格高了，对于这种商品来说，纸币的相对价值低了，但它本身代表金的价值没有变；因此，用它来衡量其他商品的价值，即价格就不可能

---

① 论文编辑组编《美国经济讨论会论文集》，商务印书馆 1981 年版，第 80 页。

② 同上书，第 79 页。

上涨。这样,包括非垄断商品在内的物价上涨的原因,就不可能是垄断价格,而只能是纸币流通量过多,使单位纸币代表的金量减少,即价格标准缩小。物价就是由于价格标准缩小而上涨的。纸币在这里的作用和在英国反拿破仑战争时相同。

战后,随着科学技术的革命,工农业劳动生产率迅速提高,商品价值下降,黄金劳动生产率提高较慢,黄金相对价值提高,情况和"价格革命"时相反,如果没有纸币的作用,物价应该下降。

大量来源不同的统计数字说明战后至今的趋势是:纸币流通量的增长率,高于国民生产总值的增长率,这说明纸币流通量是过多的。但应指出,这是一个总现象,它有不同的原因,和物价上涨的关系不同:a.因国际收支逆差,纸币汇价下跌,由此影响,纸币对内也跌价,除与进口有关的商品涨价外,商品一般都涨价,价格涨了,纸币才增加;b.因信用扩大,需求增加,物价上涨,纸币也增加,但纸币不跌价;c.为调节利率,"刺激经济",纸币增加,纸币跌价,导致物价上涨。这三者在各个国家可能不同。其中的第3点是基本的,是我理解的通货膨胀。

(五)通货膨胀导致物价上涨,在现象上表现为需求和成本增大而使物价上涨

另一派经济学家认为,战后物价上涨的原因,是需求拉动和成本推进,即需求强烈了,成本增加了,物价便上涨。经济生活似乎证明这一点。但是,根据劳动价值学说,并将纸币的作用暂时舍象,用抽象法研究一下,结论便不同了。

这种主张是从总量、宏观,而不是从个体、微观看问题的。但为了深入地进行分析,不妨从微观开始。从个别商品看,需求大于供给时,价格会高于价值,但从全体商品看,就不是这样。因为需求是由价值分解而来的资本和收入构成的,这样,从根本上看,价值既是供给,又构成需要,两者在量上相等。在这条件下,如果对某一商品需求增加,就意味着对另一商品需求减少,相互抵消,价格水平不会上升。当然,在繁荣时,信用扩大,总需求会大于总供给,物价上涨,但危机时期,情况相反;从长期看,两者抵消,物价不会持续上涨,尤其不会在危机和停滞时,物价反常地上涨。

成本增加，个别商品价格似乎必然提高。但成本有两大构成部分，一是生产资料，一是工资。前者既构成商品价值，又构成商品成本，它增加了，个别商品价格一般会提高，全体商品价格必然提高，因为价值增大了。但以此来说明物价上涨，那就是以价值（生产资料）的增大来说明价值增大，是一种循环推理。后者只构成商品成本，不构成价值，因为商品价值由劳动形成，并作为前提再分解为工资和剩余价值，一个增大，另一个就减少。但两者之和不变，因此，工资提高，只能使剩余价值减少，不会使价值或价格增大。从全体商品看，工资变动对价值不发生作用。

人们可能说：工资构成成本，工资增加使成本增加，个别商品价格理应都增加，全体商品价格怎能不增加？其实，从成本谈价格，这价格就是生产价格，它由成本和平均利润构成。工资提高，平均利润下降，在这条件下，个别商品生产价格，视资本有机构成和周转时间不同的情况，有的提高，有的不变，有的下降[①]，高低必然抵消，总生产价格必然等于总价值。总之，工资增加不能使物价水平上升。

但是，在纸币流通条件下，由通货膨胀导致的物价上涨，在现象上表现为需求扩大和成本增加使物价上涨。

凯恩斯的理论描绘了这个现象。他坚决主张废除金币本位制度，使用纸币代替金币。这样，中央银行或财政部便可以视需要供应纸币。纸币流通量增加，就可以调低利息率，增加投资，这引起对生产要素需要增加，开始时由于有不自愿失业者和其他要素的存在，工资和其他要素的价格可能不上涨，其后慢慢地就上涨。成本既然上涨了，价格也就上涨了。这是需求增加，通过使成本上涨，使物价上涨。其实，这只是个现象。问题在于：成本上涨（其真正原因，以后说明）中的工资上涨，如前所述，不能使物价水平提高，其他生产要素价格如因需求增加而上涨，但随着再生产的进行，它的供给就增加了，其价格就应下降，成本中这个部分下降，物价就随之下降，不可能持续上涨。

他继续说，如果货币供应继续增加，投资增加，但不自愿失业者慢慢地

---

① 《马克思恩格斯全集》（第二十五卷），人民出版社 1974 年版，第 224—225 页。这里马克思没有分析资本周转时间不同对生产价格的作用。

消灭了，这样，生产不随货币量的增加而增加，增加的货币量，就完全用来提高物价了。他称这种物价上涨为通货膨胀。它是由货币供应量增加引起的，和前一种因成本增加引起的物价上涨不同。这种理论为其后的经济学家所用。

其实，这两种物价上涨都是由纸币供应量过多，纸币代表金的数量减少引起的。表面看来，这似乎和信用扩大，需求增大引起的物价上涨相同，但分析一下，就可以看出，两者不同。前者纸币增多其价值降低是原因，物价包括成本中的生产资料价格上涨是结果，且纸币永远在流通中，不会自行清算，物价涨了就不跌；后者物价上涨是原因，纸币增多是结果，它的增多部分，不会再使物价上涨，信用扩大会自行清算，清算后需求减少，这引起价格下跌，过多的纸币不退出流通，纸币价值减少，又引起物价上涨。凯恩斯描绘的两种情况都是纸币供应增加是原因，物价上涨是结果，所以物价上涨原因都是纸币价值降低。

萨缪尔森将凯恩斯的理论加以发展，并用来分析战后物价上涨原因。他说："自从 1933 年以来，价格似乎一直是上升。第二次世界大战和越南战争之后，价格没有下降"；原因是"爬行的'成本推动的通货膨胀是一种新的疾病，有别于传统的需求推动的通货膨胀'"。① 在评论他的理论之前，有必要将他的通货膨胀定义弄清。他说："通货膨胀的意思是：物品和生产要素的价格普遍上升的时期——面包、汽车、理发的价格上升；工资、租金等等也都上升。"②就是说，通货膨胀就是价格（包括商品、劳务、工资等）上涨，这不仅和我们谈的不同，和凯恩斯的也不完全相同。凯恩斯认为由成本上涨引起的价格上涨不是通货膨胀，萨缪尔森认为是通货膨胀。

萨缪尔森对"需求拉动的通货膨胀"的说明如下：在充分就业（不自愿失业消灭）条件下，国民生产总值小于由消费和投资构成的总支出，但由于达到充分就业之境，国民生产总价值不能增加，总支出大于生产总值的部分就构成通货膨胀缺口，于是："购买力过多只能造成价格的增长。(a)和供给量相较，货币支出过多，(b)充分就业所能生产的物品供应量有限，二者在一起

① 萨缪尔森：《经济学》（上册），高鸿业译，商务印书馆 1981 年版，第 407 页。
② 同上书，第 380 页。

会造成价格的上涨，从而最终使工资上涨。”①价格和工资上涨，又造成“成本推动的通货膨胀”。结果是“你追我赶”，物价轮番上涨。

这种解释是有缺陷的。首先，生产总值分解为资本和收入，再构成支出，两者应相等，需求和供给从价值看相等，不能以需求拉动来说明物价上涨。“缺口”是超过生产总值多发的纸币，这就导致纸币价值下降，物价上涨。其次，按照说明，生产总值不变，但由于“需求拉动”，其货币表现，“可以由于‘纸面上’价目标签变动而上升”②，价格与总支出相等。从现在开始，需求和供给应该均衡，再也不能用“需求拉动”来说明此后的物价上涨了。但他认为不是这样，因为“企业所得到的较高的价格变为某些人的收入……需求又会向上移动，而价格都会继续上升”。但是，这较高的价格或收入就是原来的总支出，它们再变成支出，并不能增加需求。因此，唯一的办法是：“劳动者为了弥补生活费用的高涨，都力图获取较高的工资”③，即用“成本推动”来说明物价上涨。这就等于说，物价上涨前，原总支出中的工资已大于生产总值中的工资（这是物价上涨原因的一个构成因素），现在物价上涨了多少，支出中的工资也要按比例上涨，这就增加需求，又引起物价上涨。因此，物价上涨的第一推动力，就是支出大于生产总值的部分，据说它会轮番增加。他认为这会逐次拉动需求，使物价不断上涨。其实，纸币增加的原因不在这里，但其量过多，价值降低，物价和成本就上涨。

用“需求拉动”来说明70年代初危机时的物价上涨，是违反常识的，因为危机是供过于求。这原因是：60年代中期，美国侵越战争升级，爬行的通货膨胀（我们解释的）发展为奔腾的通货膨胀，广大人民消费力相对于生产来说下降较前迅速，生产过剩经济危机发生，危机时供过于求，这使物价下降；但通货膨胀使物价上涨，猛烈的通货膨胀导致危机时，使物价上涨幅度大于危机使物价下降的幅度，于是就发生危机时反而上涨的现象。

如果将“需求拉动”论独立化，离开它借以产生的前提，即在充分就业下国民生产总值不能再增加，认为既然“需求拉动”使物价上涨，就应从增加生

① 萨缪尔森：《经济学》（上册），高鸿业译，商务印书馆1981年版，第341页。

② 同上书，第342页。

③ 同上书，第342页脚注(1)。

产即供应方面解决问题，而不同时更着重解决通货膨胀问题，那么即使生产增加了，供求矛盾缓解了，物价仍然要上涨，因为纸币代表的金量越来越小的问题并没有解决。

六、工业国和农业国世界分工的形成和交换产品的比价问题[①]

世界分工是国际经济秩序的物质基础。从18世纪中叶开始逐渐形成的世界划分为先进的工业国和落后的农业国的格局，在第二次世界大战后，有了某些变化，其中包括产生了一批新兴的工业化国家和地区。这些不同类型国家和地区通过交换商品而结成的经济关系，是国际经济秩序的重要内容。分析这些问题，揭示其中的规律，对于加深理解国际经济秩序，对于加深理解国际经济的实质，有重要的意义。一般经济学家只对世界分工的原因和交换比价的某些问题，分别地进行研究，能将这两个问题全面地以统一的理论结合起来加以解释，并且由此构成一个浑然一体的体系的，我认为是马克思。他是对古典经济学家的有关理论加以扬弃以后提出这理论的。在马克思以后，以其理论为基础，激进派经济学家对第二次世界大战后的问题，又作了分析。

这里要说明的是，我论述的贸易比价并不完全是贸易条件。在一般经济学看来，贸易条件指的是两国交换产品的比价，它决定于两种产品的生产条件，亦即生产成本或商品的价值；而对货币对产品价格的影响不予研究，或视货币对两国产品的影响是同样的，因而予以舍象。因此，他们对贸易条件的研究是不全面的。我在这里不是这样，我将努力挖掘古典派和马克思的有关理论，既从价值制约价格方面，又从货币影响价格方面来分析这个问题。因为正如下面将指出的，经济条件不同的国家，货币有不同的价值，其对商品价值的影响是不同的，不应予以舍象。

① 载于《马克思主义来源研究论丛》（第二十辑），商务印书馆2000年版，第85—102页。

(一) 斯密的有关理论

古典派的斯密生活在手工制造业时期、产业革命前夕,受这条件限制,他未能有意识地提出世界分工理论。但在论述分工精细不同,使制造业的生产力高于农业时,他说:"现在最富裕的国家,固然在农业和制造业上都优于邻国,但制造面的优越程度,必定大于农业方面的程度。富国的土地,一般都耕耘得更好,投在土地上的劳动与费用也比较多,生产出来的产品按土地面积与肥沃的比例来说也较多;但是,这样较大的生产量,很少在比例上大大超过所花费的较大的劳动量和费用。"这就是说,在农业中存在着土地报酬递减律。他继续说:"贫国的耕种,尽管不及富国,但贫国生产的小麦,在品质优良及售价低廉方面,却能在相当程度上与富国竞争。但是,贫国在制造业上不能和富国竞争。"①应该说这两段话说的是事实,但不能用农业的分工较粗来解释。这是因为,两国的工农业都存在着分工,而富国的生产先行一步,这样,按照分工对工农业生产力促进程度不同的理论,其工农业都应比贫国优越些,价格都低廉些,只是程度不同。这样,如果一定要论证贫国的农业优越些,就只能以在农业中存在着土地报酬递减律来说明。但是这个规律不能无条件地适用。因为它以农业的技术大体上不变为前提。可是在这个前提下,耕作者是不会无限地对土地递增劳动和费用的。对此,列宁后来的评论是正确的。

在另一个地方斯密说:"在土地广大的国家,常有大部分农地,位于远僻地方,其肥料不易仰给于都市,因此,耕种优良的土地其数量一定和农地自能生产的肥料成比例;而农地自产肥料量,又一定和农地所能维持的牲畜成比例。土地施加肥料,不外二途:其一,放畜于田,因而得粪;二是饲畜于厩,出粪肥田。"②这里,斯密不自觉地说明,大都市的兴起和发展,使土地不能就近获得肥料,肥料要从远处运来,这在一定的条件下,使尚未发生产业革命的贫国的农产品的价值低于富国。

斯密未能将上述两方面,即贫国的农产品低廉和富国的农业肥料不能

---

① 亚当·斯密:《国民财富的性质和原因的研究》(上卷),郭大力、王亚南译,商务印书馆1974年版,第7—8页。

② 同上书,第212页。

就近取得联系起来,科学地说明他那个时期贫国农产品价值较低的原因,这是十分可惜的。我们将看到,他的后继者李嘉图发展上述第一段的思想,马克思则发展第二段的思想,分别提出其世界分工的理论。

斯密对贵金属价值与其数量的关系、不同国家的贵金属货币价值不同,及其对价格的影响的分析,很值得研究。关于前者,他说:"随着更富饶矿山的发现,就有更大量贵金属提供市场,而较大量贵金属所交换的生活必需品和便利品,在数量上如果和从前一样,那么同一数量贵金属所换得的商品量必然比从前少,所以,一国贵金属的增加,要是起因于矿山产额的增加,那必然使贵金属的价值有所减少。"①这里斯密说的是货币数量论,同他下述的以劳动价值理论说明交换价值的理论相矛盾。他说:两种商品的普通比例,与其在市场普通存量的比例,不必一致,只根据一般以金 1 盎司可以换银 14 盎司乃至 15 盎司,就推论市场上有金 1 盎司就有银 14 乃至 15 盎司,是荒唐可笑的。② 他又说:金银价值对其他货物价值的比例,取决于一定量金银上市所需的劳动量对一定数量他种货物上市所需的劳动量的比例。③ 为什么在论述单个商品之间结成的,或单个商品和单个货币结成的交换价值时,斯密能坚持劳动价值论,而论述全体商品为一方,全体货币为另一方结成的交换价值时,他就堕入货币数量论了呢?我个人认为,在前一场合,在两种商品或单个商品和单个货币构成的交换关系之外,还有很多第三种即另外的商品,可以作为交换的选择对象,这样就不能不考虑生产它所需要的劳动在交换中所起的作用;在后一场合,这样的第三者是没有的,似乎只能将全部货币去交换在流通中的全部商品。因此,只要认为货币和商品没有质的区别,即否认货币的贮藏手段职能,就必然认为,作为一方的货币量的增加,而作为商品量的另一方不变,货币对于商品供过于求,其"价格"就下跌,物价就上涨。这种看法对李嘉图的影响很大。

关于不同国家的贵金属价值及其对价格的影响,斯密先说:"欧亚初通贸易时,亚洲各国尤其是中国与印度的金银的价值……比欧洲高得多。迄

---

① 亚当·斯密:《国民财富的性质和原因的研究》(上卷),郭大力、王亚南译,商务印书馆 1974 年版,第 181 页。

② 同上书,第 203 页。

③ 同上。

今仍是如此。”原因是欧洲产麦，一年一熟，亚洲产米，一年两熟或三熟，年产量米多于麦。因此，那些大官富豪持有过剩食物，能够支付较大数量的粮食来交换那些产额甚少的珍奇物品，例如富豪们竞求的金银宝石。这样，金银“价格”就比欧洲高，这是从商品多来说的。他再说：“以贵金属供给印度市场的矿山，似乎远较以贵金属供给欧洲市场的矿山贫瘠，而以宝石供给印度市场的矿山，却远较以宝石供给欧洲市场的矿山丰饶，所以，贵金属在印度，自然比在欧洲换得多得多的粮食。”①这是从贵金属少，而不是从贵金属的价值要由劣等的生产条件决定来说的。因为如是后者，那欧亚贵金属对两洲物价的影响就是相同的。因此，这两段话合起来，也就是货币数量论。它对李嘉图的影响很大。

斯密还从由两国贸易所引起的平均利润率的变动，来说明自然价格（等于价值）的变动。他指出，英国排挤他国的资本，而以一国的资本独占北美的贸易，由于竞争减少，英国资本在这个领域的利润率就提高。但对英国人来说，英国各外贸领域之间、外贸和内贸之间、贸易和产业之间，都存在着自由竞争，这样，某一领域较高的利润率，便使英国的平均利润率提高。与此相反，他国资本撤出北美，使这些国家其他领域的竞争增加，自然价格就降低。这就是说，外贸能使不同国家的商品的自然价格发生不同的变化。这看法遭到李嘉图的反对。马克思同意斯密的结论，但作了新的解释。这些都留在下面谈。

（二）李嘉图的有关理论

李嘉图生活在英国迅猛进行产业革命的年代，工业国和农业国的分工，已露端倪。他以比较成本理论来说明这种分工产生的原因。一般认为，这和斯密的上述理论无关，其实不然。

李嘉图假设：生产 1 单位毛呢，英国需要 100 单位劳动，葡国需要 90 单位劳动；生产 1 单位酒，英国需要 120 单位劳动，葡国需要 80 单位劳动：论绝对成本，两者英国都较高，葡国都较低；最好将英国的资本和劳动都移到葡

---

① 亚当·斯密：《国民财富的性质和原因的研究》（上卷），郭大力、王亚南译，商务印书馆 1974 年版，第 197—198 页。

国去生产这两者，但这是不可能的。他认为在这条件下，两国分别生产比较成本低的商品，就能增加总产量，然后交换，双方都有利。比较成本指的是：从英国看，两种商品的比较成本是 100：90 和 120：80，前者的比值低，英国应该专门生产毛呢；从葡国看，两种商品的比较成本是 90：100 和 80：120，后者的比值低，葡国应该专门生产酒。分工前，英国 220 单位劳动和葡国 170 单位劳动合起来生产 2 单位毛呢和 2 单位酒；分工后，英国 220 单位劳动生产 2.2 单位毛呢，葡国 170 单位劳动生产 2.125 单位酒，总产量增加了；然后按下面将说明的原理进行交换。他认为世界分工就是由这一原理决定的。

我认为，根据这一点，还不能说明世界为什么长期地划分为工业国和农业国，因为它不能说明为什么一些国家长期是工业品的比较成本低，而另一些国家则是农产品的比较成本低。分析一下就可以看出，李嘉图的思想深处存在着斯密的这种理论：增加劳动，其生产率在工业上是递增的，在农业上则是递减的。这样，先发生产业革命的国家，其工业比其国家的制造业和工业的绝对优势就越来越大，而其农业比其他国家的农业的相对优势则越来越小，最终甚至消失，就是说，工业国的工业品和它如果还生产的农业品相比，其比较成本总是低的。我们知道，李嘉图始终认为，随着工业的发展，农业就从耕种优良地到耕种劣等地，或在同一的土地上增加投资，其生产率在降低，这和工业不同。他认为，情况只要是这样，他的理论就能成立。下面这句话，就是这个意思："一个在机器和技术方面占有极大优势因而能够用远少于邻国的劳动来制造商品的国家，即使土地较为肥沃，种植谷物所需的劳动比输出国更少，也仍然可以输出这些商品以输入本国消费所需的一部分谷物。"①

但是，我认为，这仍不能说明工、农业国的世界分工何以能长达 200 多年。我修改一下李嘉图的例子，而用他的抽象法来论证。生产 1 单位毛呢，所需劳动，英国为 80 单位，葡国为 120 单位；生产 1 单位酒，英国为 90 单位，葡国为 100 单位。从上述可知，比较成本低的，在英国是毛呢，在葡国是酒，

---

① 大卫·李嘉图：《政治经济学及赋税原理》，郭大力、王亚南译，商务印书馆 1962 年版，第 114 页脚注。

它们分工生产，并因此分别成为工业国和农业国。此后，按照李嘉图的说法，英国毛呢的生产率提高，葡国酒的生产率降低，假定前者提高 10 倍即为 8 单位，后者降为原来的 1/10 即为 1 000 单位。再将它们各自同原来生产酒和毛呢所需的劳动相比，英国两种商品的比较成本如下：毛呢为 8 ∶ 120，酒为 90 ∶ 1 000，前者仍然较低。但在李嘉图看来，农业劳动生产率的下降幅度必然比工业劳动生产率的提高幅度大（李嘉图接受马尔萨斯的人口学说，认为人口的压力必然使土地生产率下降到惊人的地步），以至生产 1 单位酒所需的劳动为 1 500 单位，这样，比较成本就变为 8 ∶ 120 和 90 ∶ 1 500，在英国比较成本低的是酒，它就应该停止生产毛呢，而改为生产酒，原来的世界分工就要发生变化。就是说，比较成本论不能说明长期的世界分工。

此外，李嘉图的比较成本决定世界分工的理论同李嘉图的理论体系之间存在着矛盾。我们可以从李嘉图信奉的土地报酬递减律和由他提出的地租理论（只承认级差地租，否认绝对地租）来说明这一问题。他将地租定义为两份农业资本产生的不同量产品的差额；就是说，价值由最劣等的生产条件决定，当只耕种优良地时，没有地租，到耕种次等地或在同一土地上增加投资其生产率降低时，优等地或优等生产率的超额产品便转化为地租。这就是说，价值分解为工资和利润，农业资本之间的超额利润转化为地租。这样，随着农业劳动生产率的降低，农产品的价值就提高，货币工资就随着提高，最终货币工资就会吞掉利润，这时农业就不能经营了。他举了这样的例子：假定一个工人的实际工资等于 6 担小麦的价值，其中的一半用于购买小麦，即购买 3 担小麦以满足个人消费，另一半用于购买其他东西；10 个工人每人在优良地上劳动一年或 180 天，共生产小麦 180 担，即每担耗费劳动 10 天，价值 4 镑，共值 720 镑；其中工资占 240 镑，余下的 480 镑为利润，此时没有地租。随着农业劳动生产率的降低，农产品的价值提高，从而货币工资也提高，利润就降低；待耕种劣等地或在同一土地上的投资其生产率为最低时，例如，只生产 36 担小麦，这 36 担的总价值仍为 720 镑，因为它同样是 10 人每人劳动 180 天所生产的；这样，每担的价值就为 20 镑，优等地多产的 144 担共值 2 880 镑，便转化为地租；余下的 36 担共值 720 镑，原来是要分解为工资和利润的，但是，现在货币工资就为 720 镑，因为每个工人的工资要买 3 担小麦，1 担小麦为 4 镑时，工资总额为 240 镑，现在每担小麦涨为 16 镑，每个工人的货币工资要涨 48 镑，10 个工人就要涨 480 镑，即总货币工资为 240＋480＝720 镑，这样，利润就化为乌有了。没有利润，资本主义的生产就不可能存在了。于是，包括优良地在内的一切耕地就再也不能耕种了。这样，我们就可以看到，劳动生产率从 10 人共劳动 180 天生产小麦 180 担，降低到生产 36 担，每担耗劳动 50 天，即只降低为原来的劳动生产率的 1/5，资本主义的农业就已经不能存在。就是说：李嘉图信奉的土地报酬递减律，一方面是其建立在比较成本论基础上的世界分工论得以维持的前提，另一方面又是最后必然使这一理论不能说明世界长期地划分为工业国和农业国的原因。

现在分析李嘉图关于两个国家交换商品其价值如何决定的理论。他明确指出："只要不是独占品，最后决定商品在进口国家中的售价的乃是出口国家中的自然价格。"①这就是说，1 单位酒在英国卖 80 单位劳动，1 单位毛呢在葡国卖 100 单位劳动。那么，是否 100÷80＝1.25 单位酒交换 1 单位毛呢？不是。他指出：葡国用多少酒来交换英国的毛呢，不是由各自生产上所用的劳动量决定的，情况不像两种商品都在英国或都在葡国生产那样。由此他提出一个极其重要的原理："支配一个国家中商品相对价值的法则不能支配两个或更多国家间互相交换的商品的相对价值。"②他明确指出，英国将以 100 人的劳动产品交换 80 人的劳动产品。这种交换在一个国家中不同个人间是不可能发生的。原因在于："资本由一国转移到另一国以寻找更为有利的用途是怎样困难，而在同一国家中资本必然会十分容易地从一省转移到另一省。"③

从资本转移难易的论述可以看出，李嘉图认为，国家之间利润率是不同的，一国内部利润率则是相同的。这就说明他分析的商品的自然价格是包含着一定的利润的。因此，它就不是由劳动决定的价值，而李嘉图又常常混淆自然价格和价值。他认为一国内部必然是等量劳动交换，国家之间的交换却是不等量劳动的交换，就是这种混淆所致。

---

① 大卫·李嘉图：《政治经济学及赋税原理》，郭大力、王亚南译，商务印书馆 1962 年版，第 321 页。

② 同上书，第 112 页。

③ 同上书，第 114 页。

我们知道，古典派说的自然价格就是其后马克思说的生产价格。它和价值的不同在于：它们分别包含的平均利润（按资本额分配到的）和剩余价值（由资本推动的活劳动中的剩余劳动创造的）这两者的量在绝大多数的情况下是不等的。由于上述的混淆，李嘉图就认为，在一国内部，不管在哪一个生产部门，投下等量资本，不管推动的活劳动是否相等，总有等量的利润，有相等的自然价格，而商品按这价格交换必然是等量劳动的交换（其实不一定）；在不同国家，投下等量资本，不管推动的活劳动是否相等，总有不等量的利润，有不等的自然价格，情况同国内不同。而国内按相等的自然价格交换，既然是相等劳动量的交换（其实不一定），那么两国的自然价格不等，就要折算为相等的才能交换，劳动量就必然不等（其实不一定）。这就是他之所以提出价值规律只能决定一国内部交换商品，而不能决定国家之间交换商品的价值这看法的原因。

李嘉图的混淆包含着极其宝贵的思想：在生产价格相等时，劳动即价值可能是不等的。这对马克思有很大的影响。

对于斯密的如下看法，李嘉图从劳动价值理论出发予以反对。这看法是：北美的贸易由于是一种只有英国资本才能进入的贸易，因而就有较高的利润率，也就提高了英国其他一切行业的利润率，也提高了英国商品的自然价格。李嘉图反驳说：价值只由劳动创造，它分解为工资和利润，此增而彼减，工资不减，利润率就不能提高。因此，除非输入廉价的生活必需品，以降低货币工资，否则，外贸本身就不能提高利润率，即使因竞争减少而提高了，随着资本的增加，很快就会降低到原来的水平；就是后退一步，认为能提高利润率，也不能由此认为能提高自然价格，因为等于自然价格的价值决定于劳动，而劳动并没有增加。就反驳的内容看，李嘉图完全正确。但并没有解决斯密的问题，这要由马克思来解决。

李嘉图认为，外贸是会影响物价的，但这不是由商品而是由货币引起的。这是因为，在生产方法有所改良的国家，其输出就增加，导致出超，货币就输入，货币流通量就增加，物价就上升；而输出货币的国家，物价则下降。就是说，外贸使贵金属在各国的分配发生变化，再使各国物价发生变化。这种看法，也是否认货币的贮藏职能的货币数量论。但是，外贸会影响物价的论点却对马克思有很大的启发。

(三) 马克思提出科学的世界分工和贸易比价理论

马克思挖掘了斯密关于农业、土地和肥料之间的关系的论述；提出产业革命的进行，是工业先于和快于农业，在这样的条件下，工业城市的兴起，大量农民离开土地流入城市，使土地就近取得肥料日益困难，只能从远处取得，这在一定的条件下，在工业品变得便宜时，农产品反而变得昂贵。他说："资本主义生产使它汇集在各大中心的城市人口越来越占优势，这样一来，它一方面聚集着社会的历史动力，另一方面又破坏着人和土地之间的物质变换，也就是使人以衣食形式消费的土地的组成部分不能回到土地，从而破坏土地持久肥力的永恒的自然条件。"①这样，为了恢复土地肥力，就要从很远的地方，例如当时的英国就要从南美洲运回鸟粪在土地上施肥，这要耗费大量的劳动，只要它大于因产业革命对农业的影响而节省的劳动，生产同量农产品的劳动就要增加，农产品的价值就增大。马克思说明其中的规律。他说："一部分不变资本的价值不会加入到俄国农业家产品的价值中去，但会加入到英国农业家产品的价值中去。假定价值的这个部分等于 10 人一日的劳动，并假定 1 个英国劳动者会把这个不变资本推动。如果 1 个英国人借助不变资本所生产的产品，必须有 5 个俄国人才能生产出来，而俄国人所有的不变资本只等于 1 个劳动日，英国人的产品即为 10＋1＝11 个劳动日，而俄国人的产品即为 1＋5＝6 个劳动日。如果俄国的土地比英国的土地更肥沃到这个地步，以致不用不变资本，或用 1/10 的不变资本，已经能够和那个使用 10 倍不变资本的英国人生产一样多的谷物，同量英国谷物和俄国谷物的价值就会成 11 与 6 之比。"②这就是说，英国人使用比俄国人先进的农业工具所节省的劳动，小于为了使其土地肥力提高到等于俄国土地的肥力的程度所增加的劳动，这就使英国的谷物的价值比俄国的高。就是这一规律的作用，使产业革命将世界划分为工业国和农业国。

关于工业品和农产品的比价的决定问题，如先舍掉货币的作用不谈，马克思主要是扬弃李嘉图关于国家之间的交换是不等价的交换的命题，而提

---

① 马克思：《资本论》(第一卷)，人民出版社 1975 年版，第 552 页。

② 马克思：《剩余价值学说史》(第二卷)，郭大力译，人民出版社 1978 年版，第 552 页。

出科学的看法的。他首先指出古典派混淆了自然价格和价值,并称自然价格为生产价格,认为虽然总生产价格和总价值是相等的,但个别生产价格和个别价值在大多数的情况下是不等的,资本有机构成高和资本周转慢的部门,其商品的生产价格高于其价值,与此相反的部门则相反;只有那些资本有机构成和资本周转时间居于社会中等条件的部门,其商品的生产价格才等于其价值,因为它分配到的平均利润等于它创造的剩余价值,并且不因工资水平的变动所引起的平均利润率的相反的变动而变动。我们知道,在同一社会中,工业部门的资本有机构成较高,尤其是重工业,其产品的生产价格高于其价值;农业部门的农产品的情况则相反。世界分工后,这两种产品相交换,在生产价格相等的背后,价值或劳动则是不等的,即工业国以小量劳动交换农业国的大量劳动;或者可以这样说:农业国投下的国民劳动多,实现的国民收入少;工业国投下的国民劳动少,而实现的国民收入多。马克思认为,价值规律在这里有重要的修正。

其实,从一个生产部门看,生产价格与价值的偏离,在一国之内和不同国家一般都存在。因此,在生产价格相等的交换,背后的劳动或价值不等,在一国之内和国家之间同样存在。但是结果是不同的:在前者,得失必然相抵消;在后者,必然有得有失。

此外,这两类国家,尤其是欧美和东方国家进行的交换,要有轮船、火车和飞机之类的运载工具,它们的生产价格高于价值,运输业本身的资本有机构成既高、周转时间又长,这样,运输费用(生产价格)就特别高于价值。在第二次世界大战前,这些运输业多半是工业化的国家经营的。这意味着农业国要付出大量的劳动交换工业国的小量劳动。

马克思的理论可以表解如下:

表 3-1　工业国和农业国之间的交换

部门		不变资本	可变资本	剩余价值	价值	平均利润率	平均利润	生产价格
工业国	Ⅰ	8 000	1 000	1 000	10 000	15.15%	1 363.5	10 363.5
	Ⅱ	4 000	500	500	5 000	15.15%	681.75	5 183.75
	Ⅲ	2 000	1 000	1 000	4 000	15.15%	454.5	3 454.5
共计		14 000	2 500	2 500	19 000	—	2 500.00	19 000.00

（续表）

部门		不变资本	可变资本	剩余价值	价值	平均利润率	平均利润	生产价格
农业国	甲	2 000	1 000	500	3 500	24.07%	722.22	3 722.22
	乙	4 000	2 500	1 250	7 750	24.08%	1 564.55	8 064.55
	丙	1 000	3 000	1 500	5 500	24.08%	962.80	4 962.80
共计		7 000	6 500	3 250	16 750	—	3 250.00	16 750.00

这里假设，工业国的资本有机构成较高，全部不变资本和可变资本之比是 14 000∶2 500，剩余价值率是 100%，资本在各部门的分布趋势是：有机构成高的部门所占资本比重越大；农业国的资本有机构成较低，相应的数字分别是 7 000∶6 500 和 50%，资本在各部门的分布趋势是：有机构成居中的部门所占资本比重最大，有机构成最低的部门所占资本比重最小，因为这里存在着大量前资本主义生产，如个体农业，它使用的不是资本，也不参加平均利润率的形成。这样，我们就可以看到，工业国部门Ⅰ的产品，价值为 10 000，生产价格却高于它，即为 10 363.5，也就是在 100 的生产价格中，价值为 96.43；农业国部门丙的产品，价值为 5 500，生产价格却低于它，即为 4 962.8，也就是在 100 的生产价格中，价值为 110.88；两者按生产价格交换，部门Ⅰ便可以用价值为 96.43 的产品，同部门丙价值为 110.88 的产品交换。这是生产价格相等而价值或劳动不等的交换。

马克思进一步指出，农业国既有输出，也有输入，它“付出的实物形式的物化劳动多于它得到的，但是它由此得到的商品比它自己所能生产更便宜”。① 正是在这个意义上，他又说：“甚至李嘉图的理论也认为……一国的三个劳动日可以和别一国的一个劳动日相交换。……在这场合，富国会剥削贫国，纵然……贫国也会由交换得到利益。”②从这里可以看出，在农业国参与国际交换的时候，有一个应该如何处理眼前利益和长远利益关系的问题；长远利益就是实现工业化。

马克思就李嘉图对斯密关于外贸理论的批评，提出自己的看法。他首先指出：李嘉图反对斯密，而认为通过外贸得到并送回本国的较高的利润

① 马克思：《资本论》(第三卷)，人民出版社 1975 年版，第 265 页。

② 马克思：《剩余价值学说史》(第三卷)，郭大力译，人民出版社 1978 年版，第 112 页。

率，在没有垄断妨碍时，不能提高一般利润率，是不能理解的；就这一点说，斯密是对的，李嘉图是错的；但是，外贸能使利润率提高，其原因不是斯密所说的竞争的减少。马克思再全面说明这个原因。第一，工业化的国家，在世界市场上是和农业国家竞争，前者的劳动在国内是一般的，在这里就成为优等的，能形成更大的价值，而工人的工资并没有增加，因此，剩余价值增加了，利润率也随着提高，这一点斯密没有看到；第二，进口廉价的生产资料，固然如李嘉图所说，不能降低工资，但能降低 C，因而能提高利润率，因为利润率＝M/(C＋V)；李嘉图看不到这一点，是由于他信奉斯密教条，认为 C 由于不断地分解为 C＋V＋M，最终就不复存在。

在上述基础上，马克思认为，这种利润率提高，是由于工业化的国家在世界市场上出售商品，其价值比在国内增大而产生的，它又使总的生产价格增大。这和李嘉图说的由于工资降低而导致的利润率提高不同，它不能使总生产价格增大。很明显，农业国的情况就与此相反。

上面说的农业国的农业是按资本主义方式经营的。其实，农业国更多的是小农生产，其特点是：如用资本主义的经济范畴来表示，其商品的价值，即 C＋V＋M，在竞争的压力下，M 就只好奉送，即小农只求温饱，不求积累。这就是小农占优势的国家，农产品特别便宜的原因。如果认为这是由于土壤特别肥沃的缘故，那是大错特错的。

现在谈论马克思关于由外贸导致的货币价值的变化，对商品的价格的影响。我们知道，他反对货币数量论，当然也反对斯密关于欧、亚物价不同之原因的解释；又反对李嘉图关于由贸易顺差和逆差所导致的货币数量变化，对物价发生影响之原因的解释。他认为有利和不利的外贸，会影响货币的相对价值，再影响物价。这是一段有名的论述："一个国家的资本主义生产越发达，那里的国民劳动的强度和生产率，就越超过国际水平。因此，不同国家在同一劳动时间内所生产的同种商品的不同量，有不同的国际价值，从而表现为不同的价格，即表现为按各自的国际价值而不同的货币额。所以，货币的相对价值在资本主义生产方式较发达的国家里，比在资本主义生产方式不太发达的国家要小。"①对这段话有不同解释。我的解释如下：这里

① 马克思：《资本论》(第一卷)，人民出版社 1975 年版，第 614 页。

说的是不同的国家生产的同种商品，其实，也适用于不同种的商品。前面已经提到，发达国家生产的商品，在世界市场上比在国内市场上，实现的价值较大，换得的货币也较多，就是说，用耗费劳动生产商品以交换货币的办法取得货币，从取得1单位货币看，在世界市场上所需的劳动较少，因而货币的相对价值较低，由于它的影响，货币在内和在外的相对价值就统一地降低，物价就上涨；落后国家则与之相反。

为了加深对这一原理的理解，我将在其他地方作过的比喻再重复一次：在海外发现一座丰饶的银矿，开采1单位白银所需劳动比国内少，它流入国内，白银的绝对价值便下降，物价就上升。其实，这就是欧洲发生“价格革命”的原因。现在，不是在国外发现银矿，而是发现一个有利的市场，在那里用出卖商品的办法以取得1单位货币，比在国内市场用同样办法取得1单位货币，在生产商品上花的劳动比在国内市场少。因此，货币的相对价值降低，物价就上升。其所以是相对价值，而不是绝对价值，是因为货币是用生产商品的劳动换来的，而不是用劳动直接生产白银，如果是后者，就是货币的绝对价值下降了。很明显，这是对李嘉图关于贵金属国际分配的变动，会影响货币相对价值这一理论的反驳。

从上述可以看出，同落后国家相比，发达国家通过外贸，一方面商品价值增大，价格提高，另一方面货币相对价值降低，价格上涨，即从两方面提高物价；落后国的情况则相反。

马克思的世界分工理论，是在资本主义处于自由竞争阶段时提出来的，但它不仅适合当时的情况，而且加上新的条件，也适合资本主义进入垄断阶段的情况。这新的条件是：随着垄断资本主义国家将其控制的殖民地组成殖民帝国，在殖民帝国的范围内，平均利润率就形成（与斯密说的英国排除他国而独占同北美的贸易，从而在这一范围形成一个新的平均利润率相似），撇开垄断价格不谈，作为工业国的宗主国和作为农业国的殖民地，它们的交换就像一个国家的内部交换一样，存在着按生产价格交换，其价值却不等的问题；由于殖民地国家的资本有机构成较低，出口的商品的生产价格低于价值，它就要以大量的劳动交换对方的小量劳动。不同的殖民帝国有不同的平均利润率，各殖民帝国之间的交换规律，也可以依上法求得。

马克思的货币相对价值理论有重大的理论和现实意义。它为我们提供一种研究发达国家和发展中国家由交换商品所结成的经济关系的新方法。西方经济学家常说，按照马克思的理论，价值和生产价格受劳动生产率所制约，而在现实生活中，劳动生产率是发达国家提高得快些，发展中国家则提高得慢些，这样，发展中国家的产品就可以交换到越来越多的高、精、尖的工业产品，发展中国家完全不必进行工业化，就能得到工业化的好处。对于这种说法，我们应该明确指出：这只是从商品方面看的（这里垄断价格问题不谈），如果从货币方面看，就不是这样。因为发达国家的货币相对价值较低，这使物价提高，发展中国家的情况则相反。

马克思的贸易比价理论有重大的现实意义。第二次世界大战后，有的发达资本主义国家已经实现了农业的工业化，如美国，其农业资本有机构成已高于社会资本的平均构成；他们不仅输出商品，而且将资本和技术输出到发展中国家以进行生产，如此等等；而发展中国家和地区，有的已成为新兴的工业化国家和地区，大多数则仍为农业国：他们大多加入世界贸易组织，从发展趋势看，或其理想状态是关税为零。在这种新情况下，一些进步经济学家运用马克思的理论来分析问题，取得很好的成绩。下面我们就谈论这一问题。

（四）战后平均利润率作用范围和世界分工的某些变化

以上对资本主义自由竞争阶段情况的分析，大体上适用于从 18 世纪中叶产业革命的发生，到 19 世纪 70 年代垄断的形成。资本进入垄断阶段直到第二次世界大战结束，世界划分为工业国和农业国的格局并没有根本改变，但工业品和农产品交换中的价格内涵却有了某些变化，需要加以研究。这主要有下列问题：A.随着垄断资本主义的产生，垄断资本主义就以垄断高价出售产品给落后国，并以垄断低价向落后国购买产品，这里的不等量劳动交换是很清楚的，不需再加研究；要研究的是，在这条件下，垄断资本主义国家的非垄断经济和落后国的经济，是否还分别存在着生产价格。B.随着殖民地国家的产生，在一个殖民帝国内部，宗主国和殖民地的非垄断经济，当作一个总体看，是否存在着平均利润；如果存在，两者交换商品其经济内容是什么。

先谈问题 A。在我看来，在垄断资本主义阶段，由于垄断资本要向本国和落后国的非垄断经济攫取垄断利润，它们两者中的资本主义经济的剩余价值就减少了。但是,它们和垄断资本主义经济不同,它们分别存在着自由竞争。因此,它们分别生产的商品其价值仍要转化为生产价格,只是这时的生产价格总和小于其价值总和,因为后者已被垄断资本攫取了一部分。既然垄断资本主义国家和落后国家都分别存在着上述意义的生产价格,那就仍然和前面分析过的一样,存在着不等量的劳动交换。

再谈问题 B。在我看来,从 19 世纪 80 年代开始,随着像大英帝国那样的殖民帝国的形成,亦即殖民地占有国将丧失主权的殖民地国家置于自己的统治之下,在各个殖民帝国的范围内,其中的非垄断经济是存在着平均利润的,因为丧失主权的殖民地国家只好听任宗主国的资本自由流入。落后的殖民地,原来的利润率是高于宗主国的,因为其资本有机构成较低。正因为这样,宗主国的垄断资本就输出到这里,以攫取更高的利润。这是一方面。另一方面,宗主国的非垄断资本和殖民地的一般资本则存在着自由竞争,因而在各个殖民帝国的范围内存在着平均利润率。

由于这样,我们就不能像以前那样分析工业品和农产品交换中的价格问题了,即不能认为作为宗主国的工业国其平均利润率较低,成为殖民地的农业国其平均利润率较高,而要认为在由两者组成的殖民帝国内部其平均利润率是同一的。在这条件下,这两类国家交换商品,其经济内容如何?在我看来,这就等于在一个国家(帝国)内形成平均利润率和生产价格。而宗主国的资本有机构成较高,其商品的生产价格高于价值,殖民地国家则相反,两者交换商品仍然是不等价或不等劳动的交换。我们只要将上表视为一国的各个部门,计算出平均利润和生产价格,就能得出相应的结论。

第二次世界大战后,世界政治和经济情况发生了巨大的变化:殖民地国家陆续获得政治独立,拥有国家主权,努力发展民族经济,殖民帝国从政治方面看已经崩溃;而原来的宗主国和其他发达国家则成为工、农业国家。这就是说,旧的世界分工已经有所变化。其明显表现就是:原来的工业国,高、精、尖工业兴起并迅速发展,有的国家甚至将其转移到落后国家,传统工业减缩,一般陆续转移到落后国,其农业加速现代化,发展很快;而原来的农业国,食物生产逐渐变得不够消费,需要进口粮食,有的工业开始发展,产生了一批新兴的工业化国家。

著名发展经济学家阿瑟·刘易斯在 20 世纪 70 年代就说过,世界划分为出口农产品、进口制成品的发展中国家和出口制成品、进口农产品的发达国家的这种局面即将结束。事实证明，这种看法是正确的。他还论述了发生这种变化的原因。他说："在经济迅速发展的国家里，享有保障的工作职位的数目，尤其是在制造业和高级服务业，增加的速度超过劳动力的增加速度。因而，人们从低工资部门被招募到高工资部门……造成非熟练劳动力的短缺，并且形成要求提高工资的威胁。第二次世界大战后，人口的增长几乎为零，工业的增长速度前所未有，这样就使欧洲的剩余劳动力或低工资的劳动力来源枯竭。农业劳动力迅速减少……西欧缺少护士、警察、公共汽车售票员、非熟练的工厂工人、非熟练的服务人员……"①他认为，由于这样，"经济制度(就)从四个方面对这种压力作出反应"，其中的两方面是："从其他国家吸收大量低工资移民"和"从发展中国家进口低工资工人生产的制成品，使本国自己的熟练劳动力脱出身来，转到生产率更高的部门工作"。就这样，"20 世纪 60 年代国际经济开始发生变化。工业国在比较穷的国家投资以生产制成品出口"。这是工业布局在两大类国家之间发生变化的原因。而"农产品贸易正在发生的情况，也说明了国际经济正在改变方向。因为人口激增和粮食的生产率仍旧很低，发展中国家已成为粮食的纯进口国"。② 虽然刘易斯是我所能看到其著作的、最正直的发展经济学家，但我认为，他的分析并没有涉及深层次的问题。

这些问题是：A.第二次世界大战是在经济危机中爆发的，为什么经过战争，发达国家的工业增长速度会前所未有；B.为什么战后以来发达国家的农业迅速现代化；C.为什么战后资本主义发达国家，尤其西欧，人口的增长几乎为零，而发展中国家却人口激增；D.发达国家从落后国家大量吸收低工资移民，自垄断资本主义产生后就开始，其原因是什么；E.战后，发展中国家已经是主权国家，它允许外国资本到自己的国家投资和自己投资以生产制成品出口，其原因是什么。让我们一一加以研究。

首先，战争本身能消除发达国家的经济危机，因为战争要求以国家预算为垄断资本提供一个稳定的，主要由军需品构成的市场；因战争需要而产生

① 阿瑟·刘易斯：《国际经济秩序的演变》，乔依德译，商务印书馆 1984 年版，第 24 页。

② 同上。

的新科技，战后在仍然用于军用生产的同时，又用于民用生产，这是使发达国家兴起一批高、精、尖工业部门，并使其经济迅速发展的原因。其次，战争促使发达国家努力发展粮食生产，力图自给；战后由于原殖民地国家的独立，发达国家想仍然像从前那样用低价取得粮食日益困难，更何况落后国的粮食日益不能自给，而降低食物的价值，是普遍增加剩余价值的方法，因此战后以来，发达国家普遍资助农业发展，实现农业现代化，有的国家的农业资本有机构成已高于社会资本的平均构成。再次，越是贫困的人，寿命就越短，出生率就越高，只有这样，才能更快地一茬接一茬，因此贫困国家的人口出生率高于发达国家；资本主义国家工人阶级的人口出生率，还受经济危机和事业的影响；北美的出生率之所以高于西欧，因为它原来是移民殖民地，缺少工人。这些会分别形成社会习俗。由于这样，战后发展中国家生活和医疗条件改善，死亡率降低，人口便激增；西欧的人口增长就几乎为零。从次，发达国家攫取的垄断利润，其工人也从中得到一点好处，并由此产生轻视“下等”劳动的倾向，于是就从落后国家输入劳动力从事“下贱”的工作。最后，战后以来，民族独立国家运用国家主权，制订发展战略，最初实行的是进口替代，即自己制造某些从前需要进口的工业品，但是很快就遇到国内市场过于狭小的困难，于是就改为实行出口替代战略，即自己制造工业品出口，以减少初级产品的出口。实行后一战略，一般都实行自由贸易政策。因此，外资就可以在这些国家投资生产本国逐渐不生产的产品，甚至将一部分高、精、尖产品移到这些国家来生产，因为落后国家的工资低廉。

以上就是对战后以来平均利润率作用范围和国际分工情况变化的分析。

（五）战后两类国家和地区交换商品的价格问题

研究战后国际交换问题，就要分析下列因素对两大类国家之间交换商品时，其生产价格和价值的偏离程度的影响。这主要有三种因素，分析时我将垄断利润的攫取撇开不谈。

第一，产品的有机构成问题。发达国家的高、精、尖产品，资本有机构成是高的，其生产价格高于价值，情况和从前的重工业产品一样。它们的农产品，由于是现代化的农业生产的，同上述由传统农业生产的不同，其价值低于后者，但其生产价格却高于价值，因为它的资本有机构成已高于该国社会资本的平均构成。落后国的工业品，也就是发达国家逐渐减少生产的某些产品，其资本有机构成是高的，生产价格高于价值。落后国的初级产品，和从前的农产品一样，资本有机构成是低的，生产价格低于价值。这样，双方交换，落后国由于多出口一种从前没有的、生产价格高于价值的工业品，和从前相比，就得到相对的利益。至于落后国，使用从发达国家输入的同样的技术，但工人的工资比发达国家的工人工资低得多，生产部分高、精、尖产品，其经济内容如何；向另一种因种种原因不生产这些工业品的落后国输出这些工业品，购买其他待分析的产品，其经济内容又如何，我们在下面再谈。

第二，两类国家之间是否存在平均利润率问题。战后以来，落后国家几乎全部成为主权国家，同垄断资本主义国家统治殖民地国家之前的情况相像，在这样的条件下，它们之间是不会有平均利润率规律的存在的。在落后国家实行进口替代战略，因而实行保护政策时，尤其是这样。但是，这段时间很短。从 20 世纪 60 年代开始，它们都改为实行出口替代战略，因而就实行自由主义政策时，国家之间资本自由流动，两类国家之间，平均利润率就形成。刘易斯、法国（原籍希腊）激进派经济学家伊曼纽尔及埃及激进派经济学家阿明都肯定这一点，并以此为条件，研究两大类国家之间交换商品的价格问题。现将伊曼纽尔的研究介绍如下表。

表 3-2　广义的不平等交换表

国家类别	所用不变资本	所费不变资本	可变资本	剩余价值	价值	生产成本	平均利润率	利润	生产价格
发达国家	180	50	60	60	170	110	33%	80	190
落后国家	60	50	60	60	170	110	33%	40	150
两国	240	100	120	120	340	—	—	120	340

此表和前表的不同在于：两类国家有同一的平均利润率，不变资本分为所用的和所费的（这是固定资本的特点），其差额是发达国家的较大，一国内部不再分不同部门，或者说视一国为一个部门，这样，两国所费不变资本、可

变资本和剩余价值，亦即商品的价值就是相同的，但是由于所用的不变资本不同，结果所用不变资本多的，即发达国家的生产价格就高于价值，落后国的情况则相反。其实，这也是资本有机构成不同所导致的。这样，两种商品交换就是不等价的。

第三，两类国家的工资不同的问题。从历史上看，两类国家的工资水平不同，这是不成问题的。现在要研究的是，两类国家有的部门有相同的技术水平，同样的劳动创造等量的价值，但是两者的工资水平不同，从而剩余价值量不同，这些剩余价值参加平均利润的形成，这样，在生产价格形成中，工资水平高的国家就多占工资水平低的国家的剩余价值。伊曼纽尔称由此产生的交换是狭义的不平等交换，以区别于以前的广义的不平等交换。现表解如下：

表 3-3　狭义的不平等交换表

国家类别	所用不变资本	所费不变资本	可变资本	剩余价值	价值	生产成本	平均利润率	利润	生产价格
发达国家	140	50	100	20	170	150	33%	80	230
落后国家	100	50	20	100	170	70	33%	40	110
两国	240	100	120	120	340	—	—	120	340

根据以前讲过的原理，就可以理解表里内容。伊曼纽尔说明其社会意义是：落后国家的工人能够利用现代化的生产工具，而远远得不到现代化的享受（低工资）。这是正确的。如落后国家生产某些高、精、尖产品，技术和发达国家一样，工资却低于它们，这样，落后国家的工人就提供比发达国家工人更多的剩余价值，就被世界资本平分了。但是，既然用的都是现代化工具，两国所用的不变资本就不应不同。我们假设两国相同，都是120，结论还是一样。阿明说得很清楚，在相同的生产率下，但甲国的工资比乙国低，甲国的较高的剩余价值率，就会提高甲国和乙国的平均利润，两国投下等量劳动，甲国在国际交换中的所得，就比其贸易伙伴乙国的所得少。刘易斯也是以工资水平的高低，来说明贸易条件的有利和不利的。只是他认为工资取决于农业劳动的生产率，我认为则需要研究。

在目前国际存在着平均利润率的条件下，上述落后国家工业资本有机构成高于农业，因而其生产价格高于价值这一点就要发生变化，因为这原是从一国内部看的，而在国际平均利润率存在的条件下，这种工业就要从国际看，即从世界内部看。这样看，工业品的生产价格是否高于价值，我认为还要进一步研究。但不管怎样，从世界内部看，落后国家的工业资本有机构成要相对降低，即其高于平均构成的程度随着平均构成的提高而相对降低。这就制约这种商品的生产价格和价值的偏离程度。

现在我们研究某些原落后国发展了工业，向没有这种工业的落后国输出工业品，以换取它们的初级产品的问题。这个问题之所以发生，是由于落后国不能都实行出口替代战略而达到目的，因为这一战略是以国外市场为目的，而一部分产品是发达国家转移给落后国家生产的，这样，如果落后国家都这样做，它们之间就不能互为市场，或者有一部分必然失败。这是从理论上看的。从事实看，某些具备条件而又先行一步的，就发展为新兴的工业化国家和地区。它们除了向发达国家出口这些产品外，更向比它们落后的国家出口这类产品。

很明显，它们向更落后的国家出口工业品，以换取对方的初级产品，有绝对的利益。因为前一种产品的资本有机构成高于后一种产品，由此形成的两种生产价格和价值的偏离程度不同，按生产价格进行交换，则新兴工业化的国家和地区有利。

发达国家对落后国的这种工业化，是不会反对的。因为如上所述，这对它们仍然是有利的。但是，它们要阻碍落后国发展成为像它们一样的发达国家，以减少竞争者。重要的方法之一是对其垄断最高和最新的技术。因此，落后国家要建设成为现代化的工业国，说到底还是要靠自己的努力，以发展高科技；有的还要开拓国内市场，即消除封建主义的土地制度，以及努力提高农业劳动生产率。消除封建的土地制度，从我们现在论述的问题看，也是为了提高农业劳动生产率，以扩大国内市场。因为农业劳动生产率提高了，可以不束缚在农业生产中的人口，也就是政治经济学上所说的“自由人手”就增加，可以从事工业生产等等的人就增加，从而工农业互相影响，国内市场就扩大，内需就扩大，国民经济的发展就有一个坚实的基础。

七、一种鼓吹通货膨胀的理论[①]

——简评凯恩斯主义

(一)

1929—1933年的世界资本主义经济大危机过后三年,即1936年,正当资本主义经济仍然处于特种萧条之中、垄断资产阶级惊魂未定的时候,英国有个很有名的经济学家叫凯恩斯的,抛出了一本被垄断资产阶级视为灵丹妙药的书。书名很奇怪,叫作《就业、利息和货币通论》。马克思批判那个为资本主义辩护的三位一体的公式,即"资本——利息,劳动——工资,土地——地租"这个公式时指出,资本、劳动和土地三者彼此之间毫无共同之处,它们互相间的关系就同公证人手续费、胡萝卜和音乐之间的关系一样。[②] 就业、利息和货币三者之间的关系也是这样。我们知道,在资本主义制度下,就业只与资本有机构成即可变资本在总资本中所占的比重,以及工人的被剥削程度有关,而与利息是毫无关系的;利息则只与借贷资本有关,而与货币是毫无关系的。凯恩斯却硬将这三者联系在一起。他认为,就业量取决于投资量,投资与利息率成反比,利息率又与货币供应量成反比。因此,要增加就业,就要降低利息率,而要降低利息率,就要增加货币的供应量,即膨胀通货。从某种意义上说,凯恩斯主义就是一种鼓吹通货膨胀的理论。

凯恩斯为什么提出这种理论?垄断资产阶级为什么需要这种理论?这是因为,震撼资本主义世界1929—1933年的经济危机,是在资本主义市场问题极其严重的条件下爆发的。市场问题之所以极其严重,是由于资本主义在原有矛盾的基础上,又出现了新的矛盾,即在第一次世界大战期间和战后初期,殖民地附属国的资本主义经济有了一定程度的发展,以及俄国脱离了资本主义体系,危机时垄断组织极力维持垄断价格则是火上浇油。市场问题,无论对消费资料来说还是对生产资料来说,直接间接,基本上是广大劳

① 约写于1979年。

② 马克思:《资本论》(第三卷),人民出版社1975年版,第955页。

动群众的消费力即购买力的问题。相对于生产迅速增长来说，劳动群众的消费大大落在后面——这就是经济危机的原因。1929—1933 年爆发的经济危机，如果靠自发的经济力量，也就是最后靠广大劳动群众像往常那样购买商品来解决，那么其过程将是十分缓慢的。因此，已经掌握国家政权的垄断资产阶级，便要求国家机器劫夺劳动人民的收入，用种种办法来收购过剩的商品，用政治力量解决市场问题。例如，在 1933 年几乎同时上台的德国希特勒和美国罗斯福，一个用生产军火的扩军备战的办法，一个用兴修水利、建筑道路这类所谓公共工程的办法。国家预算的资金从哪里来？由增税、举债和增发纸币而来。增发纸币遇到的阻力最小，垄断资产阶级国家通常都用这种办法。1931 年英国放弃金本位，1933 年罗斯福政府停止了银行券对黄金的自由兑换，使银行券纸币化，并降低发行纸币的黄金准备，膨胀通货以来，主要帝国主义国家便相继实行通货膨胀政策。垄断资产阶级早已这样做了，但是他们尚无办法说明这样做是有理的。适应这种需要，凯恩斯便提出其通货膨胀有理的理论。

通货膨胀就是纸币流通量超过了它代发的金币流通必需量，因而其购买力降低。列宁说："滥发纸币是一种很坏的强迫性公债；它使工人和贫民的生活状况急剧恶化……"①实行这种政策虽能暂时刺激生产，但由于它削减了人民的消费，就必然引起更深刻的危机。所以，对于病入膏肓的资本主义经济来说，它不是什么灵丹妙药，而不过是一支强心针。

由于通货膨胀能降低工人的实际工资，所有垄断资本家都要求实行这个政策。不同的垄断资本家集团之间时常发生的所谓膨胀政策和收缩政策的争论，并不是主张和反对通货膨胀的争论，而是关于通货膨胀程度的争论。其内容有两点：一、通货膨胀达到哪一点，才有利于垄断资本家增加剥削，而又不致引起工人立即起来反抗；二、通货膨胀达到哪一点，才有利于本垄断集团。通货膨胀意味着国家预算支出不合理的庞大和物价上涨。因此，那些由国家预算购买其产品、物价上涨并不影响产品销路的垄断集团，如以生产军火为主的垄断集团，便希望预算支出多些、通货膨胀程度高些，列宁说："为'战争'服务的资本主义经济（直接或间接同军事订货有关的经

① 列宁：《大难临头，出路何在？》，载《列宁选集》（第三卷），人民出版社 1972 年版，第 158 页。

济)是一贯的、取得法律保障的盗窃国库的行为……”①说的就是这个道理;反之,那些直接、间接要由人民群众购买其产品、物价暴涨立刻影响产品销路的垄断集团,如以生产基本产品为主的垄断集团,便希望预算支出少些,通货膨胀程度低些,以免首先被其竞争对手得利而又影响其产品的销路。

(二)

凯恩斯是在防治经济危机的幌子下而提出其通货膨胀的理论的。在他看来,经济危机是这样产生的:商品的价值不是分解为不变资本和收入(收入包括了利润和工资),而是全部分解为收入;随着生产和收入的增长,不管是剥削工人的资本家,还是被人剥削的工人,其收入用于消费的部分在收入中所占的比重都日益减少;收入中用于消费的余额是储蓄,储蓄用于投资,投资的目的是取得利润,但是由于利润率下降得比利息率快,当利润率低于利息率时,投资便突然停止,这部分钱便贮藏起来;由于这部分钱没有拿出来用,部分产品就卖不掉——这就是经济危机。

在这里,我们不必一一批驳凯恩斯的理论。很显然,他认为经济危机的原因说到底就是利润率下降到利息率以下,因而投资停止。这是错误的。当然,危机爆发时,利润率陡然下降,是很低的,有时甚至成为负数,利息率突然上升,反常地高于利润率,投资确实呈现停止状态。但是,这些是经济危机这个现象本身,是危机的结果而不是危机的原因。

凯恩斯怎样说明利润率下降得比利息率快些呢?

平均利润率是有下降的趋势的,但是,凯恩斯对其解释却是错误的。在他看来,利润(他称为资本边际效率)是卖价大于成本的差额;其所以会减少,是由于投资的增加,一方面使原料和劳力的需要增加,从而使原料价格和工资增加,亦即成本增加,另一方面使产品供应增加,从而使产品的卖价下降,这样一来,卖价大于成本的差额即利润便减少。这是完全错误的。他事实上认为,利润是在流通中产生的,是贱买贵卖而来的,这种所谓让渡利润说不能解释整个资产阶级为什么都能发财致富的问题。同样,他用供需关系的变动,是不能说明利润率的下降趋势的。按照他的说明,投资增加使

① 列宁:《大难临头,出路何在?》,载《列宁选集》(第三卷),人民出版社1972年版,第146页。

卖价下降，那么，原料的价格和消费品的价格，从而工资也下降了，成本也下降了，利润又怎会下降呢？我们知道，利润是剩余价值的转化形态。当资本家把剩余价值不合理地看成不是购买劳动力的可变资本创造的，而是包括了不变资本和可变资本的全部资本创造的，它就转化为利润。利润率之所以有下降的趋势，是由于资本家使用越来越多的不变资本剥削工人，这样，尽管工人被剥削程度增加了，资本家得到的利润增加了，但随着预付资本的增加，利润率便呈现出下降的趋势。

凯恩斯强调的是，对劳动力的需求特别强烈，因而工资增加，成本增加，从而使利润下降。这也是错误的。如果情况是这样，那就意味着这时处于繁荣时期，因为只有这时工资才增加，但是，这时的卖价显然不是下降而是上涨，因而利润不但不下降反而上升。事实告诉我们，繁荣时期工资和利润都暂时上升。

此外，凯恩斯还认为，资本家主观的心理作用，也会使他预期的利润率下降。这种理论是不值一驳的。

凯恩斯对于利息率下降问题的解释同样是错误的。他认为利息是不贮钱的报酬，是一种纯货币现象，真是像果树结果子一样，货币会生出货币来。在这基础上，他又认为利息率取决于货币的供需关系，供给大于需要，利息率降低，需要大于供给，利息率上升。这真是再错误不过的了。我们知道，利息是剩余价值即利润的一部分，它与借贷资本有关，和货币是没有关系的。由于资本分裂为生产资本和借贷资本，借贷资本只有转变为生产资本才能生产利润，但两种资本都要求利润，于是，利润就分割为企业利润和利息两部分。这样，利息率就在平均利润率以下，零以上之间波动，其具体高度取决于借贷资本的供求关系。根据凯恩斯的胡说，不仅利润的来源无法说明，而且利息率的高度也是无法说明的，是50%，还是5%，都是偶然的。这叫我们想起经济学小丑安特，他认为欧洲的森林，每百棵每年平均长出三棵或四棵新树，利息率便取决于这个比率。这个被马克思辛辣地讽刺为“原始森林利息率”的谬论①，看来应该是凯恩斯利息论的最后防空洞。

他就在货币的供求关系决定利息率的基础上，提出其利息率下降缓慢的理论。他认为，一般商品价格增高，其供给就会增加，货币却不是这样；即

① 马克思：《资本论》(第三卷)，人民出版社1975年版，第411页。

使货币很贵，反过来说，也就是其他商品很便宜，私人也很难增加货币（硬币）的供给，国家增加硬币的供给也很慢，总之，他是用现在世界上可供开采的金矿不多的情况，来说明货币的供给增加很慢。关于货币的需求，他认为是很强烈的。他说，一般商品价格增高，人们就会减少其需要，但货币即使很贵，反过来说也就是，一、其他商品很便宜，人们也不会减少对货币的需求，因为货币就是用来购买商品的；二、工人工资很便宜，用于支付工资的货币可能多出一部分，但可以将它贮藏起来，既不会损坏又没有巨额保管费。既然货币的供给增加甚缓，货币的需求时刻又是那么强烈，利息率的下降自然就缓慢了。凯恩斯在这里大谈特谈的货币理论，是货币拜物教的典型，好像是货币的物质属性本身驱使人们不断地追求它、使用它、贮藏它。这种理论不仅是错误的，而且在这里是文不对题，因为利息率的变化根本与货币供需关系变动无关。我们知道，利息既然是利润的一部分，随着平均利润率的下降，利息率也下降。在垄断资本主义时期，由于垄断资本家寄生性增长，把许多货币变成借贷资本以过食利者的寄生生活，也由于信用机构日益发达，把许多独立生产者的收入变成借贷资本，这样一来，借贷资本增加迅速，利息率的下降便很迅速。情况和凯恩斯所说的恰恰相反。

按照凯恩斯的理论，是无法解释危机时期为什么利润率突然陡然下降，利息率突然反常地上升到利润率之上这个问题的。前面已经谈论过，这个现象是危机的结果，而不是危机的原因。由于发生危机，商品销售困难，价格暴跌，利润率便陡然下降，有时甚至成为负数；资本家缺少现金，要借钱还债，利息率便突然上升，反常地高于利润率。

按照他的谬论，危机之所以发生，讲到底是由于利息率不能迅速下降，是由于货币供给不能随意迅速增加。因此，他提出了一个包藏着祸心的解决办法："失业问题之所以发生，就是因为人们要造空中楼阁——如果人民所要的东西（例如货币）不能生产，而对此东西的需要又不能压制，劳力便无法就业。唯一补救之道，只要公众相信：纸币也是货币，而由政府来统制纸币工厂……由政府来统制中央银行。"①很明显，这是为垄断资产阶级通过国

① 凯恩斯：《就业、利息和货币通论》，徐毓枬译，生活·读书·新知三联书店 1957 年版，第 198 页。

家机器实行通货膨胀政策提供理论根据。

(三)

按照凯恩斯的理论,经济危机之所以发生,是由于有一部分钱既没有用于消费又没有用于投资而贮藏起来。为了防治经济危机,这部分钱一定要用掉。他当然不主张用来提高工农大众的物质生活,而奉劝资本家作这样的安排:“生前建大厦作住宅,死后造金字塔为坟墓;或忏悔前非,建造教堂,资助寺院,接济传教团体,则因资本丰富,以致物产反而不能丰富之日,也许可以延迟。”①当然,垄断资本家挥霍无度,奢侈豪华,早已超过建大厦,造金字塔的程度,可是钱还是花不完。何况,其中属于“乐善好施”的事,只能奉劝资本家这样做,没有经济利益刺激他这样做。靠这种办法来防治经济危机,显然是不可能的。因此,凯恩斯还是千方百计设法提高利润率和降低利息率,使资本家有更多的利润可图,从而增加投资,把钱用完。

利息率怎样才能降低呢?凯恩斯认为,最好的办法是增加货币的供应量,即实行通货膨胀政策。目前,帝国主义国家通过中央银行(国家银行),增加货币供应量和降低贴现率,有时也能降低一般的利息率。其原因,并不是由于货币供应量增加这件事本身,而是增加的货币转化为借贷资本,使借贷资本的供给对需求居于优势。恩格斯在《资本论》(第三卷)的注解中说:“1844 年银行法的停止,让英格兰银行在发行银行券时,可以不顾它手中有多少金准备可以作为保证;这样,它就可以随心所欲,把任一个数量的虚拟货币资本创造出来,并用它来垫借给各个银行,各个汇票经纪人,并通过他们,垫借给工商界了。”②这里说的是银行券转化为货币资本。但是,要使利息率由此降低下来,借贷资本的供给对于需求还得居于优势,否则,利息率和贴现率都不可能降低。这里有一个例子,充分说明利息率和贴现率的变动是不能离开借贷资本的供需关系,是不能像凯恩斯等人所主张的那样单纯由金融主管当局主观决定的。美国 1973 年第四季度生产开始下降,1974 年第一季度“国民生产总值在一个季度中下降达到了 14 年前艾森豪威

① 凯恩斯:《就业、利息和货币通论》,徐毓枬译,生活·读书·新知三联书店 1957 年版,第 185 页。

② 马克思:《资本论》(第三卷),人民出版社 1975 年版,第 550 页注解。

尔政府时期最后一次也是最严重一次经济危机以来最严重的程度”。[①] 这时，美国金融当局理应降低贴现率，从而降低一般利息率以刺激投资才对，可是，美国联邦储备委员会却于1974年4月24日决定将贴现率从7.5%提高为8%。原因是“最近借款和银行贷款数量急剧上升，以及认识到其他短期利率已经提高”。[②] 可见，归根结底是借贷资本的供需关系决定利息率和贴现率。

应当指出，利息率的提高既然不是发生经济危机的原因，那么它的降低当然也不是防治经济危机的灵丹妙药。马克思早就指出“信用的伸张和收缩，不过是产业循环周期变动的症状。政治经济学会把这种症状看成产业循环周期变动的原因，不说别的，单有这点，已经显示它是如何浅薄了”。[③] 凯恩斯想用膨胀通货以降低利息率的办法来防治经济危机，这是徒然的。在危机阶段，市场问题严重，商品堆积如山，资本家极力借款还债，利息率无法降低，即使有可能降低一点，这时由于利润率很低甚至成为负数，资本家当然无投资兴趣。及至萧条阶段，借贷资本供给增加，其需求增加甚缓，利息率普遍降低，但由于市场呆滞，利润率仍然很低，资本家投资兴趣仍然不大。“廉价的货币”无济于解脱资本主义世界20世纪30年代的特种萧条，便是一个证明。对此，凯恩斯也不得不承认：“就我自己而论，我现在有点怀疑，仅仅用货币政策操纵利息率到底会有多大成就。”[④]于是，他又提出了提高利润率的办法。

利润率怎样才能提高呢？一种办法是由国家直接送钱给各个垄断资本家，什么补贴金、奖励金，减税、向企业订货时提高折旧率，等等。所有这些，都必然导致通货膨胀，加速工人阶级和劳动人民的贫困化。另外，资本家在其剥削经验中还清楚地看到有一种办法可以提高利润率，那就是降低实际工资。那么，凯恩斯认为最好用什么办法来降低实际工资呢？关于这个问题，他同其师兄庇高（他们都是英国现代庸俗政治经济学鼻祖马歇尔的学

---

① 《参考资料》1974年4月29日下午版，第67页。

② 同上。

③ 马克思：《资本论》（第一卷），人民出版社1975年版，第696页。

④ 凯恩斯：《就业、利息和货币通论》，徐毓枬译，生活·读书·新知三联书店1957年版，第139页。

生)有争论:庇高主张降低货币工资的办法;凯恩斯认为这个办法易引起工人的反抗,便主张用维持货币工资不变而实行通货膨胀的办法。

需要指出的是,实行通货膨胀政策,当然能够降低实际工资,从而提高利润即剩余价值,这就是资产阶级实行这个政策的目的。但是,这要以劳动价值学说才能解释清楚。这同凯恩斯的让渡利润谬论是自相矛盾的。按照这个理论,货币工资不变,从而成本不变,卖价高于成本的差额——利润应当也是不变的。现在,在事关利润的问题上,凯恩斯就打了自己的嘴巴,事实上承认利润是劳动创造的价值的一部分,所以工资低了,利润就增大了。

凯恩斯提出的实行通货膨胀以降低利息率和提高利润率来防治经济危机的办法,大致就是这样。这些办法,虽然能暂时刺激生产,但由于它实质上削减了劳动人民的消费,就必然导致更严重的危机的问题。问题不仅这样。按这种办法行事,还必然使经济危机的周期缩短,经济危机更为频繁。我们知道,经济危机是资本主义生产有无限扩大的趋势同劳动人民消费相对落后之间的矛盾的爆发,同时又是这个"矛盾的暂时的暴力的解决"。① 它是用企业倒闭、工人失业、生产倒退这类破坏生产力的办法,来使生产和消费在较低的水平上暂时恢复平衡的。按照这个办法行事,危机爆发时,国家机器用膨胀通货的办法,来扩大贷款以援救那些面临倒闭的企业,来收购某些过剩产品。这样,生产下降受到阻挠,物价下降受到抑制,产品销售变得缓慢,这本是使危机阶段延长的。但是,另一方面,国家机器又用通货膨胀的办法,来进行固定资本投资,以至在危机时期出现固定资本投资减少甚微,有时甚至增加的现象,这本是使危机阶段缩短的。由于这两种相互抵消的力量的作用,目前经济危机的持续时间比以前缩短,等到危机阶段过去,由于危机时生产力破坏得不够,生产是在较高的生产力水平上恢复的,很快便同劳动人民消费水平相对下降发生更尖锐的矛盾,又陷入新的经济危机。这种矛盾其所以更尖锐,是由于用来刺激生产的办法就是削减人民消费的办法——通货膨胀。这样,经济危机周期缩短,经济危机发生频繁。从前,危机约十年发生一次,现在约四五年便发生一次。战后,美国从 1948 年 8 月

---

① 马克思:《资本论》(第三卷),人民出版社 1975 年版,第 271 页。

发生危机，到1973年12月共发生六次，从已经历过的五个周期看，约五年发生一次危机。

(四)

凯恩斯认为，通货膨胀不单纯是消极地防治经济危机的办法，同时也是积极地富国富民的办法，一个社会或国家应该用生产硬币，以及推而广之用生产纸币的办法来达到富国富民的目的。

他以赞美的口吻说："上古埃及可称双重幸运，因为埃及有两种活动（建筑金字塔与搜索贵金属），其产物不能作人类消费之用，故不会嫌其太多。一定是由于这个缘故，上古埃及才如此之富。"①这里值得注意的是"不能作人类消费之用"这句话。前面曾经说过，资本主义的市场问题，说到底基本上是广大劳动人民的消费力问题。因此，从资本家的立场出发，在人民群众消费力相对低下的条件下，要使自己生产的商品的销路不成问题，这种商品在理论上就应该与人民群众的消费直接间接都没有关系，就是说，这种商品的销路没有问题，是由国家购买的，或者根本没有销路的问题，它的价值根本不需要通过交换便被社会所承认（货币这种特殊商品便是这样）。前面提到的希特勒搞的军火生产，罗斯福搞的水利、交通等，便是和人民的消费没有什么关系的，是由国家出钱搞的。凯恩斯举的例子是奴隶主的坟墓和贵金属。

显然，金字塔不是当作商品来生产的，而是供奴隶主死后"享受"的。资本主义是商品生产制度，资本家当然不能都为自己生产金字塔。因此，凯恩斯便说："设货币而可以像农作物一样生长，或像汽车一样制造，则不景气可以避免或减少；盖在此情况……劳力可转而生产货币。"②我们知道，一般商品都有销路问题、市场问题，唯独货币这种特殊商品没有这个问题，它是商品内在矛盾发展的产物，生产货币的私人劳动无须经过交换便能直接表现为社会劳动。马克思说："金和银的生产者……用不着事先卖掉它的产品，

① 凯恩斯：《就业、利息和货币通论》，徐毓枬译，生活·读书·新知三联书店1957年版，第111页。

② 同上书，第194页。

就已经可以用它的产品来进行交换。”[①]从这个意义上说，货币是绝对的价值。也是由于这个原因，人们才追求它、使用它、贮藏它。因此，凯恩斯提出，最理想的办法是生产货币这种根本不存在销路问题的特殊商品来发财致富。

使凯恩斯引以为憾的是，开矿，开金矿，热闹了一下之后，尽管铁鞋已经踏破，目前已经没有那么多银矿、金矿可开了。怎么办呢？凯恩斯将其理论从逻辑上发展到顶点，进而主张生产货币的符号即纸币，主张开“钞票矿”，“因为这个办法与现实世界中所谓采金完全相仿”。[②] 他设计的开“钞票矿”办法如下：“设财政部以旧瓶装满钞票，然后以此旧瓶，选择适宜深度，埋于废弃不用的煤矿中，再用垃圾把煤矿塞满，然后再把产钞区域之开采权租与私人，出租以后，即不再问闻，让私人企业把这些钞票再挖出来，——如果能够这样办，失业问题就没有了；而且影响所及，社会之真实所得与资本财富，大概要比现在大许多。”[③]这就是说，由国家开动印刷机印纸币，造成“纸币矿”，然后租给私人资本家，让其雇工人把纸币挖出来，这些产品——纸币——不愁没有销路，整个国家、资本家和工人都能增加收入。我们不要以为这是疯人说的话，不，这是资本家为了解决其产品的销路问题的最理想的办法，正如生产由国家购买的军火也是最理想的办法一样。当然，整个社会的物质生活是不能建立在生产货币之上的，但是单个资本家确实能由此发财致富。

生产货币，即开金矿，进而开“钞票矿”，用这种办法来塞满垄断资本家的腰包，这实质上是浪费社会劳动。开“钞票矿”不必说了，就是生产货币的材料——黄金，只要它不是为了发展商品经济所必需的，而是作为资本家发财致富的经营对象，也是浪费社会劳动。如果我们从消灭了商品生产和货币经济的共产主义社会往后看，许多世纪以来为了生产这庞大的积存下来的商品经济的遗骸——黄金——所花的巨量劳动，也是一种浪费。因为黄金一旦不再作为货币，它就是饥不能食、寒不能衣、至今工业用途不大的物

① 马克思：《资本论》（第一卷），人民出版社 1975 年版，第 89 页注解。

② 凯恩斯：《就业、利息和货币通论》，徐毓枬译，生活·读书·新知三联书店 1957 年版，第 110 页。

③ 同上。

品;是列宁认为共产主义在全世界胜利后(商品和货币都消灭了),为了教育人们,用来在世界上最大的城市街道上修建公共厕所的物品,让人们知道,为了这个东西他们的祖先曾打过世界大战。① 就是现在,也应让先进的人们知道,生产货币的劳动是属于纯粹流通费用,严格说是一种必要的社会浪费。

凯恩斯认为,实行通货膨胀政策,可以使全体工人的总收入增加,他说,通货膨胀能降低利息率,增加投资增加就业,而"真实所得随就业人数之增减而增减"。② 这时,物价虽然上涨,但是"总实物所得随物价之涨而增"。③ 对此,我们要作深入分析。通货膨胀必然使工人实际工资水平下降,这是确定无疑的。20 世纪 70 年代以来,美国御用经济学家经过精心设计而提出的数字:工人失业率最好为 4%,通货膨胀年率最好为 6%,货币工资增长率最好不超过 5%,就是为了巧妙地削减工人的实际工资。据美国劳工部统计,到 1973 年 10 月 31 日为止的一年中,美国工人平均每小时工资增加了 6.7%,但在扣除了物价上涨等因素之后,实际工资却下降了 3.3%。卡特竞选总统时,提出要将失业率降低为 4.5%,通货膨胀年率降低为 4%到 5%。他就任总统三个月后,据美国《商业周刊》透露:"他和他的助手们曾悄悄地谈到在今后三年里可以接受 5%到 6%的通货膨胀率……"④这样,由于物价上涨和其他原因,1977 年 3 月份,美国"工人的平均购买力比 2 月份下降了 0.1%"。⑤ 工人平均实际工资的下降,是很清楚的。因此,不能笼统地说"真实所得随就业人数之增减而增减"。在通货膨胀条件下,无产阶级整个阶级的实际工资能否增加,要取决于两个因素:1.就业是否增加,增加多少,这要由积累的增加和资本有机构成的变化来决定;2.工人平均实际工资下降的程度。至于说这时"总实物所得随物价之涨而增",对垄断资产阶级来说,这是确定无疑的。但是,对无产阶级来说,就不一定了。它同样取决于上述两个因素。美国某报 1974 年 4 月 23 日的社论说:"通货膨胀的速度超过了收入

---

① 《列宁选集》(第四卷),人民出版社 1972 年版,第 578 页。

② 凯恩斯:《就业、利息和货币通论》,徐毓枬译,生活·读书·新知三联书店 1957 年版,第 98 页。

③ 同上书,第 101 页。

④ 《参考资料》1977 年 4 月 25 日上午版,第 78 页。

⑤ 同上资料,第 79 页。

增加的速度，这就是为什么现在消费者的购买力没有一年前多的原因。”[①]这里的消费者，应该是广大的劳动者。不管上述两个因素的变化如何，在通货膨胀条件下，相对于生产和社会总收入增长来说，相对于资产阶级收入增长来说，无产阶级的收入特别落后，这是确实无疑的。正是这一点，又为更严重的经济危机准备了条件。

① 《参考消息》1974年5月8日，第2版。

第四部分

货币理论与物价理论研究

（本部分内容根据陈其人先生著、上海人民出版社2002年11月出版的《货币理论与物价理论研究》一书校订刊印）

前　　言

我研究货币理论和物价理论始于1945年夏。当时我是中山大学法学院经济系二年级学生。1945年春，日本军国主义者在建立所谓"大东亚共荣圈"过程中，攻打粤汉铁路的南部，以期同已被其占领的南洋相连接。中山大学法学院当时设在粤北乐昌县坪石镇，部分师生由该院办公室主任丘琳教授带领疏散到粤东北蕉岭县路亭镇，在极其困难的条件下复课。我闻讯后，身背10公斤行李，徒步经江西南部，辗转到达该地，继续上学。

当时，生活极其困苦，又无课外读物。丘琳老师是当地出生的台湾抗日英雄丘逢甲的儿子，又是国外归来的留学生，在当地很有名望，为我们弄点粮食还有办法。学生靠贷金生活，仅能果腹。物价天天上涨，我们受到严重的威胁。镇上有一肉店，镇里定期杀牛，对此我们只能流涎。此时，意外得到郭大力教授的《物价论》(此外，我还得到王亚南老师的《经济科学论丛》，这是我在蕉岭仅得到的两本书)，我便贪婪地阅读；用毛边纸写下的笔记保存至今。为了进一步研究物价理论和货币理论，我就带着干粮，身无分文，徒步至县城图书馆寻找有关的书籍阅读。

此后，我的兴趣转移到其他方面，这项研究就暂时停了下来。大约20世纪70年代末、80年代初，我才恢复这项研究。我虽在国际政治系工作，却经常同经济系的同行讨论货币理论。在此必须提到的是：1980年，货币理论权威美国的米尔顿·弗里德曼教授来我国访问，我有机会听他的演讲，其中有的内容迫使我进一步研究货币数量论。他说，$MV=PT$(M 为货币数量；V 为货币流通速度；P 为物价水平；T 为商品与劳务总量)。这个公式，是马克思、费雪和其他货币理论家所公认的。这个结构就是货币数量公式。它是个恒等式，即 MV 和 PT 可以互为因果。这番言论，使我惊奇。因为我知道，马克思是坚决反对货币数量论及那时的代表休谟的。马克思有两个货币流通量决定的公式[见马克思《资本论》(第一卷),人民出版社 1975 年版,第 139、142—143 页],都认为货币流通量的变化,是商品总价值、货币本身价值和货币流通速度变化的结果,从不认为货币流通量的变化是原因,商品价格的变化是结果。这使我下决心弄清马克思的货币理论和货币数量论对立的整个历史。其后,我细读弗里德曼几本著作,发现他在三个地方(这就排除了印刷上的错误)重复这段话:1969 年至 1979 年美国发生轻得多的通货膨胀时,货币的数量平均每年增加 9%,物价每年上涨 7%。这 10 年产量的平均增长率为 2.8%,这一比率大体上是上面两个百分比之间的差额(见米尔顿·弗里德曼《论通货膨胀》,杨培新译,中国社会科学出版社 1982 年版,第 19、100 页;米尔顿·弗里德曼、罗斯·弗里德曼:《自由选择:个人声明》,胡骑、席学媛、安强译,商务印书馆 1982 年版,第 267—268 页)。但是,我将它套入上述公式(假设 V 不变或为 1),却无论如何得不出生产增长率 2.8% 这个数据。他这三个数据,应出自统计资料。为何三者对不上口径?我感到有必要将它提出来,向弗里德曼请教,也向我国经济学家请教。我对货币数量论的基本看法是:它具有实用性,但其理论基础则是错误的。

我国 20 世纪 80 年代中期到 90 年代中期发生持续的物价上涨,当然也促使我研究货币理论和物价理论。

本书第十六题是汕头大学商学院陈冬村副教授写的。全书由我定稿,错误由我负责。

谨以本书纪念丘琳老师:是他在 1945 年初带领中山大学法学院部分师生疏散到蕉岭县(在这里我开始研究物价理论和货币理论),让大家尚能果腹;是他在 1947 年批准我因大病错过了毕业考试时机而要求补考的申请(我至今还记得当我拖着大病后的身躯步子艰难地走进他的办公室时,他端椅子并扶我坐下的情景);是他在我找不到工作时,为我介绍工作。丘琳是全身心都献给教育事业的普通教师。他身为教授而几十年安心当学院办公室主任。最为痛心的是,1981 年我托家在中山大学的学生去拜望丘琳老师时,丘琳老师已经与世长辞了。师母将丘琳老师的照片送给我以作纪念,他将永远活在我的心中!

陈其人

2002 年 5 月 27 日于复旦大学

卷　首　语

马克思很赞同格莱斯顿这句话："受恋爱愚弄的人，甚至还没有因钻研货币本质而受愚弄的人多。"

但愿我们没有受愚弄。

一、马克思货币理论的精髓

——货币直接是社会劳动

马克思的货币理论是以其商品理论和劳动价值理论为基础的。它的主要之点，就是认为生产货币(金银)的私人劳动，无须经过交换直接就是社会劳动。这就是货币的本质和马克思的货币理论的精髓，也是与其他经济学家的货币理论的根本区别。只有掌握这一点，才能科学地理解马克思关于货币职能的阐述。重要的是，马克思是在批判中提出自己的看法的。

1. 从商品中产生的货币无须经过交换直接就是社会劳动

马克思和古典学派同样认为，货币是商品中的一种。但马克思和古典学派有所不同，他认为货币和商品虽然都是私人劳动的产物，但生产商品的私人劳动，要经过交换，取得社会的承认，才能真正实现为社会劳动；货币则直接就是社会劳动，并以此对生产商品的私人劳动确认为社会所必需，进行质的承认和量的计算，最后将其实现为社会劳动。对于马克思这一理论，我们只要将他对价值形式发展的逻辑分析，以及对交换过程的历史叙述结合起来，就很容易理解。

历史上最初的“商品交换是在共同体的尽头，在他们与别的共同体或其成员接触的地方开始的”，例如 2 把斧＝1 只羊。“它们交换的量的比例起初完全是偶然的。”①这时交换的是消费后的剩余产品，交换是否成功，是否按

① 《马克思恩格斯全集》(第二十三卷)，人民出版社 1972 年版，第 106 页。

等量劳动进行，对他们的再生产的能否进行，没有决定性的影响。

马克思将这种价值形式称为简单的价值形式，并认为它是货币形式的胚胎，因为只要将羊换成金，即 2 把斧＝1 盎司金，就是货币形式了。其中的关键在于：羊在这里是表现斧的价值，正如其后的金一样。在这里斧是私人劳动的产物，它要和羊交换了，生产它的私人劳动才实现为社会劳动；羊本来也是私人劳动的产物，但它在这里的作用是对生产斧的私人劳动为社会所需加以确认，并让其实现为社会劳动。这样，生产它（羊，即货币的胚胎）的私人劳动，无须经过交换，直接就是社会劳动。以后我们知道，交换的发展，要求由一种商品固定地代表社会劳动，这种商品就是货币。

交换的发展与游牧民族有关，因为“他们的一切财富都具有可移动的因而可以直接让渡的形式。又因为他们的生活方式使他们经常和别的共同体接触，因而引起产品交换”。[①] 这表现为 1 只羊＝2 把斧，或＝1 袋盐，或＝1 包茶，等等，偶然的交换消失了，羊的价值表现在许多商品上，但它总是一样大。马克思称这种价值形式为扩大的价值形式，并指出在这种形式下，除了羊，其他的商品都直接是社会劳动，随着这些商品的增加，直接代表社会劳动的商品就增加，而唯一的代表社会劳动的商品却不存在。这归根结底会妨碍商品交换的进行。

交换的进一步发展同手工业和农业相分离有关。如果说，畜牧业和农业生产的是消费资料，首先供生产者消费，有剩余才用于交换，这样，交换是否成功，私人劳动能否实现为社会劳动，还不能决定它们的再生产能否继续进行的话，那么，手工业则与此不同，这时的价值形式表现为：1 件上衣，或 2 把斧，或 1 袋盐，或 1 盎司金＝1 只羊。马克思称这种形式为一般的价值形式。在这形式下，只有羊直接是社会劳动，其他的商品都是私人劳动，每种商品只要能同羊相交换，它就不仅自身实现为社会劳动，而且可以同任何商品相交换。这个唯一的代表社会劳动的羊，由于它是唯一的，就是货币。历史上畜产品、贝壳、布帛等等，曾经分别是货币。至于后来之所以长期固定地由金和银充当货币，是由于生产金和银的私人劳动，就其自然性质而言，最适宜直接代表社会劳动，这一点留在下面谈。

---

① 《马克思恩格斯全集》（第二十三卷），人民出版社 1972 年版，第 107 页。

2. 真正的价值尺度不是劳动时间而是社会劳动

根据劳动价值理论，价值的泉源是劳动，一种商品的价值，由生产它的社会必要劳动时间决定。英国古典经济学派由此就认为，劳动时间是价值尺度，而劳动时间是凝结在商品中的，所以任何商品都可以是价值尺度，都可以用来媒介交换，这就是他们所理解的货币。他们认为，货币其所以是金银，只是由于它们可分可合，易于储藏，不会锈烂。总之，他们并不认识到货币直接是社会劳动。

马克思指出，劳动时间只是内在的、生产同一种商品的生产者之间的价值尺度，社会劳动才是外在的、社会的、真正的价值尺度，而社会劳动就是货币。这是因为，内在的价值尺度即使计算得十分精确，也只能解决生产者之间或内部，生产商品所需的社会必要劳动时间问题，不能解决生产这种商品的劳动的质（形成使用价值）是否为社会所需要的问题，也不能解决投入生产这种商品的全部劳动时间，同构成对这种商品的需要的社会劳动，即供需二者是否均等的问题，而这一切都要由社会劳动来解决。社会劳动对生产商品的私人劳动进行质的承认，并在这基础上对私人劳动进行量（既从平均条件方面，又从供需平衡方面）的计算，就是货币执行价值尺度的内容。

在批判古典经济学派时，马克思指出他们把劳动时间看成价值尺度的原因。马克思说："劳动产品的价值形式是资产阶级生产方式的最抽象的、但也是最一般的形式，这就使资产阶级生产方式成为一种特殊社会生产类型，因而同时具有历史的特征。因此，如果把资产阶级生产方式误认为社会生产的永恒的自然方式，那就必然会忽略价值形式的特殊性，从而忽略商品形式及其进一步发展——货币形式、资本形式等等的特殊性。因此，我们发现，在那些完全同意用劳动时间来计算价值量的经济学家中间，对于货币……的看法是极其混乱和矛盾的。"①

现在，我们可以说明金银的自然属性使其最适合充当货币的问题了。

---

① 《马克思恩格斯全集》(第二十三卷)，人民出版社 1972 年版，第 96 页注(32)。

既然生产货币的私人劳动直接就是社会劳动，那就要求充当货币的那种商品，最好是不论产于何地、产自何人，其质量都是相同的、无差别的。马克思说："一种物质只有分成的每一份都是均质的，才能成为价值的适当的表现形式，或抽象的因而等同的人类劳动的化身。另一方面，因为价值量的差别纯粹是量的差别，所以货币商品必须只能有量的差别，就是说，必须能够随意分割，又能随意把它的各部分合并起来。"①此外，它又要求比重较大，小小的体积就包含较多的劳动时间，有较大的价值，这有利于流通和贮藏。这样，很明显，用牲畜、贝壳、布帛充当货币是不理想的。金银就不是这样。虽然"金无足赤"，但它是近于赤的，即质量相同。此外，它又可分可合；体积小，比重大，价值高；不会锈烂，不怕虫蛀，不怕水火，可以作为直接社会劳动的载体，长久地贮藏起来；等等。这说明"金银天然不是货币，但货币天然是金银"。② 这就是说，生产金银的私人劳动的自然性质，使这种劳动最适合于承担表现社会劳动的社会职能。

金银在生产领域中，和一般商品相比具有的特点，也使它适于充当货币。它们的质地非常柔软，不能像铁那样用来制作生产工具。它们在消费领域中，也不是非有不可的，因为它们多半作为满足奢侈、装潢、炫耀等需要的天然物质。它们的奢侈状态和它们的条块状态、铸币状态，可以相互转化；这就是说，作为社会劳动的贮藏和美的贮藏可以转化。马克思说：在中世纪的英国，法律把金银商品看作贮藏货币的形式，它们的目的是重新投入流通，因此，它们的成色完全和铸币本身的成色一样。

货币形式的产生，同手工业的进一步发展有关。因为金币最初是由手工业去开采和冶炼的。但开始时使用的不是铸币，而是条块状的货币，按重量交换，例如，1 袋盐＝1 盎司金，而不是 1 袋盐＝4 镑。关于按重量使用的条块货币，为何发展为铸币即只要点数就可以使用的货币，并由此发生的价值符号流通规律及其所起的作用，我们留在后面研究。

金银作为货币，作为直接的社会劳动，对生产各种商品的私人劳动，既要进行质的承认，又要进行量的计算，亦即各种商品的价值要和不同的金属

① 《马克思恩格斯全集》(第二十三卷)，人民出版社 1972 年版，第 107—108 页。
② 同上书，第 107 页。

量比较与计算，这样，在技术上就有必要把某一固定金量作为这些金量的计算单位。这种计算单位可以是金的重量（使用时要称重量），也可以是按规定含有金的一定重量的铸币（使用时只要点数就行）：两者都是价格标准。例如，假设生产 1 袋盐耗费 250 小时劳动，而 250 小时劳动可生产 1 盎司黄金，那么 1 袋盐的价格就是 1 盎司黄金（这要称重量）；假设 0.25 盎司黄金为铸币 1 镑，这价格就是铸币 4 镑（只要点数就行）。很明显，黄金包含的社会劳动是衡量商品价值的，生产黄金的劳动生产率变化了，商品价格就随着变化；作为价格标准的黄金量是衡量黄金本身的，例如 1 盎司的黄金总是 1 镑的 4 倍即 4 镑，这种衡量不受黄金的劳动生产率变化的影响。

生产黄金的劳动生产率的变化，亦即一定黄金量所包含的社会劳动量的变化，也就是货币执行价值尺度职能时本身价值的变化对商品价格的影响，同货币执行价格标准职能时，这个标准本身的变化对商品价格的影响，有时现象相同，但实质不同。对此加以区别，是十分重要的。如果生产商品的社会劳动生产率不变，生产黄金的劳动生产率提高 1 倍，商品价格就提高 1 倍，原来值 1 盎司黄金或 4 镑的，现在就值 2 盎司黄金或 8 镑，即上涨了 1 倍的价格表现在加倍的黄金的重量上，这是清楚的。值得注意的是，如果生产商品和生产黄金的劳动生产率都不变，但是价格标准减缩为原来的一半，即镑所含的黄金的重量降为 0.125 盎司，这时价格也提高 1 倍，即原来值 4 镑（按原来的镑为 0.25 盎司黄金计算）的，现在值 8 镑（按现在的镑为 0.125盎司黄金计算），但这上涨了 1 倍的价格如按黄金的重量计算，则没有上涨，仍为 1 盎司。认识这种不同，我认为对正确理解纸币流通条件下的物价上涨，极为重要。

从上述可以看出，货币作为价值尺度，它本身的价值是可以变化的。例如，在海外发现富饶金银矿，其开采使贵金属的绝对价值降低；在海外发现一个有利的市场，商品在那里出售，比在国内出售获得更多的货币，使该国货币的相对价值降低（这是马克思对货币理论的重大贡献，下面再谈）。此外，商品本身的价值也可以变化。商品价格同货币价值成反比，同商品价值成正比。因此，在价格标准不变的条件下，一种商品价格的变化，到底来自货币的价值，还是来自商品的价值，就很难确定。李嘉图认为，如果有一种不变的价值尺度，就可以确定价格的变化是来自商品的价值变化。他深知无论是生产商品，还是生产货币，其劳动生产率总是变化的，从这一点看，不可能有不变的价值尺度。但是，他又想到价值是分解为工资和利润的（就是马克思所说的工资和剩余价值），两者变动的方向相反，此大彼小，合起来总是一个常数。这两者的变动，会引起价值（其实是生产价格，因为涉及工资或利润）变动。他详细分析了工资变动和由它引起的利润的相反变动，对固定资本和流动资本比例（其实是资本有机构成）不同、固定资本耐久性或商品上市经历时间（其实是资本周转时间）不同的商品价值（其实是生产价格）变动所发生的不同作用。最后他认为，如果生产黄金所用的固定资本和流动资本的比例，居于社会平均条件（其实是中位的资本有机构成），那么，黄金的价值就不因工资变动而变动（其实是生产价格永远等于价值，但还要加上中位的资本周转时间这一条件）。这样，他就认为，除了因生产条件即劳动生产率变化而使黄金的价值变化外，其他条件的变化就不会影响其价值。这是一种十分接近于不变的价值尺度的尺度。这个问题，我们在下面还要谈。

李嘉图在混淆价值和生产价格的条件下，虽然详细地探讨了生产价格变动的不同情况，以及生产价格不变所需要具备的条件，这对马克思有重要的启示，但是他寻求不变价值尺度的指导思想，始终是价值尺度是劳动时间本身，也就是没有经过社会确认的劳动，亦即私人劳动，而不是社会劳动。生产商品的始终是私人劳动，而对私人劳动的质的承认，就需要直接的社会劳动即货币这一根本问题，他始终认识不到。他认为对私人劳动只有量的计算问题。正是因为不变的价值尺度不能解决对生产商品的私人劳动的质的承认这个根本问题，所以马克思虽然知道生产价格永远等于价值所需具备的条件（资本有机构成和周转时间合起来居于社会的中位），但并不提出不变的价值尺度的理论。这不仅因为不可能有不变的价值尺度（从生产所需的劳动看），而且就是有，也不一定适合代表社会劳动。

马克思认为，货币作为直接的社会劳动，在执行价值尺度职能时，可以是观念上的。

3. 流通手段是社会劳动与为社会所需要的私人劳动的交换

货币作为直接社会劳动，不仅执行价值尺度的职能——衡量商品的价值，而且执行流通手段的职能——媒介商品交换，使其为社会所需要的私人劳动实现为社会劳动。

马克思写道：商品第一形态的变化是出卖，在这里，“商品价值从商品体跳到金体上……是商品惊险的跳跃”。① 马克思还指出其所以如此的原因：首先，“为了把货币吸引出来，商品首先对于货币所有者是使用价值，就是说，用在商品上的劳动应当是以社会有用的形式耗费的”。② 这就是货币的社会劳动对私人劳动的质即有用性予以承认；其次，社会对一种商品的需要是有限度的，如果其竞争者已满足了这种需要，再有商品出售就成为多余的，耗费在这种商品生产上的劳动，就不能全部转化为社会劳动。这就是货币这种社会劳动对私人劳动在质的承认的基础上再对其量进行计算，也就是商品不仅是有用的，而且是适量的。只有这一切都顺利解决了，私人劳动才能实现为社会劳动，商品才能出售，而这是困难的。与出售相反，购买是货币这种社会劳动交换私人劳动，而社会劳动是所有私人劳动都追求的，因而购买远远比出售容易。

马克思认为，作为直接社会劳动的货币执行流通手段职能，一方面有利于商品交换的进行，另一方面又可能妨碍它的进行。在简单价值形式 2 把斧＝1 只羊中，买和卖是同一件事，没有独立为两个行为，当然这时也没有哪一种私人劳动固定地直接是社会劳动。但在货币媒介的交换中，即商品——货币——商品中，买和卖就分为两个行为了。货币既方便了交换，又可能妨碍交换的进行，因为只要卖了之后不继之以买，或不在同地购买，就有商品不能卖，或同地有商品不能卖。其根本原因在于：货币直接是社会劳

① 《马克思恩格斯全集》(第二十三卷)，人民出版社 1972 年版，第 124 页。

② 同上书，第 125 页。

动，生产商品的私人劳动都要追求它，它一旦不露面，或不在当地露面，就有私人劳动得不到社会劳动承认的事情发生，商品生产者未能通过“惊险的跳跃”，就被摔得粉身碎骨。这种买和卖相脱节的现象，是货币的流通手段职能产生的；它是经济危机的因素和现象形态，但不是其原因。

正因为这样，马克思就批判老穆勒的教条；这个教条认为商品流通必然造成买和卖的平衡，因为每一次卖同时就是买，反过来也是一样。从这点看，李嘉图认为产品总是要用产品购买的，货币只是实现交换的媒介，这种认识是片面的。他们所以有此看法，就是不了解商品是私人劳动的产物，而货币则直接是社会劳动，私人劳动要实现为社会劳动，是要通过“惊险的跳跃”的，说到底，他们就是视资本主义生产为生产的自然形态，不了解商品生产的基本矛盾是私人劳动与社会劳动的矛盾。这对李嘉图的货币理论有决定性的影响，这问题下面再谈。

商品总价值（或总价格）和货币作为流通手段的数量两者的关系问题，是货币理论中的重要问题。马克思坚持商品是私人劳动的产物、货币直接是社会劳动的观点，认为进入流通之前，两者都是凝结了劳动的，从而科学地说明金属货币流通量的决定。它有两个公式。第一个是：商品价格总额/同名货币的流通次数＝执行流通手段职能的货币量。这个公式由于已经有了商品价格总额和同名货币流通次数，就是说不是以条块货币而是以铸币为前提的，这就发生后者怎样产生的问题。于是，就有第二个公式。这就是：已知商品价值总额和商品形态变化的平均速度，流通的货币量决定于货币本身的价值。这两个公式实质相同，形式不同。假设全部商品耗费的劳动为1 000 000小时，货币流通或商品形态变化平均速度为5，即需要1 000 000/5＝200 000小时劳动生产的金或银来流通这些商品。再假设1盎司黄金要用250小时生产出来，这样，第二个公式就是200 000/250＝800盎司黄金。假设0.25盎司黄金为1镑，就要800/0.25＝3 200镑。如果黄金的劳动生产率提高1倍，即1盎司黄金125小时就可以生产出来，第二个公式所需黄金就变为200 000/125＝1 600盎司，所需货币就变为1 600/0.25＝6 400镑。在第一个公式，以前总价格为3 200×5＝16 000镑，后来变为6 400×5＝32 000镑。

这里要强调的是，第一个公式在马克思看来，等式左面即商品总价格是原因，等式右面即货币流通量是结果；价格总额会因货币价值变化而变化，但它是来自货币的价值尺度职能，不是来自货币的流通手段职能。这些分析和下面将论述的货币数量论都不同。

马克思认为，金属货币能够自己调节其流通量，使之符合需要量。说到底，这是因为，货币是社会劳动，过多能够退出流通，进入贮藏，过少则离开贮藏，进入流通；它和美的贮藏相互转化，甚至可以若干世纪贮藏下来。这与一般的商品不同，那是私人劳动，只能在流通中，以便实现为社会劳动。银行券由于能随时兑换金属货币，其流通规律就和金属货币一样，能自己并和金币合起来调节货币的流通量。这个问题下面还要谈。

马克思将从货币的支付手段中产生的银行券和从货币的流通手段中产生的纸币加以区分。纸币不能兑现，就不能贮藏（hoarding，不是储蓄 saving），流通量过多或过少，都不能自己调节。其量过多，等于单位纸币代表的金属量减少，等于价格标准缩小，如 1 镑不是＝0.25 盎司黄金，而是＝0.125 盎司黄金，物价就上涨 1 倍。和金属货币的流通量取决于自身的价值不同，纸币的价值取决于自己的流通量。这时的价格变动，不是由纸币所代表的金属货币作为价值尺度的职能引起的，而是纸币作为流通手段的职能引起的。马克思认为，纸币是货币符号或价值符号，不是真正的货币，价值符号的流通规律是金属货币流通规律的颠倒。这些问题，下面将系统地谈。

4. 不是观念和符号的货币必须是社会劳动的凝结

马克思说：作为价值尺度并因而以自身或通过代表作为流通手段来执行职能的，是货币。价值尺度可以是观念上的，流通手段可以是货币符号，这些职能虽然来自货币直接是社会劳动，但执行这些职能不一定要求是凝结了社会劳动的货币。然而，货币执行贮藏手段、支付手段的职能，以及成为世界货币，则必须是凝结了社会劳动的货币，亦即必须是贵金属。现分述于下。

货币贮藏就是作为价值实体的社会劳动的贮藏。商品是私人劳动的产物，它必须转化为社会劳动，即必须出卖，但一旦出卖了，社会劳动在握，就不必像出卖时那样急于购买了，这时货币就在贮藏中。货币作为直接社会劳动，能购买任何东西，即货币的质是无限的。但每一现实的货币额又是有限的，只能购买一定量的东西。正是这种质的无限性和量的有限性之间的矛盾，在货币不能变成资本的条件下，促使人们贮藏货币。为了调节货币流通量，也要贮藏货币。对内为了实现支付，对外为了世界市场的流通，也要贮藏货币；在前者，货币是执行支付手段职能，在后者，货币则成为世界货币。此外，还有美的贮藏，即将金银变成装饰品，它和货币贮藏可以转化，并共同调节货币流通。只有凝结了社会劳动的真正的货币，即贵金属货币，才能贮藏。

货币的支付手段职能是将社会所需的私人劳动最终实现为社会劳动。随着商品交换的发展，商品的让渡同商品价格的实现在时间上分开来的关系也在发展。在这里，商品让渡时，生产它的私人劳动为社会所需已得到证明，但还没有实现为社会劳动，货币只执行观念上的购买手段的职能；要到商品买卖完毕，在规定日期到来时，商品的价格才能实现，生产它的私人劳动才最终实现为社会劳动，货币在这里执行支付手段的职能。货币的支付手段职能，能减少货币流通量，因为构成链条的债权和债务关系可以互相抵消，支付的只是其中的差额，每笔支付的日期并不完全相同，用于支付的货币可以多次使用，总之，这能减少社会为生产货币而耗费的社会劳动。①

但是，“货币作为支付手段的职能包含着一个直接的矛盾。在各种支付互相抵消时，货币就只是在观念上执行计算货币或价值尺度的职能。而在必须实行支付时，货币又不仅是充当流通手段，不是充当物质交换的仅仅转瞬即逝的媒介形式，而是充当社会劳动的单个化身，充当交换价值的独立存在，充当绝对商品。这种矛盾在生产危机和商业危机中称为货币危机的那一时刻暴露得特别明显”。② 因为债权债务在正常情况下减少了所需的支付手段量，但只要链条中一个环节发生问题，到期不能如数支付，其他的环节也就不能支付，这就是危机。这时，大家都要求有实实在在的支付手段，但

---

① 生产货币的私人劳动直接就是社会劳动。在使用金属货币和银行券的条件下，货币的支持手段职能能节省部分生产货币的社会劳动是很清楚的。在使用纸币的条件下，由于它能减少纸币流通量，就能节省印制纸币和流通纸币所耗费的生产劳动。

② 《马克思恩格斯全集》(第二十三卷)，人民出版社 1972 年版，第 158 页。

现有的支付手段，无论是金属货币，还是下面将论述的信用货币，都严重不够，“货币荒”是必然发生的。所以，货币作为支付手段，使经济危机有了抽象的可能性。很明显，它是从货币作为流通手段，使买和卖可能脱节引起的。但为何必然脱节，这就不能从货币本身来说明了。

信用货币是从货币作为支付手段的职能中产生的。它最初是从商业信用中产生的票据，其后又有从银行信用中产生的银行券。各种票据可以互相抵消，各种银行券也可以互相交换，最后的差额才兑现金属货币。

由于充当支付手段的货币的发展，就必须积累货币，以便到期偿还债务。这样，随着社会经济的发展，作为独立的致富形式的货币贮藏消失了，而作为支付手段准备金形式的货币贮藏却增长了。

写到这里，我们要根据马克思的货币理论回答这个问题：生产商品的私人劳动要实现为社会劳动，真正的货币就是凝结了社会劳动的贵金属；有人据此就认为，这样，随着商品生产的迅速发展，贵金属就逐渐会绝对不够，不足以实现商品的总价值，这就是 20 世纪 30 年代终于废除金本位制度的原因。马克思对所谓金属货币不够的看法是：首先，货币是社会劳动，它凝结在贵金属中，并可以积累下来，长期使用，它不像一般商品那样，大多数在使用后就消灭，要另外花劳动去生产，只是“用来补偿已经磨损的铸币的金是例外”。① 这就是说，待实现价值的商品虽然是新的私人劳动生产出来的，而实现其价值的货币则可以是积累下来的社会劳动。其次，贵金属既可从开采矿山中增加，又可从美的储藏的转化中增加。最后，还可以用支付相互抵消的办法，以及加速货币流通的办法，来节省货币流通量；总之，在 20 世纪 30 年代大危机中废除金本位制度的决定性原因，不可能是黄金的绝对不足。②

世界货币使货币的存在方式同其本质相适合。在世界贸易中，货币就成为世界货币而与全世界的商品相对立。世界货币执行一般支付手段、购

---

① 《马克思恩格斯全集》(第二十四卷)，人民出版社 1972 年版，第 537 页。

② 这个原因，凯恩斯在其《就业、利息和货币通论》一书中说出来了。他说：“如果人民所要的东西(例如货币)不能生产，而对此东西之需求又不容易压制，劳力便无法就业。唯一补救之道，只要公众相信，纸币也是货币，而由政府来统制纸币工厂，换句话说，由政府来统制中央银行。”(商务印书馆 1963 年版，第 198 页)这就是说只有废除金本位，改行纸币本位制，才能实行通货膨胀政策，并以此来刺激经济发展，解救失业者。鼓吹通货膨胀政策是凯恩斯主义的精髓。

买手段，以及一般财富的绝对化身的职能。货币一越出国内流通领域，就失去其在国内具有的价格标准、铸币等地方形式或国民服装。货币发展为世界货币，就使货币的存在方式同它的本质——直接是社会劳动相适合，因为在世界市场上，货币能同一切私人劳动相交换，从而最充分地表现它是直接社会劳动。

在这里，有必要谈一谈《资本论》(第一卷)第三章"货币或商品流通"的结构：a. 价值尺度；b. 流通手段；c. 货币：货币贮藏、支付手段、世界货币。为什么货币五种职能在叙述体系上不是并列的？我的理解是：价值尺度不必用物质的货币，只要是观念上的即可，流通手段可用代替物，以上两者都不要求真正的货币；货币贮藏、支付手段和世界货币则非要真正的货币不可。因此，货币五种职能不应在叙述体系上予以并列。

5. 马克思对劳动券或劳动货币的批判

从上述可以看出：货币直接是社会劳动——马克思这种货币本质观，是建立在分析商品生产的基本矛盾，即私人劳动与社会劳动矛盾的基础上的，从而是建立在将资本主义这一商品生产制度看成生产的一种历史形态、并进行分析的基础上的。因此，那些将资本主义生产看成生产的自然形态的经济学家和货币学家，就不可能有这种科学的货币本质观。但是，空想社会主义者，虽然将资本主义生产看成一种历史形态，或者按照他们的认识，就应该正确地说是一种非正义的生产，因而必然被一种在他们看来是正义的生产所代替；可是，他们是从理性出发观察问题，不是分析经济规律，因而常常咒骂金钱是罪恶之源，幻想保留商品生产而废除货币，或废除金属货币，而代之以劳动货币或劳动券。这种思想同马克思的货币本质观是对立的。

空想社会主义者约翰·格雷认为现行交换制度的最大缺点，就是用货币购买是很容易的，可是为取得货币而出售却十分困难。他要使出售和购买同样容易。他主张国家中央银行通过支行来确定生产各种商品所需的劳动时间。生产者以自己的商品换回一张正式的价值凭证，即换回一张表明他的商品包含多少劳动时间的收据；而这种代表 1 个工作周、1 个工作日或

1个工作小时等等的银行券，同时又是领取存放在银行仓库中的其他一切商品的一个等价物的证据。他说：这样一来，贵金属将在市场上与黄油、鸡蛋、棉布、花布并列，取得它们应有的地位，它们的价值不会比金刚石的价值更使我们关心。他进一步尖锐地提出问题：我们应该保存我们想象出来的价值尺度——金，从而束缚一国的生产力呢，还是应该改用自然的价值尺度——劳动，从而解放一国的生产力呢？这种以劳动时间为价值尺度的学说，被马克思称为劳动时间是直接的货币计量单位的学说。

针对这种认识，马克思指出，主张劳动时间是直接的货币计量单位的学说，在空想社会主义者约翰·格雷那里第一次得到系统的发挥。既然劳动时间是价值的内在尺度，那为什么除了劳动时间之外还有另外一种价值尺度呢？为什么价值发展成为价格呢？为什么一切商品都用一种从一般商品中分离出来的商品来估计自己的价值，因而使这一商品变成价值的最适当的存在，变成货币呢？这是格雷应该解决的问题。他不去解决这问题，反而去空想商品能够直接当作社会劳动产品而相互发生关系。既然格雷把商品中所包含的劳动，即私人劳动直接当作社会劳动，那他就是把这种劳动时间当作共同的劳动时间，或直接联合起来的个人劳动时间。这样一来，一种特殊商品，例如金和银，就不会被当作一般劳动的化身来同其他商品相对，价值就不会变成价格，而使用价值也就不会变成价值，产品也就不会变成商品，因而资产阶级生产的基础就会消灭。当然，这不是格雷的本意。在他看来，产品要当作商品来生产，但不当作商品来交换。这是不可能的。

马克思总结说：格雷的著作中所隐藏的、连他自己都未觉察的，就是劳动货币是一种经济学上的空话，它用来表示下面这种虔诚的愿望：废除货币，同货币一起废除交换价值，同交换价值一起废除商品，同商品一起废除资产阶级的生产方式。这一点被英国的一些社会主义者在格雷之后，直截了当地讲出来了。下面我们谈伟大的空想社会主义者英国欧文的劳动券学说。

马克思指出：欧文的劳动券或劳动货币，像戏院门票一样，不是货币。欧文假定直接社会化的劳动，即一个和商品生产正好相反的生产形态。劳动券不过是一种凭证，证明生产者个人在共同劳动中加入多大的部分，他个人对共同产品中决定用在消费上的那部分又有多大的要求权。不过欧文没有想到要用商品生产作为前提,也不想用货币诡计来回避商品生产的必要条件。

欧文认为,交换的第一阶段是物物交换,是等量劳动生产的物品的直接交换,没有货币,劳动是唯一的自然的价值尺度。后来商业代替了物物交换,货币代替了劳动成为人为的价值尺度。它破坏了等价交换原则,使剥削有了可能。因为资本家并没有在货币形式上付给工人劳动生产的全部价值;工人在购买消费品时又受剥削。他认为用自然的价值尺度代替人为的价值尺度,用劳动货币就能消灭这种剥削。他在 1832 年开办交换市场,用劳动货币代替金属货币,但因积压的商品太多,终于在 1834 年破产。

总之,格雷和欧文都把生产商品的私人劳动直接当成社会劳动,这样,有多少商品就有多少张社会劳动的凭证,而唯一的直接代表社会劳动的商品,即真正的货币则是没有的,这就不能解决私人劳动必须实现为社会劳动的矛盾。所以,在存在商品生产的条件下,以劳动货币代替货币,即将私劳动直接当作社会劳动,必然遭受失败。

在我看来,有些研究空想社会主义的人,对劳动货币或劳动券其所以行不通之原因的解释,是片面的和错误的。他们多半认为要精确地计算生产商品所耗费的平均劳动时间,涉及许多技术问题,事实上不可能是精确的,因而失败。很难精确计算,当然是事实,但这并不是劳动货币所以行不通的主要原因。这就是说,他们并不认识社会劳动是真正的价值尺度,仍然认为劳动时间本身是价值尺度,只不过认为由于技术上的原因,很难算出这种平均的社会劳动时间。总之,他们的思想路线和空想社会主义者是一样的。

我还要附带指出,随着电子计算机的发明,有人就认为,用这种最新的技术完全可以计算生产商品所需的平均劳动时间,因而在此条件下,以劳动券取代货币就再也不是空想的了。这同样是错误的,因为它也是认为劳动时间本身是价值尺度。

二、马克思怎样对待古典经济学的货币理论

马克思主义政治经济学教程一类著作常说：马克思认为货币是商品中的一种，是商品中的商品。这种说法当然正确，尤其是在纸币流通、因而某些货币学家散布货币的实体是与商品、与形成价值的劳动无关的条件下，这显得十分重要。但是，这是前人包括古典学派早就看到的事实，也是古典经济学家早就从理论上解决了的问题，并不是马克思所首创，也不是其货币理论和前人不同的要点。现在，我们就从这里开始，说明马克思是怎样对待古典经济学家的货币理论的。其中，关于马克思怎样扬弃李嘉图的发达国家货币相对价值较低的理论，以及马克思怎样扬弃李嘉图的不变价值尺度的思想，因为较为复杂，我们列为专题加以研究。

1. 货币是商品并且两者相互转化的经济现象

马克思明确地说："还在 17 世纪最后几十年，人们已经知道货币是商品。"①古典学派的重要代表配第、斯密和李嘉图从事经济学研究时，主要资本主义国家实行的是货币制度，这使他们容易看到货币是商品。他们从事理论研究的时间，大体上是从 17 世纪中叶到 19 世纪 20 年代。这期间，英国已从实行银本位制度过渡到实行金本位制度；美国独立前使用欧洲各国的货币，独立后至 1792 年也实行金银复本位制度。这就是说，这期间除了英国因对法国（拿破仑）作战，于 1797 年一度停止银行券对金属货币的兑现，即实

① 《马克思恩格斯全集》(第二十三卷)，人民出版社 1972 年版，第 110 页。

行纸币本位制度（它对李嘉图另一种货币理论发生的重大影响，留待下述）外，都实行贵金属货币制度。在这种制度下，经常发生的所谓恶币驱逐良币的现象，使人们包括经济学家看到货币不仅是商品，而且这两者可以相互转化，即认识到货币是商品。

所谓恶币驱逐良币，即市场比价低于法定比价的货币（恶币）在流通，也就是仍为货币，而市场比价高于法定比价的货币（良币）退出流通，被匿藏、熔化、秘密输出，也就是变为生金生银的商品买卖。[①] 这种经济现象最初引起经济学家的注意，是在 16 世纪时的英国。当时，英国因财政困难，便铸造成色较差的货币与原来的货币一起流通，即两者在法律上等价，但在经济上前者较贱，后者较贵，前者是恶币，后者是良币。结果后者不断流到国外，从货币变成商品。实行金银复本位制度，这种现象也经常发生。因为实行这种制度，金币和银币的法定比价，只能定期改变，而金和银的市场比价却经常变化，这样一来，市场比价低于法定比价的，就仍为货币在流通，而市场比价高于法定比价的，则退出流通变为商品。例如，1717 年，英国规定金币和银币的比价为 1∶15.25，但其后不久，市场上的银价暴涨，银币便被人匿藏和熔化，成为商品，只有金币仍在流通；1792 年，美国规定金币和银币的比价为 1∶15，但 19 世纪初，市场上的银价暴跌，金币便被人匿藏和熔化，成为商品，只有银币仍在流通。这就是说，只要实行金银复本位制度，就必然使金银中只有一种是货币，另一种是商品，两者可以相互转化。这就是马克思所说的："价值尺度的二重化是同价值尺度的职能相矛盾的。"因为"凡有两种商品依法充当价值尺度的地方，事实上总是只有一种商品保持着这地位"。[②] 这是从理论上说明问题。因此，只要尊重当前事实，细心观察，就不难看出，货币是商品。古典学派的这种认识，马克思吸收了。他认为，货币是商品中的商品，是货币商品，这个思想的基础就是这个事实。

但是，马克思的货币理论与包括古典学派在内的前人理论有很大的不同，这是我们要说明的。

---

① 《马克思恩格斯全集》（第二十三卷），人民出版社 1972 年版，第 115 页注（53）。在这里，马克思说："估价过低的金属退出流通"，即法定比价低于市场比价的金属退出流通。这和我们所说的市场比价高于法定比价的良币退出流通相同。

② 同上书，第 115 页注（53）。

2. 价值尺度的精确含义和决定价值的必要劳动的两层含义

前面已经说明，马克思认为，货币作为衡量商品价值的尺度是外在的、社会的；也就是说，它在对商品的使用价值的质的承认的基础上，再对商品的价值量进行计算，后者就涉及马克思特有的决定价值的社会必要劳动有两层含义的问题。

我们都知道，马克思认为使用价值是交换价值的物质担当者。但这并不是他首创的。马克思明确说：约翰·洛克于 1691 年就说过，任何物的自然价值（worth）都在于它能满足必要的需要，或者给人类生活带来方便（马克思还说明，在 17 世纪，英国著作用 worth 表示使用价值，用 value 表示交换价值）。洛克这种思想，马克思吸收了。至于英国古典学派认为商品的价值量由生产商品所需的劳动时间决定的问题，学派中的李嘉图认为是由最劣等的生产条件所需的劳动时间决定，马克思就将它加以扬弃，认为土地产品（农产品和矿产品）其生产因存在着土地私有权对资本流入的限制，所以是这样；而一般的工业产品就不是这样，它们不存在这种限制，因而是由中等或平均劳动条件所需的劳动时间决定的。如果说，以上这些理论还不是马克思首创的，那么，决定商品价值的必要劳动时间有两层含义，以及其中有一层含义，是指在社会分工条件下，生产一种使用价值的总量，要与社会对其需要的总量相符合，即社会各种使用价值总量符合比例时，其生产所需的劳动时间，这一理论就是马克思首创的了。

马克思是在吸收法国古典政治经济学鼻祖布阿吉尔贝尔的财富平衡思想的基础上首创这一理论的。布阿吉尔贝尔虽为法国皇帝路易十四的法官，但目睹法国因实行路易十四的财政大臣柯尔培尔的重商主义的政策，致使农业极端凋敝，全国经济严重失衡，因而提出财富要平衡的思想。这里只介绍其与马克思的货币理论有关的部分。布阿吉尔贝尔说：法国当时存在 200 种以上的行业，它们互通有无，共存共荣，虽没有同等的重要性，但都是人们所必不可少的；这种分工的基础和源泉在于农业的存在和发展，农业繁荣，百业繁荣，农业衰落，百业衰落，国民经济是一个整体，平衡是最为重要的，从这一点看，平衡是财富唯一的泉源。他这种认识比其后的斯密的论述要深刻得多。斯密说：按照事物的自然趋势，进步社会的资本，首先是大部分投在农业上，其次投在工业上，最后投在国外贸易上；因为总得先开垦一些土地，然后才能成立很多市场；总得在城市里先有了些粗糙的制造业，然后才会有人愿意投身于国外贸易。斯密这里谈的是各经济部门发展的先后顺序，尽管应该涉及各部门之间的比例关系，以及哪一部门（应为农业）是这些比例网依以建立的基础的问题，但是他没有加以研究。

马克思主要是吸收布阿吉尔贝尔的有关思想，来建立其决定价值的第二层含义必要劳动时间的理论的。他是从论述农业，尤其是粮食生产时，提出这个问题的。马克思说："社会上的一部分人用在农业上的全部劳动……必须足以为整个社会，从而也为非农业工人生产必要的食物……虽然食物直接生产者的劳动，对他们自己来说也分为必要劳动和剩余劳动，但对社会来说，它所代表的，只是生产食物所需的必要劳动。"接着，他特别指出："整个社会内部的一切分工也是如此。这是生产特殊物品，满足社会对特殊物品的一种特殊需要所必要的劳动。……社会劳动时间可分别用在各个特殊生产领域的份额的这个数量界限，不过是整个价值规律进一步发展的表现，虽然必要劳动时间在这里包含着另一意义。"①这里要强调的是，从比例分配社会劳动角度看的生产一种使用价值总量所需的必要劳动时间，是马克思提出的决定商品价值的第二层含义的必要劳动时间。《资本论》（第一卷）对此论述不多。因为《资本论》（第一卷）还没有论述社会进行再生产时，各种使用价值所需结成的比例关系。我们知道，这是《资本论》（第二卷）的任务。马克思身后才出版的《资本论》（第三卷）和《剩余价值学说史》对其论述甚多。我想由于《资本论》（第一卷）没有充分论述这问题，马克思在该书译成俄文出版时，就建议译者将"每 1 码的价值也只是同种人类劳动的同一的社会规定的量的化身"，改为"每 1 码的价值也只是耗费在麻布总量上的社会劳动量的一部分的化身"。② 这应引起我们重视。在《剩余价值学说史》中，马

① 《马克思恩格斯全集》（第二十五卷），人民出版社 1974 年版，第 716—717 页。
② 《马克思恩格斯全集》（第二十三卷），人民出版社 1972 年版，第 126 页注(2)。

克思就明确地说:“从这观点出发,必要劳动时间就取得了别一种意义。现在要问,必要劳动时间本身,是按什么数量分配在不同生产部门中。……如果有数量过大的社会劳动时间被用在一个部门,那也只会被付这么多的代价,好像只有适当的数量被使用一样。”[①]换言之,一种使用价值的总量,在社会分工中,如果是符合比例的,也就是供求相等,其市场价格就与价值或生产价格相等价值;否则,市场价格就环绕着价值或生产价格波动,这种波动又会导致供求相等。

很明显,对两层含义必要劳动时间的计算,都要由货币的价值尺度职能来完成。第一层:生产一件使用价值,各个生产者耗费的时间不同,但要以平均的时间来决定其价值,这样,货币对同质量的商品,就不问是在哪一种条件下生产的,只付给同一的价格;第二层:货币对供求相等的商品,所付的价格就与价值或生产价格相等,否则,价格就会上下波动,这又会导致供求相等。马克思说:如果生产1码麻布所需的平均劳动时间是1小时,价值2先令;社会对其需要是4 000码,即总价值为8 000先令,现在,生产了6 000码,按1码值2先令算,总价值是12 000先令,但也只能卖8 000先令,即市场价格低于价值,每码的价格是1.33先令。[②] 如果生产量少于4 000码,市场价格就高于价值。在这里可以进一步看到,劳动货币或劳动券,即使计算得再精确,也只能算出第一层含义的必要劳动时间,无论如何不能算出第二层含义的必要劳动时间,更不用说它不能对使用价值的质是否为社会所需作出决定了。在社会化的商品生产中,除了用货币对使用价值的质加以确定,再在此基础上,计算商品的价值量即表示商品价格,以及使价格环绕着价值波动,从而调节社会生产,使国民经济各部门能够符合比例外,是没有其他办法的。

关于第一层含义的必要劳动时间(平均或中等生产条件所需的)和第二层含义的必要劳动时间(生产的总量符合需求所需的)二者的关系,是一个非常复杂的理论问题,对此有兴趣的读者,可参考我有关的论著[③],这里就不

① 马克思:《剩余价值学说史》(第一卷),郭大力译,人民出版社1978年版,第241页。

② 同上。

③ 陈其人:《论比例分配社会劳动及其实现的两种方法》,《复旦学报》(社会科学版)1993年第4期;陈其人:《恩格斯的价值决定命题及其影响——兼论决定价值的二层含义的社会必要劳动时间》,载胡企林等《马克思主义来源研究论丛》(第十八辑),商务印书馆1995年版,第367—385页。

谈了。

这就是马克思的货币价值尺度职能理论的精确含义，以及它不同于前人的要点。

3. 揭示古典经济学在主张劳动价值论的基础上主张货币数量论的原因

前面谈到，一般的货币数量论否认商品和货币在进入流通前具有待实现的价值和价值，从而认为商品的价格是这两者的商数，价格与货币数量成正比。对于这种明显违反劳动价值理论的主张，斯密起初明确地反对。对于两种商品的比价，他是从劳动价值理论去说明的。斯密说："捕杀海狸1头所需劳动，若两倍于捕杀鹿1头所需的劳动，那么，海狸1头当然换鹿2头。"①据此，斯密批评那些明显违反这原理的数量论。他说："两种商品（斯密认为货币也是商品中的一种——引者）的普通价值比例，与其在市场上普通存量的比例，不必一致。1头值十几尼的牛的价格，约为1头值3先令6便士羊的价格的60倍。如果我们依此推想，通常市场上有牛1头，即有羊60头，那是可笑的。"②这批评非常有理。但是，对于以全社会的商品和全社会的货币各为一方的交换，斯密就同意货币数量论了。他说："随着更富饶矿山的发现，就有更大数量的贵金属提供市场，而较大数量贵金属所要交换的生活必需品，在数量上如果和以前一样，那么同一数量金属所换得的商品数量必定比从前少。"③即商品价格上涨。这就是货币数量论。分析一下就可以看出：其一，它和前面的引文不同，在这里劳动价值论消失了；其二，前面说的是一种商品和另一种商品的交换，如两者供求不相等，过多的一种，还可寻找众多的第三种商品与之交换。这里说的是全部商品和全部货币相交换，如供求（可理解为双方生产所费的全部劳动）不等，就再也没有第三种

---

① 亚当·斯密：《国民财富的性质和原因的研究》（上卷），郭大力、王亚南译，商务印书馆1972年版，第42页。

② 同上书，第203页。

③ 同上书，第181页。

东西可供选择与之交换了。这样，无论是货币的一方还是商品的一方，都有一个因此而发生的价格环绕着价值发生波动的问题，从货币一方看，如其数量增加而商品数量不变，其价格就低于其由劳动决定的价值，反过来就是商品价格上涨，也就是商品价格同货币数量成正比。这就是以劳动价值论为基础的货币数量论。

错误是很清楚的，这就是将货币完全等同于商品。所以，前面所说古典学派认为货币是商品，这是正确的，但是错误也从这里开始。因为货币也有不同于商品的特质：它直接是社会劳动，因而可以执行贮藏手段的职能，能调节其流通量使之适合需要量，像各种商品经常发生的供求不等问题，不适用于货币（贵金属货币）。因此，斯密的这种违反劳动价值论的货币数量论，是否认货币具有贮藏手段职能的产物。

我们在前面说过，马克思指出古典学派的世界观，使他们视资本主义生产为生产的自然形态，从而无法了解商品生产的基本矛盾，无法了解货币和商品有不同的特质：货币直接是社会劳动。在这基础上，马克思进一步揭示了古典学派，尤其是斯密，在这个问题上否认货币具有贮藏手段职能的方法论根源。我们知道，重农学派为了反对重商主义认为剩余价值是从流通中产生的这一错误理论，就选择一个可以脱离流通而能够独立进行生产的部门，即农业部门（它的种子和肥料都是本部门生产的，不是买来的，其实这种情况只适合于存在着众多小农的法国，不适合于工业和贸易都发达的英国，因而重农学派的故乡是法国）来说明剩余价值的产生，这剩余价值就是只有农业部门才有的，来自自然恩赐的纯产品，也就是地租。从方法论看，这是矫枉过正的产物。与此相似，如果说重商主义把货币只是在它当作流通过程结晶物的形式规定上来认识，那么，同样反对它的古典学派就来一个截然相反，把货币首先在它的流动形态上，当作在商品形态变化本身内部产生而又消失的交换价值形态来理解。因此，正如把商品流通过程完全在商品—货币—商品形态上来理解，又把这个形态完全当作与买卖过程完全统一（视资本主义生产为生产的自然形态，看不到其矛盾就必然是这样）来理解一样，就把货币在它的当作流通手段的形式规定上，而不是在它的当作贮藏手段等，即当作商品货币的形式规定来认识。如果流通手段本身在它当作铸币的职能上孤立起来，它就会转化为价值符号。可是，因为摆在古典学派面前的，首先是金属货币流通作为流通的支配形式，所以他们就把金属货币当作铸币，而把铸币当作单纯的价值符号来理解，于是，依照价值符号的流通规律，提出了商品价格决定于流通中的货币量，而不是相反地流通中的货币量决定于商品价格的原理。

4. 揭示李嘉图把价值符号的流通规律等同于金币的流通规律的原因

马克思以上的批评，既适用于斯密，又适用于李嘉图。但两人在相同错误的基础上，又有不同。在斯密，将金币流通规律看成价值符号的流通规律时，并没有反过来，将后者又看成是前者；在李嘉图，则将后者看成前者。关于他们两人的比较，留在最后谈。这里先谈李嘉图本身的问题。

马克思指出：李嘉图对货币的研究，不是由金属货币流通的现象，而是由银行券流通的现象引起。银行券是从货币的支付手段流通职能中产生的，它能随时兑现金币，并和金币一起流通，所以，它的流通规律就是金币的流通规律。18 世纪末至 19 世纪初，英国与法国（拿破仑）作战，因筹措军费而增发银行券，又因荒年粮食输入增加，贸易逆差发生，金币需要输出，这样一来，因准备金不够，银行券就停止兑现，银行券停止兑现就变成国家强制流通的纸币，随着它的流通量增加，物价就上涨。最明显的例证，就是以纸币表现的黄金价格高于造币厂的金价（1 盎司黄金为 3 镑 17 先令 10.5 便士），白银和其他商品的价格也上涨（我们称为“黄金高价”现象）。很明显，这是由于纸币即价值符号流通量过多，价格标准缩小，导致商品（包括生金生银）价格上涨。但是，李嘉图将价值符号的流通规律看成银行券即信用货币的流通规律，而后者就是金币的流通规律。这样一来，他就将金币流通规律看成是价值符号流通规律，从而认为像纸币流通量过多一样，金币流通量也会过多，这时它的“价格”就降到其价值以下，商品价格就上涨，反之就相反，即否认金币具有贮藏手段的职能；并且认为，在美洲发现富饶的金银矿使贵金属数量增加，和英国在线针街印发更多的纸币，都促使物价上涨，并有同样的意义和经济内容。其实，这两者无论因果关系，还是经济内容都是不同的，这一点下面再谈。

李嘉图明显感到，劳动价值论和货币数量论之间是有矛盾的，他力图解决。

第一，李嘉图从黄金的国内生产来解决。他说，在商品价值和商品数量即商品总价格已定的条件下，如果流通中的货币量决定于作为货币的黄金的价值，那么流通中的货币量就处于正常的水平。如果商品总价值减少，或黄金的产量增加，流通中的黄金数量就超过正常的水平，黄金的价值就跌到原来的金属价值以下，商品价格就上涨；反之，情况就相反。但是，他认为在前一种情况下，黄金的生产就会减少，直到它的数量适合于它所需的流通必需量，即它的价值提高到等于它的正常价值时为止；反之，黄金的生产就会增加，也直到它的数量适合于它所需的流通必需量，即它的价值降低到等于它的正常价值时为止。这种解释是不对的。因为按照李嘉图的解释，流通中的金币就成为大于或小于它的真实价值的一种符号了。其所以产生这种错误，是因为他把货币看成只是流通手段，而不同时又是贮藏手段。

当然，我们认为在货币流通量不受限制时，李嘉图这种说法是错误的。但是，如果货币流通量受限制时，就不是这样了。例如，铸币铸造受到限制，而对它的需要超过它的流通量，这时，它的价值就会超过其面值；它的流通量过多，它的价值就会低于其面值，但不会低于其金属自身的价值。这是因为，由于技术上的原因，不足时私自增加铸币是困难的，过多时私自加以熔化当作金属出售是容易的。纸币的价值也由它的数量调节。不同的是，由于价格上的原因，纸币过多也不能当废纸或纸浆出卖。

在这里也可以看出，李嘉图的上述错误，正如下面将论述的希法亭所指出的：把适用于禁止自由铸造本位制的规律，也直截了当地转用到自由铸造的本位制上。

第二，李嘉图从黄金在国际上的流动来解决。根据上述货币流通量的决定原理，在正常的流通条件下，他认为黄金不仅在国内是按照其价值来流通的，而且在一切国家有相同的价值，不会有货币的输出和输入。因为如果货币在甲国的价值高于在乙国，那么甲国的商品（价格低）就流到乙国，乙国的黄金就流到甲国，甲国货币增加，价值降低，乙国货币减少，价值提高，一直到两国黄金的价值相同时为止。他由此得出结论说：把黄金当作商品的等价物来输出，除了因为流通手段过剩以外，从来不会发生。据此，他又认为，19 世纪最初 20 年，英国在荒年时的黄金输出，是流通中商品数量减少(粮食减产)，致使黄金流通量过多，其“价格”下跌，因而商品价格上涨的结果，而不是由于英国要在世界市场上购买粮食，从而黄金被当作购买手段和支付手段而从英国输出。用他的话来说就是：“英国是商品贵而货币贱的市场，而大陆则是商品贱而货币贵。”①因此，英国输出货币。这个金额的输出，会使流通手段的价值重新同别国的流通手段的价值相一致。马克思明确指出：“同这种怪论相反，统计材料证明，从 1793 年到最近，每逢英国遇到荒年的时候，流通手段的现有数量不是过多，而是不足，因此就有并且必须有比从前更多的货币流通。”②因为这时输入的粮食比以前贵些。针对这些，马克思严肃地说：“李嘉图完全受价值符号因它的数量而贬值的现象所支配，当他被逼得很紧的时候就武断了事”；“如果李嘉图像我们刚才所说的那样抽象地建立这个理论，而不引进一些具体情况……那么它的空虚是很明显的。然而他给整个阐述涂上了一层国际的色彩。但是不难证明，表面上的规模宏大，一点也不改变他的基本思想的渺小。”③

对于李嘉图这种理论，马克思加以逻辑分析之后说：他“应该证明的是，商品价格或金的价值决定于流通中的金量。要证明这一点必须先证明：用作货币的贵金属的任何数量，不论与其内在价值成何比例，必定成为流通手段，成为铸币，因而成为流通中商品的价值符号，而不管这些商品的价值总额如何。换句话说，这个证明就在于抹杀货币除了作为流通手段的职能以外的一切职能”。④

不过，马克思还是谅解李嘉图的。他说：“李嘉图从事著作活动的时期，是不适宜于观察贵金属作为世界货币的职能的时期。在(拿破仑)大陆体系实施之前，贸易差额几乎总是对英国有利，而在大陆体系实施期间，同欧洲的贸易太少了……货币的输送主要是政治性的。”⑤如果不是处于这样的条

① 《马克思恩格斯全集》(第十三卷)，人民出版社 1962 年版，第 168 页。
② 同上书，第 167—168 页。
③ 同上书，第 164 页。
④ 同上。
⑤ 同上书，第 169 页。

件,他就有可能认识货币的世界货币的职能,就必然能将铸币(在世界市场上,铸币要脱去其民族的服装,只看其重量)和金币加以区分,就不会将货币(金币)看成只是流通手段了。因此,李嘉图那个理论体系也就不会是徒有国际的宏大外表,而思想却极其渺小了。

5. 评论斯密和李嘉图对价值符号和金币之关系的不同看法

我们在前面说过,斯密没有将价值符号流通规律等同于货币流通规律。这里加以论述。斯密说:北美洲的纸币,由政府发行,非经数年,不能兑现,政府不付持票人任何利息,但宣告纸币为法币,须按面额接受其对债务(如纳税)的支付。这样,如果利息率以年计是6%,15年后才能兑现的100镑纸币,现在其价值约为40镑。这些"纸币,既许人民按其面额用以完纳本州各种赋税,不折不扣,所以即使纸币真的或被认为要很久以后才兑现,其价值亦可多少增一些",即100镑纸币的价值不止值40镑现金。"不过这种增加价值,要看本州发行的纸币额怎样超过本州交纳赋税所能使用的纸币额,而有多少不等。据我们考察所得,各州纸币额,都大大超过本州交纳赋税所能使用的纸币额。"①这里先要说明的是,斯密所说的纸币,从一方面看是银行券,因为是兑现的,只不过不是凭票即兑,或者说是政府发行的无息国债;从另一方面看,又是纸币,至少在不兑现期间内是纸币。斯密在这里说明的规律是:如果纸币共150万镑,假设交纳赋税共需100万镑,多出50万镑纸币,这150万镑纸币,每100镑所值的现金当然大于40镑,其大于的程度,比交纳赋税共需50万镑,多出100万镑纸币时高些;总之,纸币额超过纳税所需量越多,其值现金越少。对于这段历史,马克思十分审慎地称为:18世纪初期和中期,北美洲殖民地的地方银行券,随着价值符号量的增加而贬值。

---

① 亚当·斯密:《国民财富的性质和原因的研究》(上卷),郭大力、王亚南译,商务印书馆1972年版,第301页。

当然，正如斯密所说，也有这样的情况："发行纸币的银行，若测度纳税所需，使所发纸币额，常常不够应付纳税人的需求，那纸币价值，即将高于它的面值，或者说，纸币在市场上所能买得的金银，会多于它的票面所标志的数量。"[①]这个问题，形式同前面的不同：纸币价值不是小于而是大于其面值，但实质却是相同的。这就是马克思所说的：价值符号不问其物质材料是什么，其单位价值只取决于其流通量，只要其流通量和需要量不相等，其价格就可以高于或低于其面额，这时价格标准事实上就发生变化，物价也随着发生变化。这里先提一下：以后我们看到，其后的希法亭利用这一价值符号所值会超过其面额的现象，修正马克思的货币理论。

最后，斯密明确地指出："纸币的价值，虽可落在金铸币价值之下，但金银价值，不会因纸币价值下落而下落。……金银价值对其他货物价值的比例，无论在什么场合，都不取决于国内通用纸币的性质与数量，而取决于当时以金银供给商业世界大都市的金银矿藏的丰瘠，换言之，取决于一定数量金银上市所需的劳动量对一定数量他种货物上市所需劳动量的比例。"[②]前面说过，这不适用于说明全部金银和全部商品各为一方的交换比例，只适用于说明一定量金银和一定量商品交换的比例。

上述表明，斯密并没有将价值符号的流通规律等同于金币的流通规律。因为从某一点看，他决不认为金币的价值随着其流通量变化而变化。李嘉图就不是这样。

李嘉图说：货币即"黄金和白银像其他一切商品一样，其价值只与其生产以及运上市场所必需的劳动量成正比例"；而"在国家征收铸币税的情形下，铸币价值一般就会超过未铸成货币的金属，其超过额相当于全部铸币税。因为这时铸币需要用更多的劳动"；"在只有国家能铸造货币的时候，这种铸币税是没有任何限制的；因为只要限制铸币的数量，它的价值就可以被提高到任何可能的高度"；"纸币就是根据这一原则流通的。纸币的全部费用都可看作铸币税。它虽没有内在的价值，但只要限制它的数量，它的交换

---

① 亚当·斯密：《国民财富的性质和原因的研究》(上卷)，郭大力、王亚南译，商务印书馆1972年版，第302页。

② 同上。

价值就会等于面值相等的铸币或其内含生金的价值”。[①] 这就是说:金银就是铸币,在没有铸币税的时候,两者的价值相等,铸币(金银)价值由其流通量调节;从征收铸币税这一点看,纸币和铸币是一回事,只要限制其数量,它们的价值要多高就能多高。这样一来,金币流通规律和价值符号流通规律就是一回事了。在这里,李嘉图是将禁止自由铸币的流通规律和一般的自由流通的金币流通规律混为一谈了。关于这一重大的货币理论问题下面再详细谈。

由于这样,正如马克思所指出的,李嘉图就提出这样错误的原理:既然金本身,即条块金币和金铸币,都能变成大于或小于它自己金属价值的一个金属价值的符号,那么,流通中的银行券也就有相同的命运。他又将银行券和纸币相混淆。这样,从这个观点看,纸币就可以双重地贬值。纸币跌到它所应该代表的金属价值之下,可以是因为发行量太大,又可以是因为它所代表的金属已经跌到了金属本身的价值之下。这就是说,不是纸币对于金币贬值,而是纸币和金币在一起贬值,即一国流通手段总体的贬值。马克思认为这个错误原理,成为1844年英国银行立法的基本原理。

由于这样,李嘉图错误地认为,美洲富饶矿山多开采金银,银行多印发纸币,都有促使物价上涨的相同作用,并有相同的经济内容,就是必然的。其实,无论从因果关系看,还是从经济内容看,两者都是不同的。这个重大理论问题,下面再谈。

李嘉图批判上述斯密关于殖民地纸币价值的看法。他说:“斯密博士讨论殖民地的通货时,似乎忘记了他自己的原理。他不说这种纸币贬值的原因是数量过多,却设问道:假定殖民地的安全毫无问题,15年后的100镑的价值是否等于立时支付的100镑呢?我的回答是,只要数量不过多,便是相等的。”[②]前面说过。在年利息率为0.06时,15年后兑现的100镑银行券现在只值40镑,这是由于要扣除贴现。单就这点而言,是与银行券发行数量无

① 大卫·李嘉图:《政治经济学及赋税原理》,郭大力、王亚南译,商务印书馆1962年版,第301—302页。

② 同上书,第304页。

关的。按照前面的说法,银行券(不兑现时已成为纸币)交纳赋税是按面值十足使用的,假设纳税额为100万镑,银行券发行量也是100万镑,此时100镑银行券就值100镑。这是根据斯密的论述可以得出的结论。这同时也是李嘉图的回答。但是,他们两人还是有所不同,斯密说到底还是认为:"各种纸币能毫无阻碍地到处流通的全部金额,决不能超过其所代替的金银的价值,或……在没有这些纸币的场合所必须有的金银的价值。"①就是说,斯密还考虑货币的价值尺度职能。李嘉图不是这样,他认为货币只是流通手段,只要限制它的数量,它的价值要多高就有多高。

对于减色和变轻的铸币的价值,以及它表现的价格问题,李嘉图的看法也和斯密不同。他说:"在限制数量之后,减色铸币也会像具有法定重量和成色一样按表面所标价值流通,而不按其实际含有的金属量的价值流通。"②他甚至认为,如果"减色银币的数量……没有超过在没有减色银币情况下所能流通的铸币厂新铸银币的数量",这时"货币虽然减色了,但却没有贬值"。③ 就是说,银币虽然减值了,但是,其流通量仍和以前一样,它就不贬值,亦即物价不因此而发生变动。在这里,李嘉图将其原理作了最抽象的逻辑推论。假定铸币减值50%,就是说,价格标准减小50%,物价就应上涨1倍,从货币作为价值尺度看,表现上涨了1倍的价格的金属的重量,仍和以前一样;按照我们前面的说明,铸币流通量就应增加1倍;这样,流通中的金属货币从重量看还是一样,即价值量还是一样。但是,李嘉图却限制其流通量,使它和以前一样,这样物价就同以前一样,不发生变化。可是,他从不考虑这时价格标准就相应发生的变化:实际流通量为应有流通量的50%,因而价格标准就比实际含金量大1倍,这样,以减值50%而不增加其数量的铸币表现的物价,虽然形式上不变,但是,由于价格标准实际上发生了变化,表现这物价的金属从重量看,还是和以前一样,尽管价格标准形式上比以前减小50%。李嘉图在这个问题上,其所以和斯密不同,就是因为他只将货币看成

① 亚当·斯密:《国民财富的性质和原因的研究》(上卷),郭大力、王亚南译,商务印书馆1972年版,第275页。

② 大卫·李嘉图:《政治经济学及赋税原理》,郭大力、王亚南译,商务印书馆1962年版,第302页。

③ 同上书,第317页。

流通手段，而不将它同时看成价值尺度。

当然，上例只是一种纯粹的逻辑推论。实际情况是，在铸币减值时，其流通量也是增加的，只是不一定同比例。这就是李嘉图所说的："在英国铸币史中，我们看到通货贬值从不与其减色成同一比例，原因是通货数量的增加从不与其内在价值减少成比例。"①这就是说，由减色和减重导致的铸币减值的程度，大于这减值铸币数量增加的程度，因而表现为铸币贬值的物价上涨程度低于铸币减值的程度。

斯密的看法不是这样。他说："代表一切商品市场价格的名义金额，与其说受标准银币应含银量的支配，毋宁说受银币实含银量的支配。所以，这名义金额，在铸币因削剪磨毁而价值减低的场合，比较在铸币接近标准价值的场合，非较大不可。"②这就是说，在不限制铸币流通量的条件下，这类铸币将促使物价上涨。

斯密和李嘉图的看法不同。问题在哪里呢？我们撇开限制和不限制铸币流通量这个问题进行分析。斯密明显地是考虑货币的价值尺度职能，因而认为，用减轻了的铸币去表现价格，就要有较大数量的铸币，即价格上涨，因为只有这样，表现这个价格的铸币总量所含的金属重量，才和价格上涨前一样。反之，李嘉图认为，只要限制减值铸币的数量，在一定条件下，物价可以不变。但这只是假象，因为他全不考虑这时的价格，如果折算为金属的重量，到底有没有变化的问题。换言之，只要价值符号流通量和它的实际需要不相等，价格标准就发生变化。这时，价格虽然不变，但按新的价格标准计算其金属含量，还是和以前一样。只要考虑货币的价值尺度职能，这个问题就能解决。

李嘉图的分析也有值得重视的地方。马克思说："在英法两国政府货币伪造的历史上，我们一再看到价格不是按照银铸币成色减低的比例而上涨。这只是因为铸币增加的比例同铸币成色减低的比例不相当，也就是因为金属成色较低的铸币的发行量还不足以使商品的交换价值以后用这种成色较

① 大卫·李嘉图：《政治经济学及赋税原理》，郭大力、王亚南译，商务印书馆 1962 年版，第 302 页。

② 亚当·斯密：《国民财富的性质和原因的研究》（上卷），郭大力、王亚南译，商务印书馆 1972 年版，第 187 页。

低的金属当作价值尺度来计算，并且用同这种较低的计量单位相适应的铸币来实现。这一点，解决了洛克和朗兹的争论中没有解决的困难。”①马克思的这个思想，就是来自李嘉图的。

① 《马克思恩格斯全集》(第十三卷)，人民出版社1962年版，第110页。

三、马克思论价值符号流通规律是金币流通规律的颠倒

马克思的《政治经济学批判》和《资本论》(第一卷)第一篇研究的对象有一部分是相同的,即都是货币。关于这两者的关系,马克思在《资本论》的序言中除了指出"前书的内容已经概述在这一卷的第一章中"外,还指出"前书已经详细阐述的观点,这里只略略提到"。[①] 由于后一提示,使我经常研读在《资本论》中只略为提到或不曾提到,而在《政治经济学批判》中不仅详细论述、而且在我看来十分精辟的论点。现在提出来的就是马克思关于包括铸币(必有磨损)、辅币(以铜和镍为材料,而不以其金属价值流通)和纸币(无价值,而代替铸币和辅币流通)在内的价值符号流通规律是金币(包括银即贵金属)流通规律的颠倒的论述。他特别指出,由于这种颠倒,那些片面地根据强制通用的纸币流通来研究货币流通现象的观察家,就必然对货币流通的一切内在规律发生误解。他将这种颠倒分为六个方面。我研读之后感到,不仅现在广为流行的货币数量论与这种颠倒有直接的密切的关系,而且货币名目论和货币金属论也与此有关。

1. 从条块金币到金铸币、再到无金的辅币和纸币

金币最初是以条块形状、按重量使用的,即人们所说的某物值 2 盎司黄金。这时货币流通量的决定公式是:已知商品价值总额和商品形态变化的平均速度,流通的货币或货币材料的量决定于货币本身的价值。使用条块

① 《马克思恩格斯全集》(第二十三卷),人民出版社 1972 年版,第 7 页。

的金币，严格说来，每次都要称重量和验成色，对商品流通不利。于是，具有一定重量、成色、形状、花纹和图案的金铸币取代了条块金币。这是计算的或点数量使用的货币，即 1 镑、1 金元、1 银元等，它们分别含有以法律规定的金或银的重量和成色。这些规定是价格标准。例如，19 世纪初，英国法律规定 1 盎司黄金铸造 3 镑 17 先令 10.5 便士，于是人们就不说某物值 1 盎司黄金，而说值 3 镑 17 先令 10.5 便士了(下面为了方便，我们有时将 1 镑简算为 0.25 盎司黄金，即 1 盎司黄金折算为 4 镑)；美国 1934 年初废除金本位时，将金美元变为纸美元，后者的含金量为前者的 59.06%，即每盎司黄金值 35 纸币美元(1971 年，美国停止外国中央银行将美元以此价兑换黄金，80 年代初要 800 多纸美元才能在世界市场上买到 1 盎司黄金——这已涉及纸币流通量过多从而引起价格标准缩小的问题，下面再谈)；旧中国银元的含银量是旧制(1 斤为 16 两)7 钱 2 分。这时货币流通量的决定公式是：商品价格总额/同名货币的流通次数。

最初，条块形状的金币和当作铸币的金，即按重量计算的金和点数计算的金，并没有什么不同。上述两个货币流量的决定公式实质上是相同的。但金币和铸币相同只是一种完全撇开外界影响的假设。事实上，金作为货币在流通中必有磨损，有的快些，有的慢些，也就是说，它在被使用时，就被消耗。就这一点来说，金币和铸币相同。但由于前者是按重量使用的，后者是点数量使用的，就有不同的结果。这就是说，铸币必然是一个一个不断贬值的。因此，铸币的名称和铸币的实体，它的名义含金量和它的实际含金量开始分离。但是，铸币一旦变轻，就不许流通，那是不可能的。各国以法律规定其减轻程度只要不低于某一限度，就仍可流通。只要它还在流通，例如，金镑就变成了虚镑，成为虚金。马克思特别指出，一个金铸币，当它在流通中当作 1/4 盎司黄金，而称起来只有 1/5 盎司黄金时，实际上它对那已经不存在的 1/20 盎司黄金，就成了单纯的符号或象征。这样，所有的金铸币，由于流通过程本身，或多或少变成了它的实体的单纯符号或象征。

以上谈的是铸币在流通过程中的自然磨损。此外，还有一种人为的刮削。这是由于，在流通中，一个金铸币磨损了较多的金属含量，而别一个磨损得较少，也就是说，一个金铸币在实际上比另一个所值较多。但是，它们在当作铸币的职能上，是一样大的东西，实际上有 1/4 盎司黄金的金铸币，并不比表面上有 1/4 盎司黄金的金铸币大些。由于这样，那些重量十足的金铸币，就会在不老实的所有者手中动外科手术，即被人刮削，但在一定的条件下，它仍能流通。

金镑变成虚金这种转化，是无法完全避免的。但是，立法当局想在它的实体减轻到一定程度时，才制止它继续当作铸币的资格。例如，英国的法律规定，一个金铸币损失重量达到 0.747 格令(grain)以上时，就不再是合法的金镑，要退出流通，作为生金使用，或重新铸造。

在这种情况下，如果不把金铸币的流通限制在它磨损得较慢的一定流通范围内，从实质看它就根本不能流通。为了解决这个矛盾，在金铸币磨损得最快的范围内，亦即在买与卖以最小规模不断进行的范围内，就有一种辅助的流通手段，即辅币成为铸币的代表，这些辅币就是银记号、铜记号和镍记号，它们在流通中代表金铸币的一定部分。它们的含银量、含铜量、含镍量，不是由银与金、铜与金、镍与金之间的价值比例来决定的，而是由立法任意确定的。这就是说，它们是金铸币的符号。

但是，这些金铸币的符号，进入流通后，也同金铸币一样磨损着，并且与它们流通得更快相应，磨损得也更快。因此，如果必须再规定一个损失金属重量的界限，超过这个界限就失去了辅币的资格，那么，它们在自己的流通范围的一定圈子内，又要用另一种象征化的货币，例如铁和铅来代替，并且这样一种象征化的货币由另一种象征化的货币来代替是一个无限的过程。因此，在流通发达的一切国家中，由于货币流通本身的必需，不得不使这些记号的铸币资格，不依它们的金属重量的任何损失为转移。于是，从事情的本质看，好像它们之所以成为金铸币的象征，成为辅币，不是因为它们是银制的、铜制的、镍制的，不是因为它们有一定的价值，倒是因为它们没有任何价值。经过这样的分析，马克思就科学地指出：由于这样，那些没有什么价值的东西，例如纸片，就可以当作金铸币的象征来发生作用。

最后，马克思指出了流通手段发展的辩证法。这就是金属铸币的名义含量和实际含量之间从最初并没有显著的差别，可以发展为绝对的分裂。货币的铸币名称离开了货币的实体，存在于实体之外，存在于没有价值的纸片上。正如商品的价值通过它们的交换过程而结晶为金的货币，金的货币则在流通中升华为自己的象征或符号，最初采取磨损金铸币的形式，最后采取无价值的记号、纸片、单纯价值符号的形式。金铸币、辅币和纸币，都是价值符号或货币符号。金铸币之所以产生金属代用品，后来又产生纸代用品，不过是因为它虽然不断损失金属，但是仍然能执行铸币职能的缘故。

经过这些说明，我们就可以阐述价值符号流通规律是金币流通规律的颠倒了。

2. 金币有价值才流通，纸币流通才有价值

第一个颠倒是：金币的流通是因为金有价值，与此相反，纸币有价值则是因为纸币流通。[①] 要了解马克思这个命题，就要了解马克思货币理论的精髓。就这个问题而言，货币是由于要解决商品生产的基本矛盾，而从商品界中分离出来的一种商品；贵金属的自然性质使其最适合于执行货币直接是社会劳动的一切社会职能；纸币是从货币流通手段这一职能中产生出来的货币符号或价值符号。

认为货币是商品中的一种，这固然正确，但这并不是马克思货币理论的精髓。马克思指出，还在 17 世纪最后几十年，人们已经知道货币是商品。古典学派在这基础上还认为，货币和商品一样，其价值由生产所耗费的劳动决定（李嘉图的理论有些不同，留待下面阐述）。但是他们并不了解货币是生产商品的私人劳动与社会劳动这一矛盾的产物。由于要解决这一矛盾，生产商品的私人劳动，首先，其具体劳动创造的使用价值对他人就必须是有用的，亦即使用价值是价值的物质担当者；其次，在上述基础上，不同条件的私人耗费的劳动时间，就要转化为平均条件的必要劳动时间，这是从生产一件使用价值来看的；最后，在社会分工条件下，生产各种使用价值的生产者，每种使用价值的生产总量就要符合各种使用价值所形成的比例，也就是说，生产同种商品的个别劳动时间总和，要等于在社会分工中、生产符合比例的各种使用价值量所需的必要劳动时间，这同样是使用价值是价值的物质担当者，它指的是在有用性基础上的适量性。很显然，这两层含义的必要劳动时

① 《马克思恩格斯全集》（第十三卷），人民出版社 1962 年版，第 111 页。

间从发展观点看是一致的。直接代表社会劳动，对私人劳动进行质的承认，再以此为前提，对私人劳动按照两层含义的必要劳动时间的要求进行量的计算，这合起来就是执行外在的、社会的或真正的价值尺度职能；然后最终将私人劳动实现为社会劳动，即执行流通手段职能：执行上述全部职能的社会劳动依以凝结的实体即商品，就是货币。马克思明确指出："等价形式的第三个特点，就是私人劳动成为它的对立面形式，成为直接社会劳动形式。"①

关于贵金属尤其是黄金之所以是最理想的货币材料，以及纸币是价值符号的完成形态，前面已介绍过马克思的科学解释，这里不赘。

很明显，金成为货币之前就是有价值的，并且由于这样才成为货币进入流通。它成为货币后，不管是流通还是贮藏，也不管在国内还是在国外，同样是有价值的。纸币与此不同，它只有在流通中，并且代表金才有价值。如果不是这样，它贮藏(不是储蓄)起来，或流到国外，就没有价值了。由于这种不同，如果根据纸币只有在流通中才有价值来推论金币，那就必然发生错误。这一重要理论问题下面还要谈。

3. 流通的金币量取决于其价值，纸币的价值取决于其流通量

第二个颠倒是：已知商品价值总额和商品形态变化的平均速度，所需的金币流通量取决于金本身的价值，与此相反，纸币的价值取决于其流通量。② 这个命题最初是由李嘉图提出来的，但他后来又认为金币的价值也要受其流通量所调节(下面将论述)。马克思扬弃了李嘉图的理论。

李嘉图说：谷物和黄金、白银等等东西一样，也是一种商品，其价值只与其生产以及运输到市场所必需的劳动成比例。由于这样，金价就比银价贵15倍。"一国能运用的货币数量必然取决于其价值。如果只用黄金来流通

① 《马克思恩格斯全集》(第二十三卷)，人民出版社1972年版，第73页。

② 《马克思恩格斯全集》(第十三卷)，人民出版社1962年版，第111页。

商品，其所需的数量将只等于用白银时所需的数量的1/15。”①这里正确地说明，金币流通量取决于自己的价值。当然，这里说的是两种不同贵金属。但根据这个原理就可以了解，如果黄金的价值降低了1/2，金币流通量就要增加1倍；反之，也就相反。

李嘉图也理解纸币的价值取决于纸币的流通量。他说：假定英国所需流通的金币是100万盎司，但银行利用停止兑现的法律能在流通中维持名为150万盎司金币的纸币，这样的代表150万盎司金币的纸币，其价值不会超过100万盎司金币，代表1.5盎司金币的纸币，不会比1盎司黄金买到更多的东西，即纸币的价值因其流通量多1/2而降低了1/3。如果纸币流通量过少，情况就相反。

但是，李嘉图后来又错误地认为金币的价值和纸币的价值，一样，都由其流通量决定。他说：如果发现一个金矿，金币的价值就因其流通量增加而降低；这和设立一个有权发行纸币的银行而多发纸币，纸币的价值也因其流通量增加而降低一样。这里关于金币的价值由其流通量决定，同以前说的由生产和上市所需的时间决定是矛盾的，也是错误的。原因留在下面谈。

马克思对李嘉图理论中的正确部分加以发展。他在区分了银行券和纸币的基础上指出，纸币是从货币的流通手段职能中产生，并由国家强制流通的，所以谁也不能阻止国家任意把大量纸币硬塞到流通中去，并在它们上面印上任意的印记，如1镑、5镑、20镑。这样，表面上看来，国家似乎可以通过印记的魔术，把纸变成金了。事实当然不是这样。马克思指出，纸币的流通规律是：纸币的量决定于它们在流通中所代表的金量，因为它们只有在代表金币的限度内才成为价值的符号，所以它们的价值简单地决定于它们的量。

马克思对于用算术方法来说明纸币的价值取决于它的流通量的做法并不满足。他要用理论来说明。他说：假定1 400万镑是一国所需的金币流通量，如果用银来代替金币，并假定金与银的比价为1∶15，就需要银币21 000万镑，这就等于说，每镑银代表1/15镑金币，就是价格标准减缩为等于1/15镑金币的含金量。如果投入的纸币为21 000万镑，情况也是一样，即

---

① 大卫·李嘉图：《政治经济学及赋税原理》，郭大力、王亚南译，商务印书馆1962年版，第301页。

每镑纸币的价值是 1/15 镑金币,同样就是价格标准减缩为 1/15 镑金币的含金量。纸币流通量不等于金币流通量时,其价值或单位纸币的含金量即价格标准的变化,都可依此法求得。

马克思进一步将这上升为更抽象的理论。他说:价值符号(包括纸币、辅币和成色不足或重量变轻的铸币)按什么比例代表按造币局价格计算的金银重量,不是决定于这些符号本身的物质,而是决定于它们存在于流通中的数量。这个比例难于理解之点,就在于货币在当作价值尺度和当作流通手段这两个职能上,不仅受相反的规律所支配,而且这些规律似乎是同这两个职能的对立性质相矛盾的。作为价值尺度,货币只当作计算货币来用。在这里,货币的自然性质具有决定性的意义;用金和用银来表示的价格,其所需的分量自然是不同的;就价格标准来说,是 1 金美元(1934 年美国废除金本位前流通)还是 1 纸美元(美国废除金本位后流通,它可以随金融当局的意愿而定其流通量),由此表现的商品价格自然是不同的。作为流通手段,货币必须作为一件实在的东西而与其他商品相对立。在这里,货币的自然性质倒是变得无关紧要,一切都取决于它的数量;只要它的数量和由它代表的具有一定自然物质的货币流通量不一致,价格标准就发生变化,由此表现的商品价格也发生变化,而不管它本身的自然物质究竟是什么。马克思强调说:就只是想象中存在的货币而论,一切决定于其物质实体;就感觉上存在的货币而论,一切决定于观念上的数的比例——这一点,是与人类的常识相矛盾的。①

对于李嘉图原来正确的理论后来发生错误,即最终认为金币的价值也要由金币的数量来调节,犹如商品的价格由商品的数量来调节一样,马克思认为,如果撇开李嘉图的资产阶级世界观,使他看不到商品生产的基本矛盾,从而把商品生产看成生产的自然形态不谈,就我们现在论述的问题而言,那就是由于从纸币流通规律去推论金币流通规律。这是一切货币数量论者的思想路线。由于这两种规律是颠倒的,必然发生错误。李嘉图于 19 世纪初研究货币理论,当时英国因对法国作战,滥发的银行券不能兑现,就变成纸币。马克思指出:李嘉图完全受因数量过多而贬值的价值符号现象

---

① 《马克思恩格斯全集》(第十三卷),人民出版社 1962 年版,第 110 页。

所支配；和其前辈一样，把银行券（其流通规律同金币相同）的流通，与纸币（价值符号中的一种）流通混为一谈，这就终于认为金币的价值由其数量来调节，陷入货币数量论。

货币数量论不论是像李嘉图等人的那样，即是以劳动价值论的，还是像绝大多数论者的那样，即反对劳动价值论的，都是和马克思的货币理论对立的。这一重大问题，下面再详细论述。

4. 价格涨跌使金币流通量增减，纸币流通量增减使价格涨跌

第三个颠倒是：流通中的金币量随着商品价格的涨跌而增减，与此相反，商品价格似乎随着流通中的纸币量而涨跌。① 这个命题在我看来，全部是与货币数量论对立的。因为金币既然是有价值的，在商品价值已定时，金币流通量要取决于金本身的价值，那么，在金的价值不变、商品价值增减时，金币流通量就要随之增减；纸币既然要在流通中才有价值，其价值要取决于它的流通量，那么，在商品价值不变、纸币流通量增减时，每单位纸币代表的金量即价格标准就要随着增减，由于这样，商品价格就要相反地上涨或下跌。但货币数量论者却认为，这命题前半不对，应改为商品价格随金币流通量增减而涨跌；后半应去掉“似乎”，即纸币数量增减无须经过中介，无须经过价格标准的变化，就直接与价格构成正比例关系。

货币数量论产生的背景是：美洲发现后，其丰饶银矿开采的白银流入欧洲，16 世纪、17 世纪欧洲物价高涨，史称“价格革命”，与此同时，货币流通量增加（关于“价格革命”，斯密整理了详尽的经济资料并有所说明，这一点连同 19 世纪初英国以“黄金高价”为象征的物价上涨，以及李嘉图对它的说明，这两者一起我们留在下面再加以评述），于是，就发生了物价上涨和货币流通量增加孰为因、孰为果的问题。货币数量论认为，货币流通量增加是因，物价上涨是果，即价格水平和货币流通量成正比。后来，这种理论就发展

① 《马克思恩格斯全集》（第十三卷），人民出版社 1962 年版，第 111 页。

为:金属货币和纸币一样,其流通量和价格水平成正比。

每个时期货币数量论的形式都略有不同,都有其代表者,马克思对他所接触的具体人物的评论,以及我们运用马克思的理论对其他货币数量论者的评论,留在下面谈。这里先谈马克思对这理论从方法论上进行的批判。

这种货币数量论,正如马克思指出的:认为进入流通前,商品和货币都是没有价值的;它们只是两堆东西,价格是它们的商数。例如,如果商品为40单位,货币为120单位,则单位商品价格为120/40=3单位货币;如果货币增为160单位,单位商品价格为160/40=4单位货币;依次类推。这种理论,在金币流通条件下,当然是错误的。因为它忽视金币和商品都是耗费了劳动生产出来的,它们进入流通前已有价值和待实现的价值,在一般情况下,不可能以40个小时劳动生产的商品和80个小时劳动生产的货币相交换。当然这里有一个交换的两方,从全体看是否供需相均衡的问题。如不均衡,就不可能按等量劳动或价值交换。但这只适用于商品的一方,而不适用于货币(贵金属货币)的一方。这是因为货币不同于商品,就在于它直接是社会劳动,是贮藏手段,并能和美的贮藏合起来调节其流通量,使其适合需要。斯密和李嘉图等古典经济学家,一方面主张劳动价值论,正确地认为货币和商品都是由劳动决定价值的,另一方面又陷入货币数量论,其原因就是不认识货币和商品的不同在于:货币直接是社会劳动。

在纸币流通条件下,货币数量论同样是错误的。这是因为,商品和货币不是两堆东西,价格不是它们的商数;商品和纸币是有价值的,单位纸币代表的金量就是价格标准,它和纸币流通量成反比,同价格也成反比,也就是说,不是纸币的数量和商品的数量结成的关系本身构成价格,而是纸币流通量决定价格标准,价格标准决定价格。

货币数量论从某一点看,还有一个问题难以解决:由于商品是各种各样的,将货币摊分给商品时,怎能区分商品的不同,有的分得多,有的分得少?如果不能,岂不是每件商品都摊到相等的份额?这样,不同种类的商品何以有不同的价格就无法解释。这就是马克思所说的:商品世界是由无数不同的使用价值组成的,它们的相对价值无论如何不是由它们的相对数量来决定。

16世纪、17世纪欧洲物价上涨和银币流通量之间的关系是:前者为因,后者为果。马克思指出:由于美洲便宜的白银流入欧洲,欧洲劣矿退出生产,银的价值下降,物价就上涨;物价上涨了,设货币流通速度不变,所需的银币流量就增加。这和纸币流通量过多,从而价格标准缩小,导致物价上涨是不同的。物价上涨的表现,在前者是:用来表现价格的金银重量增加;在后者是:将上涨了的价格折算为金银,其重量并没有增加。这好比尺缩短了,用它来衡量的布变得长了,即用公尺量是1尺,用市尺量是3尺,但布本身的长度没有发生变化一样。

5. 金铸币流通量过多过少自身调节,纸币数量不论过多过少都在流通

第四个颠倒是:商品流通所能吸收的金铸币有一定的数量,因而流通中的货币量交替地发生紧缩和扩张乃是必然规律,与此相反,纸币不论多少都可以为流通所容纳。[①] 在马克思看来,在流通中的商品总价值,可因商品的总量增减、单位商品价值的增减而增减;由它们所反映的商品总价格,则因货币的价值减增而增减。在这个条件下,如果货币流通速度不变,所需的金铸币流通量就要相应地增减。这样,如果原来的货币流通量和新的所需的流通量不符合,就要有金铸币进入或退出流通,以便和所需的流通量相适合。这就是说,货币要有一个蓄水池,以便调节其流通量,使之适合其需要量。与此相反,纸币没有价值,只有在流通中代表金币才有价值,所以不能执行贮藏手段的职能,不能调节其流通量,使之适应需要量。但是,不论其流通量为多少,全部都能为流通所容纳。因为假如它的流通量与所需的金铸币流通量不符合,单位纸币代表的金量,即价格标准就发生变化,单位商品价格(不是价值)也就发生相反的变化,一个变化了的总价格就形成,它与纸币流通量总是一致的。正是根据这一点,马克思说:“可以把多少令纸切成纸票当作货币来流通呢?这样提出问题是毫无意义的。”[②]这是因为,不仅

① 《马克思恩格斯全集》(第十三卷),人民出版社1962年版,第111页。

② 同上书,第108页。

名义为5镑的纸币，只能名义为1镑的纸币的1/5的数量来流通，这时商品的价格仍和原来的一样；而且名义为5镑，甚至10镑的纸币，同名义为1镑的纸币以同样张数来流通，流通也能容纳。不过，这时由于单位纸币代表的金量即价格标准缩小，商品价格就分别上涨5倍和10倍。这就是说，如果离开金铸币来考察纸币，由于它永远并只能在流通中，永远不会过多过少，总能被流通所容纳，这样再从纸币推论金币，就必然发生错误。货币数量论就是这样。

现在我们要补充说明的是：上述命题的前半部分是将金铸币当成金币来论述的，即将它当作没有磨损的金币。没有磨损的铸币能执行贮藏手段的职能，能进入和退出流通以调节其流通量，使其符合流通的必需量。马克思在《资本论》(第一卷)论述货币的贮藏手段的职能时，特别在注解中引用了诺思和小穆勒的有关说明。前者说：一个国家要进行贸易，必须有一定数量的金属货币，这个数量随着情况的需要而变化，时而增多，时而减少。货币量这种变化，无须政治家的任何协助，能够自行调节。这就是，两只吊桶交替工作：货币不足时，用金块来铸造；金属块不足时，把货币熔化掉。后者说：在印度，银饰品仍然直接起着贮藏货币的作用。利率高时，银饰品送往造币厂，利率低时，它又恢复原状。这样足值的铸币是能自己调节其流通量的。它和下述的不足值或贬值铸币不同。

货币数量论者都认为，金币、铸币(足值的)和纸币一样，全部在流通中并被流通所容纳。设货流通速度为1，这样，一方是货币，另一方是商品，价格就是它们的商数。即使这时的经济内容是100劳动小时生产的金币和50劳动小时生产的商品交换也是这样。换言之，他们认为金币对于商品处于供过于求的状态下，也不能部分退出流通，进入贮藏；在相反的情况下，也不能从贮藏状态进入流通，以调节其流通量。总之，他们否认金币的贮藏手段职能，将它等同于纸币。

6. 贬值的铸币有碍流通，无金的纸币正常流通

第五个颠倒是：国家发行的铸币只要低于名义内容1%格令(grain)，就

已经是贬值了的金银铸币，并有损其当作流通手段的职能，与此相反，国家发行的那种除了具有金铸币名称以外，连金属的影子都没有的，即无价值的纸币，倒是完全正确的措施。① 前面说过，发行只有铸币名称，并且不论金额多少的纸币，都能被流通所容纳，这除了产生一个新的价格水平与之适应外，纸币执行流通手段的职能并不受影响。那么，为什么发行其实际重量和成色都低于国家规定的铸币，倒会妨碍其执行流通手段的职能呢？最根本的原因是：这时同名的金铸币，由于重量和成色不同，就有不同的价值，亦即作为流通手段的金和作为价格标准的金偏离了。因此，金铸币在实现商品价格时，不再是该商品的等价物。这一点，只要将它带到国外去使用，或当作金块出售，就可以看出来，这时它的价格低于它的铸币的名称表现的价格。由于这样，铸币的含金量因为种种原因低于价格标准到一定程度时，它就不能按面值使用，而要贴水使用。

这里关于贬值铸币的价值的说明，同前面所说的：铸币必然是贬值的，是价值符号，而一切价值符号，不管其物质材料是什么，它代表的价值只取决于它的数量，似乎是矛盾的。让我们进一步研究这个问题。前面说过，必然贬值的铸币，其流通量如果过多，价格标准就缩小，即代表的金量减少，如果这减少到低于铸币实际含有的金量的程度，它就必然自动退出流通，加以熔化，当作生金生银出售，这样铸币流通量就减少；反之，铸币流通量过少，价格标准就扩大，即代表的金量增大，如果增大到高于花费铸币费铸造同样的铸币所需的金量的程度，生金生银就变成铸币，这样流通中的铸币量就增加。经过这样的调节，铸币流通量就符合其必需量，这时，它的价值就等于其含金量。这就是说，铸币作为价值符号，其价值取决于其数量是有条件的；这就是禁止自由铸币。从这里也可以看出，在一定条件下，磨损的铸币还是能调节其流通量的。这和纸币完全不能调节其流通量不同。

由于纸币和铸币不同，以为国家可以像印制纸币那样，随意降低铸币的成色和重量，而它又可以按名义规定那样流通，就必然发生错误。货币名目论的错误与此有关。

货币名目论的产生很早。希腊奴隶社会大思想家亚里士多德当然理解

---

① 《马克思恩格斯全集》(第十三卷)，人民出版社 1962 年版，第 112 页。

5 张床=1 间屋,无异于 5 张床=若干货币,并且认为等式两端有可通约性和等同性。这样认识是完全正确的。但是奴隶社会的人身不平等,又使他认为它们之间不可能在质上相等,从而认为货币只是应付实际需要的手段,是人人同意的结果。这是萌芽状态的货币名目论。中世纪的法学家都主张货币名目论,都拥护国王的铸币伪造权,认为货币只是符号,贵金属的价值完全是想象的;铸币的铸造、制定、供给,货币的处理、流通以及把我们所认为最大的价值给予货币,这一切都是国王的权力。

马克思根据历史实际,指出货币名目论的错误。他说:17 世纪末,英王威廉三世即位时,1 盎司银在造币厂可铸 5 先令 2 便士,即 1/62 盎司银为 1 便士。但是市场上的 1 盎司生银却为 6 先令 3 便士。原因是银铸币被磨损和削刮,重量平均减轻了 1/5。因此,用减轻了的先令去买 1 盎司生银,就要付较大的数目,等于要贴水。当时的财政大臣朗斯认为,既然 1 盎司生银的价值已提高,今后它就应铸成 6 先令 3 便士,而再不是 5 先令 2 便士,即 1 先令的含银量要减少。很明显,这种新的先令由于同样的原因也要变轻,因而就要更多的先令来购买 1 盎司生银。反过来,1 盎司生银又可铸造更多的先令。马克思说,这就是所有现代民族在历史发展过程中,总是保持同一货币名称来称呼那本身不断减轻的金属含量的原因。这说明不能降低铸币的成色和重量,而又要它按照名义上的价值去流通。纸币与此不同,在一般情况下,它总是按照名义价值去流通的。参照上述贬值的银先令要贴水,才能购买生银的例子,就可以看到,纸币没有这个问题,因为 1 张 10 元面额的纸币,总可以换取(购买)10 张 1 元面额的纸币。因此,从纸币流通规律去考察金币流通规律,必然是错误的。

同货币名目论有关的是观念的货币计量单位论。英国巴克来主教的论述是这两者的混合物。他说:难道利佛尔、镑、克朗之类的名称,不能看成比例名称?难道这种符号用什么做成竟是十分重要的?关于货币只是一种符号,这种货币名目论的错误,前面已谈过。这里只论述认为这种符号只是一种观念的计量单位,用来表示商品之间的价格比例,即表示相对价格,而不表示绝对价值或价值本身的学说。它的代表者是詹姆斯·斯图亚特。

斯图亚特说:即使世界上没有一种实体作为一切商品的比例等价物,计量货币也是能够存在的。度、分、秒等对角度的作用,标尺对地图等等的作用，也就是计量货币对物之价值的作用。在所有这些发明中，总是用同一个名称为单位，用途不过是指示比例。因此，货币单位不能同任何部分价值有固定不变的比例，不能固定在金、银或任何其他商品的一定分量上。单位一旦确定，最大的价值也可以乘得出来。这就是，货币只是具有等分的观念尺度，不是有任何社会劳动依以凝结的一定重量的贵金属。他说，如果有人问：测度某一部分价值用什么单位？我就用另一个问题来回答：度、分、秒的标准大小是什么？它们都没有标准大小，只要有一个部分已经确定，依据计量的本质，其余的就能依比例确定了。例如，几种商品的价格分别是：15 先令、20 先令、36 先令。这样，在比较它们的价值时，人们实际上关心的不是先令的含金量，也不是先令这个名称，而只是 15、20、36 这个比例。因为即使先令的含金量降低一半，并且把它叫作元，依照这种计量单位，这些价格同受影响，按同比例变为 30 元、40 元、72 元，但比例仍然是 15、20、36。

马克思指出这种看法的错误：不了解价值尺度是以金的重量，即一定量的直接社会劳动时间，来衡量商品的价值（由生产所需的必要社会劳动时间决定）；价格标准是以金的一定分量来衡量前述的、用来表现商品价值的金量，即为这个金量的若干倍；不了解价值尺度转化为价格标准，以及两者的关系。这样，它就自然以为用来当作价格标准或尺度单位的一定金量，不是同表现商品价值的金量发生关系，而是直接同商品的价值本身发生关系。例如，1 银元含银 7 钱 2 分，某物值 1 两 4 钱 4 分白银，用 1 银元即 7 钱 2 分来除 1 两 4 钱 4 分，就是为它的 2 倍，就是 2 元。斯图亚特不是这样。他将元本身直接同商品的价值发生关系，认为这两者可以建立比例关系。这是错误的。由于各种商品在把它们的价值转化为价格之后，都表现为同名的量，即 2 元、4 元、8 元，他就否定各种商品变为同名的量的那个尺度的质；又由于在各种不同的金或银的比较中，当作计量尺度来用的那个金量的大小是人为的，他就连对这个大小总得有一个规定都加以否定。按照这种理论，就只能说：甲商品的价格是乙商品价格的若干倍，至于乙商品的价格为何，就只能说是任意的，即只有价格之间的比例，而没有反映价值的价格。

7. 金铸币要在金表现商品价格时才代表商品价值，价值符号似乎直接代表价值

第六个颠倒是：金铸币显然只有在商品价值本身用金计算或表现为价格的时候，才代表商品的价值，与此相反，价值符号例如纸币似乎直接代表商品的价值。[①] 前面说过：金铸币是从条块金币产生的，点数量使用的铸币是称重量使用的金币的转化，因而没有后者，就没有前者，这是清楚的；纸币代表商品价值不是直接的，而是通过中介，即代表金铸币的价值，再反映商品的价值，其代表金铸币的价值，与其数量成反比，即纸币数量和价格标准成反比，价格标准再与价格成反比。因此，如果孤立地看待纸币，切断它和金铸币的联系，看不出它们之间存在的中介，那就无法理解若干商品为什么能和若干纸片相交换，亚里士多德提出的 5 张床＝1 间屋，无论如何都不能演化为 5 张床＝若干张纸币。因为前一等式的两端确实存在着等同性和可约性，即两者的生产都耗费了劳动，并且时间相等，后一等式之间却没有这样的关系。如果这样，就必然否认无价值的纸币即价值符号是货币。这是一方面。另一方面，前面说过，货币是商品生产的基本矛盾，即私人劳动与社会劳动的矛盾的产物，是直接社会劳动依以凝结的实体，这个实体就是变成了货币的商品，这样的货币商品曾经有过多种，而最后或最理想的是贵金属。由于这样，如果孤立地看待货币商品，只看到它的完成形态，就必定认为金银天然是货币，而不是货币天然是金银。以上两种认识的结合就是货币金属论，即认为只有商品，并且只有贵金属才是货币。

货币金属论产生于 16 世纪和 17 世纪，就是资本主义产生即封建领主经济崩溃的所谓重商主义时期。重商主义者都是货币金属主义者，或者应该正确地说：重商主义不过是金属货币论的变种。重商主义混淆价值与财富，认为金银即货币是唯一的财富。因此，从单纯的商品流通，而不是从剩余价值生产的观点看，就是要积累既不蛀、又不生锈的永恒的金银货币。本来，

① 《马克思恩格斯全集》(第十三卷)，人民出版社 1962 年版，第 112 页。

价格值3镑的1吨铁同那值3镑的金是有同样大的价值量的;但在他们看来,问题是不能这样看待的。在这里,问题不在于价值大小,而在于什么是它们的适当形式。他们认为只有金银货币才是唯一的财富,因而要增加财富,就要开采金银矿,或发展外贸,取得顺差,从国外输进金银。所以,他们实质上认为,是生产金银这种具体劳动创造财富(价值),生产其他物品的具体劳动不创造财富(价值),只有后者为前者承认,即后者交换到前者时,后者才创造财富(价值)。这就是说,将价值的实现看成是价值的生产。从我们现在研究的问题看,就是在生产中,其私人劳动直接是社会劳动的,就是生产财富(价值)的,其私人劳动要经过交换才能实现为社会劳动的,就只有在实现为社会劳动后才是创造财富(价值)。

货币金属论的产生不是偶然的。17世纪和18世纪时,欧洲的国民生产大部分还在封建主义的形态中,还是作为消费资料的直接源泉而服务于生产者本身;生产物的大部分并不转化为商品,因而也不转化为货币,实际上并不形成资本主义的财富。资本主义生产把货币当作流通的目的,就必然把价值或抽象的财富,而不是把财富的任何物质要素,作为对生产起规定作用的目标与起推动作用的动机。因此,与资本主义生产萌芽阶段相适应,货币金属论者或重商主义者,必然坚持价值的凝结的、可捉摸的、黄澄澄发光的形式,坚持它那种与一切特殊商品对立的一般商品形式。

我们将货币名目论、货币金属论与观念的货币计量单位论的错误作一比较。货币名目论强调货币的流通职能,在这一职能上,货币只在感觉上存在就可以了,其物质实体是什么并不重要,重要的只是它的数量,于是就认为货币是符号,是纸片,而并不需要有货币商品,即直接社会劳动依以凝结的实体;货币金属论强调货币的价值尺度职能,在这一职能上,货币只要在观念上存在就可以了,但其物质实体是什么却很重要,而货币天生是金银,于是就认为只有金银是货币,纸币不是货币;观念的货币计量单位论强调在价格规定上,用的只是观念中的金和银,而它们又只是当作计量单位,并不具有一定的物质实体,于是就认为镑、先令、元等名称,指的不是具有金和银,即物化的直接社会劳动依以存在并以法律规定其重量的实体,而是观念上的价值原子,或空洞的没有社会劳动凝结在其中的相对的计量单位。

四、马克思的发达国家货币相对价值较低理论探源

马克思在《资本论》(第一卷)第二十章"工资的国民差异"中,曾经说明发达国家工人名义工资较高,是由于它们的货币相对价值较低,从而物价水平较高。我们知道,相对价值就是交换价值,即甲商品的价值由一定量的乙商品来表现。商品的价值由一定量的货币来表现就是价格,价格是相对价值中的一种。但货币是没有价格的,货币的相对价值只能表现在商品价格的反面上。因此,货币相对价值低就是物价水平高,相应的名义工资也高。

马克思的上述结论,是通过对世界市场上价值规律的作用得出的。他说:"一个国家的资本主义生产越发达,那里的国民劳动的强度和生产率,就越超过国际水平。因此,不同国家在同一劳动时间内所生产的同种商品的不同量,有不同的国际价值,从而表现为不同的价格,即表现为按各自国际价值而不同的货币额。所以,货币的相对价值在资本主义生产方式较发达的国家里,比在资本主义生产方式不太发达的国家里要小。"①为什么是这样?经济学家的解释不同。在我看来,马克思这个理论的思想渊源是李嘉图的有关理论。而李嘉图提出这些理论则是由于反对斯密。因此,要准确理解马克思的理论,需从斯密和李嘉图谈起。

1. 有利的外贸提高物价,斯密用竞争减弱来解释

斯密认为,一个国家的有利外贸,首先在这个领域内提高利润率,但是

① 《马克思恩格斯全集》(第二十三卷),人民出版社1972年版,第614页。

在自由竞争下，外贸和内贸、贸易和产业之间，资本自由流通，这个较高的利润率便平均化，从而提高了该国的平均利润率。斯密又认为，由平均利润率决定的利润是商品自然价格(马克思称为生产价格)的构成要素。这样，由于平均利润率提高，总自然价格水平也随之提高。

在斯密看来，当时英国对北美殖民地的贸易就起了这样的作用。他是这样解释的:英国独占对北美的贸易，其他国家不能经营这种贸易，就要将资本撤出来，英国商人却能经营这种贸易，就要将资本从其他领域转到对北美的贸易中，但是经营北美贸易的英国资本仍比从前各国都能经营北美贸易时的资本少些。资本减少，竞争减弱，利润率就提高。这是因为，此时虽无垄断价格，但以较少的英国资本购买北美的出口商品，商品价格必然下跌，供应北美的进口商品量较前减少，只能满足部分需求，商品价格必然上升，因此外贸资本利润率提高。这使英国平均利润率提高，商品自然价格也随之提高。

斯密这种理论是对物价水平变动原因的新看法。16 世纪和 17 世纪发现美洲大陆后，在大量从美洲富饶金银矿开采的金银流入欧洲的同时，欧洲物价普遍上涨。休谟对这个被称为“价格革命”现象的解释是:货币数量和物价成正比，欧洲流入金银很多，物价因此上涨。这是最初的货币数量论，是错误的。根据劳动价值理论，正确的解释应该是:美洲富饶金银矿的开采，使欧洲的劣矿退出生产，金银货币价值下跌，欧洲商品价格因货币价值下跌而上涨。这样一来，商品总价格增大，所需货币量也增加。但是，货币数量论的影响很大，范德林特就以这种理论解释欧亚初通贸易以后印度物价水平低于欧洲的原因。这就是印度人埋藏银币使货币流通量减少，因而物价水平较欧洲低。

斯密确实看到外贸会影响一国物价水平，并在货币数量论之外找寻原因。这是斯密的功绩，但他的解释不对。我们知道，斯密原是主张生产商品投下的劳动决定商品的价值的，当这样的价值分解为工资和利润时，这两者合起来就是一个常数，一个增大，另一个就减少，反之亦然，价值并不因利润的增大而提高。由于总价格等于总价值，物价水平也不因利润增大而提高。

但是，斯密由于不了解工人出卖的是劳动力，而认为是劳动，工资就是劳动创造的全部价值，这样利润和地租就没有来源了，为了要说明利润和地租的来源,他就有另一种价值理论,即价值由交换商品支配的劳动决定,它包括工资、利润和地租。斯密认为自由竞争会使这三者分别具有一种平均率或自然率,而由具有自然率的工资、利润和地租构成的价格就是自然价格,它等于价值,不同于受供求关系影响的市场价格。只要工资、利润和地租中任何一种平均率发生变化,自然价格从而价值也随之发生变化。个别商品是这样,全体商品也是这样。因此,在斯密看来,既然英国对北美殖民地的有利贸易能有较高的利润率,并提高英国的平均利润率,当然也就能提高英国商品的自然价格,即物价水平。

在自由竞争的条件下,英国的有利外贸,确能提高其平均利润率和物价水平,但是斯密对这一事实的解释,却是错误的。首先,由生产商品投下的劳动决定的价值为一定时,如其他条件不变,平均利润率的提高,就只能由工资的降低造成,但利润和工资合起来还是等于价值,物价水平不能由此提高。其次,如果错误地认为由交换商品支配的劳动决定价值,这劳动包括了工资、利润和地租,那么,斯密除了事实上认为工人的工资由工人的生活费用决定,供求关系会使其平均率或自然率等于这生活费用外,显然再也不能用供求关系或竞争来说明利润和地租的自然率的高度。最后,在不能说明具有自然率的利润或平均利润率高度的基础上,资本减少,竞争削弱,虽然可以说明平均利润率的提高,但这只是暂时的。一旦资本增加,它就要降下来。总之,从有利的外贸,即从流通领域说明利润率水平的提高,再说明物价水平的提高,这是方法论的错误;英国物价水平提高的根本原因不在这里。

2. 李嘉图反对斯密,用输入货币数量增加来解释

李嘉图反对斯密,认为有利外贸不能提高平均利润率,斯密认为的提高只是暂时的;外贸只有在进口廉价生活必需品,从而能降低工人的货币工资的条件下,才能提高平均利润率。他认为,即使这样,价值即物价水平也不会提高,因为工资加利润等于价值,而决定价值的劳动并没有增加。这是李嘉图从斯密的正确的劳动价值理论,即价值由生产商品投下的劳动决定,工

资和利润合起来是一个常数，此增彼减，反之亦然的理论，去反对斯密。

李嘉图明确指出："对外贸易的扩张虽然大大地有助于一国商品总量的增长，从而能使享受品总量增加，但却不会直接增加一国的价值总量。"这是因为，"一切外国商品的价值既然是由用来和它们交换的本国土地和劳动产品的数量来衡量的，所以，即使由于新市场的发现而使本国一定量的商品所能换得的外国商品增加一倍，我们所得到的价值也不会更大"。① 这就是说，等价交换的外贸不能增加价值，在其他条件不变时，不能提高平均利润率。

李嘉图在作了理论上的说明后，再具体驳斥斯密。他说：有人认为，"从事外贸的个别商人有时赚得的高额利润会使该国的一般利润率提高，而从其他行业中吸引资本来加入这种新而有利的对外贸易，会使价格普遍提高，因而使利润提高"。② 因为外贸部门增加的资本是从其他部门流入的，其他部门资本减少，但需求不变，这些部门商品的价格将提高到使其从业者和外贸商人有一样多的利润。李嘉图承认他和这种看法有相同之处，即各行业的利润有彼此一致、进退与共的趋势，但他反对认为利润的均等是由利润的普遍上升造成的观点，而认为受特惠的行业的利润很快就会降到一般水平。

对这个问题的进一步分析，李嘉图用的方法和斯密不同。斯密是用英国独占北美贸易后相对于待交换的商品来说明资本不足，即用资本竞争削弱来说明平均利润率的提高的。但是，斯密自己也承认，随着资本积累的进行，平均利润率要降下来，这就等于承认，他的说明只是一个暂时的现象。李嘉图用另一种方法反对斯密。他认为用来购买外国商品的那份英国产品，不外就是土地和劳动的产品，它不外有三种情况：不变、较多和较少。如果不变，那么，对其他部门产品的需求也不变，资本、价格和利润都不变；如果较多，那么，对其他部门产品的需求就减少，资本就会从这里撤出一部分，用来生产那些用以交换外国商品的商品，也就是说，资本经过流动后，得到的利润就和以前一样；如果较少，那么，对其他部门产品的需求就增加，资本

① 大卫·李嘉图：《政治经济学及赋税原理》，郭大力、王亚南译，商务印书馆 1962 年版，第 108 页。在这里，李嘉图忘记了他曾认为在国际贸易中一国 80 个劳动日可以和他国 100 个劳动日相交换，并提出支配一个国家中商品相对价值的规律不能支配两个或更多国家间互相交换的商品的相对价值这一原理。在这种条件下，一国可以通过外贸多得价值或损失价值。这是经济学家一直在争论的问题。

② 同上书，第 108—109 页。

就会从生产用以交换外国商品的部门撤出一部分来生产其他部门的产品，因而这些产品价格和利润都不可能持久地上涨。总之，“在所有情形下，对外国商品和本国商品的需求总加起来就价值来说要受一国的收入和资本的限制”。① 再加上交换是等价的，这样，外贸就根本不可能提高一国的平均利润了。

李嘉图根据他一直坚持的价值分解为工资和利润，工资变动必然和利润变化相反，但两者合起来始终等于价值的原理，指出外贸只有在进口廉价生活资料的条件下，才能提高一国的平均利润率。因为这能降低工人的货币工资从而提高利润。如果进口富人的奢侈品，那就不管如何低廉，都不能提高一国的平均利润率，因为它与工资无关。李嘉图坚决地说：他始终力图证明的是，工资不跌落，利润率就决不会提高；而工资除非用它来购买的各种必需品的价格跌落，否则决不会持久地跌落。在这里，李嘉图没有提到进口廉价的生产资料（如原料），虽不能直接增加利润额，但能提高利润率和平均利润率，因为这使 C 减少，从而使 $M/(C+V)$ 提高，即利润率提高。这是由于他信奉斯密教条，认为 C 不断地分解为 $V+M$，直到最后不复存在。

但是，平均利润率即使由于这个原因提高了，全部商品的价值能否就此提高呢？李嘉图认为物价水平也不会因此而提高。这是因为，“价格既不由工资决定、也不由利润决定”，决定价值的“劳动量不论利润高低或工资高低都不会受到影响。那么价格又怎样会由于利润高而腾贵呢？”②这是以斯密之矛，攻斯密之盾。

其实，有利的外贸是能提高一国的平均利润率和物价水平的。其真正原因，斯密和李嘉图都不了解。现在，让我们再研究李嘉图的另一种方法。

李嘉图认为，外贸会通过货币影响一国物价。他说，通过对外贸易，“在生产方法有改良的国家中，物价将会提高，而在没有发生变化，但有一种有利的对外贸易被剥夺的国家中物价倒会下落”。③ 其原因，不像斯密所说的在商品方面，而是在货币价值方面，即货币价值的变化引起商品价格的相反变化。他称这种不受供求关系影响，表现在货币上的商品价格为自然价格，

① 大卫·李嘉图：《政治经济学及赋税原理》，郭大力、王亚南译，商务印书馆 1962 年版，第 110 页。

② 同上书，第 296 页。

③ 同上书，第 118 页。

以区别于受供求关系影响的市场价格。他说，出口多的国家，“商品的自然价格将提高，因而消费者虽然仍能以相等的货币价值进行购买，但所购得的商品量却会减少”。①

在李嘉图看来，其所以如此，是由于一个国家如英国在制造业上有专长，它的出口就增加，货币进口就增加，这样，“货币价值就会比任何其他国家更低，而谷物和劳动的价格相对说来则会更高”。② 他明确指出：由谷物价值上涨而引起的谷物价格腾贵，和由货币价值低落而引起的谷物价格腾贵，效果是完全不同的。在这两种情形下，工资的货币价格都会上涨。“但如果原因是货币价值跌落，那就不仅是工资和物价会上涨，而且其他一切商品都会腾贵。”③

货币进口增加，它的价值为什么下跌呢？原来李嘉图认为，货币增加如同商品增加一样，在其他条件不变时，其价格要下跌到价值以下。所不同的是，他称这种因供求关系而变动的货币“价格”④为货币相对价值，以区别于由生产货币投下的劳动所决定的价值。

按照李嘉图的理论逻辑，正像商品价格低就向价格高的地方流去一样，货币相对价值低也向价值高的地方流去，这样货币出口后，货币减少，相对价值提高，商品价格下跌；与此相反，那个货币进口的国家，货币相对价值就降低，商品价格上涨。他举例说：“当英国货币减少而使英国商品的自然价格降低时，法国货币增加却使法国商品和葡萄酒的自然价格提高了。”他认为，“这是通过贵金属的分配情况来实现的”。⑤

李嘉图的这些说明，就其中的货币理论来说是错误的。他在这里无非说，货币的价值除了由生产它的劳动决定外，还受货币本身数量的调节，如同商品的价值由生产它的劳动决定、商品的价格受商品的供求关系调节一样。这表明李嘉图并不了解货币的本质，即没有区别商品与货币，货币是社会劳动的直接体现，它本身就是价值。货币作为价值的绝对代表，可以作为

① 大卫·李嘉图：《政治经济学及赋税原理》，郭大力、王亚南译，商务印书馆 1962 年版，第 295—296 页。

② 同上书，第 123 页。

③ 同上书，第 122 页。

④ 同上书，第 292 页注①。

⑤ 同上书，第 293 页。

贮藏手段,并能若干世纪久地积累下来。货币作为贮藏手段,能调节其流通量并使它符合必需量。其他商品则不同,它们不是价值的绝对代表,不是贮藏手段,因此它们的过多或过少,就不能像货币那样得到调节,这样它们市场价格就环绕着价值而上下波动。货币不是这样。李嘉图所说的情况是不存在的。

但是,李嘉图认为对外贸易会影响一国货币的相对价值,从而影响物价水平,这是值得注意的。

3. 马克思扬弃前人理论,用劳动价值理论来解释

马克思对斯密的有利外贸能提高一国的平均利润率、从而提高一国物价水平的理论,对李嘉图的出口增加能降低一国货币相对价值,从而提高一国物价水平的理论,在科学的劳动价值理论的基础上予以扬弃,提出了发达国家货币相对价值较低、从而使物价水平提高的理论。

针对李嘉图在有利外贸能否提高一国平均利润率的问题上和斯密的争论,马克思指出:“就这一点说,亚当·斯密是对的,李嘉图是错了。”①但是,马克思对此的解释和斯密不同。斯密并不了解像英国这样的制造业发达的国家,其产品的国别价值低于世界市场上的社会价值,但可按社会价值出售,因此在这一领域有较高的利润率,较高的利润率参加平均利润率的形成,从而提高英国的平均利润率。马克思将劳动价值理论贯彻到外贸理论中,指出:“投在对外贸易上的资本能提供较高的利润率,首先因为这里是和生产条件较为不利的其他国家所生产的商品进行竞争,所以,比较发达的国家以高于商品的价值出售自己的商品,虽然它比竞争国卖得便宜。只要比较发达的劳动在这里作为比重较高的劳动来实现,利润率就会高。”②这个更高的利润率在没有垄断的妨碍下,就参加一般利润率的平均化,从而提高一国的平均利润率。这是马克思在撇开进口廉价的生产资料和消费资料的条

① 《马克思恩格斯全集》(第二十五卷),人民出版社 1974 年版,第 265 页注(36)。

② 同上书,第 264 页。

件下,提出来的有利外贸能提高一国平均利润率的理论。

很明显,虽然结论相同,但马克思和斯密不同。斯密是用流通中的竞争削弱来说明,这不仅无法说明利润率的高度,而且他说明的利润率提高只能是暂时的。马克思是用生产上的条件优越来说明,这不仅能说明外贸利润率和提高了的平均利润率的高度,而且能够说明,只要发达国家的地位不变,通过外贸其平均利润率就必然提高。

针对李嘉图认为一国平均利润率即使提高了,物价水平也不能随之提高的观点,马克思认为:平均利润率所以能提高,事实上有三种不同的原因。第一种是李嘉图谈论的,那就是:工资降低,而外贸只起了进口廉价消费资料、从而促使工资降低的作用,在这样的条件下,平均利润率的提高确实不能使物价水平提高,因为工资和利润加起来始终等于劳动创造的价值;在这基础上,李嘉图对由于工资变动而导致平均利润率的相反变动,及其对不同的生产部门商品的自然价格(马克思说的生产价格)的影响的分析,即有的下降,有的上升,有的不变,但上升的和下降的必然抵消,从而总的物价不受影响,对此马克思是完全同意的。[①] 下面我们还要再次谈这一问题。第二种是斯密论述的,那就是:导致物价水平提高的平均利润率提高,不是由于货币工资降低,而是由于在流通中的竞争削弱,这种物价提高当然只能是暂时的。第三种是马克思本人阐述的,那就是:发达国家的生产条件优越,它在世界市场上实现的价值比在国内投下的劳动大,物价水平就由此提高;就平均利润提高和物价水平的关系来说,就是每个商品摊分到的平均利润增大了,其生产价格因此提高,物价水平也就提高了。

马克思对李嘉图的货币相对价值变动的理论,只接受货币相对价值会因外贸而发生变动的思想,但不认为这是由货币的数量变化引起的。在马克思看来,资本主义发达国家和落后国家在相同时间内生产同一种商品,前者由于劳动生产率较高而在世界市场上实现更多的价值的同时,也得到更多的货币。这更多的货币可以从两方面看:(1)比落后国家多,这就是说,在世界市场上获得一单位货币,发达国家花的劳动比落后国家少些;(2)比国

① 马克思:《资本论》(第三卷)第十一章论述工资变动对不同生产部门的生产价格的影响不同,其思想就是来自李嘉图。

内市场多,这就是说,发达国家获得一单位货币,在国外市场花的劳动比在国内市场少些,货币价值比在国内市场低些。但是,货币在国外市场和国内市场之间流通,货币从价值低的地方向价值高的地方流动,结果,发达国家货币价值降低,落后国家货币价值提高;发达国家的货币价值低于落后国家。这个过程的另一面就是:发达国家物价水平提高,落后国家物价水平降低。

为了加深对马克思这一理论的理解,我们可以回顾一下美洲发现富饶银矿,其劳动生产率较旧大陆高,银子输入旧大陆,使旧大陆劣矿退出生产,因而银的价值下降,反过来物价就上涨(这就是经济史上说的"价格革命")这段历史;现在,不是在海外发现富饶的金银矿,而是发现一个有利的市场,在那里出售商品比在国内可以得到更多的金银货币,这就等于用较少的劳动就换来1单位货币,货币相对价值下降,也引起物价上涨,情况同发现富饶的金银矿有些相像。所不同的只是,不是用劳动开发金银矿去生产货币,而是用劳动生产了商品再在有利的世界市场上换取货币。正因为不是用劳动去生产,而是用劳动经过交换去换取,所以就不是货币的绝对价值而是相对价值发生变动。

这样,我们就可以看到,对外贸易既从商品价值方面,又从货币价值方面影响一国的物价水平;它对商品价值的作用和对货币价值的作用,方向刚好相反,即增加商品价值的,就降低货币价值,反之亦然;而商品价值和商品价格成正比,货币价值和商品价格成反比。因此,发达国家的对外贸易以二重的作用使其物价上涨。这反过来说,就是货币相对价值降低。

马克思虽然接受了李嘉图关于外贸会使货币相对价值发生变化的思想,也接受了关于货币相对价值的概念,但对其发生变化原因的分析则和李嘉图完全不同。李嘉图是从对外贸易会使一国货币量发生变化,而货币数量和货币价值成反比来说明。这是货币数量论中的一种。马克思不是这样,他将劳动价值理论贯穿到货币理论中,认为对外贸易的有利和不利条件,能使不同国家在世界市场上换取同数量的货币而花费的劳动不同,这就使货币相对价值发生变化。

4. 评对发达国家货币相对价值较低原理的解释

如何解释马克思的发达国家货币相对价值较低的理论，在经济学界一直存在着分歧。有些说明，孤立起来看有道理，但一联系马克思提出该理论的历史条件及其他有关理论，尤其是联系思想渊源来看，就存在很多问题。现举两例来看。

郭大力说：货币相对价值就是货币的购买力，而“马克思在这里是说，在资本主义更为严重发展的国家，货币的购买力，比在资本主义更不发展的国家更小”。比如，“一块美元纽约买不了多少东西，而在印度就可以买到很多的东西”。[①] 其原因包括当时还没有的垄断组织，还没有根据马克思提出这理论的思想体系，即没有通过发达国家的对外贸易来说明。缺少这种说明，而企图从其他方面证明，应该说是不妥当的。况且落后国家，尤其是农业国家如印度，物价较低原因很多，除不利的外贸外，根据马克思的分析，就有个体生产者众多和农产品价格较低等原因。个体生产者出售商品的价格，在竞争的压力下可以低于价值，用资本主义范畴来表示，就是仅收回 C+V，即能够进行简单再生产便可，M 可以奉送。

张秋舫在《马克思关于工资国民差异的理论》中说，不同的国家在 8 小时内生产同种商品，分别为 16 单位、8 单位、4 单位，单位商品的国际价值为 1 小时或 1 镑，发达国家生产 16 单位，得 16 镑，这样，它的货币相对价值便较低，因为它以 1 镑货币“所购得的商品中所含的劳动量比较小（只 0.5 小时）”[②]，其他国家以 1 镑购得的商品所含的劳动量比较大（分别为 1 小时和 2 小时）。这种解释使人产生疑问，因为这里指的是 1 镑货币购买 1 单位商品时，每单位商品所包含的劳动量，这样两者都应按同一条件，即按国际价值来进行，但现在单位商品的价值或包含的劳动却是各国不同的国别价值（0.5 小时、1 小时、2 小时），这是矛盾的。更重要的是，这也不能说明发达国

① 郭大力讲《关于马克思的“资本论”》（记录稿），中共中央高级党校 1957 年版，第 107 页。

② 见邓力群等《经济理论和经济史论文集》，北京大学出版社 1982 年版，第 342 页。

家货币价值，如何表现为物价较高，因为后者就是前者的反面。缺少这种说明，就很难根据马克思的思想说明发达国家工人的名义工资较高。

我们进一步看，张秋舫是怎样说明这一点的。张秋舫假定各国的剥削率都是100%，这样发达国家工人的名义工资就为8镑，其他国家分别为4镑和2镑。这同样使人产生疑问。这里说的发达国家名义工资较高，究竟指的是生产出口商品的生产部门工人的工资呢，还是发达国家所有部门的工资？如果是前者，那就等于说，该种劳动在国外实现的价值大，工资也就多些，但同马克思的有关论述相悖：发达国家的“劳动没有被作为质量较高的劳动来支付报酬，却被作为质量较高的劳动来出售”。① 如果是后者（马克思认为是后者），那又没有理论依据，因为一国名义工资较高的原因，应该是物价水平较高，但张秋舫的理论无法说明这一点。

5. 马克思这一理论的重要启示

马克思关于发达国家货币价值较低的原理，启发我们沿着新途径、用新方法去研究现实经济问题。但在谈论它的重要启示之前，先要解决马克思在实行金（银）本位制度下提出的这一原理，在现在实行纸币本位制度后是否仍适用的问题。回答是肯定的。

人们之所以发生这一问题，并将纸币和金币完全对立起来，是由于将国际货币基金组织“临时委员会”1976年1月在牙买加会议上作出的关于黄金非货币化的决定，即在法律上规定黄金再也不是货币，误认为黄金在经济上再也不是货币了。我认为黄金在经济上仍然是货币，即仍然是价值和财富的绝对代表。这一点，只要我们不要忘记纸币本身没有价值，不能执行贮藏手段职能，并从通货膨胀严重、国际局势剧变、突发恶性政治事件中，看到人们抢购黄金，就可以得到证实。至于说到纸币和黄金的关系，我认为它是代表一定的金量的；无论从历史联系上，还是从理论上看，都是这样。纸币流通量只能决定于没有它时所需的金币流通量。如果与金币流通量不符，每

① 《马克思恩格斯全集》（第二十五卷），人民出版社1974年版，第264—265页。

单位纸币所代表的金量就要发生变化,即价格标准就与纸币流通量发生相反的变化,商品价格又与价格标准发生相反的变化。回答了这一问题,就可以谈马克思原理的启示作用了。

第一,开辟了一条研究物价问题的新途径。这就是从外贸影响纸币价值(代表金的价值)和价格标准去研究物价问题。在自由贸易条件下,有利和不利的外贸对货币相对价值的影响,已见上述。在纸币流通和自由汇兑条件下,在有利和不利的外贸中增加或减少纸币,对纸币流通量、从而对价格标准的变动和物价水平的变动都有影响。过去,从这条途径去进行研究的似乎很少。现在,可以从这途径出发而开辟一个新的领域。

第二,提供了一种研究资本主义发达国家剥削落后农业国家的新方法。我们曾经用这种方法说明这种关系:发达国家的工业产品是资本有机构成较高的产品,其生产价格高于价值,落后国家的初级产品则是资本有机构成较低的产品,其生产价格低于价值,两者进行交换,在总生产价格相等的背后,总价值即耗费的总劳动是不相等的。西方经济学家将这个原理接过去说,这是从静态看的,从动态看就不是这样。因为制约价值和生产价格的劳动生产率,是工业产品高于初级产品,这样,初级产品从外贸中交换到的工业产品将越来越多,它们不必工业化和现代化,就能得到工业化和现代化的好处。我们有人仅从统计数字上进行反驳,这是不够的。现在,我们完全可以从货币相对价值的变化方面,即从它影响物价方面进行反驳了。

五、马克思对待李嘉图不变价值尺度思想的态度

古典经济学家，特别是斯密和李嘉图，从劳动价值理论和以其为基础的货币理论出发，深深感到商品价格与价值成正比，而和货币价值成反比，因此，商品价格的变动，既可来自商品价值的变动，也可来自货币价值的变动。由于这样，李嘉图就特别想寻找一种不变的价值尺度；如果真的有这样的尺度，那么，商品价格发生变动，其原因就只能是商品价值的变动了。他说："当商品的相对价值变动时，最好是能有一种方法可以确定究竟是哪种商品的实际价值上涨，哪种商品的实际价值下跌。这一点只有把它们依次和一种不变的标准价值尺度相比较才能办到；这种尺度本身不能发生其他各种商品那样的变动。"①马克思当然也认为商品价格的变化，既可来自商品价值的变化，也可来自货币价值的变化。他在论述相对价值形式的量的规定性时，详细地分析了相对价值变化的各种原因。② 李嘉图虽然在分析工资变动，从而利润率的相反变动对不同的商品价值或自然价格（他将这两者相混淆，论述的其实是马克思所说的生产价格）的变动有不同的影响时，发现了自然价格不因工资变动而变动，即不因分配变动而变动所需要具备的条件，但是，他直到临终仍然寻找不到不变的价值尺度，因为它总要随着生产它的劳动量的变化而变化。马克思虽然从李嘉图的论述中知道生产价格永远等于价值所需要具备的条件，但始终没有提出由不变的价值尺度来充当货币的理论，而只是从中得到启发，提出工资水平的变动不能使价格水平发生变动的理论（这个问题下面谈）。这是因为，不仅生产价值尺度所需的劳动量

① 大卫·李嘉图：《政治经济学及赋税原理》，郭大力、王亚南译，商务印书馆 1962 年版，第 35 页。

② 《马克思恩格斯全集》（第二十三卷），人民出版社 1972 年版，第 67—69 页。

总是变动的，从这方面看，不变的价值尺度是没有的，而且不变价值尺度这提法本身，其思想路线始终是劳动时间本身是价值尺度。这是错误的。但是，《李嘉图著作和通信集》的主编斯拉法极力挖掘李嘉图的思想，提出标准商品的理论。这种标准商品就是李嘉图孜孜不倦追求而不可得的不变价值尺度，引起了经济学家的极大关注。这里，我们作一总的评论，并且涉及的范围稍微大一点。

1. 李嘉图对不变价值尺度所需条件的设想

李嘉图是在混淆价值与自然价格的条件下，论述工资变动引起利润的相反变动，从而使自然价格发生不同的变化所需的条件时，从相反方面看到自然价格不变所需的条件的。这一不变动的自然价格就是他要寻找的不变价值尺度。他认为自然价格发生变化的条件是：(1)“生产所需的固定资本的比例，和其价值变动需加以确定的其他商品不同”。(2)“所用的固定资本的耐久性和与之相比较的商品所使用的固定资本如不相等，或是将它运上市场所必需的时间和其变动需加确定的商品相比时如有长有短”。这里要说明，李嘉图的价值和自然价格理论着重研究的是相对价值和相对自然价格，这就是表现在其他商品或货币上的价值和价格，因此就有“其价值变动需加以确定的其他商品”和“与之相比较的商品”的提法，这是我们要注意的。(3)在上述两种条件下，它的“价值会由于工资的涨落而发生相对的变动”。① 现在，我们略加解释如下。

第一，李嘉图举了这样的例子(甲例)：假定两人各雇 100 人劳动一年，制造两架机器，另一人雇 100 人种植谷物，年终每架机器和谷物的价值相等，因为它们是等量劳动生产出来的(耗费的生产资料的价值除外，下同)。下一年，一架机器所有者雇 100 人利用机器制造毛呢，另一架机器所有者雇 100 人制造棉布，农场主则和以前一样雇 100 人种植谷物。第二年终，毛呢和机

① 大卫·李嘉图：《政治经济学及赋税原理》，郭大力、王亚南译，商务印书馆 1962 年版，第 35 页。

器，棉布和机器，是 200 人劳动一年，或 100 人劳动两年的结果，谷物是 100 人劳动一年的结果，前两者的价值就分别应为谷物的两倍。但他认为实际上不止两倍。因为前两者的“资本在第一年中的利润已经加入各自的资本之中，而农场主的资本在第一年中的利润却被消费和享受掉了……商品价值的大小便不会恰好与各自所投入的劳动量成比例，也就是说，比例不是二比一，而是大一些，以便补偿价值较大的一种被送上市场以前所需经过的较长的时间”。① 他还用数字来说明这些价值或自然价格的形成和变动。假定工人的工资每年为 50 镑，即资本为 5 000 镑，平均利润率为 10%，第一年终每架机器和谷物的价值都是 5 000 镑＋(5 000 镑×0.1)＝5 500 镑。第二年终，机器作为固定资本使用，要求生产 10%利润即 550 镑，这利润要加到毛呢和棉布上，构成它们的价值(这明显是生产价格或自然价格)，所以它们的价值都是 5 000 镑＋(5 000 镑×0.1)＋550 镑＝6 050 镑，而谷物的价值则仍为 5 500 镑。毛呢、棉布和谷物耗费的劳动相同，前两者的价值所以比后者多 550 镑，这是因为它们生产时使用了价值 5 500 镑的固定资本，它要求利润 550 镑。

这里必须指出，李嘉图提出的 10%的利润率是未经说明就存在的。如何以劳动价值理论来说明它的形成，这是十分重要的理论工作。正确的做法应该是先算出每一个生产部门个别利润率，然后再用加权平均法求得同一的平均利润率，否则就无法说明它何以是 10%，而不是其他。从研究价值或自然价格而导入平均利润率这件事，也可以看出李嘉图考察的事实上是生产价格或自然价格，而不一定是价值，除非是在自然价格和价值这两者完全一致的时候。因为价值的形成从不涉及利润，而只与劳动有关；除了生产它的劳动发生变化，它也从不因利润或相反的工资的变动而变动。这说明李嘉图确实是混淆了价值和自然价格。

李嘉图在这里说明的其实是生产价格(这是马克思的概念，相当于古典经济学的自然价格)和价值的不同。第一年终，每架机器和谷物的价值都是 5 500 镑，这价值虽然包含着 10%的平均利润，但它确是由劳动决定的价值。

① 大卫·李嘉图：《政治经济学及赋税原理》，郭大力、王亚南译，商务印书馆 1962 年版，第 26—27 页。

因为正如下面将指出的，它不因工资和利润的相反变动而变动。第二年终，谷物的价值为 5 500 镑，仍然是由劳动决定的价值；但机器和毛呢，机器和棉布，各自合起来的价值为谷物的两倍多，这就不是由劳动决定的价值了，而是由于它们之中的机器的上市时间实为两年，比谷物长一年，机器要根据这一年，再按其价值获得平均利润，然后将此平均利润分别加到机器和毛呢、机器和棉布的价值上，因此这价值就应该是生产价格；毛呢和棉布的价值为 6 050 镑，也是生产价格，因为其中的 550 镑，是它们的生产所使用的固定资本，即机器 5 500 镑获得的平均利润。李嘉图由于混淆了生产价格和价值，便得出错误的结论。

第二，李嘉图举了这样的例子(乙例)：假定 A 花 1 000 镑，雇 20 个人劳动一年，生产一种商品，第二年再花 1 000 镑，雇 20 个人来加工这商品，于第二年终上市出售，如利润率为 10%，商品价值便为 2 310 镑，因为第一年使用的资本 1 000 镑，到第二年加上利润，便变为 1 100 镑，再加上第二年新用的 1 000 镑，第二年共用资本 2 100 镑，所以商品价值为 2 310 镑。其实，这个价值是包含着平均利润的生产价格。B 花 2 000 镑，雇 40 个工人劳动一年，生产一种商品，于年终上市出售，利润率为 10%，商品价值便为 2 200 镑。其实，这价值和甲例中的谷物的价值一样，都是由劳动决定的价值。我们看到，A 和 B 都是花 2 000 镑，共雇 40 个工人生产商品，总劳动时间相同，所不同的是，A 的 2 000 镑中，有 1 000 镑是用了两年的，B 的 2 000 镑只用了 1 年，但 A 的商品价值(其实是生产价格)比 B 的大。由此李嘉图便认为，除了劳动，还有别的因素决定价值(其实是生产价格)。

李嘉图认为甲例和乙例实质上是相同的。“在这两种情况下，一种商品价值较高是由于被送上市场之前须经过的时间较长。在前一情形下，投在机器设备和毛呢上的劳动量虽然只是谷物的两倍，但价值却不只是两倍。在后一情形下，一种商品所用的劳动虽然并不比另一种多，但价值却更大。在这两种情形下，价值的差额都是由于有利润积累成为资本造成的，这一差额只不过是对占用利润的时间的一种公正补偿。”①

① 大卫・李嘉图：《政治经济学及赋税原理》，郭大力、王亚南译，商务印书馆 1962 年版，第 30 页。

我们从另一角度看，这两个例子确实是相同的。甲例其实说明资本有机构成高的商品，其生产价格要高于其价值；乙例其实说明资本周转时间长的商品，其生产价格也要高于其价值，因为资本周转时间长，就等于在一年中可以使用的可变资本少，这就是资本有机构成高。

第三，李嘉图举了这样的例子(丙例)：它是甲例的继续。李嘉图一直认为工资上涨，利润就要下跌，但两者合起来不变。现在，假设由于工资上涨，利润率从10%下降为9%。根据工资和利润的关系的原理，谷物的价值不变，仍为5 500镑(可见它是由劳动决定的价值)，毛呢和棉布由生产它们的劳动决定的那部分价值，也是5 500镑，但由机器获得的利润却从550镑(5 500镑×0.1)下降为495镑(5 500镑×0.09)，利润要分别加到毛呢和棉布上去，这样，它们的价值(其实是生产价格)便从6 050镑下降为5 995镑(机器和毛呢、机器和棉布的相对价值或相对生产价格仍旧不变：利润下降前是6 050∶6 050，下降后是5 995∶5 995，在两种条件下都是1∶1)。这个要获取平均利润的固定资本额越大，商品价值下降也就越大。如果工资下降，利润上涨，情况就相反。他把生产价格的变动，看成价值的变动。

根据上述分析，李嘉图就反对斯密和当时流行的看法，即认为工资上涨必然使价格随着上涨。他说："据我所知，亚当·斯密和一切追随他的作家都毫无例外地认为劳动价格上涨之后，所有商品价格都会随之上涨。我希望我已经证明这种意见是没有根据的，只有生产时所用固定资本比估计价格的媒介所用的少的商品才会在工资上涨的时候涨价，一切使用固定资本较多的商品的价格在工资上涨时都可能跌落。反之，工资跌落时，只有那些在生产时所用固定资本的比例比估计价格的媒介所用的小的商品才会跌价，一切比例较大的商品的价格都可能上涨。"①李嘉图这种科学分析的确和一般人的看法不同，换言之，他的认识与生活格格不入。我想这就是李嘉图所以被人称为是从别的星球上掉到地球上来的人的原因。

甲乙两例说明资本有机构成的高低和资本周转时间的长短不同，会使生产价格偏离价值。丙例则说明，利润因工资提高而下跌时，会使甲例中毛

① 大卫·李嘉图：《政治经济学及赋税原理》，郭大力、王亚南译，商务印书馆1962年版，第37页。

呢和棉布的生产价格下跌。其实,从整个社会看,因上述原因,有的生产价格下跌而低于价值时,必然有的生产价格上升而高于价值,并且两者抵消,也就是说总生产价格还是等于总价值。只是李嘉图的例子没有说明这一点。这就等于说:如果有一种商品,其资本有机构成是属于中等的,其资本周转时间也是属于中等的,或者更精确地说,两者再加上权数合起来发生的作用是属于中等的,其生产价格就不会因工资的变动或利润的相反变动而发生变动,即永远等于其价值。这就是李嘉图所寻找的不变的价值尺度。

2. 李嘉图寻找不变价值尺度的经过

根据上述,可以看出,李嘉图心目中的不变价值尺度,不可能是一种不变的价值,因为凡是价值,生产它的劳动量发生变化,它就随着发生变化;只能是一种自然价格或生产价格,因为只要它是由居于中等条件的资本有机构成和资本周转时间的产物,工资的变动或利润的相反变动,都不能使它发生变动,它永远等于价值。而价值与生产价格的不同,则在于前者包含着剩余价值,后者包含着平均利润,居于上述中等条件的资本推动的劳动所生产的剩余价值,恰与全部资本带来的平均利润相等。因此,李嘉图要寻找不变的价值尺度,就必须说明:(1)平均利润率是怎样形成的;(2)具有这种不变生产价格的商品是哪一种商品。他终其一生,都没能解决这两个问题。

第一,上面李嘉图提出的10%利润率应是平均利润率。但是,它是未经说明就出现的。它是说明问题的出发点,而不是研究问题的结果。问题在于这10%利润率是怎么来的。他早年在《论低价谷物对资本利润的影响》中,提出过由谷物比例利润率决定其他行业利润率,即社会的平均利润率由谷物比例利润率来决定的理论。

谷物比例利润率的主要内容是:既从物质形态,又从价值形态方面,主要是从物质形态方面考察谷物生产中的利润,即认为产出的谷物量大于投入的谷物量的差额就是利润,它和投入量之比就是谷物利润率。他说:“假使某个人在这样的土地上使用的资本,其价值等于小麦200夸脱”;再假定他扣除资本后,“余下的产品价值是小麦100夸脱,或100夸脱的等值,则所有主资本的净利是 50%，即资本 200 获利润 100”。[①] 意思是很清楚的。其中值得注意的是，这里都是以物质形态进行计算的，不涉及价值或价格问题。

那么，谷物比例利润率又怎样决定其他行业的利润率呢？李嘉图是用各部门的竞争而引起的资本转移来说明这一点的。他说，假定谷物资本的利润率是 50%，其他行业的资本利润率也将会是这样。因为“如果在对外贸易中使用的资本的利润超过了 50%，资本将从土地撤出，使用于贸易。反之，如果其利润降低，资本将从贸易转向农业”。[②] 换句话就是说，要按谷物利润率调整其他行业产品的价格，在此价格下，其他行业的利润率和谷物利润率相同。这就是李嘉图的以谷物利润率为基础的平均利润率理论。这样，平均利润率是 10%，或是 50%，就不是偶然的了；它不是分析问题的出发点，而是研究问题的结果了。

李嘉图这一理论遭到马尔萨斯的批评。马尔萨斯认为，在任何生产中，投入和产出，即垫支和产品，都不会具有完全相同的自然性质，因此，不能从物质形态方面计算利润率；谷物或农业利润不决定其他行业的利润，其他行业的利润也不决定农业的利润。这批评不完全正确。正确的说法应该是，资本主义先在工业中占统治地位，因此，平均利润率先在工业领域形成；是工业的平均利润率决定农业的平均利润率。经这批评，李嘉图就摈弃了这一理论，在其最重要的著作《政治经济学及赋税原理》中，再也不见这一说法了。但是，从此以后，他再也不能说明平均利润率是怎样形成的了。其实，根据李嘉图的劳动价值理论，是完全可以以谷物比例利润率的方法，提出劳动比例利润率的原理的。这就是说，全社会产出的劳动（价值）大于投入的劳动（包括物化劳动和凝结在劳动力中的劳动，它们会分别转移价值和增值价值）的差额，和投入劳动之比率，即是社会平均利润率。但是，李嘉图不可能这样做，因为他信奉斯密教条，认为物化劳动即 C 会最终分解为 $V+M$，而不复存在；因而，社会平均利润率即 $M/(C+V)$ 便等同于剩余价值率即 M/V 了。

在没有办法说明平均利润率形成的条件下，由于使用的固定资本比例

① 斯拉法主编《李嘉图著作和通信集》（第四卷），蔡受百译，商务印书馆 1990 年版，第 13 页。

② 同上书，第 15 页。

不同，产品上市所经过的时间不同，上面两次提到，李嘉图认为由此产生的价值差额（其实是生产价格和价值的差额）是由于利润积累为资本，利润被占用，也就是对资本家不能消费利润的一种公正的补偿。这是一种主观主义的解释。

在无法说明调节生产价格的平均利润率形成的条件下，李嘉图虽然知道工资变动、从而利润作相反的变动，却不影响生产价格，即充当不变价值尺度所需要具备的条件，但他寻找不到这样的商品。

李嘉图曾经设想黄金是不变的价值尺度。他当然知道："黄金显然也和任何其他商品一样都是在同一变化不定的条件下取得的，而且都需要有劳动和固定资本来进行生产。正像其他任何商品一样，黄金的生产也能应用节约劳动的改良方法，所以它对其他物品的相对价值也能仅仅由于生产更加便利而跌落。"可是他进一步又认为："即使我们假定这一变动原因已经消除，获得黄金始终需要等量劳动，黄金仍然不是一种能够用来准确地测定一切其他物品价值变动的完美的价值尺度，因为生产黄金所用的固定资本与流动资本的配合方式不会和其他物品所用的完全一样，固定资本的耐久性不会完全相等，送上市场以前所需经过的时间也不会完全相等。对于一切和它在完全相同的条件下生产出来的东西来说，它固然是完美的价值尺度，但对其他物品来说就不然了。例如，如果黄金的生产条件和我们所假定的生产毛呢和棉织品所需的条件完全相同，那么它对这两种东西来说就是完美的价值尺度；但对于生产所用固定资本比例大小不同的谷物、煤炭以及其他商品来说就不是这样。……因此，黄金或任何其他商品都不能成为一切物品的完美价值尺度。"①但是，李嘉图还是认为，黄金是最接近于充当不变价值尺度的理想商品。他设问："我们能不能认为生产黄金这种商品时所用的两种资本的比例最接近于大多数商品所用的平均量呢？这类比例与两个极端（一个极端是不用固定资本，另一个极端是不用劳动）是不是可以接近相等，以致形成两者之间的一个适中数呢？"②

李嘉图这段冗长的论述，表明他思想上存在着极大的矛盾：世界上根本

---

① 大卫·李嘉图：《政治经济学及赋税原理》，郭大力、王亚南译，商务印书馆 1962 年版，第 36 页。

② 同上书，第 36—37 页。

不存在生产所需的劳动变动时其价值不变的价值尺度，只可能存在价值分配为工资和利润的比例变动时其生产价格不变的价值尺度，这是他朦胧认识到的；但在现实世界中确实是由黄金充当价值尺度的，尽管他知道生产黄金所需的劳动时间是变动的，尽管生产黄金的固定资本和流动资本的比例，以及黄金从生产到上市所经历的时间这两者是不是都居于社会资本的中等条件，对他来说还是一个问题，他却假定它们是居于中等条件的，以此将黄金装进他所设计的不变价值尺度的框框里。这说明李嘉图不懂得“黄金天然不是货币，货币天然是黄金”的原因在哪里，但他又不能抹杀黄金是普遍的价值尺度这一事实，于是就有上述充满矛盾的说法。

3. 马克思了解但不使用不变价值尺度的概念

在李嘉图之后和马克思之前，理解李嘉图的不变价值尺度思想的是拉姆赛。他根据李嘉图的谷物比例利润率思想，指出虽然在某些生产部门里，投入和产出的物质资料不同，因而不能在物质形态上计算利润率，但从社会的经济部门来看则是可以的，因为在这个范围内，投入的和产出的，其物质资料形态是相同的，可以计算产出大于投入的差额，它和投入总量之比，就是社会平均利润率。① 这是其一。其二，但是，他没有从这里说明社会平均利润率的形成。他是从各个特殊经济部门的利润率为何不同(劳动是原因之一)，再从竞争使这些特殊利润率趋于平均，来说明平均利润率的形成。在这里，拉姆赛特别指出：在这过程中，产品的价值是要发生变化的，这里说的实质上是生产价格要和价值发生偏离。② 对这两者都有所了解，拉姆赛就完全有可能了解生产价格永远等于价值所需要具备的条件，即要成为不变价值尺度所需要具备的条件，但他没有提出不变价值尺度的概念。

马克思则明确指出生产价格不因工资的变动而变动所需要具备的条件。这个条件就是：具有中等资本有机构成和周转时间的生产部门，它在一

① 乔治·拉姆赛：《论财富的分配》，李任初译，商务印书馆 1984 年版，第 93—94 页。

② 同上书，第 150 页。

年中使用的可变资本量，就恰好等于各不同生产部门在一年中能使用的可变资本的平均数，这样，它的商品的生产价格就永远等于其价值，工资的变动，从而利润率的相反变动，对其生产价格不发生影响；这个原理当然也适用于这样的生产部门，这个部门的资本有机构成和周转时间都不属于中等条件，但加上权数的作用，也使它在一年中使用的可变资本量，恰好等于各个不同生产部门在一年中能使用的可变资本的平均数。其中的规律是：这个可变资本生产的剩余价值，和这个预付资本实现的平均利润相等。这个问题在我们以后论述工资变动对生产价格的影响时还要谈。这样的生产价格，就是马克思了解而不使用的不变价值尺度概念。

但是，马克思的论述受到质疑。这就是认为他的商品价格理论有漏洞：只有产出品转化为生产价格，而一切投入品却仍然以价值来表示。这就是所谓的转化理论。自从 1907 年鲍尔特凯维兹提出这个问题及其解决办法后，虽然有一段时间没有引起人们的注意，但从 20 世纪 50 年代起，经济学家们又开始谈论这个问题。1960 年斯拉法的《用商品生产商品》，实质上也提出这个问题及其解决办法。这个问题目前在国外谈论很多，并且有一种倾向，就是无论马克思主义经济学家，还是非马克思主义经济学家，都认为马克思在生产价格形成问题上，确实犯了一个小小的数学错误。这里，我们以斯拉法的理论为例，加以分析，并表明我的看法。

斯拉法重申了鲍尔特凯维兹对马克思的批评：只有产出品转化为生产价格，而投入品却仍然以价值来表现；用他的话来说就是："剩余（或利润）必须按照每一生产部门垫支的生产资料（或资本）的比例进行；而在两种异种物品总量之间的这一比例（换言之，即利润率），在我们知道商品价格之前，是不能决定的。另一方面，我们不把剩余的分配推迟到价格决定之后，因为……在求出利润率之前，价格是不能决定的。结果是，剩余分配的决定，必须和商品价格的决定，通过相同的机构，同时进行。"①这无非说，在马克思的生产价格理论中，投入的生产资料也是商品，它应和产出品的商品同时形成生产价格，并且应该同平均利润率的形成一起，通过同一的机构来进行。

对此，我们表明：第一，无论从理论上看，还是从历史上看，价值都是先

① 斯拉法：《用商品生产商品》，巫宝三译，商务印书馆 1979 年版，第 12 页。

于生产价格的。因此，总有一个从价值转化到生产价格的过程，马克思的生产价格理论就是这个过程的理论反映。如果不是这样，投入的和产出的都是生产价格，并且离开价值的产生来分析这种生产价格的形成，那无论从理论上看还是从历史上看，就都是错误的。我们将看到斯拉法就是这样。

第二，马克思说明了价值转化为生产价格后，是谈到投入的生产资料也要按生产价格来计价的。这有两个地方：(1)“在资本主义生产中，生产资料的要素通常要在市场上购买，因此，它们的价格包含一个已经实现的利润，这样，一个产业部门的生产价格，连同其中的利润一起，会加入另一个产业部门的成本价格(生产费用——引者)。”①(2)由于上述原因，成本价格的定义便要修改。“我们原先假定，一个商品的成本价格，等于该商品生产时所消费的各种商品的价值。但是一个商品的生产价格，对它的买者来说，就是成本价格，并且可以作为成本价格加入另一个商品的价值形成。因为生产价格可以偏离商品的价值，所以，一个商品的包含另一个商品的这个生产价格在内的成本价格，可以高于或低于它的总价值中由加到它里面的生产资料的价值构成部分。必须记住成本价格这个修改了的意义。因此，必须记住，如果在一个特殊生产部门把商品的成本价格看作和该商品生产时所消费的生产资料相等，那就总可能有误差。”②从这一点看，要让一个商品的生产价格等于其价值，因而生产价格不因工资的变动或由其引起的利润率的相反变动而发生变动，那就不仅要有如前所述的、生产这商品的资本有机构成和周转时间是中等条件的，而且还要加上现在分析的条件，即构成这商品的各层次成本价格的商品，其资本有机构成和周转时间也都是中等条件的。这就是说，如果生产商品的各层次的资本有机构成和周转时间都是居于中等的，这商品的生产价格就永远等于其价值，并且不因剩余价值分解为工资和利润的比率变动而变动。

基于这两点，我们就不能说，马克思没有考虑过投入品的生产价格问题，或者说要以生产价格来表示投入品。诚然，马克思是没有在一个图式里，以同一的机构来表明在价值的基础上，投入品和产出品作为同样的商

---

① 《马克思恩格斯全集》(第二十五卷)，人民出版社 1974 年版，第 179 页。

② 同上书，第 184—185 页。

品，其生产价格是如何形成的。这是要由马克思主义经济学家来完成的。但目前以斯拉法为代表的转化理论，并不是建立在马克思主义的基础上的，甚至也不是建立在李嘉图的理论基础上的。这一点，下面再谈。

从上述可以看出，马克思不仅了解李嘉图寻找而不可得的不变价值尺度所需要具备的条件，而且了解得比李嘉图更深，因为马克思指出只有这样的商品，即不仅它的最终生产过程所使用的资本，其有机构成和周转时间是属于社会的中等条件的，而且由此上溯，各个层次生产过程中所使用的生产资料，生产它的资本的有机构成和周转时间也要同样是属于社会的中等条件的，只有由这种条件生产出来的商品，其生产价格才永远等于其价值。这才是真正的不变价值尺度。尽管这样，马克思却不认为这样的价值尺度是货币，也从不将不变价值尺度融入自己的经济理论体系中。其原因，我初步认为，不变价值尺度首先应该是货币，然后才是生产价格不变的货币，而这里的不变价值尺度，却只是商品生产者内部的尺度，而不是社会的、外部的尺度，它是用劳动时间本身去衡量其他商品的价值，它不是直接的社会劳动，不能对生产其他商品的劳动进行质的承认，然后再从两方面进行量的计算。它和劳动货币或劳动券没有质的区别。所不同的只是，后者是与商品等值的凭证，有多少商品就有多少这样的凭证；前者的数量可能少一点，因为符合不变价值尺度条件的商品不会太多，但总是商品群，这就是说，有多种同时存在的价值尺度，而唯一的却是没有的，这就等于说，货币是没有的。这一问题，下面论述斯拉法的标准商品理论时还要谈到。

4. 评斯拉法的不变价值尺度——标准商品理论

斯拉法在《用商品生产商品》中寻找到的标准商品，就是李嘉图寻找不到的不变的价值尺度。他极力挖掘李嘉图本人予以摈弃的谷物比例利润率理论中的方法，来构建他的标准商品理论。值得注意的是，他认为李嘉图的谷物利润起决定性作用这一原理的理论基础在于：在农业中，同一种产品——谷物，形成了资本（被认为是由工人必需的生活资料所构成）和产品二者，谷物的特殊地位在于，它不用其他行业的产品作资本，而所有其他行业都必须用它的产品作资本（工资），因此，确定其利润对资本的比例时，是直接按谷物数量进行的，不涉及任何估价问题；他以为这是李嘉图其所以用谷物利润率来决定其他行业利润率的原因。斯拉法的理论就是按照李嘉图后来摈弃不用的这种方法，以及和设想过的不变价值尺度所需要具备的条件而构建起来的。不同的只是，李嘉图认为工资是垫支，因此，纯产品不包括工资，而只是利润；斯拉法认为工资不是垫支，因此，纯产品还要分解为工资和利润，纯产品就是国民收入。

前面说过，马克思解决了李嘉图未能解决的平均利润率问题。在这个条件下，经济学家如果不像马克思正确地做过的那样，从各个生产部门的特殊利润率出发，去说明平均利润率的形成，而仍不合理地从一个生产部门的利润率，来决定平均利润率，那么这个生产部门的利润率就一定要与平均利润率相等，即这个部门要具有这样的条件：资本有机构成和周转时间以及资本在社会总资本中占的比重即权数共同发生的作用，使该资本在一年中所能使用的可变资本量，在全社会生产部门中居于中位，只有这样，才能以劳动价值理论来说明平均利润率的形成。

斯拉法要走自己的道路，来寻找李嘉图设想过的不变价值尺度。我想从以下五点来说明。

第一，斯拉法说明利润率是怎样形成的。当然没有剩余就没有利润，他先举没有利润的例子：

280 夸脱小麦＋12 吨铁→400 夸脱小麦
120 夸脱小麦＋8 吨铁→20 吨铁

总计 400 夸脱小麦＋20 吨铁

在这里，小麦和铁就是用小麦和铁生产出来的。从数量看，生产的和消耗的恰好相等。由于没有剩余，也就没有利润。投下的直接劳动就是工资，使用的生产资料也是商品，其价值也是工资即间接劳动，这样小麦和铁的价值就分别由生产它的直接劳动和间接劳动决定。① 斯拉法一方面这样说，另一方面却说：这里的“价值直接产生于生产方法”。② 因为生产要反复进行，

① 斯拉法：《用商品生产商品》，巫宝三译，商务印书馆 1979 年版，第 18 页。

② 同上书，第 10 页。

在小麦业中就必须拿出120夸脱小麦来，在铁业中就必须拿出12吨铁来，两者互相交换，即10夸脱小麦＝1吨铁，只有这样，两个部门才能进行简单再生产。这是由生产方法即技术条件决定的。

第二，斯拉法就在上面的基础上，说明有剩余的生产，有剩余可以分配，这样，利润率就形成。将前例改变一下，使小麦增为575夸脱，有175夸脱剩余，即：

280夸脱小麦＋12吨铁→575夸脱小麦
120夸脱小麦＋8吨铁→20吨铁

总计400夸脱小麦＋20吨铁

在这里，斯拉法并没有说明剩余怎样产生，其大小怎样决定。他只认为，剩余必须按各生产部门垫支的生产资料（资本）的比例进行分配，剩余对生产资料的比例（利润率）必须是均等的。但是，在这两种商品的价格尚未决定前，利润率是不能决定的；而分配又不能在价格决定之后进行，因为价格本身包含着利润。因此，剩余的分配和价格的决定，必须通过相同的机构同时进行。经过计算，在15夸脱小麦＝1吨铁的交换比率下，两个生产部门都有25％的利润。很明显，这种价值（其实是生产价格）就是相对价值（其实是相对生产价格）。

这里25％的利润率是这样算出的。以铁业来说，在所生产的20吨铁中，有8吨用于铁的消耗的更新，余下12吨按照每吨15夸脱小麦的价格出售，因此，得到180夸脱小麦。在这180夸脱小麦中，120夸脱小麦用于小麦的消耗的更新，60夸脱是利润。小麦和铁在铁业中用作生产生产资料（8×15）和生活用品（120）的总价值是240夸脱小麦，所以利润率是25％。以小麦业来说，在所生产的575夸脱的小麦中，有280夸脱用于小麦的消耗的更新，余下295夸脱按照每夸脱1/15吨铁的价格出售，因此，得到20吨铁。在这20吨铁中，12吨铁用于铁的消耗的更新，8吨是利润。铁和小麦在小麦业中用作生产资料和生活资料的总价值是（280×1/15＋12）32吨铁，所以利润率25％。

第三，斯拉法探讨过一个生产部门需要具备怎样的条件，其利润率才等于平均利润率，因而这个部门生产的商品的价值（其实是生产价格）就不变，成为不变的价值尺度的问题。他假定生产周期为一年，即各部门的资本的周转时间相等，这样，“在那些劳动对生产资料比例很低的生产部门，在支付工资和利润时，将出现赤字，而在另一些这种比例很高的生产部门，则将产生剩余”。① 这就是说，在资本周转时间相等的条件下，由于资本有机构成不同，有的部门的利润率高于平均利润率，有的部门则相反。这样，逻辑的结论就必然是那种处在“赤字”和“剩余”部门之间的，其劳动对生产资料有一种“临界比例”的生产部门（这种比例还要再现于这个生产部门所使用的各层次的生产资料②上），它的利润率就同平均利润率相等。换句话说就是，假定资本周转时间相同，具有中位的资本有机构成和权数的生产部门，其利润率就等于平均利润率。这是马克思早已说过的。

但是，斯拉法并不以这样的生产部门的利润率来决定社会平均利润率。他利用李嘉图摈弃了的谷物比例利润率的理论和方法，以及李嘉图关于不变价值尺度所需要具备条件的设想，认为决定社会利润率的生产部门应具备这样的条件：同一产品构成资本和产品两者，因而可以直接从物质形态上确定利润率；它的生产可以不用其他部门的产品，而其他部门却要用它的产品作为工资；这样，无论工资和利润发生何种变动，它的产品的价值都不变。这就是不变的价值尺度。

斯拉法认为这样的具体产品是没有的，但是合成产品是有的。他认为要使产品的价值不变，生产这种产品的各层次的生产资料和其相对应的纯产品（其实是国民收入，它还要分解为工资和利润）的比例就都要相同，要做到这一点，这些产品生产中消耗的生产资料要和这些产品相同，生产资料各部分的比例和产品各个部分的比例也要相同。由于这样，这些产品就不仅价值不变，而且可以直接从物质形态上计算利润率。这样，再加上其他行业要用这些产品作为工资这个条件，斯拉法便列举出这样的合成产品：

90 吨铁＋120 吨煤＋60 夸脱小麦＋4/16 劳动→190 吨铁
30 吨铁＋75 吨煤＋90 夸脱小麦＋4/16 劳动→285 吨煤
30 吨铁＋30 吨煤＋150 夸脱小麦＋8/16 劳动→380 夸脱小麦

总计 150 吨铁＋225 吨煤＋300 夸脱小麦＋1 劳动

① 斯拉法：《用商品生产商品》，巫宝三译，商务印书馆 1979 年版，第 19 页。
② 同上书，第 21 页注(16)。

在这里，投入和产出的产品相同；投入的生产资料的比例是 150∶225∶300，产出的产品的比例是 190∶285∶380，两者都是 1∶1.5∶2；各种纯产品对其生产资料的比例，铁为（190－150）÷150＝26.6％，煤为（285－225）÷225＝26.6％，小麦为（380－300）÷300＝26.6％，三者都相同。这样，作为不变价值尺度的商品，就由这个比例合成：1 吨铁∶1.5 吨煤∶2 夸脱小麦。斯拉法称这种商品为标准商品，这种纯产品为标准纯产品，这种体系为标准体系。标准商品就是不变的价值尺度。他的不变价值尺度理论就是这样一种理论体系。

现在要特别提出的是，斯拉法认为，这里所说的比例和前面所谈平均利润率时所说的“临界比例”并不是无条件地相等的。在这里，他没有说明纯产品为何这么大，也没有说明它根据什么分为工资和利润；只说明必须符合这条件，商品价值才不变。它就是不变的价值尺度。

第四，斯拉法以标准纯产品理论为基础，提出标准体系利润率，并认为由它支配实际体系的利润率。标准体系利润率，就是在标准纯产品中扣除了工资后的余额，即利润和生产这标准纯产品的生产资料之比。假定在 26.6 的纯产品中，工资为 6.6，则利润便为 20，和这纯产品对应的生产资料为 100，这样，利润率便为 20％，这是标准利润率。

斯拉法认为，只要工资由标准商品表示，标准体系利润率便完全由商品数量之间的比率来决定，不涉及价值问题；标准体系利润率决定实际体系利润率。本来，实际体系的纯产品和标准体系的纯产品是不等的，因而扣除了用和标准商品相同的等价物支付的工资后，余下的利润和生产这纯产品的生产资料之比即利润率，也和标准体系的利润率不等。但是，他认为，这时实际体系中商品的价格，就要按这个原则调整，即价格中的利润，要等于生产这商品所使用的生产资料价值的 20％（标准体系利润率）。

由此，斯拉法认为，“相同的利润率，在标准体系中是作为商品的数量之间的比率得出的，在实际体系中则是由价值总量的比率得出的”。[①] 这就是由合成商品，即标准商品的利润率决定社会的平均利润率。值得注意的是：他认为工资不是垫支，所以这里的利润率都是以生产资料即不变资本计算

① 斯拉法：《用商品生产商品》，巫宝三译，商务印书馆 1979 年版，第 29 页。

的，而不是以总资本计算的。

第五，斯拉法最终认为，在上述基础上，有一种更具有实体的尺度，代替标准纯产品去衡量商品的价格，这个尺度就是“用标准纯产品所购买的劳动量”。① 他认为在这个条件下，只要利润率为已知，便可衡量出商品的价格。假设利润率为 15%，即利润占纯产品（按上例生产资料和纯产品之比为 100∶20）的 15/20 或 3/4，由此可知工资占标准纯产品的 1/4，也就是说，标准纯产品购买的劳动量为工资的 4 倍。这个劳动量就构成标准纯产品。他认为用它就可以衡量出商品的价格。这再次表明他把价值看成相对价值（其实是相对的生产价格）。因为他说明的是，价格是工资的若干倍；这说到底就是用交换商品（劳动力）支配的劳动来说明价值的决定。因为他说明的是，从结果看，由工资支配的劳动是工资的若干倍，而不是从原因看，获得工资为什么要支出若干倍于工资的劳动。

整个问题归结为，斯拉法怎样说明我们在前面提到的纯产品如何产生，其大小如何决定的问题。他不是从积累劳动奴役活劳动，不是从活劳动的支出来说明，而是从技术的或工艺方面来说明。因此，纯产品和生产资料的关系就是物和物的关系，这就当然不能说明获得工资为什么要支出若干倍于工资的劳动。这一切表明，他不是从生产商品投入的劳动决定价值的原理去说明问题的。

现在，我们将论点回到斯拉法寻找到的标准商品，即不变价值尺度的问题上来。这个标准商品与其他商品最重要的不同点，一是其价值（其实是生产价格）不因工资或利润的变动而变动；二是它构成本部门的资本（构成工资）和产品两者，该部门可以不用其他部门的产品就能进行生产，其他部门却必须用它的产品（构成工资）才能进行生产。第一点是李嘉图已看到的。我们说，符合这个条件的可以是商品群，其价值（生产价格）虽然不变，但其品种可以是一群，只是没有唯一的一种，这就不能充当直接代表社会劳动的、外在的价值尺度。第二点是斯拉法挖掘李嘉图的谷物比例利润率思想而提出来的，并且认为符合这条件的只有农业这一个行业。但事实上符合这条件的，除农业外，也可以有其他的生产部门。例如，马克思就说过：“劳

① 斯拉法：《用商品生产商品》，巫宝三译，商务印书馆 1979 年版，第 38 页。

动者和农业家吃了以后固然还会有小麦留下来；但织布业者——工人和老板——也会在本人衣着所需之外，把更多的布匹余留下来。”[①]这样，按照斯拉法的办法，我们也可以在农产品之外，在工业中制造一种合成产品——标准商品，它也就是另一种不变的价值尺度了。因此，问题还是回到李嘉图的不变价值商品不止一种这一难题上去。

还有一个问题，斯拉法集中力量寻找的是价值尺度，但要求它是不变的；至于货币的其他职能，则不是他所考虑的。但是，我们认为，孤立地考虑不变的价值尺度，而置货币的其他职能于不顾，是研究方法上的片面性。如果考虑到货币的储藏职能，那么，由铁、煤和小麦合成的标准商品，是无论如何都不适宜承担的。

① 马克思:《剩余价值学说史》(第一卷)，郭大力译，人民出版社 1978 年版，第 143 页。

六、马克思对价格标准的论述及其重要性

马克思明确地提出价格标准这一概念，并科学地说明它和价值尺度的关系。在马克思之前，有的经济学家或者将它理解为观念上的，其用途是指示比例，或者尚未形成这一概念，以致说明问题不彻底，或者不能贯彻到底，以致说明问题发生错误，或者认为它表示的是贵金属的价值，而不是其重量。在马克思之后，有的经济学家在纸币流通条件下，否认价格标准的存在，以致陷入货币数量论，而现代货币数量论者则提出货币购买力这一概念，在传统货币数量论抹杀价值尺度存在的基础上，进一步抹杀价格标准的存在，以致发生的错误比传统货币数量论更大。由于这一切，我认为将这些问题集中起来加以论述，是很有必要的。

1. 价值尺度和价格标准

我们知道，商品价值用货币来表现，要通过两种契机。(1)商品的价值表现为一定的金量，这是价值尺度的职能；(2)这一定的金量，要由某种特定的货币单位去测定，这是价格标准的职能。这两个契机实际上是合为一体的。

马克思科学地说明价格标准和价值尺度的关系。他指出，假定金变成价值尺度而交换价值变成价格的过程已经存在，一切商品在它们的价格上还只是想象的大小不同的金量。它们作为同一物即金的不同量互相较量、互相比较和互相衡量，这样在技术上就有必要使它们同作为计量单位的一定金量发生关系。这个计量单位就是价格标准。金量本身是用重量来衡量的。当商品不再作为用劳动时间来衡量的价值，而是作为用金来衡量的同

名量发生联系的时候，金就从价值尺度转化为价格标准。马克思总结说："作为价值尺度和作为价格标准，货币执行着两种完全不同的职能。作为人类劳动的社会化身，它是价值尺度；作为规定的金属重量，它是价格标准。作为价值尺度，它用来使形形色色的商品的价值变为价格，变为想象的金量；作为价格标准，它计算这些金量。价值尺度是用来计算作为价值的商品，相反，价格标准是用一个金量计量各种不同的金量，而不是用一个金的重量计量另一个金量的价值。"①

很明显，不论金的价值怎样变动，不同的金量之间的价值比例总是不变的。哪怕金的价值跌落 1 000/100，12 盎司金的价值仍然是 1 盎司金的 12 倍，在价格问题上只在于不同金量彼此之间的比例。另一方面，1 盎司金决不会因为它的价值涨落而改变它的重量，也不会改变它的等分的重量，所以，不论金的价值怎样变动，金作为固定价格标准总是起同样的作用。

2. 货币重量单位、货币计量单位、铸币和衡制

根据马克思的表述，即某物值 1 盎司金和某物值 3 镑 17 先令 10.5 便士，其中 1 盎司金和 1 镑金都是价格标准。它们实质相同，都是以金（贵金属）的一定重量，来衡量作为某商品的价值尺度的金的重量，即后者为前者的若干倍，从而就表示某商品值若干盎司金或若干金镑；它们的区别在于，在执行职能时，前者是要称重量的，后者则只要点数。这个问题说得具体些就是，按照英国的货币制度，1 盎司黄金可以在造币厂里铸成 3 镑 17 先令 10.5 便士，1 盎司等于 31.103 克，1 镑重 113.003 毫克黄金，所以它们都是以金的一定重量去衡量作为商品价值尺度的金的重量；它们的区别是，前者以重量单位去衡量，后者以计量单位去衡量，而计量单位是包含着一定重量的金的。这样来看，后者就是铸币。

以重量单位的金去衡量作为价值尺度的金的重量，即衡量条块状态的

① 《马克思恩格斯全集》（第二十三卷），人民出版社 1972 年版，第 116 页。

金的重量，严格地说，每一次都要对后者的成色加以检验，对其重量加以称量，这对货币执行流通手段职能是一种妨碍。于是，铸币就取代了它。关于铸币的产生和特征，马克思写道："金在它的流通手段职能上取得一种特有的形状，它变成铸币。为了使它的流通不因技术困难而受到阻碍，它是按照计算货币的标准来铸造的。铸币是这样的金块，它以一定的花纹和形状表示它含有镑、先令等货币计算名称所指的金的重量。正如造币局价格由国家规定一样，铸造的技术事务也由国家担任。作为铸币的货币，和作为计算货币的货币一样，有地方性和政治性，讲不同的国家语言，穿不同的民族服装。因此，作为铸币的货币的流通领域是不同于商品世界的普遍流通的、限于国界内部的商品流通。"①

铸币作为价格标准是有条件的。铸币在流通过程中必有磨损；此外，还有人为的刮削。因此，各国都用法律规定，铸币减重到一定程度，就不能使用。这就是说，只有符合标准的铸币，才能作为价格标准。

以货币的重量单位作为价格标准，表示金属重量的衡制就起了价格标准的作用。这是很自然的。铸币作为价格标准的名称，同衡制中的名称起初也是一致的。例如，镑原来是真正 1 磅重的银的货币名称。后来金取代银作为价值尺度，这个名称就依照金和银的价值比例，而用来称呼 1/15 磅的金。此外，外国货币流入较不发达的民族，这些外国货币的名称和本地的重量名称是不同的。还有就是几百年来君主不断伪造货币，使铸币原来的重量实际上只剩下一个名称。由于这一切，金属重量的货币名称同它原来的重量名称就逐渐分离了。

这里讲一讲中国的情况。很久以来，中国以银作为货币。价格标准是两，如某物值 7 两 2 钱银子。1933 年废两用元，因而价格标准就是元，一银元含银 7 钱 2 分。其所以如此规定，是由于从 1854 年流入中国的墨西哥银元约重 7 钱 2 分，这样，某物就值 10 元(7 两 2 钱银子)了。在广州、香港一带，从前有人称 5 分(元、角、分的分)为 3 分 6(两、钱、分的分)银，因为 1 角为 7 分 2 银，5 分就是 3 分 6 银了。

---

① 《马克思恩格斯全集》(第十三卷)，人民出版社 1962 年版，第 97 页。

3. 斯图亚特认为货币是观念标准，用以指示比例

詹姆斯·斯图亚特说："货币只是具有等分的观念标准。如果有人问：一个部分的价值的计量单位应当是什么，我就用另一个问题来回答：度、分、秒的标准大小是什么？它们没有标准大小；但是，只要一个部分已经确定，依据标准的本质，其余的必定全部都依比例确定下来。"①

马克思对这种错误进行了批判。首先，马克思指出了观念标准说的错误。他说，因为在规定价格时，只是想象的金银起作用，金银只是当作计算货币起作用，有人就以为镑、先令、便士、法郎等名称，不是指金银的重量部分或某种物化劳动，而是指观念的价值原子。于是，比如说，1 盎司的银的价值提高了，那它就包含更多这样的原子，因此它就应当算成和铸成更多的先令。这就说明，只有观念而没有物质的价格标准是不存在的。

其次，马克思指出了指示比例说的错误。他认为，斯图亚特所说的只是货币在流通中充当价格标准和计算货币的现象。在后者看来，如果几种商品在价格表上分别标价为 15 先令、20 先令、36 先令，那么，在比较它们的价值量时，实际上我所关心的既不是先令的含银量，也不是先令的名称。15、20、36 这些数的比例已经说明一切，1 这个数成为唯一的计量单位。比例的纯抽象的表现始终只是抽象的数的比例本身。因此，为彻底起见，斯图亚特不仅要撇开金银，而且还要撇开它们的法定的教名。他由于不了解价值尺度向价格标准的转化，自然就以为用作计量单位的一定金量，不是对其他的金量作尺度，而是对价值本身作尺度。因为各种商品通过自己的交换价值转化成价格而表现为同名的量，他就否定了使各种商品成为同名的那个尺度的质；又因为在各种不同金量的比较中用作计量单位的大小是约定俗成的，他就连对这个大小总得有个规定都加以否定。他可以不说圆周的 1/360 是 1 度，而说 1/180 是 1 度；这时，直角就不是用 90 度计算，而是用 45 度计算，锐角和钝角依此类推。虽然如此，量角器仍然首先是有一定质的数学形

① 转引自《马克思恩格斯全集》(第十三卷)，人民出版社 1962 年版，第 70 页。

式——圆，同时又是有一定量的圆的部分。这样，按照指示比例说，各种商品就只存在相对价格，反映价值的价格是不存在的，而且据以决定相对价格的起点的那个价格，是不能说明如何决定的，因为价格标准只是观念上的。

4. 斯密尚未形成价格标准概念，李嘉图没有牢固掌握这个概念

亚当·斯密说："代表一切商品市场价格的名义金额，与其说受标准银币应含银量的支配，毋宁说受银币实含银量的支配。所以，这名义金额，在铸币因削剪磨毁而价值减低的场合，比较在铸币接近标准价值的场合，非较大不可。"①这段话的内容是正确的。斯密只是由于尚未形成价格标准这一概念，以致语言不明快，说明也不透彻。这段话的意思是，铸币的含银量减少到标准含银量以下，即价格标准缩小，价格便提高。此外，它还含有这样的意思，价格标准缩小时它指示的价格，比接近价格标准时指示的价格较高，但这两种价格按其相应的价格标准的含银量折合成银的重量，则是相同的。

大卫·李嘉图说：假定英国需要的金币流通量是100万盎司，"如果银行利用停止兑现的法律能在流通数额中维持代表150万盎司金币的纸币，这样的150万在通货价值上不会超过100万盎司；因此……代表(1.5盎司黄金)这一数额的银行纸币，不会比1盎司黄金买到更多的商品"。② 这段话的意思是说，流通中的纸币量不管其总面值是多少，它的价值取决于没有纸币流通时所需的金币流通量的价值，如前者的面值比后者的价值大1/2，那么，每一单位纸币代表的金的重量就要减少1/3，即价格标准缩小1/3，于是面值1.5盎司黄金的纸币，只能买到1盎司黄金所能买到的那么多的商品，因为价格标准缩小1/3，价格就上涨1/2。

李嘉图又说："在限制数量之后，减色铸币也会像具有法定重量和成色

① 亚当·斯密：《国民财富的性质和原因的研究》(上卷)，郭大力、王亚南译，商务印书馆1972年版，第187页。

② 斯拉法主编《李嘉图著作和通信集》(第三卷)，经文正译，商务印书馆1990年版，第209页。

一样按表面所标价值流通，而不按其实际含有的金属量的价值流通。因此，在英国铸币史中，我们看到通货贬值从不与其减色成同一比例，原因是通货数量的增加从不与其内在价值的减少成比例。”①他在另一个地方又说：“减色银币的数量……没有超过在没有减色银币情况下所能流通的铸币厂新铸银币的数量，所以货币虽然减色了，但却没有贬值。”②

李嘉图这里的论述，包含着非凡的创见和深刻的内容。马克思对其作了解释。③ 这里，我们只从价格标准的角度，评述如下。

第一，通货贬值或简称贬值，指的是铸币含金（银）量减少；减色铸币或减色银币，指的是铸币重量不降低，但成色降低，这就等于铸币包含的纯金（银）量减少。这两者都导致价格标准缩小，因而以它来衡量作为商品的价值尺度的金（银）的重量，其倍数就增大，亦即价格就上涨。

第二，铸币流通规律和上述李嘉图分析的纸币流通规律相同，因此，只要减色铸币的流通数量和标准铸币所必需流通数量相等，减色铸币就和标准铸币一样，代表和包含相等的金（银）的重量，即价格标准就不变，价格也不变。

第三，在英国铸币史中，随着待流通的商品量和待实现的商品总价值的增大，流通手段的数量和铸币数量应按比例增加，但事实上后者增加的比例较小，因而导致价格标准增大，价格下降。与此同时，因铸币减色，导致价格标准缩小，价格上涨，但是，铸币数量增加的幅度小于铸币成色减少的幅度，因而价格上涨的幅度就小于铸币成色减少的幅度。这里的论述包含着一个重要的原理，李嘉图未能说出来，马克思明确地指出来了。这就是：“不论是纸币或降低了成色的金银……按什么比例代表按造币局价格计算的金银重量，不是决定于这些符号本身的物质，而是决定于它们在流通中的数量。”④

但是，李嘉图对价格标准的理解并不牢固，不能贯彻到底。他说：“只要

---

① 大卫·李嘉图：《政治经济学及赋税原理》，郭大力、王亚南译，商务印书馆 1962 年版，第 302 页。

② 同上书，第 317 页。

③ 同上书，第 110 页。

④ 同上。

限制铸币的数量，它们的价值就可以被提高到任何可能的程度。”[①]这句话无论从纸币流通规律、铸币流通规律的角度看，还是从价格标准的角度看，都是错误的。从前者看，不管铸币的数量如何少，其总价值要取决于由它代替的金（银）所必需流通量的价值；从后者看，根据理论逻辑，假设限制铸币为10枚，每枚所代表的金（银）的重量就为由它代替的金、银所必需流通量的重量的1/10。在这两种情况下，铸币的总价值或每枚铸币所代表的金、银的重量，都不可能被提高到任何可能的高度，每枚铸币所代表的金（银）的重量，就是价格标准，它受制于流通所必需的金（银）量，不可能提高到任何可能的高度。李嘉图这种说法，表明他这时缺少价格标准的概念。

5. 皮尔认为价格标准表示的是价值，而不是金的重量

罗伯特·皮尔问道：1镑银行券代表什么？什么叫作1镑？反过来说，对现行的价值计量单位应如何理解？3镑17先令10.5便士是表示1盎司的金，还是它的价值？如果是1盎司金本身，那么为什么不用它的名字来称呼它，为什么不称为盎司、本尼威特、克冷，而要称为镑、先令、便士呢？如果这样的话，我们就回到直接物物交换的制度去了。或许它们指的是价值？如果1盎司金＝3镑17先令10.5便士，那么为什么有时又值5镑4先令，有时又值3镑17先令10.5便士呢？“镑”这个用语是指价值，但不是指固定于一个不变的金量上的价值。镑是一个观念的单位，劳动是形成生产费用的实体，它把相对的价值赋予金，就像把铁的相对价值赋予铁一样。因此，不论用什么特别的计算名称来表示一人的一日劳动或一周劳动，这个名称总是表示所生产的商品的价值。

马克思指出，在皮尔看来，“金的计算名称，如镑、先令等等，应该是一定量劳动时间的名称。既然劳动时间是价值的实体和内在价值尺度，那么，这些名称实际上就应代表价值比例本身。换句话说，劳动时间被认为是真正

① 大卫·李嘉图：《政治经济学及赋税原理》，郭大力、王亚南译，商务印书馆1962年版，第302页。

的货币计算单位”。①

那么，作为货币计量单位的劳动时间，是用来直接衡量商品的价值即生产商品所需的劳动时间，还是用来衡量作为商品的价值尺度的金的重量呢？如果是前者，那么金也要化为一定的劳动时间，才能被作为计算单位的劳动时间去衡量。这样一来，作为计量单位的劳动时间，说到底就是劳动券。其错误，就是以在商品生产者内部计算的劳动时间，即私人劳动，取代社会对商品生产者劳动的质（使用价值）予以承认，对其量（创造的价值量）进行计算的社会劳动，因而无法解决商品生产的基本矛盾，即私人劳动与社会劳动的矛盾。

6. 希法亭切断铸币和纸币的关联，否认价格标准的存在

鲁道夫·希法亭对价格标准作过精辟的分析。他说，黄金由国家按某种方式加以分割，每一块都由国家铸造，加上标记。现在，一切价格都由这种标准来表现。这样，国家便制定了价格标准。黄金执行价值尺度的职能，因为它是商品，从而是价值，即是社会劳动时间的体现。作为这样的东西，它的价值是随它的生产时间的变化而变化。作为价格的标准，黄金被分割为具有同样重量的小块。这种分割按其意义来说是不变的，铸币不过是证明，这样加盖标记的货币含有货币材料（例如黄金）的一定重量。这同时是显著的技术简化。货币不必再加衡量，而只要点数就行。这样，现在可以用一种便利的方式，表示交换中所必要的任何价值量。这里值得注意的是，价格标准是铸币，它含有由国家规定的黄金（白银）的一定量。这些都是正确的。缺点是他没有说明，价格标准是以一定的金的重量，去衡量作为商品的价值尺度的金的重量，即后者为前者的若干倍，这个倍数就是商品的价格。

在纸币本位制下，希法亭终于切断纸币和铸币的历史联系，认为可以用其他方法确定纸币的价值。但是这个方法在理论上是错误的。这样，就等于否认纸币具有价值，否认纸币具有含金量，即否认纸币的价格标准职能。

① 《马克思恩格斯全集》(第十三卷)，人民出版社 1962 年版，第 73 页。

他先称赞并引用马克思对纸币流通规律的表述，即没有价值的记号，只有在它们在流通过程中代表金的限度内，才成为价值符号；它们又只有在金本身原来就会作为铸币进入流通过程的限度内才代表金，这个量在商品交换价值和商品形态变化速度为既定的时候，是由金本身的价值决定的。

但是，希法亭还是批评马克思。他说："马克思所走的这样的迂回道路，似乎是多余的；他先确定铸币的价值，然后通过铸币量的价值才确定纸币的价值。如果直接由社会流通价值推导出纸币的价值，那么，这种确定的纯粹社会性质就更明确地表现出来。纸币本位制在历史上是由金属本位制产生的，并不是从理论上也这样看待它的根据。不诉诸金属货币，纸币的价值也必定能够推导出来。"①

那么，希法亭认为能推导出纸币价值的社会流通价值又是怎样决定的呢？希法亭列了一个公式：社会必要流通价值＝商品价值总额÷货币流通速度＋到期的支付总额－互相抵消的支付－同一货币交替执行流通手段和支付手段职能的次数。② 这个公式是对马克思关于流通货币总额决定公式的模仿。马克思假定流通手段和支付手段的流通速度为已知，流通货币总额决定的公式是：流通货币总额＝待实现的商品总价格÷货币流通速度＋到期的支付总额－互相抵消的支付－同一货币交替执行流通手段和支付手段职能的流通次数。③ 但是，在希法亭公式中的商品价值总额，分明是由具有价值的货币或纸币对它予以确认的结果，而这个公式却认为商品价值总额是纸币具有价值的一个重要的原因。这是在商品价值和纸币价值之关系的问题上进行循环论证。马克思的公式不是这样，公式中的商品总价格是具有价值的货币，并且是价格标准对这金（银）货币的重量加以衡量的结果。由于希法亭的公式存在这样的缺点，无法回答纸币价值和价格标准是怎样决定的，他就只好说："社会必要流通价值量，当然不可能事先计算出来，唯一能解决这道算题的数学大师是社会。"④但是，这只能是空洞的遁词。由此可见，切断铸币和纸币的历史联系，是无法说明纸币价值和价格标准的。

---

① 希法亭：《金融资本》，福民等译，商务印书馆 1994 年版，第 437 页注(37)。

② 同上书，第 34 页。

③ 《马克思恩格斯全集》(第二十三卷)，人民出版社 1972 年版，第 159 页。

④ 希法亭：《金融资本》，福民等译，商务印书馆 1994 年版，第 34 页。

希法亭既然认为,纸币价值要取决于流通中的商品价值总额,就必然进一步认为,在商品价值总额不变的条件下,纸币量增加,其"市价"就降低;反之,就升高,商品价格就作相反的变化,这就是货币数量论。

7. 现代货币数量论的货币购买力概念

欧文·费雪在《货币的购买力》(1911年)中提出货币购买力的概念。它是费雪的货币数量论公式的表现形式。费雪和传统的货币数量论者一样,认为进入流通之前,货币没有价值,商品没有待实现的价值,而只是两堆东西;进入流通之后,以全部货币为一方,全部商品为另一方,由商品摊分货币,这就成为货币的购买力。于是,本来没有价值的货币就具有所谓的购买力,本来没有价值的商品就具有价格,它的反面就是货币的购买力。信奉货币数量论的人常说,货币购买力和物价是一枚硬币的两面,就是这个意思。很显然,货币购买力这个概念,抹杀了货币的价值尺度和价格标准职能的存在。

谈论货币购买力最多的是约翰·梅纳德·凯恩斯的《货币论》(1930年)。他在此书中对货币购买力的论述可以概括如下。

第一,为什么要提出货币购买力的概念。凯恩斯说,人们持有货币不是为了货币本身,而是为了它的购买力,也就是为了它所能购买的东西。因此,他所需要的便不是若干单位的货币本身,而是若干单位的购买力;但是,除了货币形式以外,就无法储存一般的购买力。

第二,什么是货币购买力。凯恩斯说,一定条件下的货币购买力,决定于一单位货币所能购买的货物与劳务量,所以这种购买力,便可以用各种单位货物与劳务,按其作为支付对象的重要性的比例,构成一种综合商品加以衡量。这种综合商品的价格就是物价水准,说明某一物价水准的变化的一系列数字就是指数。

第三,货币购买力可以分为哪几种。凯恩斯说,计算货币是表示购买力单位的形式,货币是储存购买力单位的形式,综合商品的物价指数是衡量购买力单位的标准。

综合商品物价指数的含义已见上述。那么,计算货币和货币的含义是什么呢?凯恩斯说,计算货币是表征和名义,而货币则是对应于这种表征的实物,如果实物可变,而表征保持不变,这种区别就有很大的意义。“其间的不同之处正像英国的国王(不论当国王的人是谁)和乔治王之间的区别一样。如果有一种契约规定在10年后支付重量等于英王体重的黄金,而另一种契约则规定支付当今乔治王的体重的黄金,那么,这两种契约便不是相同的,前一种契约到时候还要等国家宣布谁来当英国国王才能支付。”①

这样说来,计算货币就相当于马克思所说的铸币、纸币之类的价值符号,货币则相当于它们所代表的金量,即价格标准。前者的面值不变,但在其他条件不变时,随着它的数量的增减,后者就发生相反的变化。我们这种理解,从凯恩斯下面的话中得到佐证。凯恩斯说:“计算货币必然是连续的,当名义改变时,新单位必然和旧单位具有确定的关系,一般说来,国家会颁布一个公式,用旧计算货币说明新计算货币……没有国家法令时……市场上还是不免要在两者之间自行定出一种平价。”②平价就是旧的和新的计算货币换算时的比率,即马克思所说的必然分别存在的含金(银)量的比率,也就是两种价格标准的比率。

那么,凯恩斯所说的那两种契约为什么是不同的,我们用纸币美元来说明。原来21美元=1盎司黄金,1934年改为35美元=1盎司黄金,也就是说,美元的含金量即价格标准缩小了。如1930年订契约,其中一张支付当时皇上乔治的体重那么多的黄金,假设其体重为金衡3 000盎司,那就要支付63 000美元,因为3 000×21美元=63 000美元。另一张10年后支付那时的英国国王的体重那么多的黄金,假设其体重同样为金衡3 000盎司,那就要支付105 000美元,因为3 000×35美元=105 000美元。这就是说,由于价格标准的变化,两张契约的支付额就不相同。

经过这样的分析,我们就可以了解,凯恩斯所说的购买力单位,铸币或纸币只是它的形式,含金(银)量或价格标准才是它的储存,而物价指数则是

① 凯恩斯:《货币论》(上卷),何瑞英译,商务印书馆1986年版,第6页。

② 同上书,第6—7页。

它的衡量标准。

第四,借以说明货币购买力的具体例子。凯恩斯借用《宝贵的编年史》(1706年)的作者威廉·弗利特伍德的话来说明。毕晓普说:“由于货币没有其他用处,而只能用来购买生活必需品和享乐品,所以明显的事实是:如果亨利六世时代的5英镑能购买5夸脱小麦、4大桶啤酒和6码麻布,而目前的20英镑又不能购买更多的小麦、啤酒和麻布;那么,亨利六世时具有5英镑的人便和现在具有20英镑的人同样富有。”①这就是说,两种数量不同的同种货币,在不同的时间,有相同的购买力。但其中的原因,凯恩斯没有说出来,那就是英镑的含金量,即价格标准发生了变化。

从这里可以看到,货币购买力这一概念,使人看不出如果货币购买力发生了变化,其原因是货币本身发生了变化呢,还是商品的价值发生了变化,或是两者的价值都发生了变化。如果货币购买力没有发生变化,其原因是货币和商品两者的价值都没有发生变化呢,还是两者的价值的变化方向相反,而幅度却相同,以致两者结成的交换价值不变。不过,我们这种评论,对于现代货币数量论者来说,是对不上口径的,因为他们根本不承认商品和货币是具有价值的;像李嘉图那样,诚心诚意研究物价变动,其起因到底是货币价值发生了变化呢,还是商品价值发生了变化,在货币购买力这概念的掩盖下,全都看不到了。

第五,说明物价水准与货币量的关系。凯恩斯说,货币购买力或全部商品的价格水准,同货币量以及流通速度的关系,决没有旧货币数量公式使人认为具有的那种直接性质,换言之,他要加以修正。但是,他还是认为:“在平衡状态下,货币量和消费品以及全部产品的物价水准之间只有一种和唯一的关系,其性质是货币量增加1倍时,物价水平也会增加1倍,所谓处于平衡状态的情形是生产因素已充分利用……”②这就是货币数量论,它标志着向充分就业状态下的货币数量论,即向真正通货膨胀论过渡。

---

① 凯恩斯:《货币论》(上卷),何瑞英译,商务印书馆1986年版,第47页。

② 同上书,第124页。

8. 为什么说某物值几元几角，不说某物值几斗几升

以上我们说明价格标准概念在马克思的货币理论体系中占有重要的地位，舍此不能说明价值怎能表现为价格。现代货币数量论则以货币购买力概念，既抹杀货币作为价值尺度的职能，又抹杀货币作为价格标准的职能，因而不能说明价格变动，其原因是商品的价值发生变动，还是货币的价值发生变动？人们会说，各有各的理论，井水不犯河水，何况货币数量论的公式还具有实用性，例如，前面凯恩斯就说：货币量增加 1 倍时，物价水平也会增加 1 倍，现实经济情况确实是这样，就是根据马克思的货币理论，在这个条件下，价格标准缩小了 1/3，其结果也是价格提高 1 倍。由于这样，就让货币数量论流传便是，何必多费唇舌。我认为不对，因为具有实用性的东西，其理论不一定是正确的。现代货币数量论就是这样。我的看法如下。

要使货币（包括纸币）和商品发生等价关系，这两者首先必须有共同的质。其次就要在质相同的基础上，有相同的量。这就是说，要质相同，才能有量的比较。就我们现在论述的问题来说，更为重要的则是这个量要有一个固定的、标准化的单位来衡量它，这个单位就是价格标准。古希腊大思想家亚里士多德说过，5 张床＝1 间屋，无异于 5 张床＝若干货币。更重要的是，他进一步说，这两个等式，没有等同性，就不能交换；没有通约性，就不能等同。那么，什么是这里的等同性和通约性呢？显然是劳动，并且是相同的劳动时间。可惜，奴隶社会的人身不平等这一社会条件，使他看不到这一切，他未能解决的问题让生活在资本主义条件下的斯密解决了。斯密说，狩猎民族捕杀 1 头海狸所需要的劳动，若两倍于捕杀 1 头鹿所需要的劳动，那么，海狸 1 头当然换鹿 2 头。斯密看到了交换等式中的等同性和通约性，就是劳动和相同的劳动时间。

但是，这里的屋和鹿虽然包含着劳动时间，却不是以劳动时间本身，而是以凝结了劳动时间的一定使用价值量，来表示床和海狸的价值的。就我们论述的问题看，更重要的是，还没有一个固定的、标准化的单位来衡量这个使用价值量，也就是说，货币的价格标准职能尚未出现。

随着商品生产和商品交换的发展，就出现了10码麻布＝1盎司金，再发展为10码麻布＝3镑17先令10.5便士，1双鞋＝7两2钱银，再发展为1双鞋＝10元等形式。这里的盎司、镑、两和元都是价格标准，它们是含有一定量贵金属重量的计算单位，用来衡量作为价值尺度的金和银的重量的。

现代货币数量论抹杀价值尺度和价格标准的存在，这样一来，镑和元就成为空无一物的符号，让它们来和商品发生等价关系，既无等同性，又无通约性，更无标准化的单位从中发生作用，交换等式怎能成立？这好比是说某物值几斗几升一样。我们知道，人们说某物值几元几角，而不说某物值几斗几升，那是因为纸币的元、角和银的铸币在历史上有联系，斗和升就完全不是这样。这类问题，现代货币数量论是无法回答的。

从这一点看，当前流行的货币数量论比传统货币数量论更为错误；前者将毫无等同性的商品和纸片（纸币）发生等价关系，后者将全部商品为一方，和全部贵金属货币为另一方发生等价关系，而这两者都是劳动的产物，只是在交换比率的决定上说不通。

七、希法亭从修改马克思的货币理论到陷入货币数量论

列宁写作的《帝国主义是资本主义的最高阶段》,是充分利用了鲁道夫·希法亭的《金融资本》(1910年)的。列宁指出:虽然希法亭在货币问题上犯错误,并且有某种把马克思主义同机会主义调和起来的倾向,但是这本书对"资本主义最新发展的研究"(《金融资本》的副书名;以前俄译和汉译都错为"资本主义发展的最新阶段")是极有理论价值的。有理论价值的部分,列宁已在其著作中充分吸收,这里的目的是分析希法亭在货币问题上如何从修改马克思的货币理论到陷入货币数量论。

1. 问题的提出

希法亭在《金融资本》一书的"前言"中说:"自马克思的货币理论提出以来,首先在荷兰、奥地利和印度的货币制度提出的一系列重要问题,迄今的货币理论似乎还没有找到任何答案。"①这里说的荷兰等国货币制度提出的问题是:在实行禁止自由铸造的本位制度下,这几个国家的铸币的"价格"或"行市"高于其金属价值。其实,这个现象,亚当·斯密早就看到了,并作了解释。对于这种现象,马克思十分审慎地称为:18世纪初期到中期,北美洲殖民地的地方银行券,随着价值符号量的增加而贬值。这个现象,同前述希法亭说的荷兰等国铸币升值实质相同;所不同的只是,在同为价值符号的基础上,一为纸币升值,一为铸币升值。

---

① 希法亭:《金融资本》,福民等译,商务印书馆1994年版,第2页。

这里要说明的是，在马克思看来，铸币在流通中必有磨损，因而名义含金量和实际含金量偏离。例如，斯密就指出：由于金币磨损和减值，英格兰银行往往不得不以 4 镑磨损的铸币的高价购买 1 盎司生金块，再将它铸成 3 镑 17 先令 10.5 便士。但磨损的铸币其重量只要不低于一定限度，就仍能流通。凡铸币都是这样，因而它就成为价值的符号。根据这个原理，就产生了辅币。由铜和镍制成的辅币，不是按其金属价值流通的。再根据这原理，又产生了纸币，即由无价值的纸片代替同名的铸币和辅币。总起来说，就是铸币、辅币和纸币都是价值符号，它们作为流通手段只是转手而已，就是说它们作为流通手段，并不需要真正的价值实体。在这个基础上，马克思揭示了一条重要的规律："对于计量单位来说，有决定意义的是它究竟是 1 磅金、1 磅银，还是 1 磅铜；而使铸币成为每个这种计量单位的适当体现者的，只是铸币的数量，不论它自己的材料究竟是什么（因而发展为用纸片代替铸币也可以——引者）。"①因此，如斯密看到的纸币，希法亭看到的铸币，限制其发行和铸造量，使其低于如以贵金属流通时所需的流通量，这时单位纸币和铸币的"价值"或"市价"就会高于其面值。因此，希法亭提出的荷兰等国禁止自由铸造的铸币"市价"高于面值问题，根据马克思的理论是完全可以解释的。

希法亭认为不能由马克思的货币理论来解释，这表明他并不深刻理解马克思的货币理论。而他在解释的过程中，则从修改到根本违背马克思的货币理论，最终陷入货币数量论。

2. 货币的必然性

希法亭的论述从货币的必然性开始。他认为货币的必然性在于存在着缺乏自觉组织的社会，即存在着生产无政府状态。在这里，生产者被分解为彼此独立的个人，其生产不是表现为社会的事情，而是表现为他们的私事，他们成为被分工的发展所强制而发生相互关系的私人所有者。使他们发生

① 《马克思恩格斯全集》（第十三卷），人民出版社 1962 年版，第 111 页。

这种关系的活动，是他们的产品交换，即产品成为商品。“由于商品在交换中全面地互相衡量，它们同时也就越来越频繁地趋向以一种商品来衡量。这种商品为了成为货币，只需按照习惯被固定为价值尺度。”也就是说，“商品的共同行动授权以表现所有其他商品价值的物，就是货币”。①

我们知道，劳动是价值的泉源。但马克思和英国古典学派不同，他认为劳动时间本身不可能是真正的价值尺度，只有直接是社会劳动的货币才是真正的价值尺度。它首先对商品生产者的私人劳动的质，即由他们生产的使用价值确实对社会是有用的予以确认，然后在此基础上对商品生产者的私人劳动的量从两个方面加以衡量：(1)全体商品生产者生产的同一种使用价值的总量，要符合在社会分工条件下各种使用价值结成的比例，亦即使用价值不仅是有用的，而且其量是适当的；(2)个别生产者生产一件使用价值耗费的劳动，要符合在平均条件下所耗费的劳动。以上两者也就是决定价值的社会必要劳动的两层含义。很清楚，劳动时间本身不可能，只有直接是社会劳动的货币才可能执行这样的社会职能。

应该说，希法亭也努力从这方面进行论述，尽管不很精确。他说：“如果个人劳动进行过于缓慢，或者他制造了无用的东西(即使是一般有用的东西，但它在社会的物质变换中又太多)，那么，这种劳动便减缩为平均劳动(社会必要劳动时间)。”②

希法亭特别指出，正如马克思所说的：黄金天然不是货币，但货币天然是黄金。因此，国家或法制仅仅能使货币成为铸币。它改变的不过是黄金的分割。如果说黄金的分割或衡量最初是按重量进行的，那么，现在则是按其他任意的标准进行的。这里的情况与确定其他标准，例如确定长度的标准相类似。只是这里所涉及的价值标准(马克思所说的价格标准)，只是在协议范围内部，例如在国家内部，这种标准才是适用的。在世界市场上，只有按重量计算，金银才被看作货币。这里希法亭说明国家在铸币产生中的作用，以及铸币的含金量就是价格标准。这样一来，货币就不必再加以衡量，不需要称重量，而只要点数就行了。应该说这是一个很好的解释。

---

① 希法亭：《金融资本》，福民等译，商务印书馆 1994 年版，第 15、14 页。

② 同上书，第 11 页。

但是，希法亭没有指出，铸币在流通中必有磨损，磨损了的铸币，其名义含金量和实际含金量开始分离，但只要不超过法定的限度，它仍可以流通使用。因此，从这个意义上说，铸币是价值符号。他也没有由此说明辅币和纸币的产生，以及它们同样是价值符号。相反地，他认为价值符号不应是马克思所理解的那样，即价值符号是以不足的价值（磨损了的铸币和铜、镍制造的辅币）和无价值的东西（纸片），代表贵金属的价值，因而它是金的价值的符号，而不是和金具有相等的价值，亦即它是金的价值的符号，同时又是金作为货币的符号；而认为价值符号应理解为，和商品具有等量价值的符号，并将它和货币符号对立起来，认为货币符号只是国家规定的一种作为货币代表的符号，例如纸币。

3. 货币符号和价值符号

希法亭认为："货币作为价值结晶是必要的，作为等价形式是多余的。"①这是正确的，因为这里的货币指的是真正的货币，即贵金属货币。货币执行支付手段职能、贮藏手段职能，以及作为世界货币，必须是价值的结晶体即贵金属，而货币执行价值尺度职能则可以是观念上的，执行流通手段职能则可以是贵金属的象征或代替物即价值符号。这是马克思论证过的。由于在商品——货币——商品的交换过程中，货币"表现为单纯的技术辅助手段，这种手段的利用造成额外费用，必须尽可能地避免"，事实上，"它可以通过自觉的社会调节或国家调节"，即由国家印刷一定的符号来达到目的。"这些符号只能执行两种商品之间流通媒介的职能。它们不能用作其他目的、其他货币职能。"②这是希法亭所理解的货币符号。

希法亭进一步指出，作为货币符号的纸币，它的存在必须符合这样的条件：纸币量必须保持在流通所必要的最低限度的货币量以下。这个最低限度可以由纸币来代替，因为它是最低限度的，所以是流通所必需的，因而不

① 希法亭：《金融资本》，福民等译，商务印书馆 1994 年版，第 22 页。
② 同上。

需用黄金。因此，国家可以使这种纸币强制通用。他认为，从某一点看，这里已不存在无政府状态，存在的是自觉的调节。因为具有一定价值的最低限度的商品，是无论如何都会被卖掉的。因此，只有在这一限度内，货币符号才充当货币的全权代表，纸片才成为金的符号。

希法亭举例说明：假定流通需要500万马克，为此大约要有36.56磅黄金。如果黄金用纸符号来代替，那么不管把什么东西印到这种符号上，"它们的总额必须始终代表商品的价值"，即等于500万马克。如果印在5 000张同样的纸片上，则每张等于1 000马克；如果印在100 000张纸上，则每张等于50马克。假定货币流通速度不变，如果商品总价格增加1倍而纸片数量不变，它们就值1 000万马克；如果商品总价格下降一半，它们就只值250万马克。换言之，在纯粹纸币本位制下，纸币的价值决定于必须在流通中能够销售的商品价格总额，而与黄金的价值完全无关。它根据下述的规律，直接反映商品的价值："整个纸币量代表与商品价格总额除以同名货币的流通次数相等的价值。"希法亭认为，根据这原理，"我们立即看到，与出发点相比，不仅可以出现纸币的贬值，而且可以出现纸币的增值"。① 根据这个公式，我们看到，这里已经从谈论货币符号到谈论价值符号了。关于希法亭对这两者的关系的看法，下面再谈。

希法亭继续说："不仅纸片可以充当货币符号，而且一种自身有价值的物质也可以充当货币符号。例如，可以把银用于流通。"②应该指出，这里对货币符号的解释，同前面对货币符号的解释，即在流通的最低限度内，货币符号才充当货币的全权代表，纸片才成为金的符号，是有矛盾的。按照这样的解释，金也是有价值的物质，因而也是货币符号。这是概念混乱。不过，我们不细谈这个问题。

希法亭就银作为货币符号加以论述。他说：在银币禁止自由铸造的条件下，如果流通的商品价格总额从前例的500万马克提高到现例的600万马克，而"铸造了的因而适用于流通的银币价值按其金属价值例如只有550万马克，那么，每个银铸币现在在其流通内部的估价中将会提高，达到其总和

① 希法亭：《金融资本》，福民等译，商务印书馆1994年版，第24页。

② 同上。

等于600万马克。因此,它们作为铸币的估价超过它们的金属价值。一种像勒克西斯和洛茨这种重要的货币理论家都不能说明的现象,即荷兰和奥地利的银盾及后来印度的卢比何以能提高估价,按照我们的叙述,便不再是一个谜了”。① 这里谈的是禁止自由铸币条件下的情况。

其实,不论其流通量能否增加,纸币和铸币这些价值符号,其价值只取决于其数量而不问其物质材料是什么。这是马克思早就论证过的。在这里,铸币和纸币只有这一点不同:流通量过多时,纸币跌价的下限是没有的,铸币的跌价则以其所含金属的价值为下限,因为如果低于其所含金属的价值,它就会退出流通,加以熔化,成为生金或生银出售。

希法亭对纸币流量过多的分析,恰好说明马克思的论证是正确的。希法亭说,自1859年以来,奥地利发行了不兑现的纸币。如果整个流通的价值等于5亿盾,却印了6亿纸币,那么每1纸盾只能购买以前5/6银盾所能购买的那样多的商品,而银盾对纸盾则获得贴水,即1.2纸盾换1银盾。如果商品总额要求7亿盾,而只有6亿纸盾投入流通,那么,1纸盾就值7/6银盾。在这条件下,“倘若存在自由铸造银币的情况,那么,私人就会铸银,直到有足够的银盾进入流通,使纸盾和银盾一起满足7亿盾商品的要求。于是,纸盾和银盾等值”。② 这个例子和前述关于马克的例子,既有相同之处,这就是流通的全部是纸币时,纸币总量的价值取决于流通中商品的价值总额,而与实现该商品所需的贵金属货币的价值无关,也就是说同马克思的论述,即流通中纸币的价值取决于流通所需的贵金属货币的价值的论述相反;也有不同之处,这就是现在的例子中的第三种情况是既有纸盾又有银盾流通,后者可以自由铸造,这时“纸盾(的价值)便不再由商品的价值决定,而由银盾(的价值)来决定,因此又成为银的符号”。③ 在希法亭看来,这样的纸币也是货币符号。

现在,我们将希法亭关于货币符号和价值符号冗长的论述提炼出来,如果将其中的矛盾去掉,那么就是:纸币是货币符号,就必须与贵金属货币等值,即其价值取决于并等于与其同名的贵金属货币,其条件或者是上例中的

① 希法亭:《金融资本》,福民等译,商务印书馆1994年版,第25页。
② 同上书,第26页。
③ 同上。

纸盾和银盾合起来的流通量等于流通必需量，或者是前述的根据流通最低限度发行的纸币；纸币是价值符号，其价值就只取决于并等于流通中商品的价值总额，而与流通中必需的贵金属货币的价值总额无关，因而纸币流通量过多或过少，就使其面额价值和实际代表的价值发生偏离。由于这样，就发生这样的理论问题：纸币即货币是价值尺度，原来是衡量商品的价值的，现在倒反过来要由商品的价值决定纸币即货币的价值。这在理论上是否正确？

这里还要指出，论述货币的必要性时，希法亭将铸币的含金量和价格标准结合在一起谈，但在以后的论述中，不论是论述磨损了的铸币，还是论述从铸币经过辅币而产生的纸币，尤其是论述后者的流通量与必需的流通量不一致时，都不谈论由此必然使价格标准发生变化，并且由于这种变化又导致物价的相反变化的问题，这就使希法亭最后陷入货币数量论。

下面我就论述这两个问题。

4. 什么是价值尺度

希法亭提出在“实行禁止铸造的本位制下，什么是价值尺度”的问题。他的回答是：“显然，不是银（在实行禁止自由铸造的金本位制的条件下，可以出现完全相同的现象）。”因为在这里，“货币的市价和金属价格呈现出完全不同的运动”。[①] 例如，铸币的市价高于它的贵金属量的价值。他认为在这种条件下，虽然“一切商品仍然通过货币来表现和‘衡量’货币仍然表现为价值尺度。但是，这种‘价值尺度’的价值量，却不再由形成它的商品的价值来决定，即不再由金、银或纸的价值来决定。这种‘价值’毋宁说是由流通的商品总价值决定的（在流通速度不变的条件下）。真正的价值尺度不是货币，而是货币的‘市价’，即由我想称之为社会必要流通价值来决定的”。为此，他提出了计算社会必要流通价值的公式。这个公式我们留在下面谈。

希法亭认为，社会必要流通价值的量是变动的，货币的市价也随它的变

① 希法亭：《金融资本》，福民等译，商务印书馆 1994 年版，第 33 页。

动而变动。但“只要有一种足值的商品(金和银)作为货币重又执行价值尺度的职能,这种波动就会避免。我们已经看到,为了做到这一点,完全没有必要使纸币或不足值货币退出交易,只需要把它压缩到流通的最低限度。超过这最低限度之外的波动,由足值货币的出现来消除”。① 这就是前面说的那个例子:奥地利纸盾和银盾一起流通,满足流通的需要,而使纸盾和银盾等值。换言之,这时的纸币(纸盾)是货币(银盾)符号,它的价值由贵金属货币的价值决定,并等于贵金属货币的价值。这样,推论到底,就等于说,是贵金属货币执行价值尺度职能。

现在的问题在于,希法亭是将价值符号和货币符号对立起来的。这样,在这个前提下,价值符号的价值,或者说它的“市价”,按照希法亭的解释,是由流通中的商品价值总额决定的。具体地说,在禁止自由铸造的本位制(其实也应包括限制纸币供应量)下,价值符号的价值就不能由贵金属货币的价值决定,而由希法亭称为社会必要流通价值来决定。社会必要流通价值的决定公式包含以下几个因素:商品价值总额/货币流通速度+到期的支付额一互相抵消的支付一同一货币交替执行流通手段和支付手段的流通次数。这样就产生了以下两个问题。

第一,希法亭自己也说:社会必要流通价值的量,当然不能事先计算出来。唯一能解决这道算题的数学大师是社会。可是,我们知道,构成社会必要流通价值的因素,除货币的流通速度和同一货币交替执行流通手段与支付手段的次数外,其余都是或推论到底是价值,但价值的形成和实现,不只是商品生产者个人的行为,而且是全社会的行为,社会就是以货币来执行形成和实现商品价值的职能的。这就是我们前面所说的:货币作为直接社会劳动,对生产商品的私人劳动进行质的承认,再以此为前提,对私人劳动的量从两方面进行计算。很明显,货币担负这种社会职能,就要求货币本身是具有价值的。现在希法亭反过来,认为货币(在希法亭的论述中是价值符号)的价值要由商品的价值(只要不是物物交换,离开货币的价值,商品的价值无法形成和实现)来决定,这怎能说得通呢?

第二,对此,希法亭似乎作了准备,回答说:作为价值符号的“纸币之所

① 希法亭:《金融资本》,福民等译,商务印书馆 1994 年版,第 34 页。

以有价值,仅仅因为劳动的社会性质赋予商品的价值。使纸币成为货币的是被反映的劳动价值,正如让月亮发光的是被反映的阳光一样。纸的价值证券就是商品的价值证券,正如月亮的月光就是太阳光一样”。① 这里的“劳动的社会性质赋予商品价值”,同前面所说的解决计算社会必要流通价值“这道算题的数学大师是社会”一样,只是空洞的遁词。

其实,希法亭论述货币的必然性时,是深知没有货币即直接社会劳动,商品价值的形成和实现是不可能的。他曾正确地说:“货币的必要性来自通过作为社会必要劳动时间的产品的商品交换才知道自己的商品生产的社会的本质,来自生产者的社会联系被表现为规定他们参与生产和产品分配的份额的他们产品的价格。这个社会的真正调节是通过价格规律进行的,价格规律要求一种商品作为商品本身的交换手段,因为只有这种商品才体现了社会必要劳动时间。”②这就是我们说的:货币是直接社会劳动。希法亭后来的说明,是违反他在这里的正确分析的。

5. 陷入货币数量论

希法亭既然认为,价值符号的“市价”取决于流通中商品价值的总额,就必然进一步认为,在商品价值总额不变的条件下,价值符号量增加,其市价就降低,反之就升高,也就是说,他同意货币数量论。他明确地说:“数量论适用于禁止自由铸造的本位制。”因为国家“发行强制通用的纸币,常常成为国家通常所缺少的支付手段,纸币首先把足值的金属货币从流通中驱逐出去,使之流往国外,用以支付军费开支等。在继续发行纸币的条件下,便发生纸币贬值”。③ 他认为这一理论是通过对 18 世纪转变期,美、英、法各国货币混乱的经验总结而表述出来的。

希法亭认为在实行自由铸造的条件下,货币数量论是错误的。因为在这条件下,“黄金按照当时的需要进入流通或退出流通,而多余的部分则作

---

① 希法亭:《金融资本》,福民等译,商务印书馆 1994 年版,第 25 页。

② 同上书,第 18 页。

③ 同上书,第 42 页。

为价值的承担者贮藏于银行之中。因此，在这里，数量论的那种价值变化来自处于流通中的货币(足值货币)太多或太少，从一开始就被排除了”。[①] 他明确指出，在这种条件下，货币数量论当然是站不住的。此外，它也“不能使金属量和商品量双方联系起来，在 X 千克金或银或纸币同 A 百万双皮靴、B 百万盒鞋油、C 公担小麦以及 D 百升啤酒之间，究竟有什么关系？货币量和商品量双方的关系，已经是以一个共同的东西为前提，这正是应当说明的价值关系”。[②] 这里所说的，十分正确。

不仅如此，希法亭还正确地指出李嘉图货币数量论的错误所在：(1)英国对拿破仑作战时，因多发银行券，不能兑现，就于 1797 年停止银行券兑现，银行券停止兑现就成为纸币，纸币流通过多，物价就上涨，最明显的就是黄金的价格高于它的造币厂价格，即法定平价；在这种条件下，李嘉图将“国家纸币的规律一般地同货币流通规律，以及特殊地同银行券(信用货币)流通的规律混为一谈”[③]，因而从纸币流通规律推论金币流通规律，误认为金币流通量与价格成正比。(2)李嘉图认为，纸币“虽然没有内在价值，但只要限制它的数量，它的交换价值就会等于面值相等的铸币或其内含生金的价值。根据同一原则，在限制数量后，减色铸币也会像具有法定重量和成色一样按表面所标价值流通，而不按其实际含有的金属量的价值流通”。[④] 希法亭认为，李嘉图这番话说的是禁止自由铸造本位制的流通规律，但是他却直截了当地转用于自由铸造的本位制上了。

经过这样的分析，希法亭就提出他的货币数量论。他说：在实行纯纸币本位制的条件下，假定流通时间保持不变，由纸币所代表的价格总额与商品价格总额成正比，与发行的纸币单位量成反比。在禁止自由铸造的条件下，当不足值金属进行流通时，这一规律也是适用的。只是在这里，世界市场上的金属价格决定贬值的下限，即使在增加发行的情况下，铸币也不能降到这一价值以下。他举例说：假定流通需要 100 万盾，而国家却通过它的支付把 200 万盾塞入流通。现在价格名义上提高 2 倍，需要 200 万盾纸币。这些纸

---

① 希法亭：《金融资本》，福民等译，商务印书馆 1994 年版，第 43 页。

② 同上书，第 33 页。

③ 同上书，第 37 页。

④ 同上书，第 38 页。

币贬值了，因为它们超量发行。

我认为，价格变动的现象是这样。但是，希法亭对其原因的解释是错误的。他认为纸币这种价值符号的价值，不是取决于金属货币的价值，而是取决于商品的价值，除了这一错误外，还有这样的错误：正如希法亭自己批判货币数量论时说的：在 X 千克金或银或纸币同 A 百万双皮靴、B 百万盒鞋油……之间，究竟有什么关系？X 千克金或银或纸币怎样摊分到这些不同的商品上，从而形成各种商品的不同的价格？

在商品总价值和货币流通速度不变的条件下，价值符号量过多或过少，引起物价发生相反的变化，这一价格变化现象根据马克思的货币理论，应该这样解释：价值符号不管其物质材料是什么，它的总量的价值等于没有它时所需的贵金属货币的价值，因而它的单位价值同它的总量成反比。它的量过多，每单位代表的金量就少，即价格标准降低，因而物价上涨；反之，也就相反。但这个变化了的价格，如折算为贵金属的重量，则仍和从前一样，没有变化。例如，旧中国 1 银元为旧制 7 钱 2 分重的白银。1935 年废除银本位制，实行纸币本位制，面值同为 1 元的纸币，如发行量超过 1 倍，每 1 元纸币代表的白银就降低为 3 钱 6 分，即价格标准减缩为原来的一半，这样物价就从 1 元上涨为 2 元。但这时的 2 元折算为白银的重量则仍为 7 钱 2 分，同涨价前的 1 元所含的白银重量一样，没有变化。我认为，认识这一点，对分析在实行纸币本位制条件下物价持续上涨的原因，是十分重要的。

希法亭论述货币的必然性时，曾提到铸币所包含的贵金属重量，这重量就是价格标准。我们知道，不仅铸币的含金量，即价格标准会发生变化，而且从铸币中产生的纸币，其价格标准也随着纸币流通量过多或过少而发生变化，商品价格和价格标准成反比。希法亭分析纸币流通量时，完全切断纸币和铸币的联系，因而就不能从纸币包含的贵金属量即价格标准的变化，去说明物价的相反变化。如果他能够这样做，就不会陷入货币数量论了。而他所以离开纸币所包含的金量，即价格标准去说明物价的变化，则是由于他反对马克思这种货币理论：纸币是从铸币中产生的，因而要确定了铸币的价值才能确定纸币的价值。

6. 希法亭进一步反对马克思的有关理论

希法亭明确地说，在实行纸币本位制时，是不会发生流入和流出的情况的，因为纸币不能执行贮藏手段职能，如不流通，纸币符号就是很小价值的东西。“因此，这里必然归结到作为决定性因素的流通价值。像马克思在《政治经济学批判》中所说的那样，把货币符号看作单纯的黄金符号，是不能令人满意的。”①为什么呢？我们已经知道，在这种条件下，希法亭认为纸币不是货币符号，其价值不是取决于流通中的金属货币，而是价值符号，其价值取决于流通中商品的总价值。但根据马克思的说明，它是要取决于贵金属货币的价值的。因此，为了彻底，他就必须进一步反对马克思，将纸币和铸币的任何联系都切断。

希法亭先赞扬马克思。他说：“我认为，马克思对纸币的（或禁止自由铸造的）本位制的规律作了最正确的表述，他说：‘没有价值的记号，只要在它们在流通过程中代表金的限度内，才成为价值符号，它们又只有在金本身原来就会作为铸币进入流通过程的限度内，才代表金，这个量，在商品交换价值和商品形态变化速度既定的时候，是由金本身的价值决定的。’”②

但是，他立刻又认为：“只是马克思所走的这样的迂回道路，似乎是多余的：他先确定铸币量的价值，然后通过铸币量的价值才确定纸币的价值。如果直接由社会流通价值推导出纸币的价值，那么，这种确定的纯粹社会性质就更明确地表现出来。纸币本位制在历史上是从金属本位制产生的，并不是从理论上也这样看待它的根据，不诉诸金属货币，纸币的价值必定能够推导出来。”③

从社会流通价值推导出纸币的价值，其错误已见上述。那么，此外还有什么办法能推导出纸币的价值呢？那就是将纸币和全体商品，看成两堆东西，再由商品摊分纸币，认为这是纸币的价值。但是，这样一来，希法亭自己

---

① 希法亭：《金融资本》，福民等译，商务印书馆 1994 年版，第 437 页。

② 转引自《马克思恩格斯全集》（第十三卷），人民出版社 1962 年版，第 108 页。

③ 希法亭：《金融资本》，福民等译，商务印书馆 1994 年版，第 437—438 页。

也认为不能回答不同种的商品，为什么会摊分到不同的单位的纸币，从而有不同的价格。此外，大概再也没有其他办法了。

从上述不难看出，在纸币流通的条件下，货币数量论的公式具有实用性。希法亭说过纸币超量发行1倍，物价就上涨1倍；按照马克思的价格标准理论，就是价格标准减少二分之一，其结果也是物价上涨1倍。货币数量论的公式其所以具有实用性，前面已作过分析，这里就不谈了。

八、马克思的货币理论和货币数量论的对立:理论史考察

货币数量论的产生背景是:随着美洲富饶银矿的开采,廉价白银就流入欧洲,从1570年左右到1640年左右,在这大约70年中,欧洲物价以小麦为代表上涨了3—4倍;在短短70年中,物价上涨幅度如此之大,是历史上从未有过的,史称"价格革命"。由于白银流通量增加和物价上涨几乎是同时发生的,于是就发生孰为因和孰为果的争论。货币数量论认为,前者是因,后者是果。这时,货币指的是金属货币。后来纸币产生了,货币数量论就不分金属货币和纸币,认为货币流通量同物价成正比例,即 $MV=PQ$①,设 V、Q 都是1,则 $M=P$,即 M 决定 P;也有的货币数量论者认为,这两者不分因果,或互为因果,反正 $MV=PQ$,即是一个恒等式。

从这个公式就可以看出:货币数量论无论是在金属货币条件下产生的,还是在纸币条件下变形而来的,都是同马克思的货币理论相对立的。这里作一理论史考察。其中,有的是马克思本人的评论。由于斯密和李嘉图的货币数量论前面已谈了一些,后面谈论历史上两次经济内容不同的物价上涨时还要谈,所以这里就不谈了。

1. 休谟以前的货币数量论

关于"价格革命"的原因,法国的博丹认为,主要的原因是现在的金银数量大大多于以前的数量。英国的洛克则根据这种见解,事实上提出了货币

① M:货币流通量;V:货币流通速度;P:价格水平;Q:商品和劳务总量。

数量论的公式：$M=PQ$，即 Q 为已定时，P 因 M 而变化。法国的孟德斯鸠提出如下的命题：商品价格由全世界所存在的商品总量与金银总数量的关系决定，即全世界的商品总量与全世界的金银总数量相对立。他说：如果自美洲发现以后，欧洲所有金银以 1∶20 增加，则物价亦应以 1∶20 上涨。但是，从另一方面说，货物的增加若是 1∶2，则物价一面涨到 1∶20，另一面跌到 2∶1，结果，物价只得涨到 1∶10。

在涉及这几个思想家的时期中，有两个思想家的货币数量论有些特别，需要单独论述。一个是爱尔兰的坎蒂隆。他的理论特点是：将金银的增加看成货币的增加，再看成需求的增加，然后认为需求和供给关系发生的变动导致价格上涨，并揭示这个过程中的规律。他说："一般而言，一国中真实货币的增加将导致消费的增加，而后者又将造成价格的上涨。"①价格上涨的原因及过程如下：首先是与经营金银矿有关的人增加收入和支出，支出的对象是购买更多和更好的消费品；其次是经营这些消费品的人增加收入和支出；再次是上述开支增加，即被购买的商品增加后，余下来的商品量就减少，导致供不应求，物价因而上涨；最后，物价上涨促使耕种更多的土地去生产这些商品，结果农场主又增加收入和支出……这里的错误集中到一点，就是否认金银货币的贮藏手段。

另一个是英国的范德林特。他认为，人均的流通现金和物价成正比。假设人口和现金各为 1 000 万，"倘若人口翻了一番，而现金数量保持不变，相比之下，我们拥有的货币按人口计算显然减少了 50%。因此，我们为一般物品所能支付的价钱，只是人口减缩到 1 000 万，而各自拥有的流通中货币数量不变时的一半"。② 即人口翻番而货币数量不变，每人拥有的货币量，从而能支付的价格，就比以前降低 1/2。他就以这一理论来解释印度的物价所以比欧洲便宜，是由于印度人有埋藏金银的习惯，人均金银就减少，物价就降低。这里的错误同样是否认金币的贮藏手段职能，它能调节货币流通量使之符合必需量，就是说贮藏不是埋藏。马克思特别指出："在亚洲，特别在印度，金制或银制的商品实质上不过是贮藏货币的艺术形式。"③它和

---

① 理查德·坎蒂隆：《商业性质概论》，余永定、徐寿冠译，商务印书馆 1986 年版，第 77 页。

② 雅各布·范德林特：《货币万能》，王兆基译，商务印书馆 1991 年版，第 8 页。

③ 《马克思恩格斯全集》(第十三卷)，人民出版社 1962 年版，第 124 页。

金银货币互相转化,用以调节货币流通。印度物价低于欧洲的原因,不在这里。①

2. 马克思对休谟货币数量论的批判

马克思明确指出:休谟是18世纪货币数量论的最重要的代表人物;要对流通手段量和商品价格的关系进行任何科学研究,必须假定货币材料的价值是一定的;休谟要考察的那个时代是贵金属价值发生急剧变化,也就是价值尺度发生革命的时代。但是,他没有自觉地注意这一点,于是就被下面这两种现象所迷惑:一是流通中的金属货币量的增减(其原因是金属货币价值的减增);二是流通中价值符号量的增减(其结果是货币金属量的增减),对商品价格似乎起着同样的作用。第一种现象的起因,是金属货币本身的价值发生变化。这就是说,如果商品的价值借以表现为价格的金银的价值降低或提高,那么,由于衡量商品价值的尺度本身的价值发生了变动,商品的价格就相反地提高或降低,而由于价格提高或降低,就要有较多或较少的金银作为铸币来流通。在这里,金属铸币流通量的增减是金属价值增减从而价格增减的结果。但表面现象是:在商品价值不变时,价格随流通手段量的增减而变化。第二种现象的起因,是金属铸币流通量本身过多或过少,使货币作为价格标准的大小发生变化。这就是说,如果流通中价值符号量降到必要水平之下或升到必要水平之上,那么,每个符号代表的金属的重量,即价格标准就发生相反的变化,也就是扩大或缩小,价格就相反地下降或上涨。总之,第一种价格变化,是由货币价值本身变化引起的结果,只是由于货币价值变化,铸币流通量也随着发生变化;第二种价格变化,是由铸币流通量本身变得不适合于流通必需量引起的结果。两种现象的因果关系不同,但都有铸币流通量变化和价格变化,“似乎是同一原因产生同一结果,休谟就紧紧地抓住了这种表面现象”。②

---

① 斯密对此的解释是,印度农产品一年两熟甚至三熟,比欧洲的一年一熟价值较低,而金银矿的价值却较高。此外,应该加上我们的研究成果:由于落后而导致的货币相对价值较高。

② 《马克思恩格斯全集》(第十三卷),人民出版社1962年版,第150页。

马克思进一步指出，为了仔细研究货币流通，一方面需要关于流通媒介物的膨胀和紧缩、贵金属的输出和输入等等官方的经常的统计，这样的资料要在银行业充分发展时才能产生，而休谟同18世纪的所有其他著作家一样，都缺少这些资料。

由于这一切，休谟就提出了他的货币数量论。马克思根据斯图亚特的分析将其归纳如下：(1)一国中商品的价格决定于国内存在的货币量，它包括实在的货币和象征性的货币；(2)一国中流通着的货币代表国内现有的所有商品，按照货币数量增加的比例，每个代表所代表的被代表物就有多有少；(3)如果商品增加，商品的价格就降低，或货币的价值就提高；如果货币增加，那么，相反地，商品的价格就提高，或货币的价值就降低。这就是货币数量论。这种理论的共同错误，是否认金银货币和商品在进入流通前就是具有价值和待实现的价值的，否认金银货币有贮藏手段的职能，能使自己的流通量适合于必需量。

关于第二项要解释一下。休谟在这里说明是流通中的货币量，而不是全部货币量同商品量之比，决定商品价格。他说：与其说价格决定于一国内商品和货币的绝对量，不如说决定于进入或能够进入市场的商品数量和流通着的货币。如果把铸币锁在箱子里，那么对于价格来说它就好像消灭了一样；如果商品堆在仓库和谷仓里，结果也会相同。既然货币和商品在这种情况下从来不相遇，它们就不会彼此发生作用。结果，总的价格水平同一国中金属货币的新的数量确立了一个正确的比例。这种说法似乎了解货币的贮藏手段职能，其实不是的。从根本上说，了解货币具有贮藏手段职能，并以此来调节其流通量，使之符合需要量，就要了解资本主义生产是存在着矛盾的，以及了解货币是具有价值的，休谟不具备这条件。他这里说的不仅是偶然情况（正如马克思所说，休谟违背了他的哲学的基本原理，把片面观察到的事实不加批判地变成一般原理），更重要的是，他是否认货币具有价值的。休谟说：货币过多所造成的物价昂贵，对现存的一切商业都不利，因为它能使较贫的国家在一切国外市场上用低廉的价格与较富的国家竞争。但如果我们单就一个国家来看，就不会产生任何好的或坏的影响，这就像某个商人不用数码少的阿拉伯记数法，而用数码多的罗马记数法记账，并不改变他的账款一样。这就是说，货币是没有价值的，只是计算的符号；在一个国家中，货币数量的多少没有任何意义,因为商品价格总是与货币数量成比例的。

为了证明休谟理论的正确,他的门徒总是引用古罗马由于征服马其顿、埃及和小亚细亚,劫夺他们的金银财宝而引起价格上涨的事实。马克思指出,这完全是文不对题。古代世界所特有的用暴力把积累起来的货币财富突然从一国运到另一国的现象,某一国家的贵金属生产费用由于单纯的劫夺而暂时降低的现象,并不涉及货币流通的内在规律,正如在罗马免费分配埃及和西西里谷物并不涉及支配谷物价格的一般规律一样。

除此之外,休谟还有自己特有的错误。马克思指出:“休谟忘记了,在用金银计算价值的时候,既不需要‘现存的’金,也不需要‘现存的’银。在他看来,计算货币和流通手段是一回事,两者都是铸币(coin)。由于价值尺度或执行计算货币职能的贵金属的价值变动使商品的价格增加或减少,从而在流通速度不变时也使流通中货币量增加或减少,休谟就得出结论说,商品价格的提高或降低决定于流通中的货币数量。”①由于这样,休谟虽然看到,在16世纪和17世纪,不仅金银的数量增加了,而且它们的生产费用也同时减少了,后者可以从欧洲的劣矿停止开采上看出来。根据这一事实,休谟本来可以观念地推论物价的高涨是由于金银变得便宜了,可是,他认为计算价值时是不能用观念的,而要用现存的金银,而现存的金银是包括了计算货币和流通手段(一般的金银)的,后者既是价值尺度,又是流通手段。从价值尺度看,它能表明物价上涨是由于货币价值本身降低,但他将流通手段和计算货币相混淆,看成都是铸币,而铸币是按点数使用的,是用来衡量它和当作价值尺度的金银重量的倍数的(如1镑为0.25盎司金),也就是说,点数使用的铸币本身不能表示商品的价值。由于这一切,休谟就不可能以金银生产费用的减少来说明物价上涨。另外,由贵金属价值降低而导致物价上涨时,上涨了的价格要求有更多的流通手段量,这样,休谟就必然离开货币生产费用降低,而从货币流通量的增加来说明物价上涨。这种由错误的方法论导致的错误理论,其中的逻辑推论,休谟的门徒说得很清楚:“贵金属价值的减少表现为流通手段量的增加,而流通手段量的增加表现为商品价格的提高。”②

① 《马克思恩格斯全集》(第十三卷),人民出版社1962年版,第153页。

② 转引自同上书,第151页。

3. 费雪、凯恩斯和弗里德曼的货币数量论

我们选择费雪、凯恩斯和弗里德曼作为现代货币数量论的代表者。现代货币数量论和斯密、李嘉图古典学派货币数量论的根本区别在于:完全丢掉劳动价值理论。其重要原因是:19世纪中期,马克思的经济理论产生了,它使社会主义从空想变为科学,对共产主义运动和工人运动起着重大的作用。资产阶级在理论上反对马克思的经济理论的,是19世纪下半期兴起的奥地利学派(在方法论上反对它的是德国的新历史学派),它以边际效用论的价值论来和劳动价值论相对立。为了从根本上反对马克思的经济理论,就要反对古典学派的劳动价值理论,就要全部抛弃李嘉图。

我们是从货币数量论同马克思的货币理论是相对立的这一角度谈问题的,因而现代货币数量论者之间的争论,例如弗里德曼对凯恩斯的表面看来很激烈的批评,就不在我们考察之内。同理,他们的政策主张以及其效果,一般也不在我们考察之内。

希法亭的货币理论,虽然从某一点看也是货币数量论,但是,他是从修正马克思的货币理论的立场来进行论述的,并且试图从劳动价值论出发去说明问题,同费雪等人有质的区别;由于这样,我们已另列一节来述评其理论。

费雪认为货币由金银构成,本身是商品中的一种,就同商品一样,其价值由供求规律支配,即供给少其价涨,供给多其价跌;在这里我们已看到,他是以供求论代替劳动价值论。但供求关系的变动只能说明价格环绕着价值波动的情况,不能说明这个波动依以进行的那个水平,而这就是价值,它只能以生产所耗费的劳动来说明。他认为货币又是交换的媒介,市场上的一切商品均以货币购买,因而货币总量与市场上的商品总量应是相等的。如果货币数量过多,其价值就下跌,商品价格就上涨;反之,也就相反。这就是说,货币数量的增减与商品价格的涨跌成正比例。

费雪货币数量论中的货币,乃指购买商品的货币,即所谓流通中的货币。此种货币包括硬币和纸币。这就是说,这两者中用于借贷的、支付的、

贮藏的,或者遗失的、销毁的,由于与交换商品无关,就都不是流通中的货币。但是,在市场上除了这两种货币以外,还有用于交换的工具,这就是存款通货,即活期存款所发出的支票。货币流通量就是这些货币与货币流通速度的乘积。

费雪认为反映物价水平的就是货币购买力,它由下述五个因素决定:货币数量、货币流通速度、银行存款数量、银行存款流通速度、商业规模。他将它们列为一个方程式:$MV+M'V'=PT$。① 为简便起见,$M'V'$项可以略去,即基本方程式为:$MV=PT$。就我们论述的问题而言,假设 V 和 T 都不变,则 M 依任何比例变化时,各个商品的 P 就作同比例同方向的变动;如有的商品超过这个比例,另一些商品则达不到这个比例,并且彼此必然抵消。

这里的错误同以前评论过的一般的货币数量论一样,只是最后的解释有点不同。很明显,它是试图回答马克思对货币数量论的责难:使用价值是各种各样的,总的货币量如何在它们之间分摊,以致它们有不同的价格? 但他的回答显然不能解决问题。因为它充其量只能勉强解释不同的商品在已经形成不同的价格后,在由方程式说明的总价格水平变动线上,如果一种商品价格涨得高于总价格水平,那么,就必然有另一种商品价格涨得低于总价格水平,而彼此必然抵消,合起来还是等于总价格水平。但是,它必然无法回答作为变动基础的,也就是作为出发点的各种商品的不同价格是怎样形成的。很明显,这只能以劳动价值论来回答。

凯恩斯的货币理论前后虽然有些变化,甚至在同一本书,例如《货币论》中也有些变化;但是,变化的只是枝节,主干则是货币数量论。刘涤源教授对凯恩斯的这种变化概括如下:凯恩斯在 1923 年出版的《货币改革论》中信奉传统货币数量论。后来,在 1930 年的《货币论》中对它作了第一次修正。传统货币数量论把全部流通中的货币数量同全部商品相对比。而凯恩斯在此书中,把商品分成消费品和生产资料两大堆,又把全社会中的货币支出也分成对消费品的支出和对生产资料的支出两大项,然后把相应的商品和相应的货币数量加以对比。同时把传统货币数量论所忽略的一些因素重新编

① M:货币数量;V:货币流通速度;M':银行存款数量;V':银行存款流一通速度;P:物价水平;T:商品总量。

排,改换成为“货币价值的基本方程式”。然后,在1936年的《就业、利息和货币通论》中又作修正,编制出“半通货膨胀”的价格一般理论。这一概括为我们述评凯恩斯的货币数量论提供了一条思路。

我们从《货币论》谈起。在这里凯恩斯试图将货币和计算货币区分开来。他说:“计算货币是表征和名义,而货币则是相应于这种表征的实物。如果同一种实物永远只相应于同一种表征,那么这种区别就没有实际意义了。但如果实物可变,而表征则保持不变,这种区别就有很大的意义。其间的不同之处正像英国的国王(不论当国王的人是谁)和乔治王之间的区别一样。如果有一种契约规定在10年后支付重量等于英王体重的黄金,而另一种契约则规定支付当今皇上乔治的体重那样多的黄金,那么这两种契约便是不相同的。前一种契约到时候还要等国家宣布谁来当英国的国王才能支付。”①这是什么意思呢?我们以前面说过的美元含金量变化为例来说明。1933年一契约规定10年后支付21美元(订契约时21美元购买1盎司黄金);另一契约则规定10年后支付1盎司黄金(订契约时21美元购买1盎司黄金);由于1934年美元的含金量已是原来的59.06%,即35美元等于1盎司黄金,由于美元含金量的变化,10年后,两张契约的支付额以黄金重量计算显然是不同的。如果我们这种理解是正确的,那么,凯恩斯所说的计算货币就是我们所说的价格标准,即点数使用的货币,而他所说的货币就是按重量使用的金属货币。如果是这样,那么这只是计算货币和货币本身的价值,还不是它们的购买力。因为货币购买力不仅同货币的价值有关,而且同商品的价值有关,即同货币的价值构成正比例,而同商品的价值构成反比例。但是,他以下的说法又表明不是将计算货币和货币看成是货币本身的价值问题(他在此书中说过,校阅该书清样时,深感其中大有缺点存在:各部分相互之间并不完全协调),而是它们同商品以及劳务的关系。

凯恩斯说,人们持有货币不是为了货币本身,而是为了它的购买力,也就是为了它能够买东西。因此,人们需要的便不是若干单位货币本身,而是若干单位购买力。但由于除了货币形式以外就无法储存一般购买力,对购买力的需求便转化成对货币“等值”量的需求。他认为,货币购买力可以用

① 凯恩斯:《货币论——货币的纯理论》(上卷),何瑞英译,商务印书馆1986年版,第5—6页。

各种单位货物与劳务按其作为支付对象的重要性的比例,即加权构成一种综合商品来加以衡量。为此,他极其称赞毕晓普在1706年出版的《宝贵的编年史》,尤其是这一段话:“由于货币没有其他用处,而只能用来购买生活必需品与享乐品。所以明显的事实是:如果亨利六世时代的5英镑能购买5夸脱小麦、4大桶啤酒和6码麻布,而目前的20英镑又不能购买更多的小麦、啤酒和棉布;那么亨利六世时具有5英镑的人便和现在具有20镑的人同样富有。”①根据上述,他对计算货币、货币和购买力下了这样的定义:“计算货币便是表示购买力单位的形式,货币则是储存购买力单位的形式,而表示消费的综合商品的物价指数则是衡量购买力单位的标准。”②这就是现在通常所说的:货币购买力和物价是一枚硬币的两面。

从这里我们可以看到,货币购买力这一概念使人看不出:如果货币购买力发生了变化,其原因是货币本身的价值发生了变化呢,或是商品的价值发生了变化,或是两者的价值都发生了不同的变化;如果货币购买力没有发生变化,其原因是货币和商品两者的价值都没有变化呢,还是两者的价值的变化方向相反而幅度却相同,以致两者结成的交换价值可以不变。一句话,像李嘉图那样诚心诚意研究物价变动,其起因到底是货币价值发生了变化呢,还是商品价值发生了变化,现在全然看不到了。

经过这样的说明,凯恩斯就分析了物价水准与货币量的关系。他指出:货币购买力(或消费品物价水准)以及全部产品的价格水准,同货币量以及流通速度的关系,绝没有旧数量公式使人认为具有的那种直接性质;换言之,他要对其予以修正。但是,凯恩斯还是认为:“在平衡状态下,货币量和消费品以及全部产品的物价水准之间只有一种和唯一的关系,其性质是货币量增加1倍时,物价水平也会增加1倍。所谓处于平衡状态下的情形是生产因素已充分利用、公众对于证券既无空头也无多头情绪,以储蓄存款形式保存的财富在总财富中所占的比例既不高于也不低于‘正常’情况,同时储蓄量与新投资的价值和成本都相等。”③说到底,凯恩斯理论的主干还是货币数量论。

---

① 凯恩斯:《货币论——货币的纯理论》(上卷),何瑞英译,商务印书馆1986年版,第47页。
② 同上。
③ 同上书,第124页。

在《就业、利息和货币通论》中，凯恩斯对此再加以修正。这涉及凯恩斯主义的一整套理论，我们只能简单地谈。凯恩斯的货币理论是为了防止资本主义的经济危机，增加、维持或恢复就业。为此，他认为首先要废除金本位制度。凯恩斯说："历来所以认为黄金特别适于作价值标准者，就因为黄金之供给缺乏弹性；现在我们知道，正因为有这种弹性，所以困难丛生。"这就是说："如果人民所要的东西（例如货币）不能生产，而对此东西之需求又不容易压制，劳力便无法就业。唯一补救之道，只有要公众相信：纸币也是货币，而由政府来统制纸币工厂，换句话说，由政府来统制中央银行。"①凯恩斯认为，增加货币数量，就能调低利息率，从而增加投资。这时，其对全部经济的影响如何，就看生产要素是否闲置了。他说："当货币数量增加时，若还有失业现象，则物价毫不受影响，就业量则随有效需求作同比例的增加，而有效需求之增则起于货币数量之增；但当充分就业一经达到，则随有效需求作同比例之增加者，乃是工资单位与物价。故设有失业现象时，供给有完全弹性，充分就业已经达到后，供给毫无弹性；又设有效需求之改变比例恰与货币数量之改变比例相同，则货币数量说有如下述：'有失业存在时，就业量随货币数量作同比例改变；充分就业一经达到后，物价随货币数量作同比例改变'。"②

这是什么意思呢？我们知道，凯恩斯将充分就业定义为不存在不自愿失业的状态。不自愿失业是指失业者中扣除掉属于摩擦性的即暂时的失业者，以及自愿失业者以后余下来的那一部分。撇开摩擦性的失业不谈，所谓自愿失业就是当货币工资不变而物价上涨了，即实际工资有所下降时，不肯接受现行货币工资而宁可失业的人；而所谓不自愿失业就是，"设当工资品之价格——相对于货币工资而言——上涨少许时，现行货币工资下之劳力总需求量和总供给量，皆形增大，则称之为有不自愿失业之存在"。③ 撇开自愿和不自愿失业这对概念的社会意义不谈，那就是说：当包括不自愿失业者在内的生产因素闲置着时，增加投资，由于不引起生产因素价格的上涨，此时产量增加，成本不增加，物价就不上涨，所增加的货币量就全部用来增加

---

① 凯恩斯：《就业、利息和货币通论》，徐毓枬译，商务印书馆1983年版，第200页。

② 同上书，第255页。

③ 同上书，第17页。

就业量和总产量;当充分就业达到后,由于不能再增加就业量和总产量,这时增加的货币量就全部用来提高物价。这就是真正的通货膨胀。当然,在达到充分就业之前,生产因素的价格已开始上涨,这时,增加的货币,其中一部分用来增加就业量和总产量,一部分用来提高物价,这是半通货膨胀。简言之,增加货币而又能增加就业量和总产量时,慢慢就发生生产因素价格上涨,因而导致物价上涨,但这只是物价上涨或半通货膨胀,它是由成本增加而发生的;增加货币而不再能增加就业量和总产量时,对生产因素的需求无从增加,成本不因此发生变化,所增加的货币就同比例地引起物价上涨,这就是通货膨胀。由于通货膨胀的缘故,对生产因素的需求虽然已无从增加(原因是达到充分就业之境),可是其价格也上涨,但这和以前是由于对其需求增加而上涨不同,是由他所说的通货膨胀引起的。凯恩斯以为他对通货膨胀的解释是货币数量论。其实,在我看来,他对由通货膨胀引起物价上涨的解释固然是货币数量论;但对区别于通货膨胀的物价上涨的解释,即所谓成本提高使物价上涨是不能成立的。其理由如下。

成本中的生产资料价格,从短期看因需求增加而上涨,而生产资料既构成成本,又构成价值,它增大了,会使物价上涨,但随着总产量增加,生产资料的供给也增加,其价格就会降下来。这就是供需论不能说明长期物价水平变化的原因。这是其一。其二,凯恩斯认为这是由于对生产因素的需求慢慢增加本身引起的,货币数量不过是为其上涨提供了外部条件。这是不对的。只要加以分析,就可以看出,离开了纸币超量发行,即离开了价格标准的减缩,需求增加除了引起需求增加的这部分商品的价格上涨外,其余的商品价格不仅不能上涨,相反地还要下降,因而不可能引起物价水平的上涨。这是因为,当生产因素的价格因此而上涨时,它们就吸引了比以前更多的货币,余下来用来购买与这些生产因素同时并存的其他物质资料,例如奢侈品、享乐品的货币就相应地减少了,它们的价格就必然降下来;一涨一跌,物价水平不变。因此,这时如果物价水平上涨了,就只能是由于增发的纸币已超过了其必需量,从而价格标准减缩,反过来就是物价水平上涨。成本中的工资上涨,由于工资不能转移其价值到商品上去,就只构成成本,不构成价值,它无论上涨还是下跌,都不能影响个别商品和全体商品的价值和总的物价水平(个别生产价格,有的上涨,有的不变,有的下跌,而涨跌必然抵消)。这就是前面谈过的李嘉图坚持劳动价值理论,并以斯密之矛攻斯密之盾的那个问题。凯恩斯所说的两种情况下的物价上涨,其真正原因在于:开始时纸币是为了降低利息率而增加的,在增加生产之前,其价格标准已经降低,反过来就是生产因素和产品价格的上涨。这种增加越是超过生产增长的需要,物价上涨就越厉害。

凯恩斯的这种解释,后来就被萨缪尔森发展为需求拉引论和成本推动论。这一点,我们留在下面谈。

这里谈一谈凯恩斯对通货膨胀之定义的看法。凯恩斯说:有一种看法,认为任何货币数量之增加都有通货膨胀性。除非我们把通货膨胀性一词仅仅理解为物价上涨,否则这种看法还是跳不出古典学派之基本假设。这个假设是说,生产因素之真实报酬减低时,其供给量必定减少。这就是说,货币数量之增加能带来产量增加,这时物价上涨是由成本增加引起的,就不是通货膨胀。凯恩斯提出不要无条件地将物价上涨等同于通货膨胀,这是有意义的。现在这个等同问题更加严重。但是,他事实上没能加以区分。在我们看来,按照他的办法去做,即以增加纸币流通量来调低利息率,从而刺激投资,这样增发的纸币量必然超过流通必需量,从而价格标准降低。这就是我们所理解的通货膨胀。其所以是必然超过,是由于要调低利息率以刺激投资这件事表明经济情况不好:销售不佳,存货积压,由信用构成的债权债券链条断裂……以前我们论述马克思的货币理论时,所谈过的货币作为支付手段能减少货币流通量,现在这个手段却反过来使现金不足、"头寸"奇紧、利息率特高,于是才有需要增发纸币以调低利息率的主张。由此可见,增发纸币不是适应于生产增长的需要,结果就超过其必需量。待经济复苏了,生产恢复了,直到达到以前的水平时,原有的货币流通量已适合这时的需要,增发的那部分货币,由于是纸币,不具有贮藏手段职能,只能在流通中,这样它和原有的纸币一起,其数量不是超过了流通的必需量了吗?这种方法越是反复使用,越是加大力度,通货膨胀就越厉害。

当代货币主义者弗里德曼也是货币数量论者。在货币数量理论方面,他主要就是论证对货币的需求具有稳定性,这表面上是反对凯恩斯所说的人们对货币的需求是一个无底洞。在凯恩斯看来,人们对所有价值物的爱好,都比不上对货币的爱好,原因是货币具有的灵活性最大。但是,弗里德曼实质上倒是从凯恩斯关于人们对货币的灵活偏好去说明问题的。不过,我们不谈这方面的问题。

弗里德曼的货币数量论可以用他的话来说明:"据我所知,不存在这种情况:每单位产量的货币存量的大规模变动,脱离了价格水平同方向的大规模变动而发生。反之,我也从来不知道有这样的情况:存在着价格水平的大规模变动,却不存在每单位产量的货币存量同方向的大规模变动。"①在这里,货币数量论是十分简单和明确的,其基本错误同以前我们说明过的一样。

我要指出的是,1980 年 9 月弗里德曼来华访问时作了几次演讲,其中谈到:$MV=PT$ 这个货币数量公式是个恒等式,"这是卡尔·马克思、欧文·费雪和其他货币理论家所公认的"。② 我认为这个公式只能说是费雪的公式。弗里德曼将马克思和费雪相提并论,认为都是货币数量论者,是完全错误的。我们已经谈过,马克思在贵金属货币制度下提出两个实质相同的货币流通量决定公式,都是商品价值变化是原因,货币流通量变化是结果,如像"价格革命"的发生,是因为商品价格因货币价值降低而提高了,所以需要更多的货币流通量,并不是因为货币流通量增多了,所以价格就上涨,这个上涨了的价格依以表现的金量是增加了的。在这里,商品价格变化始终是原因,货币流通量变化始终是结果,不存在恒等式。在纸币即价值符号流通条件下,马克思认为,只要其流通量同必需流通量不相符合,单位价值符号代表的金量就发生变化,即价格标准发生变化,商品价格就发生相反的变化,如像英国对法国拿破仑作战时发生以"黄金高价"为特征的物价上涨。在这里,单位货币价值即价格标准变化是原因,商品价格变化是结果,但是这个变化了的价格如果折算为金属货币的重量,则没有变化,因为商品本身的价值没有发生变化,货币本身的价值也没有发生变化,只是单位价值符号的含金量或价格标准发生变化。这好比布的长度,用公尺量是 1 尺,用市尺量是 3 尺,而布本身绝对长度不变一样。当然在纸币即价值符号流通条件下,马克思认为,商品本身的价值发生变化,它作为原因,价值符号的流通量

① 密尔顿·弗里德曼:《弗里德曼文萃》,高榕、范恒山译,北京经济学院出版社 1991 年版,第 389 页。

② 弗里德曼:《论通货膨胀》,杨培新译,中国社会科学出版社 1982 年版,第 8—9 页。

也应随着发生变化,这是结果。但这时变化了的价格,如果折算为金属货币的重量,也发生变化,因为它是商品价值发生变化的反映。这就是说,在马克思看来,在价值符号流通条件下,既有由流通量的变化引起的价格变化,又有由价值的变化引起的流通量变化,但是,两者由货币反映的价格其内容是不同的:一种金量不变,另一种则变化。这就是说,在价值符号流通条件下,有两种内容不同的货币流通公式,其因果关系不同;没有单独存在的恒等式。从这里可以看出,弗里德曼所说的不分金币和纸币的货币流通恒等公式,是一个毫无经济内容的空洞数学公式。

我们看弗里德曼以什么样的事实来验证这个公式。他说:"一个有力的证据来自联盟在南北战争时期的经历。1864 年,'在 3 年战争之后,在全面被破坏及军事失利之后,面对着即将到来的失败,这一在减少货币存量方面业已取得成功的货币改革,却停滞不前并转变为长达几个月的价格上涨,且在大部分战争期间里上涨的比率为月 10%!'……16 世纪新大陆中贵金属的发现,19 世纪 40 年代加利福尼亚及澳大利亚黄金的发现,19 世纪 90 年代南非采矿的氰化物处理工艺的发展及黄金的发现,在各种恶性通货膨胀时期货币印刷,包括我们自己的革命战争经历及第一次世界大战和第二次世界大战后许多国家的经历等,这些事件的影响都是说明将带来价格上涨的货币存量增加的有力证据。19 世纪后半期世界许多地方的长期价格下降,是将带来价格下降的每单位产量的货币存量之减少的一个不太有力的例证。"①这里值得注意的是:(1)不管是矿山开采的贵金属,还是印刷机印制的纸币,其数量增减对物价的影响相同,即有相同的经济内容,也就是说,"价格革命"时的物价上涨,和英国进行反对拿破仑战争时的"黄金高价"即物价上涨,经济内容是相同的;(2)是单位产量的货币存量,即每单位商品摊分到的货币存量,而不是货币流通量决定物价。前者的错误已经说明,现特别说明后者。

弗里德曼进一步论述这个问题。假定在若干年的期间内货币存量保持不变,但在这同一期间内总产量增加 1 倍。很明显,人们期望价格下降(其他

① 弗里德曼:《弗里德曼文萃》,高榕、范恒山译,北京经济学院出版社 1991 年版,第 389—390 页。

方面保持不变),一直下降到原有水平的一半。可以说该货币存量所做的“工作”总量增加了1倍,且相同的名义货币数量也只有在较低的价格水平上才可以进行这一“工作”。大致说来,这正是1865年硬币支付恢复这一期间内美国所发生的情况。1879年的货币存量大致与1865年的货币存量相同,如果有所不同的话,前者大约比后者高出10%;而在这一期间内产量的增长十分迅速,大约增长了1倍以上;批发价格为原有水平的一半。弗里德曼以为这就证实了货币数量论(其实只是上述第二点)是正确的。

弗里德曼著有《美国货币史1867—1960》一书,并以货币史方面的论著著称于世。我们也从这方面谈些看法。根据恩格斯关于19世纪下半期黄金生产日益困难的分析,就不难看出,这时物价下跌的原因,是黄金价值的升高。只是由于美国当时名义上实行金银复本位制度,以及流通不兑现的合众国纸币即绿背纸币,就使这一简单的道理不容易看出来。现分析如下。

美国独立之后于1792年实行金银复本位制。前面说过,凡实行这一制度的,都存在劣币驱逐良币的规律,都存在事实上只能有一种是货币,而另一种是商品的情况。由于这样,美国内战前从1853年开始是金币在流通。美国内战后于1862年发行绿背币,因发行量太多,不能兑现,物价上涨,金币绝迹(交纳关税和国家支付国债利息仍用金币)。1元绿背币,1862年值90美分,1865年值50美分;1869年9月24日金元贴水达162%,即1元绿背币值38美分。战争结束后,关于绿背币的兑现问题,因债权人和债务人利益不同,就时有反复。最后,1875年国会正式通过《纸币回收法》,定于1879年1月1日开始用银币收回纸币。为了做好准备,国会于1878年通过《布兰特—艾利森法》,购买白银,铸造银币,并规定银币可以无限制铸造,是无限法偿币(这涉及美国西部势力强大的银矿主的利益,共和党主张使用金币、民主党主张使用银币等问题)。在这期间,根据恩格斯的分析,金矿的劳动生产率下降,银矿的劳动生产率提高,金对银的比价,1865年是1∶15.5,1890年是1∶22。恩格斯并且指出,如果不是用人为的办法(如美国的购银法)把银的价格维持在一定的水平上,那么银的价值降低就一定表现为价格的更大的跌落。①

---

① 《马克思恩格斯全集》(第二十三卷),人民出版社1972年版,第163—164页注(108)。

这样，问题就很清楚了。从1853年到1879年恢复硬币支付前这一段时间里，在美国白银事实上是商品，黄金是货币，而绿背纸币成为金币的符号。为使问题简单，我们将白银视为商品的代表或综合商品，并根据恩格斯所说的金银比价的变动趋势，假定1878年的比价是：1∶20（这并不精确，原因是缺乏相应的资料，但不妨碍我们的分析，这就像弗里德曼说货币存量大约增加10%一样），这样，金币的相对价值就比1865年上升了29%，即20/15.5－1=1.29－1=0.29。我们先假设其他条件不变，这样以金币来表现的物价就应下降为原来的77.5%，即1/1.29=0.775。但是，根据弗里德曼的说明，这期间产量是增加了1倍的。假设其他条件不变，货币流通量就应相应地增加0.775×2=1.55，即比原来增加55%。根据他的说明，这期间的绿背纸币只增加了10%，这样，每一单位绿背币的含金量即价格标准便为金币的1.55/1.1=1.4，即绿背纸币比金币升值40%。总起来就是，由于金币对商品的相对价值上升29%，物价就应下降为原来的77.5%；又由于绿背纸币对金币升值40%，物价就应下降为原来的55.3%（因为0.775/1.4=0.553），即下降了44.7%（因为1－0.553=0.447）。这就是我根据马克思的货币理论和恩格斯的有关资料，对美国1865年至1878年物价下跌了将近一半的分析。它同弗里德曼根据货币数量论作出的解释在理论上是对立的。

像这种计算的结果大体相同（其所以是大体，是因为我们的数据不完全相同），而理论完全对立的例子，还可以举一些。例如，弗里德曼说："在1969—1979年，美国远为缓和得多的通货膨胀期间，货币量以每年平均率9%增长，而物价每年平均只增长7%。两个百分比的差，正好反映同期的平均生产增长率2.8%。"①其实，按照货币数量论的公式，与前两个百分比相适应的每年平均生产增长率应为1.8%，而不是2.8%。因为1.09/1.07－1=1.018 69－1=0.018 69。按照马克思的理论进行计算，结果也一样。这就是说，物价上涨7%，就意味着纸币的价格标准降为原来的0.934 5，因为1/1.07=0.934 5；在这条件下纸币增加量为9%，就意味着是产量增加1.8%所需要的，因为0.934 5×1.09=1.018 6。

---

① 弗里德曼：《论通货膨胀》，杨培新译，中国社会科学出版社1982年版，第19页。

4. 宋承先对两种货币理论的评价

宋承先以其特有的风格叙述了马克思的货币流通公式后,最终指出:"马克思批驳货币数量论是指该理论断言 P 是由流通过程的货币数量决定。就是说,**马克思绝不会否认,例如假设金币突然增加,而 Q 未作同比例增加,由货币数量与商品量的供求关系决定的价格会上涨**,但马克思可以断言,到重新恢复均衡状态时(和李嘉图一样),P 是由商品与货币的劳动耗费决定的。例如18世纪欧洲作为币材的黄金增加,也同时出现物价上涨,数量论认为是由于货币量增加,马克思则认为是黄金相对于商品的劳动耗费下降的结果。……例如根据统计报表的数据,$MV=PQ$,假定某一年 500 元×4=2 元×1 000,经过一定时期后的某一年,1 500 元×4=3 元×2 000。货币数量论者会说,物价水平从 2 元涨到 3 元,是由于流通中的货币量从 500 元增为 1 500 元;按照劳动价值论,商品价格之所以上涨的原因,在于单位金币所含劳动量减少了 50%(设商品所费劳动不变),于是货币流通量的增加乃是适应于价格上升的结果。到底何者正确?假如这里论及的时间长达四五十年之久,我们可以通过对金币和其他商品生产的劳动生产率的变化来实证地加以检验。那么,劳动价值论可能得到实践的支持。但是,假如流通的是纸币,鉴于我们理论分析时这样的用语:**'假如流通的是金币会有的货币供给量',由于无法在实践中找到,因而单位纸币代表的金币无法确定**,所以,这时的价格究竟是由纸币数量决定的,还是由纸币代表的抽象劳动决定的?答两者都言之成理,但任何一方无法驳倒对方。"①

上面我用了黑体字的引文其内容是可以商榷的。第一处黑体字,假设的是贵金属货币一方突然增加,而商品一方却不变,使价格上涨,这是否认贵金属货币具有贮藏手段的职能;第二处黑体字,则是割断纸币和金币的历史联系,并且缺乏价格标准的概念,因而无法说明纸币所代表的金量;也就是说,在这一点上,宋承先的认识和希法亭非常相似。②

---

① 宋承先:《现代西方经济学》,复旦大学出版社 1995 年版,第 756—757 页。

② 宋承先是我的学长、同事和诤友,我们经常讨论问题。不幸,他先我而去。我悲痛之余,在这里仍然继续与其探讨。这是悼念他的最好的方式。

5. 在纸币流通条件下货币数量论的公式为何具有实用性

从上面的分析可以看到，运用马克思的货币理论推算物价变动，和弗里德曼用货币数量论的公式进行的推算有相同的结果。这就是说，货币数量论作为理论是错误的，但是其公式在纸币流通条件下具有实用性。其所以如此，只是由于：在价值符号的流通中，如果抽掉价格标准这个中间环节，那么，价值符号量就直接同物价水平成正比。现代货币数量论的公式正是这样。但是，用这种方法推算物价水平的变化，如果放在金本位制度下考察，就可以看出，这只是计算数字的变动，将其折算为金的重量则没有变化。这就是我一再谈过的用公尺量是 1 尺，用市尺量是 3 尺，而绝对长度没有变化的问题。这类问题，现代货币数量论的公式当然是不能回答的。用马克思的货币理论中的价格标准理论则完全可以回答，并且可以以此去掉许多似是而非的解释。至于说现在的纸币都切断了同金或银的联系，怎能算出价格标准的变化呢？这个问题可以解决。因为刚开始有纸币时，它和铸币是等价的，这样，根据其后它的流通量和必需量的变化比例，就可以计算出价格标准的变化。不过，这是价格标准的绝对量即含金量或含银量的变化。而预测物价水平的变化不涉及这个绝对量的变化，只涉及它的相对量的变化。假设纸币流通速度不变，价格标准相对量的变化就取决于预测期的国民生产总值和纸币流通量这两者与上期相比发生变化的相对数之比。例如，假设预测期国民生产总值比上期增加 13%，纸币流通量比上期增加 36%，价格标准和上期相比的变化是：(1＋0.13)/(1＋0.36)＝1.13/1.36＝0.83，即降为上期的 0.83。这个变化了的价格标准相对量的倒数减去上期价格基数即 1，就是预测期物价水平与上期相比发生变化的相对数。例如，根据上例，预测期和上期相比物价变化的相对数是：1/0.83－1＝1.204 8－1＝0.204 8，即比上期上涨了 0.204 8。

我注意到，研究马克思的货币理论的工作者，面对着运用和马克思的货币理论相对立的货币数量论的公式，去预测物价变动而取得成效的事实，认为这是很难解决的矛盾。我在前面说到的这个公式所以具有实用性的原因，希望有助于解决这个矛盾。

九、斯密对“价格革命”的分析

与美洲富饶银矿开采和大量白银流入欧洲相联系的欧洲物价上涨，其原因许多经济学家都加以研究，其中，从方法、资料到理论都以斯密的研究最为科学和详尽。从他的研究中我们可以看到，斯密既有以劳动价值论为基础的货币理论，也有货币数量论；这两种对立的理论居然在他的论述中并存。

1. 斯密研究“价格革命”的方法

经济史中的“价格革命”，是指16世纪中期到17世纪中期约70年中欧洲物价平均上涨了3—4倍这段历史。这在金(包括银，即贵金属)本位制度下，以金的重量来表现的物价在70年中发生如此剧变，是历史上仅有的。对这段历史根据实际情况进行理论研究的，有好几位经济学家或货币学家，就深刻程度而言首推斯密。他对“价格革命”的研究，是包括在他对“前4世纪(从发现美洲时的15世纪到斯密写作《国富论》时的18世纪中期——引者)银价的变动”的研究之中的。这种方法对我们的论题有很大的好处。这是因为，这种写法，除了要说明“价格革命”的原因之外，还要说明这些问题：在美洲白银同样流入欧洲的条件下，为什么在“价格革命”之前，物价几乎不受影响，而在“价格革命”之后，物价却从微涨到下降1/4，即“价格革命”之前和其后的物价问题，要同“价格革命”联系在一起加以研究。这比孤立地说明“价格革命”会更全面些，更深刻些。

斯密在说明银价变动时，遇到许多研究方法问题，他都解决了，而且有的解决得相当好。这主要是：(1)白银的价值不能自己表现出来，它只能在一般商品的价格上反映出来，但当时还没有物价指数（不知何故，斯密没有提到凯恩斯所说的1701年那本《宝贵的编年史》），他便选用小麦的价格作为代表，但小麦的价格从短期看受到供求关系的影响。因此，斯密就从长期进行统计，以便将供求不等对小麦价格的影响去掉。但是，即使这样，一段时间的小麦平均价格，还不能认为它就是白银价值的反映，因为小麦本身价值的变动也会影响它的价格。因此，要科学地说明白银价值的变动，最终必然涉及银矿劳动生产率或其丰饶程度的变动问题。对此，斯密不是有意识地谈了一些。不管怎样，斯密和李嘉图一样，确实努力探讨货币自身价值的变动和商品自身价值的变动，从不将物价的变动直接等同于货币价值的变动，也不笼统地说什么货币的购买力变动。这一点，其后的货币数量论者确实是不可比的。(2)白银制成铸币，其含银量有下降的趋势，这或者是法律规定，或者是自然磨损，或者是人为割削。这种价格标准的降低会使物价上涨，并且在一较长的时间内这是常见的。但是，这种物价上涨只是计算数目的增加，将它折算为白银的重量就不一定是这样。因此，17世纪以前的小麦平均价格，斯密是统一地将它换算为现币计算的，这样，由铸币重量变化而引起物价变动问题就可以去掉；17世纪以后的，没有换为现币计算，原因并不是银铸币的重量没有减少到标准重量以下，而是“其价值……因为它能与金币兑现，而为金币所维持了”。① 这就是说，英国银铸币虽被刮削了，但是由于实行金银复本位制度，变轻了的银铸币还能按金银法定比价使用。但是否限额，斯密没有说。如不限额，就同我们前面的分析全部相矛盾了。对此，李达在其《货币学概论》中有所说明。他说：1717年，英国金银比价为1∶15.25，“金银两币均得自由铸造，并为无限法币。但以后银价暴涨，银币被人藏匿；除少数恶劣银币流通外，只有金币流通。1774年，国会决议对银币的法币资格加以限制：银子以25镑为限，得为法币；如超出25镑，即以生银计算”。② 这样，25镑以上的支付，就不受银铸币重量有减轻趋势的影响。这个问题，下面谈论李嘉图时，同样遇到。

---

① 亚当·斯密：《国民财富的性质和原因的研究》（上卷），郭大力、王亚南译，商务印书馆1972年版，第187页。

② 李达：《货币学概论》，生活·读书·新知三联书店1949年版，第193页。

2. 斯密对物价变动四个时期的划分和对货币与商品比价的看法

斯密以详细的统计数字表明"价格革命"时期是1570年左右到1640年左右(或1637年)。在这大约70年中,英国小麦价格上涨了3—4倍。在这以前,"美洲银矿的发现,对英格兰的物价似未曾有显著的影响,直到1570年以后,才有影响。尽管波托西银矿已发现29年多了,但对英格兰物价还无影响"。在这以后,他分为两段时间来论述。第一段从1637年到1700年,在这64年中,"由9蒲式耳组成的1夸脱最好小麦,平均价格似为2镑11先令1/3便士,这平均价格,比16年前的平均价格,仅高1先令1/3便士"。第二段从1701年到1764年,在这64年中,上述小麦的"平均价格计为2镑6又19/32便士。这价格比19世纪最后64年期间的平均价格,约低10先令8便士,即降低25%以上"。① 据此,大体上可以说,美洲银矿的开采同欧洲物价的关系是:1569年以前,物价无变动;1570—1636年,物价暴涨3—4倍;1637—1700年,物价微跌或持平;1701—1764年,物价下跌25%。这里简述四个时期物价变动的情况,表明货币即白银和以小麦为代表的商品结成的交换价值或价格在变动。但是,还没有分析这种变动是来自货币一方,还是来自商品(以小麦为代表)一方,或者两方都发生作用。

斯密进而分析作为货币材料的白银价值变动问题。对此,他有概括的说明。首先,对于以货币数量论为基础来说明白银和黄金的比价的看法,他坚决地反对。麦金斯认为,从美洲输入欧洲的黄金与白银,其数量约为1∶22,白银有一部分转运到东印度,结果留在欧洲的金银数量比例为1∶14或1∶15,就是这个比例决定金银的比价,换言之,金银的比价取决于它们的数量之比。对此,斯密坚决地反对。他指出,美洲矿山发现前,欧洲各造币厂规定纯金和纯银的比价为1∶10到1∶12之间。其后,白银对黄金的比价降

① 亚当·斯密:《国民财富的性质和原因的研究》(上卷),郭大力、王亚南译,商务印书馆1972年版,第184—186页。

低，其原因在于从美洲输入的金和银，价值都降低，但白银比黄金下落得更快。因为美洲金银矿的丰饶程度，比以前任何已发现的矿山都大，但银矿的丰饶程度似乎比金矿更大。这是正确的。其次，当不分金和银，总的以贵金属为一方，而以商品为另一方考察问题时，他则同意货币数量论。因为只要否认货币的贮藏手段职能，在这条件下考察问题，就必然陷入货币数量论。他说：一个国家贵金属增加的原因之一，是供给贵金属的矿山的产量的增加（斯密认为另一个原因是因财富增加而交换到的金银器皿增加，这不会使物价提高）；而“随着更丰饶矿山的发现，就有更大数量的贵金属提供市场，而较大数量贵金属所要交换的生活必需品和便利品，在数量上如果和从前一样，那么同一数量金属所能换得的商品量必定比从前少。所以，一国贵金属量的增加，要是起因于矿山产量的增加，那就必然使贵金属的价值有所减少”。① 这里说的是明明白白的货币数量论。

但是斯密又说：“欧洲的财富，自美洲矿山发现以来，已大有增加，同时金银价值亦逐渐低落。但这种价值低落，并非起因于欧洲真实财富的增加，或其土地和劳动的年生产物的增加，而是起因于旷古未有的丰饶矿山的偶然发现。”②丰饶矿山的开采，为何使金银价值下跌，按照理论的逻辑，可以有两种解释。一种是生产金银的劳动生产率提高，产量大增，从而使劣矿退出生产，也就是决定矿产品（农产品也一样）价值的劣等生产条件相对提高，致使白银价值下跌；另一种是金银的产量增加快于商品量的增加，从而要用较多的金银才能买到从前同量的商品。以下我们看到，这两种看法，斯密都有。而深入分析问题时，他的看法是后者。

3. 斯密对四个时期物价变动原因的分析

现在，我们论述斯密对上述四个时期物价问题的分析。

先谈斯密对“价格革命”原因的看法。他明确指出：“美洲丰饶矿山的发

① 亚当·斯密：《国民财富的性质和原因的研究》（上卷），郭大力、王亚南译，商务印书馆1972年版，第181页。

② 同上书，第230页。

现,似乎是这一时期银对谷物比价减低的唯一原因。对于此种变动,大家都作同样的说明,关于银的比价下降这一事实及其原因,从未发生争执。在这一时期,欧洲的大部在产业和改良上,都有着进展,而对银的需求,因此必然增加。但是银的供给,大大超过了需求的增加,所以银价低落。”[①]这就是说,以一般的商品为一方,银为另一方,两者结成需求和供给关系,从银来看,就是供大于求,于是银价下跌,物价上涨。这就是货币数量论。其错误是将金银直接等于流通中的货币,并且否认金银货币具有贮藏手段职能,它能够调节其流通量,使之符合需要量。

斯密如何说明1637年至1700年这64年中,小麦价格是微涨或持平呢?他说:“美洲矿山发现招致的银价低落,似乎到1630年与1640年之间或在1636年左右,已告停止。”足以证明这一点的是以下的事实,即“在这60年间,发生了两件事件,以致当时谷物的缺乏,远远超过收成情况所造成的程度。单单这两个事件,就能够说明谷物价格这时稍稍昂贵的原因,而无须设想银价有进一步的下跌”。第一个事件是内乱。“内乱阻碍耕种,妨碍商业。其结果,谷物价格的腾贵大大超过当时收成所造成的程度。”第二个事件是1688年颁布的谷物输出奖励法令。在短期中,它的效果是:“因为奖励每年剩余量的输出,曾使前一年的丰产,不能弥补后一年的歉收,所以反而抬高了国内市场上的谷物价格。”[②]

关于1701—1764年小麦平均价格下跌25%的原因,斯密明确认为是银矿的开采日益困难,耗费的劳动增加,使银价上升。并且认为,这种情况,或许在17世纪即已开始。它本应导致小麦价格下跌,只是由于上述那两大事件的作用,将价格下跌抵消之后,仍使价格微涨。银的价值逐渐升高的原因,是生产银的劳动耗费增加。美洲银矿,尤其是波托西银矿,虽然十分丰饶,但是,“美洲西班牙属地的银矿也像其他各矿山一样,由于开掘较以前深入,排出这些深处的积水以及供给这些深处以新鲜空气等费用较大,开采费用逐渐增大”。[③] 他认为,对于这种情况,曾经调查过这些矿山的人都是承认的。他虽然没有提出

---

① 亚当·斯密:《国民财富的性质和原因的研究》(上卷),郭大力、王亚南译,商务印书馆1972年版,第185页。

② 同上书,第185—187页。

③ 同上书,第206页。

银矿生产费用上升的具体数字，但是相应的说明还是有的。这就是秘鲁银矿向西班牙交纳赋税的税率逐渐减低，而以1736年那次为最大。他说，这种赋税，最初为总产额之半，不久即减为1/3，1504年减为1/5，1736年减为1/10。税率变化是要经过法律程序的，它和经济情况变化不可能同步。但将它的降低趋势，看成银矿的生产费用有增加趋势的反映，则是完全正确的。因为只有减税，资本家才能获得使其继续经营的利润。生产费用再增加，情况如何，留在下面谈。

斯密将这期间小麦平均价格的下降，和"价格革命"联系起来加以研究。他说："美洲各丰饶矿山发现后，谷物的货币价格，比以前腾贵了3倍乃至4倍。当时这种变动的原因，一般人都以为不是谷物真实价值腾贵，而是银的真实价格下落。所以，18世纪最初64年的谷物平均价格，如果比17世纪大部分年度的谷物平均价格低廉，我们同样应该说，这变动原因，不是谷物真实价值下落，而是银的真实价值上升。"①这段话所以值得重视，是由于斯密在前面说明了18世纪，甚至17世纪就已开始的银矿生产日益困难，从而在白银价值上升导致物价下跌的基础上，现在又相提并论地认为"价格革命"的原因是白银的真实价格下跌，这就相反地意味着白银价格下跌的原因是银矿的生产率较高。这种看法是正确的。以前却错误地认为"价格革命"的原因是银的供给增加快于产品生产的增加。这是两种对立的货币理论。

我们留在最后才论述斯密如何说明第一时期，即美洲最丰饶的银矿托波西开采后25年，也就是在1570年前，欧洲物价不变的原因。这一点十分重要。在这段时间内，美洲流入欧洲的白银增加，欧洲货币流通量增加，按照货币数量论的说法，物价应是上涨的。按照劳动价值理论，银币是丰饶银矿生产的，其价值就应降低，抽象地说，物价也应上涨。我们先看斯密如何说明物价没有上涨。

斯密说："在美洲发现以后，在一段时期中，白银在欧洲市场上，依旧是以原来的价格或不低于原来的价格出卖。因而，这一期间的矿业利润，非常

① 亚当·斯密：《国民财富的性质和原因的研究》(上卷)，郭大力、王亚南译，商务印书馆1972年版，第191页。

可观。”在这里，他不自觉地将美洲白银看成输到欧洲出售的商品。但是，不久之后，“以银输入欧洲的人，渐渐发觉了，输入额不能全部以这高价出售。银所能交换的货物量减少了”。在这里，他的意思是，从美洲输到欧洲的白银，渐渐变成同商品交换的货币，从而使欧洲的货币量增加，所以，终于减少了每单位白银换取到的商品量，即白银的价格下跌，物价上涨。这是经历了一段时间才发生的。这里的论述是货币数量论。但是，斯密的进一步论述又不是这样。他说：由于这样，“银的价格，逐渐落至自然价格的限度。换言之，银的价格，仅够按照自然率支付其上市所需支给的劳动工资、资本利润及土地地租了。”[①]在这里，自然价格就是价值的变形，也就是马克思所说的生产价格。因此，斯密的真实思想是，发展到最后，白银是按照生产价格同其他商品交换的。这又是以劳动价值理论为基础的货币理论。

这里，作为论述斯密对各个时期价格问题的总结，必须指出，在斯密看来前面多次提到的波托西这些最丰饶的银矿生产的白银在物价决定中起的重要作用。该矿山于1545年开采，它生产的白银，在头25年，即在1569年之前，对欧洲物价无影响；从1570—1636年，它使物价上涨，因为白银的价值下降；从1637年起，白银的市场价格已下降到等于其自然价格即价值，所以白银价值再不影响物价（物价如果上涨，其原因就不是由货币引起的）。这就是说，白银的市场价格下降到等于其自然价格，共经历了92年（1545—1636年）。斯密很重视这92年。他说：这是“一个足够长的时间，使任何非独占商品的价格，都要降到其自然价格，或者说，降到在它继续交纳特种赋税的场合下仍能长期继续出售的最低价格”。[②] 这就是说，白银或货币的价值（自然价格）是由波托西银矿的生产条件决定的。至于从1701年开始的物价下降，则是由于开采深入致使白银生产费用增加，即白银价值增大，这些矿山是最丰饶的，还是中等的，或者是劣等的，斯密没有说明。这些问题，我们在下面再谈。

---

① 亚当·斯密：《国民财富的性质和原因的研究》（上卷），郭大力、王亚南译，商务印书馆1972年版，第193页。

② 同上书，第194页。

4. 马克思对斯密有关论述的扬弃

从上述可以看到，斯密对四个时期物价进行分析所用的资料，充分说明物价无论是陡然上升、大体持平，还是趋于下降，都和美洲白银劳动生产率的变化有关，这就充分证实以劳动价值理论为基础的货币理论的正确性；尽管他没有完全自觉地以这一点来说明问题，有时还陷入货币数量论。马克思对斯密的论述审慎地加以扬弃。其中最重要的是说明，美洲廉价白银输入欧洲，最初几十年为什么没有引起物价上涨？因为这一问题，对货币数量论固然是一个否定，但对以劳动价值论为基础的货币理论似乎也是一个难题。

关于美洲银矿发现后，半个多世纪欧洲物价不受影响，斯密的说明是有片面性的。这就是只谈美洲将白银输到欧洲换取货物，不谈欧洲将货物输到美洲换取白银（这使欧洲输出到北美的商品价格提高，反过来影响欧洲物价），并且这样输出到欧洲的白银，究竟是货币还是商品，也不清楚。此外，这样一来，美洲输出白银到欧洲，被这些白银换取的货物的价格，按他的说法，固然会逐渐上涨，而不被换取那些货物的价格似乎就不受影响，或者说就在斯密视野之外。总之，无法统一说明欧洲出口和国内物价一般变动问题。

对于这种片面性，马克思予以纠正。他指出：欧洲最初“实际上只有这样的出口商品的价格是提高了，这些商品同金银交换时，是把金银当作商品，而不是当作流通手段。这些商品用价值降低了的金银来估计，而一切其他商品则继续以金银的原来生产费用来估计自己的交换价值，对比起来，前者的价格是提高了。这种在同一个国家里对商品交换价值的双重计算当然只能是暂时的；用金或用银表示的各种价格会按照交换价值本身所决定的比例彼此拉平，于是一切商品的交换价值最终都会按照货币材料的新价值来估计。……在资本主义生产还很不发达的时期，这种拉平的过程进行得极其缓慢，经历了很长的时期，而且无论如何赶不上流通中现金的增加。最近关于16世纪商品价格变动的批判性的研究有力地证明了这一点”。并且说：“休谟也承认这一过程是缓慢地进行的，虽然这并不符合他的原理。”①因为按照他的货币数量论，就应立即引起物价上涨。

我们看到在说明“价格革命”的起因方面，马克思和斯密虽有相同之处，这就是都以白银价值的降低来说明物价上涨；但是，作为货币的白银的价值，由哪一种生产条件决定，两人的看法是不同的。我们已看到，斯密认为由最丰饶的波托西银矿的条件决定，至少是不自觉地认为，如果这个矿后来变得没有原来那么丰饶了，那么在这之前，是由它的生产条件决定，总之，他不认为矿产品的价值是由劣等的生产条件决定。马克思则认为，矿产品和农产品一样，其价值由劣等的生产条件决定。因为丰饶矿山，正如优良土地一样，不能由资本创造，这和工厂不同。马克思无疑是正确的。这样，美洲丰饶银矿的开采，尽管产银很多，但只要原来最劣等的银矿继续经营，由它决定的白银的价值就不因此而变化，这样物价是不会上涨的。这时美洲丰饶银矿得到的超额利润，就转化为级差地租，转归矿山所在的土地所有者。所以“价格革命”的发生，在理论上必然是由于富矿产银很多促使某些劣矿退出生产，而决定白银价值的是那些比原来劣矿稍好一些的矿山，也就是新的劣矿，这样白银的价值就较前降低了。历史事实正是这样。马克思特别指出，在16世纪和17世纪，不仅金银的数量增加，同时它们的生产费用也是减少了的，休谟从欧洲矿山的停止开采上看到这是事实。由于劣矿退出生产，白银价值下降，美洲富矿的超额利润减少，级差地租减少，这就表现为矿山交纳的赋税税率降低，而矿山经营者仍得到平均利润。

现在谈一谈美洲富矿随着开采的深入，生产费用增加的进一步发展，与白银价值变动之关系的问题。从对问题的回答中可以看出，斯密和马克思在货币理论上有分歧。斯密认为，生产费用的增加，就导致减税，两者成正比，而“减税的结果，以前因不堪重税而中止开采的矿山，现在也许会再行开掘。这样，每年上市的银量，一定要增加若干，而一定数量银的价值，也一定要低落若干”。② 这是用从前停产的劣矿再进入生产使银的产量增加，而不是用这样会产生新的劣矿，而以新劣矿的生产条件相对提高，来说明白银的

① 《马克思恩格斯全集》(第十三卷)，人民出版社1962年版，第151页及注①。

② 亚当·斯密：《国民财富的性质和原因的研究》(上卷)，郭大力、王亚南译，商务印书馆1972年版，第206页。

价值应该下跌。马克思不是这样。他认为，富矿生产费用逐渐增加到某种程度就成为劣矿，如果原来停止生产的劣矿因此而再行开采，白银价值就由新的最劣的生产条件决定。这情况很复杂。如果新的劣矿比老的更劣，白银的价值就要上升，物价应下降。只有发现了更丰饶的新矿，产量大增，劣矿又退出生产，由比原来劣等稍好的银矿（新的劣矿）的生产条件决定白银的价值，银价才下落。这个情况同美洲最初发现丰饶银矿引起银价下跌相同。很明显，斯密这里论述的是货币数量论。

十、李嘉图对“黄金高价”的分析

19 世纪初，英国在对拿破仑法国作战中，黄金的纸币价格上涨到造币局的法定平价以上，其他物价也上涨。对于“黄金高价”的原因，经济学家展开争论。在“金价论战”中，李嘉图提出他的货币理论。从中我们看到，他虽然力图维持劳动价值论的货币理论，但是最终还是陷入货币数量论。李嘉图的货币数量论同斯密的又有所不同。

1. 概　　说

“黄金高价”的本意是指 1797 年英国停止银行券兑现成为纸币后，英国在市场上用纸币表现的黄金价格高于黄金的造币厂的法定平价，这个法定平价长期以来是 1 盎司黄金为 3 镑 17 先令 10.5 便士，黄金和白银的法定比价大体是 1∶15。斯密以后的古典学派代表人物李嘉图在这个现象发生后不久，就研究这一现实的经济或黄金价格问题。

自学成才的李嘉图由于参加“金价论战”而走上研究经济学的道路。他的论著，尤其是最初在报纸上发表的文章，是为了探讨当时的黄金的纸币价格为何高于法定平价并提出对策，因而同别人发生论战而写的，其结构不可能像斯密的论著那样是教科书式的，也就是说，许多属于原理性的论述并不是集中的，而是混杂在具体问题的论述和舆论战中。这种特点，甚至保留在他在其后撰写的代表著作《政治经济学及赋税原理》中；该书是由 32 篇独立的论文构成的。独立的论文之间不无重复之处。《政治经济学及赋税原理》中与我们的研究有关的是其中的第 27 章“论通货与银行”。我们根据这些材料进行研究后，觉得李嘉图是从以下几方面加以分析，最后得出“黄金高价”

的起因是纸币流通量大于在没有纸币流通时所需要的金银币流通量，因而纸币贬值、价格标准缩小，致使包括黄金在内的物品价格上涨，但是这个上涨了的价格如果折算为黄金或白银的重量，则和涨价前一样没有发生变化。

这几个方面是：叙述黄金价格高于其造币厂价格的情况；黄金高价的经济内容，即研讨黄金价格升高的原因究竟是黄金本身的价值增大了而其造币厂的价格尚未来得及调整呢，还是表现黄金价格的纸币的价值发生了变化；为进一步探讨问题，就研究金银比价、减色银铸币的价值以及将以减色银铸币表现的价格折算为银的重量；由此又谈论纸币到底代表金币还是代表银币，在肯定了由纸币代表金币的价值后，再推论价格标准的变化，以及由贬值纸币表现的上涨了的价格，如折算为黄金或白银的重量则没有发生变化。这就是说，“黄金高价”现象，即以纸币表示的物价上涨，如用金或银的重量来表示，并不上涨；这同“价格革命”，即以金或银表示的物价上涨，其中的金或银的重量是增加了的不一样。

对李嘉图最初在报纸上发表的文章，有人以匿名发表文章提出质疑。这个匿名者很快就被李嘉图发现是他的有才学的朋友哈奇斯·特罗尔。其后他们就直接通信了。对于这位货币理论家，不管其论著是否匿名，我们都直称特罗尔。

下面，我们就从几方面加以论述。

2. “黄金高价”的情况、原因和含义

1809 年 8 月，李嘉图著文说：黄金的法定平价是 1 磅黄金为 3 镑 17 先令 10.5 便士。但市场价格逐渐提高，而在最近的两三个星期已高达每盎司 4 镑 13 先令，几乎上涨了 20%。他说，在 1777 年至 1797 年 20 年间，黄金的平均价格（市场价格）不超过 3 镑 17 先令 7 便士。在那时期，我们的通货是一种公认为纯正的通货。只有在 1797 年之后，也就是在英格兰银行以硬币兑付纸币（应是银行券，下同；因为银行券是凭票即兑的，不能兑现的是纸币；前者是从货币的支付手段职能中产生的，后者则是从货币的流通手段职能中产生的）受到了限制以后，金价才涨到每盎司 4 镑、4 镑 10 先令，后来又

涨到4镑13先令。在银行以硬币兑付纸币(这样的纸币是银行券,下同)的时期,黄金的法定平价和市场价格之间绝不会有很大的差别。因为银行的任何努力也不能使纸币的流通超过一定的数量,如果超过了那个数量,它对金价的影响就总会把超过的部分送回银行兑换硬币。在这样的条件下,黄金的市场价格决不会超过法定的平价很多,因为当人们能以3镑17先令10.5便士在银行换得1盎司黄金时,谁也不会付出4镑或更多的纸币去换得同一数量的黄金。

在停止纸币兑现后,纸币发行过多就不会受到任何限制。在这种条件下,“黄金高价”这个现象就产生了。如果黄金的价格涨到每盎司为4镑13先令,我们就能确定纸币的贬值程度已经达到20%。这就是说,李嘉图已初步认为黄金的价格高于法定平价的原因,是发行了过多的银行券,由于不能兑现而成为贬值的纸币。纸币贬值在物价上的表现,就是包括黄金在内的物品的价格上涨。

李嘉图不同意用黄金缺乏来解释“黄金高价”这种现象。他说:“黄金的缺乏会增加它的价值,这一点是无可置疑的;其结果还会使它与别的商品交换时控制着更大数量的其他商品,这也同样是确实的;但除非用贬值的通货加以衡量,尽管黄金缺少很多,也不能把它的市场价格提高到超过法定平价很远。”①李嘉图这里的论述,可以有两种解释。一种是将黄金看成商品,对它的需求增加了,而作为货币的黄金又不能用纸币去换取并将它变成商品(金块),因而商品黄金的价格就超过其价值(法定平价),这犹如一般商品供不应求时,其市场价格高于其价值一样。另一种是将黄金看成货币,由于纸币不能兑换金币,而当时英国由于荒年进口粮食增加,而因拿破仑封锁出口减少,贸易逆差要用黄金来支付,用作对外支付的金币不足,因而用纸币表现的金币价格上涨。不论哪种解释,都存在黄金或金币的价格高于其价值的问题。在正常情况下,这当然是错误的;但在英国当时纸币停止兑现而又发生贸易逆差的特殊条件下,则具有一定的道理。但是,即使这样,李嘉图认为,对黄金或金币的需求,不可能使黄金的市场价格上涨到如此程度。他

① 斯拉法主编《李嘉图著作和通信集》(第三卷),经文正译,商务印书馆1977年版,第27—28页。

说:1 磅的黄金铸成 44 又 1/2 个几尼,或 46 镑 14 先令 6 便士。这是法定的平价,而不是特罗尔所说的,把它称作一种任意规定的价值。44 又1/2 个几尼与 1 磅黄金有相同的重量,这一数量的 1/12 就是由 1 盎司黄金折成的 3 镑 17 先令 10 又 1/2 便士,这是一个事实的简单声明。

李嘉图继续说:经验向我们证明,尤其是 1797 年以前的 20 年,在战争与和平、贸易顺差等变迁期间的经验告诉我们,46 镑 14 先令 6 便士或铸成货币的 1 磅,所能买到的未铸成货币的黄金,有时比 1 磅略多一点,有时比 1 磅略少一点;而在同数额的银行纸币也能起同样作用的时候,它们就不被说成贬值的。在银行兑现硬币受到限制以前,纸币经常能做到这样,即使在受到限制以后也还有一个短时期是这样。既然这样,那么特罗尔能不能对我们说明,为什么任何需求,不论它有多么大,如最近所发生的情况那样,使人付出 55 镑 16 先令的银行纸币去购买 1 磅黄金呢?如果这些纸币与 55 镑 16 先令硬币有同样价值的话。他认为,特罗尔没有想一想,在 55 镑 16 先令里所实际包含的黄金要合计重达 1.2 磅吗?人们是不是相信他会对 1 磅黄金付出这样一个数额呢?如果他不会,那么银行纸币贬值的事实就是充分确定的了。李嘉图并且说明:如果黄金是价值的标准,而银行纸币是金币的代表,那么“黄金高价”就意味着银行纸币是在贬值,而且黄金市价超过平价的部分就是这种贬值的衡量标准。

李嘉图还从另一个角度论证“黄金高价”不是由于黄金自身价值(市场价格)提高。他说,如果为了购买黄金,要比平时付出更大数量的谷物、铁器或其他任何商品,那也许可以合理地说,黄金的缺乏已提高了它的价值(市场价格)。但是,事实究竟怎样呢?如果我把谷物或铁器拿到市场上去卖,我可以得到 55 镑 16 先令的银行纸币,这个数目同我为了要获得 1 磅黄金或 46 镑 14 先令 6 便士而必须付出的数目完全相等。这就是说,黄金对于其他的商品并没有高价,只是对于纸币来说是高价的;同时,在这个条件下,包括黄金和所有商品对于纸币来说都是高价的,因此,原因在于纸币贬值。

正因为认为“黄金高价”的原因是纸币贬值,而贬值的原因是纸币流通量过多,所以李嘉图又指出:“如果议会能命令英格兰银行逐渐从流通中收回总数达两三百万的纸币而暂不责成其兑付硬币,我们很快就会看到黄金的市场价格将跌到 3 镑 17 先令 10.5 便士的法定平价,每种商品也将有类似的跌价。”①

因此，这种“黄金高价”就并不是真正的黄金价值升高，也不是由于供求关系而发生的市场价格升高，换言之，并不是“价格革命”时白银价值降低在黄金方面的相反表现。如果确实是黄金的价值升高了，那么物价就应同“价格革命”相反，也就是说物价应降低。这样的“黄金高价”当时并没有出现。

同时，这也意味着“黄金高价”作为一种价格现象，并不只限于黄金，而是一种象征，是对由于纸币贬值而引起的物价升高这一总现象的突出的描绘。以下我们使用“黄金高价”一词时，有时专指黄金价格高于其造币厂价格，有时则指一般的因纸币贬值而发生的物价升高，这两者的起因都是纸币的贬值。

最后，我们将会看到，“黄金高价”即由于纸币贬值引起的物价上涨，同“价格革命”时由于白银价值降低引起的物价上涨，有不同的经济内容和货币内容，即升高了的价格，在前者表现为含金量增加，在后者表现为只是纸币计算单位增加，如折算为含金量则不变。

3. “黄金高价”的原因不是银币贬值，纸币也不是代表贬值银币

但是，当时有一个特殊的价格现象，迫使李嘉图在坚持“黄金高价”的原因是纸币贬值的基础上，进一步说明和回答问题。

这个特殊现象是：某一天，标准银的价格是每盎司 5 先令 9.5 便士(法定平价是 5 先令 2 便士)，标准金的价格是每盎司 4 镑 10 先令(法定平价是 3 镑 17 先令 10.5 便士)。所以，1 盎司黄金约等于 15.5 而不是 15(有关的原文或汉译为 18，而计算结果为 15)盎司的白银。因此，我们如果用黄金估价银行纸币的价值，就可以看到，它们的跌价是 15.5%，因为按照法定平价，1 盎司黄金合 934.5 便士，而现在黄金的市场价格 1 盎司合 90 先令，即 1 080 便士，也就是用纸币计算的黄金价格涨了 145.5 便士，145.5/934.5＝0.155 6；

① 斯拉法主编《李嘉图著作和通信集》(第三卷)，经文正译，商务印书馆 1977 年版，第 26 页。

如果用白银估价银行纸币的价值，则跌价为12%，因为按照法定平价，1盎司银合62便士，而现在银的市场价格1盎司合69.5便士，也就是用纸币计算的白银价格涨了7.5便士，7.5/62＝0.120 9。既然纸币贬值导致物价上涨，那么为什么金和银的市场价格上涨幅度不同？或者反过来说，为什么以金和以银的市场价格估计纸币的跌价幅度不同？

李嘉图说，我的质疑者特罗尔会根据这资料指出，如果我们的银币不是由于损耗和削刮而降低价值，却如大家知道的是因为标准重量不足而贬值，所以“黄金高价”的大部分原因和“白银高价”的全部原因，就是由银币这种重量不足所造成的，那么，从上面银价所得出的结论也许是正确的。这就是说，银铸币的重量减轻了，所以在特罗尔看来，就要用更多的银铸币来购买生银，而黄金的高价除了其数量不足之外，还有一个原因就是银铸币的重量减轻即贬值。据此，李嘉图逻辑地指出，根据特罗尔这种论证，用纸币表现的金和银的价格的涨幅所以不同，就是因为银行纸币不是标准银币的代表，而是减色了的银币的代表，因而用代表贬值银币的纸币去表示黄金和白银的价格，其涨幅是金价高于银价，这就说明金价涨幅大于银价涨幅的部分，就不是由代表贬值银币的纸币引起的，而是由黄金自身所特有的原因引起的，这个原因特罗尔认为是黄金缺少。

由于这样，就产生三个结合在一起的问题：(1)“黄金高价”现象是否由银币贬值引起？与此相关的是，(2)当时实行金银复本位制，作为价值尺度(辩论中称价值标准)的是不是白银，尤其是是否贬值的银币？(3)停止兑换的银行券即纸币，是否代表贬值银币？特罗尔对此三者持肯定看法。李嘉图不同意特罗尔的看法，认为黄金是价值尺度，“黄金高价”的原因只是代表黄金的纸币流通量过多。以下逐层论述。

4. 黄金是价值尺度和“黄金高价”的原因只能是纸币流通量过多

第一，为叙述方便，我们先谈论白银是否作为价值标准(价值尺度)的问题。特罗尔说，我们对于一种金属比另一种金属更适宜于充当衡量价值标准的条件，都有一致的意见，所以，要决定哪一种是衡量的标准，我们必须而且只能求之于这些条件。这就是这两种金属之中有一种金属在造币厂的估价，比起它的市场价格来是低估了[应为高估。参见《马克思恩格斯全集》(第二十三卷)，第 115 页脚注]的。白银就是目前处于这种情况的金属。所以，现在白银一定是衡量价值的标准。这是根据劣币驱逐良币的规律得出的结论。

李嘉图同样根据劣币驱逐良币的规律，回答说：“根据造币法规定，黄金是白银价值的 15 又 9/124 倍……如果黄金居然达到白银价值的 15 又 1/2(本节开头所说的情况即当时就是这样——引者)或 16 倍，那么，黄金就会超过它的法定平价，而白银则将合乎或低于它的法定平价。其时黄金就会有利于熔化，而白银则会有利于铸成货币；因此白银就会变成价值的标准；银行会以银币偿付它的纸币，因而银行纸币也就成了银币而不是金币的代表。事实上这就是特罗尔先生的论点。”①

对此，李嘉图提出两个问题。其一，即使白银是价值尺度，但是“如果说黄金高价是从这一原因产生的话，那么，在只有重量十足的硬币才是法定货币的时候，白银的价格就决不会涨到法定平价以上”。② 因为这是以金银的重量来定其市场比价的，这样，金的市场价格虽然从为银的 15 又 9/124 倍上升为 15 又 1/2 倍，但是银的市场价格则没有上升，仍等于其法定平价。这就是说，根据劣币驱逐良币的规律，虽然能说明银币是价值尺度，也能说明金的市场价格以银币来表示是上升了，但不能说明银的市场价格以银币来表示也是上升了，即不能说明以“黄金高价”为象征的经济现象。其二，李嘉图具体分析在当时条件下，价值尺度究竟是银还是金的问题。他说，从实质看，“特罗尔先生和我之间的争论，是关于一张银行纸币是不是有兑付金币或银币的义务问题。固然现在的法律免除银行履行它的义务，但那种情况并不妨碍我们确定银行的义务究竟是什么，当这种法律废止的时候，他们将不得不以某种方式履行它们的义务。这才是我们对问题的意见分歧之处。特罗尔先生认为，如果英格兰银行突然被迫要履行它们的义务，它们能够并

① 斯拉法主编《李嘉图著作和通信集》(第三卷)，经文正译，商务印书馆 1990 年版，第 47—48 页。

② 同上书，第 48 页。

将以银币偿付,因为这样做是对它们有利的;恰恰相反,我认为如果要它们履行这种义务,它们将不得不以金币偿付,因为银币的数量不足以应付需要,而且根据法律的明文也不能以白银铸造硬币。我承认,如果白银能铸成货币,这种金属将更宜于铸币,因为我们能以最少的费用获得这种金属;但既有法律禁止以白银铸币,事实上它就使我们只能利用黄金”。① 就是特罗尔自己也说,如果在那个时期,即对银行兑现的限制被取消的时候,禁止以白银铸币的法律还继续有效,在那种情况下,无疑地黄金必然被认为是我国衡量价值的标准。他说这话的时候,事实上就已经承认目前我所争论的内容了。

第二,“黄金高价”是否由银币贬值引起的问题。如前所述,特罗尔认为是的。李嘉图认为,如果重量不足的银币是法定的货币,则白银的市场价格超过其法定平价的数额,就可以根据那种重量不足的情况得到充分的说明。但是,现在这一数额却低于由于银币重量不足而应引起的白银市场价格增加的数额,可见白银市场价格上涨的原因不是银币贬值。单就这一点而言,李嘉图以后的解释有所不同,下面予以说明。

对此,特罗尔的解释是:“如果这种重量不足的银币是没有限额的法定货币,白银市场超过法定平价的部分将不仅是8%而是会高出很多,几乎可以比例于其重量不足的程度。所以,对于这种重量不足的银币作为法定货币的限制,就是白银市价与其平价的差额何以没有大于现有差额的原因。”②这里也存在减轻的铸币如限制其数量,其价值可以不与重量减轻发生同方向和同比例的变化。这个问题连同上面提到的李嘉图的有关看法,留在下面谈。

对此,李嘉图回答说:特罗尔先生认为是由银币的减轻情况造成对商品及金银价格的影响。我现在要问,如果这是事实,何以在1797年限制英格兰银行兑现以前,那时银币减轻已经发生,但对这些金属的市场价格没有产生同样的影响呢?李嘉图进一步说:“在1797年银币重量减轻24%,当时银金在市场上的比例价值是14又3/4∶1,而在铸币中的比例则估价为15∶1,因

① 斯拉法主编《李嘉图著作和通信集》(第三卷),经文正译,商务印书馆1977年版,第42页。
② 同上书,第40页。

此,如以标准的金属作比较,黄金就是价值的尺度(这同样是根据劣币驱逐良币得出的结论);但黄金与减色白银相比则为 19∶1,所以,就银币的减轻而论,那时和现在有同样的理由可以说明黄金何以高出法定平价;因此我坚决认为如果像特罗尔先生所假定的那样,商品的价格现在受银币减轻情况的影响,则在 1797 年以及在此以前的很多年里,也一定会因同样的理由发生这样的影响。”①可是那时却没有“黄金高价”现象,这就反过来说明,银币减重不是其原因。

第三,停止兑现的银行券即纸币是否代表贬值的银币问题。特罗尔认为是的。因为前面已说过,他认为以纸币表现的金价和银价之所以上涨,而涨幅前者高于后者,就是由于纸币代表贬值银币,以及对黄金的需求增加;李嘉图反对这种看法,认为这只是纸币贬值所致。但还没有说明李嘉图对纸币到底代表银币还是代表金币的看法,现在来说明。

李嘉图先说明纸币不是代表贬值银币。他说:“也许有人会说,银行纸币是我们减轻的银币的代表而不是我们标准银币的代表。这是不正确的,因为我所已经援引的法律,规定银币除非按实重计算,只有在不超过 25 镑的数额内才是法定货币。如果银行坚持要以银币兑付 1 000 镑的纸币,他们或者必须给他以重量十足的标准银或给以折合同等价值的轻质银币,只有那规定的 25 镑他们才可以用轻质的银币偿付。但这 1 000 镑既然是由 975 镑的纯质货币和 25 镑轻质银币所构成,按白银的现有市场价值就要值到 1 112 镑以上。”②这就是说,对 1 000 镑来说,在支付 25 镑以上那部分即 975 镑时,是以标准银币的重量为标准的,这些标准银币(每盎司 5 先令 2 便士)如以纸币表现的市场价格(每盎司 5 先令 9.5 便士)出售,再连同 25 镑轻质的银币以纸币表现的市场价格出售,两者合起来其市场价格以纸币表现应当在 1 112 镑以上。这就说明,就现在论述的问题而言,对于支付 25 镑以上的银币来说,纸币不是贬值银币的代表,而是标准银币的代表。

李嘉图进一步说明纸币是贬值的。他先指出,特罗尔正确地说,“黄金的高价并不能证明银行纸币的贬值,因为即使没有银行纸币的存在,黄金也

① 斯拉法主编《李嘉图著作和通信集》(第三卷),经文正译,商务印书馆 1977 年版,第 44 页。

② 同上书,第 85—86 页。

可能由于其与白银相对价值的改变而涨到法定平价以上。从我所已经说过的话里，可以看出我是毫不含糊地承认这一主张中的真理的”。① 但是，他认为：“当白银的价格超过它的法定平价而黄金则合乎或低于法定平价时（这在1797年以前一般都是如此），没有人认为银行纸币是贬值了；并且，如果黄金的价格高于它的法定平价20%，而白银则合乎法定平价，我也会承认银行纸币没有跌价；但当这两种金属的价格都在法定平价之上（金价争论时情况正是这样——引者），那就是银行纸币贬值的无可争辩的明证。”最后，李嘉图还指出：“特罗尔先生要想从银币重量不足这一公认的事实来说明原因。如果这种减轻的通货是法定的货币，我也不会同他争辩这一点，但他既承认它并非法定的货币，那么，银币的减低重量也就不成为白银涨价的原因。”②

总的来说，就是既然白银不是价值尺度，纸币也不代表贬值的银币，而黄金和白银的市场价格都超过它们的法定平价，其原因就只能是代表金币的纸币流通量过多了。

5. 铸币减色与价格上涨不成比例的原因

现在要说明，李嘉图并不认为银铸币减色了，物价就无条件地按其贬值的程度上涨。这要取决于这贬值了的银币的流通量是否适合于必需量。他说：“在限制数量之后，减色铸币也会像具有法定重量和成色一样按表面所标价值流通，而不按其实际含有的金属重量的价值流通。因此，在英国铸币史中，我们看到通货贬值从不与其减色同一比例，原因是通货数量的增加从不与其内在价值的减少成比例。”③这从某一点看，多少是有点同意特罗尔的看法，这就是限制贬值银铸币的数量，是白银的市场价格和法定平价的差额何以没有大于现有差额的原因。

据此，李嘉图正确地提出一个原理：“在黄金成了法偿币，银行纸币也被

① 斯拉法主编《李嘉图著作和通信集》（第三卷），经文正译，商务印书馆1990年版，第48页。

② 同上。

③ 大卫·李嘉图：《政治经济学及赋税原理》，郭大力、王亚南译，商务印书馆1962年版，第302页。

用来进行支付的……时期中，减色银币的数量却没有超过在没有减色银币情况下所能流通的铸币厂新铸银币的数量，所以货币虽然减色了，但却没有贬值。布卡南先生对于这问题的解释却有些不同。他认为主币可能贬值，而辅币却不容易贬值。在威廉王朝，银是主币，所以容易贬值。1774 年银已经成了辅币，所以便能维持价值。”最重要的是，他接着指出：“通货贬值与否，完全取决于其数量是否过剩，而不取决于它是辅币还是主币。”①

正是这样，李嘉图又说：“在国家铸造货币不征收铸币税时，货币的价值就会等于任何一块重量相同、成色相同的同类金属的价值。但在国家征收铸币税的情形下，铸币的价值一般就会超过未铸成货币的金属，其超过额相等于全部铸币税。因为这时取得铸币需要用更多的劳动，也可以说是需要较大量劳动的产品的价值。”这是正确的。他接着又说：“在只有国家能铸造货币的时候，这种铸币税是没有任何限制的；因为只要限制铸币的数量，它的价值就可以被提高到任何可能的程度。”②这里的铸币税指的显然不是铸币所耗费的劳动，因而同上述相矛盾。撇开这一点不谈，这里的论述还存在这样的问题：限制铸币的数量，其总价值就等于流通所需金属货币的总价值，因而每单位铸币的价值就高于其面值。但这些各单位铸币的价值合起来，仍等于所需金属货币的总价值。因此，不应说“它的价值就可以被提高到任何可能的程度”。其实，这个问题从实质来看，就是前面提到的斯密所说的那个问题：限制用以缴纳税款的纸币，使其数量低于所需要量，其价值就会超过它的面值。以后我们会看到，希法亭也遇到同样的问题。

李嘉图由此又推论纸币的价值。他说：“纸币就是根据这一原则流通的。纸币的全部费用都可以看作是铸币税。它虽然没有内在价值，但只要限制它的数量，它的交换价值就会等于面值相等的铸币或其内含生金的价值。”③撇开铸币税概念不谈，这里的论述也是正确的。

很明显，马克思接受了李嘉图这一重要的货币理论。他说：“在英法两国货币伪造史上，我们一再看到价格不是按照银铸币成色减低的比例而上

---

① 大卫·李嘉图：《政治经济学及赋税原理》，郭大力、王亚南译，商务印书馆 1962 年版，第 317 页。

② 同上书，第 301—302 页。

③ 同上书，第 302 页。

涨。这只是因为铸币增加的比例同铸币成色减低的比例不相当，也就是因为金属成色较低的铸币的发行量还不足以使商品的交换价值以后用这种成色较低的金属当作价值尺度来计算，并且同这种较低的计量单位相适应的铸币来实现。”最重要的是，马克思接受了李嘉图阐述的原理，明确地说：“价值符号——不论是纸还是降低了成色的金银——按什么比例代表按造币局价格计算的金银重量，不是决定于这些符号本身的物质，而是决定于它们在流通中的数量。”这是因为，“在货币作为价值尺度的职能上，货币只是用作计算货币，而金只是用作观念的金，对于这种职能来说，一切看货币的自然物质而定，交换价值用银计算或表现为银价格，自然完全不同于用金计算或表现为金价格。相反，在货币作为流通手段的职能上，货币不仅是想象的，而且必须作为实在的东西同其他商品并列，对于这种职能来说，货币材料变得毫无关系，而一切决定于它的数量”。① 明白了这个理论，就可以谈论“黄金高价”时的物价，即表现在计算单位增加的纸币上的价格，如折算为黄金的重量，为何没有变化的问题。

李嘉图说：“如果银行受到限制，不得以硬币兑换纸币，并且所有的硬币都已出口，那么，他们纸币的任何过剩，都会按照其过剩的比例而贬低流通媒介的价值。假如在限制兑现以前英国的流通数量是 2 000 万，后来又增加 400 万，这 2 400 万不会比原来的 2 000 万有更大的价值，如果商品还是原来一样，硬币也没有相应的出口。假如银行陆续再把纸币增加到 5 000 万或 1 亿，这增加的数量都会被英国的流通所吸收，但不管怎样，都会把价值贬低到 2 000 万一样。”②这就等于说，不管流通的纸币是多少，它只能代表流通所需要的金币或银币数量那么多的价值。因此，表现在纸币上的“黄金高价”，如折算为金量或银量是和高价前一样，并没有增加。

马克思提出了李嘉图所没有的价格标准这一概念。它就是单位货币的含金量或含银量，如 1 镑重 0.25 盎司黄金(约数)，这个金量就是价格标准。这样，如果纸币流通量和所需的金币量相等，1 镑纸币就值 0.25 盎司黄金；如果纸币流通量超过 1 倍，1 镑纸币就只值 0.125 盎司黄金，物价就上涨

① 《马克思恩格斯全集》(第十三卷)，人民出版社 1962 年版，第 110—112 页。

② 斯拉法主编《李嘉图著作和通信集》(第三卷)，经文正译，商务印书馆 1977 年版，第 90 页。

1 倍，即从 1 镑涨为 2 镑。但将这上涨了的价格折算为金量，则和原来的一样：涨价前 1 镑的含金量为 0.25 盎司黄金；涨价为 2 镑时，由于是 1 镑含金量为 0.125 盎司黄金，2 镑就等于 0.25 盎司黄金，从金量看仍等于以前的，也就是说从金量看物价并无变化。

总之，“黄金高价”时的物价升高和“价格革命”时表现价格升高的金量或银量的增加是不同的。我认为区别这两种不同货币内容的价格变动，对于理解第二次世界大战后物价持续上涨的原因是非常重要的。

十一、中国历史上银币问题的理论考察

我们在这里研究的不是中国的货币史，尤其不是中国的银币史，而是从货币物价理论的角度，研究中国长期使用银作为货币，而银价长期以来都有下降的趋势，对中国经济有怎样的影响这段历史。当然，为了说明问题，我们在必要时，也涉及金和银的比价，以及银和铜的比价，而且还同西方的金银比价作比较。

中国清代道光元年到咸丰六年，即 1821 年到 1856 年，有一个所谓银价暴涨问题，这是我们要研究的；19 世纪 70 年代世界银价迅猛下跌，从这时起到 20 世纪 30 年代，西方用金作为货币，而中国则用银作为货币，其中发生的种种经济问题，同样是我们所要研究的。

1. 美洲廉价白银和中国物价变动的关系

美洲廉价白银流入欧洲，从而使英国以小麦价格为代表的物价，在 70 年中上涨了 3—4 倍，时间在 1570—1640 年。美洲廉价白银对中国物价的影响，约晚于英国 100 年，即 18 世纪中叶，中国物价才明显上涨。在这之前，银对金的比价，中国远远低于欧洲。情况如表 4-1 所示。①

15 世纪在欧洲，这一比价是 1∶15，在中国是 1∶5.52—6.38；也就是说，银在中国比在欧洲值钱。那么，要到什么时候，美洲廉价白银才对欧洲和对中国发生同样的影响呢？要到 18 世纪末、19 世纪初。情况如表 4-2 所示。②

---

① 彭信威：《中国货币史》，群联出版社 1954 年版，第 579 页。

② 同上书，第 582 页。

表 4-1　明代和清初金银比价

时期	黄金 1 两合白银两数
14 世纪后半期	4.93
15 世纪前半期	5.52
后半期	6.38
16 世纪前半期	6.78
后半期	6.58
17 世纪前半期	8.18
后半期	10.00

表 4-2　中外金银比价对照(每两黄金合银两数)

时期	中国金银比价	欧洲金银比价
1701—1710 年	10.00	15.27
1711—1720 年	10.00	15.15
1721—1730 年	10.25	15.09
1731—1740 年	10.90	15.10
1741—1750 年	11.77	14.93
1751—1760 年	14.90	14.55
1761—1770 年	15.00	14.81
1771—1780 年	15.47	14.64
1781—1790 年	15.23	14.76
1791—1800 年	15.40	15.42

为什么美洲廉价白银对中国的影响要晚于欧洲约 100 年呢？彭信威的解释是："美洲的金银对欧洲物价的影响，时间也并不一致；西班牙的反应最快，因为金银是先运到西班牙。所以西班牙的一般物价水准在 16 世纪中叶便开始上涨，17 世纪初涨成 4 倍。而英法的上涨则晚于西班牙，到 17 世纪中叶才达到顶点。这种时差是容易理解的，因为必须经过若干时候，美洲的金银才会由西班牙流入英法。"他又说："中国物价的上涨，比英法又慢 100 年，而且上涨的程度没有英法那样厉害，正同英法的上涨程度没有西班牙那

样厉害是一样的，时间上和时间上的距离把那种涨势冲淡了。”①彭的说法多少有点跨越空间需要时间的味道，没有涉及经济过程，虽然不能说是错误的，但是应该说是层次较浅的。前面已经说过，马克思对此也有说明，他是从经济过程来解释的。②

2. 中国铜银比价和金银比价的变动

在中国，清代和明代相同，是钱银并用，大数用银，小数用钱；铜和银的比价，大体上是，清初和清末是铜贵而银贱。满族入关统一中国之前，曾铸有铜钱，入关后渐渐地就不用了。清代第一位皇帝顺治开始制定钱法，规定白银 1 两合钱 1 000 文，另铸新的铜钱，钱的成色 7 成为红铜，3 成为白铅，重量顺治元年(1644 年)为制钱每文 1 钱，二年改为 1 钱 2 分，八年改为 1 钱 2 分 5 厘，十七年再改为 1 钱 4 分，之所以如此改变重量，是为了适应铜和银的市场比价。但是，即使如此改变，还是无法完全适应市场比价的变动。一旦不适应，就必然发生私铸和私毁铜钱的问题。例如，曾发生这样的事情：银 1 两仅能买铜 1 斤，而毁钱 1 000 则可得铜 8 斤 12 两。由于很难将银折合为铜钱的枚数调整得完全符合银和铜的市场比价，其后，就完全放任自流，再不规定银和钱的折合数了。这样一来，钱的成色和重量就日益降低，而银折合的钱其枚数就有增加的趋势。表 4-3 是钱减轻的情况。③

表 4-3　清代制钱减重

年份	铜每 10 两所铸制钱数
顺治元年(1644 年)	100 文
二年	83 文
八年	80 文
十四年	71 文

① 彭信威:《中国货币史》,群联出版社 1954 年版,第 563 页。

② 《马克思恩格斯全集》(第十三卷),人民出版社 1962 年版,第 151 页及脚注(1)。

③ 彭信威:《中国货币史》,群联出版社 1954 年版,第 550 页。

（续表）

年份	铜每 10 两所铸制钱数
康熙二十三年(1684 年)	100 文
四十年	71 文
雍正十二年(1734 年)	83 文
咸丰五年(1855 年)	125 文
光绪三十一年(1905 年)	167 文
三十四年	300 文以上

自咸丰五年开始，铜钱重量减轻的趋势是很清楚的。只是表 4-3 还没有指出铜钱减色的情况。现在加以补充：“到了乾隆五年以后，铸钱所用的金属成分就越来越杂了。其中红铜仅占 50%。其余白铅占 41%，黑铅占 6.5%，点锡占 2%。这就在一定程度上影响了货币的价值。但到了后来，铸钱所用金属成分比例，多采用铜 6 铅 4，情况略有好转。”①这就是说，铜钱是既减重又减色，即在贬值，所以白银所能换到的铜钱的枚数就有增加的趋势。参见表 4-4。②

表 4-4　清代制钱市价

年份	白银 1 两合制钱数
顺治元年(1644 年)	700
康熙二十三年(1684 年)	800—900
六十一年	780
雍正四年(1726 年)	845
乾隆二年(1737 年)	900
十六年	820(京师)
三十五年	1 150(云南)
六十年	1 000(山西)
嘉庆四年(1799 年)	1 450(江苏)

① 秦佩珩：《明清社会经济史论稿》，中州古籍出版社 1984 年版，第 193 页。

② 彭信威：《中国货币史》，群联出版社 1954 年版，第 529、538、539、548 页。

（续表）

年份	白银 1 两合制钱数
道光二年(1822 年)	2 000 以上(直隶京钱)
八年	2 600(山东京钱)
十年	2 700(同上)
二十七年	2 000(湖广)
咸丰二年(1852 年)	1 500
四年	2 000
同治元年(1862 年)	1 550—1 650
十三年	1 787
光绪元年(1875 年)	1 760
十四年	1 564
三十三年	1 485—1 683

表 4-4 集中表明，清代从道光二年到咸丰四年，银所能换到的制钱最多。银价暴涨就是根据这一情况提出来的。

3. 道光年间银价暴涨及其原因

魏建猷明确提出道光年间银价暴涨的问题。在这一段时间里，对于银价暴涨及由此而引起的问题的议论很多。例如，嘉庆十九年(1814 年)户部侍郎苏楞额即奏称“内地银两渐形短缺”；嘉庆二十五年(1820 年)御史王家相的奏疏指出江南各省“银价日贵，官民商贾胥受其累”；道光五年(1825 年)给事中孙兰枝认为纹银流出外洋，则中国银两必然短少昂贵；九年(1829 年)的上谕也承认“近年银价日昂”。到了道光十年以后，问题更为严重。①

那么，银价暴涨的原因是什么呢？魏建猷认为：“道光时代的银价暴涨，是和大量现银外流分不开的，造成现银大量外流绝不是用银元套购银两，而是鸦片大量输入的结果。而另一方面则是由于清代统治阶级有意识地减低

① 彭信威：《中国货币史》，群联出版社 1954 年版，第 2 页。

了制钱的重量和成色,使制钱贬值。两者交织起来,遂使银贵问题一发而不可遏止。”①彭信威也有此看法:“银贵的原因,在于白银外流,这和鸦片贸易有关。铜钱减重,白银减少,减少结果是银价上涨。”②

铜钱贬值的情况,已见上述。现在要谈的是白银减少,尤其是其中的白银外流。这是什么意思呢?它指的是外国银元流入中国后,套购中国的白银出口。情况是这样的:外国银元大概从明代就已流入中国,其后墨西哥银元大量流入,起初是当银块使用的,即使用时既要验成色,又要称重量。但是由于它们的标准化程度很高,重量都是 7 钱 2 分,成色很高即纯度高,花纹一致,图案美丽,比使用中国成色不同的银块因而要折算方便得多,于是从 19 世纪初开始就不再验成色和称重量,而按枚计数使用了。由于这样,人们就愿意以 1 两重的纹银(纹银是一种并不存在的标准银,其纯度较高,其他成色不同的银块都要折合为纹银才使用)去交换只重 7 钱 2 分重的外国银元了。这是一种不等价的交换。关于这一点,林则徐有一段描述。他在道光十八年(1838 年)说:“从前洋钱流入内地,其成色比纹银为低,其价值比纹银为贱。”但“未几而洋钱等于纹银,又未几而洋钱浮于银价”。特别是“近日苏松一带,洋钱每元概换至漕纹 8 钱 1、2 分以上,较比三四年前,每元价值实已抬高 1 钱,即兑换制钱,亦比纹银多至 100 文以外”。③ 这样一来,将银块运到国外出卖,就能获取巨利。不过,外国银元就因此而留在中国,中国所减少的白银,只是不等价交换的那一总差额。问题当然存在,但数量还不是很大,似不足以使中国如此缺少白银。

鸦片贸易导致的贸易逆差当然是巨大的,再加上下述的白银流入减少,因此,白银就绝对减少了。道光十八年(1838 年)鸿胪寺卿黄爵滋的请严漏卮以培国本疏,说得非常具体:“近日银价递增,每银一两易制钱币 1 600 有奇,非耗银于内地,实漏银于外洋。盖自鸦片流入中国,粤省奸商勾通巡海兵弁,运银出洋,运烟入口。查道光三年以前,每岁漏银数百万两,三至十一年,岁漏银 1 700—1 800 万两,十一年至十四年岁漏银 2 000 余万两,十四年

① 魏建猷:《中国近代货币史》,上海群联出版社 1955 年版,第 10 页。

② 彭信威:《中国货币史》,群联出版社 1954 年版,第 538 页。

③ 转引自魏建猷《中国近代货币史》,上海群联出版社 1955 年版,第 3—4 页。

至今，岁漏至 3 000 万两。”①鸦片战争失败后，情况就更为严重。这是白银外流问题。

至于白银输入，这时则恰恰减少。本来中国闽粤华侨在西班牙的殖民地菲律宾经商，西班牙人由墨西哥运来很多白银，通过他们和中国进行贸易，白银就流入中国。日本也有大量白银流入中国。但到了道光年间，菲律宾和日本的白银输出都已经停止。这样，白银短缺就更为严重。

白银短缺导致银价高涨，可以有两种解释。一种是货币数量论的。这就是，货币流通量和物价成正比例，货币数量少，物价就降低，反过来就是白银价值提高。另一种是马克思的货币理论。这就是，货币流通数量少于流通的必需量，单位货币的“市价”就高于其金属的价值，即价格标准提高，这就是白银的价格提高，这同样使物价降低。我在这里强调：我支持后一种看法，并且认为这就是银价暴涨的实质。货币的“市价”会高于（或低于）其面值的理论，这一理论最初是斯密提出来的。斯密根据历史事实指出，18 世纪初期到中期，北美英国殖民地上的银行券随着其量的增加或减少而贬值或升值。李嘉图认为，只要限制货币的数量，就可以将其价值提高到任何的高度。马克思则认为，流通手段不管其物质是何物，其价值只取决于其数量。希法亭根据 19 世纪下半期荷兰、奥地利和印度的经验，认为限制银币自由铸造，其价值就会高于其金属的价值。但是，这两种关于白银短缺导致银价高涨的理论，都与当时的实际，即物价以白银的重量来表示的米价（作为物价的代表）却是提高的相矛盾。米价提高情况如表 4-5 所示。②

表 4-5　清代米价

朝　　别	每公石平均价格（单位：市平两）	每公石值银（公分）数
顺　　治	1.376	43.00
康　　熙	0.701	21.91
雍　　正	1.035	32.34

① 魏建猷：《中国近代货币史》，群联出版社 1955 年版，第 7 页。

② 彭信威：《中国货币史》，群联出版社 1954 年版，第 562 页。

（续表）

朝　　别	每公石平均价格(单位:市平两)	每公石值银(公分)数
乾　　隆	1.766	55.19
嘉　　庆	2.506	78.31
道　　光	2.584	80.75
咸　　丰	2.379	74.34
同　　治	2.715	84.84
光　　绪	2.587	80.84
宣　　统	4.824	150.91

表 4-5 表明，道光年间以米价为代表的物价，以银的重量来表示，比以前略为提高了一些。这一点，从货币理论看，用当时世界银价开始下跌来解释是正确的(同治以后米价明显上涨，则是由于世界银价暴跌所致)，而用道光年间银价暴涨来解释则是不通的。因为银价暴涨，物价就应暴跌。那么，我们应该怎样解释道光年间银价暴涨呢?

4. 道光年间银价暴涨原因之我见

我认为，上述将铜钱贬值和白银减少同样认为是银价暴涨的原因，从货币理论来看，是不对的。铜钱贬值使白银换取的铜钱枚数增加，但白银本身的价值并不因此而发生变化。白银减少，如果到了少于流通必需量的程度，那么，白银的"市价"会高于其金属本身的价值。两者性质不同，不应认为都是使银价发生暴涨的原因。当然，后者的"市价"提高，只是一国内部的事情，一旦白银离开国境，这一现象就立刻消失；也就是说，银价对内是暴涨，但其对外的汇价并不因而上涨。我们由于缺少 19 世纪上半期的汇率数据，只好用 19 世纪下半期到 20 世纪初的数据来说明问题。我们想作为分析发展趋势，这也是可以的。情况如表 4-6 所示。①

① 彭信威:《中国货币史》，群联出版社 1954 年版，第 572 页。

表 4-6　清末银两对外和对内的价值

年　　份	白银 1 两的对英汇价（百分比）	白银 1 两对米的价值（百分比）
1851—1860 年	100	100
1891 年(光绪十七年)	73	98
1901 年	44	71
1902 年	39	37
1903 年	39	44
1904 年	42	45
1905 年	45	64
1906 年	48	57
1907 年	48	33
1908 年	40	35
1909 年(宣统元年)	39	46
1910 年	40	34
1911 年	40	31

以上的分析集中表明，在中国白银对外的价值或对英国金镑的汇率，以及对内的、以米价为代表的相对价值，有相同的下降趋势；这说明中国的白银已经完全受世界市场上银的价值的下跌趋势所支配。这是合乎经济规律的要求的。

但是，这就产生一个问题：既然受世界银价下跌的影响，中国白银的对外和对内价值都下跌，物价上涨，那么为什么有银价暴涨的问题呢？银价暴涨就应该是物价下跌。原来所谓银价暴涨是：(1)是对贬值铜钱而言，银本身的价值不因此而升高；(2)是对银币短缺而言，这使银币的价格标准提高，但因价格标准提高而理应降低的价格（撇开世界银价低落而使价格升高的作用不谈），折合为银的重量则不发生变化，换言之，银的价值并不因此而升高；(3)是对纸币流通量和流通速度都增加而言，这使纸币贬值，银币和纸币同时流通，纸币就必然要对银币贴水，这样，银币的"市价"就提高，但银的价值并不因此而升高。第一点和第二点,魏建猷和彭信威已谈过,只是对第二点没有提出价格标准变动的问题。第三点关于纸币问题,他们没有从银价暴涨的角度加以论述,现在我来谈一谈。

中国早就有纸币,最初叫作会子和交子。清代的纸币流通是从顺治年间开始的。其后因故有 200 多年没有再发行过。但民间早已发行自己的纸币。此外,东南沿海也流通外国纸币。彭信威有一段话是针对清代最后 10 年的物价高涨问题的,但我觉得也适用于我们现在的研究。他说:"钞票的流通速度比白银快。钞票虽然原则上是可以兑现的,但实际上有许多私票随时有停止兑现的,大银行的钞票也没有十足的现金准备,而发行量又不是根据需要,物价自然上涨。"①这段话对我有很大的启发,为我提供了解决问题的方法。

当时,银币和钞票同时使用,钞票的流通速度自然比银币快得多。我们可以设想一下,当货币行使其支付手段职能,从甲地到乙地实行最后的支付时,货币这种地理位置的移动,当然是钞票快于银币。在我们研究的这段时间里,钱票、银票和番票都已经产生。傅依凌说:"五口通商后,福州成为茶叶出口的一个枢纽地,这又自然地促使福州钱店经济活动含有某种程度的买办性。这班钱商的经营方式,于银钱兑换、存放款业务之外,初以发行钱票为主,后乃有番票的发行。咸丰三年,由于太平军进入闽境,暴露了清朝封建经济的危机。当时福州曾发生一次钱票滚支风潮,引起社会上的全面经济危机,钱铺停支,当铺止当,米店乏米,物价高涨。"②刘存仁的《屺云楼文钞》说:"中和(钱店名——引者)滚支,钱荒而米踊,米本不乏,价亦不过四十以外,所患者钱荒耳。"又说:"十四日中和、同文同闭。十六日乾豫、谦丰同日又闭,执票者抢掠一空。"③这些记载表明,太平军的到达,使钱店发行的钞票缺乏充分准备的弊端暴露出来,一个个经不起"滚支"而倒闭。这虽是福建的个例,但是从中可以看出,彭信威所说的钞票的发行大多不是根据需要,且大多不能兑现,却是普遍的。我们知道,钞票不能兑现就成为纸币;它的流通规律不同于金属货币的流通规律,它永远都要处在流通之中,因而就

① 彭信威:《中国货币史》,群联出版社 1954 年版,第 570 页。

② 傅衣凌:《明清社会史论文集》,人民出版社 1982 年版,第 254 页。

③ 同上书,第 225 页。

存在着流通量过多的可能性。

希法亭在《金融资本》中对纸币和银币一起流通对物价影响的分析，同我们现在研究的情况十分相像。他说："如果整个流通的价值等于5亿盾，却印了6亿纸盾，那么，纸盾只能购买像以前5/6银盾所能购买那样多的商品。"但是，"现在银的价值出现下跌，降低1/6。这样，用银盾可以买到同用纸盾一样多的商品。……如果银的价值下跌更多，比如降低2/6，那么，购买银并将它在奥地利铸造，就成为有利可图的了。这种铸造将一直进行到纸盾和银盾的总额达到足够量，以致它们虽然按其购买力减少2/6，但却能满足流通的需要。我们曾假定有5亿盾……商品流通，可是却有了6亿盾纸币，因此，这些纸币只值原有盾的5/6。现在补充以只值4/6的银盾。为了使商品流通，我们现在需要6/4×5亿盾，或者说7.5亿盾(由于银的价值只有原来的4/6，实现5亿价值商品所需要的货币就应为：5亿÷4/6＝5亿×6/4＝7.5亿——引者)。这由6亿纸盾(按照银的价值降为原价值的4/6计算，6亿纸币就应增为8亿——引者)和1.5亿新铸的银盾构成。但是，国家想阻止自己的货币贬值，为此，它只需要停止自由铸造银币就行了。这时，它的盾便保持与银价无关。它的效用仍然是原盾的5/6(用6亿纸币去实现5亿原来的银盾可以实现的商品价值，所以纸币值原盾的5/6；而纸币和新银盾同价，因此所有的盾都是原盾的5/6——引者)。银的价值的下降并没有在银币上表现出来(银的价值下降了2/6，而银币的价值为原来原盾价值的5/6——引者)。"①这段话很难理解。我按照自己的理解放在括号里加以解释，也不知如此解释是否正确。

希法亭接着说："因为按照我们的假定，银的价值降低2/6，而奥地利盾只比考察的出发点低1/6，所以仍然处在流通中的奥地利银盾便比等量银的价格高1/6。因此，它升值了。实际这种现象1878年在奥地利出现过。其原因是：一方面，纸盾的价值由于流通而必然提高，因为纸币总额没有按同样的比例增加(前面已说明，纸币总额没有随着银价下跌而增加——引者)；另一方面，银的价值下跌，表现为伦敦银价的跌落。"②

---

① 希法亭：《金融资本》，福民等译，商务印书馆1994年版，第26—27页。

② 同上书，第27、541页。

中国道光年间到咸丰初年的情况正是这样：纸币流通量和速度都增大，在世界市场上银价降低的条件下，银币的流通数量却减少，这等于限制银币铸造，所以银价暴涨；但是，它和纸币两者的总数超过流通的必需量，因此所有货币的“市价”都降低，导致物价上涨，银的对外价值则是降低的，因此汇价也降低。

我在上面的论述，暗含着一个理论前提：既然银价是暴涨的，而纸币流通量和速度都增大，其价值贬低，而升值的银币又是和贬值纸币一起流通的，那么，纸币就必然要对银币贴水。事实正是如此。彭信威指出：“钞票初发行的时候，大概有相当的购买力，后来发行太多，而且面额提高……当局只发出而不肯收进，人民拿到钞票没有用处，拿去买东西，则商人不是故意加价，便是把货物藏起来，拿到官号去兑现，则付以大钱，再加上管发行的人作弊滥发，于是购买力大跌。在咸丰五年的时候，银票 1 两和宝钞 1 000 文都只值制钱 400—500 文。十一年六月间，要 30 吊（铜钱 1 吊为 1 000 文——引者）的钞票才能换到白银 1 两，1 吊只能换到铜钱 52 文。”[①]钞票对白银和铜钱的贴水情况，这里说得很清楚。

综上所述，我对这一时期银价问题的看法是：受世界银价下降的影响，中国白银的汇价和价值都下跌，前者表现为对英镑的汇率下降，后者表现为以银的重量来表现的物价上升；银价之所以暴涨，是由于铜钱贬值、纸币贬值和银币短缺，它们使银价暴涨只是一个虚假的现象，银币一旦离开国境，本质就无掩盖地呈现出来，即银价其实是下降的。

我对道光年间在世界银价下跌的大背景下，中国银价暴涨而物价却上涨问题的初步看法就是这样。

5. 中国实行银本位制和西方实行金本位制及其意义

前面我谈到，资本主义国家曾经实行金银复本位制，凡实行此制度的，必然存在着金银法定比价和市场比价不一致的矛盾，这时市场比价低于法

① 彭信威：《中国货币史》，群联出版社 1954 年版，第 451 页。

定比价的就成为劣币，市场比价高于法定比价的就成为良币，劣币必然驱逐良币，劣币在流通，是货币，而良币则退出流通，成为商品。这就是说，实行复本位制，事实上在一定的时间内，只能有一种是货币。复本位制这种不稳定性，对经济的发展是不利的。因此，它必然要向单一的本位制过渡。事实上，从 19 世纪 70 年代开始，大多数资本主义国家就陆续过渡为实行单一的金本位制。其原因就是，黄金比白银更适合充当货币，而从 19 世纪下半期起，银矿的劳动生产率大为提高，银的价值大跌，而金矿则相反，其劳动生产率降低，金的价值提高，所以发达国家一般就实行金本位制。有些政治殖民地则实行金汇兑本位制，这就是在国内不流通金币，并且不存金块以供出口需要，而在一个或几个金融中心市场存放现金，以备汇款之用。

根据王亚南的研究，西方在 19 世纪下半期由复本位过渡到金本位的原因是：(1)白银产量激增，价值大跌，于是减少了其用作价值尺度的功用。(2)黄金采掘日益增多，已够应付国际收支、债务结算之用。这一点，似与前一点理由相矛盾，白银因产量激增而否定了自己的本位币资格，黄金逐渐增多，不是也会引起同样的结果吗？金量相对地较少，用金作为本位币，还不至于过多，当然算是一种解释。但是最重要的还是，(3)从黄金和白银的物理性质看，黄金比白银更适合充当货币。我们知道，黄金的比重是 19.3，白银的比重是 10.05，它们两者的重量之比则是 1.83∶1，或 1∶0.546，而价值之比则随着两者生产力的变化，曾分别是 10∶1、15.5∶1、22∶1 到 32∶1(这是 1904 年精琦来华参与币制改革时提供的数据)，也就是说，黄金的小小体积，就包含着比白银多得多的劳动，多得多的价值；从黄金和白银的化学性质看，黄金纯度比白银高，最适合表现形成价值的人类无差别的抽象劳动。从充当货币材料的发展史看，正如马克思所说的：随着流通中的商品价值总额的增加，各国总是觉得用银计算比用铜方便，用金计算比用银方便；国家富了，就使价值较低的金属变成辅币，使价值较高的金属变成货币。这样，随着经济的发展，用黄金作为货币就节省很多兑现的劳动以及运费和保管费。这就是说，“货币天然是黄金”。

王亚南总结说：综观“各国货币本位制变革的一般趋势，就知道它们脱离银本位制，大体与它们的商品经济的发展状况，保持了相当密切的关联。在主要资本主义国家中，英国最为先进，它采行金本位制也最早，俄、日等国较为落后，它们采行金本位制也较迟”。①

中国在19世纪和20世纪之交曾讨论过是否实行金本位制的问题。晚清重臣张之洞反对实行金本位制。他所持的理由，据彭信威的说法就是：“外国物价贵，中国的贫民一天饮食只花一二十文铜钱，沿海市镇则用银，黄金价值太大，不适于中国。”②彭认为张不懂货币理论，因为实行金本位，不一定要使用金币；金本位的目的只是求汇价的稳定；采用金本位只是把中国的币值钉住在黄金上，人民仍可以用银币或铜元和铜钱，这和提高生活水平无关。几个外国人虽然根据他们国家的情况，算是懂得一点货币理论，但是不了解中国的国情，并且不信任中国人，主张由外国人来管理中国的币制，这理所当然地受到张之洞等人的痛斥；就是他们提出实行金汇兑本位制，也引起中国人的怀疑，因为当时采用此制的全是政治殖民地。结果中国在宣统三年(1911年)采用银本位制。

西方发达资本主义国家从19世纪70年代起陆续实行金本位制，在20世纪30年代大危机中陆续停止金本位制，其间经历了60多年。中国在1935年废除银本位制。但中国在实行银本位制之前，事实上也是将白银按金价折合为黄金，然后再对西方进行支付的。这就是说，中国是用银国、西方是用金国，同时并存至少长达60年之久。在这段时间中，中国因战败和国际收支逆差，要用白银去支付对西方的赔款和债务，而在此时，正是银价日益下跌，金价日益提高之际，这样一来，为了支付赔款和债务，中国要用的白银就越来越多。这就等于中国将积累下来的社会劳动打了折扣，去支付对西方“欠下”的现在劳动。中国自文明时期就积累下来的社会劳动就这样白白被打了折扣。这是由于经济落后，由货币制度中产生的贫穷。

阿瑟·刘易斯对这段时间内用金国和用银国物价变动原因的分析和我们不同。这是很自然的。从他对温带和热带地区产品价格形成的分析，即温带地区工资高，所以其产品的价格就高，热带地区工资低，所以其产品的价格就低，就可以看出：他不是劳动价值论者，他的货币理论也不是以劳动价值理论为基础的。他是用货币数量论来分析从1873年到1895年价格长

① 王亚南：《中国经济原论》，载《王亚南文集》(第三卷)，福建教育出版社1987年版，第111—112页。

② 彭信威：《中国货币史》，群联出版社1954年版，第596页。

期下降期间，农业国家中的用银国和用金国的物价受到的不同影响的。这段时期物价的下降，根据萨缪尔森的解释，其原因是加利福尼亚和澳大利亚金矿的产量锐减，用黄金换到的商品数量就增加，这反过来说，就是商品价格下降。

针对这一情况，刘易斯说："仍旧实行银本位的那些国家，如印度，避免了国内的通货紧缩；在这整个时期中，印度的物价实际上是上升的。"①他没有说明印度是如何避免通货紧缩的。根据《高级印度史》的作者的研究，1871 年 1 个卢比等于英币 2 先令，到 1892 年 1 卢比就只等于 1 先令 2 便士了。② 这是由世界市场上银价下跌、金价上涨所决定的。这样，用银来表示的物价当然是上升的；这个上升了的价格，用英币来表示，即将卢比折算为英币来表示，是否上升，要取决于下面将谈到的条件。

刘易斯继续说："坚持实行金本位的那些农业国，例如澳大利亚和欧洲的许多殖民地，付出的代价是国内物价急剧波动"，③即物价下降，这反过来说，就是金价上升。其原因是什么呢？这可以从下述看出："美国的情况特别令人感兴趣。美国 19 世纪整个 80 年代一直向海外借款；19 世纪 90 年代上半期，其外汇出现周转不灵的情况；这既是由于英国的贷款减少了，也是由于其出口的农产品价格非常低。"这是因为，从海外来的借款减少了，导致金币减少，金价上升，因而物价下跌，从而农产品出口价格降低，又导致外汇减少，即金币减少。这是一种恶性循环。总之，是金币减少，引起物价下跌。因此，美国"是否仍旧实行金本位就成为一个尖锐的政治问题"。④ 这是实行金本位的农业国的情况，与印度这个用银国的物价上升截然不同。

同我们的认识相反，刘易斯认为这段时间金价是下跌的。严格说来，按照货币数量论，作为货币的金和银是没有价值的，如果说它们有价格，那就是指它们所能换到的商品的数量，或者说是它们的购买力，那是它们和商品之间的数量关系。如果金银的数量关系决定它们的价值，那么，金的价值就

---

① 阿瑟·刘易斯：《国际经济秩序的演变》，乔依德译，商务印书馆 1984 年版，第 36 页。

② R. C.马宗达、H. C.赖乔杜里、卡利金卡尔·达塔：《高级印度史》，张澍林、夏炎德、刘继兴等译，商务印书馆 1986 年版，第 932 页。

③ 阿瑟·刘易斯：《国际经济秩序的演变》，乔依德译，商务印书馆 1984 年版，第 36 页。

④ 同上。

应该上涨;但他又认为这期间金的价值是下跌的。[①] 他的根据是什么呢?按照货币数量论的逻辑,既然用金国的物价是下跌的,这就意味着1单位金币换到的商品数量增加,那么,金币的价值就应该是上升的才对。因此,这不可能是指金换取的商品数量。那么,可否是指金换取的银的数量呢?也不是。因为按照货币数量论,金价应该与银的数量成正比。麦金斯正是这样说明问题的:“留在欧洲的金银数量间的比例……约与其价值比例相同,即1对14或15。”对此,斯密的批评非常痛快:“1头值十几尼的牛的价格,约为1头值3先令6便士的羊的价格的60倍。如果我们依此推想,通常市场上有牛1头,即有羊60头,那是可笑的。”[②]而这一时期,他也认为银的数量增加得较快,这样,金价应该上升才是。此外,还有什么办法说明这一点呢?唯一的可能就是用金来表示用银国的商品的价格。由于这种商品的价格上涨了,用同量的金所能购买到商品的数量就有可能减少了。例如,根据前面所说的印度和英币的比价变动:1871年1卢比换2先令,1892年1卢比换1先令2便士,我们假定1871年值1卢比的商品,到1892年上涨为2卢比,这样,1871年用2先令就能买到这商品,到1892年就要用2先令4便士才能买到了。这就是说,金对银的比价的涨幅要小于用银表示的商品价格的涨幅,金的价值才降低。但这又不是直接根据和运用货币数量理论,将金放在一边,将银放在另一边,得出来的结论。

总之,刘易斯认为这一时期金价下跌,其解释存在着许多问题,而且和这时伦敦世界市场上金价是上升的这一事实也不相符。

6. 中国因美国提高银价而废除银本位制

19世纪美国西部洛基山一带,尤其是内华达州发现富饶的银矿,银矿的劳动生产率大大提高,银的产量大增,银价下跌,而银矿主有很大的经济和

① 阿瑟·刘易斯:《国际经济秩序的演变》,乔依德译,商务印书馆1984年版,第36页。

② 亚当·斯密:《国民财富的性质和原因的研究》(上卷),郭大力、王亚南译,商务印书馆1972年版,第203页。

政治力量，美国两党政治中的民主党代表其利益，要求提高银价，并且建立银本位制；提高银价也有利于美国与出口有关的资本家，因为这样做，就可以提高用银国的购买力，为这些资本家提供一个广阔的市场。这是一件一箭双雕的事。美国提高银价，使中国这个用银国一方面白银外流，另一方面充斥美国商品，而中国商品则跌价，加深了世界经济危机对中国的打击。在这样的经济条件下，中国就被动地废除银本位制，建立纸币本位制。当时，有些经济学家以为，一方面提高银价，另一方面又有美国商品大量进口，中国就可以乘机输入机器设备，这样，工业化就有希望了。事实粉碎了这一美梦。为了说明问题，我们既要简要地谈美国的币制的演进，又要简要地谈中国的币制的演进。

美国原来是多国移民的殖民地，最初使用的货币就是各国的货币。1776 年独立后，直至 1792 年仍然是这样。1792 年开始采用金银复本位制。当时金银的法定比价是 1∶15。到 19 世纪初期，比价发生问题。于是金币退出流通，银币充斥；事实上是实行银本位制。1834 年，金银比价改为 1∶16。结果是银币退出流通，金币充斥。1853 年，减轻各种银辅币的重量，取消银辅币的自由铸造，限制银辅币的法币资格。这事实上已经是金本位制。1861 年，美国南北战争爆发。1862 年开始发行纸币（背面是绿色的，又称绿背币）和公债，开始时是规定兑现和偿还的。但是随着发行量的增加，就暂时不能兑现和偿还了。与此同时，纸币跌价，最严重时，3 元纸币才值 1 美元。于是纸币充斥，金属货币绝迹（缴纳各种税款仍用金属货币）。到 1864 年 6 月，共发行纸币 4.31 亿元。1865 年，南北战争以北部资本主义胜利而结束。于是，纸币和公债的兑现和偿还问题就提到议事日程上来。公债是要偿还的，但是以哪一种贵金属货币偿还，则是一个争论的问题。绿背币是否兑现，又是一个争论的问题；如果兑现，用哪一种贵金属货币来兑现，同样是一个问题。一般说来，东北部老的资本家是债权人，主张以金属货币偿还公私债务；一些向西部开拓的个体农民、战后恢复经营的南部农业资本家和新的工业资本家，则是老的资本家的债务人，主张用越来越贬值的纸币偿还债务；农业资本家和个体农民还认为，这样做就可以提高农产品的价格。这是一个问题。另一个问题是，到底是实行金本位制，以金币兑现纸币；还是实行银本位制，以银币兑现纸币。老的资本家主张实行金本位制，银矿主、南部农场主、新资本家和个体农民，则主张实行银本位制。民主党主张实行银本位制，共和党则主张实行金本位制。1892年，新成立的平民党，主张无限制地铸造银币。1896年，平民党将民主党的总统候选人布赖恩定为两党的共同候选人(结果是竞选失败)。由于阶级力量和政党力量的消长，这些问题的解决就时有反复。简况如下。

1866年开始收回纸币，历时两年，但是又恐怕纸币收回后，会引起物价暴跌，导致经济危机(这是一种认为货币不足，是普遍经济危机的原因的错误看法；对于这种理论下面再作评论)，所以1868年又停止收回。1872年发生危机时，又发行纸币(还是上述理论作祟)。1873年停止银币铸造。1875年议会反对政府的纸币政策，通过《偿还法》，因此，又再次收回纸币。但是这种回收政策又受到攻击，于是1878年又停止回收。1878年通过《布兰德—艾利逊购银法》。1879年，《偿还法》生效，恢复以硬币兑现纸币。由于1873年银币已停止铸造，所用来兑现纸币的就是金币；尽管由于减少纸币的发行，此时纸币已和金币等价。1890年又通过《谢尔曼购银法》，由财政部发行国库券购买白银，规定有限制地铸造银币。这时银价只是暂时提高，不久又跌落。当时，欧洲的奥地利和俄国都采用了金本位制，印度也禁止银币的自由铸造；美国则如弗里德曼所说："黄金的发现及黄金开采与冶炼技术的改进，使黄金成为实行通货膨胀的有效工具。而这一有效工具正是布赖恩及其追随者试图通过白银而获得的。"①由于内外经济情况，美国就废除《谢尔曼购银法》，于1900年建立金本位制。

在上述过程中以及其后，美国政府迫于银矿主的压力，或者不如说代表他们的利益，不得不提高银价。问题在于，白银价值一直下跌，这一经济问题就变成政治问题。于是，1918年，美国内华达州参议员基·皮特曼提出动议：要国会命令财政部部长，将3.5亿枚银元熔成银条，按每盎司1美元的价格卖给向印度出口的商人；毕德门法案还提出当白银的世界市场价格每盎司为0.7美元时，美国白银的收购价格要提高为每盎司1美元。这就为对银矿主发津贴开了先例。美国国会对银价之所以重视，还有一个原因，那就是

① 弗里德曼：《美国货币史：1867—1960》，载《弗里德曼文萃》，高榕、范恒山译，北京经济学院出版社1991年版，第440页。

如果重要的用银国——中国——能提高银价，则对美国的经济有很大的好处。美国的白银论者确信，中国不仅可以对白银工业提供援助，而且还可以为美国的经济复苏提供援助。他们说得很清楚：今天的白银贬值已剥夺了亚洲的购买力——10亿人口缺乏购买美国人所渴望出售的那些商品的资财。由此可见，如果亚洲的购买力能够得到恢复和扩大的话，那么我们可以期望教条主义者所声称的"生产过剩"的神话就会永远烟消云散。从1932年起，随着美国提高白银的收购价格，一方面，中国银元的汇价也随着提高，结果就是中国进口的商品价格降低，洋货涌进，输出的商品价格提高，出口困难：批发商品的价格，1932年下降了5%，1933年下降了9.4%，1934年再下降9.4%；中国的出口总值，1932年下跌了45.8%，1933年下跌了20.3%，1934年下跌了12.5%；另一方面，白银出口增加，1934年6月，价值1 300万美元的白银流出，7月增加为2 400万美元，8月又增加为7 900万美元……为了减少白银的外流，政府决定征收白银出口税，税率为10%，这既使白银外流合法化，又使白银走私猖狂。①

我们虽然不同意弗里德曼的货币数量论，但是对他关于美国提高银价对中国经济重大影响的分析，却完全同意。弗里德曼说："1932年，以美元计算的白银价格，差不多降到每盎司0.32美元。白银收购法案(实行——引者)之后，银价陡升至每盎司1美元，几乎3倍于一年前市场流行的价格。换言之，中国货币对美元的汇价骤然上升，每盎司白银可换回3倍的美元购买力，也就是说，3倍的美元才能换取同值的中国货币。美国和世界其他各地的居民，感到中国商品价格昂贵，而中国居民则感到舶来品异常价廉。中国唯一能出口的，只剩下了白银，白银如流水一样倾泻而出，结果导致中国货币奇缺和严重的经济恐慌。1933—1935年，世界其他各国经济已经复苏，而中国却正是经济恐慌严重的年代。这时中国政府为了遏止白银外流，曾采用严刑峻法，杜绝白银走私。然而这些都无济于事，不能阻挡白银的外流。"②于是，弗里德曼坦然承认：美国"20世纪30年代的这一白银购买法案……着实地使中国遭受了好几年严重的通货紧缩，使中国永远地……脱

① 参见迈克·罗素《院外集团与美国东亚政策：30年代美国白银集团的活动》，郑会欣译，复旦大学出版社1992年版。

② 弗里德曼：《论通货膨胀》，杨培新译，中国社会科学出版社1982年版，第6—7页。

离了银本位，并且必须将其看作在经济上及政治上削弱中国的一个重要因素”。①

总之，美国的白银政策，使中国农村破产，工业萧条，国民经济岌岌可危；实在没有办法维持下去了，政府只好于 1935 年被动地废除银本位制，实行纸币本位制。

现在要谈中国的币制演变了。中国自 1911 年确立银本位制后，到 1933 年在银本位范围内有过一次“微调”，那就是“废两改元”。原因是自从银元输入后，不仅外国银元在流通，中国仿制的银元也在流通，出现了银两与银元并用的局面。这说到底是不利于经济的发展的，于是就有此一改。此改规定所有公私款项的收付、契约票据以及一切交易，一律改用银元，不用银两；在这之后仍用银两交付的，法律视为无效；仍持有银两的，则向指定的银行兑换银元；在这之前用银两交付的，按规定折合为用银元。使用银元再也不用验成色和称重量，有利于经济的发展，这也许对研究经济成分和阶级力量的消长有重大意义，但并不涉及货币理论问题。只是“元”是外国传入的，其重量为 7 钱 2 分，是照搬外国银元的，不是由中国衡制转化而来的；“两”是中国土生的，本身就是中国衡制。这一点和英国币制完全不同，英国的银镑和金镑都是从衡制——磅——转化而来的。

1935 年，中国废除银本位制，改用纸币，是一种带有根本性的变革。改革内容之一，是将白银收归国有，由国家垄断纸币的发行（由中央银行、中国银行、交通银行和农民银行四家银行垄断）；纸币元和银元开始时是等值的。收归国有的白银则运到国外出售，其余的存放在世界重要的金融中心，让纸币钉住美元和英镑，实质上是实行汇兑金管理制，或虚金本位制。最初由英、美共管中国的货币，后来就只由美国管理了。中国由于使用纸币，就为膨胀通货即滥发纸币开了方便之门。到了国民党政府覆灭的前夕，纸币的发行量达到了天文数字，物价飞涨，百姓受苦受难，在饥饿线上挣扎。人民为了保值，视法币为废纸，纷纷将其兑换为“大头和小头”——私藏下来的银元又出现了。

---

① 弗里德曼：《美国货币史：1867—1960》，载《弗里德曼文萃》，高榕、范恒山译，北京经济学院出版社 1991 年版，第 442 页。

在美国提高白银价格，中国银价提高，美元汇价下跌之时，中国有些持乐观态度的经济学家认为，可以乘此机会，输入机器设备，以为这样就能振兴事业，为工业化奠定基础。事实使他们的美梦粉碎了。我们认为这不是他们的货币理论错误，而是他们观察问题的方法不对。货币执行世界货币的职能是能购买任何商品的。但是，工业化却不是只要有了货币就能实现的。封建的土地制度如故，国内市场狭小，海关不能自主，帝国主义特权没有取消，以及官僚资本主义猖獗……政治经济条件如此，难道可以进行工业化？

十二、工业国和农业国世界分工的形成和交换产品的比价

本部分内容请参见本卷第三部分《货币理论与价格理论》的“七、工业国和农业国世界分工的形成和交换产品的比价”全文。

十三、第二次世界大战后至70年代资本主义世界物价持续上涨的原因

20世纪30年代，在资本主义发生空前严重的经济大危机中，主要资本主义国家就陆续废除金本位制，实行纸本位币制，从此，就为超量发行纸币大开方便之门。在第二次世界大战中，这些资本主义国家为了筹措战争经费，超量发行纸币，使物价上涨，人民受苦。这是战争年代常见的，不足为奇。问题在于：战后一段很长的时期，它们奉行通货膨胀有理的凯恩斯主义，以多发纸币、调低利率作为刺激经济发展的重要手段，并使包括消费品在内的物价持续上涨，以降低工人的实际工资。这种现象，只要以马克思的货币理论一加分析，就十分清楚。只是由于货币数量论的广泛流行，以此理论为基础，就产生种种关于解释物价持续上涨原因的说法。这里作一评论。

我进行评论所依据的方法是：根据马克思所说的纸币流通规律是金币流通规律的颠倒，因此，许多价格现象会被纸币流通量所掩盖，从而使人们看不清其本质的论述，或者将问题放在金本位制下进行考察，或者规定纸币流通量要受金属货币流通量所限制，然后在此基础上再进行分析。不这样做，我认为许多问题就说不清楚。这一点，马克思说得非常清楚："由此可知，那些片面地根据强制流通的纸币流通来研究货币流通现象的观察家，为什么必定对货币流通的一切内在规律发生误解。实际上，这些规律在价值符号的流通中不仅颠倒了，并且消失了，因为，当纸币发行数量适当时，纸币完成的并不是它作为价值符号所特有的运动，而它特有的运动不是从商品形态变化直接产生的，而是由于它同金的正确比例遭到破坏产生的。"①

从这一点看，我虽不同意弗里德曼的货币数量论，但是他认为在纸币流

① 《马克思恩格斯全集》(第十三卷)，人民出版社1962年版，第112页。

通的条件下，只要管好印刷机，或拧紧纸币的水龙头，就不会有物价上涨或通货膨胀，对此，我是很同意的。

1. 垄断利润的攫取不影响物价水平

有一些经济学家认为，第二次世界大战后资本主义世界物价持续上涨，其原因是垄断资本主义为了攫取垄断利润，就使垄断价格形成，其机制是为了维持垄断价格，就发行超过实现商品价值所需要的纸币量(注意：已经将超量发行的纸币插进来了)，即形成通货膨胀(关于通货膨胀和物价上涨的区别和关联，下面再研究)。① 这现象是在实行纸币本位制下产生的。其中，有的人进一步认为，垄断资本主义产生后一直都有物价上涨的现象，美国自1896年起80多年来都有此现象。② 但是，统计资料表明，其他发达的资本主义国家同样存在垄断价格，但是，从19世纪70年代到第一次世界大战前，它们和落后国家的物价都在下降。③ 这种现象是在实行金银复本位制下产生的。这样，就发生两个问题：(1)假定货币价值不变，即将货币对价格的作用予以舍象，而将垄断价格抽象出来予以研究，其存在能否提高整个物价水平？(2)其他各国物价下降时，美国物价上涨的原因如果不是垄断价格的存在，又是什么？

先谈第一个问题。不错，为了攫取垄断利润而制定垄断价格，是能使垄断商品的价格提高的。这有两种情况。一种是它自己直接提高。但社会总产品从物质看，可以分为两类：生产资料和消费资料；从价值看，可以分为资本和各种收入，而收入从用途看，可以分为购买生产资料的和购买消费资料的。在货币数量为已定或在使用金属货币的条件下，用于支付具有垄断价格的商品的货币多了，余下来用于支付非垄断商品的货币就相应地少了；这样一来，前者的价格提高，而后者的价格就必然降低，一高一低，价格水平不变。另一种是压低价格购买生产资料，然后提高自己的产品的价格，这样，

---

① 论文编辑组编《美国经济讨论会论文集》，商务印书馆1981年版，第79、80、91页。

② 同上书，第91页。

③ 阿瑟·刘易斯：《增长与波动：1873—1913》，1978年英文版，第280—281页，附表A11。

生产资料的价格降低和垄断产品价格提高就是不言而喻的。但这还是一高一低，价格水平不变。因此，这两种情况，都不能使总价格提高到总价值以上。关于这一点，马克思说得很清楚；垄断价格的形成，“由商品价值规定的界限也不会因此消失”。①

现在的问题是，既然垄断价格只能使此涨而彼降，总价格不变，那么，为什么在我们所考察的这个期间(19 世纪 70 年代到第一次世界大战前)，除美国外，其余各国的物价都在下降？我认为原因是，各种商品总的说来，其劳动生产率都在提高，其价值都在降低，但是这个期间生产金银的劳动生产率，则是生产银的劳动生产率提高得快，而生产金的劳动生产率却在下降②，以致银价下跌，金价上涨。如果商品价值降低而货币价值不变，那么，商品价格就降低；如果两者同步降低，那么，商品价格就不变。现在金的价值提高而商品价值降低，在世界市场上，用金来表现的商品的价格就降低了。金在这里的作用同“价格革命”时银的作用相反。

既然除美国外，其他国家包括发达的和落后的国家的物价都在降低，那么，我们是不是为了说明垄断价格的存在不能提高物价水平，就连垄断价格的存在本身都加以否认呢？因为在上述条件下，似乎是很难说明垄断价格的存在和垄断利润的来源的。

当然不是这样。问题在于，劳动生产率是落后国家提高得慢，发达国家提高得快，因此，商品的价值，应该是落后国家的下降得慢，发达国家的下降得快，而货币对它们的影响相同，这样，前者的价格就应下降得比后者慢些，如果是等价交换，没有垄断价格的存在，那么，前者交换到的工业产品，就应有增加的趋势。西方有的学者就是根据这一点认为落后国家不必进行工业化，就可以得到工业化的好处。如果情况相反，就反过来证明有垄断价值的存在，即发达国家以垄断价格出售工业产品，而落后国家则以低于价值的价格出售农产品和初级产品，其中的差额就构成垄断利润。表 4-7 的资料恰好说明这一点。

---

① 《马克思恩格斯全集》(第二十五卷)，人民出版社 1974 年版，第 973 页。

② 马克思：《资本论》(第一卷)，人民出版社 1975 年版，第 134—164 页注(102)。

表 4-7　1873—1913 年世界物价指数(1873 年为 100)*

	1873 年	1900 年	1913 年
工业品价格	100	67.59	71.63
小麦价格	100	49.53	57.53
咖啡价格	100	46.98	61.53
棉花价格	100	60.99	78.00

*　阿瑟·刘易斯:《增长与波动:1873—1913》,1978 年英文版,第 280—281 页,附表 A11。

表 4-7 说明,工农业产品的价格都下降,而农产品价格(1913 年的棉花除外)下降得快些。这说明农产品换到的工业品有减少的趋势,从而证明有垄断价格存在其中。

我的研究结论和《1900 年以来第三世界的经济发展》一书不同。该书作者认为,就 1872—1928 年总的来看,我们发现(仍按黄金价值表示):(1)工业成品价格比较稳定或略有下降;(2)原料价格上升 10%—20%。因而结论是,初级产品的贸易条件改善了 10%—25%,而不是恶化了约 20%。① 其所以有这种不同,我认为是由于该书的作者分析贸易条件时,没有考虑两大类不同国家的劳动生产率的不同变化,即两大类商品价值的变化,以及货币价值的变化,而只在统计资料上下功夫。

再谈第二个问题。美国的物价上涨,是由美国独有的原因引起的。前面说的银价下跌,在美国最为厉害,因为在这期间美国发现了非常富饶的银矿。银矿主为了自己的利益,通过民主党,以法律为工具提高银价,在其他发达国家已停止银币的自由铸造时,美国仍能铸造银币,虽然这样,银的价格还是比以前降低了,这使金的价格也降低,于是物价就上涨。

2. 垄断价格的形成只能使此涨而彼降

在我国关于垄断价格能使物价上涨的看法较多,还要作进一步的评论。

---

①　保罗·贝罗赫:《1900 年以来第三世界的经济发展》,复旦大学经济系世界经济教研组译,上海译文出版社 1979 年版,第 163—164 页。

有一位经济学家认为物价上涨的原因是垄断价格的存在,其理由是商品总价格等于总价值,实现商品总价值所需的金量便是实际需要的金量,这个金量由流通中的纸币来代表。这种说法当然是正确的。他"假定商品价格上涨,价格高于价值,而商品流通量又不能相应地增加,价格就不能回跌,于是商品总价格便大于商品总价值"。他的意思是,价格上涨后,如是一般的商品,其数量便随着增加,但是现在却不能增加,因此,其中就必然有某些商品是垄断的商品,它是借控制产量来提高其价格的。但是,根据我们在前面的分析,此高就必然彼低,总价格是不能大于总价值的。可是,他却认为:"此时实际需要的金量……由商品价值总额来决定;而纸币流通量却由商品价格总额来决定,因为纸币流通量是用来实现商品价格总额的。"①他在前面既然谈到金由纸币来代表,现在为何又认为前者实现总价值,后者却实现他所认为的高于总价值的总价格,对此,我们实在不理解。其实,纸币和总价格的关系,应该倒过来,由于纸币流通量过多了,总价格才高于总价值,然后才有以这纸币去实现总价格的问题。但是,经过这样的说明,他就得出结论:这样,"纸币流通量便超过了实际需要的金量,纸币流通量过多了,通货膨胀便发生了"。② (注意:又是增加纸币发行——引者)

除了我在前面提出的"实在不理解"的问题外,还存在这样一些带有根本性的问题:垄断价格(要用相应的纸币来支持)使物价上涨,这是原因;纸币流通量多于物价上涨前所需的金币流通量,这是结果;这样,纸币增加的数额就要等于或不如说取决于已上涨的那部分价格,即高于价值的那部分价格(假定货币流通速度为 1);这样一来,物价上涨的构成因素,就只能是垄断商品的价格,而不可能包括非垄断商品的价格。这不符合事实,因为所有商品的价格都上涨,但又无法说明这时的纸币有足够的数量使非垄断商品的价格上涨。或者换一种说法也是一样的:增加的纸币量,怎能由某些将要成为具有垄断价格的那些商品所独占,从而使它们最终成为垄断性的商品,而不是由全体商品同仁"利益均沾"呢?如果是后者,就没有所谓的垄断价格了。而没有垄断价格,在我看来,所谓增加纸币就师出无名了。我认为,

① 论文编辑组编《美国经济讨论会论文集》,商务印书馆 1981 年版,第 91 页。
② 同上。

如何说明货币(包括金属货币和纸币)不被商品同仁“利益均沾”,从而使不同的商品具有不同的价格,这是货币数量论的致命伤。

另一种看法认为,“垄断价格相对增高,会使社会上用于非垄断部门产品的消费支出相对地或绝对地减少”。这当然是正确的,我们在前面谈过这一点。此外,“如果垄断部门的产品是重要的产品,还会使其他部门的生产成本增高”;这些情况,“都会导致非垄断部门的利润减少,生产紧缩,甚至酿成局部的经济危机”。应该说,垄断价格的产生就是为了攫取垄断利润,而它的攫取必然使非垄断的利润减少。但是,我们不谈这个问题。由于要防止这种情况的发生,“资本主义每每是用注入更多的货币的办法来刺激经济的发展;而且增加货币供应,也是使垄断价格本身得以长期维持的一个必要的措施”。[①] 这样,通货膨胀了,物价也就上涨了。

这里的问题是,增加货币供应量是两个原因造成的:一个是垄断价格的长期维持,另一个是注入更多的货币来刺激经济的发展;而后者之所以必要,依据作者的论述,则是由于垄断的形成对非垄断部门的不利影响。因此,两个原因其实只是一个,即垄断价格的产生。该学者曾指出:“抬高垄断价格,看起来(应该说事实上——引者)是改变了市场上物价的相对关系”,即我们前面谈过的垄断价格提高了,非垄断价格则降低了;一高一低,物价就不会上涨,就不需要增加货币供应量来维持垄断价格,不管长期维持,还是短期维持,都是一样。因此,增加货币供应量的根本原因就不可能是垄断价格的产生。那么,原因到底是什么呢?应该就是该学者所说的“刺激经济”。不过要从另一角度来理解。该学者的本意是要反驳那种认为垄断价格的产生,同通货膨胀引起的物价上涨无关的论点,但是在论述的过程中,倒变成肯定这论点,并且无意中说出物价上涨的原因,是为了刺激经济而增加货币供应,即纸币流通量过多。

上面已经出现三次用维持垄断价格而增发纸币的办法,来说明第二次世界大战后物价之所以上涨的原因。其实,这是不能自圆其说的。理由已见上述。这里,我要强调,不能用垄断价格,只能用与垄断价格形成无关的纸币流通量过多,来说明第二次世界大战后资本主义世界物价持续上涨的

---

① 论文编辑组编《美国经济讨论会论文集》,商务印书馆1981年版,第80页。

原因。我们知道,垄断价格在资本主义国家废除金本位之前已经产生,只要将垄断价格的形成,放在金币流通的条件下加以考察,就看得清清楚楚,它不可能靠增加金币流通量来维持。由它引起的不同商品的变动情况,已见上述。现在这种看法认为,要靠增发纸币来维持,这等于在理论上认为,如果使用的是金币,也要增加金币的,并且这是增加纸币的前提。这样一来,增加的纸币就要取决于增加的金币,增加的纸币所代表的增加的金量的价值没有变化,只是用来购买垄断商品时,由于价格提高了,对于垄断商品来说,纸币的相对价值降低了,但它本身代表金的价值没有变化。因此,用它来衡量其他商品的价值,即价格就不可能上涨。这样,包括非垄断商品在内的商品一般的价格上涨的原因,就不可能是垄断价格的形成,而只能是纸币流通量过多,使单位纸币代表的金量减少,即价格标准缩小,物价就由于这个标准的缩小而上涨。纸币在这里的作用和“黄金高价”时的纸币相同。

第二次世界大战后随着科学技术革命的进行,工农业的劳动生产率提高,商品的价值下降,生产黄金的劳动生产率提高较慢,黄金的相对价值提高,情况和“价格革命”时的白银相反,如果不是纸币的超量发行,物价就应该降低。

3. 关于需求和成本增大使物价上涨问题

西方经济学家一般讳言垄断价格,自然就不从这方面去说明第二次世界大战后的物价上涨问题。他们认为,第二次世界大战后物价水平上涨的原因是需求拉动和成本推动。也就是说,需求增加了,供给没有相应增加,物价自然是上涨的;上涨了的物价,包括各种生产要素的价格,这又使成本提高,从而物价又上涨。这是一个恶性循环。经济生活似乎证明了这一点。但是,从劳动价值理论看,则是错误的。我们只要将纸币的作用暂时予以舍象,用抽象法研究一下,就会有不同的结论。

这种主张是从总量和宏观,而不是从个量和微观分析问题的。但是,为了深入地分析问题,不妨从个量和微观开始。从个别商品看,需求大于供给时,价格会高于价值;但从全体商品看,就不是这样。因为需求是由从价值分解而来的资本和各种收入构成的，这样从根本上看，价值既是供给，又是需求，两者在量上相等。在这个条件下，如果对某一商品的需求增加了，就必然意味着对另一商品的需求减少，两者互相抵消，物价水平不会上涨。当然，在繁荣时，信用扩大，总需求会大于总供给，物价会上涨；但在危机时，情况就相反，物价会下跌。因此，从长期看，物价不会持续上涨，尤其是不会在危机和停滞时物价却反常地上涨。

成本增加，个别商品价格似乎要提高。我们知道，成本由两部分构成，一是生产资料，一是工资。前者既构成商品价值，又构成商品成本，个别商品的价格会因此而提高，全体商品的价格也会因此而提高。但是以此来说明物价上涨，那就是以价值（生产资料）的提高来说明价值的提高，是一种循环推论，在理论上不能解决问题。后者只构成商品的成本，不构成商品的价值，因为价值只由劳动决定，并作为前提，再分解为工资和利润（剩余价值），一个增加，必然就是另一个减少，而两者之和不变。因此，工资提高只能使利润或剩余价值减少，而不会使价值增大。从全体商品看，工资的增加，不能使其总价格上涨。

人们可能问：工资既然构成成本，个别商品的价格理应增加，全体商品的总价格怎能不增加？这个问题比较复杂，留在下面再详谈。

但是在纸币流通的条件下，由纸币流通量过多导致的物价上涨，会在现象上表现为需求扩大和成本增加使物价上涨。那些为现象所蒙蔽的经济学家的理论就描写了这一现象。

我认为凯恩斯的理论就描写了这样的现象。他斥责金本位制为野蛮的制度，坚决主张废除金本位制，使用纸币以代替金币。然后鼓吹由中央银行或财政部视需要供应纸币。纸币流通量增加，就可以调低利息率，增加投资，这引起对生产要素的需求，开始时由于有不自愿失业者和其他要素的存在，工资和其他要素的价格可能不上涨，其后慢慢地就上涨了。成本既然上涨了，价格也就随之上涨。其实，这只是一个现象。问题在于，成本上涨（其真正原因以后说明）中的工资上涨，正如下面将说明的，不能使物价水平上涨；成本中其他要素的价格如因需求增加而上涨，那么随着再生产的进行，它们的供给也会增加，其价格就会下降，成本中这个要素的价格下降，物价也就随之下降，不可能持续上涨。

凯恩斯继续说，如果货币供应继续增加，投资增加，但不自愿失业者慢慢地消失了，这样，生产就不能随着货币量的增加而增加，这时增加的货币量就完全用来提高物价了。他称这种物价上涨为通货膨胀。它是由货币供应量增加引起的，和前一种因成本增加而引起的物价上涨完全不同。这种理论被以后的经济学家所利用。

其实，这两种物价上涨都是由纸币供应过多，从而单位纸币所代表金的数量减少引起的。从表面看来，这似乎和信用扩大、需求增加引起的物价上涨相同，但分析一下，就可以看出，两者是不同的。前者纸币增多、价值降低是原因，物价包括成本中的生产资料价格上涨是结果，且纸币永远在流通中，不会自行清算，物价涨了就不会下跌；后者物价上涨是原因，纸币增多是结果，它的增多部分，不会再使物价上涨，信用扩大会自行清算，清算后需求减少，这引起价格下跌，过多的纸币不退出流通，纸币价值减少，又引起新的物价上涨。凯恩斯所描绘的两种情况都是纸币供应增加是原因，物价上涨是结果，所以物价上涨的原因都是纸币价值降低。

萨缪尔森将凯恩斯的理论加以发展，并用来分析物价上涨的原因。他说："自 1933 年以来，价格似乎一直是上升的。第二次世界大战和越南战争之后，价格没有下降"；原因是"爬行的、成本推动的通货膨胀是一种新的疾病，有别于传统的需求拉动的通货膨胀"。① 在评论萨缪尔森的理论之前，有必要将他的通货膨胀定义弄清楚。他说："通货膨胀的意思是：物品和生产要素的价格普遍上升的时期——面包、汽车、理发的价格上升；工资、租金等等也都上升。"②这就是说，通货膨胀就是价格上涨，这不仅和我们谈得不同，和凯恩斯的也不完全相同：凯恩斯认为由成本上涨引起的价格上涨不是通货膨胀，萨缪尔森则认为是通货膨胀。

萨缪尔森对"需求拉动的通货膨胀"的说明如下：在充分就业（不自愿失业消灭）的条件下，国民生产总价值为 22 000 亿美元，由消费和投资构成的总支出为 24 000 亿美元（注意：这莫名其妙多支出的 2 000 亿美元以后就成为物价不断上涨的永动力——引者），但由于达到充分就业之境，国民生产

① 萨缪尔森：《经济学》（上册），高鸿业译，商务印书馆 1981 年版，第 401 页。

② 同上书，第 380 页。

总值再不能增加,总支出大于生产总值的 2 000 亿美元就构成通货膨胀缺口,于是“购买力过多只能造成价格的增长。(A)和供给量相比,货币支出过多,(B)充分就业所能生产的物品供应有限,两者在一起造成(C)价格的上涨,从而使工资最终上涨”。① 价格和工资上涨,又造成“成本推动的通货膨胀”,结果是“你追我赶”,物价轮番上涨。

这种解释是有缺陷的。首先,国民生产总值分解为资本和收入,再构成支出,两者应该相等,供给和需求应该相等,不能以需求拉动来说明物价的上涨。“缺口”2 000 亿美元是超过国民生产总值而多发行的纸币,这就导致单位纸币的价值下降,因而物价就上涨。其次,按照说明,国民生产总值不变,但由于“需求拉动”,其货币表现“可以由于‘纸面上’价目标签变动而上升”②,即涨为 24 000 亿美元,或涨了 0.090 9,价格和价值相等。③ 从现在开始,需求和供给已经相等,再也不能用“需求拉动”来说明此后的物价上涨了。但是,他认为不是这样,因为“企业所得到的较高的价格变为某些人的收入……需求又会向上移动,而价格又会继续上升”。④ 但是,这较高的价格或收入就是 24 000 亿美元,也就是原来的总支出,它们再变成支出,并不能增加需求。因此,唯一的办法是:“劳动者为了弥补生活费用的高涨,都力图获取较高的工资”⑤,即用成本推动来说明物价上涨。这就等于说,物价上涨前,原总支出中的工资已经大于国民生产总值中的工资(这是物价上涨原因的一个构成因素),现在物价上涨了 0.090 9,支出中的工资也要按比例上涨,这又增加需求,又引起物价上涨。因此,物价上涨的永动力,就是那 2 000 亿美元,即所谓的“缺口”。据说它会轮番增加,逐次拉动需求,使物价不断上涨。其实,纸币增加的原因不在这里,但其量过多,单位纸币价值降低,物价和成本就上涨。

用“需求拉动”来说明 20 世纪 70 年代的滞胀,即经济停滞和物价上涨同

---

① 萨缪尔森:《经济学》(上册),高鸿业译,商务印书馆 1981 年版,第 341 页。

② 同上书,第 342 页。

③ 正因为这样,我们说纸币流通量过多,是指它超过实现商品总价值所需要的金量,而不是指它超过实现商品总价值所需要的纸币量。从这里可以看出,任何纸币量都有与其相等的总价格。在这里,只要把增加的纸币,不再看成一堆东西,而是看成需求,货币数量论就可以变为需求拉动论了。

④ 萨缪尔森:《经济学》(上册),高鸿业译,商务印书馆 1981 年版,第 342 页。

⑤ 同上。

时并存,是违反常识的,因为危机和停滞是供过于求。用它来说明新中国成立前夕,在国民党统治区的天文数字式的物价上涨,也是违反常识的,因为当时人民是生活在饥饿之中。关于滞胀问题下面将另加论述。如果将“需求拉动论”独立化,离开它依以提出的前提——充分就业下国民生产总值不能再增加,而认为既然“需求拉动”使物价上涨,那么为了平抑物价,就应增加生产,从增加供给方面来解决问题,而不着重解决纸币流通量过多的问题,这样,即使生产增加了,供需矛盾缓解了,物价仍然要上涨,因为纸币代表金或银越来越少的问题并没有解决。

4. 关于工资提高能否使物价提高问题

现在我们谈论工资水平提高不能使物价水平提高,相反的说法也一样,工资水平降低也不能使物价水平降低;或者这样说,工资的反面——利润(不是利润率)的增加,不能使物价水平提高,利润降低也不能使物价水平降低。总之,工资水平的变动,或者利润的变动,不影响物价水平。在这个问题上确实存在着许多糊涂观念,要求我们深入地予以说明。由于我们谈论的是物价上涨问题,我们就集中谈论工资提高能否使物价水平提高。

我们从严酷的事实谈起。李嘉图早就看到,工资提高不能使物价上涨,而只能使利润相应减少,因为他看到这两者加起来是一个常数,此涨则彼减,反之亦然。历史事实是,1815 年,英国打败了拿破仑统治的法国,但仍然由地主贵族把持的议会通过了《谷物条例》;它规定在英国粮价不超过一定的高度时,外国的廉价谷物不能进口;这使英国谷物价格上涨,从而工人的名义工资也要随之上涨。李嘉图认为,工资上涨不会使物价上涨,而只会使利润减少,这对资本家不利,于是就反对这一条例(斗争达 30 年之久,于 1846 年才废除这个条例)。道理很简单,工人的劳动所创造的价值,首先要分为两大部分:工资和利润,这一点定了下来以后,工资占得多了,利润就只能相应地减少;这好比一块布,长度为 15 尺,本来上衣和裤子各占 7.5 尺,后来裤子占了 8 尺,这样,上衣就只能占 7 尺了。就是根据这一理论,李嘉图还反驳斯密。斯密认为,利润增加(等于工资减少),价值也就增加;李嘉图说,不对，正是你斯密说的价值是由劳动创造的，与利润的高低无关，这样，利润(其反面就是工资)增加怎使价值增加呢？李嘉图的反驳完全正确，而且淋漓尽致，确实是以斯密之矛攻斯密之盾。

进一步说，正如马克思指出的，如果工资提高了，价格或价值也随之提高，资本家就永远不会反对工会代表工人提出的提高工资的要求了。这是因为，如果提高了的工资，可以从相应提高的价格中予以补偿，不损失资本家一根毫毛，资本家是没有必要如此反对工会提出的提高工资的要求的。

那么，人们为什么总是觉得，工资提高了，成本就相应提高，成本提高了，价格哪有不提高之理？让我们进一步谈一谈这个问题。

谈到成本问题，事实上就不是谈论由劳动决定的价值，而是价值的转形——生产价格(这是马克思的概念，即李嘉图的自然价格，后者将它和价值相混淆)；它由生产成本(或费用)加上平均利润构成。从劳动价值理论看，总价值是等于总生产价格的；但个别的生产价格有的在个别价值以上，有的在其下，有的则恰恰相等，而以上的和以下的必然相互抵消，就是说总的来看，总生产价格还是等于总价值。

应该说最早看到这问题的是李嘉图。以前我们在论述李嘉图对不变价值尺度的寻求时，已经涉及这个问题。现在再从这里谈下去。他假定两人各雇 100 人劳动一年，制造两架机器，另一人雇 100 人种植谷物，年终每架机器和谷物的价值相等，因为它们是相等的劳动时间生产出来的。他再假定每一个工人的年工资为 50 镑，年利润率为 10%，这样，第一年终，机器和谷物的价值都是 5 500 镑。第二年，两人各雇 100 人利用机器生产棉布和毛呢，另一人再雇 100 人生产谷物。机器 5 500 镑按 10%计算利润，利润为 550 镑，它要加在棉布和毛呢上，棉布和毛呢的价值为 5 500 镑，加上利润 550 镑后，价值便为 6 050 镑(这是生产价格)，谷物的价值仍为 5 500 镑。现在利润率降低为 9%(原因只能是工资上涨)，使用机器的利润便从 550 镑降为 495 镑，加到 5 500 镑的棉布和毛呢上去，棉布和毛呢的价值便从 6 050 镑下跌为 5 995 镑(这是生产价格)。谷物则仍为 5 500 镑(这是价值，因为它不因工资或利润的变动而变动)。从这里可以看到，利润下降即工资提高后，有的生产部门的商品的生产价格反而会下跌，当然也有的会上涨，但涨跌必然互相抵消。总之，物价水平不因工资的变动或利润的变动而变动。

马克思进一步论述了这一点。他假定工资提高了，但是货币流通量不会因此而增加。这时货币数量和商品价格的关系如何呢？工人得到了更多的工资，就可以购买某些高级一点的商品，这些商品的价格就提高了，经营这类商品的资本家的利润也增加了。但是，这些商品吸引的货币多了，其他的一般商品吸引的货币就只能减少，其价格就会下跌，利润也会降低。由于这样，各生产部门的生产结构就发生相应的变化，使商品的供需关系发生变化，直至各种商品提供的利润率相等为止。这说明工资提高不能提高物价水平。

马克思再从价值转化为生产价格、工资提高对不同生产部门商品的生产价格有不同的影响来说明问题。情况如表 4-8 和表 4-9 所示。

表 4-8　工资水平提高前的价值和生产价格

	不变资本	可变资本	剩余价值	价值	平均利润率	平均利润	生产价格
钢铁业	90	10	10	110	20%	20	120
纺织业	80	20	20	120	20%	20	120
食品业	70	30	30	130	20%	20	120

表 4-9　工资水平提高 1/2 后的生产价格变动

	不变资本	可变资本	剩余价值	价值	平均利润率	平均利润	生产价格
钢铁业	90	15	5	110	9.09%	9.5	114.50
纺织业	80	30	10	120	9.09%	120.00	125.50
食品业	70	45	15	130	9.09%	10.50	125.50

以上两表表明，价值如何转化为生产价格，工资水平提高后，总生产价格仍然等于总价值，而个别生产价格则有的高于价值，有的低于价值，高低相抵，价格水平没有变化。其中的规律是，工资提高，平均利润率就降低，由原来的 20%降为 9.09%。使用劳动力少的部门，如钢铁业，工资只增加 5，而按生产成本计算的平均利润，却从原来的 20 减少为 9.5，即减少了 10.5，这样，由生产成本加上平均利润构成的生产价格，就降低了 5.5，因为其成本只增加了 5(工资或可变资本)，而平均利润却减少了 10.5，所以生产价格就减少了 5.5。而使用劳动力多的部门，如食品业，工资就增加 15，而按生产成本

计算的平均利润，则从原来的20减为10.50，即减少了9.5，因为其成本增加了15，而平均利润只减少9.5，所以生产价格就增加了5.5。这样，减少的部分和增加的部分恰好抵消，而纺织业的生产价格则等于价值，这样，总生产价格就必然等于总价值，物价水平没有变化。工资降低的情况则和现在的分析相反，但是物价水平还是不变。

5. 美国在促使世界物价上涨中所起的作用

以上我们集中说明，第二次世界大战后物价持续上涨，其原因不是垄断利润的攫取、垄断价格的制定、需求拉动和成本推动，尤其不是工资水平的提高，而是纸币流通量过多。在这个过程中，美国所起的作用很大。现在，我们就分析这一问题。

这个问题陈观烈作了很好的研究。① 他从以下三方面加以分析。

首先，是美国的国际金融地位的作用。1944年的布雷顿森林协议确立了美国在战后资本主义国际金融中的两大特权：美元成了和黄金等同的国际贮备手段；成员国有义务维持本国货币和美元的固定汇率。这样，美国就不仅在国内长期地推行赤字财政政策和“廉价货币”政策，过多地发行纸币，促使物价上涨，而且向国外大量输出资本和扩张军备，然后以纸币美元支付由此发生的巨额国际收支逆差，由此流入美元的国家就处于困难的境地：不愿意为了消除对美国一国的顺差而将本国的货币升值，因为这会使本国对其他国家的贸易受到不利的影响，所以就只好按照布雷顿森林协议的规定在市场上购入美元。这就导致这些国家纸币流通量过多，物价就上涨。上述由美国输出美元，导致他国购买美元，因而多发纸币的机制，就是上述的那个固定汇率。1973年以后，资本主义世界已普遍实行浮动汇率，美国输出美元的途径是否就不再存在了呢？没有。因为当时的浮动汇率，是“管制下的浮动”，而且各国现有的贮备资产绝大部分是美元，这就迫使那些顺差的

① 陈观烈：《美国在战后资本主义世界性通货膨胀中的作用》，载论文集编辑组编《美国经济讨论会论文集》，商务印书馆1981年版。

国家不得不在美元贬值严重时出来拉它一把，用本国货币购买美元。这也使这些国家多发纸币。

其次，是美国的国际贸易地位的作用。从1971年开始，美国在国际贸易中呈逆差，其他发达资本主义国家对美国出口的主要是工业品，美国对这些商品的进口增加得比国民生产总值还要快；反过来，美国对这些国家出口的增长较慢，因此美国对这些国家的贸易呈逆差，就用输出美元的办法来偿还债务。美国对发展中国家的贸易则是顺差，有些国家为了改变这种状况，就实行进口代替的发展战略，但成功的很少。这些国家战后社会经济条件和政权性质都没有发生根本性的变化，过去它们进口的大多是上层人物所需的商品，现在实行进口替代发展战略，就生产这些商品，因此，机器设备要进口，甚至某些原料也要进口，结果负债更多，它们为了偿付债息，就不得不出口资源，甚至实行出口补贴政策，结果是企业和政府的支出增加，为了弥补，就多发纸币，于是物价就上涨。

最后，是美国制定垄断价格的影响。不过，我是不同意垄断价格的形成会导致物价上涨的看法的。上面已经谈过，这里就不论述了。

十四、20世纪70年代资本主义国家发生滞胀的原因

20世纪70年代资本主义国家产生一个新词，英语是Stagflation，它是由Stagnation和Inflation这两个词分别取第一个音节和后两个首节构成的。Stagnation的意思是停滞，Inflation的意思是西方世界已经等同使用的通货膨胀或物价上涨。因此，Stagflation的意思就是经济发展停滞和物价上涨或通货膨胀相交织，或同时并存。之所以说它是一个新词，是因为经济停滞和物价上涨或通货膨胀这两种现象，从来不会相交织或同时并存，现在却并存了。我国经济学家将其译为滞胀，也有译为胀滞的。我从众译为滞胀。这里试图解释其发生的原因。

1. 概　　况

关于滞胀的情况，熊性美和薛敬孝列了一个表(见表4-10)①，很能说明问题。

熊性美和薛敬孝还对此表作了分析，指出："从表中可以看出，在战后资本主义发展中，(20世纪)60年代末、70年代初是一条明显的分界线。大体上说，在此之前资本主义经历了一个高增长率、低失业率、低物价上涨率的时期。而70年代以后则相反。60年代末、70年代初资本主义各国出现的这种现象便是停滞膨胀。在资本主义发展史上，作为国际现象这还是第一次。"②

---

① 论文编辑组编《美国经济讨论会论文集》，商务印书馆1981年版，第96页。
② 同上。

表 4-10　各资本主义国家的滞胀现象

年份	1951—1960			1961—1970			1971—1976			1977		
项目	A	B	C	A	B	C	A	B	C	A	B	C
美国	4.0	4.6	1.4	4.8	4.7	2.7	2.7	6.4	6.6	5.6	6.8	6.5
英国	3.3	1.7	2.3	2.8	2.1	3.9	0.4	3.8	13.6	1.9	3.6	15.9
联邦德国	9.5	3.3	1.1	5.8	1.0	2.6	1.9	2.5	5.9	2.9	5.2	3.9
法国	6.1	—	3.4	6.0	—	4.0	3.5	—	8.9	1.6	7.1	9.8
意大利	9.0	6.9	2.0	7.2	3.3	3/9	3.4	3.4	12.2	0	2.1	18.4
日本	16.7	1.3	2.7	13.6	1.0	5.8	3.2	1.5	11.1	4.1	—	8.1

注：表中 A 项为工业生产平均增长年率或增长年率；B 项为各年平均失业率或年失业率；C 项为消费物价平均上涨年率或上涨年率。联邦德国和法国 1951—1960 年的 B 项为 1955—1960 年数字。

从前，在经济危机阶段，消费资料的生产超过有购买力的消费需求，消费资料生产过剩，影响所及，生产资料的生产也过剩，商品普遍供过于求，工厂倒闭，工人失业，物价普遍下跌，甚至削价拍卖，从而有利于淘汰多余的生产力，有利于存货的消除，从而能暂时解决资本主义生产有无限扩大的趋势和消费相对落后的矛盾。这是经济危机本身对生产所起的调节作用。现在，在国家垄断资本主义条件下，在经济危机阶段，商品供过于求时，物价不仅不普遍下跌，反而上升，最严重的时候，上涨年率超过 10%。这不利于存货的消除，于是就使经济长期陷于停滞状态，也就是说，经济危机本身调节生产和消费的矛盾的功能被麻痹了。

我们在下面探讨滞胀发生的原因。

2. 熊性美和薛敬孝对滞胀发生原因的看法

熊性美和薛敬孝对发生滞胀的原因分开来谈。他们以美国为例。关于经济停滞的原因，他们认为是国家垄断资本主义的作用，从推动生产力的发展到走向反面。它从以下几方面推动生产力的发展：促成第三次科技革命；国家干预经济对于工业生产能力的提高起了重要作用，这主要是指国家的财政信用扩张措施促进私人投资的扩大；扩张措施促进了市场的扩大。但是随着生产力的发展,国家垄断资本主义的推动生产力发展的作用却走向反面:导致生产能力的大量过剩;长期的大规模军事开支逐渐转化为妨碍经济增长的消极因素;战后扩大市场的两项重要手段,即消费信贷和房屋抵押信贷,日益成为广大消费者的沉重负担。

关于通货膨胀的原因,熊性美和薛敬孝认为通货膨胀也是由国家垄断资本主义造成的:国家干预经济造成货币和信用膨胀;联邦储备银行的调节促进了通货膨胀。如果我的理解不错,他们说的就是美国实行凯恩斯主义,等于饮鸩止渴。他们特别举出这一时期美国的货币供应增加量超过生产增长量的数据:"战后美国货币供应量……的年平均增长率,1951—1960年为2.0%,1961—1970年为4.7%,1971—1976年增为5.8%;国内信贷的年平均增长率,在上述各时期内分别为4.0%、8.5%和9.5%。与通货和信贷迅速增长相比较,实际国民生产总值的年增长率却相对稳定,70年代还有下降趋势,在上述各时期的相应数字为3.2%、4.2%和2.7%。……同时货币流通速度愈益加快(1960年为3.5次,1970年为4.6次,1978年为6.0次),就必然造成通货膨胀,引起物价上涨。"①

熊性美和薛敬孝还对垄断价格和工资提高造成滞胀的激进派观点,提出不同的批评意见。这些我在前面已经谈过,这里不赘述。

对于熊性美和薛敬孝的论述,我是同意的。但我还是要从另一角度提出个人看法。

3. 我对滞胀发生原因的看法

我试图用一个原因来说明经济停滞和物价高涨为何同时发生。现以美国为例,借用熊性美和薛敬孝提供的数据来说明这问题。上述1951—1960年,货币供应平均年增长率为2.0%,国民生产总值的增长率为3.2%,前者还低于后者,但加上信贷平均年增长率的4.0%,就超过后者,如果考虑到货币流通速度加快,情况则更是如此。1971—1976年,货币供应平均年增长率

① 论文编辑组编《美国经济讨论会论文集》,商务印书馆1981年版,第100页。

为5.8%，信贷平均年增长率为8.5%，再加上货币流通速度又加快①，而国民生产总值的增长率仅为2.7%，远远低于它们。这就必然发生通货膨胀，物价就上涨。

但是，仅仅这样来说明滞胀，还不全面。这是因为，它虽然能够说明物价上涨，但还没有说明经济危机和经济停滞，并且危机和停滞本身就是供过于求，物价是应该下降的。因此，我们必须说明引起物价上涨的通货膨胀这个原因，同时说明经济危机和经济停滞的发生。

在我看来，这个原因就是通货膨胀的急剧发展。马克思说，资本主义生产的目的是攫取剩余价值，而剩余价值的生产和剩余价值的实现所需要的条件是不一样的；“前者只受社会生产力的限制，后者受不同生产部门的比例和社会消费力的限制。但是社会消费力既不是取决于绝对生产力，也不是取决于绝对的消费力，而是取决于以对抗性的分配关系为基础的消费力；这种分配关系，使社会上大多数人的消费缩小到只能在相当狭小的界限以内变动的最低限度。……生产力越是发展，它就越与消费关系的狭隘基础发生冲突”。② 冲突就意味着经济危机的爆发。由通货膨胀导致物价上涨，恰恰就是削减人民的消费力。急剧的通货膨胀必然使经济危机猛烈。这时，商品供过于求，物价应该下跌。但是，同样是急剧的通货膨胀，使纸币的价值急剧降低，又使物价急剧上涨，其幅度大于物价下跌的幅度。因此，在危机阶段，物价却反常地上涨。这又反过来使存货不易削减，无助于暂时解决生产和消费之间的矛盾，因而使经济危机慢性化，经济发展陷入停滞状态。

从历史上看，20世纪30年代发生严重的经济危机时，垄断资本主义国家便废除金本位制，实行通货膨胀政策；也就是在这次危机中，发生过短暂的物价上涨的反常现象。第二次世界大战后，20世纪60年代之前，占据国际金融霸主地位的美国实行的是温和的通货膨胀政策，因而在发生生产过剩的经济危机时，商品供过于求从而使物价下跌的力量，大于通货膨胀使物

---

① 由于上述数据有的是以10年为单位计算的，有的是以一年为单位计算的，我就不能以$MV=PQ$这个公式来计算P的增长。这是货币数量论的公式，但我已经说过，它具有实用性。

② 《马克思恩格斯全集》(第二十五卷)，人民出版社1974年版，第272—273页。

价上涨的力量，于是危机时物价不上涨，有时还微跌。从20世纪60年代中期开始，美国侵越战争升级，生产航天工具，登上月球，实施福利主义的“伟大社会计划”，所有这些国家垄断资本措施，必然导致财政赤字，纸币供应量急剧增加，于是急剧的通货膨胀政策就取代温和的通货膨胀政策。这就是20世纪70年代，经济危机、经济停滞和物价上涨同时出现的原因。由于美国国际金融霸主地位的影响，资本主义世界金融受其波及，也由于它们自己同样实行凯恩斯主义，所有主要资本主义国家都发生这个现象。

在说明滞胀发生的原因时，我排除了激进派经济学家极力主张的垄断价格的存在和维持这个因素。这是因为，垄断价格的维持，虽然使生产和消费之间的矛盾难以解决，也就是使危机阶段延长，但是它不能说明危机时物价为何反而上涨。我们和激进派经济学家有一个共同点：信奉劳动价值理论。而只要我们坚持劳动价值理论，就必然认为通过垄断价格而攫取的垄断利润，是来自非垄断的经济成分，它既有国内的，又有国外的，这就不能得出有了垄断价格的存在和维持，整个物价水平就提高的结论，更得不出经济危机和停滞时物价反而上涨的结论。

4. 滞胀的发生宣告凯恩斯主义破产

凯恩斯搬出一套通货膨胀有理的理论和政策，认为只要废除金本位，便能根据需要增加货币即纸币的供应量，一方面调低利息率，增加投资，扩大生产；另一方面使包括消费品在内的物价上涨，降低实际工资，使不自愿失业的工人接受这种工资，从而劳动的需求和供给都增加，从而增加就业。凯恩斯提出用这种方法来防止经济危机和失业的发生。他提出充分就业的概念，认为达到充分就业之境以前，由于还有多余的生产要素，这时增加货币供应量，就能扩大生产，在这个过程中，生产要素的价格就逐渐上涨，成本随之增加，由此造成的价格上涨就不是通货膨胀；到达到充分就业之境，不自愿失业已经消灭，这时增加货币供应量，由于不能扩大生产，增加的货币量就成比例地促使物价上涨，这才是通货膨胀。因此，凯恩斯主义认为，通货膨胀（物价上涨）与经济繁荣和充分就业相联系，反之，通货紧缩则与经济衰退和失业存在相联系。

第二次世界大战后，各主要资本主义国家普遍实行凯恩斯主义，但是，危机仍然周期性地爆发，虽然形态有所变化。有一段时间，实行的是温和的通货膨胀政策，因而危机时物价不上涨；又由于有的经济学家不区分由纸币价值变动而引起的物价反变动，而直接把物价指数看成通货膨胀率，而危机时期物价不上涨，他们就认为危机和通货膨胀无关，凯恩斯主义尚能自圆其说。从20世纪70年代开始，由于实行急剧的通货膨胀政策，致使发生危机时，物价反而上涨。这时，经济学家才看到，凯恩斯主义所说的通货膨胀与经济繁荣相联系的局面并没有出现，相反，通货膨胀与经济衰退相联系的局面却出现了。由于事实是这样的明显，他们就宣告凯恩斯主义破产。

前面我们提到当凯恩斯主义实行温和的通货膨胀政策时，不能防止经济危机，而只能使其变形的问题。现在再谈论一下。从这里也可以看到，将它再推进一步，就必然发生滞胀。温和的通货膨胀政策会使经济危机变形。这是由于以下两个原因。

第一，它能削弱普遍的生产过剩的（区别于局部的比例失调的）经济危机所起的暂时解决生产和消费之间的矛盾。我们知道，普遍危机意味着生产猛烈下降：企业倒闭、机器闲置、工人失业，总之是淘汰与消费力不相适应的多余的生产力，使生产下降到与消费相适应的水平，然后才脱离危机，经历萧条、复苏，才走向繁荣，然后又构成新的生产和消费的矛盾，又发生新的危机……凯恩斯主义的通货膨胀政策，恰恰可以使生产下降得较为缓慢，因为利用财政政策，可以包买部分垄断企业的过剩产品，它们的生产不一定下降，可以兴建公共工程、发展军火生产、生产航天工具、建造人工岛屿等等，它们的产品与消费无关，因而不发生生产与消费之间的矛盾；因为利用金融政策，降低利息率，部分企业得到贷款，生产得以维持而不一定下降，那些以消费者信用购买的耐用消费品，如私人汽车和住房等，则因降低利息率而加速出售，其生产也不一定下降。总之，由于生产下降得很慢，幅度也较小，它和消费达到新的均衡所需要的时间就较长，生产上升不久，就又陷入新的矛盾……如果说，从前资本主义国家的经济经过普遍危机的发展，犹如在山峦中要经过山峰和山谷的大起大落，才能登高；那么，现在，资本主义国家的经济经过普遍经济危机的发展，则犹如在丘陵要爬过很多缓坡才可走上山岗。

第二，它能削弱固定资本的更新成为普遍危机周期长短的物质基础的作用，使这种周期的长短不再取决于固定资本的平均寿命，而具有自发的性质。我们知道，一次普遍危机包括四个阶段：繁荣或高涨、危机、萧条和复苏。在繁荣阶段，企业连开工都来不及，一般不会更新固定资本；只有在危机阶段临近结束，存货接近售完，生产下降已近低谷，这时在危机中幸存下来的企业，便不约而同地集中更新固定资本，并且是性能更好的，这样，便刺激了生产固定资本（主要是机器设备）的第一部类生产的恢复和发展，部分工人就业，对消费资料的需求增加，便刺激了生产消费资料的第二部类生产的恢复和发展，工人就业再增加，两大部类相互交换，又促使第一部类生产的生产增长……这样，资本主义的经济经过萧条到复苏、再到繁荣。现在由于实行膨胀政策，国家财政支出用于固定资本更新和建设，可以根据调控的需要，分散在危机周期不同的阶段中进行。固定资本更新的集中和分散，对生产发展的刺激作用是不同的。由于固定资本更新和建设的分散性，它成为普遍危机周期长短的物质基础的作用便削弱了。这样，两次经济危机相隔的时间，便越来越由生产和消费的矛盾发展到尖锐化所需的积累时间来决定，而具有自发的性质。

以上谈的是实行凯恩斯主义的温和通货膨胀政策对资本主义生产的作用，它不能消除经济危机，而只能使危机变形。如果将其推进一步，实行急剧的通货膨胀政策，就必然是饮鸩止渴，导致滞胀的发生。凯恩斯主义终于宣告破产！

5. 滞胀的发生证明菲利普斯曲线的理论解释是错误的

所谓菲利普斯曲线，是由英国统计学家 A.W.菲利普斯教授在 1958 年发表的《1861—1957 年英国的失业与工资变动率之间的关系》中，根据统计资料而提出的一条曲线，它呈向右下方倾斜状态，表明失业与物价—工资上升彼此之间数量上的交替关系，即失业率较低时，物价与工资增长率就变得较高；反之，失业率较高时，物价与工资增长率就变得较低，甚至为负数。它的结论就是，要降低失业率，就必然引起物价上涨，工资提高，从而带来通货膨胀。早在1926年,美国经济学家欧文·费雪在《失业与价格变动的统计关系》中就提出同一问题。弗里德曼指出:"两篇文章都得出了这样一个经验性的观察结论,即通货膨胀往往导致失业水平下降,而通货紧缩则会引起失业水平提高。"①他又说:"菲利普斯曲线表明我们面对这样的选择:如果我们选择低水平的通货膨胀,即稳定的价格,我们就不得不容忍高水平的失业。如果我们选择低水平的失业,我们就必得接受较高的通货膨胀率。"②

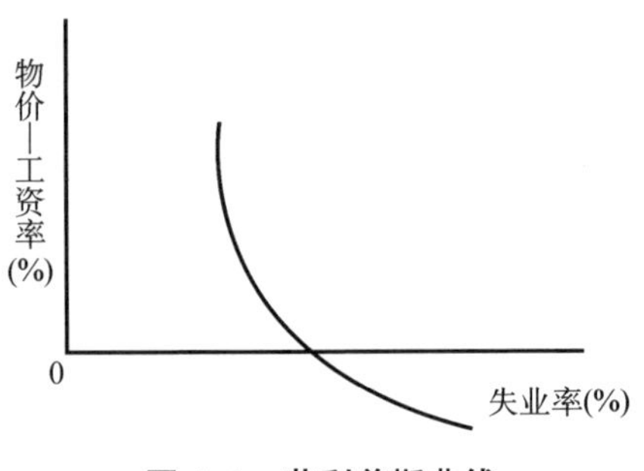

图4-1　菲利普斯曲线

在我看来,这条曲线(见图4-1)只描绘了资本主义国家发生滞胀以前,在经济周期发展过程中,失业变动率和工资增长率与物价增长率的反变动这两个恰好相反的现象,即危机时失业率增加,工资和物价增长率就较小,甚至为负数;反之,繁荣时失业率降低,工资和物价的增长率就较大,即通货膨胀。但是,它对这两个相反现象的理论解释却是错误的,认为这两者有交替关系或不如说因果关系,即认为工资是价值或价格的构成因素,因而便认为,失业率增大,工资增长率较小甚至为负数时,物价增长率就较小甚至为负数,反之,情况就相反。弗里德曼正是这样理解,并同意这种看法的。他说:"费希尔(或译费雪——引者)讨论的是价格变动,菲利普斯讨论的是工资变动,而我认为,对于我们目前的目的来说这不是个重大的区别。费希尔和菲利普斯两人都认为工资不言而喻是总成本的重要组成部分,价格和工资总是一起波动。所以他们都很容易从工资变动率走到价格变动率,而我

① 弗里德曼:《失业还是通货膨胀?》,张丹丹、胡学璋译,商务印书馆1982年版,第10页。

② 同上书,第17页。

也是要这么做的。"①这表明他们三人都认为工资是构成等于总价值的总价格的因素，因此，才从工资的变动去推论价格的变动。其实，正如我已多次说明的，工资不是总价值或总价格的构成因素，工资水平的变动只能引起利润的相反的变动，而不影响总价值和总价格。我认为，上述两种相反的现象，是由同一个原因产生的，它们没有因果关系。这个原因就是，由资本主义基本矛盾所制约的经济周期变动，即发生危机时，就使劳动力供过于求，失业率增大，工资增长率为负数，商品的供给大于有购买力的需求，物价下跌；经济繁荣时，就使劳动力求过于供，工资增长率为正数，商品的需求增大，物价上涨：物价增长率和工资增长率的变化相同。因此，菲利普斯曲线事实上是马克思的周期危机理论所包含着的内容，或者说从某一点看，是周期危机理论的同义反复，并不是什么新的发现。尽管菲利普斯曲线的理论解释是错误的，但直到 20 世纪 70 年代前，即滞胀尚未发生前，这条曲线描绘的现象都符合事实。但是，滞胀发生了，失业增长率和物价增长率（有的经济学家直接将其看成通货膨胀增长率）都成正数，并同时发生，这事实就宣告菲利普斯曲线本身是错误的。失业增长率和物价增长率为正数而且同时存在，不仅这条曲线对此无法表示，而且进一步证明对曲线的理论解释也是错误的。同时，这也证明实行凯恩斯主义确实是饮鸩止渴。这一点，弗里德曼《失业还是通货膨胀？》一书序言的作者阿瑟·塞尔登说得很好："依照凯恩斯主义者所作的阐述，（少许）通货膨胀能消灭（大量）失业。然而这种理论看来是错误的：通货膨胀只会延缓失业，加重失业；为了消灭失业，通货膨胀必定会加快速度，也许一直到摧毁文明社会为止。"②这虽是资产阶级经济学家内部矛盾的暴露，但也从一个侧面说明问题。

① 弗里德曼：《失业还是通货膨胀？》，张丹丹、胡学璋译，商务印书馆 1982 年版，第 14 页。
② 同上书，第 3 页。

十五、新中国成立前后通货膨胀的制止

——学习陈云、薛暮桥和朱伯康有关著作的笔记

薛暮桥在20世纪80年代中期，我国物价严重上涨时，回顾了从新中国成立前后到当时为止我国发生通货膨胀和制止通货膨胀的情况。他在《通货膨胀和物价上涨》一文中开宗明义地说："我国是被世界公认对稳定物价有丰富经验的国家。抗日战争时期，我们用'抗币'战胜法币和伪币；新中国成立后，我们一举消灭了持续12年的天文数字的通货膨胀；60年代初期，我国在'三年大跃进'造成的严重困难中，不但稳定而且开始调整物价。这三次稳定物价与当前稳定物价所处的客观环境大不相同。前三次是在经济极端困难的条件下进行的，这一次是在经济空前繁荣中进行的。为什么前三次能够制定正确方针，坚持胜利，这一次反而似乎束手无策呢？"①这里侧重谈第一次一部分和第二次的情况。第一次另一部分和第三次以及当时的情况，留在后面谈。

1. 以"抗币"对付国民党政府的恶性通货膨胀政策

前面我们曾经谈到国民党政府于1935年停止使用银币，改为使用纸币——法币。由于纸币不需要兑现，这就为滥发纸币、膨胀通货准备了条件。朱伯康在《中国经济通史》中整理了国民党政府在抗日战争八年(1937—1945年)中滥发法币的数据，情况如下。

1937年6月发行数：14.1亿，指数：100；1939年6月发行数：27亿，指

① 薛暮桥：《通货膨胀与物价上涨》，《光明日报》1988年6月30日。

数:190;1940 年发行数:60.6 亿,指数:430;1944 年发行数:1 228 亿,指数:8 700;1945 年发行数:3 978 亿,指数:28 200,比抗战初期增加 280 余倍。抗战初期(1937—1938 年年底)每年增加 40.6%;中期(1939—1941 年)平均每年增加 87.2%;1942 年以后,平均每年增加 132.5%。抗战期间,国民党政府统治区域常有变动,总趋势是日益缩小,法币流通区域及该区生产总量就无法统计,因此缺乏产量指数,我就无法以法币发行指数和产量指数之比,来说明法币作为价格标准的变化,即其代表的银量的变化,并以此来说明物价上涨的情况。但是,法币发行量超过生产量则肯定是存在的,因此物价就必然上涨。物价上涨的情况,以当时的陪都重庆为例,1937 年 6 月为 100,1945 年为 331 320,上涨了 3 000 多倍,远远超过法币增加的指数,这是由于通货膨胀必然使货币流通速度大大加快,并且陪都流通的货币更为集中所致。

1945 年抗战胜利后,收复失地,法币流通区域扩大,1945—1946 年比较平稳,1946 年以后,国民党政府发动反共反民主反人民的内战,财政赤字就以发行法币弥补,这就引起通货膨胀。关于通货膨胀的情况,朱伯康以例子来说明:假设 1937 年,上海一位市民有 10 000 元法币,根据 1935 年币制改革的规定,值 10 000 元银元,是个大富翁。上海沦陷后,使用汪精卫政府的伪中储券,以 2∶1 兑换法币,10 000 元变成 5 000 元。1945 年抗战胜利,中储券以 200∶1 兑换法币,变成 25 元。1948 年改用金圆券,以 300 万∶1 兑换金圆券,变成 0.000 008 3 元。即使不经过中储券的折算,它直接折算为金圆券,也仅为 0.003 333 3 元。这位富翁就变成赤贫了。①

抗日战争期间,中国共产党领导的陕甘宁边区和其他抗日根据地,先后成立了自己的银行,分散发行地方性的货币,总计达 500 多种,有效地制止了日益贬值的法币对各地区经济的不利影响。现举例说明之:晋察冀边币是 1938 年发行的,当时与法币的比率是 1∶1;冀南币是 1939 年发行的,当时与法币的比率也是 1∶1。由于法币不断贬值,在发行时,冀南币的价值就低于边币;再经过几年,到 1948 年 12 月,在华北解放区成立的中国人民银行开始发行人民币时,分别以 1∶1 000 和 1∶100 的比率收兑边币和冀南币,即边

---

① 朱伯康、施正康:《中国经济通史》,社会科学出版社 1995 年版,第 686—687 页。

币和冀南币的比率是 10∶1。这是由于边币发行较早，冀南币发行较晚，两者发行时都与法币等价，而法币不断在贬值所致。

2. 以人民币对付国民党政府的恶性通货膨胀政策

1946 年国民党政府发动内战后，因军事支出增加，财政发生赤字，便进一步滥发纸币以资弥补。法币的最大面额已达 500 万元，仍不能应付。因此出现现钞不足，法币已失去一般等价物的作用。在此情况下，国民党政府于 1948 年 8 月 19 日发行金圆券，规定“限期收兑人民所有黄金、白银、银币和外国币券，逾期任何人不得持有”，如“不在限期内兑换或存储者”，其“黄金、白银、银币及外国债券一律没收”。金圆券初发时以 20 亿为限，以 1∶300 万的比率兑换法币。从金圆券发行之日起，国民党政府雷厉风行，派出军警和经济督导员，强制执行；又设特种法庭，对违法者严厉制裁。在报纸上声称治乱世用重典，要借一二人头祭刀。一时人心惶惶，不可终日，天地为之昏暗。但是，1848 年 10 月 8 日，上海首先发生抢购风潮，市民见物即购，尽快将金圆券花去，深恐一夜之间，币值大跌，遭受损失。金圆券发行不到半年，已突破 20 亿限额。到 1949 年 3 月初，发行已达到 20 亿的 65 万倍，黄金价格上涨了 130 万倍，美元也上涨了 130 万余倍，批发物价指数上升了 120 万倍。1949 年 3 月，金圆券已成废纸。国民党政府另发行银元券，企图用欺骗的办法，利用人民旧时使用银元和现银的习惯，宣布银元券和银元同样流通使用。银元券的发行在广州是 7 月 4 日开始，在重庆是 1 月 8 日开始，说是可与银元 1∶1 对换，实际银元有限，无法兑换，仍是不兑现的纸币，人民拒用，短短 3 个月，中华人民共和国成立，它就结束寿命。在新中国诞生前，在各新解放区，人民币已按不同的比率兑换金圆券。国民党政府遗留下来的恶性通货膨胀就此结束。①

朱伯康借别人的话，说明恶性通货膨胀的命运：“中央银行的顾问杨格于 1946 年 5 月 14 日在《意见书》中说，‘物价上涨 3 000 倍以后，只要几个

① 朱伯康、施正康：《中国经济通史》，社会科学出版社 1995 年版，第 687—688 页。

月，就会崩溃，如奥地利1922年只4个月就崩溃，匈牙利1923年至1924年只7个月就崩溃，德国1923年只6个月就崩溃。'不出所料，金圆券发行不到8个月已完全崩溃了。"①

对我们的研究来说，更为重要的是，朱伯康努力从经济方面揭示恶性通货膨胀的规律："1939年至1949年国民党政权最后10年的通货膨胀现象，和其他国家，如第一次世界大战后的德国、奥国、匈牙利的通货膨胀有同样的规律。其发行增长过程，由渐进到急进，最后如脱缰野马，不能控制；其流通速率愈来愈快，出现几何级数增速；物价上涨速度高于货币发行增加的速度，1945年纸币发行增加1 700多亿倍，而物价上涨达13万亿倍以上；商品流通趋于缩小，囤积保值的需求超过正常需求，出现商品空前缺乏。恶性通货膨胀出现后，货币丧失作为货币的职能，最后纸币自身价值的低落，不能补偿自身印制的成本，币值全失，等于废纸。黄金、白银、外币、当地某种实物，逐渐执行货币的职能代替原有的货币。"②

3. 新中国成立初期的通货膨胀及其制止

新中国成立初期，由于全国的军事行动未能结束，财政支出仍然很大，赤字仍然存在，多发纸币以资弥补的现象仍然存在，通货膨胀就必然存在，物价不可避免地上涨。因此，在全国各地，尤其是大城市，物价猛涨。陈云运用不唯上、不唯书、只唯实的方法论，对其原因的解释，是很正确的。他在1949年11月13日的《制止物价猛涨》中说："自10月15日以来，沪津先导，华中、西北跟进，全国币值大跌，物价猛涨。到今天止，以7月底为基期，物价平均指数：京津已涨达1.8倍，上海涨达1.5倍，华中、西北亦与此相近。此次物价上涨，除部分地区有特殊原因……外，根本原因则在纸币发行的大量增加。7月底为2 800亿元（原来的人民币，1955年发行新的人民币；新币1元等于旧币10 000元；下同——引者），9月底为8 100亿元，10月底为

---

① 朱伯康、施正康：《中国经济通史》，社会科学出版社1995年版，第688页。
② 同上。

11 000 亿元，到今天止，发行近 5 倍，致使币值大跌，物价猛涨。”他继续说：“自 7 月底以后，由于我地区扩大，钞票下乡，农产旺季，工商恢复等等因素，货币流通量是扩大了。7 月底发行总数 2 800 亿元。按当时的价格折算，等于布 1 000 万匹或粮食 20 亿斤（大、小米平均）。目前发行总数 16 000 亿元，按现价折算，等于布 2 000 万匹或粮食 40 亿斤。7 月底与目前的货币流通速度大体相同，都是很快的。估计我货币所占领地区已扩大了一倍。依此推算，全国平均物价比 7 月底上涨近两倍，按这一物价水平，则关内货币的全部需要量为 16 000 亿元。因此，目前稳住物价已有可能，半月前希望把物价稳定在 9 月底的水平则是不可能的。因为 10 月初至今天，共发行将近 8 000 亿元，我们手里绝无回笼或抵消此巨大数量货币的物资。不估计到这一情况，想以少量物资，稳住物价，必然消耗了实力，物价仍不能稳住。”①陈云这段话是十分可贵的。它不仅说明纸币超量发行就是通货膨胀，必然导致纸币贬值、物价上涨，而且说明，在这样的条件下，想用人为的方法压低或稳定物价是不可能的。一定要等物价上涨到已抵消掉多发的纸币的程度，才有可能在这水平上稳定物价。经济规律和自然规律一样，违反它，就必然受它的惩罚。前面提到，1948 年，国民党政府用金圆券兑换贬值到如废纸的法币，随后又滥发金圆券，再陷入通货膨胀的困境，物价飞涨；企图管制物价，结果是商品绝迹，黑市交易，人民怨声载道，加深国民党政权的危机。

4. 在计划经济体制下稳定物价的方针

陈云更进一步说明，在我国实行计划经济体制条件下保持物价稳定的方法。他从我国实际出发，明确指出，我国经济工作的一个大方针是：要使 10 亿人民有饭吃；要进行社会主义建设。为此目的，就“必须在保证有饭吃后，国家有余力进行建设。因此，饭不能吃得太差，但也不能吃得太好。吃得太好，就没有力量进行建设了。这里就包含一个提高人民生活水平的原

① 陈云：《制止物价猛涨》，载《陈云文选》（第二卷），人民出版社 1995 年版，第 29—30 页。

则界限：只有这么多钱，不能提高太多，必须做到一能吃饭、二能建设。”①为了确定这个原则界限，就要总结多年来国民收入中划分为积累基金和消费基金的比例，以何者为度最为适宜。对于这种划分，薄一波在党的第八次全国代表大会的发言中有所论述。对此，陈云十分重视，说：“我很同意他的研究。他所提出的比例数字可能会略有出入，但找寻这种比例关系，是完全必要的。”②

这个由我国经济工作大方针所决定的比例，以及根据它将国民收入分解而成的积累基金和消费基金，就构成我国最宏观的计划。这是因为，积累基金中用于购买生产资料的部分，决定生产资料在原有基础上增长的总价值额；用于增加就业的部分，连同消费基金决定消费资料在原有基础上增长的总价值额。这样，社会物质资料生产两大部类的增长规模，就有所规划。当然，这两者的规模的决定，并不能像现在所说的那样简单，它们还要受其他因素的制约。

陈云认为，在参照这一因素确定了积累基金和消费基金后，为了保持物价稳定，就要在宏观上防止这些基金被突破，即防止经济建设规模超过国力的危险。陈云认为：“财政收支和银行信贷都必须平衡，而且应该略有结余。只要财政收支和信贷是平衡的，社会购买力和物资供应之间，就全部来说也会是平衡的。”③总的来说，这就是货币流通量要和商品流通的总价值相适应或平衡。

在我国实行计划经济体制时，国营企业基本建设的资金都来自财政拨款，集体企业如农业生产合作社部分基本建设的资金亦然。这样，只要财政收支平衡，用于基本建设的资金和物资，就全部或大体来说是会平衡的。如果发生赤字，就意味着积累基金突破限额，它和物资供应就不平衡。这赤字，如用发行公债的办法来弥补，就等于将既定的消费基金部分地转变为积累基金，这样按既定消费基金而生产的消费资料，就有一部分缺少相应的购

① 陈云：《经济建设的几个重要方针》，载《陈云文选》（第三卷），人民出版社 1995 年版，第 306 页。

② 陈云：《建设规模要和国力相适应》，载《陈云同志文稿选编（1956—1962）》，人民出版社 1980 年版，第 45 页。

③ 同上。

买力。这赤字,如用向国家银行透支的办法,亦即由中央银行增发纸币来弥补,由于基本建设周期长,在生产出产品之前,货币流通量就超过商品的总价值量,在实行固定的计划价格的条件下,商品不能自行涨价以吸收更多的货币,就发生有货币却买不到商品和非计划价格暴涨的现象。

同样道理,银行信贷平衡也是保证积累基金和消费基金不被突破所必需的。但要指出的是,银行并不是只能根据它的存款来决定它的贷款;如果是那样,银行信贷自然是平衡的。银行能产生信用,即贷款额可以适量地超过存款额。在实行计划经济体制条件下,银行短期贷款用于满足国营企业和集体企业对流动资金的需要,长期贷款用于满足国营企业和集体企业对基本建设的需要。为了实现国民经济综合平衡,就要由中央金融机关按照全国经济发展的需要,确定全国的信贷计划,对各银行下达数额。这样,货币金融才能和经济发展相适应。如果全国银行合起来突破贷款总额,就必发生物资供应紧张问题和非计划价格暴涨问题。

陈云在总结 1956 年的财经工作时说:成绩是主要的,但也有缺点;缺点是,在财政信贷方面多支出了近 30 多亿元,其中基本建设投资多用了 15 亿元以上,工资多支出了 6—7 亿元,农贷和其贷款多开支了 5 亿多元。结果是“生产资料和生活资料的供应都紧张。基本建设和生产所需要的原材料,如钢材、木材、竹子、煤炭等,人民生活需要的许多必需品,都出现了严重的供不应求的现象”。其中的规律是:“钞票是物资的筹码,发行钞票必须有可以相抵的物资。按物资的数量来说,1956 年比 1955 年是增加了,但是却发生了供应紧张的现象,原因就在于财政和信贷多支出了近 30 亿元。”①如果在市场经济体制下,不存在固定的计划价格,这就导致物价水平上涨。

---

① 陈云:《建设规模要和国力相适应》,载《陈云同志文稿选编(1956—1962)》,人民出版社 1980 年版,第 42 页。

十六、20世纪80年代中期到90年代初中国物价上涨的原因

——兼评有关的文章和观点

新中国成立以来，我国有过三次严重影响人民生活的物价暴涨：第一次是全国解放初期；第二次是三年“大跃进”时期和以后；第三次是20世纪80年代中期到90年代初。为了行文方便，这里只谈第三次。

这段时期的物价上涨的原因是什么呢？试图说明这个问题的论著真可以说是汗牛充栋。但是，我只同意薛暮桥的看法，就是纸币超量发行，即通货膨胀所致。由于他的论述涉及物价理论和货币理论，内容非常丰富，我下面再谈。

1. 以数据说明情况和原因

随着中国从计划经济体制向市场经济体制的过渡，计划价格逐渐减少。从20世纪80年代中期开始，中国的物价水平有一段时期是逐渐高涨的。这期间消费物价指数的变动如表4-11所示。①

表4-11 消费物价指数表(以上年为100)

年份	1985年	1986年	1987年	1988年	1989年	1990年
指数	108.8	106.0	107.3	118.5	117.8	102.1

中国在计划经济体制下，物价几乎是钉死了的，现在突然上涨得如此厉

① 郑家亨主编《中国统计年鉴》，中国统计出版社1992年版，第235页。

害，民众都感到难以理解，经济生活也受到影响。因此，政府便对工资收入者进行物价补贴，银行便对存期3年以上的存款加以保值，以保证人民生活的安定。物价高涨现象，到90年代初才逐渐消失。

陈云在新中国成立初期对物价暴涨原因所作的分析，正如下面将论述的，完全可以用来说明20世纪80年代中国物价上涨的原因。这就是纸币的超量发行，即通货膨胀。1985年到1990年中国国民生产总值指数和货币发行指数的情况如表4-12所示。①

表4-12　国民生产总值指数（甲项）和货币供应量指数（乙项）对照表（以上年为100）

年份	1985年	1986年	1987年	1988年	1989年	1990年
甲项	112.8	108.1	110.9	111.3	104.4	104.1
乙项	132.1	125.6	117.4	108.4	108.1	122.3

统计资料缺少关于货币流通速度的数据，但根据薛暮桥的说明，在这一时期，它是变化不大的，大体上是一年周转5次。② 撇开这一点不谈，从上面两个数据就可以看出，货币供应量的增长，从发展趋势看，是明显超过国民生产总值的增长的，因此，就发生通货膨胀，就使纸币贬值，导致物价上涨。原因本来是很清楚的，但一经我们的经济学家解释，我觉得反而不清楚了。薛暮桥将这种情况描绘为"议论纷纷，似乎束手无策"。下面的议论不论是当时提出的，还是后来试图总结的，都反映出这一"纷纷"和"无策"的情况；它们共同的方法论错误，是离开纸币供应量过多来谈论物价上涨。

2. 评《物价上涨的原因及平抑物价的对策》

读《人民日报》1988年4月8日登载的《物价上涨的原因及平抑物价的对策》一文，对其部分内容有些想法，特写出来向发表意见的有关专家请教。

这篇文章说，薛暮桥认为，"我国物价上涨新中国成立以来就有，只是不

① 甲项见《中国经济年鉴》，中国经济管理出版社1992年版，第31页；乙项见《国际经济和社会统计提要》，中国经济管理出版社1992年版，第293页。

② 程万泉：《物价上涨的原因及平抑物价的对策》，《人民日报》1988年4月8日。

同阶段表现形式不同而已。1949年至1978年属于隐蔽性的物价上涨，其特征是物资全面匮乏，物价缓慢上涨，工资收入有时十几年不动，生活用品和副食品凭票供应，起着强制储蓄的作用。1978年至1985年，进入‘温和’的物价上涨，平均每年零售物价总指数上升2.5%。1985年至去年(1987年——引者)呈现出经济增长与物价上涨成正比例发展的局面，平均每年零售物价上涨7.3%。”①什么是隐蔽性的物价上涨，该文没有说明。但1949年至1978年的所谓“隐蔽性”的物价上涨，事实上不是“隐蔽”的，统计数据如表4-13所示。②

表4-13　全国零售物价指数表(1950年为100)

年份	1951年	1953年	1955年	1960年	1965年	1970年	1978年
指数	112.2	115.6	119.5	126.5	134.6	131.5	135.9

这说明1978年的零售物价比1950年上涨了35.9%。那么，经济理论工作者为什么说是“隐蔽性”的呢？可能是由于，当时生活资料的价格有牌价、议价和市价之分；生活用品和副食品凭票和定量供应，这些商品的价格是牌价，在一段时间内是固定的；人们如有节余，还可以购买议价和市价的商品。这就是说，基本生活是有保障的，不受议价和市价较高与变动的影响。如再有节余，则存在银行里，这就是所谓的强制性的储蓄；银行再将其贷放出去，它就转化为投资，这部分投资主要变为对生产资料的需求，其中有的是计划外的，在生产资料价格双轨制下，计划外的生产资料的价格较高，但这与人民的基本生活无关。由于这一切，就有“隐蔽性”的物价上涨之说。但是，一旦凭票和定额供应逐步取消，上述储蓄，即延缓的消费，就转化为现实的消费，由于生产结构的变化的滞后，就产生消费品需求大于供给的矛盾，消费品价格的上涨。这种上涨就是明显的了。因此，相对而言，以前潜伏着的消费品价格上涨则是隐蔽性的了。关于结构性的矛盾能否产生物价普遍上涨问题，我们留在下面谈。

这篇文章特别说：“经济理论工作者认为，导致物价上涨的原因十分复

① 程万泉：《物价上涨的原因及平抑物价的对策》，《人民日报》1988年4月8日。

② 《中国经济年鉴》，中国经济管理出版社1992年版，第236页。

杂，仅仅用总需求大于总供给和货币发行量过多来解释是不够的。"[①]这里包含着用总需求大于总供给来解释物价上涨虽然是可以的，但是不够的意思；又包含着用货币发行量过多来解释虽然是可以的，但也是不够的意思。我认为前一种说法是不对的，因为它事实上是将货币发行量过多看成是总需求增加，对此我在前面已经提出不同的看法；而后一种看法则是正确的，我在前面都是根据这一点来说明物价上涨的原因的。

这篇文章还介绍一种物价上涨原因"结构说"。其要点是："过去，我们把农村的剩余产品拿去发展重工业，而强制农村劳动力留在农村。这样，农村长期积聚着过剩的劳动力，它蕴藏着很高的向外转移势能。一旦解脱了对农村劳动力的束缚，他们就会挟带着生产要素向非农产业转移。"它没有具体说明挟带的生产要素是什么。最重要的问题是，生产要素除了劳动力以外，是否包括土地？我想不能包括土地，因为土地所有权属于国家，而农民的土地使用权的流转则是最近这两三年的事情，而且先从大城市郊区开始。这样，农民挟带生产要素向非农产业转移，所能挟带的就只是农民自己的劳动力这种生产要素了。而根据上面的说明，他们的劳动力是剩余的，也就是西方发展经济学所说潜在的失业者。既然如此，又怎能说："这种转移，一是导致农民对农业投入的减少，造成农产品生产的相对萎缩，从供给一端拉开了农产品的供需缺口"呢？近来农民离开土地的趋势更为猛烈，而农产品并没有减少，证明这种说法是不符合事实的。即使青年农民离开土地，改由老、弱者耕种，农产品一时减少，但只要纸币供应量不增加，农产品价格提高了，吸引的货币多了，其他产品吸引的货币就减少，其价格就会相应地降低，物价水平不会上涨。该文又说：这种转移，"二是促使加工工业的大发展，不断加重基础工业的负荷，又从需求一端拉开了基础工业品的供需缺口"。[②] 这就是后面将要谈的瓶颈工业品的价格上涨问题。

最引起我注意的是这篇文章提到的物价上涨原因"非货币因素说"。我细读之后，觉得有的论述是值得深思的。例如，"这些个体、集体商业机构的经营方式主要是靠分散和小批量运销，这就使商品的流通费用上升，从而对

---

① 程万泉：《物价上涨的原因及平抑物价的对策》，《人民日报》1988 年 4 月 8 日。

② 同上。

我国消费品价格上升产生影响”。[①] 我们知道，使用价值的必要运输是生产过程的继续，因而所花的劳动是创造价值的。如果上述的运输耗费是消费品必要运输的平均耗费，那么，这确实能提高消费品的价值，从而就提高其价格。这就是物价上涨，而不是通货膨胀。我是主张将这两者加以区别的。

但是，“非货币因素说”的下述论点却是不能同意的。(1)“我国正处于消费结构剧烈变动的时期，但生产结构的调整……跟不上来，结果使市场供求结构矛盾显得特别突出。……(这就)引起价格总水平上升”。[②] 我说，如果货币流通量不变，那么，一些商品的价格提高了，其余商品的价格就降低。这一道理，前面已说过多次，不赘。即使前面所说的强制性储蓄变为现实的消费，这样，消费品的价格提高了，但是，由于这笔储蓄不能转化为投资，因此，计划外的生产资料的价格就应降低，全部物价还是不能上涨。(2)“商业组织的不正常发育，导致商品交易成本和商业利润的不正常上升”[③]，这就使商品价格上升。这是不对的。因为根据劳动价值理论，交易成本就是买卖费用，也就是纯粹流通费用，不能加到商品的价值上，而是由社会剩余价值的扣除来补偿；商业利润也不能加到商品的价值上，而是从产业利润那里分割而来的。这两者都不能使商品的价格上涨。

还有一种物价上涨“周期性波动说”，认为“我国工业波动周期与农业周期不仅不合拍，而且长度也不等，往往容易造成价格波动。如 1985 年以后，农业转入低增长期，而工业生产的速度却居高不下，并由此带动对农产品的需求持续旺盛”[④]，因而农副产品价格上升。这里没有说明工业生产周期是如何决定的，和下面说明农业生产周期是如何决定的不同。但是，我们撇开这些不谈，单独以工业对农产品的需求旺盛，是无法说明整个物价水平的提高的。因为如果货币流通量不变，此价格上涨，就必然是彼价格降低。又说：“我国农业生产存在着 4—5 年一次的周期波动……主要原因是(农产品)市场价格变化”；农产品价格变化的原因，则是农业生产的丰收和减产。丰收则粮价降低，一则导致以后少种，农业生产将陷入低谷；二则饲料便宜，

---

① 程万泉：《物价上涨的原因及平抑物价的对策》，《人民日报》1988 年 4 月 8 日。
② 同上。
③ 同上。
④ 同上。

促使养猪业发展。农业生产的低谷会和养猪业的高峰会重叠。这时,"粮价上升又压低了猪粮比价,生猪生产又转入低谷。在生猪生产相对收缩的情况下,居民食物结构改善偏快,对食物的需求旺盛,加剧供求矛盾,导致……物价上升"。① 这里对我国农业生产的周期和粮、猪生产的关系作了很好的分析,值得称赞。但是,以此来说明物价水平的上涨,则不能同意。这里还是一个此涨而彼降的问题。

3. 评《坚持和发展马克思劳动价值理论的几个问题》

《当代经济研究》1994年第5期发表《坚持和发展马克思劳动价值理论的几个问题》一文,读后觉得该文作者并没有根据马克思的劳动价值理论回答如下问题:由于生产商品的劳动生产率普遍提高,商品价值在降低时,其价格为何反而上涨?作者曾指出"价值与劳动生产率成正比"这个命题是错误的(应进一步指出,这个劳动生产率是生产一种产品的整个部门的生产率,而不是其中个别企业的个别生产率)。接着他又提出这样的问题:"在现实经济的发展中,无论是发达的资本主义国家,还是我国,作为价值总体运动形态的物价水平的变动趋势,却与马克思所揭示的规律恰恰相反。随着科学技术进步和劳动生产力的不断提高,世界各国的物价水平不但没有下降,反而不断上升。"②他对这似乎矛盾的现象的解释,首先是:"物价水平上升的直接原因在于货币价值不断下降的运动。"并且具体指出:"我国改革开放15年间的物价上扬,都直接源于货币的超量发行。"这本来是正确的,但是,他立即又离开这正确的方向,认为"物价上涨的根本原因在于工资上升和价格调整的波及效应所造成的成本上升的推动作用"。③ 我认为这一说法是违反劳动价值理论的,并且同他所说的原因是货币价值不断下降也是矛盾的。

① 程万泉:《物价上涨的原因及平抑物价的对策》,《人民日报》1988年4月8日。

② 纪玉山:《坚持和发展马克思劳动价值理论的几个理论问题》,《当代经济研究》1994年第5期。

③ 同上。

现在分析《坚持和发展马克思劳动价值理论的几个问题》一文是如何说明物价上涨的。分析时我将现行的货币即纸币的价值看成是不变的，即运用抽象法，将纸币价值变动对物价的影响暂时舍象。

先谈工资（实际工资）上升能否使物价水平上升的问题。根据劳动价值理论，总价值与总价格相等，总价格包括价值的转化形态即生产价格。这样，问题就很清楚了：如果生产商品的全社会的劳动量没有变化，那么，全部商品的总价值和总价格都不会发生变化，物价水平不会因工资上升或降低而变化。因为这只涉及既定的新价值，或国民收入如何分配为工资和利润（或剩余价值），分配的变动不能使既定的新价值发生变化。这好比10尺布，无论上衣和裤子各占几尺，布的长度始终是10尺一样。这时工资上升则利润降低，工资降低则利润上升。

有人认为，工资上升即实际工资提高，工资收入者对消费资料的需求就增加，因供求关系，其价格就提高，整个物价水平也随之提高。这是不对的。这时全部工资占去的货币多了，余下来分给利润部分的货币就少了，对其他物资的需求就减少，其价格就下跌，因此，物价水平不会提高。

由于这样，投在不同部门的资本其利润率会不相同。这会导致什么样的结果呢？那就是资本和劳动会从利润率低的部门转移到利润率高的部门，其结果就是导致各部门的生产（或供给）和需求会大体相等，价格则有升有降，但物价水平还是一样。只是各生产部门会形成一个新的平均利润率，比以前的低些，因为工资提高使剩余价值减少，平均利润率就降低下来。

再谈价格调整的波及效应所造成的成本上升会推动物价上升的问题。这个问题是我国从计划经济体制过渡到市场经济体制时，因对某种商品价格取消财政补助，从而使其价格上升到符合或接近价值（或生产价格）而产生的。根据我国实际情况，这些商品既有生产资料，也有消费资料。生产资料的价格提高了，它包含的价值就转移到由它生产的商品上去，这商品的价值增加了，这商品由生产资料的价格构成的成本也增大了。但这并不能使整个物价水平提高，因为这是从计划经济体制过渡到市场经济体制过程中发生的。在计划经济体制下，总的计划价格要等于总价值，如某些商品的计划价格高于其价值，就必定有另一些商品的计划价格低于其价值，两者互相抵消。例如，香烟和白酒的计划价格大大高于其价值，宣传马克思主义的书籍的计划价格就大大地低于其价值;等等。调高生产资料的价格时,依据同样道理,也会有某些商品的价格会降低下来;只有这样,总价格才能等于总价值。这就是说,在总价值不变时,就不能增加货币,整个物价水平就不会提高。对此,薛暮桥说得非常正确:“根据物价上涨与通货膨胀同步增长(加上生产增长的幅度,在目前我国,还要加上因商品化而需要的增发货币数量)规律……”①他没有提到,在目前我国,还要加上因调整物价而需要增发的货币数量。

消费资料的价格上升了,相应的货币工资也是要提高的,但是,由于是调整价格,实际工资就并没有提高,这同前面提到的工资提高使利润下降,指的是实际工资提高是两回事。实际工资没有提高,全社会的利润量(或剩余价值量)就不会降低,不会使总价值或总价格提高。消费资料价格因调整而提高,由于使货币工资(不是实际工资)提高,会使商品由货币工资构成的成本增大,但不会使商品的价值增大,因为由工资购买的消费资料是由工人消费的,其价值不能转移到商品上去。换言之,它能使货币成本增大,不能使价值增大,不应增加货币。

在我国价格调整时常常会发生的所谓“搭车现象”,那就是将消费资料的调价,即货币工资提高也算到商品的价格上,这是不对的。所谓的价格调整的波及效应造成的成本上升推动物价上涨论,就是被这一现象所迷惑的产物。

那么,现在大多数国家在社会劳动生产率提高的情况下,物价事实上在提高的原因是什么呢?原因就是纸币的增加超过了国民生产总值的增加。前面的数据已说明这一点。

根据马克思的劳动价值理论和以其为基础的货币理论,我们知道,商品的价格和货币的价值成反比例。货币的价值有两种情况:一种是生产货币材料如黄金和白银的劳动生产率提高,贵金属货币的价值下降,这时商品的价格上涨,表现这上涨了价格的贵金属的重量是增加了的,其机制是货币作为价值尺度,其价值降低了;另一种是货币作为价值尺度,其价值并没有变化,但贵金属从条块状态、按重量(如两和钱)使用,到铸币(必有磨损)状态、

① 薛暮桥:《通货膨胀与物价上涨》,《光明日报》1988年6月30日。

再到纸币状态,按计算单位使用,这计算单位(如元和角)的名称可以不变,但它包含的金银量却可以减少,即价格标准可以缩小,于是就要以更多的计算单位来表现同一的商品的价值。这就是说,商品的价格增大了,其机制是计算单位代表的金银量从而价值减少,但是这增大了的价格如折算为贵金属的重量则没有增加。我认为,区别这两种不同的物价上涨是很重要的。

对于这个问题,马克思的重大贡献是将劳动价值理论贯彻到货币理论中,并将货币作为价值手段和作为流通手段相对照地加以研究,科学地回答了问题。马克思说:"作为价值手段,货币只是当作计算货币来用,金只是当作观念上的金来用;对于这个职能,货币的自然物质,即是金还是银有决定的意义;对于价格标准来说,其重量是 X 磅金还是 X 磅银,由此表现的商品的价格当然是不同的。作为流通手段,货币必须作为一件实在的东西而与其他商品并存;对于这个职能,货币的自然性质倒变得无关紧要,一切都取决于它的数量;只要它的数量和由它代表的具有一定自然物质的货币的流通量不相等,价格标准就发生变化,由此表现的商品价格也发生变化,而不论它本身的自然物质是什么。"①由于这样,包括纸币在内的流通手段或货币符号过多,其单位代表的贵金属量就减少,即价格标准就降低,物价就上涨。

当然,正如上文作者所说的,这样的物价上涨,是要以货币的价值下降得比商品的价值下降得更快,即生产商品的劳动生产率提高得更快为条件的。

总之,只是坚持劳动价值理论,而离开纸币供应量过多这一条件,物价的持续普遍上涨现象是无法说明的。

4. 评《澄清通货膨胀与经济增长之间的关系》

20世纪90年代中期,我国论坛上有一篇文章《澄清通货膨胀和经济增长的关系》,试图总结我国80年代中期开始发生的物价上涨问题。该文虽含区别物价上涨和通货膨胀之意,但进行论述时,还是将这两者等同使用的。

---

① 《马克思恩格斯全集》(第十三卷),人民出版社1962年版,第110—111页。

该文认为:“在我国现有的经济体制和经济增长方式下,经济的高增长,在一定程度上具有引发高通胀的可能性或必然性。”①该文认为有五个相联系的因素(顺序改为由引者安排——引者):A. 高货币增长,或货币超量发行,即纸币增加的比率超过了国民生产总值增加的比率(假设纸币的流通速度不变——引者),引起通货膨胀,而它又是经济高增长得以启动和维持的必要条件;B. 总体效益较低,产出同样的国内总产值需要比他国付出更多的投入,效益还有下降的趋势,产出与现在同样的国内总产值(应为总产量——引者),就需要有比过去更多的投入,高投入难以得到满足时,便转化为总价格水平的提高(这句原话不好懂,下面再解释——引者);C.高增长往往引发或伴随个人收入的更快增长,这可能对市场造成冲击,特别是在短缺的情况下,即使供求基本平衡,它也会对市场物价产生压力; D. 高增长使瓶颈产业产品,即基础工业的紧缺产品价格上涨,导致所有产品价格上涨;E. 高增长使地区经济差距扩大,落后地区的价格较低产品流入产品价格较高的发达地区,使物价上涨。

我研读之后,感到这五个因素中,只有 A 是产生严密意义上的通货膨胀的原因,它使单位纸币价值下降,从而使所有商品价格和劳务费用上涨。在这里,纸币超量发行是因,价格和费用上涨是果;B 是产生直接反映价值的价格上涨的原因,在价格反映价值的限度内,它与纸币的超量发行无关,即与通货膨胀无关;其他三个因素,一旦离开 A,即离开纸币超量发行,也就是说,只要把纸币发行的水龙头拧紧,就根本不能说明物价为何上涨。

该文说:要在我国现行经济体制下,这几个因素才能发生作用。这现行的经济体制不知指的是什么,如果说的是指当时的从计划经济体制向市场经济体制的过渡,因而两种体制都存在的话,那么,计划经济体制所固有的计划价格,从一定时期看,由于是固定的,不会上涨,在调整期,有的可能提高,与此相应,有的就要降低,因为计划经济体制制定计划价格的原则,应是总价格等于总价值。对于这一点,长期主管苏联计划经济的著名经济学家沃兹涅辛斯基说得很清楚:“每种单个商品的价格和价值是不相符合的,而且不能相符合,但是……在一定时期生产的全部商品的价格总和,不能不同

① 韩文秀、赵红蕾:《澄清通货膨胀和经济增长的关系》,《马克思主义与现实》1995 年第 4 期。

这些商品的生产费用相等,即不能不同全部社会劳动量相等。"①这样,一高一低,在此范围内,物价水平不变。如果说,我国没有遵守这一原则,那么,属于提价的那部分商品的总价格,是要吸收更多的纸币的,但是,这是在计划范围之内的,与此相应的纸币供应量增加,是根据提价的需要而定的,也是在计划范围内的,这就谈不上超量供应纸币了。这条理由一旦不能成立,其余所有的价格上涨,就只能以超量供应纸币来说明了。下面我逐个来谈。

关于C,高增长带来的较高的收入,能使物价上涨吗?不能。较高的收入就等于工资提高,它对某些商品的需求增加,这些商品就吸收了较多的货币,其他商品吸收的货币就减少了,其价格就要降低,物价水平还是不变。即使在市场短缺的条件下,也是这样。这一点前面已经谈过多次了。但是该文作者还有另一条理由:"我国居民消费结构不合理,食品等短期消费比重过大",这样,"过多和过快增长的个人收入对应过分狭窄的居民消费领域,而且这些消费的需求弹性甚小,价格涨得再高也得购买和消费"。② 但是,这里的道理还是这些商品的价格提高了,吸收的货币多了,其他的商品能吸收的货币就减少了,其价格就要下降。此外还有一个增长的个人收入问题。它的真实含义是:"工资增长是一把双刃剑,一方面引起消费需求增加,一方面加大工资成本,有可能在两方面同时对通货膨胀产生影响。"③工资增长不能提高物价水平,上面已经谈过。工资提高,成本是会提高的。但是,工资提高就意味着利润减少,由工资构成的成本,再由这成本加上利润而构成的生产价格,这时到底发生怎样的变化:升高、降低,还是不变,这要取决于资本有机构成的高低和资本周转时间的长短。④ 但是有一点是确定无疑的,就是价值由劳动决定,工资的变动或利润的反变动,都不能使等于总价值的总价格发生变化。

关于D,由于经济增长,基础工业落后,因供求矛盾,使瓶颈工业产品价格提高,能使价格水平提高吗?不能。理由还是一样。只要拧紧纸币的水龙头,这些产品吸收的货币多了,其他的产品吸收的货币就少了,其价格就

---

① 《沃兹涅辛斯基经济论文选》,人民出版社1983年版,第518页。

② 韩文秀、赵红蕾:《澄清通货膨胀和经济增长的关系》,《马克思主义与现实》1995年第4期。

③ 同上。

④ 参见马克思:《资本论》(第三卷),人民出版社1975年版,第11章"工资的一般变动对生产价格的影响"。

要降低，物价水平不变。

关于E，落后地区价格较低的商品流入价格较高的发达地区，使物价水平提高，这也是不可能的。运用前面说过的道理，就可以回答问题。但是，该文作者还有另一条理由："一般说来，发达地区物价水平较高，价格调整和改革的步伐比较快，一些价格开放的时间也比较早，同时地方财政实力比较高，居民的收入水平也比较高，结果是，发达地区的高物价吸引相对落后地区的物资向发达地区流动……（落后地区）被迫染上物价上涨之疾。"并"最终导致通货膨胀（或物价上涨）由发达地区向相对落后地区传递"。[①] 这里说的价格调整和改革以及价格开放，应该剔除，它们指的是将计划价格调整到符合价值，因此，由此而增加的纸币量就不是通货膨胀。这个因素予以剔除后，落后地区的物资流向发达地区，就只能逐渐将全国的物价由一高一低到拉平（运费和损耗不计在内），这个水平不会比以前的平均水平高。

最后，回过头来谈一谈B，所谓"高投入难以得到满足时，便转化为总价格水平的提高"，到底是什么意思？这句话我琢磨了很久，看不懂。因为当中似乎缺少某一前提，便得出结论。后来细细一想，才觉得它很可能说的是凯恩斯的这一理论：当不自愿失业消灭（自愿失业仍存在）时，由于缺乏这一生产要素，生产就不能再增加，此时再增加货币供应量，它便全部用来增加物价了。如果我的理解不错，并且这也适合我国国情，那么，我就认为，既然已经达到充分就业之境，生产不能再增加，就不应再增加货币供应量，如果增加，就是纸币超量发行，那么，就是A点所说的情况了，B就不能单独成立。

总之，该文只有A点，即纸币超量发行，通货膨胀，导致纸币贬值，即价格标准降低，才是我国物价普遍上涨的原因。经济效益降低，即一个生产部门的劳动生产率下降，商品的价值增大，以及以前没有按照总价格等于总价值的原则制定计划价格，现在才将低于价值的计划价格调整到符合价值的程度，这些都需要增加纸币的供应量，但这不是通货膨胀，由此形成的新的价格是等于其价值的，如果说这也是物价上涨，那么，这就是另一种意义的上涨，不是由通货膨胀造成的。该文有一个目的，就是要区别物价上涨和通货膨胀，结果却无意中将两者混淆了。

---

① 韩文秀、赵红蕾：《澄清通货膨胀和经济增长的关系》，《马克思主义与现实》1995年第4期。

十七、薛暮桥的物价工作、物价理论和货币理论研究

——读《薛暮桥回忆录》等的笔记

新中国成立以前，在山东抗日根据地和后来的山东解放区，薛暮桥就从事货币斗争工作，同国民党政府以法币、汪精卫伪政府以伪币争夺该地区的物资，以及由这两种货币的滥发而引起的物价上涨，进行了成功的斗争。当时在总结工作中，他就提出了与传统不同的货币理论。新中国成立以后，发生过三次严重影响人民生活的物价上涨：第一次在新中国成立初期，陈云作了很好的分析，并提出对策，解决了问题。这已见上述。第二次是三年“大跃进”造成计划外的物价飞涨，很快就得以平稳下来，并在此时开始制定调整物价的方案，其中就有薛暮桥的贡献。第三次是 20 世纪 80 年代中期到 90 年代中期，薛暮桥对这时物价上涨作了科学的分析，可惜的是，他虽然参与决策，但正确意见未被采纳，因而未能及时解决问题，留下遗憾和教训，他对此加以总结。这时他的完整的物价理论就已经完成，货币理论就更加成熟了。他的物价理论的另一面就是货币理论。

薛暮桥的有关论著，对抗日战争期间，在山东地区如何运用纸币流通规律进行货币斗争作了很好的分析，对我国三年“大跃进”所造成的大范围、低标准的定额供应、计划外价格飞涨的原因以及 20 世纪 80 年代开始发生的严重物价上涨，作了科学和详尽的分析。他科学地说明物价上涨的原因和货币流通量变化的规律。他在论文《通货膨胀和物价上涨》中说：在纸币流通条件下，“物价上涨的原因，归根到底是通货膨胀”。① 他认为，通货膨胀就是纸币的超量发行。

① 薛暮桥：《通货膨胀与物价上涨》，《光明日报》1988 年 6 月 30 日。

1. 运用纸币流通规律进行货币斗争

早在 1938 年,胶东抗日根据地就自己发行货币,称为“抗币”,作为国民党政府的法币的辅币。由于根据地当时缺乏办银行、发钞票的知识,抗币的信誉不如法币。胶东区下设东海、南海、西海和北海 4 个专区。北海区找到一个懂行的人任北海银行行长,所以北海币的信誉最好。1942 年山东成立省银行,但称北海银行,发行的货币称北海币。

1941 年太平洋战争爆发以前,法币仍受英、美两国支持。日军在其占领区准许法币流通,以便大量收集后运送到上海的英、美银行,兑换英镑和美元。所以,法币的币值还比较稳定。太平洋战争爆发后,日本对英、美宣战,情况发生了变化。日军就在其占领区排挤法币,将其驱逐到国民党统治区和抗日根据地。这样,法币因流通量过多,其币值就大跌,物价上涨。抗币也就不能再作为法币的辅币,而要降低法币和抗币的比价,以保持抗日根据地的物价稳定。

那时,山东省政府不了解货币和物价的规律,在仍允许法币流通(因为仍承认国民党政府)的条件下,试图用行政的办法强压法币的比价,宣布要用 2 元法币兑换 1 元抗币。但这法令丝毫不起作用。由于法币能在全国流通,抗币只能在各抗日根据地流通,人民就乐于收藏法币,黑市上法币的比价反而高于抗币。抗日根据地可以禁止伪币流通,但在敌占区的黑市上,伪币的比值又高于法币。在游击区,三种货币同时流通,伪币币值最高,法币次之,抗币最低。

怎样才能改变抗币这种劣势?薛暮桥等大胆提出,要稳定抗日根据地的币值和物价,唯一的办法就是驱逐法币,使抗币能够占领市场。当时他们已经认识到,只要不发生通货膨胀,物价就能稳定。但是,如果允许法币流通,法币就大量涌进,就无法消除市场上已出现的通货膨胀,无法避免物价的猛烈上涨,所以必须驱逐法币。

薛暮桥的建议得到山东分局和省政府的同意。于是 1943 年初就在报纸上宣布:自 7 月 1 日起,停止使用法币,动员人民把法币向北海银行兑换抗币，或将法币带到敌占区换回物资。北海银行也把原来用作发行准备金的法币，大量带到敌占区换回物资，以免法币跌价而受到损失。消息一公布，市场上法币的比价立即变为 1 元兑换抗币 0.6 元，7 月又变为 0.5 元；到年底，法币 6 元只能换抗币 1 元。排挤法币使抗日根据地换回大量物资，并用来支持抗币，即在物价上涨时抛出物资，回笼货币，提高抗币的币值，物价就自然下落。

薛暮桥指出，驱逐法币后，由于抗币流通数量满足不了市场流通的需要，物价就从稳定趋向于下落。加之进入秋冬农产品收获季节，农民急于出售农产品，物价就下落将近一半，许多新成立的合作社也因亏损而倒闭。薛暮桥认为，物价上涨是坏事，物价下跌同样是坏事。认为应当增发抗币，大量收购农产品，制止物价下跌。但由于银行印刷力量薄弱等原因，就错过了增发抗币以大量收购农产品的时机，年底物价比停止法币流通时仍下降了一半。

薛暮桥在总结工作时着重指出："我们发行的货币没有用黄金、白银、外汇作准备，是用物资作准备的。随着物价的涨落，工商局随时吞吐物资，调节货币流通数量，以保持币值和物价的稳定。当时资本主义国家都实行金本位制，不会发生通货膨胀问题。我们这种从实践中取得的规律性的认识可能是货币学说史上的一个新发现。"①在这里我想指出的是，当时主要资本主义国家已停止金本位制，发行纸币，虽有金银作准备，也规定纸币的含金量，但是人民不能以纸币兑现黄金。这已经不是原来意义的金本位制了。

在抗日根据地内可以停止用法币，但对敌占区的贸易仍然要用法币和伪币，因此，必须规定它们同抗币适当的兑换比率。起初，抗日根据地和敌占区接壤的银行往往强压法币和伪币的比率，使其币值降低，这就引起它们对抗日根据地的贸易增加，它们是出超，抗日根据地要对它们支付法币和伪币，这就使法币和伪币对北海币的比值回升。薛暮桥和别人研究后决定，要按抗日根据地和敌占区物价的变化和各种货币的供求情况，来灵活规定兑换比率。这种比率，在很大程度上取决于贸易的入超和出超。1942 年前，为了保护物资，抗日根据地曾盲目禁止土产出口，引起入超；后来改为鼓励多

① 薛暮桥：《薛暮桥回忆录》，天津人民出版社 1997 年版，第 166 页。

余的土产出口，主要协助商人经营进出口贸易，以减少日军扫荡时的损失。

抗日根据地的工商业经营了才两年，第一年法币就猛烈跌价，第二年伪币也猛烈跌价。1943 年 5 月，1 元法币换 1 元抗币，到 1945 年 5 月，1 元法币换 0.05 元抗币。同一时期，伪币从换抗币 1.5 元，跌到换抗币 0.1 元。如果不是货币斗争的胜利，抗日根据地的经济将受到很大的损失。

从上述可以看到，这一时期，薛暮桥已经认识到，假设产品数量不变，纸币流通数量就同物价水平成正比。至于他在这时期形成的物价理论和货币理论，我们留在下面再谈。

2. 三年"大跃进"后稳定物价和开始调整物价

1958 年中到 1961 年在三年"大跃进"，是对以前我国社会主义建设事业胜利发展的认识不正确，头脑发热，急于求成，只强调发挥主观能动性，因而违反客观规律性的产物。其后果如薛暮桥所说，在"大跃进"中，农业和轻工业相继大幅度减产，基建规模急剧扩大，职工人数猛烈增加，导致社会购买力同商品可供量之间出现了严重的不平衡。加上财政连年赤字（核实后的 1958—1960 年的赤字高达 170 亿元），货币投放过多（1960 年的货币流通量比 1957 年增加 1.4 倍），从 1960 年下半年起，物价开始猛涨。当时市场商品由国营商业统一供应，对价格实行计划管理制度。商品不足就限量供应，不足部分通过集市贸易购买。多余的货币转向集市贸易，使集市贸易的价格涨至计划价格的 7—8 倍。在这种情况下，国营商店的小商品价格稳不住了，也纷纷上涨。1961 年国营商业所供商品的计划价格比 1960 年上升 5.7%，包括高价、市价等各种商品的零售物价总指数，1961 年比 1960 年上升 16.2%。因此，如何稳定物价就成为迫切需要解决的问题。

薛暮桥指出，在物价政策方面，国务院决定，从 1961 年起，扩大定量供应商品的范围，降低定量供应的标准，以保持这部分商品的价格稳定，亏损由财政补贴。当时国家规定的定量供应商品有 18 类。商品定量很低，农村居民的定量更低。对于许多人民必需而又亏损严重的小商品，则略微提价。这些办法自然满足不了人民的基本生活需要，因此，不能不在计划供应和计划价格之外，再找一些出路。

当时，有些人认为，既然市场上货币流通量增加 1 倍多，而计划价格又不变，那么，多余的货币就必然挤向集市贸易，引起集市贸易价格猛涨，这样，不如将计划价格也提高 1 倍，集市贸易的价格就有可能下落，因此就作出相应的建议。薛暮桥指出：如果计划价格提高 1 倍，为了不降低劳动者的生活水平，那么，农产品的收购价格也应提高 1 倍，工资也应提高 1 倍，这样，货币发行量也应增加 1 倍，而市场上的商品供应量则没有增加，而价格已上涨 1 倍，通货膨胀问题并没有解决。因此，他认为，只能让 18 类重要消费品的计划价格不变，实行定量供应，而对许多管不住的小商品则只好让其稍微涨价。

陈云还提出，在保证定量供应商品的价格继续不变的条件下，在定量之外，出售几种高价商品，既可回笼货币，又可以满足一部分高收入者的需要。在我看来，他说的高价商品有两种：一种是连续生产、每年都有的，如尼龙袜子；一种是库存的、供应一次就难以后继的，如山珍海味。我认为这两种回笼货币是有不同的经济内容的。这留在下面再谈。当时，定量计划供应的商品是市场的主体，高价商品和集市贸易则是计划供应的补充。国家向农民收购农产品，计划内的是平价，计划外的是高价。刘少奇说，农民高价向国家出售计划收购以外的农产品，但用低价购买国家的工业品，这不符合等价交换的原则；他提出对农民应实行"高对高，低对低"两种价格政策。这就是国家按计划收购多少农产品，就按计划价格供应农民多少工业品。农民以高价向国家出售农产品，国家也以高价向农民供应工业品。用这个办法，也回笼了一定数量的货币。上述高价商品，从 1961—1964 年供应了 3 年，大约回笼货币 50 亿元，占 1961 年货币发行量 125 亿元的 40%。由于生产逐步上升，需要增发一点流动资金，实际净回笼货币 45 亿元。这对于减少市场上的货币流通量(从 1961 年年底的 125.7 亿元减少到 1964 年的 80 亿元)，对于稳定物价，起了很大的作用。

由于货币流通数量减少，加上生产增加，物价就开始下降。1963 年，平均零售物价总指数比上年下降 39.2%，其中平价商品价格下降 0.8%，高价、议价和集市贸易商品价格分别下降 40%—50%；农产品的收购价格，包括牌价和议价，比上年下降 6.6%，集市贸易价格经过两年大幅度下降，到年底只比牌价高40%左右，等等。在物价已基本稳定的情况下，开始有计划地对不合理的价格关系进行调整，就是必要的了。

薛暮桥一直认为，在物价的计划管理制度下，价格往往背离价值，不利于调整各类商品的按比例发展，达到供求平衡。所以，他主张必须对物价不断进行调整。由于当时商品供应很短缺，还不能放弃计划供应制度，只能提倡不断调整物价，不敢大规模地放开物价，由价值规律去调节，也不敢大幅度地进行调整。他虽然有了设想，但不久“文化大革命”开始，调整物价之举只好停止。

在“文化大革命”十年动乱期间，中央担心物价发生波动，影响社会安定，决定冻结物价。在这期间，各类产品的成本发生了巨大的变化，致使价格与价值严重背离，物价的不合理现象比60年代初期更严重了。

从上述可以看出，薛暮桥认为，当计划价格和非计划价格同时存在时，过多的货币就会涌向非计划商品，通货膨胀就会使非计划价格飞涨；主张在通货膨胀、物价高涨时，以出售商品来回笼货币，减少货币流通量，来达到降低物价的目的。至于何谓回笼货币，其流通量能否因“回笼”而减少，以及他在这期间因总结经济工作经验而进一步升华的货币理论，我们留在下面再谈。

3. 1985年开始宏观上的“双失控”使物价上涨

“文化大革命”结束时，我国国民经济失调非常严重，农、轻、重之间，重工业内部，积累与消费之间，都处于严重比例失调状态。而1978年的新的冒进，则使问题更加严重。从某一点看，实质上“大跃进”仍在继续。1978年年底召开的党的十一届三中全会，作出了改革开放的决定，这是非常正确和及时的。但由于有些领导干部的思想没有转过来，执行不力，仍然继续“跃进”，于是就出现财政赤字、通货膨胀和物价上涨问题。这就是说，发生“新的冒进”时，物价上涨已露端倪。

对此，薛暮桥指出，这些问题，“我们认为这不是调整方针本身有问题，恰恰相反，是由于调整方针执行很不得力而引起的。1979年提出调整方针，要求把基本建设投资压到360亿元，把省出来的钱用于提高农产品收购价格和增加职工工资，克服国民经济比例失调现象，这是非常正确的。……但是，1979年由于许多同志对调整认识不足，执行不力，加上压缩投资工作起步太迟，预算内投资并未减少，同1978年持平，达395亿元，而预算外投资却达到105亿元，全年实际完成投资总额达500亿元，不仅没有达到紧缩目标，反而比1978年的480亿元还多20亿元。与此同时，这一年提高农产品收购价格和职工工资，原计划使居民收入增加100亿元，实际执行中超过预计，达到140亿元。加上其他一些原因，财政出现赤字，这是新中国成立以来历史上空前未有的。这一年除动用历年财政结余外，增发货币（现金）50多亿元”。①

薛暮桥继续说：“1980年国家再次要求压缩基本建设投资，但是，不少同志还是想‘骑在马上调整’。……计划外的投资大大膨胀，实际完成的投资总额达到540亿元，比1979年又增加40亿元。与此同时……农产品价格因超售加价和议价收购的比重继续上升，使国家在这方面的补贴从1978年的38亿元增加到1980年的135亿元；职工上一年升级增加的工资大部分在1980年补发，企业又用留成利润多发奖金。结果，这一年财政支出又有127.5亿元赤字，增发了70亿元货币。商品价格稳不住。1980年社会零售物价指数上涨6%，其中城市零售物价指数上升8.1%，群众中颇有怨言。”②

薛暮桥认为，这两年由通货膨胀导致物价上涨，根本原因就是投资增长过多和消费增长过多。“1979—1980年两年中，社会购买力增加676亿元，而商品供应量只增加536亿元。”③他在1981年写的一篇文章中说：“问题出在……国家支出的积累基金和消费基金，超过国民收入总额。”④他将这总结为“国民收入超分配”，它必然导致通货膨胀。关于这个货币理论问题，我们留在下面谈。

1984年召开的党的十二届三中全会，宣布国民经济的调整任务已基本完成，是完全符合实际情况的。这次会议还通过了《关于经济体制改革的决

① 薛暮桥：《薛暮桥回忆录》，天津人民出版社1997年版，第364—365页。
② 同上书，第365页。
③ 同上书，第367页。
④ 同上书，第365页。

定》(以下简称《决定》)。但是,正如薛暮桥所指出的:"就在《决定》发表后不久,我国经济发生了前所未有的宏观失控。"①1984 年下半年,有关部门讨论金融体制和工资管理体制改革的方案,决定要扩大专业银行贷款的自主权,允许各专业银行自主支配的信贷资金数额同存款增减挂钩按比例浮动;决定要扩大的企业工资总额可以同企业经济效益挂钩浮动。这些本来是好事,但在具体实施办法上出现不该有的失误。银行系统设想 1985 年各专业银行贷款数额的浮动,要以 1984 年实际贷款作为基数;劳动部门设想各企业工资总额的浮动,要以 1984 年实际数作为基数。有关这两项基数核定办法的风声传出,立即导致从 10 月份开始的信贷和工资增长严重失控。这年 12 月银行贷款总额比上年同期猛增 48.4%,全年增长 28.9%;第四季度奖金发放比上年同期增加 1 倍有余,工资总额(包括奖金)增长 38%。这年第四季度货币发行量比上年同期增加 164%,全年合计增加 49.5%,全年增加货币达 262 亿元,大大突破原来的定额,开始出现明显的通货膨胀。

薛暮桥继续说:"当时经济学界对货币流通形势和应采取的政策,意见有分歧。有些经济学家认为通货膨胀是经济'起飞'时期的正常现象,非但没有坏处,相反有提高增长速度的好处。经济研究中心的多数同志不赞成这种意见,认为各国发展的经验证明,通货膨胀对于长期发展有害无益,即使凯恩斯主义者,现在也逐渐惧怕通货膨胀政策。在我国目前情况下,由于通货膨胀破坏改革的良好环境,危害就更大。"因此,1985 年,他就指出:"目前出现了投资和消费双膨胀的形势,必须及时采取措施加以克服。"他进而指出:"过去宏观控制主要靠财政手段,而现在则主要靠控制银行信贷。我建议应当立即压缩信贷,抽紧银根。"②他认为,国务院决定 1985 年要控制信贷基金和消费基金的过度膨胀,并把工业总产值的增长幅度定为 8%,是十分明智的。

1985 年,除了企业和事业单位涨工资以外,在第二季度,国务院决定在大中城市放开副食品价格。本来自 1979 年以来,由于执行了调整方针,加速了农业和轻工业的生产,产品供应紧张情况大为改善,出现了合理调整和放

---

① 薛暮桥:《薛暮桥回忆录》,天津人民出版社 1997 年版,第 402 页。

② 同上书,第 404—405 页。

开价格的极好机会，这种情况一直延续到1984年。但是，该年第四季度开始出现的通货膨胀，使理顺价格的良好机会得而复失。这样，1985年的价格改革，步骤就只能是十分谨慎的。国家原定在1986年出台的价格改革方案，也被迫搁浅，而且不得不责成物价局对部分商品用行政手段实行限价政策，致使物价产生新的扭曲。薛暮桥说："我强调理顺价格为经济体制改革创造条件，势在必行，但是要理顺价格，必须制止需求过热而发生通货膨胀。只有制止通货膨胀，才能顺利进行价格改革。"①

薛暮桥指出，1985年上半年实行双紧缩政策之所以收效不大，是由于"工业生产的超高速度，也由于'投资饥饿症'这种体制上的毛病，人们的过热情绪不易抑制"。②

4. 在反通货膨胀问题上的争议

薛暮桥指出，1985年国务院是坚持加强宏观调控的。但由于1986年第一季度工业生产遇到困难，其原因是大量基建项目已上马，而原材料供应紧张，流动资金奇缺，结果工业生产增长速度显著下降，第一季度与上年同期比较只增长4.4%。这本来是抑制经济过热时出现的暂时现象，用不着惊慌。但是许多地方企业纷纷强烈要求放松信贷，同时一些年轻同志惊呼经济滑坡，说双紧政策破坏了刚刚开始的经济"起飞"，主张保持"适度"的通货膨胀来刺激经济"起飞"。国务院有关领导受到错误主张影响，在制止通货膨胀问题上发生动摇，从第二季度起开始大幅度放松信贷。这就理所当然引起物价大幅度上涨。

对此，经济研究中心持不同意见。薛暮桥指出："1985年货币发行量是很大的，为什么还会产生流动资金严重不足呢？……这是由于银行在分配资金时，过多地照顾固定资产投资的需要，没有留下相应的流动资金；企业在使用自有资金时也往往大部分用作投资，而投产后所需流动资金则靠银

① 薛暮桥：《薛暮桥回忆录》，天津人民出版社1997年版，第407页。

② 同上。

行来供应。所以解决问题的办法，应当是改变银行贷款结构，压缩固定资产投资，同时还应当加速发展我国的金融业务。……在目前过量发行的基础货币中，大约有一半沉淀在居民特别是农村居民手中，虽然银行储蓄也在增加，但沉淀的货币则越来越多。为了有助缓解流动资金不足的困难，应当发展银行业务，把沉淀的吸收到银行中来，同时银行应展开票据交换、期票贴现等业务，通过发展金融市场解决企业间相互拖欠现象。”①

为此，薛暮桥写信给国务院有关领导，说各地领导同志头脑过热，提前翻番、急于求成的劲头很大，要降温，希望中央领导同志不要再去鼓气和加油。这封信不符合当时国务院有关领导的意图。薛暮桥说：“他认为我的经济思想已经不合潮流，已经落伍，都是些‘老框框’，‘缺乏新意’。他从1986年下半年起，仍鼓励大家大干快上。在口头上虽然讲要实行‘软着陆’(要用比较缓和的办法使社会总需求和总供给恢复平衡)，而实际上却不想切实做到‘软着陆’。但是我还是在各个会议上发表意见，劝大家降温。”②

在投资过热、通货膨胀加剧情况下，物价自然难以稳定。为了限制物价上涨，不是去坚决制止货币扩张，而是采用行政限价手段，强压物价。1986年和1987年，零售物价指数表面上看来上涨不算高，仅为6%和7.3%，其实这是假象。我国当时物价处于半放半管状态，物价上涨的威胁加重了，就用行政来对付，过量货币大部分不能由物价上涨冲销，成为“隐蔽性的通货膨胀”，并导致物价体系新的扭曲：议价部分价格猛涨，利用价格混乱转手倒卖牟取暴利的“官倒”“私倒”盛行；许多小商品无法限价，因价高利大而盲目发展，使产品结构恶化；限价还使很多企业亏损年年增加。

在这期间，有经验的经济学家几次向国务院决策人敲警钟，指出经济发展中的险情，要求加强宏观控制，坚决制止通货膨胀。但是，国务院有关领导仍然害怕增长速度下降；并指责有人把经济形势描写得“险象环生”。国务院批评“国民收入超分配论”，认为这一提法本身不科学，不要再使用。

这样，在深化改革的问题上，就有两种选择：一是制止通货膨胀，遏止物价上涨，并努力理顺价格，从而使各项改革包括企业体制改革能顺利推进；

① 薛暮桥：《薛暮桥回忆录》，天津人民出版社1997年版，第412页。

② 同上书，第413页。

二是漠视通货膨胀，看到理顺价格的困难，因而试图绕过价格改革，用推广企业上缴税利包干的办法，保持高速增长。薛暮桥是主张第一种选择的。另一些人则选择第二种选择。他们宣称通货膨胀不会引起物价上涨，宣称货币发行政策第一是要促使生产上升，其次才是稳定物价。甚至“通货膨胀有益论”等也纷纷出笼。新华社的一位记者写了一篇内参，主张放弃宏观调控政策，受到国务院有关领导的赞赏。为此，薛暮桥又写信给国务院有关领导，指出过去几年已经发生日渐严重的通货膨胀，“国家因害怕物价上升过多，命令物价局限制物价上升幅度，许多该涨价的商品不准涨价，这样通货膨胀的相当大的一部分就被掩盖起来，成为‘隐蔽性的通货膨胀’，此后三年货币仍然过量发行，虽然涨幅较小，但加上过去积存下来的‘隐蔽性的通货膨胀’，紧张情况比过去几年和缓了还是更加紧张，还很难说。从今年(1988 年——引者)前 4 个月的情况来看，恐怕更加紧张”。① 这段话得不到当时的国务院有关领导的采纳。那时，国务院有关领导一面讳言通货膨胀，一面又企图放开步伐进行物价改革。8 月，中央召开会议，继续讨论绕过经济环境的治理而加速物价和工资改革的方案。薛暮桥提出的意见和当时决策思想的意见不同，有的人对他很不满意。结果，这年 8 月，加快进行物价改革的消息刚在报上透露出来，就在许多城市发生向银行抢提存款，向商店抢购商品的危急现象，党中央于 9 月及时召开十三届三中全会，提出“治理经济环境，整顿经济秩序，全面深化改革”的新方针，明确把明、后两年改革和建设的重点突出转移到治理环境和整顿秩序上来，放慢物价改革的步伐。这是由“超高速”转而治理整顿，实际上是十一届三中全会后，经过 5 年完成调整任务，又宏观失控，被迫再来一次新的调整。如果早三年加紧宏观调控，这次调整是可以避免的，现在问题积累起来，只能再用几年时间来治理整顿。1988 年 12 月，国务院原有关领导表示接受薛暮桥等人的意见，并说最近一年犯了通货膨胀的失误。薛暮桥说，不是一年，至少已有三年。虽然国务院有关领导对于通货膨胀的失误进行了纠正，但已造成很大的损失，使改革走了一段不必要的弯路。

我认为，我国发行货币，如果能按照薛暮桥所说的那样去做，就能保证

---

① 薛暮桥：《薛暮桥回忆录》，天津人民出版社 1997 年版，第 417 页。

物价稳定;这就是货币增加的发行量,除了根据生产增长幅度之外,还要加上因商品化而需要增发的货币量。我想补充的是,在国内生产总值中,要减去非现金结算的相互抵消的总额,加上到期需要以现金支付的总额,以及考虑货币的流通速度。

5. 在实际工作中总结出的物价理论和货币理论

本部分内容请参见本卷第三部分《货币理论与价格理论》的“三、对薛暮桥货币理论的疑惑——读《薛暮桥回忆录》的笔记”全文。

十八、中国当前的通货紧缩问题

1996年，中国实现了“软着陆”，解决了通货膨胀和物价上涨问题；接着就发生物价下落问题。对此，一般称为通货紧缩。中国经济学家为了说明通货紧缩的含义引用了许多定义。定义本来能使范畴更加严密，但是事实总比定义丰富，即使逐一将众多的定义来套事实，还是无法选定符合事实的定义。因此，我只好撇开定义，从事实出发，进行研究。

1. 中国近年来通货紧缩的事实

中国国家统计局副局长邱晓华曾从理论上谈到经济增长和物价变动的关系问题。他说：一个国家或地区现实的经济增长总是围绕潜在的经济增长率来波动的。当现实增长大大高于潜在的经济增长时，就容易出现高增长高通胀；当接近或处于潜在的增长区间时，就可以出现高增长低通胀，也就是正常的物价波动；当低于潜在的增长时，就容易出现滞胀。他认为：“潜在的经济增长率是一个国家经济可能达到的增长速度，它是由资源的承受能力和市场的容纳能力来决定的。社会资源由原材料、交通、通信、资金、电力、劳动力等方面构成，市场容纳能力包括消费能力、投资能力、出口的可能性等需求因素。”①这里所说的潜在增长率所需要具备的条件，与凯恩斯所说的充分就业所需要具备的条件，就其中的生产要素来说是很相像的，就其中的会引发通货膨胀的条件来说也是很相像的。按照这一理论，中国自1996年开始的经济增长和物价不涨，甚至微落的现象，就无法解释。因此，

① 转引自吕贤如：《高增长低通胀之谜》，《光明日报》2001年3月9日。

我也只好抛掉这个理论，从事实出发，进行研究。

这个事实就是中国人民银行的研究人员谢平和沈炳熙在1999年的文章中所描绘的："1993年进行以治理通货膨胀、经济过热为主要内容的宏观调控在1996年年底基本达到预定目标。1997年GDP（国内生产总值——引者）增长8.8%，商品零售价格上涨0.8%，居民消费品价格上涨2.8%，被认为是历史上少有的'高增长、低通胀'的好局面。1998年，在受到亚洲金融危机和南北特大洪水冲击的情况下，GDP增长速度仍然达到7.8%。1999年第一季度GDP增长8.3%，估计上半年GDP增长率可以达到8%。……但是，到今年（1999年——引者）5月底，连续20个月RPI（零售商品价格指数——引者）的负增长，15个月居民消费价格指数的负增长和32个月生产资料购进价格指数的负增长，已向我们亮出了通货紧缩的警示牌。"①该文继续说："可以认为，1997年通货紧缩已见端倪。1998年，亚洲金融危机使我国国外净需求大幅下降，国内需求也相对不足，经济增长率继续下降，物价水平也持续下降。到年底，商品零售价格、居民消费价格上涨率分别为－2.6%和－0.8%，创改革开放以来物价水平之最低。通货紧缩已明显显现。"②

上述说明缺少货币流通量的数据。如果我们将国内生产总值、零售商品价格指数和货币流通量的指数加以比较，就可以清楚地看到问题在哪里（见表4-14）。

表4-14　1996—2000年国内生产总值、零售商品价格指数、货币流通量比较

年份	GDP	RPI	M2	M2指数	M1	M1指数	M0	M0指数
1996	109.6	106.1	76 094.9	—	28 514.8	—	8 802.0	—
1997	108.8	100.8	90 995.3	119.58	348 26.3	122.1	10 177.6	115.6
1998	107.8	97.4	104 498.5	114.83	38 953.7	111.8	11 204.2	110.0
1999	107.1	97.0	119 897.9	114.73	45 837.2	117.6	13 455.5	120.0
2000	108.0	98.5	134 610.3	112.27	53 147.2	115.9	14 652.7	108.8

注：指数上年为100，货币流通量单位为亿元；M1即狭义货币，由流通中现金和私人活期存款构成；M2即广义货币，由狭义货币和准货币构成，后者包括私人定期存款和其他存款；M0即市场中流通的货币。

资料来源：《中国统计年鉴》，中国统计出版社2001年版，第51、281、638页。货币流通量指数是作者编制的。

① 谢平、沈丙熙：《通货紧缩和货币政策》，《经济研究》1999年第8期。

② 同上。

表4-14表明，从1996年到2000年，经济增长年率为7%—8%，货币增加年率，不论何种货币都在两位数上，只有2000年的M0为8.8%；我们缺少货币流通速度的数据，但在一般情况下，它的变化应该是不大的；这样，商品零售价格从1997年到1999年的逐年下降，就是不可解释的。生产上升、货币增加，而零售价格下跌，这种状况是与关于通货紧缩的定义不符合的。由于这样，在这里我使用通货紧缩一词，仅仅是从物价下跌这一点着眼的，不涉及生产下降；正如以前我用通货膨胀一词，也仅仅是从物价上涨这一点着眼的，不涉及生产上升一样。

解释这一现象的说法很多，这里我将其区别为货币原因说和非货币原因说两大类，分别论述如下。

2. 通货紧缩的货币原因说

中国人民银行研究人员的文章持货币原因说。在说明盲目投资、重复建设造成生产能力过剩，这是物价下降的原因之后，该文明确指出："1994年以来货币供应量增幅和货币流通速度的下降，是通货紧缩发生的货币原因"①；"存款超常增长和金融机构贷款增长相对较慢，是通货紧缩继续发展的重要原因"。② 关于前者，该文提出的数据应是权威性的。对此，我一点也不怀疑。对于货币供应量增幅下降，该文的解释是：此前即1996年以前，政策是反对通货膨胀，因此，就减速发行货币，也就是说，是货币政策改变使然；对于货币流通速度下降，该文只举出数据，没有说明原因。我认为，货币流通速度的反面就是商品周转速度，或者应该说，商品周转减慢是原因，货币流通速度下降是结果。那么，商品周转为什么减慢了呢？该文没有说明。关于后者，该文也提出权威性的数据。对此，我也不怀疑。该文指出，在存款增加中，以定期存款增加最快，它在存款中的比重加大，而它要转化为即期的购买力，是要经历一段时期的；这样，对物价直接起重要作用的现金和

① 谢平、沈丙熙：《通货紧缩和货币政策》，《经济研究》1999年第8期。
② 同上。

活期存款的比重却减少。这就是 1999 年“5 月末广义货币……同比增长 17.2%，超过去年同期水平”，但是，“与此同时，零售物价和居民消费物价水平却下跌 3.5%和 2.2%”[①]的原因。这里说的都是事实。只是存款为什么增加，定期存款的比重为什么增大，致使货币流通速度下降，或者不如反过来说，商品销售困难的原因是什么，并没有说及。

由此就产生相应的对策：扩大基础货币投放、降低利率和对中小金融机构再贷款等。

3. 通货紧缩的非货币原因说

前面中国人民银行研究人员的文章事实上也有通货紧缩的非货币原因说这种看法。持此说的最突出的代表是：《正视通货紧缩压力，加快微观机制改革》[②]《打破通货紧缩的恶性膨胀》[③]和《关于通货紧缩的几个问题》[④]这三篇文章。

第一篇文章认为，中国国有企业长期低效是导致目前宏观经济状态的根本原因。一方面，由于赢了归自己、输了归银行或财政的投资制度，国有企业的负债率逐渐上升；另一方面，中央虽然作出规定，对银行的贷款行为加以约束，这会使国有企业的“完全债务化”的速度减缓，但是，其负债增长速度，仍然远远超过其资本增长速度。由于缺乏有效的破产机制，现行的资产重组的结果可能是好的企业被坏的企业拖垮。这样一来，信贷关系就被破坏，通货紧缩就发生。因此，医治通货紧缩，就要提高企业的经济绩效。

第二篇文章认为，长期以来中国存在着以需求拉动为主导的通货膨胀，且要素的价格上升速度往往滞后于物价上涨的速度，企业因成本上升而出现亏损的问题在一定程度上得到控制。但是经过五年实行紧缩性宏观政策

① 谢平、沈丙熙：《通货紧缩和货币政策》，《经济研究》1999 年第 8 期。

② 北京大学中国经济研究中心宏观组：《正视通货紧缩压力，加快微观机制改革》，《经济研究》1999 年第 7 期。

③ 余永定：《打破通货收缩的恶性循环——中国经济发展的新挑战》，《经济研究》1999 年第 7 期。

④ 曾康霖：《关于通货紧缩的几个问题》，《经济研究》1999 年第 11 期。

之后，物价水平下落，企业的亏损问题就严重恶化。这时，随着物价下落，有的企业就提高生产率，其结果就是亏损企业更亏损。后者只好压缩开支，并使部分工人失业，这又使总需求减少，物价又下落。如此恶性循环。这样，为了使经济形势得到根本好转所采取的供给方面的措施，就是减员增效，不能不使企业破产和工人失业。

第三篇文章认为，在我国国民经济中，无效供给状况严重，不仅生产出来的是废品，不能提供给人们消费，而且还在生产中，积压了还生产。这和体制有关，因为生产出来，卖不出去，损失不是自己的，而且与当事人的思想有关，因为只要“产出”，就有 GDP，而有了 GDP，就有速度，有了速度，就有业绩……所以要看到，当前产品积压不能简单地认为是需求不足，而是其中严重地存在着无效供给。消除无效供给，不追求 GDP 的增长速度，着力改善经济结构，是最佳选择。

应该说，这几篇文章说得都有道理。但是，有一个问题，它们似乎都忽略了：目前我国个人银行存款达 7.3 万亿元，大多为定期存款，它为什么不用来购买商品，而使一部分商品不能出售？

有一篇题为《社会主义市场经济的初生态》①的文章解答了这个问题。它指出，1996 年“软着陆”制止了通胀。但从这时起，就出现了双储双增现象：一方面银行居民存款增加，另一方面商品仓储增加，过剩的购买力和过剩的商品同时存在；历史上任何国家的经济萧条，虽然有各种各样的原因，但是没有市场供给的产品质次价高、伪劣欺诈（据估计，目前伪劣产品的总价值约为 1.3 万亿元，而 2001 年的国内总产值为 9.593 3 万亿元，即占 2001 年国内总产值的 13.55%）造成供给过剩这样的原因，也没有与此同时存在的居民有巨额存款而不用于购买这样的原因；而这却是中国市场经济存在的突出问题。因此，只好让货堆在仓库里，让钱放在银行里，过剩供给和过剩需求各据一方。这是世界上少见的经济现象（这说明引用通货紧缩的定义是无法说明这一现象的）。该文认为，出路在于在实行积极的财政政策以扩大需求的同时，也要优化供给，要双管齐下，才更能奏效。

---

① 胡培兆：《社会主义市场经济的初生态——纪念实行社会主义市场经济十年有感》，《中国经济问题》2002 年第 1 期。

我认为，这一篇文章提出了一般人不注意的严重问题，值得深思。但是，细细一想，伪劣商品不是久治不绝吗，这说明还是有人购买。如果是这样，个人存款应该减少才对。但存款一直不减少，可见通货紧缩还另有原因。

这个原因，我认为一篇题为《中国通货紧缩的深层次原因》①的文章说出来了。该文指出："中国当前通货紧缩的根源在于长期以来的高积累政策，是高积累政策所带来的积累和消费之间的矛盾长期积累的结果。"②该文进一步指出："正当人们为'软着陆'的成功而欢呼时……开始出现生产能力相对过剩、供大于求的局面……这种生产能力的过剩是与长期以来居民收入和消费受到压抑相联系的，可以说正是消费的不足使生产能力过剩的时代提前到来。"③该文认为："直到今天，国有部门的低工资政策仍然没有多大改变而随着改革推进，政府向居民提供的公共福利却越来越少。"④该文再具体指出："相对于GDP总量的高速增长，中国居民收入增长相对缓慢……按不变价格计算的居民收入占GDP的比重从20世纪80年代中期开始下降，从1984年的64.2%下降到1998年的41.4%，下降幅度是非常大的。"⑤这样一来，在低下的收入中，还要存钱以备不时之需，存款不敢用之谜就得到解释了。

言实所写的《中国经济形势与问题——访北京大学著名经济学家萧灼基教授》一文则明确指出：中国目前消费率只有59%，而世界平均为78%—79%，新中国历史上平均为65%。因此，无论同世界横向相比，还是同自身历史相比，中国目前的消费率都偏低。⑥ 陈云认为，经济发展要处理好建设和吃饭的关系；饭不能吃得太好，但也不能吃得太差。薄一波在党的第八次全国代表大会上，根据中国当时的经验，认为在国民收入中，积累基金占的

---

① 汪同三、李涛：《中国通货紧缩的深层次原因》，《中国社会科学》2001年第6期。

② 同上。

③ 同上。

④ 同上。

⑤ 同上。

⑥ 言实：《中国经济形势与问题——访北京大学著名经济学家萧灼基教授》，《社会科学报》2002年5月23日。

比重以20%,或略高一点为宜①,即消费基金所占比重以80%,或略低一点为宜。中国目前的消费相对于生产增长来说过低,是很明显的。根据2000年出版的《中国统计年鉴》,国内生产总值增长率1996年为9.6%,1997年为8.8%,1998年为7.8%,1999年为7.1%,而全国居民人均消费增长率则相应为9.09%、4.16%、5.55%和7.42%(我根据统计资料折算),这是人均消费,不是全国消费总额,还不能据此计算其在国内生产总值中占的比率,即推算消费率,但已经可以看出,总的说来,消费增长是落后于生产增长的。

因此,要改变这种局面,就要改变高积累的政策。

4. 我对通货紧缩原因的看法

在我看来,《中国通货紧缩的深层次原因》是一篇很有启发性的文章。我想将其论点推进一步。我认为,不要以为只要严格按照马克思提出的货币流通量的决定公式(假定流通手段和支付手段的流通速度是已知的,流通手段总额就等于待实现的商品的总价格加上到期的支付总额减去彼此抵消的支付,最后减去同一货币交替地时而充当流通手段、时而充当支付手段的流通次数)办事,国民经济的运行就不成问题了。不是的。我国1996年实现"软着陆"以后不久,就发生缓慢的物价下跌,用将物价上涨等同于通货膨胀的人的用语来说,这就是通货膨胀的反面,即通货紧缩。但我认为其真正原因绝不是货币发行量过少,而是消费资料的生产,相对于人民的有购买力的消费力来说是相对过剩的,受其影响,生产资料的生产也是相对过剩的。我们不能像俄国经济学家杜冈·巴拉诺夫斯基那样,认为生产资料生产的增长,可以完全脱离消费资料生产的增长,即积累基金的增长可以完全脱离消费基金的增长。杜冈说,把整个社会的资本主义经济概括起来加以考察,必然得出资本主义经济中的市场容量根本不决定于消费量的结论;社会产品不仅有消费品,而且也有生产资料;机器代替工人时,社会对消费品的需求虽然减少,但是对生产资料的需求却增加;同样,当资本家的收入由其个人

① 石仲泉、沈正乐等:《中共八大史》,人民出版社1998年版,第244页。

消费基金转化为资本时，其对消费品的需求虽然减少，但对生产资料的需求却增加。总之，只要社会生产比例适当，则无论消费需求怎样减少都不会使市场上的产品供给总量超过需求总量。这明显是对马克思关于资本主义生产过剩经济危机理论的阉割。马克思认为，资本主义的直接剥削条件和实现这种剥削的条件，不是一回事。前者只受社会生产力的限制，后者受不同生产部门的比例和社会消费力的限制。但是，社会消费力既不是取决于绝对的生产力，也不是取决于绝对的消费力，而是取决于以对抗性的分配关系为基础的消费力；这种分配关系，使社会上大多数人的消费缩小到只能在相当狭小的界限以内变动的最低限度。这个消费力还受到追求积累的欲望的限制，受到扩大资本和扩大剩余价值生产规模的欲望的限制。对马克思这段重要论述，杜冈只强调其中的生产的比例性这一点，而阉割掉其中的消费力这一点。马克思分析的虽然是资本主义危机产生的原因，但其中关于生产和消费、消费和积累之关系的分析，其基本原理，显然是适用于社会化的商品生产制度的，因此，也是适用于社会主义社会的。我认为，只有用生产增长和消费相对落后的矛盾，才能解释为什么目前我国绝大多数商品都是供过于求的。

那么，我国消费增长落后的原因何在呢？经济学家写了大量文章，用了大量图表和数据，在我看来，这其实说明长期以来人民的消费增长大大落后于国内总产值的增长。其中特别值得注意的是，过去的消费基金，除工资外，还包含着福利收入，如子女教育费、住房和医疗补贴，现在，其中的一部分则由工资的支出来负担了。虽然现在大多数人不必积谷防饥，但要积钱防病，而积钱防病很难计划化。前面提到，按不变价格计算的居民收入占国内总产量的比重，从 20 世纪 80 年代中期开始不断下降，从 1984 年的64.2%下降到 1998 年的 41.1%；其反面就是长期以来积累率过高。

有的学者认为，我国居民在银行的个人存款已达 7.3 万亿元(其中大约有 7 000 亿元转化为消费信贷资金)，但只是躺在那里，不用来购买商品，致使市场疲软，对此觉得奇怪。其实只要分析一下存款人的构成，就可以看出，富有者占的多，一般人占有的少①，其中广大农民占有的则更少，后两种

① 据邓伟志估计，7 万多亿元存款中，存款人中的 1.26%占有存款的 27%，7.8%的人占有存款的 65%，即存款人中的 9.06%占有存款的 92%。参见《保障“弱势群体”的生存权利》，《社会科学报》2002 年 5 月 2 日。

人其实是在银行里积钱，以备不时之需；而富有者占有的消费资料已足够了，很难再购买什么了。群众说："未来不确定，钱袋得捂紧。"这是实话。这就使存款中定期存款的比重增加，它不能转化为即期的购买力，这部分货币的流通速度降低。据某城市调查，定期存款占全部个人存款的80%，以全国个人存款7.3万亿元推算，其中的定期存款约为5.8万亿元，如果它变为现金和活期存款，都用于购买，将能购买多少商品和劳务啊！当我写这几行字时，国家统计局局长朱元鑫宣布，2001年中国国内总产值为9.593 3万亿元。这就是说，如果历年积蓄的全部个人定期存款都释放出来用于购买，那么，单只这部分购买力就能购买全国商品和服务的60%。但是情况偏偏不是这样。因此，增长的消费资料生产就缺少对应的购买力，影响所及，增长的生产资料生产也缺少对应的购买力。因此，全面生产都过剩，物价下跌，市场疲软，销售困难，货币流通速度减慢，企业普遍缺乏现金，连环债很难清理，银行坏账增加，再也不敢贷款；如果不发生这种情况，货币流通量是足够实现生产的总值的，作为这种情况的结果，就是通货紧缩。

如果是这样，那么，马克思指出的社会化的商品生产制度中生产和消费、消费和积累之间的矛盾，就在我国存在着了。在西方，这就会发生经济危机，再由经济危机引起货币危机，而不是如有的经济家所说的，由货币危机引起经济危机（这种货币危机是整个经济危机过程中的一个阶段，与独立发生的货币危机，如1997年在泰国开始发生的亚洲金融危机不同）。我国之所以不会发生像资本主义那样的经济危机——生产下降和物价下跌，而是生产不降，甚至上升，在市场疲软时，国内生产总值增长年率仍保持在7%—8%，这是由于计划经济体制尚未完全消失，地方保护主义存在，为了达到甚至超过经济增长率，为了"业绩"，因而相对于低下消费力而言的过剩生产力，即最落后的包括生产伪劣产品的企业得不到淘汰。换言之，经济危机的爆发能暂时解决生产和消费之间的矛盾的作用，在我国由于经济体制和政治体制改革的滞后而被削弱，反而不爆发经济危机，而仅表现为通货紧缩。

在此条件下，运用财政政策以直接刺激投资，搞基建、修水利、治环境，即实施类似公共工程之类的政策，这虽然可以使经济暂时增长，但除了其效益要长期以后才能产生，因而短期内不能以效益偿还债务外，就我国的问题而言，这不能根本解决市场疲软问题，不能解决通货紧缩问题。1998—

2001 年共 4 年，我国发行国债 5 100 亿元，其中由银行将部分定期存款用于购买国债，国债转化为投资，拉动经济增长的百分点，1998 年为 1.5，1999 年为 2，2000 年为 1.7，2001 年为 1.8，创造就业岗位 500 万个，占同期新增就业岗位的 20%以上。经济虽然增长了，而市场起色不大，通货紧缩依旧。原因何在呢？原因在于这些基本建设虽然拉动了 GDP，并促使相应的生产资料得以销售，也增加就业，从而增加工资总额，但是，这些就业者本来就是要有起码的消费的，就业后生活水平可以提高一点，但仍要积钱，他们的消费增长率，同样落后于由他们拉动的 GDP 的增长率；也就是说，生产增长和消费相对落后的矛盾并没有解决，因此，对解决市场疲软的作用不大。其实，通货紧缩只是现象，本质是生产增长和消费相对落后之间的矛盾。这样，除了调整积累基金和消费基金的比例，提高人民的消费水平外，靠发国债以增加基本建设，靠增加货币流通量，是无法解决根本问题的。目前机关事业单位加工资、发年终奖，就是要增加消费基金在国民收入中所占的比重，只是还没有制度化，而且这种最直接有效的措施没有惠及占人口最多的农民。如果错误地认为，既然这个经济现象从另一面看就是物价下跌，那么就应该增加货币供应，那就大错特错了。凯恩斯主义必然导致通货膨胀，就是这个缘故。

5. 如果将下跌的物价折合为贵金属货币，其重量有无变化

我在前面说明，通货膨胀即纸币流通量过多导致的物价上涨，这一上涨了的价格如果折算为黄金或白银，其重量并没有发生变化；因为这时单位纸币代表的金量或银量减少了，也就是价格标准缩小了，用它们来衡量商品的价值，其货币表现即价格就增大了，但这增大了的价格所包含的金或银的重量并没有发生变化。那么，中国当前的通货紧缩所导致的物价下降，这一下降了的价格，如果折算为黄金或白银，其重量是不是发生变化呢？

我认为发生了变化，即减少了。因为中国发生通货紧缩的原因，理应破坏或淘汰多余的生产力。这就意味着部分社会劳动被浪费，得不到社会的

承认。其中的机制就是，相对于低下的消费力而言的过多的消费资料，以及受此影响而过多的生产资料，过多的部分造成全体的供过于求，结果就是价格下跌，下跌的那部分就意味着其劳动得不到社会承认。因此，下跌了的价格所包含的社会劳动就减少，代表它的金量或银量就相应减少。这就是说，尽管商品的质量是可用的，但其数量相对于消费需求来说，直接和间接都是过多的，按照决定价值的第二层社会必要劳动时间的含义，其部分价值就不能实现。

我认为，正是这一点说明当前中国物价下跌，其原因不在货币方面，而在生产和消费，或积累和消费的矛盾方面。因为如果在货币方面，则不论以纸币表示物价如何变动，其所包含的社会劳动是不会发生变化的，从而其包含的金或银的重量也不会发生变化。

十九、货币危机与经济危机孰为因孰为果

我将货币危机与经济危机孰为因孰为果的问题，放在当前中国发生的通货紧缩的问题之后谈，是因为在我看来，马克思所说的作为经济危机结果的那种货币危机和我们刚才研究过的货币紧缩，其发生原因和现象相似；对前者说清楚了，会加深对后者的了解。

马克思认为有两种货币危机：一种是下面将论述的作为经济危机组成部分的货币危机；另一种则是与经济危机无关的独立发生的货币危机，它"只是对工业和商业发生反作用。这种危机的运动中心是货币资本，因此，它的直接范围是银行、交易所和财政"。① 前不久在亚洲发生的金融危机就属于这一种。

1. 经济危机中的货币危机

从某一点看，资本主义的财富可以分为两大类：商品与货币。普遍危机意味着商品的过剩和货币的缺少。那么，货币危机和经济危机哪一个是原因，哪一个是结果呢？

马克思所说的作为经济危机组成部分的那种货币危机，是由经济危机引起的；换言之，生产过剩的经济危机是原因，货币危机是结果。但是有的经济学家却相反地认为，货币危机是原因，经济危机是结果。因此，首先要将这个问题弄清楚。

资本主义周期发生的经济危机，始自 1825 年的英国，波及其他主要资本

① 《马克思恩格斯全集》(第二十三卷)，人民出版社 1972 年版，第 158 页注(99)。

主义国家。原因是首先发生工业革命的是英国。工业革命使资本主义的生产增长和消费相对落后的矛盾激化，于是就爆发生产过剩的经济危机。这里所说的经济危机是指有别于局部危机的普遍危机，即生产过剩的危机。局部危机是由商品生产无政府状态引起的，此部门生产不足，就意味着他部门的生产过剩，不可能普遍地不足或过剩，价值规律的自发调节作用会使这个矛盾得以解决。普遍危机则是由资本主义特有的生产无限扩大趋势和消费相对落后于它的矛盾引起的，价值规律的自发调节已不起作用，只有用破坏生产，即价格下跌、企业破产、产量下降、机器闲置、工人失业等等办法，总之，使生产下降到符合相对低下的消费水平，才能暂时解决矛盾，生产才能慢慢恢复。从这一点看，普遍的经济危机是资本主义生产的最终调节者。

作为一个过程，一次危机可以分为四个阶段：危机，即生产突然下降；萧条，即生产下降到低谷；复苏，即生产慢慢恢复；繁荣或高涨，即生产上升。危机能拉生产的后腿，破坏生产使其下降到和相对落后的消费水平相适应，因此，生产又得以发展。如此反复循环。

现在要谈的是，在危机和萧条阶段，为什么会发生货币危机？这里所说的货币危机，是指繁荣阶段各企业结成的信用关系、按定单而生产的关系、货币作为支付手段使各企业发生链条式的债权和债务关系，在危机阶段时突然崩溃，因为这时商品出售困难，并且价格猛烈下跌，企业得不到现金，货币需要突然增加，利息率突然提高，利息会吞噬利润，如此等等。马克思说："这种货币危机只有在一个接一个的支付的锁链和抵消支付的人为制度充分发展的地方，才会发生。当这一机构整个被打乱的时候，不问其原因如何，货币就会突然直接地从计算货币的纯粹观念形态变成坚硬的货币。这时，它是不能由平凡的商品来代替的。"①由于这样，在经济危机中发生货币危机就是必然的了。关于经济危机和货币危机的因果关系，马克思有一段明确的说明。他说："政治经济学的肤浅性也就表现在，它把信用的膨胀和收缩，把工业周期各个时期更替这种单纯的征兆，看作造成这种更替的原因。"②

---

① 《马克思恩格斯全集》(第二十三卷)，人民出版社1972年版，第158页注(99)。

② 同上书，第694页。

另有一种说明发生货币危机或货币紧缩原因的理论，其代表是美国费雪的“债务挤压萧条理论”。费雪认为，在经济处于繁荣阶段，企业家追求利润，就会“过度负债”，而当经济处于不景气阶段时，企业家为了偿还债务，就会低价倾销商品，这就导致物价水平下跌，即通货紧缩，导致萧条。这会使贷者不愿贷，借者不敢借，结果欠债越多就要变卖越多，变卖越多使自己的资产贬值越多，资产越贬值，负债就越重，最终导致债务越还越多。这也是一种货币危机。这种看法认为，在危机阶段是由于企业要还债，才低价销售，才发生物价下跌和货币紧缩，或通货紧缩。其实，发生危机时，生产过剩，物价就已经下跌，结成链条的债券和债务就无法清理，因而现金奇缺，这就是货币危机，或通货紧缩。费雪的说明，即为了还债而低价倾销，不过是火上浇油而已。

2. 货币危机和经济危机孰为因孰为果

有一种看法和马克思的看法相反，认为货币危机是原因，经济危机是结果，其主要代表人是英国的霍特莱(R.G. Hawtrey，1879—1971 年)。他从 1913 年发表《商业的盛衰》到 1937 年发表《资本与就业》的 20 多年间，在许多论著中反复论述这一论点。他认为，在发达的资本主义社会，货币只用于零星支付，流通的主要工具是银行信用。银行体系有创造信用的功能，因而作为主要工具的银行信贷具有很大的伸缩性。当银行体系采取降低利率，放松信贷以及收购有价证券等扩张信用的措施时，因为商人所能运用的资本大部分来自银行信用，所以对于利率的轻微变动，商人最为敏感。利率降低，商人就向银行增加借款，以增加其对生产者的定货，于是引起生产的扩张和收入的增加，收入的增加引起对消费品的需求增加和物价上涨；物价上涨、市场繁荣和企业家的乐观情绪，促使投资需求和消费需求的兴旺，由此引起货币流通速度的增加，造成积累的信用扩张和经济高涨。他认为，银行体系的信用扩张能力并不是没有限制的。在金本位制度下，它受黄金准备的限制；在纸币流通条件下，它为了稳定汇率或防止国际收支逆差的过度扩大，也不能无限扩张信用。这样，当信用扩张到一定程度后，银行迟早要被迫停止信用扩张，而相反地采取紧缩信贷政策。这就导致经济危机和经济衰退。霍特莱总结说，设若信用紧缩现象不发生，商业周期的繁荣阶段将无限延长。[①] 这里，同马克思相反，认为货币危机是因，经济危机是果，说得很清楚。

现在的问题是，银行为什么会被迫停止扩张信用？显然是向银行借款的企业不能如期按额偿还借款。如果有借有还，银行何必停止其重要的信贷业务呢？那么，企业为什么普遍不能如期按额偿还债务呢？显然是销售困难。为什么普遍销售困难呢？原因只能是已经发生了经济危机。所以，还是经济危机是因，货币危机是果。马克思的分析是正确的。

从某一点看，凯恩斯也是认为货币危机是原因，经济危机是结果。他认为，经济危机之所以发生，是由于社会投资突然中断，其原因则是社会的利润率（他称为资本的边际效率）突然降低到利息率以下。社会利润率所以下降的原因有二：(1)从短期看，由于投资增加，一方面需要更多的工人，工资因而增加，从而成本增加；另一方面产品增加，供给增加，卖价降低。这样一来，卖价高于成本的差额，即利润（这是一种错误的利润让渡说，即认为利润是在流通中产生的，其鼻祖是重商主义者和马尔萨斯）便减少。(2)从长期看，主要是由于资本家对未来的竞争情况、技术革新、有效需求、政治情况的估计没有把握，缺乏信心，估计常常落空，因此，他们预期的利润率是较低的和不稳定的。

那么，利息率为什么不能同步降低呢？凯恩斯是以人们对货币存在着灵活偏好这个心理因素来说明的。所谓灵活偏好，就是贮钱的倾向。这就是说，货币或者钱，其周转最灵活，可以用来消费、进行买卖、预防意外、从事投机，其他任何有价值的东西，都没有货币的周转灵活性那么大。因此，人们总是愿意持有一定数量的货币，即贮钱。持有货币虽然有灵活性的好处，但是也有损失，就是得不到利息。所以，人们在决定究竟存有多少货币为最好时，就要在好处和损失之间进行盘算。所谓灵活偏好或贮钱倾向，指的就是这样一种心理因素。因此，“所谓利息，乃是在一特定时期以内，放弃周转灵活性之报酬”[②]，或“不贮钱之报酬”。[③] 总之，利息是一种“纯货币现象”。

---

① 宋承先：《现代西方经济学》，复旦大学出版社 1995 年版，第 918—919 页。

② 凯恩斯：《就业、利息和货币通论》，徐毓枬译，商务印书馆 1983 年版，第 142 页。

③ 同上书，第 149 页。

在此基础上,凯恩斯进一步说明利息率之所以下降得没有利润率那么快的原因。他说:"我们现在所习用的货币的确有若干特征,使其本身利率(以货币本身计算)固然随产量之增加而下降,但其下降速度,不若其他资产之本身利率……之大。"[①]这是因为,从货币的供给说,即使货币的价格高了,私人也不能随意增加其供给;从货币的需求说,即使货币的价格高了,人们也不会减少对货币的需求,因为它"有周转灵活之利,而无巨额保藏费之弊"。[②] 既然对货币的需求是一个无底洞,利息率就当然不易下降了。一旦社会利润率下降到利息率以下,社会投资就中断,经济危机就来临。所以,货币危机是因,经济危机是果。

这里,我要补充说明凯恩斯是怎样解释社会利润率的形成的,以及在此条件下社会利润率下降得比利息率快些的原因。他认为利息就是各种资产(不单只是货币)取得的总收益大于该资产的部分;总收益及其中的利息是以各该资产本身来计算的。他又认为,各种资产取得的总收益,取决于三个因素:(1)有些资产可以帮助某种生产过程,产生一种产品;(2)除货币外,大部分资产在其存在时间要支出保藏费,这要从总收益中扣除;(3)资产持有人对资产的便利性或安全性而产生的灵活升值。因此,利息就是产出(产品减保藏费加灵活升值)大于投入(资产)的差额,利率就是该差额和投入量(资产)之比。由于这个因素在各种资产中的作用不同,各种资产的利率也就不同。

但凯恩斯认为,各种资产的利率应该是相等的。要它们相等,他认为有两法可循:一是假设有一种复合商品,它可以代替全体商品,那么,这复合商品本身的利率就是唯一的利率了,但要找出这样的复合商品是困难的(复合商品理论来自英国的拉姆赛);二是以一种资产的利率为准,以此调整其他资产的需求价格,在此价格下,各种资产的利率就是相等的了。根据上述,货币这种资产的利率就是最高的,按此调整其他资产的价格,这样,全社会的利润率就是相等的了。他认为,货币利率是利率的最大者,是利率之王,支配其他利率。

① 凯恩斯:《就业、利息和货币通论》,徐毓枬译,商务印书馆 1983 年版,第 195 页。

② 同上书,第 198 页。

这里要特别指出的是，在凯恩斯看来，能够生产货币(黄金，即G)的资产的利息就是其利润。因为这里投入的是货币，产出的也是货币，其差额既是利息，也是利润。在否认劳动价值理论的人看来，如果将货币的生产过程去掉，那么，生产货币和贷放货币就是同样的，都是以现在的货币换取将来更多的货币，即G——G+g，其中的差额即g既是利息，也是利润。

按照凯恩斯对利润来源于卖价大于成本的说明，他是无法说明生产货币的企业的利润来源的。因为在这里，投入的是货币，即成本，产出的也是货币，从每一枚货币的价值看，投入前和产出后都是相等的，但从物质形态看，产出的货币量更多些，差额是从哪里来的？在这里，利润来源表现得最清楚。因此，唯一的退路，就是将生产货币的利润说成借贷货币的利息；将利润的生产过程去掉。

应该指出，最早将生产货币(金银)的利润看成货币的利息的，是英国古典学派的威廉·配第。配第所处的时代使他不能区别利息和利润。他所谈的租金，就是剩余价值，包括出租土地取得的地租和出租货币取得的利息。他认为，从谷物的收成中，扣除了种子、口粮、为换取衣服和其他必需品而给别人的谷物后，剩下的谷物，就是当年的自然的真实的地租，亦即农业生产中的纯产品就是地租。同样道理，白银生产中的纯产品，即利润，就是利息。其后，重农学派就将土地的纯产品看成剩余价值的唯一形态——地租。1815年，李嘉图在《低价谷物对资本利润的影响》中，提出谷物比例利润率理论。他认为，产出的谷物量大于投入的谷物量(种子、肥料、经营者口粮和为换取其他必需品而付出的谷物)的差额，即谷物生产中的纯产品和投入量之比，就是谷物生产的利润率。由它决定社会的平均利润率。(李嘉图这两种理论，因遭到马尔萨斯的反对，在《政治经济学及赋税原理》中便放弃了，改为产出的价值大于投入的价值的差额，是利润的来源的理论。马尔萨斯对其的批评是，严格地说，农业的投入和产出，其物质形态不同，不能有量的比较，并由此计算利润率，也不是农业的利润率决定社会的利润率。这个批评是正确的。)上述凯恩斯的理论，有着这些前人理论的痕迹。当然，其中的物质生产过程，他小心地抛掉了。

最后，凯恩斯总结说，当其他产品数量逐渐增加时，“初时其边际效率至少等于利率，以后则逐渐下降”，因此，“除非利率同时下降，否则总会达到这一点，过了这一点以后，即不值得继续生产”。① 但是如上所述，他认为利息率是不能同时下降的，这就使社会利润率突然变成低于利息率，于是投资中断，危机就发生。经济危机是货币危机的结果，是由于货币不能像一般产品，例如汽车和苹果那样随意增加。其实，在正常情况下，平均利润率是高于利息率的；如果平均利润率反常地低于利息率，那是因为危机已经发生，销售困难，债权债务难以清理，急需现金，所以，在利润率下降时，利息率反而上升。凯恩斯认为，要防止危机就要增加货币，以降低利息率。因此，“唯一补救之道，只要公众相信：纸币也是货币，而由政府来统制纸币工厂，换句话说，由政府来统制中央银行”。② 这就为废除金本位制，实行通货膨胀政策在理论上开辟了道路。

我国经济学家薛暮桥在20世纪80年代中国通货膨胀严重时，说过两句针砭时弊的话：“新凯恩斯主义抬头”和“我不赞成凯恩斯主义”。③ 这是言简意赅，语重心长的。

3. 货币危机和经济危机互为因果论

弗里德曼是货币危机和经济危机互为因果论者。这在他对1929—1933年的严重经济危机或大萧条的分析中，表现得很清楚。他说：“货币崩溃是经济崩溃的原因，也是它的结果。(美国)货币崩溃主要是联邦储备政策(造成)的，而它无疑加重了经济崩溃。经济崩溃一开始，又使货币崩溃恶化。”④这是因为，银行贷款，在比较温和的衰退时期可能是“好的”贷款，但到了严重的经济崩溃时期，就变成“坏的”贷款了。这会拖欠贷款的偿还，削弱发放贷款的银行，促使存款人向银行挤兑。而企业倒闭，产量下降，失业增加，又加重不放心和担忧。因此，把资产变成流动形式的货币，变换成最保

---

① 凯恩斯：《就业、利息和货币通论》，徐毓枬译，商务印书馆1983年版，第194页。

② 同上书，第200页。

③ 薛暮桥：《通货膨胀与物价上涨》，《光明日报》1988年6月30日。

④ 米尔顿·弗里德曼、罗斯·弗里德曼：《自由选择：个人声明》，胡骑、席学媛、安强译，商务印书馆1982年版，第88页。

险的通货,就成了广泛的愿望。这一分析中的问题是,由于经济崩溃、企业倒闭、产量下降等,才使贷款变成"坏的",才发生存款人的挤兑行为。那么,经济崩溃的原因又是什么呢? 他没有说明。

弗里德曼事实上是认为货币崩溃引发经济崩溃的。他说:"大萧条开始于 1929 年 10 月 24 日。那天……纽约的证券市场崩溃了。其间经过几上几下,最后证券价格在 1933 年跌到 1929 年那令人炫目的水平的 1/6。"这样,"它就会在企业界人士和其他曾对新时代的到来寄予无限希望的人们中间散布疑虑。它使消费者和企业家不愿花钱,而希望增加他们的流动储备以备急需"。但是,"联邦储备系统的做法……同它在本世纪(20 世纪——引者)20 年代早先的经济衰退中的做法大不一样了。它不是积极地放松银根,使货币供应多于平时,以抵消收缩,而是在整个 30 年代中,听任货币量慢慢减少。在 1930 年年末到 1933 年年初这段时间里,货币供应量大约减少了 1/3。……同以前的衰退相比,不论是在衰退期间还是在衰退之前,几乎哪一次货币也没有减少这么多"。这就"最终导致了一场相当严重的衰退"。① 但是大萧条的原因何在,我们还是不明白。弗里德曼曾说:"企业活动在 1929 年 8 月,即证券市场崩溃前两个月已达到其顶峰,到 10 月时已经大大减少了。(证券市场)崩溃反映了经济困难的不断增加,反映了无法维持的投机活动的破产。"②这就等于说,经济困难首先是生产上的。只是其原因,弗里德曼没有说明。

4. 货币危机是发生经济危机的条件

从上面的分析,我们不能得出这样的结论:经济危机和货币危机毫无关系。货币危机是发生经济危机的条件。这是因为作为货币资本运动形式的信用,从我们的研究看,有两重作用:一是各企业间的信用关系能节省货币流通量,减少纯粹流通费用,信用又能集中社会闲置的货币和资本,变为职

---

① 米尔顿·弗里德曼、罗斯·弗里德曼:《自由选择:个人声明》,胡骑、席学媛、安强译,商务印书馆 1982 年版,第 82—83 页。

② 同上书,第 82 页。

能资本。二是信用使资本的使用者可以不是资本的所有者，他们可以用别人的货币和资本进行投机，使企业为定单而生产，掩盖生产和消费之间的矛盾，并使其加剧，当矛盾爆发，发生危机，销售困难时，由于信用而结成的债权和债务关系破坏，企业倒闭，银行坏账，存户挤兑，只要一个环节不能按额按时支付，就使许多环节发生问题，一个企业倒闭，就使许多企业倒闭；一夜之间，繁荣变为危机和萧条。如果没有信用破坏和货币危机，就不会发生如此的连环作用，经济危机就不会以全面的形式出现。

所以，马克思说："如果说信用制度表现为生产过剩和商业过度投机的主要杠杆，那只因为按性质来说可以伸缩的再生产过程，在这里被强化到了极限。它所以会被强化，是因为很大的一部分社会资本为社会资本的非所有者所使用，这种人办起事来和那种亲自执行职能、小心谨慎权衡其私人资本的界限的所有者完全不同。这不过表明：建立在资本主义生产的对立性质基础上的资本增值，只容许现实的自由的发展达到一定的限度，因而，它事实上为生产造成了一种内在的但不断被信用制度打破的束缚和限制。"①

① 《马克思恩格斯全集》(第二十五卷)，人民出版社1974年版，第498—499页。

二十、物价上涨和通货膨胀理论述评

在 20 世纪 30 年代的经济危机中，主要资本主义国家先后废除金本位制，使用纸币。危机过后便是长期的萧条，接着就爆发第二次世界大战。大约从 1933 年开始到 20 世纪 80 年代，资本主义世界普遍发生通货膨胀现象，其主要标志是物价普遍上涨。

一般来说，物价普遍上涨的原因有三：(1)单位商品的价值普遍增大，也就是说，生产商品的劳动生产率降低。在正常条件下这是不可能的，这不能说明上述的物价普遍上涨问题。(2)对商品的需求普遍超过其供给。在正常条件下这也是不可能的，因为构成对商品总需求和总供给的，就是全部商品的总价值；只有在特殊的条件下，例如发生了战争，生产者减少，而人们又将储藏的金银货币和金银首饰(美的贮藏)拿出来购买商品，只有这时，才发生总需求大于总供给的情况，物价因而上涨。这不适合用来说明战后和平时期的物价上涨。(3)单位货币价值下降。这又有两种情况：在使用金币或银币的条件下，生产金或银的劳动生产率提高了，或者发现了更富饶的金银矿，劣矿退出生产，金银的价值降低；在使用纸币的条件下，纸币的流通量超过了实现商品的价值所需要的金银币流通量，因而单位纸币所代表的金银量减少，亦即价格标准缩小。我认为，纸币流通量超过了实现商品的总价值所需要的金银币流通量，就是通货膨胀，由其所引起的物价普遍上涨，就是通货膨胀的表现。1933 年以来的物价普遍上涨就是由于纸币超量发行所致。但是，现在有的统计机构和经济学家，已经将物价上涨等同于通货膨胀了。其实，严格说来，这两者是有区别的。

让我举一个著名的例子：1973 年 10 月，中东战争爆发，石油输出国组织将每桶石油的标价提高为 5.119 美元，1974 年再提高为 11.651 美元，按照这个石油标价，石油公司就要向石油生产国交纳租、税一共 7 美元。当时，海湾国家生产 1 桶石油的成本是 0.12 美元，因此，石油公司获取 1 桶石油的费用是 7.12 美元。将石油运到美国，每桶运费和其他费用一共是 9 美元。在美国，将石油提炼为汽油和制成其他产品，每桶费用是 0.2 美元。当时，美国的汽油价格，每加仑从 0.3—0.4 美元，提高为 0.5—0.6 美元，折合每桶约为 21—25 美元，即每桶获利 4.68—8.68 美元。很明显，这个价格是垄断价格，这个利润中有一部分是垄断利润。这样，由于石油涨价，以石油为生产资料所生产的产品的价格也随着上涨，与此有关的产品的价格也上涨，这能不能说是通货膨胀呢？我认为这是物价上涨，而不是通货膨胀。这是由有关的产品的价值增大而引起的，不是由于纸币流通量过多，因而单位纸币价值下降引起的。将这个例子中的垄断价格剥离开来，每桶石油的价值就是 7 美元多，因为当时美国能源署（还没有成立能源部）的索希尔说过，美国从油页岩中得到的石油，每桶价格大概是 7.5 美元。这是世界上最劣等的生产条件，而石油这种矿产品，如同农产品一样，其价值是由最劣等的生产条件决定的。所以，当时的伊朗国王说，1974 年 1 月 1 日石油提价，从中政府每桶收入 7 美元，是根据其他能源价格作为决定石油价格的依据的。当时石油输出国组织一位高级官员说，这是李嘉图地租理论的运用。这是完全正确的。因此，由此引起的物价上涨，是石油价值增大的反映，作为结果纸币流通量才相应增大，这就不是通货膨胀。

1. 凯恩斯试图区别物价上涨和通货膨胀

凯恩斯试图区分物价上涨和通货膨胀。他论辩地说：“有一种看法，认为任何货币数量之增长都有通货膨胀性。除非我们把通货膨胀性一词仅仅解释为物价上涨，否则这种看法还是跳不出经典学派之基本假定，这个假定是说，生产原素之真实报酬减低时，其供给量必减少。”①

凯恩斯在这里与之论辩的经典学派，就是他的师兄庇古等，他们都是马歇尔的学生。庇古和凯恩斯一样，信奉萨伊的生产三要素论，认为劳动的产

① 凯恩斯：《就业、利息和货币通论》，徐毓枬译，商务印书馆 1983 年版，第 262 页。

物和报酬是工资,资本的产物和报酬是利润,土地的产物和报酬是地租(这一点,他们不大谈)。他们又信奉19世纪下半期开始流行的边际生产力说,认为随着劳动这个生产要素的增加,其生产力在递减。将这两者合起来,他们就认为劳动的边际生产力生产并决定工资。随着生产和就业的增加,劳动的边际生产力降低,工人的实际工资就应该随之而降低。

庇古与凯恩斯的不同在于:庇古只承认自愿失业的存在;凯恩斯既承认自愿失业的存在,又承认不自愿失业的存在。从只有自愿失业存在的前提出发,庇古认为,当劳动边际生产力降低时,工人的实际工资就应降低,工人由于坚持原来的工资因达不到目的而自愿失业,因此劳动的供给便减少,即"生产原素之真实报酬降低时,其供给必减少",于是产量再也不能增加,此时增加货币供应量,便全部用来提高物价,这就是通货膨胀。

凯恩斯反对这种认为任何货币数量的增加都是通货膨胀的看法。他认为,货币供应量增加,通过使成本增加,再使物价上涨的,就不是通货膨胀;不通过使成本增加,直接使物价上涨的,才是通货膨胀。其分界线是:不自愿失业是否消灭,即充分就业是否达到。

我们将无关的问题撇开,将凯恩斯的论点扼要地谈一谈。凯恩斯的不自愿失业的概念是指:当消费品的价格稍微上涨而货币工资不变,即实际工资稍微下降时,劳动的供给和需要都增大,这个情况说明以前工人的失业是不自愿的。按照他的说法,要消灭不自愿失业以达到充分就业,就要提高消费品的价格。为此,就要增加货币供应量,以便达到两个目的:一是降低利息率,以增加投资;二是提高包括消费品在内的商品价格。在这里,我们只谈增加货币供应量后,商品价格提高的原因是什么的问题。在凯恩斯看来,是由于对投资即对生产要素的需求增加,逐渐使生产资料的价格和工资增加,亦即生产商品的成本增加。我在这里要指出的是,投资增加虽然使生产资料的价格上涨,但投资增加即生产增加又使生产资料的供给增加,从而使其价格降低。所以,凯恩斯认为,成本增加、物价上涨的主要原因不是生产资料的价格上涨,而是工资增加。待不自愿失业都消灭了,达到充分就业之境了,这时再增加货币供应量,增加有效需求,就因劳动的供给不能再增加,从而产量不能再增加,这增加的货币量就直接用来增加物价了。这就是凯恩斯心目中的通货膨胀。他说:"设在充分就业已经达到以后,再想增加投资……物价将无限制上涨；换句话说，我们达到了真正的通货膨胀。”①因此，充分就业是否达到，亦即不自愿失业是否消灭，就成为凯恩斯的是否通货膨胀的分界线。

我认为，这种看法是不正确的。首先，凯恩斯用来区分物价上涨和通货膨胀的分界线，事实上是不存在的。我们对不自愿失业和自愿失业这对概念是否正确不加评论，只着重谈论凯恩斯论述的增加货币供应量，在不自愿失业的存在和消灭这两种情况下对物价上涨所起的作用。凯恩斯认为，货币供应量增加，在不自愿失业存在的情况下，就不存在过多的问题，它引起物价上涨，主要是由于工资的增加（此外，还有生产资料价格的上涨）所引起的成本增加。其实，工资的增加只会使利润减少，这只是分配领域中的变化，我们已经说明这不会使等于总价值的总价格上涨。在不自愿失业消灭的情况下，则存在货币数量过多的问题，它直接引起物价上涨。但是这只是现象，其实质则是，这是由于纸币的价值降低，价格标准降低，反过来使物价上涨，而价值本身不变，这就像一把尺，它变得短了，用它来衡量布的长度便变得长了，而布本身的长度不变一样。将这个问题放在金银本位下考察，就看得非常清楚：这等于金银币的重量减轻或贬值，物价就上涨，但这上涨的物价如折合为金银的重量则不变。我要指出的是，在这两种情况下，纸币数量都是过多的。按照凯恩斯的说明，增加货币供应量，不是由于生产量已经增加了，作为结果而需要相应增加货币的流通量，而只是为了降低利息率和提高物价，就是说它是物价上涨的原因。这样，即使在不自愿失业存在的条件下，增加货币供应时，由于产量尚未增加，货币供应量就是过多的；在不自愿失业消灭的条件下，情况就更是如此。纸币流通量过多，单位纸币价值降低，由此引起物价上涨，这就是通货膨胀。

鉴于相当多经济学家将凯恩斯的增加货币供应的目的——降低利息率以刺激生产，以及提高包括消费品在内的商品的价格，借以降低工人的实际工资，误认为是增加生产一般的前提，因此，我们有必要将这个问题再说一说。我们知道，在没有商品生产和货币的地方，也有扩大的生产。所以，马克思说：再生产扩大的可能性在没有货币的情况下就已经存在，因为货币本

① 凯恩斯：《就业、利息和货币通论》，徐毓枬译，商务印书馆 1983 年版，第 102 页。

身不是实际再生产的要素。如果已经存在商品生产和货币经济，那么，扩大了的生产需要增加货币的数量(假设货币流通速度不变)，才能实现商品的增加了的价值。一旦这一点已经做到，进行扩大生产就不必以增加货币数量为前提，而只要改变生产两大部类的关系，即从Ⅰ$(V+M)=$ⅡC，变为Ⅰ$(V+M)>$ⅡC就可以了。露莎·卢森堡认为，要进行资本积累，即扩大再生产，就要有追加的货币，这货币只能来自非资本主义环境。保罗·斯威齐批评说："我们把资本积累的纯粹货币问题完全撇开不谈，她却对此予以极大的注意，甚至经常把'哪儿来的需求?'问题同'哪儿来的货币?'问题混为一谈。"[①]斯威齐的批评完全正确。所以，凯恩斯的主张，并不是由于扩大生产本身的需要。

其次，前面谈到，凯恩斯认为增加货币供应量，在不自愿失业存在的条件下，价格上涨是由于成本，尤其是工资的上涨；在不自愿失业消灭的条件下，价格上涨则是由于货币数量的过多。凯恩斯认为能够将这两者结合起来加以说明，是他的重大贡献。其实，前者是价值理论中的生产成本论或生产费用论，后者是货币理论中的货币数量论；两者都是错误的，把两者结合起来，同样是错误的。

2. 弗里德曼把物价上涨和通货膨胀混为一谈

米尔顿·弗里德曼是当代最著名的货币数量论者。凡货币数量论者，都把物价上涨和通货膨胀看成同一回事，他也一样。货币数量论的共同公式是：$MV=PT$。[②] 在纸币流通条件下，这是一个恒等式，也就是说，MV 和 PT 可以互为因果。

弗里德曼和凯恩斯相反，他反对通货膨胀，认为这是对民众的一种税收，尽管这句话是列宁早已讲过的，能由他再讲一次，我认为是很好的。我也很赞同弗里德曼所说的，只要拧紧纸币的水龙头，就不会有通货膨胀；通

① 保罗·斯威齐：《资本主义发展论》，陈观烈、秦亚男译，商务印书馆 1997 年版，第 227 页脚注①。

② M：货币数量；V：货币流通速度；P：物价水平；T：商品和劳务总量。

货膨胀绝不是由工会要求增加工资、海湾国家要提高油价、企业主要攫取垄断利润所引起的。但是，弗里德曼根本上无法区别物价上涨和通货膨胀，而且一旦涉及货币的价值问题，他就显得束手无策。总之，阅读弗里德曼的著作，同阅读李嘉图有关货币理论的著作完全不同：没有理论上的享受。

弗里德曼说："这些绿色纸片（纸币美元的颜色——引者），是因为大家都认为它们有价值。大家都认为它们有价值，是因为经验告诉大家它们有价值。"①这里所说的是纸币。但是，弗里德曼又一一举出历史上充当过货币的商品：牛、盐、丝、毛皮、鱼干、羽毛、烟草、金、银、铜、铁、锡，等等。这里就存在着两个问题：为什么切断纸币和商品货币的历史联系？既然认为纸币是有价值的，为什么又提出货币数量论？我们知道，只有认为货币是没有价值的，才能提出货币数量论。弗里德曼就从一片理论逻辑混乱中，大谈其物价上涨即通货膨胀的理论。

弗里德曼说："当时烟草和货币同时流通。它最初按英国货币规定的价格高于种植它的成本，于是种植者就一心一意地种，产量越来越高。在这种情况下，货币供应量不仅表面上有所增加，而且实际上确实增加了。与通常的情况一样，货币供应量比可以买到的货物和劳务的数量增加得快，因而发生了通货膨胀，按烟草计算的其他东西的价格急剧上涨。大约半个世纪以后这场通货膨胀结束时，按烟草计算的物价上涨了 40 倍。"②这里谈论的是，在商品货币流通时，已经提出"货币供应量"和"通货膨胀"问题，并且将"物价上涨"等同于"通货膨胀"。显然，弗里德曼对通货膨胀的理解和凯恩斯是不同的。

在上述的基础上，弗里德曼论述了通货膨胀的近因。他说："不错，企业家贪得无厌，工会得寸进尺，消费者挥霍浪费，阿拉伯酋长们提高了石油价格，气候经常不好，所有这些可以使个别商品的价格上涨，但它们不会造成物价的普遍上涨。它们可以造成通货膨胀率的一时涨落，但它们不会造成持续的通货膨胀。理由很简单：这些被指控的罪犯没有哪一个拥有印刷机，能印出那些装在我们口袋里的纸片，也没有哪一个可以合法地授权会计在

---

① 米尔顿·弗里德曼、罗斯·弗里德曼：《自由选择：个人声明》，胡骑、席学媛、安强译，商务印书馆 1982 年版，第 260—261 页。

② 同上书，第 263 页。

账册上记入与那些纸片相等的项目。”①

弗里德曼提出货币量的迅速增加和物价的迅速上涨，哪个是因，哪个是果的问题。他认为：“一条线索是，在大部分图表上，表示某年货币量的点总要比那一年物价相应指数早6个月。考察一下决定这些国家货币量的制度因素和大量历史事件，可以得到更为明确的证据。在这些事件中，哪个是因，哪个是果，是十分清楚的。”②他的意思是，货币增减是因，物价涨跌是果。这是正确的；尽管现代货币数量论认为这两者可以互为因果。

作为结论，弗里德曼说：“通货膨胀主要是一种货币现象，是由货币量比产量增加得更快造成的。货币量的作用为主，产量的作用为辅。许多现象可以使通货膨胀率发生暂时的波动，但只有当它们影响到货币增长率时，才产生持久的影响。”③

在这里，我郑重地提出，弗里德曼至少在三个地方提到这同一的内容：在1968—1978年美国温和得多的通货膨胀中，货币量按年率9%增长，物价则按年率7%增长。其差额2%反映了这10年生产增长的平均年率为2.8%。④我起初以为2.8%是排字的错误(应为1.8%)，后来发现三个地方都这样提，就发生怀疑，认为不是排字的问题，很可能是弗里德曼算错了，或者他所引用的统计数字本身就是错误的。三个地方的中译本的译文略有不同，原文应该完全相同。但我将这货币和物价增长的数字套入弗里德曼的货币数量论的公式，无论如何都得不出平均生产增长率为2.8%的数据。为使问题简单，我只求第二年的增长率。现根据第一年的各种数据(假设V，即货币流通速度不变)，则第二年的生产增长率为(T'、M'、P'分别为增长率)：

货币数量论的公式：$MV=PT$；代入：$M=1.09, V=1, P=1.07, T=?$

$T=1.09\div 1.07=1.018\ 691\ 5, T'=1.018\ 6915-1=0.0186\ 915=$

① 米尔顿·弗里德曼、罗斯·弗里德曼：《自由选择：个人声明》，胡骑、席学媛、安强译，商务印书馆1982年版，第266页。

② 同上书，第268页。

③ 同上书，第275页。

④ 弗里德曼：《论通货膨胀》，杨培新译，中国社会科学出版社1982年版，第19、100页；米尔顿·弗里德曼、罗斯·弗里德曼：《自由选择：个人声明》，胡骑、席学媛、安强译，商务印书馆1982年版，第267—268页。

1.869 15% =1.8%，不是如弗里德曼所说的 2.8%。

如果弗里德曼认为年平均生产增长率是 2.8%，而物价年平均上涨率为 7%，那么，货币第二年的增长率则应为：

$M=1.07\times1.028=1.099\ 96$，$M'=1.099\ 96-1=0.099\ 96=9.996\%$ ，不是如弗德里曼所说的 9%。

如果弗里德曼认为年平均生产增长率是 2.8%，而货币年平均增长率为 9%，那么，物价第二年的增长率则应为：

$P=1.09\div1.028=1.060\ 311\ 2$，$P'=1.060\ 311\ 2-1=0.060\ 311\ 2=6.03\%$，不是如弗里德曼所说的 7%。

如果我对货币数量论的公式理解不错，那么上述数字就说明弗里德曼错了，或者他所引用的数据本来就是错误的。当然，弗里德曼假定 V 是不变的，如果 V 即货币流通速度发生变化，而且符合货币数量论的要求，就可以配合起来说明上述的一切了，只是他没有相应地说明。

3. 用需求拉动和成本推动来说明通货膨胀

目前，大多数西方经济学家都将物价上涨和通货膨胀等同起来，原因是他们都信奉货币数量论。按照这种理论，必然认为进入流通之前，商品（还有劳务）和货币只是两堆东西，单位商品分摊到的单位货币的数量，就是单位商品的价格（这就不能说明不同的商品何以有不同的价格），因此，货币越多，商品价格就越高。这样，就根本不可能去研究由于商品本身价值增大而产生的价格提高的问题。如像李嘉图那样，诚心诚意研究相对价格的变动，到底是起因于商品价值的变动，还是起因于货币价值的变动的西方经济学家几乎看不到了。当前，西方最流行的通货膨胀即物价上涨理论是需求拉动论和成本推动论。

需求拉动论简单地说就是，较多的货币购买较少的商品，因而商品的价格上涨。但它认为这是商品的需求大于商品的供给，才导致价格上涨。如果追问一句，商品的供给为何不能增加呢？回答就是不自愿失业已经消灭，劳动的供给不能再增加，产量不能再增加。这种理论就是凯恩斯的通货膨胀论。

这种理论名曰需求拉动,实质上却是货币数量论。货币供应量增加了,真正的需求是否增加了呢?凯恩斯主义者说,有效需求增加了。持货币数量论的人也说,需求增加了。其实,真正的需求并不随着货币供应量的增加而增加,因为这时的货币是纸币,它的供应量增加,在商品产量不能增加的条件下,纸币的流通量就超过了所需要的金币流通量,但是全部纸币的价值还是等于所需要的金币流通量的价值。因此,由于价值决定的需求并没有增大。第一次世界大战后的德国,纸币流通量的增加真是以天文数字计算,我们能说真正的需求增加了吗?从实质上看,需求拉动论认为,商品价格与货币数量成正比,货币供应量增加使物价上涨。

需求拉动论由于不能说明物价上涨的原因,更不能说明资本主义世界物价上涨的持续性,因为它不能说明货币供应量为何不断地持续增加。于是,成本推动论就应运而生。

成本推动论简单地说,就是工资增加使成本增加,成本增加使物价上涨。那么,工资为何要增加呢?回答是,因为货币数量的增加使物价上涨,工人就要求增加工资。从这一点看,货币数量论或需求拉动论有一条小道通向成本推动论。但是,后者一旦产生,它就再也不借助货币数量论或需求拉动论来说明工资、成本和价格的增加,而把工资增加看成永动力,由它的不断增加,来说明物价的持续上涨。仔细分析一下,成本推动论有两个亚种:(1)工资增加使物价上涨,物价上涨使工资上涨,又回过头来使物价上涨,如此恶性循环,物价螺旋上涨;(2)工资增加使垫支资本增加,增加了的垫支资本按固定的利润率计算利润,利润增大,价格因工资和利润这两者的增加而上涨,价格上涨又使工资增加,从而又使利润增加,工资和利润各使对方上涨,物价便持续上涨。

这种成本推动论,实质上就是生产费用论,或生产成本论。按照这种理论,商品的价值或价格不是前提,不是由它分解为工资、利润和地租(我们把生产资料的价格撇开不谈),而是相反,工资、利润和地租却是前提,由它们构成价值或价格。这样,就必然产生来源是什么,其大小又如何决定的问题。这就是说,这种理论和劳动价值理论是对立的。这是根本的问题。

让我们进一步分析成本推动论的错误。我们知道，根据劳动价值理论，由劳动决定的价值是前提，工资增加了，那就是工人在既定的价值中所占的份额增大了，相应地，资本家在既定的价值中所占的份额就减少了，这种在分配领域中的变化，不能影响在生产领域中形成的价值，以及反映它的价格。至于说，工资是成本的一个因素，而成本是影响价格的，那么，这种价格就是生产价格，它是价值的转化形态，但是总生产价格还是等于总价值，它并不因工资的增加而增大；至于不同生产部门的商品的生产价格，由于工资增加，利润就降低，其中一部分会上涨，一部分反而下降，一部分不变，上涨的和下降的必然互相抵消，总生产价格不变。① 只要我们把纸币流通量过多，因而引起物价上涨这个因素去掉，将问题放在金银本位制下考察，上述规律就会看得清清楚楚。

至于说，现在由于垄断企业的存在，它可以按固定的利润率，根据增加了的工资计算利润，从而使价格上涨，这一现象是存在的，但其根本原因不是工资增加，不是成本增加，而是垄断的存在。即使工资不增加，垄断价格也可以提高。更重要的是，如果情况仅仅是这样，那么，垄断价格提高了，非垄断价格便降低，发达国家的价格水平提高了，落后国家的价格水平就降低，不可能出现整个资本主义世界物价普遍上涨的现象。这个问题放在金银本位制下考察，也是清清楚楚的。

20 世纪 70 年代，资本主义国家发生的滞胀，即经济发展停滞和通货膨胀或物价上涨同时并存，证明需求拉动论和成本推动论是错误的。因为经济停滞意味着供过于求和失业增加，总不能违反事实将它们分别说成需求增加和工资增加而引起物价高涨(通货膨胀)。

4. 中国经济学家对物价上涨和通货膨胀的看法

中国经济学家对资本主义世界通货膨胀和物价上涨问题的研究，其中有些看法，就是将这两者加以区分，这是正确的。如熊性美、薛敬孝说："典

① 《马克思恩格斯全集》(第二十五卷)，人民出版社 1974 年版，第 224—225 页。

型意义上的通货膨胀是指过多发行纸币和过度扩张信用所造成的纸币贬值和物价上涨，并不包含由于商品供求关系和垄断价格等因素所引起的物价上涨。但是，考虑到近年来的国际性物价上涨主要是由通货膨胀造成的，其他因素也与之密切相关；同时，要准确地计算通货膨胀率是非常困难的，而要把通货膨胀在物价上涨的原因中所占的百分比分离出来又几乎是不可能的，所以物价上涨率可以作为'胀'的近似指标。"①这里所说的，除垄断价格问题我有不同看法将在下面说明外，我都同意。只是在区分物价上涨和通货膨胀的看法上，有些问题需要研究。

有一种看法，虽然力图区分通货膨胀和物价上涨，但是在区分时却含混不清。例如，李德宣说："当前在我国出现的通货膨胀，实质上是货币供应量超过了社会的商品总供给而引起的"；又说："就我国的现实情况而论，不管是狭义的货币供应量还是广义的货币供应量，均有所过量，以致造成严重的通货膨胀局面。其原因当然是由于货币需求膨胀而引起的。"②他没有对通货膨胀下定义，但从分析中可以看出，他指的不是货币供应量过多本身，而是由这过多量引起的物价上涨，其中的机制是膨胀了的货币需求超过了社会商品的总供给。这就是说，过多的货币量造成对商品的需求大于商品的供给，致使物价上涨。

但是关于物价上涨，李德宣又说："根据货币数量理论，一旦货币供应过多，(就)引起物价上涨"；而"由于物价上涨，单位货币购买力正趋向降低"。③

以上两段文字是自相矛盾的。这有两点：首先，按照货币数量论，货币数量和物价成正比，货币数量增加而商品数量不变，物价就上涨，而与需求和供给关系的变动无关；其次，按照李德宣的说法，货币供应过多使物价上涨时，单位货币购买力就降低，即货币供应即使过多，其总购买力或所代表的总价值仍和原来的一样。既然这样，所谓对商品的需求增加，这需求就不可能是有购买力的需求增加，又怎能说需求大于供给，致使物价上涨？

李德宣还有自相矛盾的地方。在上面关于物价上涨问题的论述中，我

① 熊性美、薛敬孝：《"停止膨胀"及其原因》，载论文集编辑组编《美国经济讨论会论文集》，商务印书馆 1981 年版，第 95 页。

② 李德宣：《货币需求、货币供应与货币供应量》，《经济研究》1989 年第 4 期。

③ 同上。

摘录了两段，总的说明货币数量增加是原因，物价上涨是结果。但是下面的说法，却恰恰相反。李德宣说："物价上涨率是货币需求的函数。因此当物价上涨时，就要多供应货币。"[①]这里，又变成物价上涨是原因，货币数量增加是结果。下述这个公式的意思是同样的："基期流通中的货币×(国民生产总值增长率+可承受的物价上涨率……)=计划期间内可增发的货币量。"[②]

对于这种货币数量增多，有时被认为是物价上涨的原因，有时又被认为是物价上涨的结果，这种矛盾李德宣可以用变化了的货币数量论来解释。本来，货币数量论在其倡导者休谟那里，始终认为货币数量变化是原因，物价变化是结果；在将其和劳动价值理论相调和的李嘉图那里，也是这样；及至费雪将其公式化为 $MV=PQ$[③]，因而 $P=MV/Q$ 时，也还是这样。但是由于这个公式可视为数学公式，就被一些经济学家看成 MV 和 PQ 是恒等的，设 V 和 Q 不变，M 和 P 就可以互为因果，即不仅货币数量的变化可以引起物价水平的变化，而且物价水平的变化也会引起货币数量的变化。但这样一来，作为原因而引起货币数量增加的物价上涨，就应另有其他原因。它是什么，李德宣没有说出来。

有一种看法认为，$MV=PQ$，即货币数量论的公式是正确的，并且认为这是一个恒等式，即 MV 和 PQ 可以互为因果。据此，持这种观点的宋承先便认为："既然 M 的增长率远远超过同期 P 的增长率，既然 V 的变动不大，那么，正如统计资料已经证明的那样，货币供应量的增加在抬高物价的同时，也伴随着生产的增加……"[④]就是说 M 的增加，起了二重作用：一是生产增加所必需的；二是它超过了生产增加所必需的货币量，因而使物价上涨。在这里，我只谈与我们研讨有关的第二个问题。

关于这一个问题，宋承先说："在垄断资本主义条件下，纸币流通量有可能经常超过流通所必需的黄金量，从而引起物价水平持续高涨，即纸币不断贬值的现象。"[⑤]很明显，宋承先是要区分物价上涨和通货膨胀的，因而有纸

---

① 李德宣：《货币需求、货币供应与货币供应量》，《经济研究》1989 年第 4 期。

② 同上。

③ Q：产量；其他见前面的说明。

④ 宋承先：《凯恩斯主义与战后资本主义发展速度问题》，《复旦学报》1979 年第 4 期。

⑤ 同上。

币流通量超过流通所必需的黄金量之说。

但是,我认为,坚持“超过说”就不能引用货币数量论及其公式,尤其不能认为 MV 和 PQ 是恒等的。货币数量论这个公式,自认为既适合于金本位制度,又适合于纸币流通的条件,并认为它是一个恒等式,就意味着 MV 和 PQ 不仅相等,而且互为因果。既然这样,怎能说纸币流通量“超过”流通所必需的黄金量呢?我的意思是说,不管将多少纸币塞进流通中,流通总能吸收,总有一个新的价格水平形成而和它相适应。关于这个问题,马克思说得很好:“可以把多少令纸切成纸票当作货币流通呢?这样提出问题是毫无意义的。”①

另一种看法认为,资本主义国家物价之所以普遍持续上涨,主要是由于垄断价格的存在。这一点在前面已经谈到过。由于垄断价格的存在,物价就提高,工资也就随着提高,成本增加了,垄断企业按固定的利润率计算垄断利润,垄断价格又要随着提高,这又使工资提高……如此恶性循环,愈演愈烈。对此,我有两点意见:首先,垄断企业是否能够无条件地不受工资提高、利润便下降这一经济规律的限制,随着工资的提高而提高利润和价格,还需要加以研究。美国第一花旗银行承认:“不管流行的观点如何,没有理由认为某些工业部门……劳动成本的上升会一定不移地引导一般物价水平的上涨……如果工资增长提高得比物价能够提高的程度快,利润就要受到挤压。”②其次,即使垄断价格能够因此而提高价格,整个物价水平也不可能因此而提高。垄断价格只是垄断企业攫取垄断利润的工具,不是垄断利润的来源。通过垄断价格攫取的垄断利润有两个来源:一是低价购买非垄断企业的产品,将其价值部分转移到垄断价格上来,这样一高一低,恰好抵消;二是将垄断价格真正提高到价值以上,支付这种垄断价格的不外是消费者和生产者两种人,生产者支付的垄断价格说到底也是由消费者支付的,如果不是全部支付,就是部分支付,其余部分则由生产者以其利润支付。这样,消费者和生产者对垄断价格的支付增加了,对非垄断商品的需要便减少,其价格便下落,这也是一高一低,互相抵消,整个物价水平不会提高。

---

① 《马克思恩格斯全集》(第十三卷),人民出版社 1962 年版,第 108 页。

② 维克多·佩洛:《不稳定的经济》,南开大学经济研究所译,商务印书馆 1957 年版,第113 页。

第三种看法认为，由于垄断价格存在，假设其他条件不变（其实其他条件是要变的，最明显的就是非垄断价格要降低），货币流通量就要相应增加，而这些具有垄断价格的商品一旦销售完毕，增加的货币由于是纸币，便仍然要留在流通中，它对非垄断商品来说，数量是过多了，这就是通货膨胀，导致单位纸币的价值下降，非垄断商品的价格也上涨。到另一批垄断商品进入流通中时，由于用已经降低了价值的纸币来表现价格，这样上涨了的价格就不是垄断价格，要在这基础上再提高才是垄断价格，货币流通量又要增加，这批垄断商品销售完毕，纸币流通量又成为过多的……如此循环不已。

这种看法存在一个根本问题，即它的结论要以具有垄断价格的商品的流通具有季节性为前提。如果商品的流通没有季节性，而是不断地流通的，那么，纸币的流通就没有过多的问题，非垄断商品价格就不会提高。事实上，具有垄断价格的商品多半是工业产品，其流通是没有季节性的。只有垄断程度不高的农产品，其流通才有季节性。但是，如果流通的季节性可以解释通货膨胀，那么，就不需要有垄断价格的存在，只要存在着纸币流通，存在着农产品流通，通货膨胀就必然存在。事实当然不是这样。那么，大宗农产品进入流通时，需要增加的货币从何而来呢？回答是从增加信用货币而来。信用货币和纸币不同，它可以自行清算，一般不存在过多的问题。

结 束 语

马克思说："李嘉图从事著作活动的时期，是不适宜于观察贵金属作为世界货币职能的时期。在大陆体系实施之前，贸易差额几乎总是对英国有利，而在大陆体系实施期间，同欧洲大陆的交易太少了，不足以影响英国的汇率。货币的输送主要是政治性的，而李嘉图对于补助金在英国金的输出中所起作用看来是一无所知的。"①

我们同样可以说，在纸币流通的条件下，纸币的流通量就有可能超过如果使用金银币所需的数量，由于它所起的掩盖作用，如不将其舍弃，就是不适宜研究货币理论和物价理论的。

① 《马克思恩格斯全集》(第十三卷)，人民出版社 1962 年版，第 169 页。

第五部分

资产阶级价值学说批判

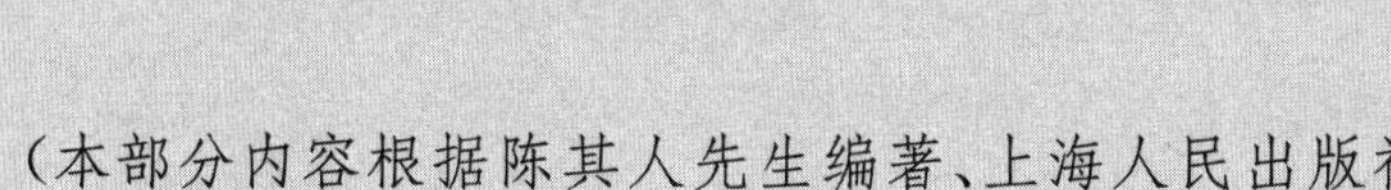

（本部分内容根据陈其人先生编著、上海人民出版社1957年5月出版的《资产阶级价值学说批判》一书校订刊印）

绪　论

价值学说是政治经济学理论体系的重要组成部分。政治经济学是研究人们的生产关系的科学,在有商品生产和商品交换的地方,人们的生产关系往往是通过价值和价值的各种形态表现出来的。从原始公社制末期到社会主义社会,都有商品生产和商品交换,但只有在资本主义制度下,商品生产才包括了全部社会生产,生产者的劳动才全部凝结为价值,人们的生产关系才全部通过价值和由价值分解而来的各种收入表现出来。所以,价值学说在资本主义政治经济学的理论体系中占有特别重要的地位。它是这一理论体系的一般基础和出发点。

价值学说是一种意识形态,是社会的上层建筑,它在一定的社会经济基础上产生,并为一定的阶级服务。价值学说虽然是在一定的社会经济基础上产生的,但是它的发展却有相对的独立性和延续性。这就是说,虽然社会经济条件发生了变化,某种价值学说已经显得过时,虽然在新的社会经济条件下会有新的价值学说产生,但旧的价值学说会影响新的价值学说,前者的某些要素会被后者所吸收,后者会在利用前者的某些要素的基础上建立并发展起来。所以,研究一种价值学说的产生,不仅要从社会经济条件着眼,而且也要注意它的思想渊源。

政治经济学是有阶级性的。无产阶级的政治经济学,包括它的价值学说,是科学的经济理论,是为无产阶级的利益服务的。大家知道,剩余价值学说是马克思经济理论的基石,这学说揭露了资本主义剥削的秘密,指出了资本主义必然灭亡的原因,使无产阶级掌握了推翻资本主义的理论武器,而科学的劳动价值学说又是剩余价值学说的一般理论基础,由此可见劳动价值学说在推翻资本主义统治的斗争中所具有的重要作用。当无产阶级掌握了政权,并着手建设社会主义和共产主义时,劳动价值学说更成为进行经济建设的理论工具。资产阶级的政治经济学，包括它的价值学说，是为资产阶级的利益服务的。当资本主义刚在发展、反动的封建主阶级和新兴的资产阶级之间存在着尖锐的矛盾时，新兴的资产阶级既然担负起推翻封建统治的革命任务，就需要一些经济理论来作为武器。古典政治经济学，包括它的劳动价值学说，就是最锋利的反对封建统治的理论武器。当资本主义在社会生产中已确立了统治地位、资本主义基本矛盾已日益尖锐、资产阶级和无产阶级的阶级矛盾已公然爆发、工人运动已日益高涨时，反动的资产阶级既然要反对无产阶级的革命运动，也需要一些经济理论作为武器。庸俗政治经济学，包括各种庸俗的价值学说，就是专门为资本主义辩护、欺骗工人阶级、反对马克思主义、为反动的资产阶级服务的经济理论。

同样是为资产阶级利益服务的价值学说，古典派的劳动价值学说是有科学的因素的，因为它既然担负起反对封建统治的革命任务，就不能不对经济关系进行客观的研究，了解其内部联系，这样就能得到某些科学的结论，不过由于资产阶级的阶级限制，古典派的劳动价值学说就不可避免地存在缺陷。各种庸俗的价值学说是没有任何科学因素的谬论，因为它既然担负起反对工人运动的反革命任务，就不可能对经济关系进行客观的研究和说明，只能把一些过时而有害的学说加以反刍，或者把一些有利于资产阶级的经济现象记录下来，再不然就从主观上捏造出一套东西，凑集成一个理论体系，以便欺骗工人阶级，为资本主义辩护，这样它当然就没有任何科学的因素。

价值学说在资产阶级政治经济学的理论体系中，占有特殊的地位。这是因为，资产阶级的政治经济学，第一，形式上虽然是研究一般财富的生产的，实质上却是把资本主义生产当作一般财富生产来研究，或者是经过这种方法，把资本主义的生产说成永恒的生产，因而，价值学说势必成为它的理论体系的基础；第二，不管它属于哪一个派别，它为资产阶级利益服务的特性，必然集中地表现在分配论上，因为分配关系是生产关系几个方面中比较容易体察到的一个方面，它与人们的经济利益有直接的关系，而资本主义的分配关系是以价值和各种收入为其基础的。从这个意义上说，价值学说是资产阶级政治经济学的核心和灵魂——资产阶级政治经济学的科学性和庸俗气味，往往可以从它的价值学说中看出来。

价值学说在无产阶级和资产阶级的经济理论斗争中占有重要地位。自从资本主义矛盾加深、无产阶级革命运动日益发展、马克思主义产生以来，无产阶级和资产阶级之间的经济理论斗争，按照理论体系上的逻辑，非常自然地集中在价值学说上。为了建立无产阶级的政治经济学，马克思批判了古典派的政治经济学，尤其是它的价值学说，摧毁了当时的庸俗政治经济学以及它们的价值学说；为了替资本主义辩护和“打击”马克思主义，庸俗的资产阶级经济学家不自量地向马克思的经济理论，尤其是剩余价值学说和它的基础——科学的劳动价值学说狂吠。从这意义上说，价值学说是无产阶级和资产阶级进行经济理论斗争的根本问题之一。

由此不难了解，批判资产阶级的价值学说，在学习、宣传、捍卫马克思主义政治经济学和批判资产阶级政治经济学上的重要意义。当我们学习马克思主义政治经济学时，我们对资产阶级经济理论的根基——价值学说批判得越深刻，我们对马克思的经济理论的理解就越深刻。只有对资产阶级的庸俗的价值学说予以彻底的批判，只有指出它与庸俗的经济理论，尤其是与分配论的重大联系，只有对资产阶级古典派的劳动价值学说进行分析批判，指出它与古典派的经济理论，尤其是与分配论的重大联系，指出它与马克思的科学的劳动价值学说的差别，才能更好地掌握马克思经济理论的精神与实质。当我们宣传、捍卫马克思主义政治经济学时，当我们与庸俗的资产阶级经济理论作斗争时，我们对资产阶级的价值学说批判得越深刻，我们就越能从根基上摧毁这一理论，消除它对劳动人民散布的毒素。

批判资产阶级的价值学说，不能仅仅限于价值学说这个范围。当然，从这一批判中，首先就要指出价值学说本身的正确与谬误，但是，如果仅仅限于这一点，往往就无法看清它的阶级本质，因为就价值论而言价值论，它还没有涉及人们的阶级关系。要说明资产阶级的价值学说的阶级本质，就要涉及以价值论为基础的分配论。当然，我们并不全面研究分配论，而只在说明价值学说的阶级本质的限度内，涉及分配论。

价值学说是探讨价值本质、实体以及探讨价值量如何决定的理论体系，因而，对资产阶级价值学说进行批判就应该包括这样几个部分。按照道理来说，对于价值的本质、实体和价值量的说明应该是一致的，因为对价值的本质的说明要涉及价值的实体，而价值实体的量也就是价值量。科学的劳动价值学说确实具有这样一致的、严密的理论体系。大家都知道，价值是在物的掩盖下人们交换劳动的一种社会关系，价值的实体是抽象的人类劳动，价值量由社会必要的抽象劳动量决定。但是，资产阶级的经济学家由于阶级的限制，他们不能科学地说明价值的本质和实体，也不能正确地说明价值量的决定，因而，他们在研究价值时，或者就撇开价值的本质和实体的问题不谈，而直接去研究价值量；或者虽然说明价值的本质和实体（当然是错误的），同时也说明价值量的决定，但是这种说明往往在逻辑上又是彼此矛盾的。譬如，有人认为价值的本质是效用，是使用价值，而价值量又是由生产费用构成的。此外，资产阶级经济学家由于不能科学地说明价值的本质和价值量，于是，在用某一种理论说明问题遇到困难时，便有意或无意地改用第二种乃至第三种理论来说明。这样，在资产阶级经济学家的价值学说中，就几乎没有哪一个是一元的，它们多半夹杂了几种说法，在几种说法中往往有一种是基本的。

上述种种，使我们在对资产阶级各种价值学说进行分类方面，会发生一定的困难。由于不可能根据资产阶级经济学家对价值的本质和价值量的决定的统一说明来分类，我们就只好根据他们对于价值量的说明来分类。根据这种分法，资产阶级的主要的价值学说大体有这样五种：劳动价值论，供求论，生产费用论，边际效用论和折衷论。一般的经济学家都是把这几种学说等量齐观地进行批判的，我们认为这种做法并不能表明各种价值学说在历史上的地位和作用。大家知道，古典派的劳动价值学说是含有科学因素的，其他各种庸俗的价值学说都是些谬论。基于这些原因，我们对它们进行批判时所持的态度应该有所不同。由于这些缘故，我们在批判时就把古典派的劳动价值学说列为一章，把各种庸俗的价值学说另列一章，然后按照资产阶级价值学说发展的历史，一一予以批判。

为了便于批判的进行，我们对每一种价值学说都选择了一两个适当的代表人物。选择的标准有两个：一，几乎每一位资产阶级经济学家的价值学说都是多元的，我们的选择就只能从其主要倾向着眼。二，代表人物的价值学说的主要倾向，要和他所处的时代的资产阶级价值学说的主要倾向大体上一致。根据这个标准，古典派劳动价值学说的代表人物，自然就是亚当·斯密和李嘉图；在庸俗的价值学说中，对供求论的代表人物，我们没有选择生活在帝国主义时期，其价值学说实质上是折衷了所有庸俗价值学说的马歇尔，而选择了差不多和李嘉图同时代的马尔萨斯；对生产费用论的代表人物，我们选择了最早把古典派的经济学说加以庸俗化的萨伊；边际效用论的代表人物是庞巴维克；折衷论的代表人物是马歇尔。

商品生产和价值都不是资本主义所特有的范畴，它们反映的生产关系，在不同的生产条件下是不同的。既然我们现在批判资产阶级的价值学说，是资产阶级的资本主义经济理论的一部分，而资本主义生产又是建立在一般的商品生产的基础上的，因此，以后当我们谈到商品生产和价值时，除了有必要的说明外，有时是指一般的商品生产和价值，有时又是指资本主义的商品生产和价值。有了这些说明，就会减少许多麻烦。

第一章　古典派劳动价值学说的科学因素及其根本缺陷

一　劳动价值学说产生的社会经济条件

劳动价值学说是唯一科学的价值学说，它是在一定的社会经济条件下产生的。商品生产存在于几个社会形态中，但是，并不是在任何条件下都能产生劳动价值学说。

在原始公社制末期产生的商品生产和商品交换，到奴隶占有制社会已有进一步的发展。在奴隶社会里，生产资料和知识为不从事物质资料生产的奴隶主所占有，从事物质资料生产的奴隶，只不过被人看作会说话的工具，根本没有人格，这样，即使面对着商品生产和商品交换的经济现象，但是，由于人与人间的不平等，由于人类劳动力的不平等，奴隶主决不会以为各种表现为等一的人类劳动是等一的。希腊奴隶社会的大学者亚里斯多德对价值形态的分析，清楚地说明这一点。他分明了解商品的货币形态是价值形态的发展，因为他说过“五床等于一屋”，等于说“五床等于若干货币”；他分明了解价值形态中的价值关系，是在质相同的基础上而量又相等的关系，因为他说过“没有等一性，就不能交换；没有公约性，就不能相等”。① 但他又认为这些不同的物品在质上是不能相等的，从而在量上也是不能进行比较的。为了解决当中的矛盾，他只好认为有一种习惯上使用的统一单位来进行这种比较。这就是货币。亚里斯多德能在价值形态中发现一种均等关系，这是他的天才。但在奴隶社会中由于人与人间的不平等，由于人类劳

① 马克思：《资本论》（第一卷），人民出版社 1953 年版，第 37 页。

动力的不平等，才使他不能发现这种均等本身及其量的规定，是由劳动决定的，使他根本不能提出劳动价值学说。

在封建主义生产方式下，商品生产者——农民、手工业者、手工业行会——生产商品只耗费了他们的劳动，狭小的市场和自然经济的统治，使生产者彼此能清楚地看见生产产品耗费了多少劳动，因此交换的尺度自然而然地就是劳动。劳动和价值的关系，毫无掩饰地呈现在人们的面前。劳动价值学说似乎应该在这种条件下产生了。但是，中世纪的知识是由封建主在欧洲尤其是由僧界封建主——僧侣所占有的，一切知识与文化都得为宗教服务，这就必然使一个自然而朴素的道理被涂上了一层宗教色彩。欧洲中世纪经院派学者的所谓公正价格理论，就是这种社会经济条件下的产物。公正价格理论有许多流派，它们分别以一种或几种因素来说明价值的决定；这些因素有劳动、商品生产者因等级不同而需要的不同的生活费用、正义、平等、效用和供求，等等。劳动价值学说不可能在这样的社会经济条件下产生。

封建社会末期，商业资本作用的逐渐加强，使劳动和价值或价格之间的关系，不能赤裸裸地表露出来。这是因为，第一，商业资本是靠贱买贵卖而获取利润的。由于小生产者经济力量的脆弱和对于日渐扩大的市场的无知，他们就不能不受商人的任意摆布；封建主和贵族们出售的既然是毫无耗费地从农奴身上搜刮来的产品，购买的又是供享乐用的奢侈品，因此对于商人的欺骗当然也就不在乎。这样，无论在生产者或在消费者看来，商品的价格似乎是由商人的垄断、由偶然的因素决定的。至于商人自己虽然榨取劳动，但没有组织劳动，在他们的思想里当然也就不会产生价值和劳动的关系问题。第二，市场扩大了，金属货币的使用增多了，劳动时间决定价值这一点，就不能像以前那样明显地表现出来，实际上，货币已成为决定的价值尺度。这是因为，市场越扩大，商品越来自远方，人们对于生产商品所需要的劳动时间就越难估计，人们已经习惯用货币作为价值尺度；同时，金属货币无论是来自外国和产自本国，人们对于生产货币材料所需要的劳动时间都很难估计，这样，劳动时间和价值的关系就不容易看出来，货币就开始在人们的头脑中代表绝对的价值。商业资本的这种作用，在资本原始积累时期已达到顶点。商业资本活动的结果，它促使封建主义的消灭和助长资本主义的产生，把小生产者俘虏过来组织成资本主义的生产。于是，人们的视线就自然而然地集中在商业即流通领域上。代表着新兴商业资本家利益的重商主义就是这样产生的。重商主义的理论——价值是在流通领域内产生的，利润是贱买贵卖的结果，货币是金银，只有金银才是财富，等等——就是在这样的社会经济条件下产生的。

资本主义最初是在流通中发轫的，但资本主义生产方式的出现，要以资本主义在生产领域中成立为条件。从封建主义生产方式转变为资本主义生产方式，是由商人变成产业资本家和小生产者变成资本家两条途径来完成的。随着资本主义生产方式的产生和发展，流通就成为总的生产过程中的一个方面，商业资本屈从于产业资本，于是人们的视线就从流通领域转入生产领域。产业资本家是在组织劳动的基础上榨取劳动的，在产业资本家的生产耗费中，劳动的耗费占有显著的地位，按照事情的本性来说，产业资本家是不能离开劳动来谈价格形成的基础的。同时，随着资本主义生产的发展，商品生产普遍化了，劳动力的商品化也成为很普遍的现象，在商品交换和劳动力的买卖中，劳动的等一性和平等性实际上已为人们所公认。这样，人们已经有条件从生产中、从劳动的耗费中探求价格形成的基础。此外，在资本主义生产方式发展初期，资产阶级和封建主阶级的矛盾越来越大，新兴的资产阶级需要一种理论武器来反对封建主阶级。古典派的经济理论就是最锋利的理论武器，构成这个经济理论的基础的，自然而然地就是劳动价值学说。产生在资本主义工场手工业时期的古典政治经济学及其劳动价值学说，就是这样产生的。

亚当·斯密和他的直接继承者大卫·李嘉图，是资产阶级古典政治经济学的伟大代表，也是古典派劳动价值学说的系统的说明者。在他们之前，威廉·配第、富兰克林和小穆勒等人，虽然已经提出了劳动决定价值的思想，但是，这些思想包含着许多错误，并且还没有和他们的经济理论发生逻辑的联系。例如，小穆勒认为一个商品的价格包括两个完全不相同的部分：一部分是商品的现实价值，一部分是让渡利润。商品价格不能小于现实价值，价格超过现实价值的部分便是让渡利润。商品的现实价值是由三个要素决定的：一个劳动者平均在一定时间内生产的商品量，劳动者本身生活所需的和制造工具所需的生活资料的价值和种种支出，原料的价值。在这三个要素中，除原料的价值外，前两项都应用平均数计算。从这一分析中可以看出，小穆勒在第一要素内实际上已经大致把劳动时间决定商品价值的原理说出来了，第二、第三两个要素则是以价值来说明价值的循环推论。斯密第一个提出了较为系统的劳动价值学说，并使他的全部经济理论和这个学说有了逻辑上的联系；李嘉图则坚持和发展了斯密的劳动价值学说的正确的一面，指出并在某种程度上克服了它的错误和矛盾。李嘉图的劳动价值学说的根本缺陷及不能克服的矛盾，是由无产阶级政治经济学的创始人马克思予以彻底解决的。马克思在完成政治经济学的革命中，建立了科学的劳动价值学说。

二　亚当·斯密的劳动价值学说

1. 劳动是一切商品交换价值的真实尺度

亚当·斯密的研究方法是二重的：一种是从资本主义诸经济范畴的内部联系去剖析资本主义社会的内部生理状态。在采取这种方法进行研究工作时，他是个科学家。另一种是把资本主义经济活动的表面现象记录下来，再把这些现象装到系统化了的概念中去，用这些概念来对现象加以解释。在采取这种方法进行研究工作时，他简直就像是一个商人的化身。研究方法的二重性决定了斯密的价值学说的二重性。在他的价值学说中，有科学的因素，也有庸俗的成分。

斯密的研究是从分工开始的。他认为分工一旦确立，各人所需要的物品只有极小部分仰给于自身的劳动，绝大部分要仰给于他人的劳动，一切人都要依赖交换而生活，于是，一切人都成为商人，社会也成为所谓商业社会。当人们以物品交换物品，或以货币交换物品时，究竟应该遵守什么规律呢？换句话说，商品的交换价值是怎样决定的呢？——这就是斯密的价值学说首先要解决的问题。

价值是什么呢？斯密说："价值一辞，有两种不同的意义。它有时表示特定物品的效用，有时又表示因占有其物而取得的对于他种货物的购买力。

前者叫作使用价值，后者叫作交换价值。”[①]斯密虽然在政治经济学的历史上第一次精确地使用了使用价值和交换价值的术语，但是他对商品的理解却是错误的。

在斯密的眼中，商品不过是劳动产品的自然形态，他不了解商品是使用价值和价值的统一物。他实际上是脱离了商品生产来谈论价值的。因为在他看来，人类是有交换的天性的，分工就是这天性的一种表现，因而劳动产品本来就是为了交换的，产品本来就是商品，本来就有价值，生产产品的劳动自然而然地就是价值的泉源。所以，他从来没有考虑过商品为什么会体现为价值、生产商品的劳动为什么表现为价值这些根本性的问题。一般说来，只要把眼光局限于资产阶级的视野，把资本主义生产方式看成社会生产的自然形态，把资本主义的商品看成劳动产品的自然形态，就必然无法理解商品是进入市场进行交换的产品，价值的本质是在物的掩盖下人们相互交换劳动的一种社会关系，价值的实体是抽象劳动的凝结。由于不理解这些根本性的问题，斯密和整个古典派的劳动价值学说，就不可避免地存在着重大的缺陷。

斯密认为，他的任务不是研究使用价值，而是研究交换价值是依什么决定的。他说：“使用价值很大的东西，其交换价值往往极小，甚或绝无；反之，交换价值很大的东西，其使用价值往往极小，甚或绝无。”[②]认为绝无使用价值的东西，其交换价值会很大，这种看法是错误的。但认为政治经济学这门科学不研究使用价值本身，这种看法是正确的。

由于不了解商品的历史性质和价值的本质，资产阶级经济学家就无法正确地区别价值和交换价值，并错误地认为交换价值就是价值。斯密也是这样。当他说交换价值如何决定时，事实上是说价值如何决定。又由于斯密和整个古典派都不存在价值的本质和实体的问题，当他们研究价值如何决定时，事实上就是研究价值量由什么决定和由什么衡量。

价值量由什么决定、由什么衡量呢？斯密说：“一切物的真实价格，即欲得此物的真实费用，亦即获得此物的辛苦勤劳。”“劳动是一切商品交换价值

① 亚当·斯密：《国富论》(上卷)，郭大力、王亚南译，中华书局1936年版，第33页。

② 同上书，第35页。

的真实尺度。”①“不拘何时何地,凡在生产上已增加困难而需要多量劳动的货物,价必腾贵;生产已较便易而必需劳动已较少的货物,价必低落。”②

斯密所说的这几句简单的话就已经表明斯密对劳动价值学说的卓越贡献,表明他是这一学说的奠基者。斯密的这些说明其所以是十分卓越的,不仅因为他超越了他的前人,较为正确地说明了劳动决定价值的原理,而且因为他针对着当时的错误见解,提出了自己正确的主张。首先,他克服了他的前人如小穆勒的劳动价值学说中的错误和混乱,而把价值通通还原为劳动,统一地以劳动作为衡量价值的尺度;其次,他反对重商主义的错误的说教,宣布价值不是在流通领域中产生的,而是在生产领域中产生的。当重商主义者错误地认为金银就是财富时,他就说:“世间一切财富,原都由劳动购买,非由金银。”③他也反对重农主义的错误的说教——只有农业部门才有由自然力创造的纯产品,他认为价值的泉源是劳动,并且是一切生产部门的劳动,而不是某特定生产部门的劳动。

2. 劳动价值学说的二元论和价值学说的二元论

斯密虽然正确地认为劳动是一切商品交换价值的真正尺度,但他对于决定商品价值量的劳动量的说明却是二元的。他有时主张“一切物的真实价格,即欲得此物的真实费用,亦即获得此物的辛苦勤劳”④;有时又说,“对于占有其物,但不愿自己消费而愿以之交换他物者,这物究竟有多少价值呢? 那等于它所能购买所能支配的劳动量”。⑤ 这就是说,在价值量的决定的说明上,斯密常常在这两种劳动价值论之间摇摆不定:有时主张生产商品所投下的劳动量决定价值量,有时又主张交换商品所支配的劳动量决定价值量。这两种不同的主张在斯密的著作中常常搅在一起。

生产商品所投下的劳动量决定价值量,这句话虽然还有一些缺陷,但它基本上是正确的。因为价值既然是社会赋予商品的属性,价值量就要由社

---

① 亚当·斯密:《国富论》(上卷),郭大力、王亚南译,中华书局1936年版,第36页。

② 同上书,第38页。

③ 同上书,第35—36页。

④ 同上书,第36页。

⑤ 同上。

会必要劳动量决定，而不是由个别劳动量决定。斯密显然不可能有这样的理解，因为他不了解价值的本质，错误地认为价值是产品本身所固有的。斯密常常不知不觉从这个大体正确的原理出发得出了一些重要和正确的结论。

交换商品所支配的劳动量决定价值量的原理是错误的。第一，生产商品所投下的劳动量和交换商品所支配的劳动量常常是不相等的；第二，这种说法事实上是循环推论，解决不了问题。假如交换商品所支配的劳动量（如像斯密的错误看法那样）是活的劳动，那么，它就是商品了，就有价值了。劳动的价值由什么决定呢？斯密只好说由劳动决定。这是循环推论。又假如交换商品所支配的劳动量是物化劳动，而物化劳动又要体现在一定量的商品中，这样，就要承认甲商品的价值量由它所交换的一定量乙商品决定，而乙商品的价值量又由一定量的甲商品决定，这就等于说甲商品的价值量由甲商品决定。这又是循环推论。

斯密为什么会产生二元的劳动价值学说呢？有人认为这是偶然的错误。这种看法是不正确的。我们应该深入分析斯密的思想，从他的立场和方法来研究这个问题。使斯密发生这种错误的原因，有以下几种。

首先，由于斯密不了解商品和价值的历史性质，在他思想里根本不存在商品为什么也就是价值这一问题，在他的思想里，价值和交换价值常常混淆不清。当斯密说劳动是一切商品交换价值的真实尺度时，事实上他是把劳动既当作价值的内部尺度来看，也当作价值的外部尺度来看的。把生产商品所投下的劳动量和交换商品所支配的劳动量相混，是与他把劳动同时当作价值的内部尺度和外部尺度的观点一致的。

前面说过，斯密不了解价值的本质是在物的掩盖下人们交换劳动的关系，价值的实体是在交换中显示出来的人类一般劳动，即抽象劳动，所以，在他看来，商品所包含的劳动就只有量的大小的问题，而没有是否为社会所需要的质的问题；价值只有生产者自己进行量的计算的问题，而没有社会进行计算即实现的问题。这就表明斯密和整个古典派根本不了解商品是具有社会性的私人劳动的产物，不了解商品生产的基本矛盾，不了解货币的本质。由于商品是社会分工下私人劳动的产物，私人劳动只有在交换中才能证明是否为社会所需要；由于具有社会性的私人劳动的产物是用来交换的，生产产品的劳动就必须表现为价值，价值又必须在交换中才能实现。所以，单纯以劳动对价值进行量的计算是十分不够的，因为这不能解决价值能否实现的根本问题；私人劳动必须首先在质上为社会所需要（劳动的具体形态是社会所需要的），证实为社会劳动的一部分，然后才能撇开劳动的具体形态，把劳动看成一般的劳动，即抽象劳动，并对它进行量的计算。在资本主义制度下，这个过程是自发地进行的。直接表现社会劳动并对生产商品的私人劳动进行质的承认和量的计算的就是货币。货币不是单纯地代表劳动时间，而更重要的是直接代表社会劳动。马克思认为货币是价值的尺度，而不像斯密那样认为劳动是价值的尺度，其原因就在于此。如果像斯密那样，错误地把生产者对生产商品的劳动的计算（内部尺度），和社会对生产商品的劳动的计算（外部尺度）混为一谈，那就必然认为货币只是单纯代表劳动时间，是一种劳动券之类的东西了。整个古典派的货币理论其所以和价值理论没有什么联系，这也是重要原因之一。

其次，是他错误的分工观。斯密的"国富论"是从研究分工开始的。分工对于提高劳动生产率的巨大作用在工场手工业中表现得特别明显。从斯密重视分工这一点，人们就不难看出他是产业革命前夜、工场手工业时期的经济学家。但是他不了解社会内部的分工和工场内部分工的区别，事实上他虽然说，要了解社会一般业务的分工，究将发生什么结果，不如先考察一下特定制造业上的分工状况，但他在谈分工时，是从技术的角度来研究工场内部的分工的。他研究分工的目的，在于说明分工如何提高了劳动者的技艺与熟练程度，如何提高了劳动生产率，如何增加了国家的财富。他把整个社会看成一个大的手工制造业，因而他不能了解只有社会分工才和商品生产有关系，而工场内部的分工和商品生产是没有关系的。他笼统地认为社会是一个以分工为基础的团体，社会成员则直接相互交换劳动，把商品交换看成是劳动的直接交换。因此，当他说"自分工完全确立以来，各人所需要的物品，仅有极小部分仰给于自身劳动，最大部分已须仰给于他人劳动"时①，他事实上是说，有了分工之后，财富就不由本人劳动的生产物构成，而由这生产物所购买的别人的劳动量构成，所以，他所看到的是由分工所引起

① 亚当·斯密：《国富论》（上卷），郭大力、王亚南译，中华书局 1936 年版，第 35 页。

的本人劳动和别人劳动的同一化，是劳动和劳动生产物的同一化。由于这些同一化，就必然使价值量由生产商品所投下的劳动量决定的主张，和价值量由交换商品所支配的劳动量决定的主张相混淆。

这种看法也是错误的。由私有制和社会分工而产生的商品交换，是人们交换劳动的一个特殊的历史形态。商品交换不是直接的劳动交换，而是劳动生产物的交换。在私有制下，商品生产者本人的劳动和别人的劳动的同一化，即私人劳动在事实上转化为社会劳动的一部分，不是直接地而是间接地、迂回曲折地进行的。由于私有制和生产无政府状态的存在，即使是在自己生产和自己出卖商品的场合下，即在简单商品生产的场合下，生产商品所投下的劳动量和交换商品所支配的劳动量也常常是不一致的。这种不一致，也就是供给和需要、价值和价格的不一致。因而把这两种劳动混淆起来、认为两者是相等的主张，是不正确的。

最后，也是最重要的，是他错误的雇佣劳动观。作为一个资产阶级的经济学家，斯密不可能有正确的雇佣劳动观。他不了解劳动力是商品，而认为工资劳动是商品，工资劳动有价值；但是，他研究的对象却是建筑在劳动力成为商品之基础上的资本主义经济，这就预先决定他必然遭遇到不可克服的矛盾。在这里，我们清楚地看到，斯密是在坚持价值量由生产商品所投下的劳动量决定、交换按照等价进行而遇到不可克服的矛盾时，才被迫采取了价值量由交换商品所交换的劳动量决定的主张，最后并由此掉到价值由生产费用构成的泥坑中去的。

斯密说过："在初期蒙昧的社会状态下，劳动全生产物，皆属于劳动者自己。一种物品通常应可购换支配的劳动量如何，只取决于生产这物品一般所需的劳动量。"①这就是说，在土地私有权和资本积累产生之前，价值规律是能发挥它的作用的。但是，土地私有权和资本积累产生以后，斯密认为情形就不同了。他说："在此状态内，劳动全生产物，不单属于劳动者了。"②"劳动者加在原料上的价值，这时就须分作两个部分。一部分支给劳动者的工资，又一部分支给雇主的利润。"③斯密的这段话的基本思想是正确的，见解

① 亚当·斯密：《国富论》（上卷），郭大力、王亚南译，中华书局1936年版，第55—56页。

② 同上书，第57页。

③ 同上书，第56页。

是卓越的，因为他不仅坚持着由生产商品所投下的劳动量决定价值量的正确原理，并且在这基础上说明了剩余价值的泉源，虽然他并不真正了解剩余价值是什么。直至现在为止，斯密的分析都是正确的。

可是，困难和矛盾来临了。在斯密的脑海里分明出现了一幅资本主义的景象：工资劳动是商品、劳动有价值、劳动的价值是工资，等等。这样，按照等价交换的原则，作为劳动的价值的工资，就应等于在生产上所投下的劳动决定的价值，换句话说，劳动者创造的价值全部成为他的工资。这就是说，物化的劳动（工资）和活的劳动（劳动商品）的交换是等价的，利润就不存在了。但是，事实上在资本主义下，利润是存在的。于是，价值规律和资本主义的分配好像是矛盾的。由于无法解决这矛盾，斯密实际上被迫放弃了正确的价值学说。

在土地私有权和资本积累产生以前，斯密认为，生产商品所投下的劳动量和交换商品所支配的劳动量是相同的，但在土地私有权和资本积累产生以后，工人取得的工资要和他投下的劳动量决定的价值量相等，而雇主又要取得利润，于是"一种商品一般所应交换、支配或购买的劳动量，已不仅仅取决于生产这商品或获取这种商品一般所须投下的劳动量了。对于支付工资提供材料的资本，亦须付以利润，所以，须添上一个追加量。"①同样道理，土地所有者要取得地租，因而又要添上一个追加量。这样一来，交换商品所支配的劳动量，由于有了两个追加量，当然就大于生产商品所投下的劳动量了。既然这两种劳动量是不相等的，那么，到底由哪一种决定商品的价值量呢？斯密只好认为是支配的劳动量决定价值量。由于遇到不可克服的矛盾，斯密便放弃了投下的劳动量决定价值量这个正确的原理，这当然是错误的。

然而，斯密的伟大的功绩也在这里。他从理论上察觉到：由简单的商品生产和商品交换过渡到资本主义的商品生产和工资与工资劳动的交换，由价值全部归于劳动者过渡到价值分解为工资、利润和地租，这当中有一个空隙，在跃过这一空隙时，他发现价值规律从发挥自己的作用到不能发挥自己的作用。因为如果价值要分出利润和地租，那么，劳动者的工资就必然小于

① 亚当·斯密：《国富论》（上卷），郭大力、王亚南译，中华书局1936年版，第57页。

他所创造的价值;工资小于工人所创造的价值,也就是以多量活劳动交换少量物化劳动的不等价交换,然而,不等价交换是不可能的。斯密感到这当中的矛盾,也力求解决这当中的矛盾。他在理论上的弱点在于:由于不能解决这矛盾,使他误解了生产商品所投下的劳动量决定价值量的原理,以为它只能在简单商品经济下成立,在资本主义下就要由交换商品所支配的另一种劳动量决定价值量了。

这个严重的错误的根源在于:斯密和整个古典派都不了解劳动力是商品,而错误地认为工资劳动是商品,认为活劳动直接与物化劳动相交换。这样当然是无法解决问题的。但是在这里,斯密除犯了这个根本性的错误以外,还犯有两点错误。

第一,他把价值量如何决定的问题和价值如何分配的问题混淆了。很明显,价值要创造出来之后才能进行分配,因此,价值在分配上发生的变化,是不可能使价值决定的原理发生变化的。斯密知道,在土地私有权和资本积累前后,价值的分配是有变化的——从属于劳动者自己所有变为工资、利润和地租,但由此他却错误地认为决定价值的原理也发生变化——从生产商品所投下的劳动量决定价值量,变为交换商品所支配的劳动量决定价值量。要知道,不能解决活劳动和物化劳动等价交换而利润又怎样产生这一问题,并不能成为放弃正确的价值决定的原理的理由。在这一点上,我们以后会知道,李嘉图是比斯密强得多了。斯密之所以会这样,是因为他把价值的决定和价值的分配混为一谈的缘故。

第二,他混淆了当作资本的商品的价值增殖和商品本身的价值形成。的确,当作资本存在的一种形态的商品,它的价值是会增殖的。譬如,当作资本的存在形态的生产资料的价值共 6 元,它经过生产过程变为生产物后,生产物的价值会值 12 元。这个增大的价值是由资本所支配的劳动者的活劳动创造的:活劳动越多,价值增大的部分就越大,活劳动越少,价值增大的部分就越小。在斯密看来,这里所谓活劳动就是由工资交换而来的,在这里,所谓交换商品所支配的劳动量也就是以工资购买的活劳动,因而他就认为是交换所支配的劳动量决定商品的价值量。在这里,斯密显然混淆了当作资本的商品的价值增殖和商品本身价值的形成。当作资本的一种存在形态的商品,它的价值的增大部分,的确是由资本所支配的活劳动量决定的;但是商品本身的价值，却是由生产商品所必需的社会劳动量决定的。而且，作为资本存在形态的商品的增殖，还必须在商品价值形成的基础上才能进行，因为当作资本的商品的价值增殖，是由资本购买的劳动力在生产商品的过程中所支出的活劳动决定的。斯密之所以会把这两者相混淆，并错误地认为交换商品所支配的劳动量决定商品的价值量，归根结底是他不了解劳动力是商品，而认为活劳动是商品，因而就必然把由劳动力在生产中支出的活劳动所创造的价值，认为是由工资在交换中所支配的活劳动决定的价值。

在简单商品生产条件下，斯密认为价值由生产商品所投下的劳动决定，和由交换商品所支配的劳动决定是一样的，这种见解虽然存在着很大的缺点（商品的价值只能用生产该商品所必要的社会劳动来衡量），但还可以称为劳动价值学说；但在资本主义条件下，斯密认为价值由交换商品所支配的劳动决定，这种错误见解就再也不是什么劳动价值学说，而是生产费用论了。关于这一点，我们可以举个例子加以说明：

假如，一个资本家以 100 元雇佣工人，工人们为他生产了 120 元的商品。于是有人问，这种商品的价值由何决定呢？斯密说，由这种商品在交换中所支配的劳动量决定。那么，这种商品在交换中到底可以支配多少劳动量呢？根据斯密的说法计算，这种商品在交换中可支配的劳动量包括：第一，资本家仍可用以购买工人在生产这种商品时投下的劳动量（已耗费在商品中的 100 元工资）；第二，工人在生产中添加的 20 元的劳动量（这 20 元形成了资本家的利润）。由于这种情形，斯密说，在资本主义条件下，商品价值的决定已经不是生产商品所投下的劳动量（其实他是把“有偿劳动”即工资去代替了工人在生产商品时所投下的劳动量）。商品的价值已经增大了。因为，第一，投在商品生产中的劳动已经完全偿付了；第二，除此之外，还提供了一些利润。由此可见，在资本主义条件下，商品的价值是由工资和利润（有时也有地租）的总额决定的，或者广义地说，是由生产费用决定的。

从上面这个例子中不难看出斯密之所以认为在资本主义条件下商品的价值取决于它在交换中所支配的劳动量，主要是因为这时交换商品所支配的劳动已经不等于生产商品所投下的劳动了。在斯密看来，这时生产商品所投下的劳动成为工人的工资，而交换商品所支配的劳动除了工资以外，还包含了利润（有时有地租）这一部分，换句话说，交换商品所支配的劳动由工资、利润和地租三者构成。资本主义商品的价值由工资、利润和地租构成——这就是生产费用论的一种形式，以后我们就会谈到这问题。

从劳动价值论变为生产费用论后，斯密的价值学说就完全破产了。本来，他是从价值出发去说明分配，从价值出发去说明工资、利润和地租这几种收入形态，说明在资本主义条件下价值如何分解为各种收入，不过由于他不了解劳动力是商品，工资是劳动力的价值的转化形态，因而就遭遇到不可克服的困难，在遇到这一困难的时候，他不得不倒过来又从各种收入出发去说明价值，说价值是由工资、利润和地租构成的。工资、利润和地租是价值分解出来的东西，把这些由价值分解出来的东西当作决定价值的东西，便是倒果为因，他把收入当作原因，价值是结果。

3. 价值全部分解为收入，生产价格和价值的混同

认为价值是由收入构成的，这已经是错误的了，但是，在这个基础上，斯密又犯了另一种错误。他以为，价值仅仅由收入构成，以为价值只包括工资、利润和地租等收入，而不包括不变资本即生产资料的价值。大家知道，资本主义的商品的价值构成是 c+v+m，而在斯密的眼里却是 v+m。这个错误后来演变为“斯密的信条”——年生产物（总产品）的价值全部分解为收入。这个错误的实质是混淆了生产物价值（c+v+m）和价值生产物（v+m），即混淆了生产物的价值和新创造的价值。

斯密的这个错误的根源是非常深刻的。斯密和所有的资产阶级经济学家一样，不了解资本主义生产和商品生产的历史性，因而也就不了解生产商品的劳动所具有的两重性：具体劳动和抽象劳动。大家知道，具体劳动在创造使用价值的同时把生产资料的旧价值转移到生产物上去，抽象劳动则创造新价值。因而只有了解生产商品的劳动具有两重性，才能解释一次劳动为什么既能转移旧价值又能创造新价值，才能说明商品的价值为什么既包含了生产资料的旧价值又凝结了活劳动创造的新价值，也才能把生产物价值和价值生产物区别开来。斯密不了解生产商品的劳动具有两重性，不能说明这些问题，就只好把生产资料的价值从商品的价值中除掉，认为价值只分解为各种收入。

当然，斯密也知道在商品的价值中是含有生产资料的价值的，为了在理

论上自圆其说，他又认为这些生产资料的价值最终也分解为各种收入。他说："谷物的全价格，或直接由这三部分构成（由工资、利润和地租构成——引者），或结局由这三部分构成。在一般人看来，农业家资本的收回，家畜或他种农具消耗的补充，似当作第四个构成部分。但农业上一切用具的价格，本身就由上述那三个部分构成。"

在这里，斯密已暗中变换了自己的论点。当他说价值由交换商品所支配的劳动量决定，而这个劳动量包括工资、利润和地租时，他实际上主张，商品的价值只包括 v 和 m，而不包括 c；但当他说 c 的价值最终也分解为 v 和 m 时，他已暗中主张，价值除包括 v 和 m 外，也包括 c，不过 c 最终也分解为 v 和 m。所以，总起来看，价值还是只包括或分解为 v 和 m。[①] 但是，我们清楚地看出，这两种场合下的 v 和 m 在量上是不等的：第一场合的 v 和 m 是活劳动创造的，第二场合的 v 和 m 除了包括第一场合的 v 和 m 外，还包括了物化劳动中所含有的 v 和 m。这种矛盾如何能消除，斯密没有解释，而且也不能解释。

斯密认为价值只由 v 和 m 构成，而不包括 c，这当然是错误的，因为他看漏了生产资料的价值。斯密认为 c 最终也分解为 v 和 m，除了和前面所说的有矛盾外，他实际上是从一个生产部门逃到第二、第三个乃至无数个生产部门[②]，从现在的生产过程逃进前一次、前两次乃至前无数次生产过程。譬如，从谷物的生产部门逃到农具的生产部门，再从农具的生产部门逃到炼铁的生产部门……；从谷物的生产过程逃到农具的生产过程，再从农具的生产过程逃到铁的生产过程……。除非斯密能够证明，生产最终的 c 时，没有使用任何劳动工具和原料，而只使用了活劳动和不经劳动而存在的劳动对象。譬如生产和搬运用作建筑材料的石头时，没有使用任何劳动工具和劳动资料，而只使用了活劳动，这个 c（石头）的价值才最终分解为 v 和 m，而不分解为 c；否则，他不断地推演下去，c 的价值除了分解为 v 和 m 外，还是要分解为 c 的。但这样一来，在大多数场合下，斯密恐怕就要推演到商品生产以前，推演到人类只用一双空手来生产的时候。这对价值论的研究是没有任何帮

① 马克思：《资本论》（第二卷），人民出版社 1954 年版，第 458 页。

② 同上。

助的。同时应该指出，斯密的 c 最终也分解为 v 和 m 的主张，实质上是把价值在再生产过程中的分解和价值在过去生产过程中的分解相混淆了。由于这种混淆，就必然妨碍了对社会资本再生产和经济危机的研究。

情形是这样的：

斯密既然认为价值最终分解为各种收入，他就必然认为年生产物的价值也分解为各种收入，而不分解为资本（不变资本）。这就混淆了年生产物价值和年价值生产物，也就是混淆了一年中的总生产物（包括耗费了的生产资料）和一年中新创造的生产物（不包括耗费了的生产资料）。认为年生产物或社会总产品的价值全部分解为收入——这就是政治经济学说史上的有名的“斯密信条”。这个错误的信条长期地支配了以后的资产阶级经济学家，使政治经济学的研究发生重大的理论错误。首先，它阻碍了对社会资本再生产的研究。大家知道，只有在物质形态上把社会生产分为两大部类，在价值形态上把资本主义总产品的价值分解为 c+v+m，才能从物质补偿和价值补偿两者的统一上来说明社会资本的再生产。斯密的信条既然不承认总产品的价值中有 c 的价值，就当然不可能正确地研究社会资本的再生产。其次，它妨碍了对生产过剩的经济危机的研究。大家知道，生产过剩的经济危机的基础，是生产无限扩大的趋势和个人消费相对缩小之间的矛盾，也就是资本主义的基本矛盾。斯密的信条既然认为价值全部分解为收入，而收入是用于个人消费的（当然，利润的一部分是用于积累的，但按照斯密的信条，积累也全部分解为收入），于是就必然认为生产的扩大和个人消费的增长是一致的，这当然就否认有全面的、生产过剩的经济危机。

在价值由收入构成的错误理论基础上，斯密又产生了把生产价格与价值混淆的错误。这就是说，在资本主义自由竞争充分展开的条件下，剩余价值转化为平均利润，价值变形为生产价格，市场价格环绕着生产价格上下波动——这些竞争的现象就必然使缺乏历史观点的资产阶级经济学家，把生产价格混淆于价值；但对斯密来说，他之所以把生产价格混淆于价值，除了他是上述的竞争现象的俘虏以外，还因为他错误地认为价值是由工资、利润和地租等收入构成的。因为根据斯密这种错误的价值观，他在这里所说的价值实质上并不是用生产商品所投下的劳动决定的价值，他在这里所说的价值倒是与那些商品真实价值无关、但由各自独立决定的工资利润和地租的价值形成的。在谈到工资、利润、地租这些价值又怎样决定时，斯密说，每一个社会或地方的工资、利润或地租都有一个中位率或平均率，这个平均率，对它所能支配的这一段时间，对它所能支配的地方，可以被称为工资、利润和地租的自然率。一个商品的价格如果恰好等于按自然率来支付的工资、利润和地租，那么，这个价格就是商品的自然价格。由此可见斯密这里所谓的价值也就是自然价格，而自然价格也就是他看漏了生产资料价值的生产价格。只要他认为价值是由平均的工资、利润和地租构成的，他事实上就是在看漏了生产资料价值的条件下，混淆了生产价格和价值。

斯密的思想进程是这样的：资本主义以前的商品的价值由劳动（投下的和支配的）决定，资本主义的商品的价值由交换的劳动（包括利润与地租这两个“追加额”在内）即由生产费用决定，而这生产费用是由工资、利润和地租构成的；放弃了劳动决定价值的正确原理后，就从收入构成价值的错误论点出发，论述了依照自然率的工费、利润和地租构成的自然价格（区别于受供求关系调节的市场价格），是与商品的“价值”相一致的。事实上，斯密拘泥于竞争的现象所看到的自然价格，不过是生产价格（在看漏了生产资料的价值的条件下），他既然把这种自然价格视为与价值相等，那么，也就是把生产价格混同于价值，认为两者是相等的。

当然，总的生产价格和总的价值是相等的，但斯密所说的显然不是这个。认为个别商品的生产价格等于它的价值，一般说来是错误的，因为只有具有中位的资本有机构成和中等的资本周转时间的生产部门的商品，它的生产价格才和价值相等，而这种情况是很少的。个别商品的生产价格和价值之差，第一，取决于生产这商品所耗费的生产资料的价值和它的生产价格之差；第二，取决于这商品包含的剩余价值和它实现的平均利润之差。所以，笼统地说生产价格等于价值，这是一种十分无思想的见解。

由于把生产价格混同于价值，斯密就产生了极其错误的见解。这些见解完全破坏了他曾有过的卓越的思想。

首先，斯密既然认为等于价值的自然价格，是由自然率决定的工资、利润和地租构成的，他就得出这样一个极其错误的原理：工资提高的结果，因为只能增加商品价格中由工资构成的那一部分，所以不会使利润下降（以后会谈到，工资和利润的对立是有条件的），而会使价值提高，会抬高许多商品的价格,并且依照价格上涨的程度限制了这些商品在国内外的消费。如果坚持劳动价值学说,并区别了生产价格和价值,就会清楚地看出,工资的普遍提高,不可能使价值提高,在其他条件不变的情况下,这只能使剩余价值率下降,从而使平均利润率下降。从这里就可以揭露工资和利润的对立,同时揭露无产阶级和资产阶级的对立。但是,由于有了上述的错误,斯密就不能看出这种对立。不但如此,斯密的这种错误主张,还可以广泛地被利用来为资产阶级的利益辩护:工人提高工资的要求是徒然的,因为生活必需品的价值将随着工资的提高而提高;工人工资的普遍提高只会引起物价的普遍上涨。

斯密这种看法是错误的。按照劳动决定价值的原理和生产价格的理论,工资的普遍提高,不会影响商品的总价值和总生产价格,也不会影响个别商品的价值,但会影响个别商品的生产价格,可是这种影响在不同的场合下是不同的。假设其他条件不变,工资普遍提高了,剩余价值率从而平均利润率就下降了,这时,具有低位有机构成的资本,不变资本不动,可变资本则有了较大的增加,从而按照降低了的平均利润率计算,其平均利润量较前减小,但减小的部分小于可变资本增加的部分,故生产价格较前提高;具有高位有机构成的资本,不变资本不动,可变资本则有了较小的增加,从而按照降低了的平均利润率计算,其平均利润量较前减小,但减小的部分大于可变资本增加的部分,故生产价格较前降低,降低的部分恰与前面所说的生产价格的提高部分相等;具有中位有机构成的资本,不变资本不动,可变资本则有了中等的增加,从而按照降低了的平均利润率计算,平均利润量亦较前减小,但平均利润量恰与剩余价值量相等,因为剩余价值因工资增加而减小了,这就是说,平均利润量减小的部分恰与可变资本增加的部分相等,故生产价格不变并仍然和价值相等。① 由此可见,斯密笼统地认为工资普遍提高,自然价格(生产价格)也普遍提高的主张是错误的。以后我们会看到,李嘉图事实上是了解工资的变动对于各种商品的生产价格的影响是不同的。

其次,斯密既然混同了生产价格和价值,也就必然混同了平均利润和剩余价值。前面说过,斯密是看到剩余价值的起源的,因为当他坚持生产商品

① 亚当・斯密:《国富论》(上卷),郭大力、王亚南译,中华书局1936年版,第56页。

所投下的劳动决定价值的原理时，他曾正确地说过劳动者加在原料上的价值，要分为工资和利润两部分，这里所说的利润分明是由剩余劳动生产的剩余价值。但是，现在斯密既然把平均利润混同于剩余价值，他就无法解释这种现象：两个同样大的垫支资本，在同一时间内推动的活劳动不等，从而生产的价值和剩余价值不等，但它们的利润却是近于均等的。由于这个错误，斯密最后就用自己的双手颠覆了由他提出来的、闪耀着天才的关于剩余价值的泉源的思想。

上述情况可以表解如下：

表 5-1　工资普遍提高前的生产价格

	c	v	m	价值	平均利润率	平均利润	生产价格
钢铁业	90	10	10	110	20%	20	120
纺织业	80	20	20	120	20%	20	120
食品业	70	30	30	130	20%	20	120

表 5-2　工资普遍提高二分之一后的生产价格

	c	v	m	价值	平均利润率	平均利润	生产价格
钢铁业	90	15	5	110	9.09%	9.5	114.5
纺织业	80	30	10	120	9.09%	10	120
食品业	70	45	15	130	9.09%	10.5	125.5

走上岔路以后，困难迫使着斯密放弃了正确的劳动决定价值的学说，错误地认为等于价值的自然价格，是由自然率的工资、利润和地租构成的。他对各种收入及其自然率的分析，是极其庸俗的。详细地分析这些错误，实质上是分析生产费用论和供求论的错误，这是后面将要谈到的。这里只就直接与我们有关的问题来谈一谈。分析工资及其自然率的高度时，斯密搬出了类似工资基金的理论，这虽然是错误的，但到底还有一点客观的外表。分析利润及其自然率的高度时，就连一点客观的外表都没有了，因为他显然不能先假设社会上有一个利润基金，然后由总资本来瓜分之，并由此决定利润率的高度，于是，斯密就不得不求助于资本家的"兴趣"了。他说："假若劳动生产物的变卖，所得报酬，不多于他（资本家——引者）所垫付的资本，换言

之,并无何等利益,他便不会有雇佣工人的兴味;并且他得到的利润,对于他所垫付的资本量,如果不成一种比例,他也不会感到大投资胜于小投资。”①在这里,利润率的平均化是未加说明而存在的;同时,利润不是由剩余价值来说明,而是由资本家的“兴趣”来说明的。② 这就充满了庸俗的气味。斯密就这样一步一步地最后把闪耀着天才的剩余价值泉源的思想送了终。

三 大卫·李嘉图的劳动价值学说

1. 坚持一元论的劳动价值学说

大卫·李嘉图是在资产阶级的思想界限内批评和发展斯密的理论的经济学家。李嘉图的研究方法是这样的:他先抓住斯密的生产商品所投下的劳动量决定价值量的正确原理,并由此出发去研究其他的经济范畴,看看它们和这个原理是否矛盾,或者说会在怎样的程度上修正这个原理。这种方法有很大的优点:假如原理是正确的,逻辑的力量就会引导到正确的结论;这种方法又有很大的缺点:它跳过了必要的中间环节——劳动力作为商品,尤其是价值之变形为生产价格,直接去论证这原理和各种经济范畴——工资、地租,尤其是平均利润——之间的一致性。采取这种方法,研究的人往往就只看到逻辑,而忽视历史和事实,往往就无法直接用这个原理去说明某些必须经过中间环节才能说明的经济范畴(如不经过生产价格就无法说明平均利润和绝对地租)。既然不能用原理来说明这些范畴,就去修改原理,由修改原理,最后也使自己陷入歧途。李嘉图在劳动价值学说方面取得某些巨大成就,但也遭到失败,从某一点来说,就是由此引起的。

李嘉图对斯密的批评,是从斯密的价值学说开始的。

对于斯密之把价值区分为使用价值和交换价值,李嘉图是同意的。但和斯密不同,他正确地认为效用虽然不是交换价值的尺度,但为交换价值所

① 亚当·斯密:《国富论》(上卷),郭大力、王亚南译,中华书局1936年版,第56页。

② 马克思:《剩余价值学说史》(第一卷),郭大力译,生活·读书·新知三联书店1949年版,第115页。

不可少。

李嘉图认为，有效用的商品的交换价值来自两个泉源——稀少性和生产所必要的劳动量。他认为，一些不能由人类劳动所增加的，如十分稀少的雕像、古画、古钱以及无法通过再生产而取得的物品的价值，由稀少性决定，它的变动完全由购买者的购买力和嗜好程度决定。在这里，李嘉图虽然把一般商品的价值与垄断条件下形成的价格混为一谈，但他到底正确指出了决定稀有物品价格高度的两个因素。那些能由人类劳动所增加的、大量众多的商品的价值，则由劳动决定。他要详尽研究的是后一种。

和斯密一样，李嘉图也不了解商品和价值的本质，不了解生产商品的劳动为什么凝结为价值。他把价值称为相对价值或交换价值。所谓相对价值，有两种含义：第一是指由劳动时间决定的交换价值，第二是指一个商品的交换价值表现在别个商品的使用价值上。其实，前一场合所说的相对价值也就是绝对价值，所以他有时也使用“绝对价值”这个名词来表示商品本身固有的价值。但事实上他在说明问题时，是把交换价值（相对价值）与价值不加区分的，他申明他特别侧重在对交换价值的研究。

对斯密把价值由生产商品所投下的劳动决定和由交换商品所支配的劳动决定两相混同这一点，李嘉图一开始就明确地加以反对。他说：“投在商品内的劳动量，支配商品的交换价值：劳动量增加，商品价值加大；劳动量减少，商品价值低减。”①李嘉图虽然和斯密一样，不了解商品的价值量是由生产商品的社会必要劳动量决定的（应当指明，他虽没有社会必要劳动的概念，但有必要劳动这一概念，因为他知道，商品的价值不是由生产该商品实际投下的劳动而是由必需的劳动决定的），但他这个原理的基本思想是正确的。能够肃清斯密的混乱，坚持价值决定的正确原理，这是李嘉图的功绩。

但是，李嘉图并不真正了解斯密的矛盾是因不了解劳动与劳动力的区别而引起的。他之所以能够坚持生产商品所投下的劳动决定价值的原理，只是由于他沾了时代的光。李嘉图是英国产业革命时的经济学家，由于巨大的技术革命，劳动生产率提高了，商品的价值和价格都降低了，但是，同数量的生活必需品（工资）所支配的活劳动并没有降低。由于这种历史条件，

① 李嘉图：《经济学及赋税之原理》，郭大力、王亚南译，中华书局1936年版，第3页。

李嘉图才可能认为决定商品价值的是生产商品所投下的劳动，而不是交换商品所支配的劳动。

正是这样，李嘉图才说出下面这一段话："生产一定量食品或必需品所必要的劳动量，某一时或不免要二倍于他时，但劳动者报酬的减少，却是极其有限。劳动者的工资，大体上都是等于一定量的食品和必需品的，……在这种场合，以生产食品、必需品所必要的劳动量作标准，食品、必需品的价值，已腾贵百分之百；以交换食品、必需品所得而支配的劳动量作标准，它们的价值却没有多少增加。"①这段话的目的是在反驳斯密，认为斯密所谓交换商品所支配的劳动量决定价值量是错误的。李嘉图这句话的意思是说由于生产一定量食品或必需品所必要的劳动量增加了一倍，货币工资增加了一倍，但由它所支配的活劳动却不变。

这就表明，李嘉图根本不了解使斯密发生错误的根本原因是什么。他这段话的说明只适用于生活必需品和工资劳动相交换这个特定的场合，而不适用于生产物和生产物相交换的场合，也不适用于生活必需品(工资)和劳动力相交换的场合。而所谓生活必需品和工资劳动相交换，这只不过是李嘉图(斯密也一样)无法理解的可变资本和劳动力相交换的另一种说法而已。在生产物和生产物相交换的场合，假设供求是均衡的，那么，投在生产物中的劳动量增加了，和它相交换的生产物所包含的劳动量也一定较多，因为这里是等价交换；同样道理，在生活必需品也就是可变资本和劳动力相交换的场合，投在生活必需品生产中的劳动量增加了，也就是说它的价值增大了，它所交换到的劳动力的价值，也就是投在劳动力再生产中的劳动量也要相应增大，因为劳动力的价值是由劳动者的生活必需品的价值决定的。

前面已经说过，使斯密发生错误的根本原因，是他混同了劳动与劳动力，错误地以为工人出卖的是劳动。李嘉图不了解这一点，反而沿用了斯密的物化劳动和活劳动相交换的错误命题，这样，他对斯密的批评不但白费气力，而且连自己也没有在坚持等价交换的原则下解释资本与劳动的交换，最后使自己也掉进了同一个泥潭。

李嘉图既然和斯密一样把劳动看成商品，那么，他怎样理解劳动的价值

① 李嘉图:《经济学及赋税之原理》，郭大力、王亚南译，中华书局 1936 年版，第 4—5 页。

或劳动的报酬呢？他说："一切可以买卖可以增减数量的物品，都有自然价格和市场价格之别。劳动亦然。劳动的自然价格，是维持劳动者自身及其族类所必要的价格。"①换句话说，劳动的价值（在古典派看来，自然价格就是价值）由劳动者的生存和繁殖所必要的生活必需品的价值决定。

劳动的价值（不是劳动力的价值）为什么要这样决定呢？李嘉图显然无法回答这个问题。他如果坚持价值由生产商品所投下的劳动决定的原理，就只能说劳动的价值由劳动决定。很明显，这种说法在逻辑上属于循环推论，他当然力求避免。他对劳动的价值（工资）所进行的分析，目的是在说明，劳动的自然价格虽然与劳动的市场价格有差离②，然而由于供求关系，劳动的市场价格和劳动者所必要的生活必需品的价值趋于一致。但是，如果这样能说明劳动的价值的决定，那就是用供求关系来说明价值的决定了，这样，显然和他所坚持的劳动价值学说有矛盾。李嘉图在走投无路了，他只能说劳动的价值由生产劳动者的工资所需要的劳动量决定。其实，说劳动的价值由生产劳动者的工资所需的劳动量决定，也就等于说，劳动的价值是由为劳动而支付的金子的价值决定。但金子的数量即工资的大小又是怎样决定的呢？回答只能是由劳动者所必要的生活必需品决定，也就是由工资劳动所交换的生活必需品决定。归根结底，劳动的价值由它所交换的生活必需品所包含的劳动量决定。——这正是李嘉图攻击过的、斯密的价值由交换商品所支配的劳动量决定的错误主张，现在他自己也犯了同样的错误。这里再一次告诉我们，谁一方面认为劳动决定价值，另一方面又认为劳动是商品，有价值，谁就一定会掉进泥坑里去。

很明显，李嘉图首先就不应该接受斯密的这个命题，不应该说劳动的价值，而应该说劳动力的价值。如果把李嘉图所探讨的劳动的价值看作是探讨的劳动力的价值，那么，我们还可以说李嘉图毕竟正确地说出了劳动力价值的决定的原理。但是，要区别劳动与劳动力，要了解与工资相对立的不是劳动而是劳动力，就要有一种历史观，而这种历史观是资产阶级学者李嘉图所不能具有的。因为要了解劳动力是商品，就要把资本理解为一种社会关

---

① 李嘉图：《经济学及赋税之原理》，郭大力、王亚南译，中华书局 1936 年版，第 57 页。
② 同上书，第 57—58 页。

系，而这又显然是受到阶级局限与时代局限的人所无从理解的。这里李嘉图比斯密后退了一步，他把资本和生产资料等量齐观，认为斯密所说的原始社会里猎人所使用的生产资料，已是他自己积累的资本；在他看来，资本和雇佣劳动的区别，不过是积累的劳动和直接的劳动的区别。把资本理解为物质的东西，理解为劳动过程中的物质要素。这样，就当然无法正确理解劳动和资本的关系，无法理解和工资相交换的不是劳动而是劳动力。

正因为这样，李嘉图虽然指出斯密的见解——生产商品所投下的劳动决定价值的原理不适用于资本主义——是错误的，他认为这个原理同样适用于资本主义，可是为什么同样适用于资本主义，他却没有加以必要的说明，而且也不能有所说明。斯密感到价值由生产商品所投下的劳动决定的原理，从资本主义以前到资本主义应该有所变化，这说明他看到了矛盾而无法解决；李嘉图则根本看不见这个问题，不了解斯密的矛盾所在，因为他根本就不了解原始社会与资本主义社会的区别，在他看来，原始社会猎人的猎具与资本主义社会中的资本根本就没有什么差异，在他的脑海里，也就不存在工资劳动出现后，价值规律如何能用以解释资本与劳动的等价交换问题，这是他不如斯密的地方。但他也有胜于斯密的地方，从纯粹的逻辑出发，他认为价值规律不因工资劳动的出现而失效。

在价值的决定上，除了投下的活劳动量外，李嘉图明确指出，还有劳动资料的价值。这对于价值形成的理解是十分重要的。但他没有把原料的价值包括在内(虽然他的例子曾提到原料)。①

但是，由于不了解生产商品的劳动的两重性，李嘉图就不了解新价值的形成和旧价值的转移这两个过程怎样能在一次劳动中完成，因而也就不能说明劳动资料是整个地参加生产的，但为什么只有部分的价值转移到生产物中去的问题。因此，李嘉图要就把劳动资料的全部价值都算到生产物的价值中，要么就和斯密一样把劳动资料的全部价值从生产物的价值中驱逐掉，这可以从以后谈到的李嘉图自己的例子来证明。

---

① 郭大力先生认为(见所著《西洋经济思想史》，中华书局版，第 87 页)，这里是李嘉图的疏忽。这种解释可以商榷，因为他没有深入李嘉图的思想深处来说明问题。马克思对这问题是有解释的，参见马克思《剩余价值学说史》(第二卷上册)，郭大力译，生活·读书·新知三联书店 1949 年版，第 14、19 页。

如上所述，发展到李嘉图阶段的古典派劳动价值学说，虽然不可避免地具有它根本的缺陷，即由资产阶级的世界观所预先决定的不了解商品的本质、价值的本质和价值由抽象劳动所创造等等，但它到底比斯密的劳动价值学说进步多了。这种进步主要表现为克服了斯密的二元的劳动价值学说，坚持生产商品所投下的劳动决定价值的原理不仅适用于资本主义以前，而且也适用于资本主义。但是，李嘉图的劳动价值学说本身还存在着不能解决的矛盾：劳动决定价值的原理，如何能与他主张的工资和活劳动等价交换的原理不矛盾，同时又能说明利润的产生。这是李嘉图学派的第一个难关。要突破这一难关，必须具有一种历史观点，而资产阶级的经济学家是不可能具有这种观点的。劳动价值学说已经发展到资产阶级思想界限内的最高峰了。

2. 生产价格和价值的混同，劳动价值学说的修正

李嘉图既然反对斯密的交换商品所支配的劳动决定价值的主张，必然就进而反对斯密的由工资、利润和地租等收入构成价值的主张，因为这两种主张在某一点上看来是相同的。能够揭露斯密这种反果为因的主张的错误，也是李嘉图的功绩。

但是，对于斯密把年生产物的价值全部分解为收入的主张，即所谓斯密的信条，李嘉图是完全同意的。他说："一个所有的生产物，常常分作三部：一部分工资，一部分利润，一部分地租。"①李嘉图既然接受了斯密的信条，必然就同意斯密的把一个商品的价值最终全部分解为收入，即不仅 v 和 m 直接是收入，而且 c 最终也分解为收入的主张。这里，他和斯密的争论只有两点：第一，关于剩余价值的分解，斯密认为分为利润和地租两部分，李嘉图则认为即使在农业生产的场合下，剩余价值不一定要分解为地租；正如我们在下一节里会谈到的，在坚持价值规律时，李嘉图是否认绝对地租的存在的，同时，在他看来，由最劣等的土地决定的农产品的价值，只分解为工资和利润（劣等地没有级差地租），因而在这种场合，剩余价值就不分解为地租。其实，农业中的剩余价值，无论在哪种场合下，都要分解为绝对地租。第二，李

---

① 李嘉图：《经济学及赋税之原理》，郭大力、王亚南译，中华书局 1936 年版，第 273 页。

嘉图认为价值量是收入的前提而不是结果，斯密则认为价值量是收入的结果。就这一点而论，李嘉图是正确的，因为收入是由价值分解而来的，而不是收入构成价值。

李嘉图反对斯密的收入构成价值的主张，实质上也就是反对斯密把生产价格和价值混同，因为斯密是经过了收入构成价值的途径，才认为按照自然率决定的工资、利润和地租构成的自然价格（生产价格）是等于价值的。

对于生产价格和价值的差别，李嘉图虽然没有说明，但他实际上是认识的。针对着斯密的错误见解——工资提高，等于价值的自然价格也跟着提高，他说道："劳动工资无论怎样变动，都不能引起商品相对价值的变动；因为，我们只假定工资提高，未假定各种职业所必要的劳动量增加；所以那不过是劳动报酬加大罢了。"①因为价值既然是由生产商品所投下的劳动决定，那么，工资的变动当然就不可能引起价值的变动。

但是，在考察问题和展开他的理论时，李嘉图事实上是把生产价格和价值混同起来的。在公开回答马尔萨斯时，他说道："在马尔萨斯先生看来，好像我的学说的一部分，是把一物的成本和价值视为同一的；这是对的，如果所谓成本，是指包括利润的成本。"②这种混同，在他考察自然价格和市场价格时，最明显地表露出来。他首先说："劳动虽然为商品价值的基础，商品生产所必要的比较劳动量，虽为商品交换比例的决定要素，但商品现实的市场的价格，与本来的自然的价格，尽可有偶然暂时的差异。"③这里所说的自然价格，分明是价值（交换价值）。但在一页以后，他又说："假若一切商品出售，都按照自然价格，各业利润率，自必相等。"④这里所说的自然价格，又分明不是由劳动决定的价值，而是由平均利润率调节的生产价格。

就这样，李嘉图在有所深入分析的地方，都是把生产价格混同于价值的。他为什么会这样呢？

李嘉图对斯密还存有一种没有加以彻底批判的盲目信仰，因而为斯密

---

① 李嘉图：《经济学及赋税之原理》，郭大力、王亚南译，中华书局 1936 年版，第 14 页。

② 马克思：《剩余价值学说史》（第二卷上册），郭大力译，生活・读书・新知三联书店 1949 年版，第 46 页。

③ 李嘉图：《经济学及赋税之原理》，郭大力、王亚南译，中华书局 1936 年版，第 53 页。

④ 同上书，第 55 页。

的混乱和错误的思想所俘虏。他坦白地说，斯密的“论商品的自然价格与市场价格”（《国富论》，第七章），“讨论甚是周到”。他自己的关于“自然价格与市场价格”的论述（《经济学及赋税之原理》，第四章），实质上是简单地重复了斯密的见解。在这里，李嘉图显然没有考虑到，斯密的关于自然价格的全部研究，是在放弃了正确的价值观之后，由收入构成价值的错误价值观出发的，因此，这时的自然价格事实上是生产价格，而不是由生产商品的劳动决定的价值。对于斯密的收入构成价值的错误见解，李嘉图是攻击过的，但是，斯密稍微拐了个弯，不直接说收入构成价值，而认为由自然率的工资、利润和地租构成的自然价格等于价值时，李嘉图就没有发现这样说实质上还是等于说由收入构成价值，因为这些收入的总和就是自然价格，当斯密说收入构成价值时，李嘉图表示反对，当斯密说自然价格等于价值时，李嘉图却完全同意了。其实，依我们看来，把生产价格混同于价值，在斯密是有理由的，因为他的收入构成价值的错误价值观，是酿成这种混同的理论基础；在李嘉图是没有理由的，因为他至目前为止还是坚持生产商品所投下的劳动决定价值的原理的，坚持这个原理就不容许有这种混同。很明显，李嘉图是被斯密的自然价格的概念所迷糊了。

然而，李嘉图之所以会被斯密的概念所俘虏，这并不是偶然的，而是由于他的研究方法和另一种价值理论所决定的。不正确的研究方法，使他混同了生产价格和价值；一种错误的价值理论，使他同意斯密的自然价格等于价值的错误看法。

首先，李嘉图缺乏正确的抽象力。他在研究一般理论时，不能把资本主义特有的现象忘掉，也不能把竞争的现象忘掉。譬如，研究价值时，是应该把它和由资本主义的竞争所引起的价值变形——生产价格区别开来的；研究剩余价值时，是应该把它和由资本主义的竞争所引起的剩余价值转化形态——平均利润区别开来的，但是李嘉图把它们都混同起来，认为价值与生产价格是一个东西，剩余价值与利润是同一个东西。

对李嘉图来说，这是必然的。他是比斯密更为彻底的资产阶级学者。在斯密的思想深处，至少隐约地还有资本主义和前资本主义的区别，而在李嘉图看来，这种区别根本就不存在。缺乏应有的历史观点，就必然把历史现象看成自然存在的东西，因而也就根本不会去研究它的历史起源；相反地，还会把这种历史现象看成不必说明的前提，并从这个前提出发去说明问题。这就必然发生严重的错误。

其次，前面已经说过，李嘉图虽然反对收入构成价值的见解，但是同意价值分解为收入。但在自由竞争条件下资本主义的几种收入形态中，必然包括了平均利润，在李嘉图的心目中，价值既分解为工资和平均利润（不一定分解为地租），因而他就必然把生产价格混同于价值。也就因为这样，李嘉图在价值分解为哪几部分收入的问题上虽然和斯密有所争论，但是他还是同意斯密的自然价格等于价值的主张。

从这里，我们清楚地看到，李嘉图的研究方法就是错误的。他事实上先假定了平均利润率和生产价格的存在，并把生产价格混同于价值、平均利润混同于剩余价值，然后再去考察生产价格的变动（他认为是价值的变动），然后再去研究平均利润率和生产价格的存在到底是否与劳动决定价值的原理符合，如果不符，又该在多大的程度上修改这个原理；如果不符，那么，除了劳动量之外，还有没有其他的因素决定价值。这显然是一种本末倒置的研究方法，它预先就决定了他必然会在这个问题上遇到不能克服的困难。正确的研究方法应该是从劳动决定价值的根本原理出发，去说明平均利润率和生产价格怎样能够依据这个原理而成立，这样就不会把生产价格和价值、平均利润和剩余价值彼此混同。但这种研究方法要建立在历史观点上，这种观点是李嘉图所缺乏的。

在混同了生产价格和价值的基础上，李嘉图对劳动决定价值的原理作了如下的修正：一、“生产商品的劳动量，支配商品的相对价值。但因采用机械及固定耐久资本，这个原则的运用，遂大受修正”。① 二、“价值不因工资腾落而变动。但因资本耐久力及循环速度不等，这原则须大受修正”。②

李嘉图不能正确地区别固定资本和流动资本，因为他不了解价值的转移是怎样进行的。他把固定资本和流动资本的区别看成极其相对的——再生产时间长的是固定资本，短的是流动资本。正因为如此，所以他又认为第二点修正实质上和第一点修正是相同的，他说：“固定资本耐久力越小，即愈

① 李嘉图：《经济学及赋税之原理》，郭大力、王亚南译，中华书局 1936 年版，第 15 页标题。
② 同上书，第 21 页标题。

近于流动资本，故由同一原因，可引起同一结果。”[①]所以我们着重分析第一点就可以了。

关于第一点，他举了两个例子来说明。第一个例子是企图证明因“固定资本耐久力不等”，而引起劳动决定价值的原理的修正。这个例子可简述如下：甲乙各雇百人劳动一年，甲生产织机，乙生产谷物，第一年终，两者价值相等(假定没有消耗生产资料)。第二年，甲继续雇百人用织机生产布(假定没有消耗织机以外的生产资料)，乙则雇百人生产谷物，第二年终，织机和布的价值合计为谷物的两倍。按照劳动决定价值的原理也确是如此。但是，李嘉图却认为，织机和布的价值应为谷物价值的两倍以上，因为甲第一年的利润已化为资本，而乙的利润则消费掉了。“因为资本的耐久程度不同，换言之，因为商品上市所必须经历的时间不等，商品的价值，与投在商品内的劳动量，不能恰成比例——它们不是二比一，而略多于二比一，以赔偿历时较久之损失。”[②]除了某些不合理的地方不说外，李嘉图这个例子显然没有证明他需要证明的东西。因为这个例子根本没有涉及固定资本耐久力不等的问题，而只是说明织机和布二者生产所耗费的劳动虽然为谷物的两倍，但由于从生产到上市的时间不同(前两者为两年，后者为一年)，前两者合起来的价值怎样为后者的两倍以上，即前两者的价值怎样发生了变化。

第二个例子是企图证明因“固定资本和流动资本结合比例不同”，而引起劳动决定价值的原理的修正的。这个例子是前例的继续：假设 100 名劳动者一年的劳动报酬(工资)为 5 000 镑，甲乙使用的资本各为 5 000 镑，假设年利润为 10%，第一年终，织机和谷物的价值相等，都是 5 500 镑。第二年，在布的生产上，使用了价值为 5 500 镑的织机(固定资本)，其利润为 550 镑，再加上劳动报酬 5 000 镑及其利润 500 镑，所以，布的价值(假定织机的价值完全不转移)为 6 050 镑；而谷物的价值则仍为 5 500 镑。李嘉图由此认为：“因固定资本(蓄积的劳动)之量不同，诸资本家生产商品，每年虽投下等量劳动，其所产商品(的价值——引者)，可不相等。”[③]这个例子同样也没有证明

① 李嘉图：《经济学及赋税之原理》，郭大力、王亚南译，中华书局 1936 年版，第 22 页。

② 同上书，第 18 页。

③ 同上。

李嘉图所要证明的东西。因为乙根本没有使用固定资本,甲则到第二年才使用固定资本,所以,两个资本根本就不存在固定资本和流动资本结合比例不同的问题。这个例子和前例实质上是相同的,两个例子都说明了商品上市所经历的时间不同,生产商品所耗费的劳动量(单指活劳动而言)虽然相等,但其价值(其实是生产价格)却不等。

如果撇开无谓的议论,那么,李嘉图这些例子所能说明的事实上是这个问题:在生产商品所费的活劳动相等(并假定生产商品只耗费了活劳动),但商品由生产到上市经历的时间不等的情况下,如果年利润率是相同的,那么,等量资本就会因生产商品所费的时间不同而有不同的利润量,但是,如果商品按照劳动决定的价值出卖,那么,在不同时间内等量资本所获得的利润量虽然相等,但年利润率就不能相等。在资本主义自由竞争条件下,年利润率不等是不可能的。于是,商品就只能按照有别于价值的生产价格出卖。但李嘉图又错误地认为生产价格(自然价格)就是价值,因此就只好承认两个资本所生产的商品,如果上市所需的时间长短不等,那么,这两种商品的价值就不能和生产它所投下的劳动量成比例,换句话也就是说,生产商品所投下的劳动量决定商品价值的这个原理应加修正。这也就是说,除了劳动以外还有别的因素决定价值,这个因素就是利润。他说:"商品上市必须经历较悠久的时间,利润积累而成为资本,利润既保留了一个时间,自应有适当的赔偿。"①用时间来解释利润的增大,这当然就充满了庸俗的气味。

从这里我们清楚地看到李嘉图的错误和苦恼。他看到资本主义自由竞争下的利润率是均等的,可是他在认识上又以为这种均等的利润率是不必加以说明就存在的。假如利润率是均等的,资本就不能占有它生产的全部剩余价值,而要占有与它的数量成比例的剩余价值;商品往往就不按照价值出卖,而按照有别于价值的生产价格出卖。但李嘉图又认为生产价格和价值、平均利润和剩余价值是同一的,这当然就不能解决劳动决定价值而等量资本又怎能获得等量利润的问题。李嘉图是太苦恼了!他由于不能解决这一矛盾,只好承认除了劳动以外还有别的因素——利润决定价值。

李嘉图不能用例子来证明他需要证明的东西,实质上就是不能说明等

① 李嘉图:《经济学及赋税之原理》,郭大力、王亚南译,中华书局1936年版,第21页。

量资本之所以有不等利润率的原因，这并不是偶然的。大家知道，等量资本在同一时间内生产的价值和剩余价值不等，从而利润率不等，这是由两个因素决定的：资本的有机构成不同和资本的周转速度不同。这两个因素又可归结为等量资本在同一时间内所能利用来购买劳动力的可变资本不等。李嘉图的头脑里，没有不变资本和可变资本的概念，所以就不能从这方面来分析问题；他只能在区别固定资本和流动资本的基础上，在它们结合的比例上大做文章。其实，即使科学地区别了固定资本和流动资本，李嘉图还是不能从它们结合比例的不同来说明利润率为什么会不等的，因为产生不同利润率的原因根本不在这里。①

李嘉图还认为，在固定资本和流动资本结合比例不同的情况下，劳动价值(工资)的腾落，会影响商品的相对价值。他首先指出，"劳动价值腾贵，利润必致跌落"，这时，使用较多固定资本的企业，固定资本在总资本中所占的比重较大，因而，当工资腾贵、利润减少以致用总资本与总利润的对比来确定的利润率下降时，它按固定资本额计算所应得到的利润额下降更大。因此，相对使用较少固定资本的企业的商品来说，这类企业的商品的价值就会下降。李嘉图的例子是这样的：假设工资腾贵，并且由于工资普遍腾贵，使利润由 10%下降为 9%，这样，前例中甲的固定资本(价值 5 500 镑的织机)的利润，将由 550 镑下降为 495 镑，从而布的价值亦相应地将由 6 050 镑下降为 5 995 镑，但谷物的价值则仍为 5 500 镑。这就是说，由于工资上涨，布与小麦的相对价值便由 6 050 镑比 5 500 镑，变成 5 995 镑比 5 500 镑。于是李嘉图就得出这样的结论："工资腾落，将在什么程度上，惹起货物相对价值的变动呢？那是取决于固定资本在全资本中所占的比例。一种商品生产，若须用贵昂机械贵昂房屋，或须历时悠久，其相对价值，必因工资腾贵而跌落；反之，若主要由劳动生产，且能迅速上市，则相对价值，必因工资腾贵而腾贵。"②

苦恼着李嘉图的依然是这个问题：利润率如果是均等的，商品就不能按价值而要按生产价格出卖，但他把两者相混淆了，所以就不得不承认工资的

---

① 马克思：《资本论》(第三卷)，郭大力、王亚南译，人民出版社 1953 年版，第 169 页。

② 李嘉图：《经济学及赋税之原理》，郭大力、王亚南译，中华书局 1936 年版，第 19 页。

变动会引起相对价值（其实是生产价格）的变动。这样，工资也和利润一样成为价值的决定因素了。至此，李嘉图自己对劳动决定价值的原理作了很大的修正。

李嘉图接着又指出，工资的变动虽然会影响商品相对价值的变动，但这种影响十分微小。生产商品的劳动量的变动，却使商品相对价值发生很大的变动。这其实是说：生产价格变动的原因，劳动量即价值量的变动是基本的、主要的，工资的变动是次要的。经过这样解释以后，李嘉图就认为，劳动决定价值的原理依然是正确的。在毫无办法的情况下，他力图维持一元论的价值学说。

但是，即使这样，他显然也站不住脚了。因为他已经承认，除了劳动以外，还有别的因素——利润和工资影响商品的价值。虽然他一再说明，资本结合比例不同、资本循环速度不同是很偶然的，因而由劳动以外的因素引起价值的变动是例外的事情。可是，这是说不过去的。因为随着资本主义的发展，资本结合比例不同和资本循环速度不同会日益加大、日益普遍，例外会成为通例。所以，马尔萨斯曾这样指责李嘉图：劳动决定价值的原理，会日益与“文明时代”不相容。

虽然如此，李嘉图还是有所建树的。他的例子虽然有许多不精确的地方，但他实际上是在混同了生产价格和价值的基础上，大体论述了工资普遍变动、从而利润率普遍变动，对不同生产条件（资本有机构成）的商品的生产价格有不同的影响。正是这样，他就有足够的理由来推翻工资提高的结果不是利润下落，而是价值提高的斯密的原理。李嘉图指出，工资提高，利润必定下落，但它对价值的影响在不同的生产条件下是不同的：有的因而提高，有的因而下落。

李嘉图揭露了工资和利润的对立，就等于揭露了无产阶级和资产阶级的经济对立，当然这种揭露还是很不够的，因为这只在分配领域上着眼，还没有归结为工资和剩余价值、必要劳动和剩余劳动的对立。这一点有很大的历史意义。李嘉图能够做到这一点，除了个人的天才以外，主要还是历史条件决定的。当时暴露出来的主要社会阶级矛盾，还是资产阶级和封建主阶级的矛盾，不是无产阶级和资产阶级的矛盾；揭露工资和利润的对立，就可以工资作为中间环节，进一步揭露利润和地租的对立，从而就能从理论上维护资产阶级的利益，反对封建主阶级。

李嘉图所揭露的工资和利润的对立，要在这些条件下才是正确的：一、如果利润指的是剩余价值，那么，要在其他条件不变下，工资的变化才会引起剩余价值反方向的变化；二、如果利润是指剩余价值和全部垫支资本之比，即利润率，那么，在其他条件不变下，工资的提高才会引起利润率的下降，工资的下降才会引起利润率的提高。假使其他的条件有变动，工资的变动就不一定会引起利润的相反的变动。所以，李嘉图的说明，即使撇开利润和剩余价值的混同这一点不说，也有许多不严密的地方。

综上所述可以看出，认为价值由收入构成的斯密的错误见解，虽然被李嘉图完全粉碎，但是，李嘉图和斯密一样，认为价值全部分解为收入，把生产价格和价值、平均利润和剩余价值等同起来，这是由他们的资产阶级非历史观所产生的错误研究方法所决定的。如果说，按照劳动决定价值的原理，认为和工资相交换的是活劳动，因而不能说明利润的泉源，这是李嘉图学派所遇到的第一个难关的话，那么，按照劳动决定价值的原理，认为生产价格就是价值，平均利润就是剩余价值，以致不能解释等量资本在同一时间内推动的活劳动不等，产生的剩余价值不等，但为什么有均等的利润率，这就成了李嘉图学派所遇到的第二个难关。很明显，和第一个难关一样，第二个难关也不是缺乏历史观点的资产阶级经济学家所能解决的。能够解决这些困难和矛盾的人，是无产阶级政治经济学的创造者马克思。

3. 劳动价值学说和地租学说

李嘉图是在混同了生产价格和价值的基础上去考察地租的，因而他就必然认为，绝对地租的存在是与劳动决定价值的原理相矛盾的，因为绝对地租的源泉是价值超过生产价格的余额。李嘉图并不是在任何条件下都否认绝对地租的存在，只是在坚持劳动决定价值的原理和等价交换的原理时，才否认绝对地租的存在。

李嘉图认为，如像一切商品的价值一样，农产品的价值是由最劣的生产条件即最大的劳动量决定的；人们耕种土地的顺序是从优等地到劣等地。只耕种优等地时，没有可能产生地租，因为这时经营优等地的资本得不到可以转化为地租的利润余额；当进而耕种中等地时，农产品的价值由中等地的生产条件决定，优等地的资本得到的利润余额就转化为地租，中等地没有地租；同样道理，当进而耕种劣等地时，农产品的价值由劣等地的生产条件决定，于是，优等地的地租增大，中等地产生地租，劣等地没有地租。一句话，农产品的价值由最劣等生产条件决定。随着农产品生产日益困难，农产品的价值越高，劣等地以上各级土地就产生和增加地租，劣等地没有地租；因而只有级差地租，没有绝对地租。

很明显，李嘉图的级差地租理论有很大的缺陷：他虽然得出了农产品的价值由最劣等的生产条件即最大劳动量决定的正确结论，但这并不是由于他正确地理解到这是土地经营的资本主义垄断的结果，而是他的工业品的价值由最大劳动量决定（这是错误的）的逻辑结论。他不了解资本主义的地租是土地私有权在经济上的表现，而认为是自然的现象，是农产品生产日益困难的结果。但撇开这些不谈，他对级差地租的说明，认为它是利润的余额，这是正确的。

可是李嘉图认为在价值规律发生作用的条件下，绝对地租就不存在，这是很大的错误。这一点除了表明李嘉图根本不了解土地私有权和地租的关系外，还表明了他的价值学说的缺陷。

大家知道，绝对地租是农产品的价值高于生产价格的剩余价值余额。李嘉图显然不可能理解这一点。第一，他把生产价格和价值混为一谈，那当然就看不到其中有什么可以转化为绝对地租的剩余价值余额。第二，他没有不变资本和可变资本的概念，不了解资本有机构成的本质及其对生产价格和价值之间的离差所发生的影响，因而也就不可能了解农业资本有机构成较低，农产品的生产价格经常低于价值，所以经常有一个可以转化为绝对地租的剩余价值余额。

总的说来，李嘉图的地租理论虽然有很大的成就，但是，由于他的思想的缺陷和价值学说的缺陷，使其地租理论也存在很大的缺陷。

现在，我们可以看到古典派劳动价值学说的，尤其是李嘉图的劳动价值学说的阶级本质了。李嘉图的建立在劳动价值学说基础上的分配论，尤其是其中的地租论，是为先进的资产阶级利益服务的。

除了工资和利润的对立以外，李嘉图还认为利润和地租也是对立的。这是因为：随着资本主义的发展，农产品的生产越困难，农产品的价值越高，地租也就越高；农产品价值越高，工人的货币工资也就提高，因为工人的生活必需品的价格提高了；利润是工人创造的价值的一部分，工资由于农产品价值的提高而提高了，利润就必然下落。因此，通过工资这个环节，利润就和地租对立起来。由此李嘉图就认为，随着资本主义的发展，工人的经济利益没有什么影响，因为他们的实际工资不变而货币工资则提高；随着资本主义的发展，地主阶级最占便宜，因为货币地租将因农产品价格上升和实物地租增大的两重作用而迅速增大起来；只有资产阶级最可怜，因为利润将因农产品价格上升、货币工资上升而下降。为了资产阶级的利益，李嘉图把地主阶级斥责为社会上的雄蜂（寄生者）。

本来，这是经济发展的结果，地主阶级是不必负责的。但是，如果有一种人为的方法，比如说法律，助长了农产品价格的上升，抬高了货币工资和地租，减少了利润，那么，为了资产阶级的利益，在发展生产的借口下，李嘉图认为这种法律就应该废除。当时英国限制外国廉价粮食进口的谷物条例，就是一种维护地主阶级利益的法律。李嘉图代表工业资产阶级的利益，攻击谷物条例，主张自由贸易，以便取得廉价的粮食，使货币工资下降，利润上升。

李嘉图的劳动价值学说和地租理论，就是这样为先进的资产阶级的利益服务的。

第二章　各种庸俗的价值学说都是为资本主义辩护的谬论

一　各种庸俗的价值学说产生的社会经济条件

庸俗的价值学说的某些因素，在古典派的价值学说中就已经有了，但是，成为理论体系的各种庸俗价值学说，则是资产阶级庸俗政治经济学的构成部分，并且也是它的基础。

资产阶级政治经济学的发展，经历了两个基本阶段，即古典的政治经济学和庸俗的政治经济学。前者是资本主义发展初期、资产阶级和无产阶级的斗争尚未爆发时的产物；后者则是资本主义从发展走向灭亡、资产阶级和无产阶级的斗争日益尖锐化时的产物。

产生在工场手工业时期、完成在产业革命时期的古典政治经济学，在产业革命之后，由于资本主义矛盾的发展和阶级斗争的尖锐，就被庸俗的政治经济学所代替。从经济方面说，产业革命的完成，就意味着资本主义生产方式在社会生产中占了统治地位，资本主义生产方式的基本矛盾暴露出来了。1825 年发生的第一次的经济危机，就是这种矛盾的爆发。从政治方面说，主要国家的资产阶级早已夺得政权，社会阶级的基本矛盾是资产阶级和无产阶级的矛盾。如果说，从 1831 年法国里昂工人的罢工和暴动，19 世纪 30 年代至 40 年代的英国宪章运动，到 1848 年欧洲各国爆发革命，工人运动已逐步高涨的话，那么，1871 年法国工人建立的巴黎公社，则是垄断前资本主义工人革命运动的最高潮。在工人运动发展中，马克思主义在批判和吸收资产阶级学术成果的基础上产生了。在这种社会经济条件下，专门为粉饰资本主义矛盾、反对工人运动和反对马克思经济理论的庸俗政治经济学也应运而生。

资产阶级政治经济学的庸俗化，最初是在古典派经济理论的基础上进行的。前面说过，李嘉图的劳动价值学说是古典派价值学说的最高峰。自此以后，无论从理论本身所存在的矛盾来说，或从阶级斗争的形势来说，劳动价值学说都不可能在资产阶级手中继续发展。根据劳动价值学说，特别是根据马克思的科学的劳动价值学说，就要得出社会主义的结论，这对资产阶级来说，是多么可怕的事情呵。在古典政治经济学的故乡——英国，19世纪20年代至30年代，是李嘉图学说被庸俗化的时期。这种庸俗化来自“赞成”者和反对者两方面，并且首先是从李嘉图的价值学说开始的。除了阶级利益的关系需要修改和反对劳动价值学说以外，古典派价值学说本身的庸俗成分和矛盾，也为庸俗的价值学说开了方便之门——古典派价值学说中某些庸俗的因素逐渐被发展成为不同形式的、系统的供求论和生产费用论。当然，供求论和生产费用论的产生，又和资本主义的某些经济现象有关。所有这些庸俗的价值学说，早就被马克思批判得体无完肤。

马克思的经济理论是资产阶级的死敌。资产阶级在经济理论上首先反对这个敌人的，是19世纪70年代产生在德国的新历史学派，和产生在奥国的主观学派——奥地利学派。前者与其说是什么政治经济学，倒不如说是政治经济学的坟墓，因为他们不研究经济理论，不研究经济规律，而仅用经济史料的堆砌来代替政治经济学，他们根本没有什么价值学说；后者则在古典派的劳动价值学说以及被马克思批判得体无完肤的供求论与生产费用论之外，提出了边际效用决定价值的学说，他们否认任何剥削，并明目张胆地和马克思的科学的劳动价值学说、剩余价值学说对抗。当然，边际效用论的产生，除了为维护资产阶级的利益以外，又和资本主义向垄断资本主义过渡这一经济条件有关。

资本主义发展为垄断资本主义，资本主义的基本矛盾、资产阶级和无产阶级的矛盾都更加尖锐了，社会主义革命运动在新的条件下发展起来了。垄断资产阶级需要一种新理论来为垄断资本主义辩护。现代资产阶级经济学也就应运而起。现代资产阶级经济学中流行最广的剑桥学派的价值学说，是最庸俗的价值学说的集大成者，也是庸俗价值学说的折衷者。

随着社会主义的产生，资本主义进入了总危机时期。危机时期的大量失业，劳动后备军的经常存在，是这一时期的严重的经济问题和社会问题。为了替这种现象作辩护，为了医治腐朽透顶的资本主义制度，凯恩斯的经济理论产生了。凯恩斯的经济理论，是垄断资本主义的意识形态，是妄图在无损于资本主义毫毛的前提下来消除危机、消灭失业的神话。在这些经济理论中，没有独特的价值学说。

总之，各种成为体系的庸俗的价值学说，都是资本主义基本矛盾和阶级矛盾尖锐化的产物。但是，由于经济和政治条件不同，由于所受思想影响不同，所看到的经济现象不同，它们又分为若干种，每一种都停留在描述经济现象，都企图掩饰资本主义矛盾，并进而为资本主义作辩护。

二 供求论是以供求关系来决定价值的谬论

供求论是一种庸俗的价值学说。它的实质是混同了价格和价值，在不能说明构成价格的基础（价值）的情况下，用供求关系的变动来说明价格的决定。

供求论的产生，同这种经济现象有关：在生产资料私有制下，商品的价格因供求关系的变动而波动。

大家知道，商品的价值量是由生产商品的社会必要劳动量决定的。商品的价值要以另一种商品来表现；两种商品交换的数量关系，就是交换价值。随着商品生产和商品交换的矛盾的发展，货币就从商品中分离出来，商品就不直接与商品交换，而与货币交换，价值的货币表现就是价格。按照价值规律的要求，商品的价值和价格应该是一致的。但是，价值和价格的一致，要以用来生产这商品总量的社会劳动量，和用来交换这商品总量的社会劳动量相一致为条件，也就是以商品的供给和商品的需要相一致为条件。换言之，如果社会劳动总量完全符合比例地分配在各生产部门中，商品的价格和价值就相一致。这在生产资料私有制下是很偶然的，所以，价格和价值就经常不一致。如果生产商品的社会劳动量，比交换这商品的社会劳动量大些，那么，这商品总量交换来的社会劳动量，就比生产它的社会劳动量小些，商品的价格就低于价值；反之，情形也就相反。但是，价格也不会过分地、长久地脱离价值，因为价格低于价值时，就意味着生产这商品总量的社会劳动量过多，应当减小；可是，这社会劳动量又有可能减小得过多，以致价格又高于价值，于是又要增加；但又有可能增加得过多，以致价格又低于价值。……就这样，价格经常环绕着价值量上下波动。但从长期来看，它们还是趋向一致的。社会劳动总量就这样通过价格和价值的差离而分配在各生产部门之间。

由此可见，在生产资料私有制的商品经济中，商品的价格虽然经常波动，但价值总是它的基础，是它波动的中心。商品的价值量是由生产商品的社会必要劳动量决定的。供求关系的变动只能调节价格和价值量的差离的程度，而不能决定价值量本身。只有依据价值量才能说明价格。

一般的供求论者，都是上述经济现象的俘虏。他们只看到价值的货币表现——价格，并以为价格就是价值，同时又在不能说明价格的基础的情况下，去描绘价格因供求关系变动而发生的波动，错误地认为这就是决定价值的因素。

一般的简单的供求论的错误是很明显的。这种理论认为，供求关系是一种数量关系，是市场上竞争的两股力量，当商品的供给在数量上大于对商品的需要时，这就意味着来自供给方面的竞争力量大于来自需要方面的竞争力量，商品的价值因而下降；供给越超过需要，价值就越下降；反之，情形也就相反。总之，商品价值由供求两股力量来决定。

供求论的错误在于：第一，它只能说明由供求关系的变动使商品的价格发生波动，譬如，在资本主义社会里，夏季对皮衣的需要较冬季少些，因而，夏季皮衣的价格就较冬季低些；但这种供求关系显然不能说明皮衣的价格为什么恰巧在这一水平上波动，而不在另一水平上波动；也不能说明有同样供求关系的商品的价格为什么是不同的，譬如，棉衣的价格为什么比皮衣的价格低些。

第二，它只能说明供求数量不等、也就是供求这两股相反的力量不等时，价格如何发生波动，但不能说明供求数量相等、也就是供求这两股相反的力量相等、从而其力量相互抵消为零时，价格由什么决定。因为这时价格和价值一致，而供求论又是不能说明价值量的决定的。

第三，供求论既然是以供求关系来说明价值的决定的，这就是说，商品在进入交换之前是没有价值的。因为如果认为商品在交换之前是有价值的，那就发生逻辑上的矛盾：供求决定价值，而价值又离开供求而存在。但是，否认商品在交换之前有价值，就必然不能解决商品的供给和需要由什么决定的问题。其实，供给和需要是以社会劳动量也就是以价值为前提的，在资本主义条件下，并且是以阶级的剥削关系为前提的。大家知道，工人的劳动要分为必要劳动和剩余劳动两部分，整个资本主义社会的劳动总量也要分为这两部分。必要劳动总量所创造的价值，也就是工资的总量，就成为工人阶级的需要总量，其物质内容是生活必需品，当然，按照生理需要和实际情况，这些生活必需品又分为许多种类；剩余劳动总量所创造的价值，也就是剩余价值总量，它分割为利润、利息和地租，并成为剥削阶级的需要总量，其物质内容就是各种生活必需品和奢侈品（假定剩余价值全部用于消费）。所以，需要是以价值为前提的。供给也是这样。在资本主义制度下供给的商品，就是由分配在各生产部门中的社会劳动生产出来的、有一定价值的商品。很明显，当工人创造的价值在不同的阶级中进行了分配，并由此转化成不同阶级对各种商品的需求时，当分配在各生产部门的社会劳动创造出各种具有一定价值的商品时，这两者也就构成了整个社会的供求关系。譬如，在必要劳动总量也就是工资总量为一定的条件下，工人对粮食的需要就是一定的。这时，如果分配到粮食生产部门的社会劳动量多于工人用来交换粮食的那部分必要劳动量，粮食的供给就会超过需要（为使问题简单起见，把剥削者对粮食的需要抽掉），它的价格就落在价值以下。由此可见供给和需要的关系是以价值为前提的。总之，离开了社会劳动在不同阶级中的分配，以及它在生产部门中的分配，也就是说离开了价值，是不能说明资本主义的供求关系的。

前面说过，供求论不能说明价格的基础——价值是怎样决定的。但这并不是说，供求关系对价值的决定没有任何影响。影响是有的。例如，在需要大大超过供给时，商品价格的猛烈上涨，会引起商品产量大增。这时，假使不能用增加优等和中等生产单位的办法来增加产量，劣等生产单位就要大批出现，这样一来，商品的价值就会受劣等生产条件的影响，从而使价值增大，因为生产商品的社会必要劳动时间增加了。反之，在供给大大超过需要时，商品价格的猛烈下跌会引起商品产量大减。这时，劣等的甚至中等的生产单位就退出生产，这样一来，商品的价值就会受优等生产条件的影响，从而使价值降低，因为生产商品的社会必要劳动时间减小了。很显然，在上述两种情况下，都不是供求关系本身，而是由它所引起的生产商品的社会必要劳动时间的变化引起商品价值的变化。

供求论者既然混同了价格和价值，认为价值是由交换关系决定的，这就必然否认价值是劳动创造的，进一步也就否认资产阶级对工人阶级的剥削。因为从供求论者的观点看来，离开了供求就没有价值，这就等于说价值是在进入交换时产生的。这样一来，资本家和工人的关系，也就变成了购买者和出卖者之间的关系，也就是需要和供给之间的关系。供求论者也知道，从长期看来，需要和供给是趋向于一致的，因而购买者和出卖者之间，也就是资本家和工人之间谁也不吃亏。这就否认资本家对工人的剥削。

在价值学说史上，供求论的萌芽很早。哲学家约翰·洛克就是一个供求论者。这种处于萌芽状态的供求论，被古典派，尤其是被李嘉图予以尖锐的打击。从李嘉图稍后，庸俗的政治经济学产生了。在庸俗的经济学家中，马尔萨斯的供求论较为系统。

马尔萨斯是和李嘉图同时代的经济学家。在对待资产阶级和工人阶级的经济对立的问题上，他们的见解是相同的，历史条件允许他们承认这两个阶级的经济利益是对立的；在对待资产阶级和地主阶级的关系的问题上，他们的见解是相反的：为了产业资本家的利益，李嘉图把地主斥为社会的雄蜂；为了替地主阶级辩护，马尔萨斯认为资本家之所以能获取利润（并且为了获取更多的利润拼命扩大生产，但又不致发生生产过剩），是由于地主阶级的不从事生产而又拼命消费的缘故——地主阶级对社会的贡献是高于一切的。

马尔萨斯反对李嘉图，是从李嘉图的价值学说入手的。他之所以能够做到这一点，是由于李嘉图的劳动价值学说不彻底，有矛盾。马尔萨斯为地主阶级辩护的全部胡说，是建立在他的价值学说的基础上的。当李嘉图彻底摈弃了斯密价值学说中的庸俗成分——供求论和支配劳动说（也就是生产费用论）时，马尔萨斯则把它们发展起来。在马尔萨斯的杂乱的庸俗价值学说中，供求论居于主要地位，生产费用论居于次要地位。

马尔萨斯把价值区分为三种：使用价值，这是物品的固有的效用；名义交换价值，这是商品的贵金属的价值，也就是价格；真正交换价值，这是物品在交换中所支配的生活必需品、享乐品以及劳动的能力，也就是购买力。① 总之，马尔萨斯和资产阶级其他的经济学家一样，也认为价值不是商品所固有的，而是两种商品的交换关系，也就是把价值理解为价格和交换价值，同时又把雇佣劳动看成商品。

交换价值由什么决定呢？马尔萨斯认为，交换价值取决于一个商品交换另一个商品的能力和愿望，即取决于需要与供给，但不是取决于需要与供给的“范围”，而是取决于需要的“强度”。

简单的供求论者认为价值取决于需要与供给的数量对比关系，它的错误是很明显的。马尔萨斯清楚地知道，从长期看来，需要和供给是趋于一致的，这样一来，所谓需要和供给的“范围”，就不能解释两者一致时的价值是怎样决定的。同时，这种见解也不能解释当两种商品的需要和供给的“范围”相同时，它们的价值为什么不同。马尔萨斯有鉴于此，就用所谓需要的“强度”来解释。马尔萨斯说，我们不应该把供求看成一种纯粹的数量关系，真正决定价值的绝对因素只能是需求强度。比如，需求某一种商品的人增加了两倍，或者说，商品的供给减少了一半，这时，商品的价格，只有在原有那样多的购买者准备付出更高的价格时（需求强度很大时），才能提高。相反，如果需求的人数减少，或者商品的供给增多，这时，商品的价格也唯有在需求强度降低时，才能降低。他说，这种公式不但可以决定市场价格，而且也决定了自然价格（价值）。

为了要用所谓需求强度来解释价值，马尔萨斯就对需要和供给下了定义。所谓需要，就是“与购买力结合起来的购买愿望”，对一个商品的需要，就是“与对这商品的购买力结合起来的购买愿望”；所谓供给，就是“与贩卖商品的目的结合起来的商品的产量”。②

我们从这些定义中可以看到，马尔萨斯是知道困难的所在的，他小心翼翼地避免简单供求论者的错误。和简单供求论者不同，马尔萨斯认为，商品在进入交换之前就已经有价值和价格了。当他说需要是“与购买力结合起

---

① T. R. Malthus, *Principles of Political Economy*, Boston: Wells & Lilly, 1821, p.49.

② Ibid., p.51, p.52.

来的购买愿望”时，这里所谓购买愿望分明是指在一定价格下对商品的需要；当他说供给就是“与贩卖商品的目的结合起来的商品的产量”时，这里所谓贩卖商品的目的分明是指在一定价格下出卖商品的希望。所以，在进入交换之前，无论是购买者或出卖者，都是以一定的价格来估计商品的。但是，这样一来，马尔萨斯的论点在逻辑上就发生了错误：他一方面认为价值是由供求决定的，而另一方面又认为商品在进入交换之前，也就是在供求关系成立之前，价值就已经存在了，并且供求是以商品的价格为前提的。供求决定价值，但价值又是在一定价格下建立起来的供求关系的前提——这是马尔萨斯的循环推论。

马尔萨斯所创造的价值由需要“强度”决定的理论，首先在逻辑上就是这样荒诞的东西。

所谓需要的“强度”，依照马尔萨斯的说明，就是人们获得商品的困难虽然增加了，人们购买商品所支付的货币虽然增加了，但是人们的需要依然不变，或者变化很小，换言之，也就是在商品价格高涨条件下，依然不发生变化的需要。人们获取商品的困难为什么增加了呢？依照他的说明，或者是因为商品的生产费用增加了，或者是因为商品的供给数量减小了，在这两种情况下，商品的价格都会高涨。

马尔萨斯的这种看法显然是错误的。商品的生产费用增加了，这时价格高涨的基础往往是价值的增大（其所以说“往往”，是因为不管资产阶级经济学家如何理解生产费用，生产费用中的某些部分，是构成价值的，另外一部分，则不构成价值）；商品的供给量减少了（需要不变），这时价格高涨的基础并不是价值的增大，因为价值没有发生变化。马尔萨斯却错误地把它们都看成价值的增大。

马尔萨斯既然认为，商品价格高涨而需要仍然不变，这种需要的“强度”就决定了价值。至于决定价值的需要“强度”本身却又要以价格为前提。为了说明这一问题，马尔萨斯就谈看来，利润就是购买者支

在马尔萨斯看来，生产费用在价格的决定中，只起次要的作用。他一方面承认，通常生产费用降低的结果，是价格的下落，但是另一方面他又认为，尤其能压低商品价格的力量的是供给的过剩；同样，他一方面承认，生产费用增加，商品价格通常上涨，但是另一方面他又认为，尤其能提高商品价格

的力量的是供给的不足。在这种情况下，生产费用对商品价格的影响，只因为它的支付是以后的商品供给的必要条件。生产费用之影响到价格，只不过因为它影响到供求关系的原因。当某一种商品的生产费增大时，以这项商品的需求强度和生产费没有增大前比较，它可能提高，可能不变，也可能削弱。在第一种场合商品价格会随生产费用的增大而提高，然而这种提高，并不是因为生产费用增加的结果，而是因为需求强度增强的结果。在第二种场合，商品的供给在需求不能补偿提高了的生产费用之前，即在需求强度没有提高之前，是会减少的。在第三种场合，情况也是如此。在这三种场合下，商品价格的提高，并不是因为生产费用的提高，而是因为需求强度的提高，也就是说，是因为供求关系有了变动。所以，他最后承认，"除非供给的范围变化了，不论生产价格上升或下降，商品的价格都不会发生变化"。①"我们毫无迟疑地承认，在需要和供给的关系发生变化以前，商品的市场价格不能发生变化。"②

在这里，马尔萨斯显然弄错了。他以为生产费用降低就一定伴随着供给过剩，生产费用增加就一定伴随着供给不足，因而才认为促使价格下落的特殊力量是供给过剩，促使价格上涨的特殊力量是供给不足。其实，生产费用降低不一定就引起供给过剩，生产费用增加不一定就引起供给不足。如果生产费用降低又伴随着供给过剩，那么，价格将因价值降低和供过于求的两重作用，而猛烈下降；如果生产费用增加又伴随着供给不足，价格将因价值增大和供不应求的两重作用而猛烈上涨。马尔萨斯否认商品本身有价值，并把价值与价格等同，所以就不了解这个道理。

马尔萨斯既然坦率地认为，除非供给的范围变化了，不论生产价格上升或下降，商品价格都不会发生变化，那他就自己打自己的嘴巴了，因为这种说法和他前面所谓需要"强度"决定价值的说法又不一致。从这里我们可以看到，所谓需要"强度"决定价值，不过是马尔萨斯为了避免重犯简单供求论的错误而捏造出来的。这种论点，由于不能自圆其说，在他的论述过程中又被抛弃了。抛弃了这个论点以后，最后他便明白主张，在需要和供给的关系

① T. R. Malthus, *Principles of Political Economy*, Boston: Wells & Lilly, 1821, p.60.

② Ibid., p.59.

发生变化之前,商品的市场价格不会发生变化。这样一来,他就和简单供求论者一道陷入同样的泥坑中去了。

如果我们抛开马尔萨斯理论中的枝节,省略一些关于生产费用方面的叙述,那么,他的主张实际上是这样的:商品的价值就是购买者所支付的价格,购买者所愿支付的价格是由需求强度决定的;商品的价值量就由通过这一交换取得的劳动量决定,这种劳动量等于生产商品所耗费的间接劳动(原料、机械)以及工资和利润所包含的直接劳动量。照马尔萨斯看来,利润就是购买者支付的价格和生产者垫支的价格间的差额,是高价出售的结果,归根结底是由购买者支付的。

马尔萨斯的这种杂乱的价值学说,是为地主阶级辩护的。价值既然就是购买者支付的价格,利润既然是高价出卖的结果,那么,哪一种人是利润的最后的支付者呢?这不可能是工人阶级,因为马尔萨斯实际上承认资本和劳动的交换是不等价的,正是由于这种不等价交换,用来与劳动相交换的资本才在价值形态上小于劳动,而劳动超过资本的部分才在商品形态上构成一个利润基金。利润也不能由资产阶级自己来支付,因为在资本家之间,彼此用高价出卖的办法来获取利润,其结果是谁也得不到利润。根据这种逻辑推演下去,能够支付利润的人只能是这样的一些人,这些人只买进商品而不卖出商品,只消费而不生产。这种人是谁呢?无疑,是地主阶级和其他寄生者阶层。他们的浪费越多,需要越强,他们支付的价格越高,商品的价值就越高,从而资本家的利润就越高。资本家之所以能扩大生产和获取利润,就是因为有地主阶级的消费。

当然,这个只消费不生产的地主阶级的购买基金的来源,马尔萨斯是不能有所说明的。很明显,在只有工人、资本家和地主三个阶级的社会里,这个购买基金如果不是从天而降,就只能是从资本家的钱包里分出来的。如果是这样,我们就不知道资本家不断把钱交给地主,然后再用高价出卖商品的办法把钱骗回来,对利润的实现到底有何作用。辩护是没有用的,很明显,资本家的利润和土地所有者的地租,都是工人所创造的剩余价值的一部分。

三　生产费用论是以价值来解释价值的循环推论

另一种庸俗的价值学说是生产费用论。生产费用论和供求论有密切的关系，当后者不能说明在供求均等状态下商品的价值如何决定时，前者便大显身手。生产费用论者往往把价值与生产价格等同，错误地认为价值是由生产商品所耗费的资本的价值，或由生产商品所耗费的物质要素的价值构成的。有些生产费用论者同时也是生产三要素论者，他们认为生产过程的生产要素都是创造价值的，它们各自创造的价值就构成商品的价值。

生产费用论和生产三要素论的产生，不是偶然的。

前面说过，资本主义自由竞争充分展开时，剩余价值均等地在各部门的资本中进行分配，利润转变为平均利润，价值变形为生产价格，生产价格成为市场价格波动的中心。在这些现象下，缺乏历史观点并习惯从表面看问题的资产阶级经济学家，就往往把生产价格看成价值。大家知道，在生产价格下，劳动和价值的关系是被掩盖起来的。生产价格的形成，虽然要根据劳动创造价值、剩余劳动创造剩余价值、剩余价值决定平均利润的原理来说明，但生产价格本身，却是由生产商品所耗费的不变资本、可变资本加依照垫支总资本计算的平均利润构成的。生产价格的构成，和价值的形成是有所不同的。首先，构成生产价格的平均利润往往与包含在价值中的剩余价值不等，它往往不完全是生产商品的工人的剩余劳动所创造的；其次，如果其他条件不变，某生产部门的工资变化了，那么，商品的价值不发生变化，而商品的生产价格将发生显著的变化。所以，如果把生产价格孤立起来看，就看不出它和劳动的关系。正是这样，把生产价格看成价值的资产阶级经济学家，就必然进一步认为价值是由生产所耗费的资本，或由所耗费的物质要素的价值构成的。

在资本主义生产方式下，价值和劳动的关系，不仅因生产价格的形成而被掩盖起来，而且因价值之分解为工资、利润、利息和地租，即分解为各阶级的收入而被歪曲，它使人从表面看来，似乎资本、土地和劳动同样能创造价值，同样是价值的源泉。

大家知道，在资本主义制度下，工人出卖的好像是劳动，而不是劳动力；工资好像是劳动的价值、是工人创造的全部价值，而不是劳动力的价格，不是工人创造的部分价值。工资既然好像是工人创造的全部价值，利润就必然好像是资本本身所产生的，而不是由工人的剩余劳动所创造的剩余价值转化而来的。如果资本的所有权和使用权分离，利润就要分割为利息和企业利润；利息表现为资本的直接产物，资本真好像是果树会生果子一样，它也会产生利息；企业利润表现为企业家的“劳动报酬”，真好像工资是工人的“劳动报酬”一样，企业利润也似乎是企业家的“劳动报酬”。资本主义生产关系的神秘化，到此已达顶点。土地私有权和土地经营垄断的存在，使农业中超过平均利润以上的剩余价值余额转化为地租。在地租形态下，剩余价值的一部分竟直接与生产中的自然要素——土地结合起来，土地私有者既然与生产毫无关系，地租的源泉就好像不是劳动，而是土地本身了。

此外，有些资产阶级经济学家由于不了解商品是劳动生产物的一种社会性质，错误地认为物质资料、使用价值就是价值，而劳动、劳动资料和劳动对象三者同是使用价值的泉源，因而他们也就错误地认为劳动、资本（生产资料）和土地（自然）都是价值的泉源，都能创造价值。

总之，在资本主义的经济现象下，经济过程的内部联系被割断了。全部价值好像不是由劳动创造的，而是由生产商品的物质要素的价值构成的，各阶级的收入好像不是由价值分解出来的，而是独立的价值，是各种生产要素所创造的。生产费用论和生产三要素论，就是在这样的经济条件下产生的。

生产费用论的形式是多种多样的，生产费用论者对于生产费用的构成因素的解释也是多种多样的：有的认为是耗费的资本，有的认为在耗费的资本外还有利润，有的则和生产三要素论融合在一起，认为生产要素创造的价值的总和，就是构成价值的生产费用，等等。

各种形式的生产费用论的共同错误在于：把生产价格这个资本主义自由竞争下的经济范畴，看成价值，从而就错误地认为价值是由生产商品所耗费的资本的价值，或是由生产商品的物质要素的价值构成的。这种错误是很明显的。从理论上说，这是以价值来说明价值的循环推论。因为商品的价值既然是由生产商品的资本或物质要素的价值构成的，那么，资本或物质要素的价值又由什么构成的呢？生产费用论者除了陷入循环推论以外，显然不能用其他的理由来解释这个问题。这就是它的根本错误。

在实际问题上，生产费用论也有重大的错误。有的生产费用论者认为构成价值的生产费用，只包括所耗费的资本，而不包括利润，这样虽然符合生产费用的概念，但不能说明利润的源泉，归根到底就只能认为利润是在流通中产生的，是不等价交换的结果，这当然是错误的。有的生产费用论者，为了解决利润的源泉问题，就把利润看成生产费用的一个因素，这样又不符合生产费用的概念，因为生产资料和工资是资本的耗费，是资本依以支出的物质要素，而利润明明是资本的收入，怎样能够和性质完全不同的生产资料与工资相提并论，认为是资本的耗费呢？从这里可以看出，生产费用论者无论怎样都不能自圆其说。

生产费用论广泛被利用来为资本主义作辩护，否认资产阶级对无产阶级的剥削。因为这种理论否认价值是劳动创造的，当然也就否认资本对劳动的剥削。有的生产费用论者更露骨地认为，商品的价值是由生产要素——劳动、资本、土地所创造的价值构成的，劳动创造的价值是工资，资本创造的价值是利润，土地创造的价值是地租。劳动者得到工资，资本家得到利润，土地所有者得到地租，这真是他们在生产上通力合作、在分配上保持公道的结果，就这样，他们就根本否认剥削，完全为剥削者作了辩护。其实，工资、利润和地租都是由工人创造的价值分解出来的，资本本身绝不能产生利润，土地本身绝不能产生地租。

价值学说史上的生产费用论者很多。前面说过，斯密的价值学说中就夹杂有生产费用说的庸俗成分。此后庸俗的经济学家就将它加以发展。在庸俗的经济学家中，著名的生产费用论者有萨伊、托伦斯和西尼尔等人。萨伊是一个最早的庸俗经济学家，他的价值学说属于最庸俗的生产费用论，他把生产费用论和生产三要素论融合在一起。

和前面所说的资产阶级经济学家不同，萨伊认为价值不是交换价值，而是使用价值，即效用。他说："先给予任何的物件也就是给予无价值的物质以效用，而后你便给它以一种价值；这就是说，你使它变为生产物；你创造了财富。"①萨伊

① 萨伊：《经济学精义》，郑学稼译，商务印书馆1933年版，第7页。

把价值看成使用价值即效用，是受了法国重农主义的影响。重农主义者认为价值的源泉是劳动的使用价值，创造剩余价值的是自然，剩余价值是生产的有机物质多于消费的有机物质的差额。

认为价值是使用价值，这种明显的错误，是古典派，尤其是李嘉图都知道的。假如劳动生产率普遍提高了，使用价值量就增加了，在这种情况下能不能说价值也增加了呢？显然不能。因为劳动量既没有增大，价值也就没有增加。

认为价值是使用价值，这是违反常识的。假如价值是使用价值，那么，在购买者看来，商品的使用价值既然比货币的使用价值大些（否则，他就不用货币去换商品了），因而也就是商品的价值比货币的价值大些，这样说来，一个人只要以 40 元货币换 40 元的商品，就能赚到一笔钱。这当然是笑话。

萨伊说："怎样把价值给予一种物件呢？"回答是："给它以效用可矣。"[①]但怎样给物件以效用呢？萨伊认为，从事生产，就是给物件以效用；在生产中，人类的劳动、资本（机器、工具）和土地等生产要素共同发生作用。价值量如何决定呢？萨伊认为，不是由效用的大小决定，而是由生产使用价值即生产效用的费用来决定，这些生产费用就是获得上述生产要素所必需的代价。

萨伊这个经济学家的头脑的混乱是惊人的。他既然认为价值就是使用价值即效用，那么，为什么又不合乎逻辑、前后一贯地认为价值量是由效用的大小决定的，反而认为是由生产费用决定的呢？生产费用的大小和效用的大小有什么关系呢？生产要素在生产中所发生的作用，和获得生产要素所必需的代价有什么关系呢？——所有这些问题，在我们看来都是不可理解的。这里包含了许多混乱和错误。

萨伊的理解显然是这样的：价值就是使用价值即效用，而各种生产要素在使用价值的生产上是有作用的，所以就能创造价值，即创造收入；生产要素的所有者（从事劳动的人、资本和土地的所有者）都是生产者，生产要素创造的价值，就是他们的收入；劳动者出租劳动所取的代价叫作工资，资本所有者出租资本所取的代价叫作利息，土地所有者出租土地所取的代价叫作

---

① 萨伊：《经济学精义》，郑学稼译，商务印书馆 1933 年版，第 5 页。

地租，这三者都是生产所耗费的代价，它们合起来就构成商品的价值。在这里，我们看得很明白，萨伊既主张生产要素创造价值的生产三要素论，也主张商品价值由生产费用构成的生产费用论，并且把这两者混合起来，进而认为每种生产要素所创造的价值，就成为出租各种生产要素所得的代价——工资、利息和地租。所以，所谓生产费用，也就是工资、利息和地租的总和。这些生产费用构成商品的价值，并包括在商品的价格中，市场的供求关系会使价格和生产费用相一致。

这种理论是十分错误的。

首先，萨伊认为商品价值是由工资、利息和地租等生产费用构成的，很明显，这是继承了斯密的商品的价值（自然价格）是由自然率的工资、利润和地租构成的错误见解。撇开萨伊的利息和斯密的利润有所不同不谈外①，他们都同样在商品的价值中把生产资料的价值除掉。

其次，如果萨伊是像一般生产费用论者那样，认为商品价值直接是由工资、利息和地租构成的，那么，他就必然陷入循环推论中，因为这等于用价值来解释价值。萨伊没有这样做，而搬出了生产三要素论，但这又使他陷入另一种错误。

萨伊认为生产要素是创造价值和生产收入的，出租生产要素所取得的代价就是由生产要素所创造的。关于生产要素能创造价值的错误留到最后谈。我们这里先谈生产要素创造的价值，和出租生产要素所取得的代价的关系到底如何的问题。这两者是否相等呢？如果相等，则租借生产要素的“劳役负担者”（企业家）将得不到利润；如果要有利润，出租生产要素所取得的代价，就必要小于生产要素创造的价值；萨伊的主张是后者。但这样一来，就发生两个问题：一、出租生产要素的代价本身到底由什么决定？萨伊在说明工资的大小时，用生活费用和供求关系来解释，在说明利息和地租的大小时，则完全用供求关系来解释，这就不但和生产要素创造的价值的大小没有直接的关系，而且又陷入供求论的错误。二、假如生产要素通通属于一个所有者，譬如说属于一个小商品生产者，那么，按照萨伊的说法，商品的价

① 照萨伊看，利息只是“劳役负担者（企业家）”租入资本所付出的代价，而利润则只是企业的收入。照斯密看，利润是剩余价值中除了地租所余的部分，因而利润事实上包括利息和企业收入在内。

值就等于生产要素所创造的价值;但是,资本主义商品的价值显然小于生产要素创造的价值,因为出租生产要素的代价总和(生产费用)小于生产要素创造的价值(这两者的差额就是利润)。如果不顾理论上的矛盾,硬说资本主义商品的价值不是生产要素创造的价值,而是出租生产要素所取得的代价的总和即生产费用,那么,就无法说明利润的泉源。这正好是前面说过的一般生产费用论者的错误。无论如何,萨伊是不能自圆其说的。

萨伊认为生产要素能创造价值,它们创造的价值就是它们的所有者的收入,即劳动——工资,资本——利息,土地——地租。这就是专门为资本主义辩护的生产三要素论和由这个理论所产生的三位一体的公式。

萨伊的生产三要素论对政治经济学的毒害甚大。首先,它混同了生产的自然方面和生产的社会方面,并在这基础上把生产物在生产要素所有者之间的分配,亦即把分配的社会性质,错误地认为是生产的自然方面的结果。这也就是说,萨伊把生产物在分配上所表现出的一种社会属性,还原为一种物质的或自然的属性,用技术去代替了生产中的社会内容。大家知道,在使用价值的生产上,劳动、劳动资料和劳动对象是三个基本的要素,离开了劳动资料和劳动对象,劳动者单凭劳动是不能生产出使用价值来的。这是从生产的自然方面来看的。但生产还有其社会的方面。社会生产总是在劳动资料和劳动对象为人们所占有的形式下进行的,这种占有的形式就决定了劳动的社会性质。这样,由劳动者运用了属于一定所有者的劳动资料和劳动对象而生产出来的生产物,便要在生产要素的所有者之间进行分配。很明显,生产物的分配的社会性质,是由生产的社会性质决定的。但是,由于萨伊只看见生产的自然方面,而看不见生产的社会方面,于是,他就必然错误地认为,既然生产上(生产的自然方面)有劳动、资本(劳动资料)和土地(劳动对象)三个要素在发生作用,那么,生产物在生产要素的所有者之间的分配,也就是这三个要素在生产的自然方面的结果了。他就必然认为生产的自然性质决定了在分配上表现出来的社会性质,并把生产物在分配上表现出来的社会性质,还原为生产的自然性质——这是十分严重的错误。

其次,在上述错误的基础上,萨伊还混同了使用价值的生产和价值的生产。大家知道,商品是用于交换的劳动生产物,它是使用价值和价值的统一体。使用价值,指的是商品的物理属性,它是由人类在一定的劳动资料和劳动对象下进行一种有目的的活动的结果；价值只是人们在商品的掩盖下交换劳动的关系，是社会赋予商品的一种属性，它的泉源只是劳动。这就是说，价值与使用价值不同，在价值的创造上没有一点自然的因素。但是，萨伊既然只看见生产的自然方面，而看不见生产的社会方面，那就必然把使用价值混同于价值，认为使用价值就是价值，认为价值是生产三要素——劳动、资本和土地——所创造的，而各生产要素创造的价值又成为它的所有者的收入。

萨伊的生产三要素论的错误，正如某些其他形式的生产三要素论者的错误一样，其根源在于他们都把资本主义生产看成物质资料生产的自然形态，而不是物质资料生产的一个历史形态，这就必然只看见生产的自然方面，而看不见生产的社会方面，也就必然认为使用价值是价值，认为生产要素也创造价值。

萨伊既然认为生产要素创造价值，因而资本主义的剥削就被否认了。劳动创造的价值是工资，资本创造的价值是利息，土地创造的价值是地租，其中似乎没有任何剥削。由萨伊所首倡的三位一体的公式，就是一个为资本主义辩护的公式。

三位一体的公式，是资产阶级经济学家把资本主义的生产关系看成物与物的关系的理论产物。这公式割裂了价值和商品生产者的劳动的联系，割裂了由价值分解出来的各种收入之间的联系。这公式不合理地把各种无关的范畴连在一起。劳动，这是任何生产过程必须具备的物质要素，而资本和土地私有权（萨伊没有说土地私有权而说土地，但土地不会要求地租，只有土地私有权才会要求地租），却是特定历史条件下的社会关系，它们三者的关系，如像马克思所说的，有点像证人手续费、人参和音乐三者的关系一样。是些性质完全不同和风马牛不相及的东西，怎样能列在一个公式中呢？

再把这个公式分开来看吧。劳动——工资这个公式，正如资本——利息和土地——地租的公式一样，是错误的。劳动本身不会产生工资，因为劳动是人类体力与脑力的支出，而工资则是一个具有历史性的经济范畴，如果说，劳动是指雇佣劳动，工资是指劳动报酬，这也不合理，因为雇佣劳动并没有劳动报酬，工资也不是劳动报酬，而是劳动力价格的转化形态；如果工资是雇佣劳动创造的价值，这又是不完全的，因为雇佣劳动不只创造了工资，而且创造了剩余价值。所以,无论怎样说,劳动——工资的公式是错误的。

资本——利息这个公式和劳动——工资的公式有所不同,因为它的两端都是同一性质的社会关系,但是,像这样表现也不合理。谁都知道,资本不可能产生利息。如果说,这是指资本推动的劳动产生利息,这也是不完全的。因为这时劳动所创造的是剩余价值或利润,利润是包括利息、企业利润和地租的总体。

土地——地租同样是一个不合理的公式。土地这是自然的物质,地租是一种社会关系,是价值的一部分,两者性质不同,不能放在一个公式中。如果说,土地是土地私有权,那么,它还是不能产生地租,因为地租是劳动创造的剩余价值的一部分。

所以,三位一体的公式是在生产三要素论基础上产生最浅薄最庸俗的东西,它只是把资本主义的经济现象作了概念上的复述,丝毫不能说明事物的本质及本质与现象之间的关联。它除了和生产要素论一样可以用来为资本主义作辩护外,没有任何科学意义。它是庸俗经济学理论的标本。

四　边际效用论是以人的主观评价来说明价值的谬论

边际效用论是一种最庸俗的价值学说,是庸俗政治经济学的一个流派——奥地利学派(Austrian School)的理论体系的基础。边际效用论的实质是以鲁宾逊式的离群索居的人的消费心理,来解释价值这一在物的掩盖下存在的人与人的关系。

边际效用论和供求论以及生产费用论,虽然都是庸俗的价值学说,但是它和后两者又有所不同。供求论者和生产费用论者虽然是经济现象的俘虏,但其理论到底还以客观的经济现象作依据;边际效用论者则不是什么经济现象的俘虏,因为他们根本不是从客观经济现象出发来研究经济范畴,而是从主观出发、从孤独的消费者的心理出发,去“研究”经济范畴、去捏造经济规律的。

奥地利学派及其边际效用论的产生,是由资本主义的发展决定的。随着资本主义的发展,资产阶级和无产阶级的矛盾尖锐了,工人运动高涨了,马克思主义产生了,为了从理论上保卫资本主义和反对马克思主义,资产阶级就急切需要一种新的经济理论。这种经济理论既然要用来直接反对马克思主义的经济理论,当然也要否定被马克思所吸收并发展了的古典派的经济理论。以这种经济理论和已有的庸俗经济理论相比,在形式上也需要有所不同,因为后者已被马克思打击得体无完肤。奥地利学派就是在这种形势下应运而起的。这个学派之所以用边际效用论来和马克思的科学的劳动价值学说相对抗,用利息时差说来和马克思的剩余价值学说相对抗,是因为它是在资本主义逐渐发展为垄断资本主义的条件下产生的。这时越来越多的资本家变成垄断资本家,变成完全脱离生产、专门靠剪息票为生的食利者;他们的"职业"与其说是生产,不如说是消费——享乐。在他们的生活里,消费就是一切。奥地利学派之所以把消费放在首位,也就是这个缘故。当然,这种消费又很自然地被资产阶级经济学家看成人与物的关系,而不是生产关系的一个方面。这时,对利息的辩护,已成为食利者的学术奴仆的重要责任。以孤独的消费者的心理来解释价值的边际效用论,和以时间来说明利息的利息时差说,就是这样产生的。

价值学说史上的效用论,都把价值看成效用,并由此认为价值是由效用即使用价值决定的。效用论可分为客观的和主观的两种。前者认为价值是由物品本身具有的满足人类欲望的能力决定,即由客观的使用价值决定;后者认为价值是由人们认为物品对他所具有的用处决定,即由主观使用价值决定。边际效用论是主观效用论中流行最广的一个派别。

效用论的根本错误在于:把区别商品的因素——使用价值,当作商品的共同因素——价值的决定者。大家知道,商品有两个因素:使用价值和价值。价值,这是社会赋给商品的属性,是生产商品的抽象劳动的凝结。当作价值,任何商品都是同样的、无差别的。正因为作为人类劳动的凝结的价值在质上是相同的,价值量是由劳动量决定的,不同的商品才有可能在价值上进行比较,才有可能按照相等的价值进行交换。使用价值是商品体的自然功能,它完全是由自然(包括劳动的具体形式)决定的。使用价值虽然是价值的物质承担物,但是,不同商品的使用价值是不同的,商品之所以能相互区别,也正因为它们的使用价值不同。既然使用价值在质上是不同的,因而也就不可能有量的比较。商品不可能按照使用价值来进行交换,使用价值不可能是价值的决定者，这是非常简单的道理，效用论者如果不是不了解这一点，就是想故意抹煞这一点。客观效用论者虽然承认，对人们生活的重要程度来说，空气比金刚石高得多，但他们又不能解释为什么前者没有价值，而后者的价值却比许多商品都高得多。主观效用论者虽然承认，面包和金刚石的效用，对于饥饿万分和饱食终日的人来说，是完全不同的，但却不能解释为什么面包的价钱，无论对什么人来说都是同样的，并且它的价格总比金刚石的价钱低得多。很显然，这一切只有根据抽象劳动创造价值、社会必要劳动量决定价值量的原理才能解释。

效用论认为价值是由效用或人们的主观评价决定的，这样就更其露骨地在为资本主义剥削辩护。效用论者认为，资本主义社会根本没有剥削，利息或者是资本参加生产、创造效用、创造价值的收入，或者是人们对目前财货的主观评价高于对未来财货的主观评价的差额。但是，资本主义的剥削是不能以此理论来把它一笔勾销的。

主观效用论的直接先驱者，是德国资产阶级经济学家高森和英国资产阶级经济学家杰文斯。他们的理论被门格尔、维塞尔、庞巴维克（都是奥地利人，他们的经济理论被称为奥大利学派）发展为系统的边际效用论；其中又以庞巴维克的最为完备。

庞巴维克为了建立一套为资本主义辩护的经济学说，首先便对马克思的经济学说，尤其是剩余价值学说的基础——科学的劳动价值学说大肆进行攻击。他的攻击是从交换价值的基础是什么开始的。

马克思认为，商品是用来交换的劳动生产物，商品交换所发生的量的比例，如10袋小麦=2把斧子是交换价值；交换的等式表明，两种商品中存在着一个不同于这两种商品体、但又为它们所共有的共通物，这共通物在质上相同、在量上相等。这共通物不可能是商品体的任何自然属性，不可能是使用价值，而是无差别的人类劳动，即抽象劳动，抽象劳动的凝结就是价值；价值量由社会必要劳动量决定，劳动量用劳动时间来衡量。这是马克思根据商品生产和商品交换的历史，运用了正确的抽象法，进行了史无前例的研究所得的结论。

资产阶级学者庞巴维克不是这样理解马克思的研究。他把马克思的研究看成只是逻辑的运用。于是他就来反对马克思："价值既然是由某一种共同元素来决定,为什么不能由其他各种共同元素来决定呢?马克思主张劳动决定价值,可是他并没有提供任何积极的理由。他所提出的仅仅是一个消极的理由,就是,与使用价值一点不相干,所以它不是决定价值的原素。这种消极的理由,是不是也可以应用在马克思所忽视的其他一切共同原素方面呢?学说之荒谬绝伦,无有过于此者。"①他的结论是:我从没有看见过比这更坏的逻辑。

这简短的摘录暴露出庞巴维克的方法论的严重错误,这错误一直支配着他对价值的研究。他把价值看成不是商品交换等式中的共通物,不是一种社会关系,不是历史的范畴,而错误地认为价值是物品中一切共同的因素,是永恒的范畴。所以,他就离开历史,单纯从逻辑出发,以为找寻物品中的共同因素,就是找寻价值的决定者。于是,他就论证这共同的因素,除了劳动以外,还有许多其他的东西。譬如,都是自然的产物,都有效用,都为人们支配的对象,相对需求而言,都有一定程度的稀少性,等等。应该指出,马克思并没有说"价值既然是由某一种共同元素来决定"这一类的话,这一类话是庞巴维克自己创造的。马克思只是说,交换等式中的共通物是劳动生产物作为人类无差别的劳动的凝结就是价值。如果像庞巴维克那样认为价值只是物品中某一种共同的因素,那就似乎可以从很多方面来找寻这些因素了,譬如,从自然的属性看来,体积、重量、长度和颜色等都是商品体中的共同因素,按照庞巴维克的方法论,价值也就可以用体积、重量等因素来决定了。但是,只有疯子才会认为自然因素是社会关系的决定者。当然,如果单纯从逻辑上看,认为某些自然因素是商品体中的共同因素,这并没有错,因为,从自然属性上来考察,商品体中的确含有很多共同的因素;但是,从社会和历史方面看,认为商品体的自然因素是价值的决定者,那就大错特错了。当然,商品除了共同具有的自然属性之外,也还有些其他的共有属性。比如,从哲学家的眼光看,它们都是一种物质存在的形态,从生意人的立场看,它们都是买卖的对象。但是,指出这一切到底是什么意思呢?这一切对商品价值的决定到底有什么关联呢?这一切能不能用以解释商品所表现出的社会生产关系呢?撇开历史,单靠逻辑来解释社会现象,这是极其错误的

---

① 庞巴维克:《资本与利息》,何崑曾等译,商务印书馆 1938 年版,第 297 页。

方法论。

所以，我们不能从逻辑上来找寻商品体中所共同具有的某些因素，认定这些共同因素也是价值的决定者，因为，问题并不在于人们可以随便从商品体中找寻更多的共同的属性，问题在于，决定价值的除了劳动以外是否还有其他的因素，问题在于怎样解释商品生产、商品交换这个历史现象，怎样说明价值这一历史范畴。最能说明这个现象和范畴的，就是商品是用来交换的劳动生产物，价值是人类抽象劳动的凝结。

此外，庞巴维克还从实际问题上来反对马克思的科学劳动价值学说，认为它不能解释以下的问题：(一)稀少性的货物，如图画、古书、古钱、陈酒以及一切秘密职业的商品的价值，土地专卖权的“价值”。(二)在相同时间内，熟练劳动创造的价值比简单劳动创造的价值大。(三)劳动时间虽然没有减少，但由于工资低下，使得价值降低。如像女工生产的编织品的价值比一般为低。(四)因供求不平衡，商品交换的价值与其含有的劳动量不等。(五)两种商品生产时所耗费的社会平均劳动时间相等，但甲商品含有较多的“过去的劳动”，其价值就较乙商品较高，等等。

所有这些责难，马克思早就科学地从原理上加以解决了。对马克思早已科学地解决了的问题，庞巴维克竟会提出如此的“责难”，这一点如果不是反证他的无知，反证他的资产阶级头脑不能理解马克思的学说，就是说明他在蓄意掩蔽真理，企图为资产阶级辩护。只有依据科学的劳动价值学说以及生产价格学说才能解释上述的问题。(一)图画、古书、古钱、陈酒以及一切秘密职业的商品，都不是按一般方法所能再生产出来的商品，它的市场价格是高于价值的垄断价格，这种垄断价格的高低取决于购买者的嗜好程度和支付能力。至于土地和专卖权，它们不是劳动生产物，不是商品，也没有价值，它们的价格不过是一种资本化的特权的收入，没有价值的特权居然有价格，是由于在资本主义制度下资本能获得收入这种现象所起的反射作用的结果。(二)连庞巴维克自己也知道，马克思早已说明熟练劳动是倍加的简单劳动，小量的熟练劳动创造的价值，会与大量的简单劳动创造的价值相等。(三)这是生产价格与价值的关系的问题。如果某一生产部门的工人的工资低于劳动力的价值，那么，资本的有机构成就较低，商品的生产价格也就低于价值。(四)这是市场价格与价值的关系的问题。供过于求，市场价格就低于价值，商品交换到的劳动量就小于它本身所含有的劳动量；反之，情形也就相反。（五）商品的价值量是由过去的劳动量和活劳动量的总和决定的，生产商品的一次劳动之所以既能转移由过去的劳动构成的旧价值，又以活劳动创造新价值，是因为生产商品的劳动具有具体劳动和抽象劳动两重性质的缘故。

自以为推翻了马克思的价值学说之后，庞巴维克为了他的主子的需要，就在前人已有的基础上，建立起他的边际效用论。

为了建立边际效用论，庞巴维克首先指出，以往的政治经济学专门研究交换价值，而不研究使用价值，这是不正确的。他认为应该侧重研究使用价值。他反对把价值分为使用价值和交换价值，主张分为“主观价值”和“客观价值”。

所谓“主观价值也者，即指某项物品或某类物品能够使它的所有人发生利害关系的价值而说的。所以无论哪一种物品，只要我有了它的时候能够感觉着快乐，失了它的时候会感觉着痛苦，它对于我便是有价值的”。[①] 总之，主观价值就是人们对于物品的主观评价。人们认为有价值，物品就有价值；认为价值有多高，物品的价值就有多高。

所谓客观价值，就是某种物品能够达到某种客观效果的力量和能力。例如，食物之有营养价值，肥料之有培育植物的价值。物品的客观价值有许多种，如生产价值、收入价值、交换价值等都属客观价值。庞巴维克认为，物品由其自然属性所决定的用途，也就是一般的所谓使用价值，这种一般的使用价值虽然是客观价值之一，但不是政治经济学所要研究的对象；政治经济学只研究“物品在交换过程中所表现的客观评价”[②]，即客观交换价值。

所以，庞巴维克的“价值论是有两重任务的：一方面，它要去解释主观价值的原则；他方面，它可要去解释客观交换价值的原则。[③] 前者就是价值论，后者实质上是价格论。不言而喻，前者是后者的基础，任何一种商品的客观交换价值，也就是说它的价格，是由买卖双方根据他们对这种商品的主观评价为基础，再经过讨价还价来决定的。这也就是说，商品的价格无非由人们

① 庞巴维克：《资本肯定论》，曾迪先译，商务印书馆1937年版，第172页。
② 同上书，第174页。
③ 同上书，第174—175页。

对商品的主观评价而定。我们的批判只限于前者，因为后者不过是主观价值论和供求论的混合物而已。

人们怎样对物品进行主观评价呢？庞巴维克认为，一切财货对人类的生活都有关系。但有的是生活上不可缺少的物品，这是上级财货，它对生活的关系叫作“价值”；有的是满足不重要的欲望，这是下级财货，它对生活的关系叫作“用处”。譬如，水对于住在井旁的人来说，是下级财货，只有用处，没有价值；但对于在沙漠中的旅客来说，是上级财货，不仅有用处，而且有价值。所以，“主观价值，……是依据物品的效用，和它在物主生活上的重要性决定的”。①

主观价值既然是这样评定的，它的根源必然就是物品的有用性和稀少性了。庞巴维克说：“物品如果要有价值，不但应有用处，而且还不应当过多。”②这就是说，不很充裕或仅仅够用的所谓经济财货是有价值的，而过多的任何人都可以自由使用的所谓自由财货则是没有价值的。

从上述可以看出，庞巴维克谈到价值论的任务的时候，虽然提到价值论要解释客观交换价值的原则，谈到价值的概念的时候，虽然也使用过客观交换价值的名词，但在进而分析主观价值的时候，他显然不是从客观的、商品经济的历史条件出发，不是从大量的交换现象去分析的，而是离开了商品生产和商品交换，用非历史的观点来考察价值这一历史范畴的。所以，他就认为，只要存在着人们**消费经济财货**这样的条件(这是任何社会都有的)，即使没有商品生产和商品交换，也有价值。用非历史观点来考察历史现象和历史范畴，这是严重的错误。

另外，庞巴维克认为价值是人们对物品的主观评价，人们认为这财货对他的生活很重要，就有价值。按照这个理论，在逻辑上他就必然要承认，资本主义企业生产的大量商品是没有价值的，因为那么多的商品对资本家的生活并不重要；而小农生产的、用以维持自己吃用的粮食则有价值，因为那么一点点粮食还不够农民一饱。很显然这种说法当然是错误的。在第一种场合，资本主义企业生产的既然是供出卖的商品，人们相互交换劳动是在物

① 庞巴维克：《资本肯定论》，曾迪先译，商务印书馆 1937 年版，第 180 页。

② 同上。

的掩盖下进行的，这种劳动就表现为价值；在第二种场合，小农生产的既然是自己直接消费的粮食，在这个范围内根本没有交换劳动的关系，因而生产粮食的劳动就不表现为价值。价值既然是一种社会关系，因而也就必然是客观的和历史范畴，绝不能由人们认为它存在它就存在，认为它不存在就不存在，也不能因为人们消费经济财货就认为它永远存在。

由于庞巴维克对价值的性质有错误的理解，这也就决定了他对价值量的决定有错误的理解。他说："假如有价值的物品之所以有重要性是因为它对于人类生活上的舒适有相当关系，……那么，财货的价值额的决定，显然是根据人类依赖它所享受的舒适程度来做标准的。"①但是，如果是以物品对人们生活的重要程度来决定价值量的话，那么，庞巴维克就和客观效用论者一样，不能解决对人们生活极为重要的水和空气为什么反而没有价值的问题了。他躲开这一点，极力坚持主观效用论，并以离群独居的鲁滨逊的消费心理来说明价值量的决定的。

为了找寻一个决定价值量的主观评价的单位，庞巴维克就利用他前人的说明并把它加以系统化，在所谓需要种类和需要强度的基础上，提出了边际效用的理论，认为价值量是由边际效用决定的。

所谓需要的种类，是根据人们需要的轻重缓急来划分的，并且又是因人不同和因时不同的。但庞巴维克认为，主观价值不是由需要种类决定的。

需要强度和需要的种类是不同的。在同一种类的需要中，各人的需要的强度又不相同。譬如，同样是对食物的需要，饥饿的人和饱食的人所感受的强度是不同的。若再按照需要的种类来划分，人们认为对食物这一类东西的需要虽然比装饰品这一类东西重要，但对一个饱食终日的人来说，后者的需要强度却比前者大。因而所谓欲望强度也就因人因时而有不同。

庞巴维克认为，人们要求满足需要的强度会随着欲望的不断得到满足而发生变化，会逐渐降低到零甚至负数。譬如人在肚皮饿时感到第一碗饭的滋味很好，而第五、第六碗饭就不但没有什么滋味，反而还会感到难受。个人所有的经济财货的数量所能满足的最不重要的欲望即边际欲望，就是财货的边际效用。财货的价值量是由财富的边际效用决定的。庞巴维克

① 庞巴维克：《资本肯定论》，曾迪先译，商务印书馆 1937 年版，第 183 页。

说:“物品的价值,是根据它们所满足的最不重要的欲望去决定的。因此,决定物品价值的元素,并不是物品的最大效用,也不是物品的平均效用,而是物品的最小效用……是物品的经济边际效用。”①他对此加以吹嘘:“这一规律,不仅可以做我们的价值论底拱心石,而且它的价值,恐怕还过之无不及哩。”②

为了说明这个理论,庞巴维克举了这样的例子:

某“深居山林中,附近并无人家”的农民,某年收获五袋谷物,他把它们作了如下的安排(庞巴维克并代替农民对各种欲望进行估价):一袋维持生活,估价为 10;一袋使生活更美满,估价为 8;一袋饲养家禽,估价为 6;一袋酿酒,估价为 4;一袋养鹦鹉,估价为 1。这样每袋谷物的价值是多少呢?庞巴维克认为,这个问题也就是“每一袋谷物对于生活上的舒适,能够发生怎样的影响”的问题。要解决这一问题,就要看对该农民来说减少一袋谷物所损失的效用是多少。假使谷物由五袋减为四袋,那么,哪一种欲望不能满足呢?在这种情况下,所谓避苦就乐的本能会促使农民不满足养鹦鹉的欲望。所以,减小一袋谷物对农民生活的影响只是不能养鹦鹉,他估价每一袋谷物的价值时,就必然以养鹦鹉这一最不重要的欲望——谷物的边际效用为标准。同样道理,农民有四袋谷物时,每袋谷物的价值则由酿酒的谷物的效用决定,其余类推。不过,这里应该说明,对于一定数量财货价值总和的计算,在奥地利学派各学者中却有着彼此不同的见解。依照门格和庞巴维克的意见,一定数量财货的总价值应为各个单位财货的各别效用的总和,而维塞尔则认为一定数量财货的总价值应由该财货单位边际效用乘以财货单位数之积决定。根据前一方法计算,这个农民的五袋谷物的总价值为 10＋8＋6＋4＋1＝29;根据后一方法计算,这个农民的五袋谷物的总价值为 1×5＝5。

庞巴维克认为这个规律可以应用到组织严密的实际社会中去。在市场上,某种物品的数量越多,它的边际效用就越小,它的价值就越低;反之,也就相反。假使某种物品多到超过了满足一切欲望的程度,那么,它的边际效用就等于零,它就没有价值。据他说,非常有用但数量太多的水和空气,就

① 庞巴维克:《资本肯定论》,曾迪先译,商务印书馆 1937 年版,第 198 页。

② 同上。

是因为这个道理而没有价值的；不仅有用并且数量稀少的金刚石，也就是同样道理而价值昂贵的。

正因为庞巴维克是从非历史的观点和从主观效用来考察价值问题的，所以，他就必然又错误地从消费的观点，而且是以离群独居者的消费心理来考察价值及价值量的问题的。这显然是错误的。价值规律之所以是商品生产的规律，归根结底是因为在商品生产条件下，进行再生产的基本条件是商品按照所耗费的社会必要劳动量来进行交换；假如不是这样，再生产就要遭到破坏甚至无法进行。假使能够客观地从商品生产的条件来考察，就会了解价值不可能是消费上的，尤其是个人消费上的范畴。

从消费的观点考察价值问题，已经是错误的了。在这个基础上，庞巴维克更错误的不是从社会群居的人，而是从孤岛独居者的消费心理来考察价值量的决定问题。奥地利学派的经济学家，全是些蹩脚的鲁滨逊故事的作者，在他们的笔下随处都是“沙漠中的旅客”“迷途的丽人”“遇难的船夫”等。对于鲁滨逊来说，他的消费心理以及对物品满足各种欲望的估价，也许是像庞巴维克辈所描写的那样，不过，这对我们的研究丝毫没有用处。在社会中生活的人们的消费心理不是这样的。大家可曾听过人们消费粮食时要对粮食可以满足的各种欲望进行排队并据此进行估价吗？没有。人们对商品进行估价是以已有的价值为前提的，而不是在消费中凭着主观想象来决定商品的价值。既然在社会中生活的人们不是鲁滨逊，庞巴维克把后者的消费心理强加到前者的头上，是十分错误的。

其实，消费不仅是在社会中生活的人们的消费，而且是在特定历史条件下的消费。很明显，资本主义和社会主义制度下的个人消费是截然不同的。无产者工人们的消费水平为什么那样低下，而资本家的生活又为什么那样奢侈，用庞巴维克的话来说，前者为什么把一个面包估价得很高，后者为什么把山珍海味都估价得很低？社会主义全体劳动者的消费为什么能普遍提高？这一切只能以各该社会特有的经济规律来解释。

除了上面所说的以外，边际效用论也不能解决评定价值量的单位如何决定的问题。按照科学的劳动价值学说，决定价值量的社会必要劳动量，是以时间作为衡量单位的。边际效用既是鲁滨逊消费心理的反映，是纯粹主观和不可捉摸的东西，它怎样可以用一个统一的单位来衡量呢？用一种什么单位来衡量呢？边际效用论的大师庞巴维克为这一点虽然伤过不少的脑筋，但仍旧不曾解决问题。庞巴维克曾经说过，某种同类财货的评价，在同一时间同一条件之下，可以采取各种形态，这要看我们所评价的财货是取一个为单位或数量较多的为单位而定。照庞巴维克的这个说法，由于评价单位选择上的不同，不仅会使商品的价值量发生变化，而且还涉及价值到底是什么的问题，涉及价值到底是否存在的问题。

此外，在实际问题上，边际效用论又犯了循环推论和无穷推论的错误。前面说过，庞巴维克认为客观交换价值和价格，都是由主观价值决定的。我们看他如何翻跟斗吧。

边际效用论的理论体系中有所谓代用效用论。代用效用论就是："一种物品的边际效用和价值是可以根据代替它的另一种物品的边际效用决定的。"①庞巴维克认为，在交换发达的条件下，就一般情况而论，我们如果失掉了需要等级较高的物品甲，就可以用需要等级较低的物品乙来代替它。这时，乙物品的较低的边际效用就决定甲物品的价值。他举被盗窃了的大衣的价值为例。某人被人盗窃了大衣后，或者要节约较奢侈的消费品拿余钱去购买大衣，或者典当物品获得现款买回一件大衣，或者不购买而挨冷。他认为只有在后一情况下，大衣的价值才由它的直接的边际效用决定，而这种情况是很少见的；在前几种情况下，大衣的价值就分别由奢侈的消费品或被典当的物品的边际效用决定。但问题就发生在这些奢侈品或被典当的物品的边际效用如何决定。很明显，按照边际效用论的理论，这些物品（无论是货币或其他物品）的边际效用要以这些物品的一定数量为前提，而这些物品的一定数量又要以大衣的价格为前提。按照前面的说明，大衣的价格即客观交换价值是由大衣的主观价值决定的，而大衣的主观价值现在又要由这些东西的边际效用决定。这是循环推理，丝毫不能解决问题。

庞巴维克认为，在交换已经相当发达的条件下，任何物品除了能直接满足人们的需要外，还可以用于交换，于是，人们对于物品的评价除了对自己的使用价值外，还有一种属于主观的交换价值。所谓主观交换价值论是这样的：当一种物品有好几种用途、从而有好几种边际效用时，物品的价值由

① 庞巴维克：《资本肯定论》，曾迪先译，商务印书馆 1937 年版，第 207 页。

最高的边际效用决定。在交换发达的条件下，每一种物品都有这两种用途：直接由物主使用，它的边际效用就是主观的使用价值；用来交换其他物品，用甲物交换得来的乙物对于物主的重要性，就是甲物的主观交换价值；对于物主来说，主观交换价值必定比主观使用价值大，因为他把物品用于交换看成最重要的，因而物品的价值就由最高的主观交换价值决定。我们清楚地看出，这也是一种循环推论。甲物的主观交换价值既然要由它所交换的一定量乙物对物主的重要性来决定，那么，由甲物所交换的乙物的数量由什么决定呢？在商品经济条件下，交换是通过货币进行的，因此，由甲物所交换的乙物的数量，要取决于甲物所交换的货币的数量即甲物的价格，和乙物的价格。但按照庞巴维克的理论，甲物的价格即客观交换价值，是要取决于它的主观交换价值的，可是，甲物在交换之前是没有主观交换价值的，因为甲物的主观交换价值要由它所交换的一定量乙物对物主的重要性决定；同样道理，乙物的价格也要取决于它的主观交换价值，但它在交换之前也没有主观交换价值。庞巴维克一方面认为，客观交换价值即价格取决于主观交换价值，另一方面又不得不认为，主观交换价值要以客观交换价值即价格为前提，这就是循环推论。

以上所说的，只是消费品的价值的决定问题。至于对一些并不能直接满足人们消费的生产资料的价值的决定，庞巴维克是怎样说明的呢？生产资料是不能直接供人消费的，它的价值也就不能由它的边际效用去决定。但是，为了在逻辑上与边际效用的理论保持一致，他只好认为生产资料的价值由它所生产的消费品的价值决定。假如说，消费品 A 是由一系列的生产资料 G 生产出来的，而 G 又是由另外的一系列生产资料 G′生产出来的，（G′又是由另外的一系列生产资料 G″生产出来的，在这种情况下，庞巴维克便把消费品 A 叫作第一级财货，G、G′、G″分别称为第二、第三、第四级财货，而且 G、G′、G″的价值也都由消费品 A 的边际效用决定。要是以衣服为例，这就是说，棉花、棉纱、纺织机和布的价值，要由它们最后所生产的消费品——衣服的价值决定。当我们说，生产物的价值构成是包括了生产资料的价值时，庞巴维克则相反，他认为生产资料的价值要由生产物（消费品）的价值决定。这样一来，他就没有办法解释因生产资料的价值的变化，而引起的生产物的价值和价格变化的问题。此外，他也不能自圆其说：生产资料的价值由它生产的消费品的价值决定，但买卖生产资料时，消费品尚未生产出来，这时怎样能够根据消费品的价值来决定生产资料的价值呢？这就只好根据预测的价值。在商品生产条件下，生产资料和它最后生产的消费品往往分属于不同的所有者，消费品的所有者对消费品的主观评价，又怎样能够传给生产资料的所有者呢？这就只好根据消费品的价格。这就是说，从消费品的价格推论它的价值，再由它的价值推论生产资料的价值。这又是以价格来推论价值的循环推论。

边际效用论有它的露骨的阶级目的，这个目的便是明目张胆地为资本主义的剥削作辩护，尤其是为食利者阶层的寄生性作辩护。在边际效用论基础上产生的归属论和在主观价值论基础上产生的利息时差说，就是为了达到这一类目的而捏造的“理论”。

归属论是在补全财货价值论基础上产生的。在实际生活中，有许多财货是必须配合起来共同使用的。例如，笔和墨，针和线，弓和箭，一双手套等等。这些财货就是所谓补全财货。之所以叫作补全财货，是因为它们的经济效用必须在联合使用的情况下才能发挥的缘故。以针和线来说，倘使没有线，仅仅一个针就决不能用来缝纫衣物，因此针和线便称为补全财货。全体补全财货的价值，由它们联合使用时的边际效用量决定。假如补全财货甲、乙、丙在联合使用时的边际效用为100，则甲、乙、丙三个财货的总价值也就是100。假如补全财货中所有的个别补全财货，都有边际效用较小的代用品的话，那么，这全体补全财货的价值就由代用品的边际效用总额来决定。这就是说，甲、乙、丙三财货在联合使用时边际效用虽为100，但是，如果甲、乙、丙的代用品的边际效用只是20、30和40，这时，这个补全财货的价值就只有90。假如补全财货中只有部分的个别补全财货有边际效用较小的代用品的话，那么，不能代替的个别补全财货的价值，就等于全体补全财货的价值减去代用品的价值以后的余额。譬如全体补全财货甲、乙、丙的边际效用为100，但是甲和乙的代用品的边际效用是10和20，而丙是不能代替的，这样一来，丙的边际效用亦即丙的价值就是100－(10＋20)＝70。庞巴维克认为，这个原则可以应用到生产物的价值在生产要素之间的分配上，因为生产物大多是劳动、资本和土地等补全财货生产出来的。不过，在这三类生产要素的补全财货中，如像劳动、原料、燃料、工具之类是有代用品的，因为它们可以买卖也就是可以用其他的东西来代替，只有少数是不能代替的，这就是土地、矿产、铁路、工厂和特别的企业人才等等。所以，在由这些生产要素生产出来的生产物的价值（总收益）中，把可以代替的生产要素的价值也就是把工资、原料费和工具耗损费等成本扣除后，余下来的价值（纯收益）就应该属于不能代替的生产要素了，任何一个企业的纯收益就是这种不可代替的"补全财货"的报酬，正因为这个原因，"所以农民便把它归于土地，矿工便把它归于矿产主人，制造家便把它归于厂主，商人便把它归于自己的商业活动力"。[①] 这就是所谓归属论。很清楚，在这里庞巴维克又将生产三要素论改头换面秘密输入。归属论是边际效用论和生产三要素论的混血儿，它们的错误我们已经在前面分别批判过了，现在我们也就不再谈它。

庞巴维克的利息时差说是明目张胆地为剥削者，尤其是为食利者辩护的谬论。详细地对它进行批判，不是在这里所要完成的任务，我们仅从价值学说的角度进行批判。

在庞巴维克看来，所谓利息共有三种形态，即借贷利息、资本利润和耐久财货（土地、房屋、器具）的利息。他把资本利润包括在利息之中，为的是使人看起来好像它和生产过程毫无关系，使人容易忘记它的起源。他把耐久财货的私有权获得的收入包括在利息之中，是十分错误的，因为这里根本没有借贷关系，其目的是模糊利息的本质，以便替食利者进行辩护。

利息的来源是什么呢？庞巴维克认为，不管利息的形态如何，它的来源都是现在财货的价值大于未来财货的价值的差额，也就是现在效用大于未来效用所应有的增价额。根据这个原理，他认为借贷就是现在财货和未来财货的相互交换，因而借贷利息就是现在财货的价值大于未来财货的价值的差额。企业家的活动就是去购买原料、工具和机器等现在不能满足人们欲望的未来财货，把它投入生产，以后随着时间的推进就可把这些东西变成可以满足人们欲望的现在财货，因而企业利润同样是未来财货变成现在财货的增价额。

为什么同量的现在财货比未来财货有更大的价值呢？对于这个问题，据庞巴维克的解释，有这样三个原因：（一）未来财货只能在未来消费，现在

① 庞巴维克：《资本肯定论》，曾迪先译，商务印书馆 1937 年版，第 234 页。

财货既可以在现在消费，又可以在未来消费，而经济财货的边际效用是越早使用便越大的，所以，现在财货在现在消费时其价值比未来财货大，在未来消费时其价值和未来财货相等；（二）人们有重视现在、轻视未来的心理，人们对未来的快乐和痛苦看得没有目前的快乐和痛苦这样重要，因而经济财货的消费越早，其价值也就越大；（三）由于技术的优越性，较早投入生产的同量财货比较迟投入生产的同量财货经历的生产时间长，进行的是更其迂回的生产①，有较大的生产力，生产较多的生产物，有更大的价值。

很明显，庞巴维克的利息学说，是在主观价值学说和时间因素相结合的基础上产生的。主观价值学说的错误前面已经谈过，现在只从时间因素方面来看看这种利息学说的错误。

首先，即使从主观价值的角度看，所谓现在消费的财货的边际效用比未来消费的财货的边际效用大些的论点，连庞巴维克自己也承认是没有得到证实的。因为在某些经济环境每况愈下的人看来，现在财货的主观使用价值是不如未来财货的。即使撇开这一点不谈，庞巴维克也不能说明时间因素和经济财货的边际效用的关系到底是怎样的。既然边际效用是主观的，那么，时间因素只好也是主观的了。但如果时间是主观的，那就不能说明为什么要以自然的年、月来计算利率。如果说时间因素不是主观的而是客观的，那就要在主观价值的估价中加入客观因素，而这又是和主观价值学说相矛盾的。其次，如果现在消费的财货的边际效用比未来消费的财货的边际效用大些的命题不能成立，而认为现在的财货可以留到未来消费，所以它的边际效用和未用财货的边际效用相等，那么，就不能说明利息的来源，因为按照庞巴维克的说明，利息是现在财货的边际效用大于未来财货的边际效用的差额，也就是它们的价值差额。最后，庞巴维克自己也知道，如果不把未来才能消费的生产资料投入生产而把它搁置起来，虽然经过了一定的时间，它还是不会变成现在财货，不会增大价值，不会产生资本利润的。但这样一来，就要承认并不是时间本身能使价值增大，而是生产的时间能使价值增大。时间本身和生产时间的差别在于后者是劳动时间。这样归根结底就

① 所谓迂回的生产，是相对于直接的生产而言的。用手直接捧着水喝，这是直接的生产；先用手制桶，再用桶打水喝，这是迂回的生产。

要承认价值是劳动创造的。

所以，主观的边际效用论是错误的，由它和时间因素相结合而产生的利息学说也是错误的。

五　折衷的价值论是各种庸俗价值学说的集大成者

折衷的价值论，是现代资产阶级政治经济学，特别是其中的英国学派的理论体系的基础。现代资产阶级政治经济学，是垄断资本主义条件下的庸俗的政治经济学。垄断资本主义的统治，使资本主义的一切矛盾空前尖锐，使社会主义革命成为日益迫近的事情，因而，怎样更好地为垄断资本主义辩护，就成为现代资产阶级经济学家的重要任务。在现代资产阶级政治经济学的许多流派中，英国学派的辩护性特别鲜明。这是由英国的历史条件所决定的。在垄断资本主义形成以前的 19 世纪中叶，英国在资本主义世界中就居于垄断地位，这种特殊的地位使英国的无产阶级日益资产阶级化，使他们在宪章运动后长期处在沉睡的状态，工人运动中的机会主义早就在英国发生恶劣的影响；但是，随着德、美、法、日等资本主义国家的兴起，随着垄断资本主义的形成，英国垄断世界的地位就日趋动摇，随着历史条件的变化，英国的无产阶级就逐渐地觉醒过来。现代资产阶级政治经济学中的英国学派其所以特别卖力地为垄断资本主义辩护，重弹资本主义两大阶级关系和谐的老调，企图加紧在思想上奴役无产阶级，原因就在这里。

开始时我们说过，后来在分析过程中又看到，在资产阶级的各种价值学说中，几乎没有哪一位资产阶级经济学家的价值学说是始终坚持一元论的。但是，在多元的价值论中，总有一种是主要的。折衷的价值论虽然也是多元的，但是它和一般的多元的价值学说又有所不同，因为它不但认为决定价值的因素是多种的，并且认为这些因素的作用是相等的，或者是几乎相等的。这就是说，它认为价值是由两种势均力敌的因素决定的。这种价值学说是把最庸俗的、最能为资本主义辩护的价值学说凑在一起加以调和与折衷，所以称为折衷的价值论。

在价值学说史上，现代资产阶级经济学家克拉克、马歇尔都是折衷的价值论者。其中被资产阶级经济学说史学者别有用心地称为新古典学派的代表者、并被大家公认为剑桥学派的鼻祖、实际上却是庸俗政治经济学说的集大成者的马歇尔，是折衷的价值论的代表人物。

马歇尔在他的代表著作——被称为经济学圣经的《经济学原理》一书中，即使是在专论"需要、供给和价值的一般关系"的一编里，都没有谈到价值的实质是什么。这是有原因的，因为从他的观点看来，由供求决定的均衡价格就是价值，或者说，寻求均衡价格的决定因素，也就是寻求价值的决定因素。这也就是他为什么在分析价值问题时，首先分析市场的原因。

这里首先就暴露出马歇尔的方法论是根本错误的——由价格的高度来说明价值的大小。这是舍本逐末的方法。大家知道，价值是价格的基础，离开了价值量的大小是不能说明价格的高度的。科学的方法应该先研究价值由什么决定，然后再说明由于供求关系的变化价格怎样环绕着价值波动。马歇尔的方法正好相反，他离开了价值这个根本问题，而去研究均衡价格是怎样决定的，他以为这种均衡价格就是价值。

均衡价格是什么呢？马歇尔认为，供给与需要处于均衡状态亦即生产量处于均衡状态下的价格，就是均衡价格。他的论证可以简述如下：当其他条件不变时，设当前的价格为一定，如果需要超过供给，价格则上升至当前价格之上；反之，如果供给超过需要，价格则降落至当前价格之下；价格上升，经过相当时间，需要就会减少，供给就会增加，从而价格又回落；反之，价格下落，经过相当时间，需要就会增加，供给就会减少，从而价格就上升；因而供求会因价格波动而趋于均衡，价格亦因供求趋于均衡而呈现出一定的水平，这价格水平就是均衡价格。——这就是英国剑桥学派价值理论的基本原理。

如果撇开了供求均衡时的价格水平由什么决定这个根本性问题不谈，马歇尔对于供求关系如何影响价格，价格又如何影响供求关系的经济现象的说明，当然是正确的。这已经是资本主义的经济常识了，是每个热衷于利润、市场和竞争的资本家都能说明的。

但从科学的观点来看，马歇尔的基本原理是十分拙劣的，因为它只说明现象而没有说明本质。大家知道，供给超过需要，价格下落至价值以下，利润就会减小甚至发生亏损，这样，经过相当时间，就会发生两种作用：一、会引起生产减缩，从而供给减小，用减小供给的办法使供给和需要大致归于均衡（当然，也有可能生产减缩得太多，以致发生供不应求），价格也就回升至价值的水平；二、会引起生产技术的改良，较劣的生产单位会退出生产，这样一来，生产商品的社会必要劳动时间就减小了，价值就会下降，这时的价值显然比原来的价值低些。反之，如果需要超过供给，情形就刚好和上述的相反。所以，供给和需要的对比关系的变化，正如前面已经说过的，会引起价格和价值的差离，在长时期中又会使这种差离归于消灭，从而使价格不致过分地、长期地脱离价值；同时又会引起生产商品的社会必要劳动时间的变化，从而引起价值的变化。——马歇尔及其学派的理论当然不能说明这一点。

在马歇尔的基本原理中，问题在于供给和需要处于均衡状态中的价格，即均衡价格是由什么决定的。大家知道，供需既然处于均衡状态，它们的作用就相互抵消了，就等于零了，这时的商品就应按照价值出卖。很显然，这个价值的高度再也不是由供求来决定的了。如果认为在交换前商品是没有价值和价格的，那么，供求均衡时的价格就应等于零。马歇尔显然不能重复简单供求论者的错误。于是他就求救于边际效用论和生产费用论。他认为，商品的需要状态取决于商品的边际效用，并由此构成商品的需要价格；商品的供给状态取决于商品的边际生产费用，并由此构成商品的供给价格。供给价格和需要价格相均衡的价格，就是均衡价格。这时的供给量和需要量是均衡的，生产量也是均衡的。因为如果需要价格超过供给价格，就会引起生产量的增加；反之，情形就相反。只有需要价格和供给价格相均衡时，生产量就既不增加，也不减少。

所以，马歇尔的价值论，或者不如说他的均衡价格理论，如果从均衡价格决定于供给和需要的均衡状态这一点来看，是供求论（有些经济学家就是根据这一点而认为马歇尔是供求论者的）；如果从均衡价格的高度，取决于由边际效用构成的需要价格和由边际生产费用构成的供给价格两相均衡这一点来看，他的价值论则又在供求论基础上调和了边际效用论和生产费用论，所以我们可以更恰当地说马歇尔是供求论、边际效用论和生产费用论的折衷者。他曾明白地说，关于价值由效用还是由生产费用决定这一问题，犹之乎我们问裁纸的到底是剪刀的上刃还是下刃一样要产生争论。如果剪刀的一刀不动而动另外一刀，我们就说裁纸的是后面这一刀，这句话当然就不正确。从这几句话里一望而知，马歇尔的价值论真是庸俗价值学说的折衷者和集大成者。所以，我们对各种庸俗价值学说的批判，也适用于对折衷的价值学说的批判。由于马歇尔解释需要价格所赖以构成的边际效用和供给价格所赖以构成的边际生产费用时，曾经有过自己的“创见”。我们就对这种创见进行批判。

需要价格是怎样构成的呢？马歇尔认为，需要价格是消费者为购买一定数量的商品所愿支付的价格。如果购买者是商人或工业资本家，需要价格最后仍以消费者支付的价格为依据。消费者支付的价格由商品的边际效用决定。马歇尔根据边际效用随经济财货的增加而递减的理论，引申出边际需要价格递减的理论——如果人们支配的货币量不变，财货的数量越多，人们对于财货的增加量所愿支付的价格就越低。价格下落，需要增加，价格上升，需要减少，这就是他所说的“需要规律”。很显然，边际需要价格递减论的错误实质上也就是边际效用论的错误。马歇尔也知道，边际效用是主观的东西，无法用单位来衡量，因而也就无法说明需要价格的大小。但他认为间接的衡量是可能的。所谓间接衡量，就是用主观上愿意对该商品支付的价格来衡量它的边际效用。但这样一来，他就陷入以价格来解释边际效用、又以边际效用来决定需要价格的循环推论中了。

供给价格是怎样构成的呢？马歇尔认为，供给价格是人们供给一定数量的商品所要索取的价格，这价格代表供给商品的各项努力和牺牲，所以，它是由生产费用构成的。生产费用有两种范畴：实质生产费用和货币生产费用。所谓实质生产费用，就是种种直接的劳动、种种形态的资本即间接劳动，和积累资本所忍受的期待、节欲或牺牲。为这种势力（劳动）和牺牲而支付的货币额，就是货币生产费用，也就是供给价格。所以，实际上和供给价格有直接关系的只是货币生产费用。在一定的时期内，如果某种商品的需要价格大于供给价格，卖主所得到的价格就比他希望索取的价格为高，产品的生产量也就增加，反之，就会使生产量减少。当需要价格与供给价格正相等时，生产量不会增加，也不会减少，这就是我们在上面所说的均衡状态。

从上面马歇尔对供给价格的解释可以看出，他是看到了一般生产费用论者在理论上所遭遇到的困难的（生产物的价值由生产要素的价值构成），他企图逃出这个循环推论的圈子，因而有实质生产费用和货币生产费用之分，他认为后者是为前者而支付的货币额。但是，马歇尔的努力是徒然的，第一，货币生产费用中为直接劳动和种种间接劳动而支付的那一部分，分明是生产要素的价值，所以还是以价值来解释价值；第二，马歇尔对货币生产费用中的直接劳动和间接劳动，虽然加以主观的解释，但它们事实上是客观支出的货币额；但实质生产费用中的积累资本所忍受的期待和牺牲（对这种牺牲的报酬就是利润），则完全是主观的东西，这样我们就不知道怎样能够用货币额来表示它的大小了；第三，既然实质生产费用，有客观的因素又有主观的因素，我们就不知道它们怎样能结合在一起，并统一地用货币来表示它们的大小。

与需要价格由商品的边际效用决定的理论相适应，马歇尔认为，构成供给价格的不是商品的一般生产费用，而是边际生产费用。所谓边际的生产费用，就是在生产上处于最劣的地位（经营能力和一般人才则处于普通状态）的生产单位所必需的生产费用。这也是错误的。大家知道，只有在经营上存在着土地垄断的农产品和矿产品的价值（社会生产价格）才是由最劣等的生产条件决定的，而一般的工业产品的价值（社会生产价格）却是由平均的生产条件决定的。所以，认为供给价格是由生产费用构成的，这已经是错误的了，认为供给价格是由边际生产费用构成的，就是错上加错了。

马歇尔的均衡价格论的根本错误就是如此。在这错误理论的基础上，他建立了为垄断资本主义辩护的垄断价格论。

马歇尔的经济学原理，有一章是专门论述垄断的。他认为，垄断状态指的是一种商品只有一个供给者的状态，在这种状态下，垄断者就可以调节其商品的供给量，使之与需要量相适应，调节的目的在于使商品的价格（垄断价格）保证垄断者获得最大的净收益（利润扣除了利息和保险费后的余额）；垄断价格的高度和每个商品所包含的利润的大小成正比，和商品的销售量成反比，而总利润量是每个商品包含的利润和商品的销售量两者的乘积，保证总利润量成为最高的那种价格水平（它有相应的销售量），就是垄断者决定的垄断价格。提高商品的价格虽然可以增加单位商品卖价中所包含的利益，但也可以因价格过高、销售量减少而引起损失。垄断者为使自己的利润总量达到最大，在确定价格时就不能不从这两方面来权衡得失，所以垄断价格也不会很高，也不能不有一定的限制。马歇尔还认为，垄断的形成，对消费者是有利的，因为垄断企业的生产能力很高，并且有大生产的优越性，所以商品的供给价格必然较自由竞争时为低。马歇尔就这样为垄断资本主义辩护。

马歇尔关于垄断的理论是错误的，因为他用孤立的方法来研究问题，丝毫没有反映垄断资本主义的实际。首先，他的出发点，即他对垄断的界说，就是错误的；他实际上主张垄断完全排除了竞争，以为垄断的商品的市场为一个垄断企业所囊括。大家知道，垄断并不意味着一种商品只有一个供给者（这种情形是极少的），而是生产和销售大部分商品的企业之间的联盟；垄断企业不能彻底消灭非垄断企业；这样，不仅垄断企业内部、垄断企业之间存在着激烈的竞争，而且垄断企业和非垄断企业之间也存在着竞争。其次，在假定垄断完全排除了竞争的基础上，他又主张垄断资本主义的生产是有计划的，能够随意使商品的供给量和需要量相适合，其目的在于维持一个能够保证垄断利润的垄断价格。大家知道，在垄断统治下，竞争和生产无政府状态更为剧烈，垄断企业商品的供给量不可能和需要量刚好适合，这就排除了根据商品的供给量和需要量相适合的原则来决定垄断价格高度的可能性。实际上，在剧烈的竞争下，垄断企业用以攫取垄断利润的通常办法是：通过国家机关的高额关税垄断国内市场，不管商品的需要量和供给量是否相适应，而用最高的垄断价格在国内市场销售商品，这时，商品的销售量虽然小于生产量，但已获得巨额利润；同时又将其余商品在国外市场低价倾销，以便打垮对手，然后极力提高价格，攫取垄断利润。这样，垄断价格的高度，也就往往突破了马歇尔根据商品的供给量和需要量相等的原则所给予的限制。

至于说到垄断企业的劳动生产率较高，因而可以降低商品的供给价格，对消费者有利，这更是痴人说梦。规模宏大的垄断企业，从生产的技术方面说，是有可能大大提高劳动生产率的；但垄断统治、垄断价格的维持，常常又妨碍新技术的采用，妨碍劳动生产率的提高。即使劳动生产率提高了，价值下降了，垄断价格往往还是不会相应下降的；即使垄断价格下降了，也不见得对大多数的消费者有利。消费者不外两种人：大多数是工人劳动者，少数是资本家剥削者。工人的消费水平由劳动力的价值规律决定，因而垄断价格即使下降也不会给工人带来什么利益；恰恰相反，劳动生产率越高，工人被剥削的程度就越重，因为相对剩余价值的生产增大了。

建立在均衡价格理论基础上的分配论，是马歇尔为资本主义辩护、宣传两个阶级利益和谐的谬论。

均衡价格既然是取决于相均衡的需要价格和供给价格，供给价格是由生产费用构成的，而生产费用又由各种生产要素的价格（包括节欲、牺牲而得的报酬构成），生产要素的所有者所获得的生产要素的价格（和报酬），就构成他们的收入，生产要素的价格又是由供求决定的——这样马歇尔就把分配论和他的均衡价格理论联系起来了。

在马歇尔看来，工资就是劳动这个生产要素的均衡价格，也就是劳动的需要价格和供给价格相均衡的价格。关于劳动的需要价格，他采取的劳动边际生产力说和美国现代庸俗经济学家克拉克的大致相同。所谓劳动边际生产力，就是在生产资料不变、劳动生产力随劳动者增加而递减的情况下，最后一个劳动者所具有的生产力。① 关于劳动的供给价格，他采取了李嘉图的所谓劳动者生活费用论，认为是由劳动者的养育费和维持费构成的。养育费由劳动者及其家庭不可缺少的生活必需品构成，维持费由劳动者的日常日用品，包括高级用品构成。马歇尔认为，这些费用的高低和劳动者的劳动生产率有密切的关系：这些费用在文明国家较高，劳动者体力和智力较为发达，因而劳动生产率也较高；落后国家的情形则相反。马歇尔这一理论的欺骗性是很明显的：第一，劳动的需要价格等于劳动的边际生产力，劳动的供给价格等于劳动者的生活费用，而工资则是这两种价格相均衡时的价格，这就是说工资不仅能养活工人，而且也刚好是工人的劳动生产物，因而一点剥削都没有。其实，劳动并不是商品，它没有价格，工资只是劳动力的价值的转化形式，劳动力的价值虽然由工人生活所必需的消费品的价值决定，但这只是他所创造的价值的一部分，其余部分就是被资本家剥削去的剩余价值。第二，劳动者提高了劳动生产率，就能提高劳动的边际生产力，提高劳动的需要价格，从而提高工资，所以，工人要提高工资，就要提高劳动生产率，而不要进行罢工斗争。其实，工人的工资水平既然是由劳动力的价值决

① 这种理论是错误的。因为它是建立在形而上学的方法论的基础上的：劳动者增加而生产资料却不增加。其实，生产资料不增加，在通常情形下，劳动者是不能增加的。

定的，是由劳动力的供求关系来调节的。工人提高劳动生产率的结果，不但不能提高工资，反而还要受到更沉重的剥削，因为相对剩余价值的生产增大了。罢工斗争虽然不能根本改变工人受剥削的经济地位，但往往能够迫使资本家让步，迫使资本家提高工资水平和改善劳动条件。

按照同样的理由，马歇尔认为利息就是资本的需要价格和供给价格相均衡的价格。资本的需要价格由资本的生产力决定，资本的供给价格由期待决定。这就否认利息的剥削性。资本的生产力——这种生产三要素说的错误我们已经批判过了。离开了雇佣劳动，资本不可能有什么生产力。所谓贷出资本的期待，这是一种心理活动，根本不可能用来说明资本的供给价格的高度。

马歇尔对于利润的见解是非常模糊的，并且和他的均衡价格理论没有多大联系。他实际上主张利润是资本家管理企业和组织生产的劳动报酬。这就否认利润的剥削性。这种理论的错误是很明显的，它不能解释当资本家把有关经营管理和组织生产的工作完全委托给别人的时候，为什么也能获得巨大的利润。这一点在垄断资本主义时期表现得最为明显，因为财政资本家是完全脱离生产的寄生者。其实，企业利润和利息都是工人创造的剩余价值的一部分。

由此看来，资产阶级经济学家把英国学派称为新古典学派，认为马歇尔是这学派的代表人物，显然别有用心。虽然古典派与所谓新古典派同样是资产阶级的经济学说，但前者毕竟能深入到资本主义的经济关系中去进行分析，揭露阶级矛盾，因而具有某些科学因素；现代资产阶级庸俗经济学中的英国学派，却专门描绘经济现象，抹煞阶级矛盾，有意为资本主义辩护，是庸俗政治经济学的集大成者，其精神与古典派有很大的不同。马歇尔表面上好像继承了李嘉图的生产费用论（用货币来计算所耗费的劳动），但实际上却是从修正到根本破坏了李嘉图的理论。政治经济学中的古典派产生在资本主义的发生期，它没有新旧之分。这一点在分析它的经济理论的基础——价值理论时，已经看得非常清楚了。

译 名 表

阿道夫·希特勒	Adolf Hitler
阿尔弗雷德·马歇尔	Alfred Marshall
阿吉里·伊曼纽尔	Arghiyi Emmanuel
阿瑟·塞西尔·庇古	Arthur Cecil Pigou
爱德华·伯恩斯坦	Eduard Bernstein
奥尔本·威廉·菲利普斯	Alban William Phillips
巴克莱主教	Bishop Berkeley
保罗·安东尼·萨缪尔森	Paul Anthony Samuelson
保罗·斯威齐	Paul Marlor Sweezy
鲍尔特凯维兹	Bortkiewicz
本杰明·富兰克林	Benjamin Franklin
比尔·盖茨	Bill Gates
布阿吉尔贝尔	Boisguilbert
达德利·诺思	Dudley North
大卫·李嘉图	David Ricardo
大卫·休谟	David Hume
丹尼尔逊	Danielson
弗拉基米尔·伊里奇·列宁	Vladimir Ilyich Ulyanov，Lenin
弗朗斯瓦·魁奈	Francois Quesnay
弗雷德里克·巴斯夏	Frédéric Bastiat
弗里德里希·恩格斯	Friedrich Engels
弗里德里希·冯·维塞尔	Friedrich Freiherr von Wieser
富兰克林·德拉诺·罗斯福	Franklin Delano Roosevelt
格奥尔格·威廉·弗里德里希·黑格尔	Georg Wilhelm Friedrich Hegel
哈奇斯·特罗尔	Hutches Trower

亨利·查尔斯·凯里	Henry Charles Carey
霍特莱	Hawtrey
基·丹森·皮特曼	Key Denson Pittman
吉米·卡特	Jimmy Carter
卡尔·海因里希·马克思	Karl Heinrich Marx
卡尔·考茨基	Karl Kautsky
卡尔·李卜克内西	Karl Liebknecht
卡尔·门格尔	Carl Menger
卡尔·欧根·杜林	Karl Eugen Dühring
朗兹	Lowndes
理查德·坎蒂隆	Richard Cantillon
鲁道夫·希法亭	Rudolf Hilferding
路德维希·库格曼	Ludwig Kugelmann
罗伯特·欧文	Robert Owen
罗伯特·皮尔	Robert Peel
罗纳德·林德利·米克	Ronald Lindley Meek
罗莎·卢森堡	Rosa Luxemburg
孟德斯鸠	Montesquieu
米尔顿·弗里德曼	Milton Friedman
米哈伊尔·伊万诺维奇·杜冈-巴拉诺夫斯基	Mikhail Ivanovich Tugan-Baranovsky
拿破仑·波拿巴	Napoléon Bonaparte
纳骚·威廉·西尼尔	Nassau William Senior
尼古拉·阿列克谢耶维奇·沃兹涅辛斯基	Nikolay Alekseyevich Voznesensky
尼古拉·伊万诺维奇·布哈林	Nikolai Ivanovich Bukharin
欧根·冯·庞巴维克	Eugen von Böhm-Bawerk
欧文·费雪	Irving Fisher
皮埃罗·斯拉法	Piero Sraffa
乔治·拉姆赛	B.M. George Ramsay
让-巴蒂斯特-柯尔培尔	Jean Baptiste Colbert
让·巴蒂斯特·萨伊	Jean-Baptiste Say
让·博丹	Jean Bodin
萨米尔·阿明	Samir Amin

托马斯·罗伯特·马尔萨斯	Thomas Robert Malthus
威廉·阿瑟·刘易斯	William Arthur Lewis
威廉·弗利特伍德	William Fleetwood
威廉·李卜克内西	Wilhelm Liebknecht
威廉姆·斯坦利·杰文斯	William Stanley Jevons
威廉·配第	William Petty
威廉·詹宁斯·布赖恩	William Jennings Bryan
文森特·威廉·梵高	Vincent Willem van Gogh
雅各布·范德林特	Jacob Vanderlint
亚当·斯密	Adam Smith
亚里士多德	Aristotle
伊萨克·卢彬	Isaak Rubin
伊莎贝尔·索希尔	Isabel Sawhill
约翰·贝茨·克拉克	John Bates Clark
约翰·格雷	John Grey
约翰·雷姆赛·麦克库洛赫	John Ramsay McCulloch
约翰·洛克	John Locke
约翰·梅纳德·凯恩斯	John Maynard Keynes
约翰·斯图尔特·穆勒(小穆勒)	John Stuart Mill
詹姆斯·德哈姆·斯图亚特	James Denham Steuart
詹姆斯·穆勒(老穆勒)	James Mill